# DIREITO INTERNACIONAL

## ENTRE TRADIÇÃO E REVOLUÇÃO NO SÉCULO XXI

# DIREITO INTERNACIONAL

## ENTRE TRADIÇÃO E REVOLUÇÃO NO SÉCULO XXI

Coordenadores
Guilherme Stabile Nogueira
Bruna Sueko Higa de Almeida

editora dos
Editores

**Direito Internacional — entre Tradição e Revolução no Século XXI**
Guilherme Stabile Nogueira | Bruna Sueko Higa de Almeida

**Produção editorial**
**Projeto gráfico**
**Diagramação**
PRESTO | Catia Soderi

© 2022 Editora dos Editores
Todos os direitos reservados. Nenhuma parte deste livro poderá ser reproduzida, sejam quais forem os meios empregados, sem a permissão, por escrito, das editoras. Aos infratores aplicam-se as sanções previstas nos artigos 102, 104, 106 e 107 da Lei nº 9.610, de 19 de fevereiro de 1998.

**Editora dos Editores**
São Paulo:   Rua Marquês de Itu, 408 - sala 104 – Centro.
             (11) 2538-3117
Rio de Janeiro: Rua Visconde de Pirajá, 547 - sala 1121 – Ipanema.
www.editoradoseditores.com.br

Impresso no Brasil
*Printed in Brazil*
1ª impressão – 2022

Este livro foi criteriosamente selecionado e aprovado por um Editor científico da área em que se inclui. A Editora dos Editores assume o compromisso de delegar a decisão da publicação de seus livros a professores e formadores de opinião com notório saber em suas respectivas áreas de atuação profissional e acadêmica, sem a interferência de seus controladores e gestores, cujo objetivo é lhe entregar o melhor conteúdo para sua formação e atualização profissional.
Desejamos-lhe uma boa leitura!

Dados Internacionais de Catalogação na Publicação (CIP)
(Câmara Brasileira do Livro, SP, Brasil)

Direito Internacional : entre tradição e revolução no Século XXI / coordenadores Guilherme Stabile Nogueira, Bruna Sueko Higa de Almeida — São Paulo : Editora dos Editores, 2022.

ISBN 978-65-86098-67-9

1. Direito internacional   2. Século 21 — Revolução   I. Nogueira, Guilherme Stabile. II. Almeida, Bruna Sueko Higa de.

22-102399                                               CDU-342

Índices para catálogo sistemático:
1. Direito constitucional  342
Maria Alice Ferreira - Bibliotecária - CRB-8/7964

## Sobre os Editores

**GUILHERME STABILE NOGUEIRA** Graduado em Direito pela Faculdade de Direito de São Bernardo do Campo e escrevente judiciário do Tribunal de Justiça de São Paulo.

**BRUNA SUEKO HIGA DE ALMEIDA** Pós-graduanda em Direitos Humanos pela Faculdade CERS. Aluna especial de Pós-graduação no Instituto de Relações Internacionais da USP. Bacharela em Direito pela USP. Tecnóloga em Informática pelo Instituto Federal de São Paulo. Coordenadora do Núcleo de Estudos Internacionais da USP. Pesquisadora do Grupo de Estudos em Direito Comparado e do Grupo de Pesquisa CATEDRA- OEA. Foi coordenadora da Clínica de Direito Internacional dos Direitos Humanos da Faculdade de Direito da USP. Foi pesquisadora do Grupo de Trabalho sobre Defensores de Direitos Humanos da Cátedra Jean Monnet da FECAP.

# Sobre os Colaboradores

### ALÍCIA SOARES

Graduanda do 4º ano em Direito na USP, com dupla titulação pela Université Lyon 3. Atualmente, é estagiária do Ministério Público Federal, em gabinete voltado à Tutela Coletiva do Direito à Saúde e à Educação e membra da Clínica dos Direitos Humanos das Mulheres (USP). Foi membra do Núcleo de Estudos Internacionais (USP) em 2020, no qual redigiu o artigo "Direito Internacional Sanitário e Gestão Compartilhada de Pandemias" em coautoria.

### ANDRÉ DE PAIVA TOLEDO

Doutor em Direito pela Université Panthéon-Assas Paris II; Bacharel e Mestre em Direito pela Universidade Federal de Minas Gerais (UFMG); Pós-Doutorando no Programa MERCRO da Université Jean Moulin Lyon III; Secretário-executivo do Instituto Brasileiro de Direito do Mar (IBDMAR); Professor do Programa de Pós-Graduação em Direito da Escola Superior Dom Helder Câmara.

### ANNA MARTHA ARAÚJO

Graduanda do 4º ano de Direito do Largo São Francisco da Universidade de São Paulo, com dupla titulação pela Université Jean Moutin Lyon III. Atualmente é estagiária de Direito Ambiental no Pinheiro Neto Advogados e membra do Núcleo de Direito, Internet e Sociedade (USP). Foi membra do Núcleo de Estudos Internacionais em 2020, no qual redigiu o artigo "Direito Internacional Sanitário e Gestão Compartilhada de Pandemias", em coautoria.

### ANNA SAMBO BUDAHAZI

Graduanda do 10° semestre de Direito pela Universidade de São Paulo. Coordenadora e pesquisadora do Núcleo de Estudos Internacionais e Grupo de Competições de Direito Internacional do NEI/USP. Coordenadora e pesquisadora do NPD-Techlab – Núcleo de Proteção de Dados da USP.

### BEATRIZ DE SOUSA

Graduanda em Direito pela Universidade de São Paulo. Co-fundadora e coordenadora do Núcleo de Proteção de Dados (NPD-Techlab) da FDUSP. Ex- pesquisadora e oradora em competições do Núcleo de Estudos Internacionais da FDUSP. Possui experiência de estágio em proteção de dados pessoais e, atualmente, é estagiária em contencioso de propriedade intelectual no escritório Gusmão & Labrunie Propriedade Intelectual.

### BEATRIZ TIEMI IKEDA

Graduanda da Faculdade de Direito da Universidade de São Paulo; Ex-Pesquisadora do Núcleo de Estudos Internacionais da FDUSP; e Ex- Pesquisadora da Clínica de Direitos Humanos Luiz Gama.

### BERNARDO DE SOUZA DANTAS FICO

Mestre em Direito Internacional dos Direitos Humanos pela Northwestern Pritzker School of Law, Bacharel em Direito pela USP, e especializado em Direito Digital, Direitos Humanos, e Direitos LGBT. Treinador do Grupo de Competições de Direito Internacional do Núcleo de Estudos Internacionais da USP, além de Co- fundador e Coordenador do Núcleo de Proteção de Dados da USP. Atualmente é advogado de Proteção de Dados Pessoais no Sampaio Ferraz Advogados.

### BRIDA MAYI SARPA SOUSA

Graduada em Ciências Sociais pela Faculdade de Filosofia, Letras e Ciências Humanas da Universidade de São Paulo (FFLCH-USP) e graduanda em Direito pela Faculdade de Direito do Largo São Francisco (FD-USP), é pesquisadora no Núcleo de Estudos Internacionais da FD-USP e membra da Sanfran Social, grupo de extensão da FD-USP, cujo objetivo é a disponibilização de assistência jurídica gratuita ao Terceiro Setor.

### BRUNA ALVES GONÇALVES

Graduada em direito pela Universidade de São Paulo; Mestranda em Teoria e Filosofia do Direito pela Universidade de São Paulo; e Mestranda no programa avançado em direito europeu e internacional dos direitos humanos pela Universiteit Leiden, tendo sido na última atribuída bolsa de mérito e excelência (Leiden Excellence Scholarship).

### BRUNA SUEKO HIGA DE ALMEIDA

Pós-graduanda em Direitos Humanos pela Faculdade CERS. Aluna especial de Pós-graduação no Instituto de Relações Internacionais da USP. Bacharela em Direito pela USP. Tecnóloga em Informática pelo Instituto Federal de São Paulo. Coordenadora do Núcleo de Estudos Internacionais da USP. Pesquisadora do Grupo de Estudos em Direito Comparado e do Grupo de Pesquisa CATEDRA-OEA. Foi coordenadora da Clínica de Direito Internacional dos Direitos Humanos da Faculdade de Direito da USP. Foi pesquisadora do Grupo de Trabalho sobre Defensores de Direitos Humanos da Cátedra Jean Monnet da FECAP.

### CAIO HENRIQUE DA SILVEIRA E SILVA

Graduando do 3º semestre de Direito pela USP. Coordenador e pesquisador do Núcleo de Estudos Internacionais da FDUSP.

### CAMILA AMARAL

Graduanda em Direito na Universidade de São Paulo (USP) e pesquisadora no grupo de pesquisa Direito Administrativo e as Novas Tecnologias da Informação e Comunicação (DANTIC).

### CAROLINA AUGUSTA BORGES VAZ MARTINS

Bacharela em Direito pela USP, pós-graduanda em Direito Digital pela Universidade Estadual do Rio de Janeiro, advogada na área de proteção de dados pessoais e privacidade e coordenadora e pesquisadora do Núcleo de Proteção de Dados da FD-USP.

## CAROLINE CARVALHO CIDRI

Graduanda em Direito pela Universidade de São Paulo. Integrante do Núcleo de Estudos de Direito Internacional da USP. Técnica em Administração pelo Instituto Federal do Espírito Santo.

## CECILIA LECHNER ALMEIDA

Graduanda de Direito na Universidade de São Paulo, pesquisadora d oNúcleo de Estudos Internacionais (NEI), membro do ProMigra (Projeto de Promoção dos Direitos dos Migrantes) e plantonista no Departamento Jurídico XI de Agosto.

## CRISTÓVÃO CORRÊA BORBA SOARES

Graduando do 5º semestre de Direito pela Universidade de São Paulo (USP) e Pesquisador do Núcleo de Estudos Internacionais da FDUSP. Aluno do triênio 2016/18 do Colégio de Aplicação da Universidade Federal de Viçosa (CAp-COLUNI/UFV). Foi assistente de pesquisa na área de Relações Internacionais na FGV/SP (2019/20).

## DEBORAH ESTHER GRAJZER

Doutoranda e Mestre em Educação pela Universidade Federal de Santa Catarina (UFSC). Bolsista CNPq. Graduada em Relações Internacionais e Pedagogia pela UFSC. Pesquisadora do Núcleo de Estudos Jurídicos e Sociais da Criança e do Adolescente (NEJUSCA/UFSC), do Grupo de Pesquisas e Estudos Vigotskiano, Arte, Infância e Formação de Professores (GECRIARP/UFSC) e do Grupo de Pesquisa Direitos Humanos e Vulnerabilidades (Unisantos).

## DOMENICA DE OLIVEIRA ZATTI

Graduanda do 5º semestre de Direito pela USP. Pesquisadora do Núcleo de Estudos de Estudos Internacionais pela FDUSP.

## EUNICE COSTA DE LIMA

Graduanda do 3º semestre de Direito da Universidade de São Paulo. Pesquisadora do Núcleo de Estudos Internacionais da FD-USP.

### FELIPE BONFIM SILVEIRA

Graduando do 3º semestre de Direito pela USP. Pesquisador do Núcleo de Estudos Internacionais da FDUSP.

### FERNANDA DE ALMEIDA E SILVA

Graduanda do 3º semestre de Direito da Faculdade de Direito da Universidade de São Paulo. Membro do Núcleo de Estudos Internacionais da FDUSP (2020 - Atual).

### GRAZIELA TAVARES DE SOUZA REIS

Doutoranda no PROLAM/Universidade de São Paulo – USP. Mestre em Direito Internacional Econômico pela Universidade Católica de Brasília – UCB. Graduada em Direito pela Universidade Estadual de Londrina – UEL. Pesquisadora na Cátedra José Bonifácio. Partícipe do grupo de pesquisa NETI/USP. Pesquisadora em Estudos de Gênero na América Latina/PROLAM/NUPEDELAS. Professora Adjunta no curso de Direito da Universidade Federal de Tocantins – UFT.

### GUILHERME STABILE NOGUEIRA

Graduado em Direito pela Faculdade de Direito de São Bernardo do Campo e escrevente judiciário do Tribunal de Justiça de São Paulo.

### HEITOR AUGUSTO PAVAN TOLENTINO PEREIRA

Graduando em Direito pela Universidade de São Paulo. Cofundador e coordenador do Núcleo de Proteção de Dados (NPD-Techlab) da Universidade de São Paulo.

### HELENA FOLGUEIRA DE CAMPOS VIEIRA

Graduanda do 9o semestre de Direito pela Universidade de São Paulo. Coordenadora do Núcleo de Estudos Internacionais da Faculdade de Direito da Universidade de São Paulo.

### IGOR SILVÉRIO DE CARVALHO ASSIS

Graduando do 3º semestre em Direito na Universidade de São Paulo, Estagiário em Mercado de Capitais do Machado Meyer Advogados, e ex-integrante do Núcleo de Estudos Internacionais

## JOÃO VITOR LAVAGNINI MENEZES

Graduando do 5º semestre de Direito pela Faculdade de Direito da Universidade de São Paulo. Pesquisador e coordenador do NEI - Núcleo de Estudos Internacionais da FDUSP.

## JOÃO VITOR VASQUES DE SOUZA

Graduando em Direito pela Universidade de São Paulo e pesquisador do Núcleo de Estudos Internacionais pela mesma instituição.

## JÚLIA BERTINO MOREIRA

Doutora em Ciência Política pela Universidade Estadual de Campinas – UNICAMP. Professora do Bacharelado de Relações Internacionais e dos programas de pós-graduação em Ciências Hhumanas e Sociais e em Relações Internacionais da Universidade Federal do ABC (UFABC). Vinculada à Cátedra Sérgio Vieira de Mello da mesma Universidade e líder do Grupo de Pesquisa MIGREF cadastrado no CNPQ.

## LARISSA KRÖNER BRESCIANI TEIXEIRA

Mestranda em Direito Internacional pela Universidade de São Paulo. Bacharel em Direito pela Fundação Escola Superior do Ministério Público. Graduanda em História pela Universidade Federal do Rio Grande do Sul. Pesquisadora do Centro Brasileiro de Estudos Africanos da UFRGS e pesquisadora do Grupo de Estudos sobre a Proteção Internacional de Minorias da USP.

## LEONARDO GABRIEL REYES ALVES DA PAES

Docente da Faculdade de Direito da Universidade de São Paulo; pesquisador do NEI – Núcleo de Estudos Internacionais da USP; coordenador do Programa de Formação Jurídica do DJ XI de Agosto – Departamento Jurídico XI de Agosto; estagiário plantonista do DJ XI de Agosto; consultor jurídico do ProMigra – Projeto de Promoção dos Direitos de Migrantes.

## LETÍCIA RIZZOTTI LIMA

Doutoranda e Mestre pelo PPGRI San Tiago Dantas (UNESP/UNICAMP/PUC-SP) na área de concentração Paz,Defesa e Segurança Internacional. Durante o mestrado o projeto da pesquisa foi financiado pela Fundação de Amparo à Pesquisa do Estado de São Paulo (FAPESP), bem como o período como Visiting Research Fellow na Fordham Law School - New York (2019). Graduada pelo curso de Relações Internacionais da Universidade Federal de São Paulo (Unifesp).

## LILLIE LIMA VIEIRA

Graduanda em Direito, na modalidade Integral, na Escola Superior Dom Helder Câmara (ESDHC). Graduanda em Geografia na Universidade Federal de Minas Gerais (UFMG). Membro e Secretária do Grupo de Pesquisa Responsabilidade Ambiental: Civil e Internacional (RACIO) do Programa de Pós-Graduação da ESDHC. Estagiária no Instituto Brasileiro de Direito do Mar (IBDMAR). Estagiária na Procuradoria Geral do Município de Belo Horizonte.

## LUIZA GIBRAN DE OLIVEIRA

Graduanda em Direito na Faculdade de Direito da Universidade de São Paulo, pesquisadora do Núcleo de Estudos Internacionais (NEI-USP) e do Grupo de Esudos em Direito Comparado (GEDC).

## MANOELA PAREDES FRANCO MARTINS

Graduanda do 5º semestre de Direito pela USP. Pesquisadora do NEI - Núcleo de Estudos Internacionais da FDUSP e do NDCCult - Núcleo de Direito, Cidade e Cultura da FDUSP. Estagiária plantonista do Departamento Jurídico XI de Agosto.

## MARIA ALEXANDRA LAFFEACH CARBAJAL

Graduanda pela Faculdade de Direito da Universidade de São Paulo, com dupla diplomação na Université Lumière Lyon 2, na França. Membro do Grupo de Estudos de Direito Internacional dos Direitos Humanos e do Núcleo de Estudos de Insolvência Transnacional da FD-USP. Foi oradora na VIII Competição da Arbitragem Internacional de Investimentos, tesoureira do Centro Acadêmico XI de Agosto e plantonista do Departamento Jurídico XI de Agosto.

### MARIA BEATRIZ PREVITALI

Pós-graduanda em Direito Digital pela Universidade Estadual do Rio de Janeiro (UERJ/ITS/CEPED). Bacharela em Direito pela Faculdade de Direito da Universidade de São Paulo (USP). Co-fundadora e coordenadora do Núcleo de Proteção de Dados Pessoais da Faculdade de Direito da USP. Atualmente é advogada de Privacidade e Proteção de Dados Pessoais no Opice Blum Advogados.

### MARIA EDUARDA BONATTI LEONARDI

Estudante da Faculdade de Direito da Universidade de São Paulo, Pesquisadora pelo Núcleo de Estudos Internacionais, Coordenadora e Membra do Cursinho Popular Arcadas Vestibulares

### MARIA EDUARDA DA MATTA RIBEIRO LESSA

Graduanda do 3º semestre da Faculdade de Direito da Universidade de São Paulo. Coordenadora e pesquisadora do Núcleo de Estudos Internacionais da FDUSP.

### MARIA EDUARDA DE JESUS GENOVA

Graduanda em Direito pela Universidade de São Paulo. Pesquisadora do Núcleo de Estudos Internacionais da FD-USP. Pesquisadora do Núcleo de Concorrência e Economia Digital (NUCED).

### MARIA GIULLIA PINTERICH BIAZON

Graduanda do 3o sementre de Direito pela USP. Pesquisadora do Núcleo de Estudos Internacionais da FDUSP.

### MARIANA MITIKI NOMURA

Graduanda na Faculdade de Direito da Universidade de São Paulo (FDUSP), estagiária acadêmica na Escola de Direito de São Paulo - Fundação Getulio Vargas (FGV Direito SP), e voluntária no Centro de Análise da Liberdade e do Autoritarismo (LAUT).

### MARIANA YUMI KONO GOMES

Graduanda em Direito pela Universidade de São Paulo e pesquisadora do Núcleo de Estudos Internacionais (NEI).

## MARIANNA BEATRIZ DIAZ MARTINS DE OLIVEIRA

Estudante de Direito da Faculdade de Direito da Universidade de São Paulo, estudante de Direito pelo Partenariat International Triangulaire d'Enseignement Supérieur com a Université Jean Monnet de Saint-Étienne, na França. Estagiária de pesquisa acadêmica no Núcleo de Estudos em Mercados Financeiro e de Capitais, na Escola de Direito da Fundação Getúlio Vargas.

## MARINA BERNARDINI

Graduanda do 5º semestre da Faculdade de Direito da Universidade de São Paulo, membra e coordenadora do Núcleo de Estudos Internacionais (NEI) da FDUSP, estagiária em Franco Leutewiler Heriques Advogados, estagiária plantonista no Departamento Jurídico XI de Agosto da FDUSP, membra do Clínida de Direitos da Criança e do Adolescente (CDCRIA) da FDUSP.

## NAIARA MARIA SANDES FERREIRA

Graduanda do último ano em Direito pela Faculdade de Direito da Universidade de São Paulo. Co-fundadora e coordenadora do Núcleo de Proteção de Dados Pessoais da Faculdade de Direito da USP. Atualmente faz parte da equipe jurídica do Enjoei S.A.

## NATÁLIA MARTINS

Advogada formada pela Universidade de São Paulo – USP.

## PAULA MONTEIRO DANESE

Doutoranda e Mestre em Direito Internacional pela Faculdade de Direito da Universidade de São Paulo. Possui graduação em Direito pela Universidade Presbiteriana Mackenzie (2014). Diplomada pela WCL da American University no Summer Course sobre Sistema ONU e Direito das Mulheres. Bolsista no Summer Course "The European System of Human Rights Protection" – Europa Universität Viadrina Frankfurt(Oder)-Alemanha. Atualmente é professora do IBMEC e da Anhembi Morumbi. Atua como Supervisora Acadêmica da Pós-Graduação em Direito Internacional Aplicado EBRADI. Exerce atividade de consultoria pela empresa Camelli - Assessoria e Treinamento. Também é mediadora e árbitra no Centro Brasileiro de Litígios Econômicos Caraíve Arbitragem. Palestrante. Cocoordenadora do Grupo de Pesquisa "Cátedra OEA" na Faculdade de Direito da Universidade de São Paulo.

## PAULO ROBERTO FADIGAS CÉSAR

Mestrando em Direito Internacional Privado pela USP. Juiz da Infância e da Juventude e do Setor Anexo de Atendimento a Crianças e Adolescentes Solicitantes de Refúgio e Vítimas de Tráfico Internacional de Pessoas, em São Paulo.

## RENAN PEREIRA FALCÃO

Graduando em Direito pela Universidade de São Pulo

## RICHARD BROWN SILVA DA CRUZ

Discente do 3º ano do curso de Direito da Faculdade de Direito do Largo de São Francisco. É membro do Núcleo de Estudos de Direito Internacional e Direitos Humanos (NEI-FDUSP), Grupos de Estudos em Direito e Sexualidade (GEDS-FDUSP), Núcleo de Estudos em Insolvência Transnacional (NEIT-FDUSP) e estagiário plantonista do Departamento Jurídico XI de Agosto.

## SABRINA REBOUÇAS WANDERLEY

Estudante do 9º semestre de graduação da Faculdade de Direito da USP. Pesquisadora do Núcleo de Estudos Internacionais da USP. Estagiária da Defensoria Pública do Estado de São Paulo. Pesquisadora na área de criminologia e política criminal, em participação do Grupo de Estudos Avançados de Escolas Criminológicas do IBCCrim e Núcleo de Justiça Restaurativa da USP.

## VICTOR DEL VECCHIO

Bacharel e mestrando em Direito Internacional pela USP, professor da ESPM e da Casa do Saber, consultor em direitos humanos na Golder Associates WSP, advogado do ProMigra - Programa de Promoção dos Diretos de Migrantes da USP, bolsista CNPq e pesquisador do NEPO - Núcleo de Estudos Populacionais da UNICAMP, sócio do Bastos & Del Vecchio - Consultoria em Migração, diretor de conteúdo e apresentador da Red Carpet – documentários.

## VINICIOS JAVARONI

Graduando do 5º semestre de Direito pela USP. Pesquisador do Núcleo de Estudos Internacionais, do Grupo Direito e Pobreza e do Grupo de Pesquisa Estrutura e Dinâmica do Estado Federal da FDUSP. Integrante do Grupo de Estudos em Direito Comparado, do Grupo de Estudos em Arbitragem e Contratos Internacionais e do Fórum de Debates sobre Direito Financeiro. Monitor acadêmico de Direito Constitucional e de História do Direito.

## YHASMIN MONTEIRO

Graduada em Direito pela Universidade de São Paulo e graduanda em direito pela Université de Jean-Monnet. Autora do livro "Prato do Dia: Transgênicos", no prelo, a ser publicado pela Editora dos Editores. Pesquisadora da equipe vencedora da rodada regional das Americas da Price Media Moot Court Competition.

# Apresentação

O direito é a expressão normativa dos compromissos de uma comunidade em um dado momento histórico. Esta expressão acompanha – ou deveria acompanhar – as inevitáveis mutações dos valores fundamentais de uma comunidade ao longo do tempo. No caso da comunidade internacional não poderia ser diferente. São muitas as características que distinguem o cenário internacional contemporâneo do que ele fora na maior parte do século XX. Assim sendo, o foco desta coletânea é justamente esse: endereçar as mais relevantes questões que constituem o cerne do debate do direito internacional do século XXI.

Para atingirmos esse objetivo de compreendermos quais são as temáticas e teses que ditaram o debate nestes primeiros vinte e um anos de século XXI, é vital termos como premissa que o direito internacional pós-moderno é complexo na acepção original do termo, ou seja, é uma construção normativa composta de numerosos elementos interligados que interagem entre si de variadas formas. A complexificação do sistema normativo internacional materializa-se principalmente no que se convencionou chamar de "fragmentação do direito internacional", vale dizer, na criação de subdivisões do direito internacional dotados de princípios próprios, como o direito internacional dos refugiados ou o direito internacional dos direitos humanos, por exemplo.

Essa fragmentação ou diversificação do direito internacional apresenta alguns riscos, mas também oferece inúmeros benefícios. Quanto aos riscos, a fragmentação pode criar conflitos e incompatibilidades relativas a obrigações jurídicas. Por exemplo, normas inconciliáveis, porém igualmente vinculantes, podem emergir de duas subdivisões do direito internacional pós-moderno, como o direito internacional ambiental, voltado à proteção do direito comum da humanidade à uma ecologia que viabilize a existência digna, e o direito internacional do comércio, voltado ao estreitamento dos laços econômicos entre as nações. Em que pese o risco desse tipo de antagonismo normativo, a diversificação do direito internacional em ramos específicos tem o condão de permitir a expressão normativa e, na medida do possível, a compatibilização de diferentes agendas importantes do século XXI, como a proteção dos direitos humanos, a regulação humanística do afluxo de refugiados, a preservação do meio ambiente, etc.

Sucintamente, a conclusão destas breves palavras iniciais é a seguinte: para o estudioso do direito internacional – inclusive para estudantes de graduação – não basta o conhecimento do direito internacional tradicional para que se possa compreender a disciplina em toda sua amplitude. O século XXI tratou de sabotar os lugares-comuns do direito internacional clássico. Da ascensão do indivíduo à centralidade da jurisdição internacional até a elevação dos direitos humanos ao patamar de linguagem universal da humanidade, passando pelas interfaces entre o direito internacional penal e do meio ambiente e até pelas contribuições da revolução tecnológica à mudança do direito internacional, esta obra tem o intuito de oferecer um passeio panorâmico pelas principais áreas do direito internacional contemporâneo sem, contudo, a pretensão de exaurir todos os temas relevantes para a agenda do século XXI, o que nem sequer seria possível dada a complexidade de nossa realidade.

Para tanto, os capítulos compilados nesta coletânea representam, cada um ao seu modo, uma contribuição focada em alguma peculiaridade definidora do novo direito internacional de nosso século, na esperança de que a compreensão de alguns elementos únicos do intrincado direito internacional contemporâneo elucide os rumos do cada vez mais complexo direito das gentes. Os artigos, fortemente interdisciplinares, estão agrupados em dez áreas mais gerais, correspondentes a desafios novos ou com importância renovada em nosso século, sendo elas:

(i) direito internacional e tecnologia;

(ii) novos desafios do direito internacional humanitário

(iii) a proteção do indivíduo no século XXI;

(iv) a questão do refúgio;

(v) o papel do direito internacional na defesa da ecologia global;

(vi) direito do mar;

(vii) direito e relações internacionais no século XXI;

(viii) os retrocessos e progressos da integração regional em nosso século;

(ix) a emergência do direito internacional sanitário;

(x) desafios do direito internacional privado.

Por fim, enfatizam-se não só os aspectos revolucionários de cada área específica e as relações que cada ramo mantém com os demais, como também as continuidades das tradições que permanecem moldando o entendimento sobre os fenômenos relativos ao direito internacional contemporâneo. A esperança é a de que, ao nos familiarizarmos com os tópicos mais relevantes e com as especificidades de raciocínio de cada uma das áreas do novo direito internacional, possamos compreender melhor o espírito dos nossos tempos e os desafios a serem enfrentados pelos jusinternacionalistas do século XXI.

**Guilherme Stabile Nogueira**

**Bruna Sueko Higa de Almeida**

# Prefácio à 1ª edição

A oportunidade desta coletânea de estudos sobre o **Direito internacional – entre tradição e revolução no século XXI**, obra coletiva que coordenamos, merece destaque por explorar interfaces do Direito internacional e tecnologia, do Direito internacional humanitário e da proteção do indivíduo no Direito internacional, bem como a questão dos refugiados, da proteção do Meio Ambiente no Direito internacional, dos desafios do Direito internacional do mar, do direito das relações internacionais – especificamente na "legítima defesa contra agentes não-estatais: limites jurídicos da aplicação da Carta da ONU no pós-guerra contra o terror", do Direito internacional sanitário em relação à gestão compartilhada de pandemias e, ainda, dos desafios do Direito internacional privado, todas essas facetas no contexto do presente século.

Para situar o contexto atual cabe atentar para os dois termos centrais deste conjunto de exposições do Direito internacional: entre « tradição » e « revolução » são termos de uso corrente, sobre os quais muito se fala, o mais das vezes a favor, mas, também, e de modo assaz surpreendente, contra – e isso é algo que se precisa considerar. Claramente, entendo e reafirmo que ambas, « tradição » e « revolução », aplicadas no plano « internacional », ora se fazem mais do que nunca necessárias, em razão do contexto pandêmico no qual estamos insertos. Além de todos os elementos já sobejamente conhecidos e apontados, nas últimas décadas, governança e cooperação, internacionalmente aplicadas, ora em razão da conjuntura de pandemia, nos levam a enfatizar a necessidade do Direito internacional como elemento para regulação da convivência internacional, em esferas crescentes de incidência, entre « tradição » e « revolução ».

Dentre as reações ao fenômeno pandêmico em que nos encontramos, em todo o planeta, há mais de um ano, enquanto a governança da grande maioria dos países parece ter entendido e se adequado ao contexto presente, alguns poucos estados se notabilizaram, no sentido mais negativo e perverso, que se possa conceber, pela resposta oposta ao que se fazia oportuno e necessário: ao renegarem a cooperação internacional e trabalharem contra esta, causaram danos a si mesmos e aos seus povos, como ao conjunto da humanidade. Nessa categoria de negacionistas inveterados, ao lado de Turcomenistão, Bielorússia e Venezuela, tristemente também se inscreve o Brasil, em 2020 e 2021: negar a ocorrência e a gravidade da pandemia não a faz desaparecer, nem reduzir o seu impacto. Negacionismo e obscurantismo antes exacerbam e agravam o quadro de calamidade pública mundial.

Simples comparação pode ser ilustrativa: os Estados Unidos, que seguiam trajetória igualmente negacionista e obscurantista com D. TRUMP, até 2020, mudaram de rumo, a partir de 20 de janeiro de 2021, com o início da nova administração J. BIDEN. Passados exatos quatro meses, já se mostram os efeitos benéficos de se enfrentar a realidade, adotando agenda multilateral arejada e consciente, com intensificação da vacinação da população conjugada com medidas de prevenção e distanciamento, e já resulta em promissora retomada das atividades econômicas, mediante aportes

governamentais, visando os segmentos mais vulneráveis e mais dura-
mente atingidos pela pandemia. Isto é exatamente o que se espera
de governo responsável, e preocupado com vidas humanas e o
interesse público.

Quando qualquer ideologia se contrapõe ao mundo real, esta
acarreta « perda de contato vital com a realidade » – ou seja, a esquizofrenia – que parece acometer os indivíduos como os povos, e se
manifestar, por exemplo, na perda do reconhecimento da dignidade
intrínseca ao ser humano, que tem de ser acolhido e considerado
na sua plenitude e na sua diversidade, na liberdade de expressão de
seus direitos fundamentais. É, assim, preciso nos dar conta de que
algo está profundamente errado com aquela e com qualquer ideologia, e não com os seres humanos, que não se adequam a tal ideologia. Igualmente surpreendentes, também brigam com a realidade
os assim chamados « terraplanistas » ou os « creacionistas », que
negam a rotundidade da terra ou as evidências da evolução das espécies – sobejamente demonstradas desde o início da era moderna,
com as obras de Nicolau COPÉRNICO e todos os astrônomos, que se
seguiram, dentre os quais Tycho BRAHE, Johannes KEPLER e GALILEU
Galilei, bem como, desde meados do século XIX, com a evolução das
ciências da natureza, a partir de Charles DARWIN. Quando um país,
ou seu governo, embarca em aventuras negacionistas dessa ordem,
como sacrificar vidas humanas, em nome dessa suposta « ideologia »
– segundo a qual a pandemia ou não existe ou não requer cuidados
– é preciso nos darmos conta de que algo profundamente perverso,
intrinsecamente errado e intelectualmente distorcido está em curso
e é preciso reagir contra isso, com ciência e informação, com cooperação e direito internacional, porque são estas as ferramentas viáveis,
para resgatar e preservar a humanidade.

A partir desse ponto parece fácil perceber que precisamos mais e não menos governança e cooperação, internacionais:

O quadro de crise mundial de saúde, poucas vezes caracterizado como « pandemia » pela Organização Mundial de Saúde, cuja gravidade é evidente pelo fato de que muito raramente costuma ser declarado;

Obvia e inexoravelmente precisamos, todos, sem exceção, de mais governança e de mais cooperação internacionais, e não menos de ambas, porque necessariamente quaisquer medidas terão de ser adotadas em plano internacional, para surtirem efeito – para problemas intrinsecamente internacionais, se fazem necessárias respostas institucional e operacionalmente internacionais;

Intrinsecamente uma « pandemia » produz efeitos que se estendem por todo o planeta e tem de ser tratada em consonância, como algo que a todos afeta, e somente mediante a coordenação de iniciativas conjuntas será possível fazer face ao flagelo que nos assola e deveria nos fazer refletir, porquanto apesar dos enormes progressos da ciência e do conhecimento, nos vemos reféns como no passado de episódios de eclosão de doenças.

Ao quadro pandêmico que se apresentou globalmente, a partir do início de 2020 e prossegue, ceifando vidas pelo mundo, neste 2021, em sucessivas ondas e mutação de cepas do vírus, constata-se a diversidade de respostas, onde muitos estados e povos entenderam o que acontecia e reagiram de modo racional, mais ou menos adequado e eficaz – como, em geral, se deu no âmbito de estados democráticos de direito, mostrando quanto a educação e o acesso à informação são "vacinas" eficazes contra os autoritarismos obscurantistas e os desmandos negacionistas. Muitos governos desses estados democráticos deram mostras de estar à altura do cargo e das responsabilidades inerentes à condução do interesse público, pela sensatez com a qual colocaram em ação estratégias de distanciamento e prevenção, para terem "legitimidade" ao conclamarem os concidadãos a cuidarem-se do modo possível, com distanciamento e máscaras, enquanto não se dispunha de vacinas ou outros tratamentos adequados contra esse quadro pandêmico. Apesar de vozes negacionistas em contrário, diversas vacinas foram desenvolvidas em tempo recorde – se comparamos a precedentes situações equivalentes, na história, com demora de muitos anos, por vezes décadas – e começam a mudar o quadro de contaminações aceleradas, mesmo diante do desafio de novas cepas do vírus, que se espalham e proliferam, sobretudo entre os negacionistas.

Mesmo dentre os países da União Europeia foi, contudo, lamentável e preocupante ver o que ocorre em países como a Hungria de Viktor ORBAN e a Polônia de André DUDA – cujos dirigentes, valeram-se da conjuntura pandêmica para fazerem avançar suas agendas autoritárias. Fora da UE, alguns poucos estados desembestaram em espiral de desencontros administrativos, adotando doentio descolamento com a realidade: negar a pandemia, seu impacto e seus efeitos – o que não diminui a pandemia, mas acarreta aumento de mortes, como tristemente mostraram os EUA ainda sob TRUMP e, felizmente, logo souberam reverter, sob BIDEN, e como nefastamente persiste o Brasil – sob o "regime BOLSONARO" – com números assustadores de vítimas fatais ainda mais preocupantes, por serem subnotificados – enquanto outros negacionistas como o Turcomenistão sob Gurbanguly BERDIMUKAMEDOV, a Bielorússsia sob Aleksandr LUKASHENKO, ou a Venezuela sob Nicolas MADURO, não nos fornecem dados claros, para avaliação do impacto sobre os seus povos – e, mostram que ignorar a pandemia, e sugerir o uso de medicamentos notoriamente inadequados, como a *cloroquina*, a *hidroxicloroquina*, ou a *ivermectina*, bem como outros expedientes, que seriam cômicos, se não fossem trágicos, tais como tomar vodka ou fazer sauna, ou utilizar garrafada caseira à base de *tomilho* – sim, o tempero – obviamente estes expedientes não previnem nem curam a Covid 19!

Tudo isso poderia parecer surpreendente, porém esse quadro de negacionismo e de descolamento fatal da realidade, que se produz quando a realidade não corresponde ao que determinados regimes de viés autoritário querem propalar, e não convém aos desvarios políticos daqueles mandatários, não somente se mostra doentio, como negação da realidade, sempre com pesadas consequências – tanto no plano individual quanto no plano coletivo, como mostram esses tristes casos, de proliferação dos contágios e das mortes, agravados nesses poucos países sob as suas respectivas lideranças delirantes. Em tempos de pandemia, esse negacionismo e esse descolamento do mundo real resultaram em criminoso aumento do número de vítimas fatais e de infectados, e os que sobrevivem carregarão sequelas respiratórias, motoras, danos neurológicos generalizados, em decorrência da contaminação pela pandemia do Covid 19, como os hospitais já recebem de volta algo em torno de 40% dos antes denominados « recuperados », porquanto se trata de algo muito mais sério do que supostamente uma « gripezinha » ...

As únicas alternativas para combater tais desvarios são a educação e a ciência. Difundir o espírito crítico e o conhecimento são as ferramentas mais eficazes para combater as trevas e os ataques dos fundamentalistas, como ora se vêem preocupantes avanços neste nosso Brasil, vociferando discursos autoritários, pregando a intolerância, combatendo o respeito à diversidade e a proteção das minorias.

Por isso, cabe festejar a presente coletânea de estudos: pela atualidade, diversidade e abrangência dos temas abordados, pelos autores que desta obra de mão comum participam, e que tenho a grata ocasião de prefaciar.

Apesar de extemporâneas críticas ao multilateralismo e às instituições internacionais existentes, continuo a acreditar que o Direito internacional e a cooperação, entre os seres humanos, quer individualmente, quer enquanto coletividades, povos e estados, continuam a ser instrumentos fundamentais para o progresso da humanidade e a conservação da vida inteligente no planeta, com condições mínimas de conservação dos recursos vivos do planeta, do qual somos parte e do qual dependemos, apesar de recorrentes comportamentos suicidas de descaso e destruição do meio ambiente.

**Paulo Borba Casella[1] – São Paulo, 20 de maio de 2021.**

---

1    Professor titular de Direito Internacional Público da Faculdade de Direito da Universidade de São Paulo; presidente do IDIRI – Instituto de Direito Internacional e Relações Internacionais de São Paulo; coordenador do GEBRICS – Grupo de estudos sobre os BRICS; do GEPIM – Grupo de estudos sobre a proteção internacional de minorias da USP, e do GDIN-NEI – Grupo de Competições de Direito Internacional do Núcleo de Estudos Internacionais da USP.

# SUMÁRIO

**Seção 1**

## DIREITO INTERNACIONAL E TECNOLOGIA NO SÉCULO XXI ................................................................. 1

1. Emendas de Kampala e a aplicabilidade da Soberania Cibernética como possível objeto material do Crime de Agressão tipificado no Estatuto de Roma ....................................**3**

   *Anna Sambo Budahazi*
   *Igor Silvério De Carvalho Assis*
   *João Vitor Lavagnini Menezes*
   *Mariana Yumi Kono Gomes*
   *Renan Pereira Falcão*
   *Vinicios Javaroni*

2. Considerações acerca da aplicabilidade do princípio da não-intervenção às operações cibernéticas de interferência eleitoral ....................................................**33**

   *Guilherme Stabile Nogueira*

3.  Direito internacional e proteção de dados no contexto
    da sociedade da informação...................................................................**79**

> Anna Sambo Budahazi
> Beatriz De Sousa
> Bernardo De Souza Dantas Fico
> Carolina Augusta Borges Vaz Martins
> Heitor Augusto Pavan Tolentino Pereira
> Maria Beatriz Previtali
> Naiara Maria Sandes Ferreira

**Seção 2**

# DIREITO INTERNACIONAL HUMANITÁRIO
# NO SÉCULO XXI ............................................................................ **111**

4.  O uso de *drones* e os desafios contemporâneos do direito
    internacional humanitário face às novas tecnologias
    e modalidades de guerra .........................................................................**113**

> Brida Mayi Sarpa Sousa
> Leonardo Gabriel Reyes Alves Da Paes
> Maria Alexandra Laffeach Carbajal
> Maria Eduarda De Jesus Genova
> Marianna Beatriz Diaz Martins De Oliveira
> Richard Brown Silva Da Cruz
> Sabrina Rebouças Wanderley

5.  Do humanitarismo multidimensional à Responsabilidade
    de Proteger: sínteses operacionais dos mecanismos
    humanitários das Nações Unidas.........................................................**163**

> Letícia Rizzoti Lima

**Seção 3**

# A PROTEÇÃO DO INDIVÍDUO NO DIREITO INTERNACIONAL DO SÉCULO XXI ................................................ 195

6. Yazidis, rohingyas e uigures: repressão e prevenção do crime de genocídio no século XXI.................................................. 197

> Cecilia Lechner Almeida
> Cristóvão Corrêa Borba Soares
> Felipe Bonfim Silveira
> Larissa Kröner Bresciani Teixeira
> Luiza Gibran De Oliveira
> Manoela Paredes Franco Martins
> Maria Eduarda Bonatti Leonardi
> Mariana Yumi Kono Gomes
> Marina Bernardini

7. O combate à discriminação racial e ao racismo estrutural no direito internacional: conquistas e desafios para o século XXI...237

> Beatriz Tiemi Ikeda
> Bruna Sueko Higa De Almeida
> Caio Henrique Da Silveira E Silva
> João Vitor Lavagnini Menezes
> Marina Bernardini
> Sabrina Rebouçar Wanderley

8. O necessário tratamento contra-hegemônico e multicultural acerca da mutilação genital feminina no âmbito do direito internacional dos direitos humanos.................................................277

> Yhasmin Monteiro

9. *Jus standi* e a ascensão do indivíduo à centralidade da jurisdição internacional de direitos humanos no século XXI: reflexos sobre os conceitos de cidadania e de soberania estatal......................................................................**305**

Guilherme Stabile Nogueira

10. Desafios à atuação de defensoras e defensores de direitos humanos no Século XXI: Uma análise a partir de casos da América Latina................................................................................**345**

Bruna Sueko Higa De Almeida
Yhasmin Monteiro

## Seção 4

## A QUESTÃO DOS REFUGIADOS NO SÉCULO XXI ...............................................................**387**

11. Os pactos globais das migrações e do refúgio e a incompatibilidade da construção de muros à luz dos direitos humanos.........................................................................**389**

Julia Bertino Moreira

12. Direitos humanos e migração: a proteção e o acolhimento de crianças e adolescentes migrantes no Brasil.................................**415**

Paulo Roberto Fadigas César
Deborah Esther Grajzer
Mariana Mitiko Nomura
Victor Antonio Del Vecchio

## Seção 5

## A PROTEÇÃO DO MEIO AMBIENTE
## NO DIREITO INTERNACIONAL
## DO SÉCULO XXI ........................................................... 437

13. O desafio ambiental no fluxo migratório: refugiados
    ambientais? ..................................................................... **439**

> Paula Monteiro Danese

14. Interfaces do direito penal internacional e do direito
    internacional do meio ambiente – por uma tipificação
    do ecocídio como crime ambiental internacional? ......................**465**

> Caio Henrique Da Silveira E Silva
> Caroline Carvalho Cidri
> Domenica De Oliveira Zatti
> Eunice Costa De Lima
> Helena Folgueira De Campos Vieira
> João Vitor Vasques De Souza
> Maria Eduarda Da Matta Ribeiro Lessa
> Maria Giullia Pinterich Biazon

## Seção 6

## DESAFIOS DO DIREITO DO MAR
## NO SÉCULO XXI ......................................................... 503

15. A importância estratégica do Direito do Mar para os grandes
    temas do Século XXI: a poluição marinha por plásticos na
    Era do "Mar Mascarado" ......................................................**505**

> André De Paiva Toledo
> Lillie Lima Vieira

**Seção 7**

## DIREITO DAS RELAÇÕES INTERNACIONAIS NO SÉCULO XXI .................................................... 535

16. Legítima defesa contra agentes não-estatais: limites jurídicos da aplicação da Carta da ONU no pós "guerra contra o terror" .................................................................................... 537

*Bruna Alves Gonçalves*

**Seção 8**

## DIREITO DA INTEGRAÇÃO REGIONAL NO SÉCULO XXI ...... 557

17. Integração regional no MERCOSUL no século XXI: progressos, retrocessos e panorama em tempos de COVID-19 ...................................................................... 559

*Graziela Tavares De Souza Reis*

**Seção 9**

## DIREITO INTERNACIONAL SANITÁRIO NO SÉCULO XXI ...... 587

18. Direito internacional sanitário e gestão compartilhada de pandemias.................................................................. 589

*Alícia Soares*
*Anna Martha Araújo*
*Camila Amaral*
*Felipe Bonfim Silveira*
*Fernanda De Almeida E Silva*
*Helena Folgueira De Campos Vieira*

# Seção 10

## DESAFIOS DO DIREITO INTERNACIONAL PRIVADO NO SÉCULO XXI ...........623

19. A aplicação da Convenção sobre a Proteção e Promoção da Diversidade das Expressões Culturais na era digital: comercialização de bens e serviços culturais, desequilíbrios econômicos e soberania nacional..............................625

   *Natália Martins*

**Seção 1**

# DIREITO INTERNACIONAL **E TECNOLOGIA** NO SÉCULO XXI

# Emendas de Kampala e a aplicabilidade da Soberania Cibernética como possível objeto material do Crime de Agressão tipificado no Estatuto de Roma

ANNA SAMBO BUDAHAZI

IGOR SILVÉRIO DE CARVALHO ASSIS

JOÃO VITOR LAVAGNINI MENEZES

MARIANA YUMI KONO GOMES

RENAN PEREIRA FALCÃO

VINICIOS JAVARONI

**SUMÁRIO:**

1. Notas Introdutórias;

2. Crime de Agressão e Soberania Cibernética;

    2.1. Crime de Agressão;

    2.2. A Era Globalizada e Soberania Cibernética;

        2.2.1. Soberania Cibernética;

        2.2.2. Ataques Cibernéticos;

        2.3. Dos Entraves Legais;

        2.3.1. A Ativação da Jurisdição;

        2.3.2. A Cláusula de Liderança;

        2.3.3. O Teste de Gravidade;

3. Conclusão

# 1. NOTAS INTRODUTÓRIAS

O presente artigo tem como foco a análise da possibilidade de se abarcar a Soberania Cibernética como um objeto material do Crime de Agressão, previsto no artigo 8 do Estatuto de Roma, instrumento jurídico do Tribunal Penal Internacional ("TPI"). Sabe-se que, em decorrência da globalização, os conceitos clássicos de Soberania e Território deixaram de ser suficientes para compreender a nova realidade estatal. Os Estados se manifestam e exercem seu controle por espaços que não possuem fronteiras claras, e cuja maior tutela deixa de ser o físico para ser a informação. Em decorrência disso, a agressão contra um Estado também passou por sua transformação, assumindo diferentes formas pelos meios cibernéticos.

Tendo isso em mente, busca-se analisar se seria possível, na teoria e na prática, abarcar a nova Soberania dentro do já existente Crime de Agressão. Primeiramente, destrinchamos o significado de Crime de Agressão e suas particularidades no tipo penal, no objeto material tutelado, e na sua jurisdição.

Em um segundo momento, busca-se compreender sua aplicabilidade teórica. Para tal, analisamos o conceito de Soberania Cibernética, suas formas de manifestação, as formas que podem ser violadas, e a possibilidade de se configurar no objeto material.

Por fim, a partir da doutrina do Crime de Agressão, buscamos identificar os requisitos levantados pelo Tribunal para aplicabilidade do tipo penal (jurisdição, culpabilidade e gravidade), para analisar a possibilidade de se acomodar esse desejado objeto material no entendimento já existente.

Dessa maneira, observaram-se as dificuldades enfrentadas pelo Crime de Agressão, que já apresenta seus obstáculos para adaptar a Soberania Cibernética e, ainda mais fundamental, para de fato identificar e criminalizar um atentado cibernético contra um Estado.

## 2. CRIME DE AGRESSÃO E SOBERANIA CIBERNÉTICA

A elaboração de uma conceituação definitiva acerca do Crime de Agressão foi marcada por intensos debates na comunidade jurídica internacional que enfrentou diversas dificuldades para a obtenção de consensos.

Seu primeiro uso oficial na literatura legal foi no artigo 6(a) da Carta do Tribunal Internacional de Nuremberg e na Carta dos Tribunais de Tóquio, como parte integrante da definição de Crimes contra a Paz. A partir destas Cartas, a agressão era considerada apenas como um dos elementos desse Crime, sem configurar independentemente um ato internacionalmente criminalizado.

Esse entendimento se manteve constante até o Direito Internacional Contemporâneo, o qual foi marcado pelo trauma dos conflitos regionais relacionados à Guerra Fria, que despertaram a necessidade de uma regulamentação mais efetiva que abordasse a relação interestatal, tanto em tempos de guerra, quanto de paz.

Suprindo tal necessidade, a ONU criou três documentos a serem analisados conjuntamente: a Declaração das Relações Amistosas (1970), a Resolução 3314 sobre a definição de Agressão (1974) e a Declaração do Não-Uso da Força (1987) (ROSCINI, 2014). Esses documentos possuem foco na conduta estatal, no debate resultante do período vivido, e na orientação do Conselho de Segurança. Ainda assim, o caráter da definição de agressão tombava em um limbo político e legal, representando apenas uma idealização do tema, sem de fato permitir sua aplicação prática.

Com a incorporação do Crime de Agressão no Estatuto de Roma, e seu posterior aditivo explicativo em 2010, denominado Emendas de Kampala, foi possível moldar tal dispositivo (ASP-TPI, 2010). Apesar do grande avanço que as Emendas de Kampala trouxeram, o crime de agressão somente ingressou na jurisdição do Tribunal em 2018, com a Resolução ICC-ASP/Res. 5, da Assembleia dos Estados Parte assinada em Dezembro de 2017.

Atualmente, enfrentamos um novo desafio: como abarcar a concepção de Crime de Agressão nos paradigmas atuais de relação entre Estados e de Soberania, considerando a dimensão cibernética de tais conceitos?

## 2.1.CRIME DE AGRESSÃO

O primeiro questionamento deve permear o conceito de Crime de Agressão e seus requisitos legais, isto é, sua tipicidade (o que é o ato de Agressão), sua materialidade (quais os objetos jurídicos tutelados) e sua aplicabilidade (jurisdição). Nesse sentido, prevê o Estatuto de Roma, em seu artigo 8.1(bis):

1. Para os propósitos deste Estatuto, "crime de agressão" corresponde ao planejamento, preparo, iniciação ou execução, por uma pessoa em posição efetiva de exercer controle sobre ou para direcionar ações políticas ou militares de um Estado, como um ato de agressão que, pelo seu caráter, gravidade ou escala, constitui uma violação manifesta à Carta das Nações Unidas.

2. Para o propósito do parágrafo 1, "ato de agressão" corresponde ao uso de força armada por um Estado contra a soberania, integridade territorial ou independência política de outro Estado, ou ou que de alguma forma for inconsistente com a Carta das Nações Unidas. (...) (Art. 8 bis(1), Estatuto de Roma, tradução nossa).

Quanto à definição de agressão, o artigo 8 *bis*(1) a define como um crime de alto nível que contém em si: a) acúmulo do negativismo, b) maldade e c) uso da força Estatal contida na agressão (BOAS, 2013). Para auxílio da conceituação do crime de agressão, utiliza-se das disposições da Resolução 3314 da ONU, como fonte jurídica para embasamento.

Nessa resolução, define-se a agressão como qualquer ação que implica invasão ou ataque das forças armadas de um país ao território de outro, mesmo que um Estado ainda não tenha declarado guerra a outra nação; a ocupação militar, mesmo que temporária, que resulte em invasão, ataque ou anexação, através do uso da força, a um território de outra nação ou parte dele; o bombardeio do território de um país pelas forças armadas de outro Estado, bem como o uso de quaisquer armas por uma nação contra outra; o bloqueio dos portos de outro; o ataque às forças armadas terrestres, marítimas ou aéreas de outro Estado, ou de sua frota mercante ou aérea; o uso de força armada de um Estado que estão dentro do território de outro Estado com o acordo do Estado receptor, em violação ao previsto no contrato; a ação de um Estado em permitir seu temptório; ou o envio por ou em nome de um Estado de bandos armados, grupos irregular ou mercenários (CS-ONU, 1974, art. 3º).

Em segundo lugar, o dispositivo expressamente prevê a soberania, o território e a independência política como os objetos materiais a serem tutelados no Crime de Agressão, o que pode abranger a soberania em suas mais diversas formas. Considerando que a soberania é a expressividade de um Estado sobre seu território, a plenitude da jurisdição sobre ele, e a imunidade da intervenção de outros Estados (CARTA DA ONU, Art. 2(4)), nada impede a inclusão no escopo jurídico da sua manifestação por ambientes cibernéticos.

Por fim, a aplicabilidade corresponde ao requisito jurisdicional. Após a cisão dos Estados em dois grupos (AKANDE & TZANAKOPOULOS, 2018 - A), um deles defendendo uma visão estreita da jurisdição da Corte ("camp consent") e o outro partidário de uma visão mais abrangente ("camp protection"), a Assembleia decidiu adotar a visão estreita, determinando que apenas haveria jurisdição da Corte sob crimes de agressão caso ambos os

Estados envolvidos (Estado que perpetrou o crime de agressão e Estado vítima) ratificassem as Emendas (ASP-TPI, 2017 - A). Assim, a ASP incluiu um parágrafo reafirmando a independência judiciária do Tribunal, mas ainda são incertos os efeitos que tal decisão teria frente à determinação da ASP (AKANDE & TZANAKOPOULOS, 2018 - B).

Assim sendo, tem-se o supra apresentado que aparenta ser, em *prima facie*,uma linha clara e coerente de criminalização de atos de agressão contra qualquer Soberania. Contudo, na prática, existem diversos entraves e obstáculos que dizem respeito a esta criminalização. A realidade ciberné-tica mudou as regras da Guerra (GOLDSMITH, 2013), inclusive de conceitos basilares como "uso da força" e "ataques armados" previstos na doutrina e jurisprudência atual (RESOLUÇÃO 3314, 1974; CIJ, 1986; CIJ, 2005).

Disso, depreende-se duas faces a serem analisadas: (2.2.) os novos desafios da era globalizada e a inclusão da Soberania Cibernética na tutela do Crime de Agressão; e (2.3.) os entraves legais da aplicação do Crime de Agressão.

## 2.2.A ERA GLOBALIZADA E SOBERANIA CIBERNÉTICA

A evolução da sociedade com a globalização e o desenvolvimento da tecnologia, se, por um lado, trouxe diversas vantagens e integrações, por outro, trouxe desafios que exigiram uma rápida, estrutural e tecnológica resposta por parte dos Estados. Novas formas de ataque à soberania estatal podem partir de pequenos atos locais,[1] como a introdução de um vírus

---

1   Em paralelo à evolução da Era Digital e da Internet, vieram as intervenções e os crimes ciber-néticos. Um dos atos que despertaram a necessidade de uma segurança cibernética foi em 1988, quando Robert Tappan Morris (estudante da Universidade de Cornell), introduziu um vírus na internet que resultou no desligamento de por volta de 6.000 computadores que es-tavam conectados (ORMAN. *The Morris Worm: A Fifteen Year Perspective*. IEEE Security and Privacy, 2003). A partir de então, ataques cibernéticos passaram a ser cada vez mais frequentes,

em um computador, até dizer respeito a grandes operações cibernéticas estatais,[2] com funções tanto sociais quanto de imposição da força. E o mais particular acerca dessa nova era tecnológica e seus respectivos perigos é justamente o fato de que informações sobre as capacidades e formas cibernéticas estatais, inclusive militares, estão em constante mutação, tornando-se rapidamente defasadas e incompletas (ANDRESS & WINTERFELD, 2011).

Dessa forma, ao se considerar a atuação estatal, isto é, a soberania, tem-se tanto o espaço físico, quanto o cibernético.

## 2.2.1.Soberania cibernética

Frente ao paradigma clássico, a Soberania Cibernética pode ser definida como o poder exercido pela autoridade estatal de disciplinar o ciberespaço por intermédio da imposição de leis e de regramentos específicos para a sua regulamentação em uma espécie de governança exercida no seio da internet (LEITER, 2020).

Assim, por ciberespaço entende-se o domínio global dentro do ambiente de informação que consiste na rede interdependente de infraestruturas de tecnologia da informação e dados residentes - incluindo a Internet -, redes de telecomunicações, sistemas de computador e processadores e controladores incorporados (EUA-DoD, 2010).

---

e a informação permaneceu como uma das principais moedas de poder. Vê-se por exemplo em 07 de Julho de 2020, em que Lake City aceitou pagar $500,000 depois de um ataque cibernético que afetou o sistema computacional por duas semanas ("Second US Town Pays up to Ransomware Hackers," BBC, June 26, 2019).

2 Diversos Estados, principalmente dentre aqueles do mundo desenvolvido, possuem estrutura militar cibernética para abarcar os novos desafios. Cita-se, por exemplo, CYBERCOM (U.S. Cyber Command), dos EUA; People's Liberation Army (PLA), da China; Federal Agency for Government Communications and Information (FAPSI), da Russia; French Network and Information Security Agency (ANSSI); e Singapore Inforcomm Technology Security Authority (SITSA).

Desse modo, a discussão contemporânea, no que tange à constatação de uma Soberania Cibernética, por mais que conte com os pilares que tradicionalmente moldaram a concepção de um Estado westfaliano diante do Direito Internacional, acaba por ofuscar, de certa forma, conceitos até então claros e concisos de Soberania, Território e Povo.

Assim, expõe-se o desafio acerca da acepção destes termos em um mundo pautado pela multilateralidade, principalmente no que tange ao Direito Penal, considerando que sua matéria requer significativa precisão de objeto e tutela, devido ao seu caráter punitivo e privativo de liberdade, e, no plano entre Estados, de repercussões diretas no território nacional.

Como questão tangente à própria essência da Soberania, a territorialidade torna-se um fator ainda mais controverso: no universo virtual, a definição de fronteiras entre Estados se torna obtusa. Isso significa que a zona limítrofe para o exercício da jurisdição de um Estado se torna nebulosa no ciberespaço.

Como mecanismo jurídico do Direito Internacional, a demarcação territorial contempla convencionalmente apenas marcos terrestres, marítimos e aéreos – fatores de propriedade terminantemente física. Tal quesito, por sua vez, inexiste no plano da internet. Isso se deve aos mecanismos necessários para que um Estado nunca exerça sua força e seu poder no território de outro, garantindo um pressuposto fundamental para a paz (JOHNS, 2016, pp. 5-7). Em suma, são problemas de resolução indefinida pela sua recente aparição defronte os Tribunais Internacionais, em especial no que concerne ao uso da força e aos supracitados crimes de agressão.

Consequentemente, a própria definição de ciberespaço ainda é de difícil fundamentação para os teóricos do Direito, pois abrange muito além do simples sistema, do *software*, códigos ou algoritmos e da relação entre indivíduo e máquina, inserindo-se também uma rede extremamente complexa que relaciona tanto a internet quanto seu modelo de telecomunicações, o que possibilita uma ampla gama de usos para a sua funcionalidade, como ataques ordenados de hackers e o roubo de dados sigilosos dos usuários (GOLDSMITH, 2013, pp. 130-132).

Destarte, o que se almeja controlar com os parâmetros inovadores da Soberania Cibernética é a disciplina legal do ciberespaço, da internet e suas ferramentas. Partindo-se do pressuposto de que a vida em sociedade gera conflitos interindividuais, é verdadeiro que a regulamentação do meio cibernético se faz de primeira importância frente ao Direito Internacional.

Do ponto de vista sócio-econômico, uma infraestrutura de saúde, educação, trabalho, dentre diversas outras, atualmente, são percebidas no ambiente cibernético. De fato, desenvolveu-se o termo *Critical Cyber / ICT Infrastructure*, correspondente aos meios de infraestrutura cibernética que são essenciais aos serviços vitais de segurança pública, estabilidade econômica, segurança nacional, estabilidade internacional e sustentabilidade, bem como para a sustentação e restauração do ciberespaço crítico (AU, 2014; NATO, 2013).

Outra forma de manifestação essencial ao Estado, do ponto de vista interno e externo, é a segurança militar. Atualmente existem cerca de trinta e três Estados que incluem o bem estar cibernético no plano e na organização militar de seus países. Os elementos comuns na doutrina militar incluem o uso de capacidades cibernéticas para reconhecimento, operações de informação, interrupções de redes e serviços críticos, para ataques cibernéticos e como complemento à guerra eletrônica e operações de informação. Existem países que chegam a incluir em seu planejamento de guerra os recursos cibernéticos, fato que tende a se expandir cada vez mais, com o desenvolvimento da tecnologia no ciberespaço (TIMLIN, Katrina & LEWIS, James A, 2011).

As consequências da soberania sobre seu território cibernético são, em primeiro lugar, a sujeição desse ambiente ao controle legal e regulatório do

Estado, e, em segundo lugar, a proteção proveniente da soberania territorial sobre a infraestrutura que sustenta esse território cibernético, independentemente se pertence ao governo ou a entes privados ou indivíduos (NATO, 2013).

Conclui-se que a atuação estatal ultrapassa barreiras físicas territoriais, e é percebida cada vez mais em ambientes cibernéticos. No entanto, assim como ambientes físicos podem ser alvos de ataque, ambientes cibernéticos também o podem. Assim, a preocupação estatal em ambos os espaços deve ser de igual importância, principalmente no que tange à segurança de sua independência política e de sua população. Do ponto de vista de crimes internacionais, com a tutela nacional, deve vir a tutela internacional, visando cumprir seu escopo de relações entre estados, proteção da informação e proteção dos direitos humanos. Em outras palavras, a Soberania Cibernética deve vir a ser tutelada pelo Crime de Agressão.

## 2.2.2. Ataques cibernéticos

Em paralelo à evolução tecnológica, impulsionada por redes sociais, transações online, e a informação como a nova moeda mercantil, há o progresso do crime cibernético, envolvendo cada vez mais novas ferramentas e técnicas que permitem aos invasores penetrarem em ambientes mais complexos ou bem controlados e causarem mais danos, podendo, inclusive, ocultar seu agente a ponto de ser indetectável (BENDOVSCHI, 2015).

Os denominados ataques cibernéticos possuem diversas definições na literatura jurídica internacional, tendo todas em comum a ideia de confidencialidade, integridade e disponibilidade da informação. Importante ressaltar que assumem diversas formas, que se renovam constantemente, atingindo alvos ainda mais difíceis e aumentando o desafio de rastreamento. Algumas dessas formas podem ser: a partir da interferência entre duas extremidades da comunicação, de modo que todas as mensagens enviadas chegam ao invasor antes de chegar ao seu destino; ataque de força bruta, incluindo tentativas repetidas de obter acesso a informação protegida até que a chave correta seja encontrada; DDoS, em que o ataque compromete a disponibilidade da informação, de forma que o atacante inunda a vítima com comandos inoperantes; ou até diretamente por interações humanas, a partir da Engenharia Social.

Resulta que esses ataques possuem consequências catastróficas sobre alvos militares e civis e sobre a infraestrutura estatal (DURDEN, 2016; BUCKLEY, 2012), podendo violar consequentemente sua Soberania, principalmente se pode vir a causar um dano a ela (NATO, 2013). No que tange aos aspectos militares, já se foram previstos diversos problemas e desenvolvimentos das leis da guerra (WALZER, 2015), mas não como existente na Era Digital, existe apenas um dispositivo legal de proteção e criminalização capaz de abarcar as situações fáticas dinâmicas.

O que tanto se fala na teoria, pode ser percebido na prática. Estudos demonstram que no ano de 2015 ocorreram cerca de 117.000 ataques por dia (AYERS, 2016), e que apresentaram, desde então, uma tendência de crescimento no realocamento de recursos, de cerca de $3 trilhões entre 2015 e 2021 (MORGAN, 2016).

Além de números, citamos dois exemplos práticos. Em 2007, na Estônia, uma série de ataques cibernéticos, da forma DDoS (na época, uma das formas mais sofisticadas de atentados à infraestrutura cibernética), tiveram como alvo websites governamentais, financeiros e jornalísticos. Vale dizer que tais ataques se deram durante uma tensão entre Rússia e Estônia, na realocação dos Soldados de Bronze de Tallinn, um monumento soviético. Análises pós-evento sobre a culpabilidade foram inconclusivas, tendo especialistas envolvidos na situação concluído que os ataques foram sofisticados o suficiente para exigir envolvimento do Estado Russo (MILLER, 2014). Outro exemplo ocorreu em 2006, quando um grupo de hackers conduziu uma tentativa de espionagem avançada e persistente contra centenas de empresas em mais de vinte indústrias, dentre elas estatais, nos EUA. Especialistas indicaram que, caso tivesse ocorrido, teria permitido o acesso a sistemas operacionais complexos dos EUA e Canadá (ZETTER, 2013).

Percebe-se que o espaço estatal cibernético é repleto de vulnerabilidades, e é constantemente alvo de ataques, atingindo as atividades estatais e acessando informações consideradas estatais, inclusive de natureza militar, isso por diferentes agentes, estatais ou não. Assim, devido à sua maior complexidade e vulnerabilidade, a Soberania Cibernética deveria ser tutelada como objeto material do Crime de Agressão previsto no Estatuto de Roma. Atualmente, não existem impeditivos e, mais significativo, existe justificativa para tal.

## 2.3. DOS ENTRAVES LEGAIS

Parte-se, doravante, do pressuposto de que se a Soberania Cibernética de fato constitui objeto material do Crime de Agressão no âmbito do TPI. Cientes dos conceitos apresentados até então, supondo-se que viesse, à atenção do TPI, uma denúncia de crime de agressão concernente a um ataque cibernético, questiona-se quais seriam os entraves esperados no curso da análise do caso hipotético. No presente trabalho, serão abordadas as questões jurisdicionais do Tribunal, em relação à sua ativação perante o crime de agressão, bem como a atribuição de tal crime e a gradação do ataque cibernético relacionado, avaliando-se o seu possível enquadramento no patamar requerido para ser classificado como ato de agressão.

### 2.3.1. A ativação da jurisdição

Como mencionado anteriormente, uma grande questão discutida na ASP envolveu as hipóteses de ativação da jurisdição do Tribunal sobre o crime de agressão. A discussão se deu no bojo dos procedimentos do TPI iniciados a partir de referendos dos próprios Estados e de investigações iniciadas a *proprio motu* pelo promotor do Tribunal, segundo o artigo 15*bis*, do Estatuto de Roma.

Ao final dos debates, prevaleceu a visão denominada de "camp consent", apoiada por Canadá, Japão, Colômbia, França, Noruega e Reino Unido (ASP-TPI, 2017 - B). Tal corrente centralizava o consentimento das partes, no sentido de que o Tribunal poderia apenas exercer jurisdição sobre o crime de agressão caso ambos os Estados envolvidos tivessem consentido com tal jurisdição, através da ratificação das Emendas. Um dos fatores decisivos para a prevalência do "camp consent" foi o número de países que ratificaram as Emendas: sabendo que, ao final de 2017, apenas 35 Estados-parte (dos 123 Estados-parte do Estatuto de Roma)[3] ratificaram o instrumento, assumir uma visão abrangente teria efeitos drásticos e extensos (AKANDE & TZANAKOPOULOS, 2018 - B).

O grupo de países que apoiavam a visão do "camp protection", envolvendo Liechtenstein, Argentina, Botswana, Samoa, Eslovênia e Suíça (ASP-TPI, 2017 - B), entretanto, foi contemplado na inclusão do parágrafo terceiro da Resolução da ASP, em que a Assembleia se refere aos artigos 40 e 119 do Estatuto de Roma a fim de reafirmar a independência dos juízes do Tribunal (ASP-TPI, 2017 - A). Apesar de os efeitos não serem esclarecidos em sua aplicação, tal menção pode ensejar certa discrição do Tribunal ao julgar sobre a aplicação da própria jurisdição (AKANDE & TZANAKOPOULOS, 2018 - B).

De qualquer modo, a vitória da visão estreita da ativação da jurisdição do Tribunal diminui significativamente as expectativas de se assistir a uma atuação expressiva do TPI na punição de crimes de agressão

---

3   Veja em: ICC. The States Parties to the Rome Statute. Disponível em: https://asp.icc-cpi.int/en_menus/asp/states%20parties/pages/the%20states%20parties%20to%20the%20rome%20statute.aspx. Acesso em 20 de março de 2021.

envolvendo uma possível violação da soberania cibernética, principalmente tomando nota de que os principais países envolvidos com atuações militares no âmbito cibernético, como Rússia, Estados Unidos, e China (TIMLIN & LEWIS, 2011), não ratificaram as Emendas.[4]

## 2.3.2.Cláusula de liderança

Suponha-se que o problema inicial de jurisdição do Tribunal tenha sido resolvido, em um caso hipotético, e que o Tribunal realmente inicie procedimentos referentes a um suposto crime de agressão por ataque cibernético. Caberia, então, a análise sobre qual indivíduo seria responsabilizado criminalmente pelo ato de agressão em questão. Conforme o artigo 8*bis*(1), do Estatuto de Roma, a resposta seria o indivíduo em uma posição capaz de efetivamente controlar ou dirigir a ação política ou militar de um Estado.

Essa solução, denominada "Cláusula de Liderança", já foi interpretada previamente na jurisprudência do Tribunal de Nuremberg, no caso "US v. von Leeb et al", no sentido de que não só abrange a exclusiva pessoa do líder, mas também o grupo de pessoas envolvidos na liderança (Tribunal Militar de Nuremberg, 1950), e outros indivíduos que ocupem posições elevadas nos ramos civil, militar, e econômico ou político (CDI, 1950).

O Grupo Especial de Trabalho no Crime de Agressão, todavia, rejeitou a adoção de critérios utilizados pelo Tribunal de Nuremberg, em razão de sua abrangência, o que possibilitaria que um grande grupo de indivíduos fosse responsabilizado pelo crime de agressão (ASP-TPI, 2004). Nesse ensejo, o Grupo decidiu fixar o critério de "effective control", desenvolvendo

---

4    Veja em: United Nations Treaty Collection. Amendment to article 8 of the Rome Statute of the International Criminal Court, Kampala, 10 June 2010. Disponível em: https://treaties.un.org/doc/Publication/MTDSG/Volume%20II/Chapter%20XVIII/XVIII-10-a.en.pdf. Acesso em 20 de março de 2021.

a doutrina do "command responsibility" (AMBOS, 2013), estabelecendo como sujeitos da responsabilidade penal apenas aqueles indivíduos que possuíssem, *de facto*, o poder de exercer controle sobre, ou dirigir, a ação política e militar, devendo haver uma conexão entre essas duas esferas (ZIMMERMAN & FREIBURG, 2016).

O grupo, inclusive, abre a interpretação do critério ao defini-lo como abrangente o bastante para atingir os líderes mais influentes (ASP-TPI, 2004). Tal entendimento possibilita a responsabilização daqueles indivíduos que não necessariamente ocupam  posições de liderança dentro do Estado (AMBOS, 2016), mas deve haver um conhecimento acerca da política de agressão daquele, a fim de caracterizar um controle suficiente nos termos da cláusula de liderança (HELLER, 2011).

O Estatuto, entretanto, parece não reconhecer a responsabilização de cúmplices, ao restringir os modos de participação à conduta do perpetrante. A introdução do parágrafo 3*bis*5, no artigo 25, do Estatuto de Roma, reproduz a cláusula de liderança inclusa no Artigo 8*bis* do Estatuto, restringindo os modos de participação no crime de agressão aos indivíduos que participam do círculo de liderança da política de agressão do Estado, e que exercem controle efetivo sobre as suas forças militares (AMBOS, 2016). Assim, o Estatuto parece impor uma limitação desnecessária para a atribuição da conduta que leva ao crime de agressão, abrindo um vácuo de impunidade (AMBOS, 2014).

Quando se consideram os atributos específicos dos ataques cibernéticos, a normativa do Estatuto de Roma impõe uma restrição ainda mais severa para a atribuição do crime de agressão por essas vias. Ressalvando a análise desses ataques supracitados, eis que sua condução frequentemente é encoberta por incertezas (LINAKI, 2014), os referentes ataques geralmente

---

5    Lê-se, no parágrafo 3*bis* do artigo 25 do Estatuto de Roma: "In respect of the crime of aggression, the provisions of this article shall apply only to persons in a position effectively to exercise control over or to direct the political or military action of a State".

abrangem indivíduos de diversas posições, frequentemente envolvendo *hackers* liberais, sem qualquer vínculo definido com algum Estado (DINNISS, 2013), e conduzidas a despeito de qualquer hierarquia estabelecida à semelhança do modelo de rígido comando militar, ou da burocracia do ramo executivo de um Estado (MILLER, 2014).

A atuação de grupos dispersos e de pouca organização hierárquica, como é o exemplo do "Anonymous", na realidade, reflete uma tendência nas campanhas de guerra das últimas décadas (WEISBORD, 2009). Nessa seara, as Emendas de Kampala excluem a possibilidade de responsabilização penal de agentes desvinculados do Estado, embora se assista, no Direito Internacional, a um desenvolvimento importante da hipótese de atribuição de ataques armados a atores não-estatais no contexto do terrorismo (WEISBORD, 2009; GARWOOD-GOWERS, 2004; GRAY, 2018).

No limite, conquanto poderia se reconhecer a caracterização de um vínculo de atribuição entre agressões cibernéticas e organizações hierarquicamente estabelecidas, com estrutura paraestatal, como é o caso de organizações terroristas, que porventura enveredassem em operações cibernéticas, o alargamento da atribuição conforme a doutrina supramencionada ainda não abrangeria os grupos de pouca hierarquia que engajassem nas mesmas ações (AMBOS, 2011), alargando o vácuo de impunidade aberto pela linguagem das Emendas.

Outra questão a ser analisada resta na interação entre o parágrafo 3*bis*, que introduz a cláusula de liderança na atribuição de culpabilidade do crime de agressão no Estatuto, e o parágrafo 3.d, ambos do artigo 25, do Estatuto de Roma. O parágrafo 3.d[6] codifica a doutrina da "Joint Criminal

---

6   Lê-se, no parágrafo 3.d do artigo 25 do Estatuto de Roma: "In any other way contributes to the commission or attempted commission of such a crime by a group of persons acting with a common purpose. Such contribution shall be intentional and shall either: (i) be made with the aim of furthering the criminal activity or criminal purpose of the group, where such activity or purpose involves the commission of a crime within the jurisdiction of the Court; or (ii) be made in the knowledge of the intention of the group to commit the crime".

Enterprise" (JCE), desenvolvida nos Tribunais Criminais Internacionais da Iugoslávia (TCI, 2015) e de Ruanda (TCR, 2004), e apresenta extensiva aplicação aos crimes prescritos no Estatuto, reconhecendo a responsabilidade penal de grupos que, embora não se amoldem no controle direto pelo Estado, contribuíram para o ato de agressão, agindo em comunhão de objetivos (WEISBORD, 2011).

Assim, a interpretação da doutrina de JCE pelo Tribunal pode levar à responsabilização de grupos de *hackers* desvinculados do Estado, mas que estejam engajados em um ato de agressão cibernética, em comunhão de propósitos com o Estado. Duas questões, todavia, devem ser levantadas: seria a cláusula de liderança aplicável também no parágrafo 3.d? E, adicionalmente, como seria esse parágrafo operacional em relação a atores não-estatais totalmente desvinculados do Estado?

*A priori*, poderia sé argumentar que o TPI aplicaria a cláusula de liderança também na hipótese do parágrafo 3.d, reconhecendo responsabilidade penal apenas dos líderes daqueles grupos não-estatais envolvidos em ataques cibernéticos (MILLER, 2014). A hipótese, contudo, revela-se problemática, tendo em vista a tendência supracitada de grupos de *hackers* organizados sob uma fraca, ou indefinida, estrutura hierárquica, de modo que a necessidade de se apreciar uma cláusula de liderança em casos envolvendo tais grupos levaria, novamente, ao vácuo de impunidade trazido nas Emendas de Kampala, eximindo tais grupos de culpabilidade por impossibilidade de se definir seu círculo de liderança, ou os indivíduos que estejam no controle dos demais, organizando a força associada aos ataques cibernéticos.

Por outro lado, podem surgir conflitos diante do critério inscrito no parágrafo 3.d, que exige, para a responsabilização de grupos não-estatais, a existência de uma comunhão de propósitos com o círculo de liderança que controla o poderio estatal a fim de praticar o ato de agressão. Assim, a hipótese não fornece uma proposta totalmente desvinculada do Estado, porquanto parece que, na ausência de tal afinamento de objetivos, não haveria como configurar a responsabilidade penal de atores não-estatais. Como já demonstrado, incorreria, novamente, o TPI no vácuo de impunidade, tendo em vista que, frequentemente, atores não-estatais engajados em ataques cibernéticos agem a despeito de qualquer vínculo com entidade estatal.

Em suma, é de se notar que a ASP, ao considerar a jurisdição do TPI sobre o crime de agressão, tomou especial preocupação ao determinar a quem poderia ser atribuída a culpabilidade pelo crime de agressão. Nesse ensejo, adotou-se posição claramente centrada no Estado, e tal fator pode ser compreendido como uma decorrência do uso, à título de referência para o crime de agressão, da Resolução nº 3314 do Conselho de Segurança da ONU (MILLER, 2014). Todavia, alguns autores argumentam que, a despeito do tema da culpabilidade, a ASP deveria ter concedido zelo especial à matéria da ilicitude envolvida no crime de agressão, como componente essencial do crime (AMBOS, 2011).

### 2.3.3. O Teste de Gravidade

Tomando como fundamento a crítica apresentada ao assunto referente ao teste de culpabilidade requerido para a atribuição do crime de agressão, suponha-se que tais entraves foram superados, em um caso hipotético, e então se prossegue a analisar a real ilicitude.

A agressão é a forma mais grave e perigosa do uso ilegal da força e que, para determinar se um ato de agressão foi cometido, é necessário considerar todas as circunstâncias de cada caso particular, incluindo a gravidade dos atos em questão e suas consequências, de acordo com a Carta das Nações Unidas.

Assim, desenvolveu-se um teste da gravidade do ataque armado a fim de entender se houve Crime de Agressão, tendo como parâmetro a jurisprudência da Corte Internacional de Justiça. Em primeiro lugar, deve-se distinguir a forma mais gravosa do uso da força, para então o Tribunal se embasar nas formulações da Declaração sobre os Princípios do Direito Internacional relativo às Relações Amigáveis e Cooperação entre Estados de acordo com a Carta das Nações Unidas (ICJ, 1984). Segundo tal instrumento, todo Estado tem os deveres de se abster da ameaça ou uso da força para violar fronteiras internacionais, de se abster de atos de represália que envolvam uso da força, de se abster de toda ação forçada que prive os povos, de se abster de organizar ou estimular a organização de forças irregulares, e de abster-se de organizar, instigar, apoiar ou participar em atos de conflito civil ou atos terroristas em outro Estado (RESOLUÇÃO 2625, 1970).

O grande desafio é como traduzir os conceitos de uso da força e ataques armados ao ambiente cibernético.

Quanto à força armada, esta poderá ser analisada tendo como base três critérios: (i) quanto aos instrumentos utilizados, o que é considerado limitado no caso das operações cibernéticas (HANDLER, 2012; WAXMAN, 2013); (ii) quantos aos efeitos produzidos, equiparados às armas mecânicas (DINSTEIN, 2002); ou (iii) quanto à sua condução contra a infraestrutura crítica nacional (NCI), quaisquer sejam os efeitos ou natureza da operação (JOYNER & LOTRIONTE, 2001). O problema da abordagem é ser muito abrangente, podendo envolver até operações que resultem em meras inconveniências (ROSCINI, 2014).

Quanto ao uso da força, alguns especialistas apontam que danos materiais devem surgir como uma consequência direta e previsível do CNA e devem ser semelhantes aos danos associados ao que são geralmente reconhecidos como armas militares (SILVER, 2002; US DoD, 1999). Tal definição não abarca, em tese, as novas tecnologias militares.

Há, contudo, uma corrente que defende a configuração de "uso da força" por ataques cibernéticos, mesmo que esses gerem apenas efeitos não-físicos, considerando a dependência da sociedade contemporânea em mecanismos de informática, cujo impacto pode ser análogo à destruição, gerando efeitos físicos comumente atribuídos às armas militares convencionais. Para tanto, foram estabelecidos critérios para realizar o teste de destruição não-física de um ataque cibernético para que configure "uso da força" (SCHMITT, 1998-9).[7]

Cita-se a *Kinetic Equivalence Doctrine*, segundo a qual a operação cibernética constitui um uso de força quando sua escala e efeitos são compatíveis com operações não cibernéticas, chegando ao nível de um uso de força. Sob essa ótica, os seguintes critérios podem ser levantados para determinar ataques cibernéticos como uso da força: gravidade, imediatismo, franqueza, invasividade, mensurabilidade dos efeitos, caráter militar, envolvimento do Estado e legalidade presumida (NATO, 2013).

Sob tais aspectos, conclui-se que é possível acomodar as realidades cibernéticas nas definições de uso da força e forças armadas, a partir de critérios próprios já desenvolvidos pela doutrina e autoridades. Ainda assim, tal conclusão não é óbvia, restando ao TPI optar por trazer soluções a essas demandas.

# 3. CONCLUSÃO

O Crime de Agressão, desde sua previsão no Estatuto de Roma do TPI, abarca a ideia de Soberania, típica do Direito Internacional Público, como um dos objetos materiais a serem tutelados. Em sua letra e espírito atuais, contudo, o artigo 8*bis* parece muito limitado e restritivo. Ele foi desenvolvido conforme as demandas nas relações entre Estados, na prevenção da guerra,

---

7    Os critérios mencionados foram definidos pelo autor como "not legal", mas apenas como fatores que podem influenciar a avaliação, por um Estado, do do uso da força). Vale a pena notar que alguns critérios (Directness, Measurable effects e Presumptive Legality) sofrem críticas.

e na garantia da paz, abarcando as necessidades de um momento específico na história, e, contudo, engessou-se, ignorando a realidade moderna de agressão.

O dispositivo prevê os conceitos tradicionais de uso de força e força armada como preceitos bases da criminalização da agressão. Entretanto, tais conceitos se tornaram relativamente anacrônicos e não serão suficientes para lidar com as ameaças e desafios de segurança do século XXI. Em decorrência disso, a preocupação é que sua escrita atual exclua medidas não usuais de guerra, como os ciberataques.

A primeira análise do presente artigo foi sobre a possibilidade da Soberania Cibernética ser considerada um objeto material do Crime. Fato é que, atualmente, o Estado, progressivamente, manifesta seus recursos e seu poder por meios digitais, fornecendo infraestrutura básica à sua população, mantendo a dinâmica político-sócio-econômica e garantindo segurança e desenvolvimento militar por esses meios.

Consequentemente, aumenta a frequência e o impacto dos ataques cibernéticos, crime que muda de forma com extremo dinamismo, exigindo grande realocação de recursos estatais para seu combate. Paralelamente, a letra do artigo 8 do Estatuto em nada impede a inserção da Soberania Cibernética como ponto a ser tutelado, principalmente observando-se a crescente tendência cibernética mundial. Mas, para tal, o Crime de Agressão deve ser robustamente desenvolvido para permitir a devida tutela aos objetos materiais protegidos pelo art. 8 do Estatuto de Roma.

Entretanto, analisando-se a operacionalidade das Emendas de Kampala no efetivo exercício da jurisdição do Tribunal, pôde-se concluir que os desafios já existentes para o real julgamento de um Crime de Agressão em genérico não apenas se reproduzem quando avaliados no contexto dos ataques cibernéticos, mas se amplificam. Isso porque, como compreendido, a Soberania Cibernética introduz novos desafios no contexto tradicional da soberania territorial dos Estados, e os requisitos de jurisdição e culpabilidade das Emendas, bem como da gravidade do impacto mínimo requerido para se configurar o Crime de Agressão, já intensamente restritivos no conceito tradicional do crime, afunilam-se ainda mais.

Com as Emendas de Kampala, novos julgamentos por alegados Crimes de Agressão em nível nacional e internacional são uma possibilidade. No entanto, devido aos difíceis procedimentos para processá-lo e à entrada em vigor das alterações, questiona-se da possibilidade de alguma pessoa ser processada pelo Crime conforme definido no Estatuto de Roma. Interessante notar que, desde 1946, não houve nenhum julgamento nacional ou internacional por alegados Crimes de Agressão, embora o Conselho de Segurança tenha determinado que atos de agressão foram cometidos, por exemplo, pela África do Sul e Israel.[8]

---

8    CRIME of aggression. *In*: ICD. [*S. l.*], 29 dez. 2020. Disponível em: http://www.internationalcrimesdatabase.org/Crimes/CrimeOfAggression#p4. Acesso em: 29 dez. 2020.

# REFERÊNCIAS BIBLIOGRÁFICAS

AKANDE, Dapo & TZANAKOPOULOS, Antonios. **The Crime of Aggression before the International Criminal Court: Introduction to the Symposium**, The European Journal of International Law, Vol. 29, no. 3, 09 de Novembro de 2018. Disponível em <https://academic.oup.com/ejil/article/29/3/829/5165648> .

AKANDE, Dapo & TZANAKOPOULOS, Antonios. **Treaty Law and ICC Jurisdiction over the Crime of Aggression, European Journal of International Law**, Volume 29, Issue 3, 09 de Novembro 2018, pp. 939–959. Disponível em <https://academic.oup.com/ejil/article/29/3/939/5165645>.

AMBOS, Kai. **Individual Criminal Responsibility for Cyber Aggression**, Journal of Conflict and Security Law, Vol. 21, Issue 3, Winter 2016, pp. 495–504. Disponível em <https://academic.oup.com/jcsl/articleabstract/21/3/495/2525371?redirectedFrom=fulltext> .

AMBOS, Kai**.** The Crime of Aggression After Kampala, 53 Germany Yearbook of International Law 463, 2011.

AMBOS, Kai. **Treatise on International Criminal Law**, vol. I, Oxford University Press, 2013.

AMBOS, Kai. **Treatise on International Criminal Law**, vol. II, Oxford University Press, 2014.

ANDRESS, Jason & WINTERFELD, Steve. **Cyber Warfare: Techniques, Tactics and Tools for Security Practitioners**. USA: Elsevier, 2011.

ASP - TPI. International Criminal Court, Assembly of States Parties, **Activation of the Jurisdiction of the Court over the Crime of Aggression.** ICC Doc. Resolution ICC-ASP/Res.5 on the 14 December 2017.

ASP - TPI. International Criminal Court, Assembly of States Parties, Review Conference, **The Crime of Aggression**, ICC Doc. RC/ Resolution no 6, June 11, 2010.

ASP-TPI. **Activation of the jurisdiction of the Court over the crime of aggression**, ICC-ASP/16/Res.5, 16ª Sessão, Nova Iorque, 14 de Dezembro de 2017. Disponível em <https://asp.icc-cpi.int/iccdocs/asp_docs/Resolutions/ASP16/ICC-ASP-16-Res5-ENG.pdf>.

ASP-TPI. June 2004 **Report, ICC-ASP/3/SWGCA/INF.1**, 13 de Agosto de 2004. Disponível em <https://asp.icc-cpi.int/iccdocs/asp_docs/library/asp/ICC-ASP-3-SWGCA-INF.1-_crime_of_aggression_-_English.pdf>.

ASP-TPI. **Report on the Facilitation on the Activation of the Jurisdiction of the International Criminal Court over the Crime of Aggression (Crime of Aggression Report**), Doc. ICC-ASP/16/24, Nova Iorque, 27 November 2017. Disponível em <https://asp.icc-cpi.int/iccdocs/asp_docs/ASP16/ICC-ASP-16-24-ENG.pdf>.

Assembleia Geral da ONU. **Rome Statute of the International Criminal Court**, 2187 U.N.T.S. 90, 17 de Julho de 1998. Disponível em <https://www.icc-cpi.int/resource-library/documents/rs-eng.pdf> .

AU. **African Union Convention on Cyber Security and Personal Data Protection**. Junho 2014. Diposnível em <https://au.int/sites/default/files/treaties/29560-treaty-0048_-_african_union_convention_on_cyber_security_and_personal_data_protection_e.pdf>.

AYERS, Chyntia. **Rethinking Sovereignty in the Context of Cyberspace**. Army War College, Dezembro de 2016. Disponível em <http://csl.army.mil/ALLPublications.aspc>.

BENDOVSCHI, Andreea. **Faculty of Accounting and Management Information Systems**. Bucharest University of Economics, Piata Romana 6, Romania, 2015.

BOAS, Anouk T. **The Definition of Aggression and Its Relevance for Contemporary Armed Conflict,** 6 International Crimes Database Brief 1, 2013. Disponível em <http://www.internationalcrimesdatabase.org/upload/documents/20141020T170547-ICD%20Brief%201%20-%20Boas.pdf>.

BUCKLEY, Chris. **China Military Paper Warns Officers to Toe Party Line**. Reuters, Maio de 2012. Disponível em <http://www.reuters.com/article/us-china-militaryidUSBRE84E04R20120515>.

CDI. **Principles of International Law recognized in the Charter of the Nuremberg Tribunal and in the Judgment of the Tribunal**, II ILC YearBook 376, 1950. Disponível em <https://legal.un.org/ilc/texts/instruments/english/commentaries/7_1_1950.pdf>.

DINNISS, Heather H. 'Participants in Conflict—Cyber Warriors, Patriotic Hackers and the Laws of War' em SAXON, Dan (ed). **International Humanitarian Law and the Changing Technology of War,** Brill, 2013.

DINSTEIN, Yoram. **Computer Network Attacks and Self-Defense**. International Law Studies, Volume 76, 2002.

DURDEN, Tyler. **China Threatens its Economists and Analysts to Only Write Bullish Reports, or Else.** ZeroHedge, 3 May 2016. Disponível em <www.zerohedge.com/news/2016-05-03/china-threatens-its-economistsand-analysts-only-write-bullish-reports-or-else>.

EUA-DoD. **Dictionary of Military and Associated Terms, Joint Publication** *1–02, 8 November 2010* (As Amended Through 16 July 2013). Disponível em <http://www.dtic.mil/doctrine/new_pubs/jp1_02.pdf >.

GARWOOD-GOWERS, Andrew. **Self-defence Against Aerrorism in the Post 9/11 World**, 13 Queensland University of Technology Law and Justice Journal 167, 2004.

GOLDSMITH, Jack. **How Cyber Changes the Laws of War. The European Journal of International Law**, Volume 4, nº 1, 2013, pp. 129 a 138.

GRAY, Christine. **The Use of Force Against Terrorism: a new war for a new century?,** International Law and the Use of Force (4th edition), 2018.

HANDLER, Stephanie Gosnell. **The New Cyber Face of Battle: Developing a Legal Approach to Accommodate Emerging Trends in Warfare**. Stanford Journal of International Law, Volume 48, 2012.

HELLER, Kelvin J. **The Nuremberg Military Tribunals and the Origins of International Criminal Law**, Oxford University Press, 2011.

JOHNS, Fleuer. *Data* **Territories: Changing Architectures of Association in International Law**. Netherlands Yearbook of International Law, Volume 47, December 2016, pp. 107-129.

JOYNER, Christopher C. & LOTRIONTE, Catherine. **Information Warfare as International Coercion: Elements of a Legal Framework.** European Journal of International Law, Volume 12, 2001.

LEITER, Andrea. **Cyber Sovereignty: a snapshot from a field in motion**. Harvard International Law Journal Frontiers, Volume 61, 2020.

Letter from the Permanent Representative of the United States of America to the United Nations Addressed to the President of the Security Council, **U.N. Doc. S/2003/351**, 20 de Março de 2003. Disponível em <https://digitallibrary.un.org/record/490434?ln=en>.

Letter from the Permanent Representative of the United States of America to the United Nations Addressed to the President of the Security Council, **U.N. Doc. S/2001/946**, 07 de Outubro de 2001. Disponível em <https://digitallibrary.un.org/record/449476?ln=en>.

LINAKI, Evangelia. *Cyber* **Warfare and International Humanitarian**

**Law: A Matter of Applicability**, 27 Journal of International Law of Peace and Armed Conflict, 2014.

MILANOVIC, Marco. **Aggression and Legality: Custom in Kampala**. Journal of International Criminal Justice, Volume 10, 2012.

MILLER, Kevin L. **The Kampala Compromise and Cyberattacks: can there be an International Crime of Cyber-Agression?,** 23 Southern California Interdisciplinary Law Journal 217, 2014.

MORGAN, Steve. **Hackerpocalypse: A Cybercrime Revelation. Technical** Report. Cybersecurity Ventures, Augusto de 2016, pp. 1–24.

NATO Cooperative Cyber Defence Centre of Excellence. **Tallinn Manual on the International Law Applicable to Cyber Warfare**, (Michael N. Schmitt ed.), Cambridge University Press, 2013. Disponível em <https://www.peacepalacelibrary.nl/ebooks/files/356296245.pdf>.

O'CONNEL, Mary Ellen & NIYAZMATOV, Mirakmal. **What Is Aggression? Comparing the Jus Ad Bellum and the ICC**. Statute. Journal of International Criminal Justice, Volume 10, 2012, pp. 189-207.

ROSCINI, Marco. **Cyber Operations and the Use of Force in International Law,** Oxford University Press, 2014.

SCHMITT, Michael N. **Computer Network Attack and the Use of Force in International Law: Thoughts on a Normative Framework**. Columbia Journal of Transnational Law, Volume 37, 1998-9.

SILVER, Daniel B. **Computer Network Attack as a Use of Force under Article 2(4) of the United Nations Charter**. International Law Studies, Volume 76, 2002.

TCI. Prosecutor v. Popovic et al**, case no. IT-05-88-A, Appeals Judgment**, 30 de Janeiro 2015. Disponível em <https://www.icty.org/x/cases/popovic/acjug/en/150130_judgement.pdf> .

TCR. Prosecutor v. Ntakirutimana **et al, cases nos. ICTR-96-10-A e ICTR-96-17-A, Appeals Judgment,** 13 de Dezembro de 2004. Disponível em <https://unictr.irmct.org/sites/unictr.org/files/case-documents/ictr-96-17/appeals-chamber-judgements/en/041213.pdf>.

TIMLIN, Katrina & LEWIS, James A. **Preliminary Assessment of National Doctrine and Organization**, UNIDIR, Center for Strategic and International Studies, Cybersecurity and Cyberwarfare, 2011. Disponível em <http://www.unidir.org/files/publications/pdfs/cyber-security-and-cyberwarfare-preliminary-assessment-of-national-doctrine-and-organization-380.pdf>.

Tribunal Militar de Nuremberg. **US v von Leeb et al (High Command case), 11 Trials of War Criminals before the Nuremberg Military Tribunals under Control Council Law** No. 10 TWC 462, 1950. Disponível em <http://www.worldcourts.com/imt/eng/decisions/1948.10.28_United_States_v_Leeb.pdf>

UN DOC. **Resolution RC/Res.6,** June 11, 2010. Disponível em <http://www.icccpi.int/iccdocs/asp_>.

US DoD. **An Assessment of International Legal Issues in Information Operations**. Maio de 1999. Disponível em <http://www.au.af.mil/au/awc/awcgate/dod-io-legal/dod-io-legal.pdf>.

WALZER, Michael. **Just and Unjust War: A Moral Argument with Historical Illustration.** Basic Books, 5ª edição, 2015.

WAXMAN, Matthew C. **Self-Defensive Force against Cyber Attacks: Legal, Strategic and Political Dimensions.** International Law Studies, Volume 89, 2013.

WEISBORD, Noah. **Conceptualizing Aggression**, 20 Duke Journal of Comparative and International Law 1, 2009.

WEISBORD, Noah. **Judging Aggression**, 50 Columbia Journal

of Transnational Law. 82, 2011. Disponível em <http://blogs2.law.columbia.edu/jtl/wp-content/uploads/sites/4/2014/05/Weisbord50ColumJTransnatlL82.pdf>.

ZETTER, KIM. **Report: US and Israel B.hind Flame Espionage Tool**. Wired, 2012. Diposnível em <https://www.wired.com/2012/06/us-and-israel-behind-flame/>.

ZIMMERMAN, Andreas & FREIBURG, Elisa. 'Article 8bis' em TRIFFTERER, Otto & AMBOS, Kai (eds), **The Rome Statute of the International Criminal Court: A Commentary,** Beck/Hart/Nomos, 2016.

# Considerações acerca da aplicabilidade do princípio da não-intervenção às operações cibernéticas de interferência eleitoral

GUILHERME STABILE NOGUEIRA

**SUMÁRIO:**

1. Introdução
2. Uma prática antiga em uma nova conjuntura: operações de influência em eleições no contexto da sociedade da informação do século XXI

   2.1. Influência, interferência, intervenção: gradações de um mesmo fenômeno?

   2.2. Principais categorias de interferência eleitoral por meio cibernético

   2.2.1. Adulteração da infraestrutura eleitoral

   2.2.2. *Doxing*

   2.2.3. Campanhas de desinformação
3. Aplicabilidade do direito internacional no ciberespaço

   3.1. O conteúdo do princípio da não-intervenção no domínio cibernético

   3.2. Aplicação do princípio da não-intervenção às principais categorias de ciberinterferência eleitoral
4. Considerações finais.

# 1. INTRODUÇÃO

O direito internacional é um sistema de normas que visa disciplinar e regulamentar as atividades exteriores dos Estados e da sociedade internacional como um todo. Essas normas internacionais, todavia, sejam lá de quais fontes emanem – tratados, costume, princípios, etc, foram aceitas como vinculantes em relação aos comportamentos dos sujeitos de direito internacional, em especial dos Estados, em um contexto em que a revolução tecnológica era apenas incipiente, sem a complexidade contemporânea.

Assim, é apenas natural que regras construídas em um determinado contexto enfrentem dificuldades de se compatibilizarem perfeitamente em outro contexto completamente diferente. A consolidação do processo de globalização associada com o advento de tecnologias típicas da sociedade da informação, como a internet, a computação em nuvem e a inteligência artificial, foram responsáveis por uma complexificação do cenário internacional, o que acarretou aparentes incompatibilidades normativas de algumas regras do direito internacional quando aplicadas nesse novo contexto.

Um dos comportamentos estatais viabilizados por essa nova realidade em que o digital torna-se tão real quanto o mundo físico foi o uso dessas ferramentas da sociedade da informação, especialmente da internet e das redes sociais, para influenciar os desígnios soberanos de outros Estados através de intervenções eleitorais levadas a efeito por meios cibernéticos. O uso pelos Estados de operações virtuais voltadas contra a lisura do processo eleitoral de outras nações não é mais uma conjectura teórica. Em bem verdade, "estima-se que mais de 22 estados são responsáveis por patrocinar operações cibernéticas contra outros estados, e a quantidade e escala dessas operações cresce a cada dia" (MOYNIHAN, H; 2019, p. 3, trad. do autor). A disseminação desse tipo de prática enseja uma questão de extrema relevância, que é como o direito internacional se aplica nos mais variados casos de intervenção cibernética eleitoral. Feitas estas considerações iniciais, e percebendo-se que a dinâmica internacional não mais permite que se ignore a relevância desse novo paradigma tecnológico, este artigo tem por objetivo analisar a aplicabilidade prática de uma das normas mais clássicas do direito internacional, qual seja, o princípio da não-intervenção, e verificar se sua conformação tradicional tem o condão de regular as operações de influência cibernética em contexto eleitoral, ou se há a necessidade de algumas reformulações teóricas no princípio para que este se aplique de maneira satisfatória ao novo paradigma da sociedade da informação.

Para tanto, começaremos nossa investigação partindo de uma análise mais aprofundada do contexto em que as operações de influência em eleições tomam forma, ou seja, verificaremos quais as características distintivas do que se convencionou chamar de sociedade globalizada da informação, e como elas oferecem novos desafios à regulação do comportamento estatal com vistas à manutenção da paz internacional.

Terminada essa contextualização inicial, o trabalho assegurará o rigor da análise da aplicabilidade do direito internacional às operações de influência eleitoral através da adoção de uma padronização terminológica. Esta etapa é de vital importância, pois constataremos que a significância para o direito internacional de um comportamento voltado a influenciar eleições depende de uma gravidade mínima – aferida dentro de um espectro que vai de uma influência legítima até uma intervenção ilegal.

Após, esboçaremos uma tipologia de comportamentos estatais que materializam um intento interventor por ferramentas digitais, para assentarmos as principais categorias de interferência eleitoral por meio cibernético.

Em seguida, adentraremos à análise do conteúdo normativo do princípio da não-intervenção, para que possamos verificar se é possível a transposição, para o domínio cibernético, dos requisitos necessários para que se possa alegar uma quebra do dever de não-intervenção, e portanto a caracterização de um ato internacionalmente ilícito imputado a um Estado.

Por fim, ao termos definido os contornos do princípio da não-intervenção e suas peculiaridades no domínio cibernético, tentaremos subsumi-lo às principais categorias de ciberinterferência eleitoral esboçadas anteriormente.

## 2. UMA PRÁTICA ANTIGA EM UMA NOVA CONJUNTURA: OPERAÇÕES DE INFLUÊNCIA EM ELEIÇÕES NO CONTEXTO DA SOCIEDADE DA INFORMAÇÃO DO SÉCULO XXI

Tentativas de encaminhar o resultado de eleições através de operações de influência não são um fenômeno recente. Em que pese a comunidade internacional ter retomado um debate acalorado sobre a temática a partir da interferência russa no pleito norte-americano no ano de 2016[1], que culminou na eleição de Donald Trump, projeções de influência estatal objetivando interferir nos desígnios de outro Estado remontam à própria formação das nações soberanas.

Sob o ponto de vista exclusivo dos processos eleitorais, tomando como recorte histórico o começo da segunda metade do século XX, mais especificamente o ano de 1946, até o início do século XXI, aponta-se que "os EUA e a URSS intervieram em pleitos eleitorais 117 vezes, ou, em outras

---

1  Assim constata a versão não sigilosa do relatório "*Assessing Russian Activities and Intentions in Recent US Elections*", produzido pelo governo norte-americano sobre a interferência russa: "Avaliamos que o presidente Vladimir Putin ordenou em 2016 uma campanha de influência voltada às eleições norte-americanas. Os objetivos da Rússia eram enfraquecer a confiança pública no processo democrático americano, denegrir a Secretária Hillary Clinton e minar sua elegibilidade e potencial presidência. Avaliamos ademais que Putin e o governo Russo demonstraram uma clara preferência pelo presidente-eleito Trump. Nós temos alta confiança nessas afirmações." (ICA, 2017, p. 2)

palavras, em cerca de uma a cada nove eleições nacionais executivas" (LEVIN, 2016, p. 189, trad. do autor)

A fundamental diferença entre as tentativas históricas de intervenção externa em assuntos eleitorais e a realidade das operações de influência atuais é o meio pelo qual tais operações são levadas a efeito. O intento interventor de uma potência estrangeira, com a revolução tecnológica e digital, pode ser materializado, para além dos meios historicamente mais proeminentes – financiamento de grupos preferenciais na contenda pelo poder político de um Estado, pressão militar, propaganda e guerra psicológica, etc – também através das ferramentas típicas da sociedade da informação contemporânea.

A manipulação de informações com propósitos políticos é um fenômeno constitutivo e inerente às relações internacionais. Todavia, "avanços tecnológicos revolucionários como a criação da internet – e a subsequente participação tanto de atores estatais quanto não-estatais em operações cibernéticas – apresentam novas possibilidades e configuram novas variáveis que não existiam anteriormente" (BA'REL, O; COHEN, D; 2017, p. 7, trad. do autor).

Assim, pode-se constatar que as operações de influência pós-revolução tecnológica, incluídos aí os casos específicos de influência eleitoral, coadunam-se com uma mudança no panorama da distribuição da informação. Assim, diz-se que "a tradicional centralização hierárquica do modelo de informação foi substituída por um modelo descentralizado onde a informação rapidamente atravessa fronteiras nacionais, desprovida de regulação legal" (BA'REL, O; COHEN, D; 2017, p. 11, trad. do autor). O advento do ciberespaço na esteira do processo de globalização implicou o estreitamento das fronteiras geográficas, acarretando alterações em como os Estados utilizam-se de seu poder de influência.

Assim, o pano de fundo para a análise da legalidade dessas novas operações de influência eleitoral perante o direito internacional será justamente a compreensão de que a "crescente interdependência das sociedades em relação às cibertecnologias e plataformas de mídias sociais transformaram o ecossistema informacional, gerando oportunidades potencializadas e crescentemente diversas para interferência eleitoral ao redor do mundo" (SANDER, 2019, p. 2).

A noção de que o panorama tecnológico atual é particularmente instigante de operações de influência com objetivo de fraudar eleições de alvos estratégicos guarda relação com a análise de custo-benefício levada a efeito pelos Estados quando do momento de deliberar sobre empregar ou não métodos de influência em relação a pleitos eleitorais para amplificar o poder do Estado interventor. Conforme apregoa HARRIS (2020, p. 4), a "decisão racional pautada na análise custo-benefício sobre intervir em dada situação tem três elementos, quais sejam, os custos esperados, os benefícios percebidos e a chance estimada de sucesso da operação." Sobre a relação entre a análise empregada pelos Estados quando da decisão de empregar ou não ataques contra a integridade eleitoral de outro Estado e a emergência das novas tecnologias, conclui o mencionado autor:

> Novas tecnologias emergentes nas últimas décadas possibilitaram novos tipos de intervenção. Futuro progresso tecnológico provavelmente aprimorará mais ainda a efetividade dessas intervenções ao mesmo tempo em que diminuem seus custos, primordialmente através de descobertas na inteligência artificial. [...] Ciberataques e campanhas de influência não tentam conseguir nada que as grandes potências já não vinham tentando há tempos. Contudo, os novos meios de perseguir essas finalidades têm menor custo. (HARRIS, 2020, p. 27-29, trad. do autor)

O advento do ciberespaço, portanto, diminuiu os custos esperados de intervenções eleitorais – pois, como veremos no decorrer deste trabalho, a ausência de um corpo normativo claro aplicável às intervenções associa-se à dificuldade inerente ao meio digital de atribuição da conduta interventora a algum ente Estatal – e gerou ao mesmo tempo a ampliação da capacidade de sucesso das operações, assim como seus benefícios. Em relação à efetividade das interferências estrangeiras em eleições, quando manifestada através de auxílio a candidato preferencial, menciona-se o trabalho pioneiro de LEVIN, que através de pesquisa quantitativa sobre a influência de grandes potências nos pleitros constatou que "intervenções eleitorais aumentam sistematicamente as chances do candidato auxiliado" (2016, p. 189). Conclui, por fim, o aludido autor:

> É claro, dado a efetividade média [da intervenção] encontrada (cerca de 3% de mudança no resultado eleitoral), intervenções eleitorais nem sempre assegurarão a vitória do candidato preferido pelas grandes potências. Todavia, tais intervenções frequentemente viram eleições. A evidência apresentada neste artigo sugere que no futuro próximo, intervenções eleitorais de cunho partidário continuarão a ser um caminho efetivo para grandes potências determinarem as lideranças de outros Estados, independentemente dos Estados-alvo serem regimes autoritários, parcialmente democráticos ou plenamente democráticos. (LEVIN, 2016, p. 200, trad. do autor)

Assim, ao constatarmos que a associação das ferramentas da sociedade da informação – como a internet e as mídias sociais – amplificam a viabilidade de operações de influência eleitoral, tornando-as mais efetivas, menos custosas e com chances razoáveis de sucesso, conclui-se que o fenômeno merece reflexão aprofundada sob o prisma do direito internacional, pois longe de ser passageiro, a armamentização da informação (*weaponization of information*) no mundo digital para fins de influência eleitoral em Estados estratégicos será constitutiva das relações internacionais no século XXI.

Dessa forma, o quadro normativo do direito internacional deve ser ajustado à nova conjuntura da sociedade globalizada da informação.

O fundamento essencial da ordem internacional – a igualdade soberana dos Estados manifestada no princípio da não- intervenção – deve ser compreendida através da conjuntura apresentada, para que sejam impostos limites às condutas estatais que porventura ultrapassem certos padrões de comportamento classicamente admitidos como justos do ponto de vista do direito internacional.

A definição do próprio sistema político, econômico, social e cultural é um direito fundamental do Estado que não pode ser objeto de interferência por potências estrangeiras. Esse direito fundamental, contudo, foi historicamente tutelado a partir do instituto da soberania territorial. Todavia, atualmente,"na era digital, em que os Estados podem projetar poder de *data centers* localizados a milhares de quilômetros de um adversário, a confiança nas tradicionais ideias de soberania westphaliana, não- intervenção e vedação do uso da força são insuficientes para regular o comportamento estatal." (NICOLAS, 2018, p. 37).

O quadro normativo de direito internacional aplicável à intervenção eleitoral foi construído em uma era em que a sociedade da informação era apenas uma perspectiva distante. A transposição desse quadro normativo para o contexto da era digital não é óbvia nem imediata, mas sim deve contar com reflexões aprofundadas acerca da aplicabilidade do direito internacioinal às novas modalidades de influência. Nesse sentido, veja-se:

> O mundo digital forneceu novas plataformas aos tradicionais métodos de intervenção a partir do momento em que potências estrangeiras podem se esconder atrás de *rogue actors* e entidades não-estatais enquanto coordenam esforços elaborados para minar os processos eleitorais de um país estrangeiro – tudo sem serem diretamente acusadas de violar a Carta das Nações Unidas ou infringir o costume internacional da não-intervenção. (GILANI, 2018, p. 3)

Este é, então, o panorama a partir do qual as operações de ciberinfluência serão analisadas sob o prisma do direito internacional. As operações cibernéticas de influência eleitoral são um risco global. Nos últimos anos, para além do paradigmático exemplo das eleições estadunidenses de 2016, países como França, Alemanha, Reino Unido, Países Baixos e Suécia foram alvos de interferências russas em seus respectivos processos eleitorais (BRATTBERG, E; MAURER, T, 2018). A disseminação desse tipo de tática faz com que sua compreensão seja vital para a manutenção da paz internacional e para a proteção da segurança nacional.

Tais "interferências", todavia, quando empregadas pelos Estados com um sentido político, não necessariamente afrontam o princípio jurídico da não-intervenção ou alguma norma de direito internacional. Daí a necessidade de empregarmos a tecnicidade da linguagem jurídica para descrevermos os fenômenos relevantes para o direito internacional, diferenciando-os daqueles relevantes apenas para a política internacional.

Na seção subsequente, será apresentada uma delimitação do que se entende por "intervenção" em sentido jurídico, para que possamos investigar rigorosamente seus contornos jurídicos e a aplicabilidade do quadro normativo de direito internacional existente, especialmente para as operações de ciberinfluência eleitoral.

## 2.1. INFLUÊNCIA, INTERFERÊNCIA, INTERVENÇÃO: GRADAÇÕES DE UM MESMO FENÔMENO?

Para que asseguremos o rigor da análise da aplicabilidade do direito internacional às operações de influência eleitoral, impõe-se a adoção de uma padronização terminológica.

A circunscrição dos termos influência, interferência e intervenção, embora necessária para empreendermos uma análise acurada, podem indicar que em essência tratam-se de fenômenos distintos. Procuraremos demonstrar que tal não é o caso. O conteúdo fundamental desses termos é compartilhado, podendo ser caracterizado como *a ingerência de uma potência externa nos assuntos domésticos de outro Estado, com a finalidade política de guiar ou ao menos sugestionar uma determinada conduta alinhada com as preferências do Estado interventor.* A distinção reside na gradação da ingerência, ou, em outras palavras, na sua intensidade ou gravidade.

Uma operação de influência pode ser definida como "um termo genérico para qualquer ação destinada a galvanizar uma audiência para que aceite e adote decisões alinhadas aos interesses dos instigadores da operação." (BA'REL, O; COHEN, D; 2017, p. 13). Assim, podemos associar que o núcleo fundamental do conceito de influência ao impacto cognitivo e psicológico gerado na audiência alvo da operação.

Historicamente, o direito internacional é relutante em reputar às operações de influência a gravidade necessária para que sejam consideradas infrações da ordem jurídica internacional. No limite, considera-se uma quebra da cortesia internacional (*comitas gentium*). A incidência de normas jurídicas internacionais – como o princípio da não-intervenção – é reservada a atos que transcendem a mera influência nos "corações e mentes" da população de um determinado Estado.

Todavia, no contexto da sociedade da informação, "as mudanças na tecnologia da informação fazem com que seja possível aos Estados perpetrarem ambiciosas operações de influência em Estados longínquos, mesmo que não sejam páreos sob o ponto de vista militar, sendo esperado que esforços estrangeiros para modular o resultado de eleições continuem no futuro" (TOMZ, M; WEEKS, J, 2020, , p. 1). Ademais, como visto na seção precedente, os efeitos cognitivos da influência eleitoral podem ocasionar resultados drásticos para os desígnios de um Estado – variância de em média 3% no resultado eleitoral. Dessa forma, parece-nos que o contexto da sociedade da informação tem o condão de elevar o status das operações de influência, sobretudo eleitorais, equiparando- as a intervenções ilícitas nos assuntos internos dos Estados.

A questão terminológica aqui abordada é a expressão conceitual de um debate de longa data na doutrina do direito internacional público, qual seja, o limite material entre operações de influência irrelevantes para o direito internacional, afetas à normalidade das relações internacionais, e operações de cunho intervencionista proibidas pelo direito das gentes. Nesse sentido, confira-se a questão incorporada nas palavras de WRIGHT:

> Estados tem seus interesses afetados pelas ações de outros e tentam influenciar tais ações. Eles [os Estados] o fazem através do desenvolvimento interno da cultura, economia e do poder; por conquistas tecnológicas, ciência, literatura e artes; através da comunicação international via rádio, imprensa, periódicos e jornais; pela viagem e negócios de seus cidadãos; e por declarações oficiais, ações legislativas e correspondência diplomática. O direito internacional é então circundado pelo problema: *em que momento a influência legítima converte-se em intervenção ilegal*? (1962 *apud* WATTS, 2014, pp. 7-8, trad. do autor, *grifo nosso*)

Tipicamente, o conceito de intervenção engloba esforços estatais dotados de grau suficiente de *coercitividade* direcionada contra assuntos eminentemente pertencentes ao domínio reservados dos Estados. Classicamente a coerção é ententida em termos estritos como uma "interferência irresistível" ou, ao menos, uma "interferência inevitável". Para os fins terminológicos aqui debatidos, *interferência* equivale ao ato estatal lícito ou ilícito com repercussão no domínio de outro estado, ausente a coerção típica das intervenções. Interferência é um termo amplo, não restrito unicamente aos efeitos cognitivos buscados pelas operações de "influência".

Assim, feitas tais considerações, pode-se concluir que "nem toda interferência equivale a intervenção (...) para qualificar-se como intervenção, a interferência deve ser forçosa e ditatorial, ou de alguma forma coercitiva, com efeito de privar o Estado alvo de controle sob uma prerrogativa que lhe pertence" (NICOLAS, 2018, p. 38).

No Caso Nicarágua v. Estados Unidos (1986) perante a Corte Internacional de Justiça, foi delineado o conceito do princípio da não-intervenção, o que permite constatarmos o significado de intervenção ilegal. Assim constatou a CIJ:

> O princípio da não-intervenção envolve o direito de cada Estado soberano de conduzir seus negócios sem interferência externa. No que tange ao conteúdo do princípio no direito internacional costumeiro, a Corte define os seguintes elementos constitutivos como relevantes: uma intervenção proibida deve resvalar em matérias em que cada Estado pode decidir soberana e sssss livremente (como por exemplo a escolha do sistema político, econômico, social e cultural e a formulação da política externa). A intervenção é ilícita quando se utiliza de métodos coercitivos, especialmente a força, seja na forma de ações militares ou indiretamente como suporte de atividades subversivas em outro Estado. (Caso Nicarágua v. EUA, ICJ, 1986, p. 165, grifo nosso)

Assim, a jurisprudência da Corte associa a ilicitude da intervenção à coerção dos meios utilizados. Dessa forma, para investigarmos a aplicabilidade do direito internacional às operações de ciberinfluência eleitoral, objetivo principal deste artigo, é este o paradigma que devemos ter em mente, tal qual delineado pela jurisprudência da CIJ. Assim, a seguinte indagação se impõe: operações de influência eleitorais veiculadas por meio das ferramentas da sociedade da informação – internet, redes sociais, etc. – atingem o parâmetro de coercitividade necessário para serem reputadas como intervenções ilegais? Em outra palavras, em que momento operações de influência legítimas convertem-se em intervenções ilegais?

Teóricos do direito internacional debruçam-se recentemente sobre essas questões, sendo que alguns critérios foram sugeridos para aclarar o limite existente entre as categorias apresentadas. Sugere HOLLIS (2018, p. 6) cinco critérios para discriminar- mos entre operações de influência legítimas e ilegítimas, quais sejam: i) transparência; ii) fraudulência; iii) propósito; iv) magnitude; v) efeitos.

O critério da transparência distingue entre operações de influência que abertamente assumem sua existência e origem e operações que ocultam sua origem, em alguns casos até direcionando-a para outra fonte. No que tange ao segundo critério, diferencia-se entre operações que disseminam inverdades e incorporam a desinformação como um *modus operandi*, e operações que utilizam-se de fatos acurados para buscar seus objetivos. O propósito, terceiro critério apontado pelo autor supramencionado, utiliza o objetivo final da operação como critério para aferir sua legitimidade. Quanto a este critério em específico, a tentativa de impactar eleições obviamente destoa das boas práticas internacionais. Quanto a magnitude e os efeitos, ambos os critérios guardam relação com a escala da operação. No nosso recorte, ciberoperações com o propósito de interferir no resultado de eleições, mesmo que por meio de recursos digitais, tem potencial para mudar completamente os desígnios de uma nação, e assim sendo, pela sua própria natureza tem magnitude e potenciais efeitos gravíssimos.

Nesse sentido, é possível perceber que mesmo ausente o uso da força – elemento de coerção por excelência – ou algum método de intervenção mencionado no paradigma fundado pela CIJ no *Caso Nicarágua*, não podemos descartar a coercitividade de determinadas operações de influência cibernéticas com consequências graves para o Estado alvo.

Constata-se então que as operações de influência materializam-se de diversas formas, e assim sendo, o paradgma de direito internacional aplicável deve levar em conta todas essas variáveis. A questão primordial posta é a seguinte: em que medida e quais as características de uma operação de ciberinfluência que excedem os limites do razoável e ensejam, portanto, a responsabilidade internacional do Estado?

Antes de endereçarmos a principal moldura normativa aplicável, vale dizer, o princípio da não-intervenção, na seção seguinte traçaremos uma tipologia das operações de ciberinfluência eleitoral, de forma a perscrutarmos a aplicabilidade da lei internacional a cada um dos cenários apresentados.

## 2.2. PRINCIPAIS CATEGORIAS DE INTERFERÊNCIA ELEITORAL POR MEIO CIBERNÉTICO

Em geral, a segurança eleitoral é abordada a partir de dois ramos interconectados. O primeiro envolve a segurança da infraestrutura eleitoral, ou seja, tem por preocupação a proteção do sistema em si – segurança das urnas eletrônicas, do sistema de contabilização de votos e da infraestrutura partidária – enquanto a segunda faceta analisa a segurança sob o aspecto da cognição (SHACKELFORD, S. *et al*, 2020, p. 8), enfatizando portanto a proteção contra a repercussão negativa de vazamentos estratégicos de dados de candidatos ou organizações (prática conhecida como *doxing*), campanhas de disseminação de conteúdos falsos, amplificação de sentimentos voltada à disrupção da ordem social, etc. Interessa-nos, para os fins do presente artigo, principalmente a segunda faceta, quando explorada mediante operações de ciberinfluência eleitoral.

Outra distinção relevante no que tange à tipologia das interferências eleitorais – para além dos meios empregados, exemplificados no parágrafo precedente – diz respeito à gradação do envolvimento estatal. A conduta interventora pode ter sido *dirigida* diretamente pelo Estado, *encorajada* por ele ou estar *alinhada* com seus interesses, mas não contar com seu envolvimento. Tal diferenciação é relevante para a eventual responsabilização do Estado perante o direito internacional, pois apenas as operações sob o comando – direto ou indireto – de um Estado são passíveis de ferir o princípio da não- intervenção.

A categorização de tipos de inteferência também cumpre o papel de unificação de vocabulário. Segundo a *think tank* Atlantic Council, importante fórum de discussões de assuntos internacionais, "se há uma única lição em relação às ciberatividades na última década, é a necessidade de um léxico comum para responder às ameaças cibernéticas" (GALANTE, L; EE, S, 2018, p. 5, trad. do autor).

O vocabulário compartilhado é essencial para que possamos rotular os fenômenos corretamente, de forma a circunscrever as atividades potencialmente infratoras do direito internacional. A mencionada *think tank*, no relatório citado acima, aponta todavia que a definição de um léxico comum em relação às operações cibernéticas não exclui o fato de que os Estados interventores geralmente recorrem a mais de uma ação simultaneamente quando atentam contra a lisura de eleições de potências estrangeiras, conforme indica a tabela a seguir, decorrente de análise de cinco incidentes eleitorais dos últimos anos.

Assim, percebe-se que operações de influência eleitoral utilizam-se de inúmeros artifícios combinados para lograr êxito em seus intentos. Em que pese essa constatação, permanece de extrema utilidade a distinção para fins analíticos entre os métodos de interferência e o grau de participação estatal, pois será a partir dessa tipologia – em relação a estas condutas do mundo fático – que este artigo indagará acerca da aplicabilidade prática da abstração normativa que é a norma da não-intervenção. A abstratividade da norma internacional ganha concretude apenas na medida em que é aplicada – ou não, caso as condutas sejam reputadas não reguladas pelo direito internacional – a ações dos sujeitos de direito das gentes, notadamente os Estados. Dessa forma, as subseções seguintes buscarão especificar a natureza de algumas ações de ciberinterferência em pleitos eleitorais, para analisarmos posteriormente a aplicabilidade da norma internacional a estas condutas.

| | Ukraine, 2014 | United Kingdom (UK), 2016 | United States, 2016 | France, 2017 | Germany, 2017 |
|---|---|---|---|---|---|
| **Level of State Involvement** | State-Directed | State-Encouraged | State-Directed | State-Aligned | State-Directed |
| Infrastructure Exploitation | X | * | X | X | X |
| Vote Manipulation | X | | | | |
| Strategic Publication | | | X | X | |
| False Front Engagement | | X | X | | |
| Sentiment Amplification | | X | X | X | X |
| Fabricated Content | X | X | X | | X |

**Fonte:** GALANTE, L; EE, S. *Defining Russian Election Interference: An analysis of select 2014 to 2018 cyber enabled incidents.* Atlantic Council: 2018. O asterisco (\*) indica a elevada probabilidade de ocorrência do evento, mas sem provas cabais no momento do levantamento dos dados.

## 2.2.1. Adulteração da infraestrutura eleitoral

A primeira categoria de ciberinterferência objetiva a adulteração da infraestrutura eleitoral, e é reconhecidamente a forma mais brusca e violenta de intervenção. Esse tipo de interferência geralmente ataca a base de dados do cadastro eleitoral ou o próprio mecanismo de contabilização dos votos – como urnas eletrônicas. As vulnerabilidades dos sistemas eleitorais não são apenas teóricas. Foram registrados eventos de interferência na infraestrutura eleitoral em diversas ocasiões, e em países tão diversos como África do Sul, Ucrânia, Bulgária e Filipinas, por exemplo. Um caso paradigmático frequentemente citado ocorreu em 1994 – quando o *hacking* eleitoral era ainda incipiente – na África do Sul. A eleição ocorrida naquele ano, que redundou na vitória de Nelson Mandela, foi inicialmente contestada e o anúncio do resultado adiado por dois dias, em decorrência de um programa de computador ilícito instalado no sistema de registro de votos. A tentativa de manipulação – que objetivou desviar votos do partido de Mandela para partidos de oposição – foi percebida pela Comissão Eleitoral, que acionou um sistema subsidiário de contagem manual, sendo que o perpetrador do ataque jamais foi identificado[2].

O que distingue a interferência na infraestrutrura dos demais métodos que apontaremos é a qualidade disruptiva assemelhada a um verdadeiro "ataque" em sentido clássico, com consequências identificáveis e mensuráveis. Em outras palavras, operações que visam adulterar a infraestrutura eleitoral podem ser definidas como "ações deliberadas com objetivo de alterar, perturbar, enganar, degradar ou destruir sistemas de computador, redes de informação ou programas que habilitem a condução do pleito." (OWENS, W et al., 2009, p. 112).

A seriedade da ameaça é endereçada, dentre outros, pela Comissão Global para Estabilidade do Ciberespaço, em relatório publicado em 2018, conclamando a comunidade internacional a cristalizar no direito internacional, por meio da prática e anuência dos Estados, a noção de que não é lícito "levar adiante, suportar ou permitir ciberoperações que intencionem perturbar a infraestrutura técnicas essencial para eleições, refedendos e plebiscitos" (GSCS, 2018).

---

2 https://www.telegraph.co.uk/news/worldnews/africaandindianocean/southafrica/8084053/Election-won- by-Mandela-rigged-by-opposition.html.

## 2.2.2. *Doxing*

*Doxing* pode ser definido como "a prática de se conseguir acesso não autorizado a um sistema de computadores ou serviço digital, tal qual mídias sociais ou contas de *e- mail*, extraindo-se informações privadas para subsequente vazamento para o público em geral (SANDER, 2019, p. 8).

Assim, o *doxing* eleitoral tem por objetivo a coleta de informações sensíveis, para que com por meio de uma publicação estratégica dos dados, geralmente na reta final do pleito eleitoral, seja obtido um efeito mobilizador na opinião pública, convertendo-a no sentido desejado. Percebe-se então que essa modalidade de interferência é um meio termo entre exploração de infraestrutura – pois há a necessidade de coleta da informação privada em primeiro lugar – e uma típica operação de influência, pois o *doxing* tem por objetivo final alterar a cognição da opinião pública numa determinada direção.

No contexto eleitoral, operações de *doxing* – muitas das quais alegadamente comandadas por Estados – tornam-se cada vez mais comuns. Em 2016, o caso mais paradigmático de *doxing* envolveu o ataque cibernético – imputado ao mais alto escalão da Federação Russa – ao Comitê do Partido Democrata, ocasião na qual extraiu-se milhares de *e-mails* da então candidata Hilary Clinton, posteriormente divulgados para o público em um momento particularmente tenso da campanha eleitioral. No ano seguinte, nas eleições gerais da França, a mesma dinâmica de fatos tomou lugar em relação ao então candidato Emmanuel Macron, que todavia, demonstrando maior preparo de seu comitê de campanha – em virtude mesmo dos acontecimentos do ano precedente, plantou informações falsas nos próprios arquivos extraviados, de forma a desacreditar o *leak* posterior (GALANTE, L; EE, S, 2018, p. 9-12).

## 2.2.3. Campanhas de desinformação

Em 2016, o Fórum Econômico Mundial classificou a guerra de informação (*information warfare*) e a desinformação atrelada ao desenvolvimento desregrado das mídias sociais como um dos dez maiores riscos à sociedade global (WEC, 2016). O termo "guerra de informação" refere-se ao uso estratégico da informação, e especialmente da desinformação, para fins políticos.

É um dado evidente que "o advento do ciberespaço acelerou a marcha do processo de desinformação, simultaneamente fomentando o efeito viral de notícias falsas através de fronteiras nacionais e causando a proliferação de páginas de mídias sociais dispostas a publicar *fake news*" (SHACKELFORD, S. *et al*, 2020, p. 13).

Quando a campanha de desinformação objetiva a perturbação da regularidade de pleitos eleitorais, as consequências podem ser drásticas a ponto de interferir na autodeterminação dos povos, manifestada através do direito de escolher seus representantes de maneira lisa e consciente. Sobre operações de desinformação em contexto eleitoral, confira-se:

> Campanhas de desinformação direcionadas às eleições são uma preocupação relevante na era digital. *Bots* de Twitter podem rapidamente espalhar desinformação para eleitores suscetíveis. E, até o momento, são os eleitores – e não as plataformas – os responsáveis por filtrar a veracidade da informação encontrada na rede social. Redes como Facebook, Google e Twitter não tem atualmente um filtro extensivo ou demarcador de notícias falsas, em que pese discussões públicas a respeito. (VAN DE VELDE, 2017, p. 19).

Vimos, até agora, que a sociedade da informação habilitou novos mecanismos de interferência eleitoral. Operações de ciberinfluência eleitoral levadas a efeito através do método da disseminação de desinformação por meio das redes sociais representam um dos maiores riscos para a estabilidade das nações. Quando capitaneadas diretamente pelos Estados ou sob o auxílio destes, campanhas de disseminação de *fake news* podem atingir patamares que se assemelham a uma intervenção ilícita nos assuntos internos dos Estados atingidos.

Um dos casos mais paradigmáticos da atualidade, frequentemente citado, é o caso da Internet Research Agency – uma "fazenda de *trolls*" (*troll farm*) sediada na Rússia e financiada pelo próprio governo, com pleno conhecimento de seu mandatário máximo. A IRA alegadamente empregou variados métodos objetivando interferir no resultado das eleições norte-americanas de 2016, tais quais a criação de identidades falsas nas redes sociais, emulando cidadãos americanos, para tecer comentários favoráveis a Trump, a criação de *bots* (programas virtuais que imitam pessoas reais) para amplificação de temas favoráveis ao candidato preferido pelo Estado interventor, e especialmente a disseminação em massa de notícias falsas denegrindo a imagem de Hillary Clinton ou desacreditando o ambiente democrático dos Estados Unidos (convocando o povo a abster- se do voto, incitando ódio contra grupos minoritários, etc). Mesmo que não logre garantir o voto para o candidato de preferência, campanhas de desinformação tem o condão de "amplificar ressentimentos existentes na sociedade, aflorar os ânimos sobre assuntos particulares ou pautar o debate com conteúdos que semeiam desconfiança, sutilmente influenciando comportamentos (como ir votar ou participar de uma manifestação)" (NADLER, A; CRAIN, M; DONOVAN, J, 2018, p. 38).

Assim, dada a proporção inédita dos danos possivelmente causados por operações de ciberinfluência eleitoral, bem como a variedade de métodos virtuais de interferência, indagarmo-nos acerca da regulação conferida pelo direito internacional à matéria, quando são os Estados os agentes das campanhas de desinformação, é vital para ordenarmos a sociedade internacional na era digital.

## 3. APLICABILIDADE DO DIREITO INTERNACIONAL NO CIBERESPAÇO

As normas de direito internacional classicamente aceitas desenvolveram-se em um contexto em que as tecnologias da sociedade da informação ainda não haviam sido inventadas, ou ao menos não interferiam drasticamente nos rumos das relações entre Estados e demais atores da comunidade internacional. Como decorrência da novidade de se endereçar o fenômeno cibernético como primordial às relações internacionais, quando analisamos a aplicabilidade do direito internacional à influência eleitoral por meio cibernético, percebemos que "não há um corpo normativo único regendo a ciberinterferência eleitoral (...) sendo que é apenas através da análise de cada *tipo* de ciberinterferência, e de cada *tipo* de corpo normativo que vem sendo aplicado aos ciberataques, e subsumindo cada tipo de interferência ao corpo normativo apropriado, é que se pode clarificar a aplicabilidade do direito internacional aos casos concretos" (VAN DE VELDE, 2017, p. 21).

Assim, a seção precedente deu conta de identificar alguns tipos mais prevalentes de interferência eleitoral. Este capítulo endereçará um dos corpos normativos existentes em direito internacional – o direito internacional público, mais especificamente manifestado no princípio da não-intervenção –, perscrutando a aplicabilidade dessa norma ao fenômeno da interferência eleitoral por meios cibernéticos.

Antes, todavia, de endereçarmos o conteúdo e aplicabilidade da regra da não- intervenção, deve-se indagar acerca da natureza do ciberespaço, respondendo a seguinte questão: a lei internacional aplica-se no domínio cibernético?

A resposta contemporânea, amplamente reforçada por pronunciamentos de representantes dos Estados[3], é em sentido positivo. No ano de 2013, fora produzido por um grupo de especialistas chefiado por Michal Schmitt, a convite do braço de cibersegurança da OTAN, o *Manual Tallin sobre o Direito Internacional Aplicado aos Conflitos Cibernéticos* ("Manual"), lançando as bases dogmáticas para o entendimento do direito internacional cibernético. Em que pese não ter força normativa – é apenas um conjunto de regras doutrinárias –, o Manual endereçou diversas questões de direito internacional sob a ótica de sua aplicação ao contexto cibernético, contribuindo para a diminuição da incerteza reinante sobre as normas aplicáveis nesta seara. Posteriormente, em 2017, fora editado o Manual Tallinn 2.0, reforçando a cogência do direito internacional no mundo cibernético e atualizando a publicação original. O espírito do Manual Tallinn pode ser condensado na afirmação de que "eventos cibernéticos não ocorrem em um vácuo normativo e Estados tem tanto direitos como obrigações sob o direito internacional" (SCHMITT, 2017, p. 5).

Para além da contribuição dos especialistas, o desenvolvimento do entendimento pela aplicabilidade do direito internacional às novas tecnologias cibernéticas, sobretudo no campo das tecnologias da informação, deu-se no campo do direito onusiano. A pedido da Assembleia Geral das Nações Unidas, um painel de *experts* de vários Estados redigiram o que viria a se tornar a Resolução A/70/174, que conta com seção específica para a análise da aplicabilidade do direito internacional às tecnologias de

---

3  Por exemplo, em 2011, os EUA posicionaram-se no sentido da aplicabilidade do direito internacional clássico ao ciberespaço, afirmando: "O desenvolvimento de normas de conduta estatal no ciberespaço não requer a reinvenção do direito costumeiro, nem torna obsoletas as normas internacionais. As normas internacionais clássicas reguladoras do comportamento estatal – em tempos de paz ou conflito – também se aplicam ao ciberespaço." (White House – International Strategy for Cyberspace, 2011, trad. do autor)

informação e comunicação contemporâneas. Sobre tal aplicabilidade, a aludida resolução apregoa que:

> Considera-se de central importância o comprometimento dos Estados para com mos princípios da Carta das Nações Unidas e do direito internacional geral, especialmente: a igualdade soberana; a resolução pacífica de controvérsias, a autocontenção em relação à ameaça ou ao uso da força contra a integridade territorial e a independência política de qualquer Estado (...) o respeito pelos direitos humanos e liberdades fundamentais; a não-intervenção nos assuntos internos de outros Estados. *A soberania estatal e outras normas e princípios que derivem da soberania aplcam-se às condutas dos Estados em relação a atividades relacionadas a tecnologias de informação e comunicação. (U.N. Doc. A/70/174, par. 26-27, trad. do autor, grifo nosso)*

Portanto, percebe-se que o ciberespaço não é um ambiente alheio às normas e princípios de direito internacional. Consequentemente, o ciberespaço não emerge como uma nova dimensão, mas subsume-se às praxes do comportamento estatal regulado pelas regras tradicionais de direito internacional, especialmente aquelas relacionadas à jurisdição e à soberania.

Quando restringimos a discussão à análise da interferência cibernética em eleições, devemos ter sempre em mente a noção de que as ações estatais por meio de tecnologias típicas da sociedade da informação não estão imunes à incidência da norma internacional, qualquer que seja sua fonte de emanação. Munidos da tipologia de ações interventivas descrita na seção anterior, e constatando-se a plena aplicabilidade em tese do direito internacional às operações cibernéticas, partamos para a análise do conteúdo do princípio da não-intervenção, para que possamos perscrutar sua aplicabilidade prática às operações de cibeinfluência eleitoral.

## 3.1. O CONTEÚDO DO PRINCÍPIO DA NÃO-INTERVENÇÃO NO DOMÍNIO CIBERNÉTICO

O princípio da não-intervenção é, por um lado, uma regra bem estabelecida de direito internacional que expressa a ideia de que nenhum Estado pode impor sua vontade à revelia de seus iguais, mas por outro lado ainda levanta controvérsias acerca de sua definição exata, fazendo com que inúmeras construções teóricas busquem abordá-lo e circunscrevê-lo. O princípio da não-intervenção reflete a noção básica de soberania estatal e também de respeito pela independência política e integridade territorial dos Estados.

No campo dos atos internacionalmente ilícitos, o dever de não-intervenção "ocupa um lugar intermediário entre o princípio da vedação do uso da força e o princípio da soberania, não sendo tão supremamente grave quanto uma conduta equiparável a um ataque armado, nem tão simplória quanto uma violação da soberania, comparativamente menos gravosa" (WATTS, 2014, p. 1, trad. do autor).

A construção contemporânea do princípio da não-intervenção deve muito ao *dictum* da Corte Internacional de Justiça concernente ao caso Nicarágua v. Estados Unidos, já citado neste trabalho quando analisamos a conceituação de intervenção ilícita.

Lá, foram assentados os requisitos que devem ser satisfeitos para que se possa imputar a um Estado a quebra do dever internacional de não-intervenção nos assuntos internos, quais sejam, a intervenção deve resvalar em matérias afetas ao *domaine réservé* dos Estados – vale dizer, matérias não reguladas pelo direito internacional, em que o Estado pode decidir soberana e livremente – e a intervenção deve ser, necessariamente, coercitiva.

O paradigmático julgado da CIJ drenou seus fundamentos, para além do costume internacional identificável na *opinio iuris* vigente à época, de duas declarações firmadas perante a Organização das Nações Unidas.

A Declaração sobre os Princípios de Direito Internacional relativos às Relações Amistosas e Cooperação entre Estados apregoa categoricamente e de maneira bastante ampla a ausência de qualquer direito de intervir nos assuntos internos de outros Estados. Nesse sentido, veja-se:

> Nenhum Estado ou grupo de Estados tem direito de intervir, direta ou indiretamente, por qualquer razão que seja, nos assuntos internos ou externos de qualquer outro Estado. Consequentemente, intervenções armadas ou qualquer outra forma de interferência ou ameaças contra a personalidade do Estado ou contra seus elementos políticos, econômicos ou culturais são violações do direito internacional. Nenhum Estado pode usar ou encorajar o uso de medidas econômicas, políticas ou de qualquer outro tipo para coagir outro Estado no sentido de obter sua renúncia em relação ao exercício de seus direitos soberanos ou assegurar vantagens de qualquer tipo. Ademais, nenhum Estado deve organizar, assistir, fomentar, financiar, incitar ou tolerar atividades subversivas, terroristas ou armadas voltadas à tomada violenta do poder ou interferir em revoltas civis em outro Estado. (ONU, Resolução 2625, p. 7, trad. do autor)

A formulação ampla do princípio da não-intervenção constante na Resolução 2625 – reiterada na Resolução 2131, vale dizer, na Declaração sobre a Inadimissibilidade de Intervenção nos Assuntos Domésticos – foi respaldada pelo julgamento do Caso Nicarágua, assentando a CIJ que os métodos utilizados para concretizar o intento interventor podem ser variados, sendo que a aferição da ilegalidade da intervenção deve ser efetuada a partir dos dois requisitos já expostos aqui (coercibilidade e infração do domínio exclusivo).

O uso da força para buscar a substituição do regime político de outro Estado constitui, por exemplo, um dos casos mais flagrantemente evidentes de quebra do dever de não-intervenção, posto que a coerção consubstanciada no uso da força armada é claríssima e a definição do regime político é decididamente um assunto reservado à discricionaridade soberana dos Estados. Todavia, nem todos os casos são tão evidentemente contrários ao princípio da não-intervenção quanto o uso da força[4].

No nosso caso, pela própria finalidade da ciberinterferência – alterar ou de alguma forma influenciar o resultado de eleições –, parece-nos que um dos requisitos para constatação da ilegalidade da conduta interventiva resta satisfeito, pois "a realização de eleições é simultaneamente uma função estritamente governamental e enquadra-se indubitavelmente dentro do domínio reservado do Estado" (SCHMITT, 2018, p. 14, trad. do autor), à vista do direito deste de escolher livremente seu sistema político.

O segundo requisito – a coercitividade da intervenção – é, todavia, mais espinhoso, e merece reflexões mais minuciosas. Definir o que pode ser enquadrado como comportamento coercitivo é tarefa complexa, e nesse sentido algumas abordagens teóricas distintas disputam entre si a circunscrição do termo "coerção". A primeira abordagem, capitaneada pelo renomado jurista Lassa Oppenheim, define o elemento coercitividade de maneira estrita, como um ato "forçoso de interferência ditatorial, privando efetivamente o Estado de controle sobre matérias afetas à soberania" (JENNINGS & WATTS, 2008 *apud* SANDER, 2019, p. 21). No século XXI, entretanto, tal abordagem excessivamente rígida não é suficiente para tutelar a independência políticas das nações contra interferências indevidas, sobretudo através de meios cibernéticos típicos da sociedade da informação. Assim, uma segunda linha de raciocínio defende a expansão do conceito de coerção,

---

4    Sobre o uso da força no domínio cibernético, confira-se a Regra 10 do Manual Tallinn: "Uma operação cibernética que constitua ameaça ou uso da força contra a integridade territorial ou independência política de qualquer Estado, ou que de qualquer outra maneira seja inconsistente com os proprósitos das Nações Unidas, é ilegal".

para mitigar o elemento "força" na definição, abrangendo também atos estatais que privem terceiros Estados da capacidade de decidir soberanamente sobre os próprios desígnios sem a utilização da força, tais quais, no campo cibernético, o uso do *doxing* ou de adulteração da infraestrutura eleitoral para influenciar o resultado dos pleitos.

Mesmo pautando-se no conceito mais abrangente, há de se ter em mente que os atos que expressam uma quebra do dever de não-intervenção devem ter algum grau de compulsoriedade, ou seja, deve de algum modo vincular as ações do Estado alvo à revelia de sua vontade. Dessa forma, "coerção implica compelir ou impor uma restrição à liberdade, e não inclui ações como mero criticismo verbal das políticas de outro Estado, ou suporte moral ou até político de movimentos oposicionistas, desde que tal suporte não envolva tentativas de destituir, minar ou subverter o governo ou o processo eleitoral" (GILL, 2013, p. 223, trad. do autor). Percebe-se, aqui, que o objeto da intervenção – o pleito eleitoral – é especialmente crítico e contribui para que se reduza o limite do aceitável em termos de influência estrangeira.

O ponto fulcral na tentativa de definir o requisito da coercitividade reside, portanto, no dilema de sabermos se para reputarmos um ato como coercitivo e nesse sentido violador da norma da não-intervenção, a restrição imposta por meio da interferência no comportamento do Estado deve ser total, reduzindo o leque de resposta do Estado a uma única opção (ceder à pressão interventora) ou se a constatação da quebra do dever de não-intervenção ocorre a partir de uma gradação. Advogaremos aqui pela última alternativa. Como vimos anteriormente na diferenciação dos conceitos de influência, interferência e intervenção, a natureza destes fenômenos é a mesma quando ligados a assuntos afetos ao *domaine réservé*, ou seja, é a "*ingerência de uma potência externa nos assuntos domésticos de outro Estado, com a finalidade política de guiar ou ao menos sugestionar uma determinada conduta alinhada com as preferências do Estado interventor*" (ver seção 2.1).

Desta maneira, a questão que se impõe é a aferição do limite em que uma mera sugestão de comportamento (influência legítima) converte-se em coerção (suscitando uma quebra do princípio da não-intervenção). Essa aferição, todavia, somente pode ser feita a partir do método casuístico, ou seja, a partir da análise do caso concreto, cotejando a experiência prática com os limites teóricos do princípio jurídico.

Para fins de levarmos a efeito essa aferição, adotaremos como definição de coerção a noção de que "o comportamento coercitivo é melhor descrito como pressão aplicada por um Estado no sentido de privar o Estado alvo de seu livre-arbítrio em relação ao exercício de seus direitos soberanos, em uma tentativa de compeli-lo a um determinado resultado ou conduta reservada a sua discricionaridade" (MOYNIHAN, H; 2019, p. 31, trad. do autor).

No domínio cibernético, a questão da coercitividade é ainda mais delicada. Em que pese ser pacífico o reconhecimento teórico da possibilidade do uso da tecnologia para infringir a norma da não-intervenção[5], há de se ressaltar que na prática "a maioria das interpretações sobre o elemento da coercitividade colocam especial ênfase na fisicalidade e na força cinética" (LUBIN, A; TOWNLEY, H.; 2020, pp. 13-14, trad. do autor).

Todavia, "mesmo no ciberespaço, a coerção permanece como o fator determinante entre uma influência legítima e uma intervenção ilegal" (NICOLAS, A, 2018, p. 51, trad. do autor), nos levando a concluir que a transposição do requisito da coercitividade para o campo das interferências cibernéticas é uma imposição inescapável da realidade contemporânea. Uma intervenção cibernética é uma violação do princípio da não- intervenção levada a efeito totalmente ou ao menos predominantemente no domínio cibernético. Consequentemente, para a infração do princípio, a utilização

---

5    Nesse sentido, a Regra 66 do Manual Tallinn, amplamente acatada pela comunidade jurídica internacional: "Não deve o Estado intervir, mesmo que por meios cibernéticos, nos assuntos internos ou externos de outro Estado."

do meio cibernético deve equiparar-se a uma atividade coercitiva voltada a impedir determinado Estado de conduzir seus negócios domésticos em conformidade com seu arbítrio, nos limites do direito internacional.

A questão primordial, portanto, reside na definição de quais tipos de atos de interferência cibernética equivalem à infração do princípio da não-intervenção. No nosso caso específico, a pergunta fundamental para constatarmos a aplicabilidade prática do princípio é qual o nível do coerção necessário a ser atingido por meios cibernéticos para que possamos falar em violação do dever de não-intervenção. Para tanto, analisaremos a seguir a aplicação do princípio da não-intervenção às categorias de interferência cibernética já delineadas nesse trabalho.

## 3.2. APLICAÇÃO DO PRINCÍPIO DA NÃO-INTERVENÇÃO ÀS PRINCIPAIS CATEGORIAS DE CIBERINTERFERÊNCIA ELEITORAL

Como vimos, as interferências eleitorais perpetradas pelos Estados por meio cibernético dividem-se de maneira geral em duas categorias principais: *a)* ciberinterferência em relação à *infraestrutura eleitoral* e; *b)* ciberinterferências focadas na *manipulação do comportamento dos eleitores.*

No que tange à primeira categoria, existe uma ampla gama de métodos pelos quais podem os Estados interferir ou manipular a infraestrutura eleitoral de um país. Por exemplo, uma operação voltada a adulterar os resultados das eleições mediante a infiltração no sistema eleitoral, ou uma operação que ambiciona a adulteração do cadastro eleitoral, de forma a obstar o voto em si ou a contagem de votos de determinados eleitores- chave. Há exemplos práticos de interferências que se utilizaram desses métodos particulares. Na eleição presidencial ucraniana de 2014, uma operação de *hacking* denominada *CyberBerkut* comprometeu o website do Comitê Eleitoral

Central do país alvo – alegadamente a operação foi patrocinada pela Rússia, de forma a mostrar como vencedor o candidato derrotado de ultra-direita Dmytro Yarosh. Simultaneamente, a mídia estatal russa publicou os resultados falsos, objetivando minar a confiança no sistema e na legitimidade das eleições.

Em casos desse tipo, em que um Estado patrocina direta ou indiretamente ações voltadas à adulteração de resultados por qualquer método que seja – invadindo as urnas eletrônicas ou o sistema eleitoral, impedindo os eleitores de votar por meio de apagamento do cadastro eleitoral, etc – parece-nos que o requisito da coerção encontra- se satisfeito. Nesse sentido, "se o Estado perpetrador tenta alterar os dados no sentido de colocar pressão no Estado alvo para compeli-lo a um resultado eleitoral, o critério da coerção para a quebra do princípio da não-intervenção é atingido" (MOYNIHAN, H, 2019, p. 40).

Na mesma conclusão chega o ex-Consultor Jurídico para o Departamento de Estado dos EUA, Brian Egan, ao constatar que "uma operação cibernética levada a efeito por um Estado que interfere na capacidade de outro país de realizar uma eleição ou que manipula os resultados eleitorais seria uma clara violação da regra da não-intervenção" (EGAN, B; 2016, *n.p*, trad. do autor). Faz coro às palavras de Egan o procurador-geral do Reino Unido, Jeremy Hunt, ao afirmar que "devemos ser claríssimos ao reconhecer que qualquer operação cibernética voltada à manipulação do sistema eleitoral de outro país mediante a alteração dos resultados feriria o direito internacional e justificaria uma resposta proporcional" (HUNT, J; 2019, *n.p*, trad. do autor).

Vemos, portanto, que ataques cibernéticos graves à infraestrutura eleitoral dos Estados cumprem com o requisito da coercitividade e nesse sentido vulneram o princípio da não-intervenção.

Ademais, para além de atos voltados a comprometer a infraestrutura eleitoral dos Estados, a segunda categoria de operações cibernéticas concentra-se em manipular o comportamento dos próprios eleitores. Nesta categoria, o *doxing* eleitoral e as campanhas de disseminação de desinformação colocam-se como principais meios de materialização do intento interventor, e residem em uma "significante zona cinzenta de incerteza normativa entre os dois polos do espectro influência-intervenção" (SCHMITT, M; 2018, p. 16, trad. do autor). Isto porque, contrariamente à vulneração da infraestrutura eleitoral, não é óbvia a presença do requisito da coerção em operações cibernéticas destinadas a influenciar comportamentos de pessoas.

No caso do *doxing*, a extração de informações privadas para subsequente vazamento para o público em geral pode significar em alguns casos uma violação da soberania do Estado, mas não tem o condão de vulnerar a regra da não-intervenção, pois em si não é coercitiva. Todavia, o *doxing* eleitoral também implica a publicação estratégica dos dados obtidos ilicitamente, geralmente na reta final do pleito eleitoral, para que seja obtido um efeito mobilizador na opinião pública, convertendo-a no sentido desejado e dessa forma interferindo nos desígnios soberanos do Estado. Assim, ao analisar-se teleologicamente a potencialidade danosa da conduta, é passível de se imaginar uma virtual violação do princípio da não-intervenção. Nesse sentido, confira- se:

> No contexto cibernético, uma mera intrusão nas redes de outro Estado para coleta de informações certamente equivaleria a uma violação da soberania. Todavia, ausente evidências no sentido de que esse esforço para coletar informações integra uma campanha para influenciar coercitivamente um resultado ou conduta do Estado alvo, a intrusão não se caracteriza como intervenção. Por outro lado, se a invasão na rede e extração de informação for conduzida no sentido de auxiliar os esforços de um movimento de oposição para influenciar eventos políticos no Estado alvo, a intrusão poderia ser propriamente reputada uma violação

do princípio da não-intervenção. Nesse sentido, o melhor entendimento do princípio pauta-se em uma apreciação particularizada das nuances do significado de "coerção". (WATTS, S; 2014, p. 8, trad. do autor)

Vê-se, dessa forma, que aos olhos do direito internacional alguns afirmam existir potencial ilicitude no uso do *doxing*, sobretudo quando no âmbito de eleições, função estritamente estatal e reservada ao domínio exclusivo das nações, desde que a injusta pressão aplicada por meio do vazamento das informações obtidas ilicitamente sejam suficientemente gravosas para privar o Estado alvo de seu livre-arbítrio em relação ao exercício de seus direitos soberanos, entre os quais se inclui a realização escorreita de pleitos eleitorais.

Aproveita-se a oportunidade para deixar registrado que "não há necessidade do comportamento coercitivo ser bem sucedido – vale dizer, a necessidade da informação de fato haver influenciado o voto das pessoas", pois em verdade o comportamento coercitivo deve ser averiguado "em relação à funções soberanas do Estado alvo, não em relação ao resultado final" (MOYNIHAN, H, 2019, p. 42, trad. do autor). Assim, para a invocação da responsabilidade internacional do Estado, basta em tese a imputação comprovada da quebra do dever de não-intervenção, consubstanciado na tentativa ilegitima de intervir nos assuntos internos de outro país por um meio cibernético consideravelmente gravoso – como é o caso da cooptação de informações pessoais de candidatos e posterior divulgação estratégica com vistas a interferir no pleito eleitoral – para que nele se identifique um grau suficiente de coerção.

Por fim, passa-se à análise do potencial de ilicitude do mais espinhoso método de interferência no que tange ao enquadramento normativo, vale dizer, a utilização de campanhas de desinformação virtuais – por meio das redes sociais, especialmente – patrocinadas pelo Estado com finalidade de influenciar o resultado de eleições em outros países. O nível de coerção presente neste meio interventivo é o menor dentre todos os métodos vistos até agora, pois não se vislumbra nenhuma vinculação do comportamento do Estado alvo em si – assumindo que não haja o *hacking* de nenhuma infraestrura eleitoral, mas apenas e tão somente dos eleitores, que não são propriamente compelidos a adotar nenhum comportamento específico – como votar no candidato X ou deixar de votar no candidato Y –, mas meramente são sugestionados a adotar determinada ação.

Todavia, registra-se que em comparação ao *doxing*, a desinformação em massa tem o agravante de ser pautada, pela sua própria natureza, em fatos inverídicos, ao passo que o vazamento de dados pessoais que geralmente consubstancia o *doxing*, em que pese terem sido obtidos ilegalmente, são via de regra reais em seu conteúdo (assumindo que os métodos são utilizados de forma pura, o que não condiz com a realidade das operações até agora observadas, que como já dissemos utilizam-se conjuntamente de inúmeros métodos).

Há tempos os Estados protestam contra a utilização de propaganda por outros países com o objetivo de influenciar seus assuntos internos. Em que pese essa constatação, se a informação circulada como propaganda guardar fidelidade com a realidade e for baseada em fatos, tal atividade não costuma ser reputada como uma quebra do dever de não-intervenção, mas apenas como ausência de cortesia internacional. Todavia, "se a informação espalhada não for factualmente acurada, mas sim desinformação (notícias falsas ou manipuladas), por exemplo mediante a divulgação anônima de 'deep fakes' ou o uso disseminado de *bots* ou contas falsas nas redes sociais, então a chance de tal atividade interferir ilicitamente com o direito inerente dos Estados realizarem eleições livres e justas aumenta significamente" (MOYNIHAN, H, 2019, p. 41, trad. do autor).

O impacto que campanhas massivas de disseminação de *fake news* podem gerar na decisão de eleições não pode ser ignorado, basta observar os efeitos sentidos pelas democracias brasileira e norte-americana nos últimos pleitos, por exemplo. Ainda assim, muitos afirmam que mesmo quando a campanha é dirigida por uma potência estrangeira, "ausentes quaisquer impactos territoriais ou interferência nas funções governamentais, é difícil advogar no sentido de que o direito internacional atualmente proíbe tais operações de influência" (HOLLIS, B; 2018, p. 12, trad. do autor).

Segundo WATTS (2014, p. 14), para que o ato se equipare a uma intervenção subversiva proibida pelo direito internacional, a ação não pode consubstanciar-se em uma mera tentativa de persuasão do eleitorado estrangeiro, mas sim demonstrar facetas que permitam inferir um grau suficiente de coerção, evidenciada na restrição severa do poder de escolha da audiência.

Uma das facetas que contribuem para o reconhecimento do elemento coercitivo nas operações cibernéticas é a sua natureza clandestina. Nesse sentido, veja-se:

> O elemento clandestino da desinformação contribui para incapacitar o Estado alvo de realizar eleições "livres e justas", pois ao invés de estarem em um verdadeiro *free marketplace of ideas*, os eleitores são especificamente bombardeados com informações falsas sem necessariamente estarem cientes disto. A natureza clandestina desta atividade cibernética a distingue de uma mera operação de influência. (MOYNIHAN, H, 2019, p. 42, trad. do autor)

Como exemplo prático da derivação de algum grau de coercitividade da noção de que a atividade de desinformação se dá por meios clandestinos, cita-se o caso das eleições gerais americanas de 2016. Na ocasião, uma ampla rede de desinformação foi arquitetada alegadamente sob supervisão do governo russo, interferindo na formação da vontade popular. Comentando este caso, SCHMITT (2018, p. 16, trad. do autor) afirma que "a natureza clandestina da operação de *trolling* privou o eleitorado americano de sua liberdade de escolha através da criação de uma situação em que não se podia avaliar corretamente a informação que lhe era fornecida (...) como os eleitores não estavam cientes de que estavam sendo manipulados por uma potência estrangeira, sua tomada de decisão e portanto seu poder de se autogovernar foi enfraquecido e distorcido."

Podemos concluir, então, que alguns analistas atualmente enxergam potencial coercitividade na utilização das campanhas de desinformação em massa. Anote-se, ademais, que sem o advento da internet e das mídias sociais como expoentes máximos da sociedade da informação global, seria difícil imaginar um cenário em que o uso da informação, em si mesma, poderia ser considerado coercitivo. Acontece que, como já identificado neste artigo, há de se buscar a atualização dos requisitos que instruem o princípio da não-intervenção para o contexto atual, em que a comunicação global instantânea criou novos mecanismos de intervenção antigamente não englobados pelo direito internacional. Nesse sentido, confira-se:

> A internet muda o cálculo da coerção. As redes sociais como uma plataforma de informação expandem o alcance de operações psicológicas tão consideravelmente que estas elevam-se ao patamar de uma intervenção ilícita. A viralização de inverdades online privam o Estado vitimado de controle, e é praticamente impossível de se defender contra. O atual quadro normativo internacional relativo ao uso de operações de influência por atores estatais objetivando moldar o comportamento de populações estrangeiras é insuficiente para endereçar a virada paradigmática na escala e escopo no uso da desinformação na era digital. (NICOLAS, A; 2018, p. 38, trad. do autor)

Assim, tendo em vista que a difusão de desinformação por meio das redes sociais tem o potencial de atingir a maior parte do eleitorado, influenciando sua orientação e a formação de sua opinião de uma maneira decisiva, ocorre uma diminuição do grau de coerção necessário para reputar-se uma operação como ilícita perante o direito internacional, pois ao incitar ações por parte do eleitorado que são baseadas em falsas informações, ocorre a manipulação do direito à autodeterminação.

O principal problema emergente quando da tentativa de especificar o limite da coercitividade a ser atingido para ocorrer a quebra do dever de não-intervenção reside no fato de que inúmeras formas de pressão interestatais são vistas como parte legítima das relações internacional, como pressões econômicas com fundo político. Segundo BAADE (2019, p. 1363, trad. do autor), "o uso de notícias falsas pode ser coercitivo no sentido requerido [...] pois em que pese não constituir uma 'ameaça' tradicional, é coercitivo no sentido de manipular a capacidade de raciocínio dos tomadores de decisão". O aludido autor continua, explicitando melhor a natureza e embasamento da ilicitude desse tipo de intervenção:

> Qualquer decisão racional é feita baseada em fatos. As pessoas concordam e discordam sobre a existência dos fatos e sobre sua significância para instruir uma decisão. Mas nenhuma pessoa racional alega que toma decisões desconectadas da realidade. *Influenciar uma decisão por meio da introdução de fatos inverídicos no processo decisório equivale a uma coerção*, posto que a introdução de um conjunto diferente de fatos constrange a liberdade de agir ao tornar inviáveis [à luz dos fatos inverídicos introduzidos no processo decisório] certas opções e conclusões ou fazer com que determinadas ações pareçam mandatórias. (BAADE, 2019, p. 1364, trad. do autor, grifo nosso)

A partir dessas considerações, podemos concluir que o *standard* mínimo do que vem a ser considerado ação coercitiva distinta do uso da força física foi transformado pelo progresso tecnológico e globalização. Muitas vozes parecem convergir para a aceitação paulatina da tese de que "é possível que uma campanha de desinformação por redes sociais seja tão difundida e persuasiva que satisfaça o requisito da coercitividade" (NICOLAS,

A; 2018, p. 51, trad. do autor). Todavia, é preciso deixar claro que a prática estatal internacional ainda está longe de reconhecer o uso de métodos de interferência focados na manipulação do comportamento dos eleitores. A dinâmica internacional é receosa em apontar como comportamento ilícito ferramentas que podem, a depender da conjuntura da política internacional, servir como meios de projeção do poder estatal.

Assim, a atual ausência de claridade sobre a subsunção dos atos de interferência cibernéticas em eleições à norma internacional acaba por criar uma zona cinzenta em que Estados podem se escorar para justificar comportamentos interventivos, pois as demarcações normativas na aplicação do direito internacional à ciberinterferência eleitoral ainda são incipientes. Ademais, partindo do pressuposto de que as complexidades da era da informação não desaparecerão, é vital que se criem estratégias para regulação de tais comportamentos. No que tange especificamente às campanhas de desinformação eleitoral, registra-se que "a regulação das fake news pelo direito internacional pode ser legítima e juridicamente desejável, até um certo ponto [...] o que deve ser evitado a todo custo é o desenvolvimento de um cenário de dois pesos e duas medidas em que [a disseminação de] notícias falsas é ilegal apenas quando empregada pelos *outros*" (BAADE, B; 2019, p. 1375, trad. do autor).

A melhor alternativa para que se evite a formação desse double standard é a formalização dos contornos jurídicos da regra da não-intervenção por meio de um tratado internacional voltado à clarificação da aplicabilidade do direito internacional às operações cibernéticas de interferência nos assuntos internos dos Estados. Essa opinião é compartilhada por VAN DE VELDE, que afirma que "melhor do que modificar o direito existente é criar um novo direito [...] a criação de um tratado permitiria aos Estados definir e aclarar obrigações entre si no que tange à ciberinterferência eleitoral" (2017, p. 37, trad. do autor).

Portanto, quanto à aplicabilidade do princípio da não-intervenção às principais categorias de intervenção eleitoral no domínio cibernético, conclui-se que o dever de não intervir nos assuntos internos é plenamente verificável em relação à infraestrutura eleitoral. A transposição do requisito da coercitividade para interferências voltadas à adulteração de sistemas eleitorais e condutas equiparáveis pode ser feita sem grandes percalços teóricos e práticos. Todavia, no que tange às ciberinterferências voltadas para a manipulação do comportamento dos eleitores, em que pese inúmeras manifestações que vislumbram a possibilidade da satisfação dos requisitos para a aplicabilidade da regra da não-intervenção, percebe-se que tais condutas residem, em termos práticos – faceta mais relevante, pois os Estados não decidem sua política externa com base em construtos teóricos – em um limbo jurídico, criando uma zona cinzenta normativa que prejudica a aplicabilidade da norma e a previsibilidade dos desdobramentos jurídicos dos comportamentos estatais face o direito internacional.

## 4. CONSIDERAÇÕES FINAIS

Longe de buscar uma resolução definitiva para a problemática da aplicação do princípio da não-intervenção às operações cibernéticas de influência eleitoral – e do quadro normativo mais amplo de direito internacional– , este trabalho teve por objetivo contribuir para o debate acadêmico em solo pátrio, perigosamente ainda muito incipiente, pois não é uma prerrogativa exclusiva do Estado Brasileiro abster-se de eventualmente ser forçado a tomar posição sobre o assunto em decorrência de sua vitimização por potência estrangeira.

No que tange ao nosso objeto – o enquadramento normativo pelo princípio da não- intervenção de operações cibernéticas de influência eleitoral – algumas conclusões saltam aos olhos. Preliminarmente, tem-se por indiscutível que o domínio cibernético não é alheio à normatização internacional, sendo que o direito das gentes aplica-se plenamente às atividades no ciberespaço. Todavia, o direito internacional teve seus dogmas normativos – incluído aí o princípio da não-intervenção – firmados em um contexto anterior à revolução tecnológica. Em decorrência desse anacronismo normativo, o direito internacional falha contemporaneamente em fazer-se suficientemente claro para reger certos comportamentos viabilizados pelas tecnologias da sociedade da informação global.

Esse anacronismo normativo – evidenciado por exemplo na dificuldade de se alcançar uma aplicabilidade imediata do requisito da coercitividade quando no contexto de algumas operações cibernéticas sem uso da força, como o *doxing* eleitoral e as campanhas de desinformação – enseja a constatação de que o direito internacional, quando aplicado às operações cibernéticas de influência eleitoral, encontra-se atualmente em uma zona cinzenta.

Essa zona de incerteza normativa gera um ambiente tentador para Estados utilizarem meios cibernéticos para intervir nos assuntos internos de outras nações, isto porque a ausência de qualquer condenação mais rígida por parte da comunidade internacional serve como incentivo para a utilização desenfreada de táticas cibernéticas como as apresentadas neste artigo. Essa ausência de ampla condenação – ao menos na linguagem do direito internacional – do uso de ferramentas digitais para interferência eleitoral se dá, dentre outros motivos de cunho político que não vem ao caso para este trabalho, pois o princípio da não-intervenção, norma do direito internacional mais afeta à regulação dos comportamentos analisados, tem limitações na sua formulação conceitual, especialmente no que tange ao requisito da coercitividade. O conteúdo jurídico do princípio ainda é evidenciado pela prática estatal de maneira mais clássica, como uma "interferência forçosa" que limita drasticamente a agência do estado vítima. Todavia, vimos que tal definição não abrangeria as novas formas cibernéticas de materializar o intento interventor. Em que pese inúmeros esforços doutrinários no sentido de reformar o conteúdo do princípio, adequando-o aos novos tempos, a prática estatal não reflete a opinião acadêmica mais moderna.

Dessa forma, conclui-se que a ressignificação prática do conteúdo do princípio da não-intervenção, especialmente do requisito da coerção, impõe-se como essencial para o enquadramento normativo das condutas interventivas levadas a efeito por meio digital. No mais, como conclusão derivada da constatação da incerteza normativa reinante no âmbito das ciberinterferências eleitorais, notadamente aquelas que tem por finalidade influenciar o eleitorado, pugna-se pela necessidade da criação de novas regras de direito internacional – quiçá pela pactuação de um tratado internacional voltado ao tema – direcionadas para a regulação desse tipo de comportamento tão nocivo à normalidade democrática.

# REFERÊNCIAS BIBLIOGRÁFICAS

BAADE, B. **Fake News and International Law.** The European Journal of International Law Vol. 29 no. 4, 2019. Disponível em: http://www.ejil.org/article.php?article=2924&issue=146 Acesso em: 25/10/2020

BA'REL, O; COHEN, D. **The use of cyberwarfare in influence operations.** ICRI – Blavatnik Interdisciplinary Cyber Research Center, Tel Aviv University: 2017. Disponível em: <https://icrc.tau.ac.il/cyberwarfare-influence-paper> Acesso em: 19/09/2020.

BRATTBERG, E., & MAURER, T. **Russian Electoral Interference: Europe's Counter to Fake News and Cyber Attacks** (pp. 5-28, Rep.). Carnegie Endowment for International Peace. doi:10.2307/resrep21009.6 Disponível em: <https://carnegieendowment.org/files/CP_333_BrattbergMaurer_Russia_Elections_Interference_FINAL.pdf> Acesso em: 21/09/2020.

EGAN, B. **Remarks on International Law and Stability in Cyberspace**, 2016. Disponível em: https://2009-2017.state.gov/s/l/releases/remarks/264303.htm Acesso em 22/10/2020.

GALANTE, L; EE, S. **Defining Russian Election Interference: An analysis of select 2014 to 2018 cyber enabled incidents.** Atlantic Council: 2018. Disponível em: https://www.atlanticcouncil.org/wp-content/uploads/2018/09/Defining_Russian_Election_Interfe ren-ce_web.pdf Acesso em: 29/09/2020.

GILL, T. **Non-intervention in the cyber context.** In: ZIOLKOWSKI, K. (org) **Peacetime Regime for State Activities in Cyberspace: International Law**, International Relations and Diplomacy, NATO CCD COE Publication, Tallinn: 2013. Disponível em: https://www.ilsa.org/Jessup/Jessup16/Batch%202/Peacetime-Regime.pdf Acesso em 16/10/2020.

GILANI, S. **Research on Pre-Electoral Intervention by Foreign**

**Countries in a Digital World.** Dissertação de Mestrado, Harvard Extension School: 2018. Disponível em: <https://dash.harvard.edu/handle/1/42004033> Acesso em: 21/09/2020.

HARRIS, B., **The Future of Great Power Intervention: New Alternatives to Military Intervention.** MIT Political Science Department Research Paper: Fevereiro de 2020, Disponível em: <https://ssrn.com/abstract=3533332 or http://dx.doi.org/10.2139/ssrn.3533332> Acesso em: 19/09/2020

HOLLIS, B. **The influence of war, the war of influence.** Temple International & Comparative Law Journal, Vol. 32, No. 1, 2018. Disponível em: https://papers.ssrn.com/sol3/papers.cfm?abstract_id=3155273 Acesso em: 25/09/2020.

LEVIN, D. H. **When the Great Power Gets a Vote: The Effects of Great Power Electoral Interventions on Election Results.** International Studies Quarterly, vol. 60, 2, (jun/2016). Disponível em: <https://academic.oup.com/isq/article/60/2/189/1750842> Acesso em: 19/09/2020.

LUBIN, A.; TOWNLEY, H. **The International Law of Rabble Rousing.** Maurer School of Law: 2020. Disponível em: https://www.repository.law.indiana.edu/facpub/2907 Acesso em 15/10/2020.

MOYNIHAN, H. **The Application of International Law to State Cyberattacks Sovereignty and Non-intervention.** Chatham House – The Royal Institute of International Affairs (International Law Programme): dez/2019. Disponível em: https://www.chathamhouse.org/sites/default/files/publications/research/2019-11-29-Intl-Law- Cyberattacks.pdf Acesso em: 16/10/2020.

NADLER, A; CRAIN, M; DONOVAN, J. **Weaponizing the digital influence machine.** Data & Society Research Institute: 2018. Disponível em: https://datasociety.net/wp- content/uploads/2018/10/DS_Digital_Influence_Machine.pdf Acesso em 01/10/2020.

NICOLAS, A. C. **Taming the trolls: the need for an international legal framework to regulate state use of disinformation on social media**. Georgetown Law Journal Online: 2018, vol. 107. Disponível em: <https://www.law.georgetown.edu/georgetown-law-journal/wp-content/uploads/sites/26/2019/10/nicolas-taming-trolls-need--for_ACCESSIBLE.pdf> Acesso em: 21/09/2020.

OWENS, W et al. **Technology, Policy, Law, and Ethics Regarding U.S. Acquisition and Use of Cyberattack Capabilities.** Washington, DC: The National Academies Press. https://doi.org/10.17226/12651.

TOMZ, M; WEEKS, J. **Public opinion and foreign electoral intervention**. American Political Science Review 114(3): 2020, pp. 859-873. doi:10.1017/S0003055420000064 Acesso em: 25/09/2020.

SANDER, B. **Democracy Under The Influence: Paradigms of State Responsibility for Cyber Influence Operations on Elections**, Chinese Journal of International Law, Volume 18, Issue 1: Março de 2019, Pages 1–56. Disponível em: <https://doi.org/10.1093/chinesejil/jmz003> Acesso em: 19/09/2020.

SHACKELFORD, S. et al. **Defending Democracy: Taking Stock of the Global Fight Against Digital Repression, Disinformation, and Election Insecurity.** Washington and Lee Law Review: 2020, Kelley School of Business Research Paper No. 2020-60, Disponível em: SSRN: https://papers.ssrn.com/sol3/papers.cfm?abstract_id=3548670

SCHMITT, M. **Tallinn Manual 2.0 on the International Law applicable to cyberwarfare**, 2017. Disponível em: https://perma.cc/2NQA--EEV3 Acesso em: 09/10/2020.

SCHMITT, M. **Virtual Disenfranchisement: Cyber Election Meddling in the Grey Zones of International Law**, Chicago Journal of International Law: Vol. 19: No. 1, Article 2, 2018. Disponível em: https://chicagounbound.uchicago.edu/cjil/vol19/iss1/2 Acesso em 15/10/2020.

VAN DE VELDE, J. **The Law of Cyber Interference in Elections**. Yale University: 2017.. Disponível em SSRN: https://ssrn.com/abstract=3043828 or http://dx.doi.org/10.2139/ssrn.3043828 Acesso em 01/10/2020.

WATTS, Sean. **Low-Intensity Cyber Operations and the Principle of Non-Intervention** (May 5, 2014). Disponível em: SSRN: https://ssrn.com/abstract=2479609 or http://dx.doi.org/10.2139/ssrn.2479609 Acesso em: 25/09/2020.

## DOCUMENTOS CITADOS

HUBT, J. NATO **Cyber Defence Pledge conference: Foreign Secretary's speech**, 2019. Disponível em: https://www.gov.uk/government/speeches/foreign-secretary-speech-at-the-nato-cyber-pledge--conference Acesso em: 23/10/2020.

International Court of Justice (ICJ**), "Military and Paramilitary Activities in and Against Nicaragua,"** Nicaragua v. United States of America. I.C.J. Reports, 1986. http://www.icj-cij.org/files/caserelated/70/070-19860627-JUD-01-00-EN.pdf. (Acesso em: 25/09/2020)

INTELLIGENCE COMMUNITY ASSESSMENT, **U.S. Government. Assessing Russian Activities and Intentions in Recent US Elections**, 2017. Disponível em: https://www.dni.gov/files/documents/ICA_2017_01.pdf

INTERNATIONAL LAW COMMISSION (U.N). **Draft on Responsibility of States for Internationally Wrongful Acts,** 2001. Disponível em: https://legal.un.org/ilc/texts/instruments/english/draft_articles/9_6_2001.pdf Acesso em 12/10/2020

Global Commission on the Stability of Cyberspace (GCSC). **Call to protect the electoral infrastructure.** Bratislava: Maio de

2018. Disponível em: https://cyberstability.org/wp-content/uploads/2018/05/GCSC-Call-to-Protect-Electoral-Infrastructure.pdf Acesso em 30/11/2020.

UNITED NATIONS (UN). **Resolution 2625: The Declaration on Principles of International Law concerning Friendly Relations and Co-operation among States**, 1970. Disponível em: https://unispal.un.org/DPA/DPR/unispal.nsf/0/25A1C8E35B23161C-852570C4006E50AB Acesso em: 15/10/2020.

UNITED NATIONS (UN). **Resolution A/70/174 – Group of Governmental Experts on Developments in the Field of Information and Telecommunications in the Context of International Securiy**, 2015. Disponível em: https://undocs.org/A/70/174 Acesso em: 09/10/2020.

World Economic Forum (WEC). **The global risks report. Geneva: 2016**, 11th edition. Disponível em: http://www3.weforum.org/docs/GRR/WEF_GRR16.pdf

WHITE HOUSE (U.S.). **International Strategy for cyberspace: prosperity, security and openness in a networked world** (2011). Disponível em: https://www.whitehouse.gov/sites/default/files/rss_viewer/international_strategy_for_cybers

# Direito internacional e proteção de dados no contexto da sociedade da informação

ANNA SAMBO BUDAHAZI

BEATRIZ DE SOUSA

BERNARDO DE SOUZA DANTAS FICO

CAROLINA AUGUSTA BORGES VAZ MARTINS

HEITOR AUGUSTO PAVAN TOLENTINO PEREIRA

MARIA BEATRIZ PREVITALI

NAIARA MARIA SANDES FERREIRA

**SUMÁRIO:**

1. Introdução;

2. Transação de dados e dinamismo das fronteiras digitais;

3. Direito comparado: GDPR e LGPD;

4. Transnacionalidade dos dados e perspectivas do direito internacional;

    4.1. Órgãos internacionais;

    4.2. Empresas e o direito humano à privacidade;

5. Caso Facebook Irlanda e EUA (Max Schrems);

6. Considerações finais.

# 1. INTRODUÇÃO

O crescimento vertiginoso da geração de dados pessoais na última década coloca a proteção de dados no centro das discussões econômicas. O poder de mercado decorrente de bases de dados extensas é inegável, e a regulação estatal vem tentando encontrar uma fórmula que equilibre o desenvolvimento com a garantia dos direitos fundamentais dos titulares de dados. Um dos principais desafios é tornar as regulações de proteção de dados efetivas não apenas nacionalmente, mas desenhar regras que se acomodem nos casos em que há fluxos transnacionais de dados.

Neste artigo são abordadas estas questões. Inicialmente, discute-se o dinamismo das fronteiras digitais e o afastamento da lógica exclusivamente territorialista no âmbito dos direitos internacional, e nacional. Para tanto, apresenta-se uma análise comparada entre as regulações de proteção de dados pessoais europeia e brasileira. Em seguida, aborda-se o desenvolvimento do direito internacional que, ao observar os desafios do mundo digital, busca aplicar *frameworks* de responsabilidade compartilhada entre Estados e empresas. Por fim, ilustra-se por meio dos casos *Schrems I* e *Schrems II* as dificuldades de se alcançar um sistema homogêneo de proteção de dados, particularmente consideradas as diferentes políticas nacionais de tratamento de dados pessoais e os limites de concessão entre Estados que tentam reconhecer-se mutuamente como locais "adequados" ao tratamento de dados pessoais.

# 2. TRANSAÇÃO DE DADOS E DINAMISMO DAS FRONTEIRAS DIGITAIS

As consequências socioeconômicas da utilização de dados, ainda que exacerbadas atualmente, não são um fenômeno particular do século

XXI. Em 1962, o economista Fritz Machlup apresentou o conceito de "sociedade da informação" em sua obra *"The production and distribution of knowledge in the United States"*. Machlup foi seguido, em 1973, pelo sociólogo Daniel Bell, que em seu livro *"The coming of post industrial society"* demonstrou que as atividades econômicas ligadas à informação já estavam aptas a gerar lucros maiores do que as atividades industriais convencionais, e novos postos de trabalho.

É neste sentido que, em 2017, o sociólogo Sérgio Amadeu da Silveira afirma que a sociedade em que vivemos hoje é informacional, tendo a economia fortemente baseada em tecnologias que tratam informações como seu principal produto, já podendo ser classificada como uma sociedade pós-industrial (SILVEIRA, 2017). O novo "sistema nervoso" da contemporaneidade abre portas para a transnacionalização da circulação do capital em uma *economia movida a dados*, fomentando em certa medida uma volatilidade nas estruturas de fronteiras nacionais (SMYRNAIOS, 2019).

O desenvolvimento tecnológico impulsionou a produção de dados, e sua posterior mercantilização. Se as últimas décadas foram palco de uma evolução exponencial no ramo da tecnologia digital, este avanço foi absorvido e integrado no nosso dia-a-dia. Para além dos dados que voluntariamente fornecemos ao usar aparelhos inteligentes, há dados capturados automaticamente — como *cookies* e demais mensuradores de tráfego *online* — e dados obtidos por inferência e/ou derivação. Aparelhos inteligentes conectados à Internet (Internet das Coisas, ou "IoT") são responsáveis por gerar correntes contínuas de dados pessoais por meio de seus sensores.

Por isso, apenas no ano de 2020, foram acumulados mais de 16 zettabytes, ou 16 trilhões de gigabytes de dados utilizáveis (CAVANILLAS; WAHLSTER, 2016). Isso equivale a 125 milhões de iPhones 128GB de última geração, ou 40 milhões de anos assistindo filmes em 4K. Frente ao enorme volume de dados constantemente produzidos, esse novo modelo econômico baseia-se na captura de grandes quantidades de informações e seu rápido processamento, buscando proporcionar uma dimensão quantitativa de aspectos fundamentais da vida. Mais do que um insumo ou uma moeda, dados pessoais são importantes fontes de poder, na medida em codificam informações úteis para os mais diversos propósitos (CARVALHO; FRAZÃO, 2019).

A dependência da economia na existência de fluxos informacionais provoca a necessidade de revisitar o compromisso e os princípios de tutela dos direitos humanos (ou fundamentais), reforçando e repactuando o compromisso de proteção à privacidade. Para além do conceito original de Warren e Brandeis de privacidade como "o direito de ser deixado só", inclui-se a necessidade de se conhecer, controlar, direcionar ou mesmo interromper o uso de informações que lhe concernem. A partir dessa premissa, as leis sobre proteção de dados pessoais buscam indicadores aptos a mensurar o cumprimento daquele compromisso, implementando controles e orientações quanto ao manuseio adequado de informações (PINHEIRO, 2020).

Contudo, a positivação e o controle efetivo do direito à privacidade baseia-se no poder político-normativo dos Estados nacionais e, especificamente, no conceito de fronteira. Compromissos institucionais e a proteção a direitos fundamentais dependem da delimitação de território e da soberania nas competências para atuação fiscalizadora do Estado em relação à proteção de dados pessoais. Esses conceitos, contudo, por vezes são considerados ultrapassados pela abordagem de uma economia baseada em dados a qual, em sua essência, cruza um sem-número de fronteiras.

A teoria social da modernização reflexiva indica que se encerrou a noção de atuação legítima dos Estados com base em fronteiras geográficas estáticas e definidoras de sua soberania, cenário no qual não haveria questionamentos de legitimidade (BECK, 1997). Com a modernização, passa-se a considerar uma mudança geral tanto da legitimidade das fronteiras concretas como justificadoras da soberania, quanto de sua leitura semiótica, observando-se a importância, eficácia, ou relevância dessas demarcações (SHIELDS, 2006). De acordo com William J. Drake (1993), para tornar a soberania operacional, é necessário ao Estado "a afirmação do controle territorial — a estruturação da ação social dentro de um espaço político fisicamente delimitado",[1] considerando a potencial intangibilidade dos ativos informacionais transacionados (DRAKE, 1993). Esta intangibilidade pode levar à efetivação da soberania por meio de normas de vigilância e controle.

De forma análoga às análises da modernização reflexiva, as transações de dados reinterpretam o conceito de fronteiras e, consequentemente, a definição de territórios. A facilidade e a velocidade com que dados trafegam entre atores do mercado através de diferentes territórios corrobora a hipótese de que os dados são tratados a despeito das fronteiras nacionais, estando aptos a traçar caminhos diversos e independentes da localidade onde estão armazenados, e de onde encontram-se seus respectivos titulares, o que é facilitado pelos sistemas de armazenamento em nuvem (DASKAL, 2015).

Considerando os impactos globais às estruturas da ordem constitucional dos Estados, em grande parte provocados por uma economia movida a dados, tais Estados passam, então, a enfrentar os desafios e riscos da nova economia. Sem a correspondente parametrização de transações envolvendo dados e a indefinição dos procedimentos e da jurisdição competente, atinge-se as discussões quanto à possibilidade de regulação transfronteiriça da transferência de dados.

---

1 "Rendering sovereignty operational requires the assertion of territorial control - the structuring of social action within a physically bounded political space."

Apesar de consolidada a economia movida a dados como realidade econômica no século XXI, esta tem como atores principais corporações privadas e países do chamado norte global; notadamente quando considerada a manipulação e os ganhos finais com os dados transacionados, bem como o poder de influir na parametrização regulatória. Concentrando poder de mercado, monopólio de produtos e serviços da nova economia, ativos com potencial de causar impacto em direitos fundamentais de indivíduos e capacidade de ditar a infraestrutura legal-regulatória, é estabelecida a assimetria informacional (CIURIAK, 2018): as fronteiras indefinidas transformam-se em espaços de influência dos controladores do *big data*.

Nesse sentido, é criado um desafio para que demais países e atores do mercado, quais sejam, em sua maioria, aqueles sediados no sul global, cumpram as normas de governança estabelecidas pelos Estados líderes na economia digital e no tratamento de dados em larga escala. A lacuna de desenvolvimento existente entre os países se amplifica com a imposição de tais parâmetros normativos e de governança (CIURIAK; PTASHKINA, 2019). Passa, então, a ser necessário às economias não dominantes a adoção de planos de ação baseados na estruturação de regulação de mercado e de diretrizes vinculadas à proteção de dados pessoais. Estes dados são tratados como ativos econômicos e, usualmente, tais planos baseiam-se nos parâmetros delimitados pelo norte global.

Para o Brasil, que tem alto fluxo econômico de exportações aos países do norte global, isto se traduz em grande volume de transações envolvendo transferência internacional de dados pessoais. Por isso, a criação de uma agenda de adequação legislativa e regulatória mostrou-se essencial. Uma vez consolidada a regulação europeia, *General Data Protection Regulation* ("GDPR"), o caminho brasileiro consistia na escolha entre, de um lado, travar guerras comerciais com os países do bloco passando a dificultar relações econômicas, ou, do outro, avançar também na adoção de parâmetros de proteção de dados em sintonia com os lá estabelecidos. Constata-se a escolha pelo segundo caminho na Lei federal nº 13.709/18, conhecida como a Lei Geral de Proteção de Dados ("LGPD").

## 3. DIREITO COMPARADO: GDPR E LGPD

A fim de compreender como essas questões impactam diretamente o Brasil, é necessário comparar o escopo de aplicação da LGPD com o do principal diploma legal europeu sobre a matéria de proteção de dados, a GDPR. A comparação é particularmente frutífera por ser a GDPR uma das fontes de inspiração para que o Brasil regulasse o tema (COMISSÃO ESPECIAL, 2018). Assim, apesar de as discussões iniciais que levaram a elaboração da LGPD serem anteriores à GDPR, não se pode negar que o texto final do regulamento europeu, que entrou em vigência em 2018, influenciou a versão final da lei brasileira.

Isso ocorre sobretudo por conta do "efeito viral" da GDPR (LEMOS, 2018), relacionado não apenas ao setor privado — em que empresas adequadas passam a exigir adequação de outras empresas —, mas também às suas determinações sobre a transferência internacional de dados. Ao definir como uma das hipóteses para transferir dados pessoais a países estrangeiros a comprovação de nível de maturidade em proteção de dados igual ou maior ao Europeu, a GDPR fez não só com que muitos países criassem leis de proteção de dados, mas influenciou essas legislações para que fossem em alguma medida compatíveis com seus termos.

Nesse sentido, os quadros abaixo resumem as principais diferenças e similaridades da proteção de dados no Brasil e na Europa no que diz respeito ao seu escopo de aplicação:

| ESCOPO PESSOAL |
|---|
| **Indivíduos protegidos pelos diplomas legais** |
| **(GDPR - Artigos 3 e 4; LGPD - Artigos 1 a 5)** |
| A GDPR é explícita em determinar que se aplica a qualquer pessoa natural independente de nacionalidade ou local de residência, ao passo que a LGPD é silente sobre o assunto. |
| A GDPR deixa claro que se aplica somente a pessoas vivas. A LGPD não deixa claro se poderia ser aplicada a pessoas falecidas. |
| Ambas as leis aplicam-se somente a dados de pessoas físicas. |
| Ambas as leis se aplicam a controladores e operadores, que podem ser empresas, órgãos públicos, instituições e organizações sem fins lucrativos, ou seja, pessoas naturais ou jurídicas de direito público ou privado. |
| Ambas as leis definem titulares de dados como pessoas naturais. |

| ESCOPO TERRITORIAL |
|---|
| **Territorialidade na qual as leis se aplicam** |
| **(GDPR - Artigos 3 e 4; LGPD - Artigos 3 e 4)** |
| A GDPR aplica-se a entidades que, mesmo sem presença na União Europeia, monitorem o comportamento de indivíduos que estejam no território da União Europeia. A LGPD não faz previsões específicas sobre isso, mencionando apenas que aplica-se a pessoas que estejam em território brasileiro. |
| A LGDP não se aplica a tratamento de dados pessoais que venham de fora do território brasileiro e que não se refiram a uso compartilhado com agentes de tratamento brasileiros ou não sejam objeto de transferência internacional de dados de país terceiro quando o país de origem dos dados proporcionar grau de proteção de dados pessoais adequados à LGPD. A GDPR não faz previsões sobre a questão. |

| |
|---|
| Ambas as leis possuem aplicação extraterritorial. A GDPR aplica-se a entidades que tenham estabelecimentos na União Europeia, independente de onde aconteça o tratamento de dados pessoais. A LGPD aplica-se a quaisquer atividades de tratamento de dados pessoais que sejam conduzidas em território brasileiro ou que se refiram a dados pessoais coletados no Brasil, independentemente de onde se localiza a entidade. |
| A aplicação extraterritorial de ambas as leis também é reforçada pois ambas se aplicam a atividades de tratamento de dados pessoais relacionadas ao oferecimento de produtos ou serviços em seus territórios. |

| **ESCOPO MATERIAL**<br>**Situações nas quais as leis se aplicam**<br>**(GDPR - Artigos 2 a 4 e 9; LGPD - Artigos 3 a 5 e 12)** |
|---|
| Uma vez verificada a aplicabilidade da LGPD, todas as suas obrigações são exigíveis. A GDPR modula a sua aplicação em virtude do porte e circunstâncias da organização (por exemplo, se a empresa possui menos de 250 empregados, nos termos do art. 30) |
| Ambas as leis se aplicam ao tratamento de dados pessoais e estabelecem definições próximas para o significado de tratamento, que englobam, em suma, quaisquer ações tomadas envolvendo dados pessoais. A definição de dados pessoais determinada pelas leis também é compatível, referindo-se a informações que identificam ou possam identificar pessoas naturais. |
| Ambas as leis excluem do seu escopo de aplicação atividades conduzidas por pessoas naturais para propósitos privados e não comerciais. |
| Nenhuma das leis se aplica a dados anônimos ou anonimizados. |
| Nenhuma das leis se aplica a atividades relacionadas à aplicação da lei, segurança pública e defesa e segurança nacionais. |
| Ambas as leis excetuam de sua aplicação atividades acadêmicas, artísticas ou jornalísticas. |
| Ambas as leis aplicam-se a tratamento automatizado de dados pessoais. |

**Fonte:** elaboração própria

Da análise dos quadros acima, pode-se concluir que a LGPD e a GDPR são legislações relativamente compatíveis no que tange seu escopo de aplicação. Sobretudo, salienta-se o aspecto de extraterritorialidade de ambos os diplomas legais, que diretamente influencia atividades de tratamento de dados pessoais que sejam de caráter transnacional. Isso porque empresas localizadas em apenas uma parte do globo passam a ter de adequar-se não apenas a legislação do local em que estão estabelecidas, mas também a leis e regulamentos estrangeiros, sobretudo considerando que, além das duas leis comparadas para fins deste artigo, diversos outros diplomas legais de outros países possuem disposições semelhantes relacionadas ao escopo extraterritorial. Assim, a similaridade de premissas básicas nas legislações é positiva na medida em que possibilitam a criação de um denominador comum relativamente estável, que pode ser observado por controladoras de dados que façam tratamentos internacionais de dados pessoais.

## 4. TRANSNACIONALIDADE DOS DADOS E PERSPECTIVAS DO DIREITO INTERNACIONAL

Como mencionado previamente, a Internet torna a dinâmica de tratamento de dados afronteiriça no mundo digital, o que traz desafios à comunidade internacional. Isso se reflete na tutela jurídica nacional e internacional, no desenvolvimento do tratamento transnacional de dados pessoais, na proteção do direito à privacidade, bem como em novos desafios que carecem de definição das organizações internacionais. Há, contudo, grandes marcos jurisprudenciais de impacto internacional, como a decisão da Corte de Justiça da União Europeia ("CJUE") no caso *Google Spain v AEPD and Mario Costeja González* relativa ao Direito ao Esquecimento, bem como os casos *Schrems I* e *Schrems II*, analisados posteriormente neste artigo.

## 4.1. ÓRGÃOS INTERNACIONAIS

Ao adentrar no Direito Internacional Público, estuda-se cenários mais amplos, como o próprio conceito de privacidade, que tem seu reconhecimento na Declaração Universal dos Direitos Humanos (ONU, 1948), seguido pela Convenção Europeia de Direitos Humanos (CEDH, 1950), e por fim pelo Pacto Internacional de Direitos Civis e Políticos da ONU (PIDCP, 1966). Todos estes documentos resguardam o direito à privacidade, permitindo restrições excepcionais, quando previstas em lei, com um objetivo legítimo, e necessário para uma sociedade democrática.[2] A tutela da proteção de dados se desenvolveu das proteções à privacidade, tendo sido reconhecida em casos de relevância internacional (cita-se, como exemplo, casos da Corte Europeia de Direitos Humanos: *Benedik v Slovenia*, App no. 62357/14, 24 de abril de 2018; *Big Brother Watch and Others v the United Kingdom*, App nos. 58170/13, 62322/14 e 24960/15, 13 de setembro de 2018).

Apesar de o debate internacional de proteção de dados existir ao menos desde a década de 1980 e estar enraizado na Convenção 108,[3] foi apenas em 2018 que a Organização das Nações Unidas lançou sua primeira diretiva sobre dados pessoais: a *Personal Data Protection and Privacy Principles* (ONU, 2018). Os princípios elencados[4] têm três principais objetivos declarados: (i) harmonizar as normas de proteção de dados pessoais no Sistema das Nações Unidas; (ii) facilitar o tratamento responsável de dados pessoais para efeitos de implementação do mandatos das Organizações do

---

2 Direito tutelado no 8º da Convenção Europeia de Direitos Humanos (1950) e artigo 17 do Pacto Internacional de Direitos Civis e Políticos (1966).

3 "A Convenção 108 do Conselho da Europa para a Proteção das Pessoas Singulares no que diz respeito ao Tratamento Automatizado de Dados Pessoais, de 28 de janeiro de 1981, foi o primeiro instrumento internacional juridicamente vinculativo adotado no domínio da proteção de dados." (PARLAMENTO EUROPEU, 2021).

4 Tratamento justo e legítimo, Finalidade, Necessidade e Proporcionalidade, Retenção, Precisão, Confidencialidade, Segurança, Transparência, Transferência, e Responsabilização e prestação de contas.

Sistema das Nações Unidas; e (iii) assegurar o respeito aos direitos humanos e às liberdades fundamentais dos indivíduos, em particular o direito à privacidade (ONU, 2018).

Oferecendo uma abordagem comum à privacidade e à proteção de dados no Sistema das Nações Unidas, facilita-se a colaboração e permite fluxos de dados mais eficientes entre as organizações, melhorando a organização interna, e permitindo resultados unificados (UNESCO). Ainda, esses Princípios têm relevância face ao crescente reconhecimento pelos Estados-Membros do papel que a proteção do direito à privacidade desempenha na utilização de dados e tecnologia para a realização dos objetivos da Agenda para o Desenvolvimento Sustentável de 2030 (UNESCO; UNSDG, 2030 AGENDA).

Na esfera do "desenvolvimento", é inegável que o envio internacional de dados é uma necessidade comercial (e de desenvolvimento) para diversas atividades (Y. POULLET, S. LOUVEAUX, and MV. PEREZ ASINARI, 2001). Foi sob esta ótica que a OMC negociou a Declaração sobre o Comércio Eletrônico Global (OMC, 1998), que estabeleceu uma moratória dos direitos aduaneiros sobre transmissão digital. Em sequência, adotou-se o Programa de Trabalho sobre Comércio Eletrônico (OMC, 2017), que dividiu o trabalho entre diversas organizações internacionais, que após idas e vindas culminou na Iniciativa de Declaração Conjunta sobre o Comércio Eletrônico de 2019 (OMC, 2019).

A fim de acomodar os novos desafios comerciais internacionais, a OMC expandiu o regulamento do GATS (Acordo Geral sobre o Comércio de Serviços), para a tutela de dados pessoais (OMC, 2021). Nesse sentido, a OMC indica que sempre que o GATS for aplicável na atividade comercial em questão, os dados pessoais deverão ser tutelados e, principalmente, se o caso envolver questões de privacidade e cibersegurança (MISHRA, 2019)

Apesar de tais adaptações existirem e demonstrarem a legitimidade e competência da OMC, a temática de privacidade e proteção de dados ainda levanta muitos questionamentos, tais como o papel da OMC em balancear privacidade de dados e o livre comércio quando o artigo XIV do GATS for invocado. Questiona-se, por exemplo, se a proibição ou restrição de transferência de dados para um terceiro país é forma de proteger interesses caracterizáveis como "vital e importante no mais alto grau". Outra questão é identificar os limites da avaliação de adequação de territórios estrangeiros em relação à proteção de dados e como garantir que este processo não seja discriminatório (ZHANG, s.d.). Estes e outros questionamentos permanecem em aberto no Direito Internacional Público, havendo tópicos ainda a serem regulados. Apesar disso, os direitos humanos indicam – ao menos parcialmente – um caminho a se seguir.

## 4.2. EMPRESAS E O DIREITO HUMANO À PRIVACIDADE

Assim, tendo em vista que a proteção dos dados pessoais é faceta essencial do direito humano à privacidade, e que o fluxo internacional de dados pessoais é movido, em larga medida, por parte de empresas — seja propriamente no comércio eletrônico, seja nos modelos de negócio *data driven* —, torna-se imprescindível uma análise sobre a garantia da privacidade e da proteção de dados por parte das empresas multinacionais.

Tal análise se enquadra na temática de *empresa e direitos humanos*. Esse tema compreende o esforço empregado por diversas organizações internacionais desde as décadas de 1970 e 1980, a fim de endereçar as violações de direitos humanos cometidas por empresas, sobretudo transnacionais, diante da insuficiência da regulação das atividades empresariais pelos Estados (FEENEY, 2009), bem como da limitação do direito internacional centrado nos Estados como atores internacionais (HARVARD LAW REVIEW, 2009).

A ONU desempenhou papel de liderança na pauta de empresas e direitos humanos. Desde a década de 1970, foram propostas diversas iniciativas, ora acusadas de insuficiência — como o Pacto Global da ONU, de 1999 —, ora não aceitas pelos Estados ricos e empresas transnacionais — como a proposta de Normas vinculantes sobre responsabilidades em direitos humanos das empresas transnacionais, em 2003 (FEENEY, 2009). O parâmetro atual adotado pela ONU são os "Princípios Orientadores sobre Empresas e Direitos Humanos" (ONU, 2011), instrumento de *soft law* fruto do marco "Proteger, Respeitar e Remediar", desenvolvido pelo então Representante Especial do Secretário-Geral, John Ruggie, e adotado pelo Conselho de Direitos Humanos das Nações Unidas em 2008.

Os Princípios Orientadores baseiam-se em três pilares: (i) o dever do Estado de proteger os direitos humanos; (ii) o dever das empresas de respeitar os direitos humanos; e (iii) a necessidade de ambos providenciarem remédios efetivos quando houver violações. Analisaremos brevemente alguns princípios do primeiro e segundo pilares que se fazem relevantes para a compreensão da garantia do direito à privacidade por parte de empresas.

O primeiro pilar remete às obrigações de direito internacional dos direitos humanos há muito impostas aos Estados para que protejam contra violações dentro de seus territórios ou jurisdições, inclusive quando praticadas por entes privados. Contudo, o segundo princípio deste pilar busca uma ampliação desta responsabilidade, ao indicar que os Estados devem definir a expectativa de que todas as empresas domiciliadas em seu território ou sob sua jurisdição respeitem os direitos humanos, mesmo quando elas atuarem em outro território. Nesse sentido, faz-se menção exemplificativa às regulações nacionais de aplicação extraterritorial (ONU, 2011, pp. 3-4), como é o caso do *Foreign Corrupt Practices Act of 1977* estadunidense, das provisões sobre tráfico humano no *Modern Slavery Act of 2015* britânico, e, como abordamos acima no tópico 3, as legislações de proteção de dados brasileira e europeia. Esse princípio endereça um dos maiores desafios da agenda de empresa e direitos humanos: as limitações territoriais e jurisdicionais de *enforcement* na economia globalizada.

Quanto ao pilar da responsabilidade corporativa de respeitar direitos humanos, os princípios assentam a necessidade de as empresas observarem os direitos conforme eles são proclamados nos instrumentos internacionais (como a Carta Internacional de Direitos Humanos, que compreende a Declaração Universal e os Pactos Internacionais). A observância deve se dar por meio da prevenção e mitigação do impacto das atividades corporativas sobre os direitos humanos, com aplicação de políticas, gestão de riscos e processos de *due diligence*, bem como prestação de contas sobre o endereçamento dos impactos e efetiva remediação, quando necessário. Essa responsabilidade das empresas é independente tanto do cumprimento das obrigações internacionais pelos Estados onde elas atuam, quanto da observância das leis locais. (ONU, 2011, pp. 13-24)

Referindo-se à indústria de tecnologia, a ONU defende que "focar nos direitos humanos reconhecidos internacionalmente ajuda as empresas e os *stakeholders* a prestar atenção aos impactos mais sérios e importantes sobre as pessoas que podem resultar de suas atividades comerciais" (ACNUDH, 2020, p. 2). Nessa indústria, os impactos sobre direitos humanos são específicos, o que justifica a inauguração do "Projeto B-Tech" pelo Alto Comissariado de Direitos Humanos, em 2019, com o objetivo de guiar a implementação dos Princípios Orientadores no setor de tecnologia (ACNUDH, s.d.).

A necessidade de orientações específicas para a indústria de tecnologia é compreendida quando se observa que a agenda de empresa e direitos humanos foi mobilizada em vista de violações do direito à vida, integridade física, liberdade individual e outros direitos humanos correlacionados a exploração laboral e tragédias humanitárias — como a atuação da *Shell* contra a minoria ogoni, na Nigéria, ou o desastre de Bhopal, Índia, causado pela *Union Carbide* em 1984. A agenda, no entanto, deve evoluir diante das novas tecnologias e, consequentemente, das novas formas de interferir nas proteções de direitos humanos na era digital.

Observa-se, também, que a pauta de empresa e direitos humanos se desenvolveu em consequência, e com atenção, à concentração do poder econômico (e político) das grandes corporações (CHANÉ; WOUTERS, 2013). Consequentemente, esta pauta deve dedicar atenção especial às grandes empresas de tecnologia, detentoras de volume e inteligência de dados (pessoais ou não) inigualáveis. Não à toa, a concentração de poder econômico no conjunto de corporações conhecidas como "Big Techs" — sobretudo Google, Facebook, Amazon, Apple e Microsoft — tem sido alvo, nos últimos anos, dos órgãos regulatórios de concorrência, proteção de dados e proteção do consumidor ao redor do mundo.

Portanto, é necessário avaliar os riscos específicos que a indústria de tecnologia apresenta aos direitos humanos, os quais vão além dos problemas nas cadeias produtivas, impactando o próprio desenvolvimento das sociedades e da democracia.

As corporações de Tecnologias da Informação e Comunicação (TIC) lidam diretamente com os direitos fundamentais à privacidade e à liberdade de expressão. Em países com governos autoritários, a atuação dessas empresas pode comprometer movimentos políticos e sociais e pôr em risco a vida de opositores políticos, a depender da relação que as empresas estabelecem com esses governos. É o caso, por exemplo, das fornecedoras de tecnologias de vigilância Amesys e Nexa Technologies, que tiveram quatro executivos indiciados pelo Tribunal Judicial de Paris por cumplicidade em casos de tortura e desaparecimento forçado na Líbia e no Egito (FIDH, 2021).

Estas corporações também podem impactar os direitos humanos, positiva ou negativamente, em ações independentes, desvinculadas de governos. Tomando-se como exemplo somente o Facebook, já vieram a público escândalos suficientes para evidenciar como a plataforma pode ser utilizada em ameaça aos direitos humanos. Dois exemplos emblemáticos são a disseminação de discurso de ódio e promoção do genocídio contra os muçulmanos Rohingya em Myanmar (CDH, 2018), e a desestabilização da democracia no caso *Cambridge Analytica*. Este último, inclusive, demonstrou a necessidade de regulação ética sobre o uso dos dados pessoais, cuja manipulação constitui modelo de negócio autônomo, e não mero risco incidente, como defende Shoshana Zuboff ao cunhar o termo "capitalismo de vigilância".

Naturalmente, o Facebook passou a sofrer maior pressão pública para que adequasse sua governança em respeito aos direitos humanos, sobretudo aos marcos internacionais de privacidade e liberdade de expressão. Assim, a companhia passou a adotar novos mecanismos de governança, como o Comitê de Supervisão e a nova Política Corporativa de Direitos Humanos. Ambos fazem referência expressa às normas de direito internacional dos direitos humanos e aos Princípios Orientadores: o Comitê o fez em suas decisões e no seu Livro de Regras (FICO, 2021; OVERSIGHT BOARD, 2020), e a Política se inicia anunciando o comprometimento da companhia em respeitar os direitos humanos conforme disposto nos Princípios Orientadores e definidos na Carta Internacional de Direitos Humanos (FACEBOOK, 2021).

A Política Corporativa de Direitos Humanos do Facebook não foi recepcionada sem críticas, inclusive no que se refere à efetividade do respeito aos direitos humanos pela companhia, conforme aponta Neema Hakim:

> As falhas do Facebook em matéria de direitos humanos são atribuíveis a incentivos econômicos que não mudarão como resultado de uma declaração de política. A única maneira de responsabilizar a empresa é através

de esquemas regulatórios que aumentem o custo da contribuição para as violações dos direitos humanos. (HAKIM, 2021, tradução nossa).

Contudo, no âmbito do direito internacional público, há uma grande limitação para a responsabilização de grandes corporações, como o Facebook, por seu papel em violações de direitos humanos: o fato de que empresas não possuem o status de sujeitos de direito internacional público, o que impede, por exemplo, a responsabilização direta perante cortes internacionais de direitos humanos.

Assim, o direito internacional baseia-se nos instrumentos de *soft law*, como os Princípios Orientadores, para atingir as grandes corporações. No que tange à tutela da privacidade, os Princípios Orientadores não têm o condão (nem a pretensão) de regular o tratamento de dados pessoais — papel reservado às regulações de proteção de dados —, mas têm importância ao promover uma harmonização que independe de regulações nacionais ou regionais. Além disso, os Princípios consolidam internacionalmente uma retórica reiterada nas regulações de proteção de dados, centrado na governança corporativa, *accountability* e gestão de riscos.

## 5. CASO FACEBOOK IRLANDA E EUA (MAX SCHREMS)

Paralelamente aos desafios globais de privacidade e proteção de dados, o cenário regulatório europeu – central na matéria – teve mudanças significativas em suas regras quanto às transferências internacionais de dados nos últimos anos. Até 2015, as transferências internacionais de dados entre Estados Unidos e a União Europeia e Suíça eram reguladas pelos "princípios de porto seguro",[5] nos termos da Decisão 2000/520, no âmbito

---

5   Resumidamente, os princípios são os seguintes: aviso (*notice*), pelo qual o indivíduo deve ser informado sobre a coleta de seus dados, como eles serão utilizados e como entrar em contato com o responsável para quaisquer solicitações; escolha, isto é, deve ser facultado ao indivíduo

da então vigente Diretiva 95/46/CE (antecessora da GDPR). Da parte estadunidense do acordo, estes princípios seriam regulados e fiscalizados pelo Departamento de Comércio dos EUA e deveriam seguir as diretrizes estabelecidas pelo *Federal Trade Commission* ("FTC").

Para obter a certificação de conformidade com os princípios de porto seguro, bastava apresentar ao Departamento de Comércio evidências de cumprimento com os requisitos estabelecidos no acordo. Além disso, estes princípios poderiam ser excetuados em decorrência de previsões da legislação estadunidense ou de decisão judicial (DECISÃO DA COMISSÃO, 2011). A simplicidade de registro, atrelada aos benefícios econômicos inerentes às transferências internacionais de dados, resultou numa grande adoção ao chamado *EU-US Safe Harbor Framework*, por mais de 3.200 empresas registradas nos EUA.

Entretanto, ao longo do tempo, constatou-se que o mecanismo de porto seguro não era eficiente em garantir o respeito aos direitos dos titulares de dados. Após as repercussões das revelações de Edward Snowden, em 2013, sobre os esquemas de vigilância em massa realizados pela Agência de Segurança Nacional dos EUA, um grupo de trabalho *ad hoc* formado por representantes dos EUA e da União Europeia constatou que diversas das empresas certificadas no *Safe Harbour Framework* compartilhavam dados pessoais com as autoridades estadunidenses implicadas nas revelações de vigilância em massa. Seriam necessários novos e mais fortes mecanismos

---

a possibilidade de não participação (*opt-out*), em relação a seus dados, das transferências internacionais e do uso de tais dados para finalidades posteriores; retransferência, pelo qual a transferência de dados só pode ocorrer para terceiros que observem os princípios de proteção de dados; segurança, que consiste na obrigação da organização de adotar medidas razoáveis necessárias para evitar a perda ou roubo de informações pessoais; integridade dos dados, ou seja, as organizações somente podem utilizar os dados pessoais pertinentes para o fim com que foram colhidos; acesso, pelo qual o indivíduo deve ter a possibilidade de acessar os dados em posse da organização, bem como retificá-los ou solicitar sua eliminação; e aplicação, isto é, a implementação de mecanismos eficientes que garantam o respeito a estes princípios (CONSELHO EUROPEU, Decisão 2000/520/CE).

internacionais para que os objetivos originais dos princípios de porto seguro de fato fossem observados.

Esta primeira mudança veio por meio da ação ajuizada pelo pesquisador e ativista de proteção de dados austríaco Max Schrems, que chegou até a Corte de Justiça da União Europeia e culminou no caso *Maximillian Schrems v Data Protection Commissioner*, popularmente conhecido como "*Schrems I*". Preocupado com a transferência de dados realizada desde a filial irlandesa do Facebook à sua matriz estadunidense e as recentes notícias sobre o acesso a dados pessoais por agências governamentais estadunidenses, Schrems peticionou perante a autoridade irlandesa de proteção de dados para que esta determinasse a interrupção desta transferência, a fim de proteger os direitos dos titulares de dados localizados na União Europeia. Com a recusa da autoridade, Schrems buscou a via judicial na Irlanda, que, por meio de sua mais alta instância deliberativa, remeteu o caso para a CJUE.

A grande câmara da CJUE concluiu que, embora derrogações dos princípios de porto seguro a fim de salvaguardar fins legítimos como a segurança nacional fossem legítimas em geral, o país terceiro considerado adequado para transferências de dados oriundas da União Europeia necessita proporcionar um nível adequado e equivalente de proteção, em relação ao conferido no âmbito da UE — o que, a Corte ressalta, não significa "igual" ao europeu, mas que compartilhe dos mesmos direitos e garantidas. Nesse sentido, os EUA falharam em proporcionar tal equivalência, pois o tratamento de dados realizado por agências governamentais era extenso e intrusivo demais em relação às finalidades originais da transferência.

Ainda, não era dada aos titulares de dados a oportunidade de exercer seus direitos, pois os mecanismos de solução de controvérsias disponibilizados nos EUA não eram suficientes, nem permitiam o acesso às informações tratadas por agências governamentais. Em virtude destas violações aos direitos dos titulares, em 6 de outubro de 2015, a Decisão 2000/520 e, por extensão, o *Safe Harbor Framework*, foram julgados inválidos. Assim, o que havia começado com uma petição para interrupção do tratamento indevido de dados por parte de uma empresa resultou no questionamento e derrubada do sistema do *Safe Harbour Framework* como um todo.

Estes mecanismos de transferência foram redesenhados e implementados num novo sistema, conhecido como *Privacy Shield*, conforme a Decisão 2016/1250 da Comissão Europeia pela adequação dos EUA enquanto país terceiro para transferências de dados oriundas da União Europeia. O *Privacy Shield* manteve grande parte do que já era previsto nos princípios de porto seguro, mas impôs novos limites ao acesso dos dados de titulares da União Europeia, bem como maiores responsabilidades para as organizações certificadas.[6] Contudo, o *Privacy Shield* também foi questionado por Schrems, numa reformulação de sua queixa quanto à transferência de dados entre a subsidiária irlandesa do Facebook e sua matriz nos EUA. O argumento central de Schrems era que as novas previsões ainda não eram suficientes para garantir um nível adequado de proteção aos dados dos indivíduos localizados na União Europeia, especialmente contra acessos e usos excessivos pelas autoridades e agências governamentais dos EUA.

Novamente, a petição foi remetida da *High Court* irlandesa à CJUE. Desta vez, foram dois os focos principais da controvérsia: a ainda persistente ingerência estadunidense sobre os dados pessoais transferidos, e as cláusulas-padrão contratuais celebradas sob o *Privacy Shield* que autorizam

---

6    Dentre as inovações promovidas, destacam-se: aumentou substancialmente o limite das ingerência das agências governamentais estadunidenses sobre os dados de titulares da União Europeia; impôs novos e mais eficientes mecanismos de solução de controvérsias para que os titulares de dados possam exercer seus direitos; estabeleceu requisitos mais rígidos para a autocertificação das organizações e obrigações de reporte mais frequentes sobre os requisitos de conformidade com a até então vigente Diretiva 95/46/CE sobre proteção de dados.

a transferência internacional. Primeiro, a CJUE decidiu que a legislação estadunidense sobre segurança nacional ainda não permite que os dados dos titulares na União Europeia sejam tratados de maneira satisfatoriamente adequada, expondo-os ao risco de serem alvos de investigações de segurança nacional sem que o titular tenha direito de adentrar em juízo perante cortes estadunidenses contra violações de seus direitos no processo. Quanto ao segundo ponto, a Corte decidiu que, sozinhas, as cláusulas-padrão celebradas sob o *Privacy Shield* não garantem as salvaguardas necessárias para transferências internacionais de dados adequadas aos níveis de proteção de dados europeus; desse modo, cabe às empresas verificar se os mecanismos que adotam são, de fato, adequados.

Diante destes fatores, a CJUE declarou inválida a Decisão 2016/1250 e consequentemente o sistema do *Privacy Shield*. Apesar disto, não invalidou a possibilidade de cláusulas-padrão serem usadas como mecanismo de transferência internacional. A condição imposta é que, ao contrário da prática adotada de "assinar e esquecer", as organizações envolvidas neste tipo de transferência precisarão adotar uma postura ativa para garantir que estão em conformidade com as normativas europeias, devendo encarregar-se também de demonstrar sua adequação caso venham a ser questionadas.

## 6. CONSIDERAÇÕES FINAIS

Diante do exposto, fica claro que o desafio de garantir a proteção dos dados pessoais e o direito humano à privacidade exige soluções articuladas internacionalmente, que imponham cumprimento tanto ao poder público quanto aos entes privados. Isso porque, como evidenciam as denúncias feitas por Edward Snowden e as conclusões dos casos *Schrems I* e *II*, a privacidade não está garantida enquanto não houver efetivo cumprimento das regras de proteção de dados pessoais por parte de todos os agentes envolvidos no fluxo internacional de informações.

Constata-se que já existe certo nível de harmonização das regras de proteção de dados pessoais, tanto entre atores nacionais e regionais, quanto entre as normas desses atores e as recomendações dos órgãos internacionais. Essa harmonização e a possibilidade de aplicação extraterritorial de regulações como a LGPD e a GDPR permitem que se exija das grandes corporações, protagonistas no fluxo internacional de dados, a observância de padrões mínimos de proteção, centrados na gestão de risco para evitar danos à privacidade.

Contudo, a aplicação tanto de regras nacionais e regionais, quanto daquela do direito internacional dos direitos humanos, pode permanecer um desafio. No que tange à aplicação de regras nacionais, especificamente no caso brasileiro, há a dificuldade de se fazer cumprir no exterior o quadro normativo de proteção de dados e direito à privacidade — LGPD, vinculando-se por consequência o Marco Civil da Internet, Constituição Federal, Código Civil, dentre outros — observando-se os elementos de conexão de extraterritorialidade aplicáveis.

Nesse sentido, deve-se estabelecer parâmetros mínimos na transferência internacional de dados, principalmente envolvendo atividade empresarial e comercial, garantindo a tutela dos direitos humanos e simultaneamente buscando evitar as problemáticas similares às enfrentadas no âmbito do *Privacy Shield* e suas iterações anteriores. Esforços de uniformização são necessários para assegurar que tratamentos transnacionais de dados pessoais possam observar normas consonantes entre si.

No âmbito do direito internacional dos direitos humanos, o desafio de aplicação se impõe na medida em que não há mecanismos de responsabilização internacional direta contra empresas. Há espaço, portanto, para que órgãos internacionais desenvolvam normativas, tanto por meio de tratados quanto por desenvolvimento jurisprudencial. Entretanto, estas mudanças — dado que regulam evoluções tecnológicas — devem permitir uma interpretação evolutiva de suas disposições para garantir que não se tornem obsoletas a curto prazo, sem abandonar a segurança jurídica necessária à solidez das relações comerciais locais e globais.

# REFERÊNCIAS BIBLIOGRÁFICAS

ALTO COMISSARIADO DAS NAÇÕES UNIDAS PARA OS DIREITOS HUMANOS (ACNUDH). **The UN Guiding Principles in the Age of Technology.** 2020. Disponível em: https://www.ohchr.org/Documents/Issues/Business/B-Tech/introduction-ungp-age-technology.pdf. Acesso em: 08 jul. 2021.

ALTO COMISSARIADO DAS NAÇÕES UNIDAS PARA OS DIREITOS HUMANOS (ACNUDH). **B-Tech Project.** Disponível em: https://www.ohchr.org/EN/Issues/Business/Pages/B-TechProject.aspx. Acesso em: 08 jul. 2021.

BECK, Ulrich; GIDDENS, Anthony; LASH, Scott. (orgs). **Modernização Reflexiva: política, tradição e estética na ordem social moderna.** São Paulo: Editora Unesp, 1997.

CAVANILLAS, José María; Curry, Edward; WAHLSTER, Wolfgang. **New Horizons for a Data-Driven Economy: A Roadmap for Usage and Exploitation of Big Data in Europe,** edição digital. Nova Iorque: Springer Publishing, 2016, p. 3.

CEYHAN, Ayse. **Technologization of Security: management of uncertainty and risk in the age of biometrics**. Surveillance & Society, 2008, v. 2.

CHANÉ, Anna-Luise; WOUTERS, Jan. **Multinational Corporations in International Law.** Leuven Centre for Global Governance Studies, Working Paper No. 129, 2013.

CIURIAK, Dan, PTASHKINA, Maria. **Leveraging the Digital Transformation for Development: A Global South Strategy for the Data-driven Economy**. Centre for International Governance Innovation, Policy Brief Nº. 148, abril, 2019. Disponível em: https://www.g20-insights.org/wp-content/uploads/2020/09/CIGI_Policy_Brief_5.pdf . Acesso em: 06 jul. 2021.

CIURIAK, Dan. **Data Governance in the Digital Age | The Economics of Data: Implications for the Data-driven Economy.** Centre for International Governance Innovation, 05 de março de 2018. Disponível em: https://www.cigionline.org/articles/economics--data-implications-data-driven-economy/. Acesso em: 06 jul. 2021.

CJUE. Corte de Justiça da União Europeia. **Maximillian Schrems v. Data Protection Commissioner.** Caso C-362/14. Luxemburgo, 6 de outubro de 2015. Disponível em: https://curia.europa.eu/juris/document/document.jsf?text=&docid=169195&pageIndex=0&doclang=PT&mode=lst&dir=&occ=first&part=1&cid=1085411. Acesso em: 08 jun. 2021.

CJUE. Corte de Justiça da União Europeia. **Data Protection Commissioner v. Facebook Ireland Ltd and Maximillian Schrems.** Caso C-311/18. Luxemburgo, 16 de julho de 2020. Disponível em: https://curia.europa.eu/juris/document/document.jsf?text=&docid=228677&pageIndex=0&doclang=PT&mode=lst&dir=&occ=first&part=1&cid=1085758. Acesso em: 08 jun. 2021.

COMISSÃO ESPECIAL DESTINADA A PROFERIR O PARECER AO PROJETO DE LEI Nº 4060 DE 2012 (Tratamento e Proteção de Dados Pessoais). 2018. Disponível em: https://www.camara.leg.br/proposicoesWeb/prop_mostrarintegra?codteor=1663305&filename=. Acesso em: 7 jul. 2021.

COMITÊ DE DIREITOS HUMANOS. Organização das Nações Unidas. **Pacto Internacional de Direitos Civis e Políticos.** 1966. Disponível em: https://www.ohchr.org/en/professionalinterest/pages/ccpr.aspx. Acesso em: 01 jul. 2021.

CONSELHO DE DIREITOS HUMANO DAS NAÇÕES UNIDAS (CDH). **Statement by Mr. Marzuki DARUSMAN, Chairperson of the Independent International Fact-Finding Mission on Myanmar, at the 37th session of the Human Rights Council**. 2018. Disponível em: https://www.ohchr.org/EN/HRBodies/HRC/Pages/NewsDetail.

aspx?NewsID=22798&LangID=E. Acesso em: 09 jul. 2021.

DALLA FAVERA, Rafaela Bolson. **Surveillance e Direitos Humanos – O Tratamento Jurídico do Tema dos EUA e no Brasil, a partir do Caso Edward Snowden**. Rio de Janeiro: Lumen Juris, 2018.

DASKAL, Jennifer. *The Un-Territoriality of Data*, 125. The Yale Law Journal, 326, 2015. Disponível em: https://digitalcommons.law.yale.edu/cgi/viewcontent.cgi?article=5729&context=ylj. Acesso em: 03 jul. 2021.

DECISÃO DA COMISSÃO. **Decisão 2000/520/CE, de 26 de Julho de 2000, nos termos da Directiva 95/46/CE do Parlamento Europeu e do Conselho e relativa ao nível de protecção assegurado pelos princípios de «porto seguro» e pelas respectivas questões mais frequentes (FAQ) emitidos pelo Department of Commerce dos Estados Unidos da América [notificada com o número C(2000) 2441].** FAQ 11, anexo II. Jornal Oficial nº L 215 de 25 de agosto de 2000, p. 0007 - 0047. Disponível em https://eur-lex.europa.eu/legal-content/PT/TXT/?uri=CELEX%3A32000D0520. Acesso em 10 jul. 2021

DONEDA, Danilo. **Da privacidade à proteção de dados pessoais.** Rio de Janeiro: Renovar, 2006.

DRAKE, William J. **Territoriality and Intangibility: Transborder Data Flows and National Sovereignty,** in BEYOND NATIONAL SOVEREIGNTY: INTERNATIONAL COMMUNICATION IN THE 1990S. Kaarle Noerdenstreng & Herbert I. Schiller eds., 1993. pp. 265-267.

FACEBOOK. **Corporate Human Rights Policy.** 2021. Disponível em: https://about.fb.com/wp-content/uploads/2021/03/Facebooks-Corporate-Human-Rights-Policy.pdf. Acesso em: 09 jul. 2021.

FEENEY, Patricia. **A luta por responsabilidade das empresas no âmbito das nações unidas e o futuro da agenda de advocacy**. Rev. int. direitos human. 6 (11), 2009. Disponível em: https://www.scielo.br/j/sur/a/PYy7SnFypTcktZPV6VCtL6R/?lang=pt. Acesso em: 08 jul. 2021.

FICO, Bernardo de Souza Dantas. **Facebook Oversight Board: primeiras decisões publicadas**. Jota, 2021. Disponível em: https://www.jota.info/opiniao-e-analise/artigos/facebook-oversight-board-26022021. Acesso em: 10 jul. 2021.

FRAZÃO, Ana. **Big Data, Plataformas digitais e principais impactos sobre o direito da concorrência.** In: CARVALHO, Angelo Gamba Prata de; FRAZÃO, Ana. Empresa, Mercado e Tecnologia, 1ª ed., Belo Horizonte: Editora Fórum, 2019. pp. 181-199.

HAKIM, 2021. **Do Not Trust Facebook to Enforce Human Rights**. Opinio Juris, 2021. Disponível em: http://opiniojuris.org/2021/03/22/do-not-trust-facebook-to-enforce-human-rights/. Acesso em: 09 jul. 2021.

HARVARD LAW REVIEW, **Organizational Irrationality and Corporate Human Rights Violations.** Vol 122(7), pp. 1931-1952, 2009. Disponível em: https://harvardlawreview.org/2009/05/organizational-irrationality-and-corporate-human-rights-violations/. Acesso em: 09 jul. 2021.

INTERNATIONAL FEDERATION FOR HUMAN RIGHTS (FIDH), 2021. **Surveillance and torture in Egypt and Libya: Amesys and Nexa Technologies executives indicted**. 2021. Disponível em: https://www.fidh.org/en/region/north-africa-middle-east/egypt/surveillance-and-torture-in-egypt-and-libya-amesys-and-nexa. Acesso em: 08 jul. 2021.

LEMOS, Ronaldo. **"A GDPR terá um efeito viral"**. Entrevista concedida a Luiz Gustavo Pacete em 21 de maio de 2018. Disponível em: https://www.meioemensagem.com.br/home/midia/2018/05/21/a-gdpr-tera-um-efeito-viral.html. Acesso em: 07 jul. 2021.

MISHRA, Neha. **Privacy, Cybersecurity, and GATS Article XIV: A New Frontier for Trade and Internet Regulation?**. Cambridge University Press, 02 May 2019.

OMC. **Adapting to the digital trade era: challenges and opportunities**. Edited by Maarten Smeets. 2021

OMC. **Declaration on Global Electronic Commerce**. Adopted on 20 May 1998 at the Second WTO Ministerial Conference in Geneva, WT/MIN(98)/DEC/2, 25 May 1998.

OMC. **Joint Statement on Electronic Commerce**. WT/L/1056, 25 January 2019.

OMC. **Third Dedicated Discussion on Electronic Commerce under the Auspices of the General Council on 25 October 2002**. Summary by the Secretariat of Issues Raised, WT/GC/W/486, 4 December 2002.

OMC. **Work Programme on Electronic Commerce. Ministerial Decision of 13 December 2017, Ministerial Conference, Eleventh Session, Buenos Aires, 10–13 December 2017**. WT/MIN(17)/65, WT/L/1032, 18 December 2017.

ONU, 2011. **Guiding Principles on Business and Human Rights**. Office of the High Commissioner on Human Rights, HR/PUB/11/04, 2011. Disponível em: https://www.ohchr.org/documents/publications/guidingprinciplesbusinesshr_en.pdf. Acesso em: 08 jul. 2021.

ONU. Organização das Nações Unidas. **Declaração Universal dos Direitos Humanos.** 1948. Disponível em: https://nacoesunidas.org/wp-content/uploads/2018/10/DUDH.pdf. Acesso em: 01 jul. 2021.

ONU. **Personal Data Protection and Privacy Principles.** Adopted by the UN High-Level Committee on Management (HLMCM) at its 36th meeting on 11 October 2018. Disponível em https://unsceb.org/sites/default/files/imported_files/UN-Principles-on-Personal-Data-Protection-Privacy-2018_0.pdf. Acesso em: 01 jul. 2021.

OVERSIGHT BOARD. **Rulebook for Case Review and Policy Guidance.** 2020. Disponível em: https://oversightboard.com/sr/

rulebook-for-case-review-and-policy-guidance. Acesso em: 10 jul. 2021.

PARLAMENTO EUROPEU. **Proteção de Dados Pessoais.** Fichas técnicas sobre a União Europeia, 2021. Disponível em https://www.europarl.europa.eu/ftu/pdf/pt/FTU_4.2.8.pdf. Acesso em 10 jul. 2021.

PEREZ ASINARI, Maria Verónica. **The WTO and the Protection of Personal Data. Do EU Measures Fall within GATS Exception? Which Future for Data Protection within the WTO e-commerce Context?**. QMW, Londres, 2003.

PINHEIRO, Patrícia Peck. **Proteção de dados pessoais: Comentários à Lei nº 13.709 (LGPD)**. 2ª ed., São Paulo: Saraiva Educação, 2020. pp. 3-6.

SHIELDS, Rob. **Boundary-thinking in theories of the present: the virtuality of reflexive modernization**. European Journal of Social Theory, vol. 9, 2, 2006. pp. 223-237. Disponível em:http://www.lib.csu.ru/ER/ER_Philosophy/All_Schreiber/shreiber2/boundary-thinking.pdf Acesso em: 03 jul. 2021.

SILVEIRA, Sérgio Amadeu da. **Tudo sobre tod@s: redes digitais, privacidade e venda de dados pessoais.** São Paulo: Edições SESC São Paulo, 2017, obra digital.

SMYRNAIOS, Nikos. **Internet Oligopoly: the Corporate Takeover of Our Digital World**. 2ª ed., Bingley: Emerald Publishing, 2018, pp. 5-9.

TIME. *U.N.* **Fact Finders Say Facebook Played a 'Determining' Role in Violence Against the Rohingya.** 2018. Disponível em: https://time.com/5197039/un-facebook-myanmar-rohingya-violence/. Acesso em: 09 jul. 2021.

UNCTAD. Summary of Adoption of E-Commerce Legislation Worldwide. Disponível em  https://unctad.org/topic/ecommerce-and-digital-economy/ecommerce-law-reform/summary-adoption-e--commerce-legislation-worldwide Acesso em: 01 jul. 2021.

UNESCO. **Stands Strong for Protection Data and Privacy, 2020.** Disponível em https://en.unesco.org/news/unesco-stands-strong-protecting-data-and-privacy Acesso em: 01. Jul. 2021.

UNIÃO EUROPEIA (UE). **Directive 95/46/EC.** Op. cit., 1995.

UNIÃO EUROPEIA. Conselho da Europa. **Convenção Europeia de Direitos Humanos.** 1950. Disponível em: https://www.echr.coe.int/Documents/Convention_POR.pdf. Acesso em: 01 jul. 2021.

UNSDG. United Nations Development Group. **Data Privacy, Ethics and Protection. Guidance Note on Big Data for Achievement of the 2030 Agenda.** Disponível em  https://unsdg.un.org/sites/default/files/UNDG_BigData_final_web.pdf Acesso em: 01 jul. 2021.

Y. POULLET, S. LOUVEAUX, and MV. PEREZ ASINARI. **Data Protection and privacy in Global Networks: A European Approach...".** The EDI Law Review 8: 147-196, Kluwer Law International, The Netherlands, 2001.

ZHANG, Zhen. **Personal Data Protection within WTO's Trade Framework.** Master Thesis, s.d..

**Seção 2**

# DIREITO INTERNACIONAL **HUMANITÁRIO** NO SÉCULO XXI

# O uso de *drones* e os desafios contemporâneos do direito internacional humanitário face às novas tecnologias e modalidades de guerra

BRIDA MAYI SARPA SOUSA

LEONARDO GABRIEL REYES ALVES DA PAES

MARIA ALEXANDRA LAFFEACH CARBAJAL

MARIA EDUARDA DE JESUS GENOVA

MARIANNA BEATRIZ DIAZ MARTINS DE OLIVEIRA

RICHARD BROWN SILVA DA CRUZ

SABRINA REBOUÇAS WANDERLEY

**SUMÁRIO:**

1. Considerações iniciais.

2. O uso de *drones*.

    2.1. Definição e classificações.

    2.2. Origem e histórico.

3. Casos práticos da utilização de *drones* como facilitadores de armas.

    3.1. Guerra do Vietnã.

    3.2. Guerra do Yom Kippur.

    3.3. Primeira Guerra do Golfo, Guerra do Iraque e Guerra do Afeganistão.

3.4. Estados Unidos e Guerra ao Terror - Oriente Médio.

3.5. Guerra do Cáucaso.

3.6. Panorama Geral.

4. Terrorismo e o uso de *drones*.

5. O direito internacional humanitário aplicável a conflitos com uso de *drones*.

5.1. O princípio da distinção.

5.2. O princípio da precaução.

5.3. O princípio da proporcionalidade.

6. Desafios contemporâneos do uso de *drones* em conflitos armados.

7. Considerações finais.

# 1. CONSIDERAÇÕES INICIAIS

Abordagens a respeito da possibilidade, legitimidade e legalidade dos conflitos armados, além de limitações jurídicas, morais, religiosas, políticas e filosóficas no tocante aos meios utilizados, métodos de combate e finalidades almejadas da guerra não são de produção recente. Bem verdade, na doutrina internacionalista clássica, o direito de um Estado recorrer ao uso da força em suas relações decorria do próprio conceito de soberania estatal, porém, tal direito jamais foi exercido de maneira absolutamente livre e arbitrária. É certo que, desde a mais remota Antiguidade, já seria possível identificar um conjunto de normas consuetudinárias e, inclusive, tratados bilaterais a regular aspectos humanitários do uso da força (SWINARSKI, 2001, p. 35).

Atualmente, já existem contornos precisos acerca da legalidade dos conflitos armados internacionais, dentro do Capítulo VII da Carta da ONU, limitando-se estes a situações de legítima defesa (art. 51), medidas de segurança coletivas quando um Estado represente uma ameaça à paz e segurança internacionais (art. 42 e seguintes), além da possibilidade de se recorrer à força em caso de se tratar de guerra de libertação nacional (SWINARSKI, 2001, p. 36); deste modo, vê-se que não há mais a possibilidade abrangente de o Estado recorrer ao uso da força na solução de seus conflitos, tratando-se este de verdadeira exceção nas relações internacionais. Tal capítulo do direito internacional, a regular esta proibição geral à guerra e as condições nas quais esta é possível, corresponde ao *ius ad bellum*. Porém, o direito internacional ainda conta com regras de *ius in bello*, de proeminente importância por traduzir restrições à condução das hostilidades dentro de um conflito armado já instaurado, por razões humanitárias - trata-se, enfim, do Direito Internacional Humanitário (GASSER, 2015, p. 2).

O Direito Internacional Humanitário ("DIH") corresponde às normas de direito internacional aplicáveis a situações de conflitos armados internacionais ou não internacionais, as quais têm por objetivos precípuos limitar, em função de aspectos humanitários, o direito das partes em conflito no tocante à escolha de métodos e meios utilizados na guerra, bem como proteger pessoas e bens que estejam em risco pelo conflito (SWINARSKI, 2001, p. 35). Assim, de relevo destacar que o DIH corresponde a um direito de exceção, posto que aplicável, justamente, em situações de ruptura da paz - sejam elas legítimas, pelo *ius ad bellum*, ou mesmo ilegítimas, de forma que indiferente para sua incidência a qualificação do conflito armado, alcançando, inclusive, situações não reguladas pela Carta da ONU (GASSER, 2015, p. 2).

Este conjunto de normas não têm origem meramente convencional, sendo certo que regras a impor limitações à guerra por razões éticas e humanitárias são compreendidas como parte da herança cultural não escrita da humanidade (GASSER, 2015, p. 3). Neste diapasão, insta frisar que, para além das regras trazidas por tratados de DIH, diversas de suas normas possuem caráter consuetudinário, de aplicação independente de adesão ou ratificação de qualquer documento internacional, portanto. A partir do século XIX, no entanto, grande parte dessas regras foi reunida nos Direitos de Haia, Genebra, Nova Iorque e Roma, mais expressivamente naqueles dois primeiros conjuntos de direitos, o Direito de Haia a disciplinar, primordialmente, meios, usos e armas utilizados nos conflitos, e o Direito de Genebra a impor regras de proteção a suas vítimas (SWINARSKI, 2001, p. 36).

São 196 os países que aderiram às quatro Convenções de Genebra de 1949 (ICRC, 2021), gozando tais instrumentos de amplo reconhecimento e aceitação, até por seu propósito jurídico, de conferir proteção a todos que não figuram como objetivos militares em um conflito, sendo este caráter universalista fundamental à garantia da própria eficiência de suas disposições. Para o DIH, não suficiente, os Protocolos Adicionais I e II às Convenções de Genebra trazem contribuições patentes à proteção das vítimas de conflitos armados internacionais (Protocolo Adicional I) e não internacionais (Protocolo Adicional II), contando com a adesão de, respectivamente, 174 e 169 países (ICRC, 2021). De qualquer forma, como já apontado anteriormente, grande parte das provisões que dizem respeito ao DIH possuem caráter consuetudinário e, inclusive, são reconhecidas como parte do *ius cogens* (GASSER, 2015, p. 10), não sendo legítimo seu afastamento, portanto, ante a não adesão aos instrumentos normativos supracitados.

Neste diapasão, e em observância às finalidades do DIH de limitar o decorrer dos conflitos armados e suas consequências às necessidades de guerra e impor considerações de humanidade em um contexto em que esta é, inevitavelmente, afastada, debate-se, neste artigo, de que forma novas tecnologias aplicadas aos meios e métodos de guerra podem oferecer vantagens ou ameaças à consecução de tais objetivos humanitários. Essas tecnologias disruptivas são aplicadas, ademais, a novos modelos de condução de conflitos, afastados das práticas conhecidas e mais amplamente reguladas pelos instrumentos normativos de direito internacional, de maneira que também resta incerto de que maneira essas modalidades de guerra atuais estão inseridas nos regramentos de DIH tradicionais.

Em atenção à ampla utilização de *drones* em meio a conflitos modernos, questiona-se, neste estudo, se o uso desta nova tecnologia pode colocar em disputa os inúmeros princípios que regem o DIH, em especial em função de sua aplicação ser observada, majoritariamente, em meio a conflitos não tradicionais, os quais não envolvem apenas Estados e ainda possuem muitas lacunas na regulação internacional. Por meio do presente artigo, buscou-se traçar considerações a respeito do uso de *drones* em conflitos armados tradicionais - as guerras como as entendemos - e não tradicionais - em especial as "guerras ao terror" -, e verificar se estes estariam em conformidade com as normativas internacionais humanitárias, tanto em seus aspectos teóricos, quanto em sua aplicação prática.

Assim, inicialmente, foram traçadas considerações a respeito do que são os *drones*, seus principais usos e como eles evoluíram ao longo do tempo, sobretudo com finalidade militar, a partir da leitura de normativas domésticas e internacionais que regulamentam seu uso, bem como de uma análise histórica e doutrinária acerca destes equipamentos. Em sequência, trilhou-se a linha temporal do desenvolvimento do uso de *drones*, sua evolução e principais características, por meio da investigação de artigos de revistas de direito internacional e trabalhos acadêmicos, assim como textos jornalísticos, para extrair a documentação de guerras e acontecimentos históricos em que os *drones* tiveram uma participação marcante. Em sequência, a fim de verificar a compatibilidade dos *drones* armados com os regramentos do *ius in bello*, foram detalhados seus princípios basilares, a partir da investigação de tratados internacionais a respeito da temática e estudo da doutrina de direito internacional, em especial do Comitê Internacional da Cruz Vermelha ("ICRC", por sua sigla em inglês), bem como procedeu-se à análise comparativa entre tais princípios e a praxe no uso de *drones* em conflitos, a partir de artigos e obras de Direito

Internacional e Relatórios da Organização das Nações Unidas e do ICRC acerca do tema. Posteriormente, buscou-se entender, por meio de revisão de literatura composta por artigos acadêmicos e pronunciamentos governamentais, qual o uso dos drones para entidades terroristas, além de compreender melhor os limites jurídicos dos ataques e contra-ataques realizados pelos Estados frente ao direito humanitário internacional. Por fim, ante todas as considerações elaboradas, foram identificados e elencados desafios para aplicação de tal tecnologia em conflitos armados, à luz do que disciplina o DIH.

## 2. O USO DE *DRONES*

### 2.1. DEFINIÇÃO E CLASSIFICAÇÕES

Os Veículos Aéreos Não Tripulados ("VANTS"), mais conhecidos como *drones* ou, em inglês, Unmanned Aerial Vehicles/Systems ("UAV/UAS"), são definidos pelo Regulamento Brasileiro da Aviação Civil Especial nº 94 ("RBAC-E nº 94") da Agência Nacional de Aviação Civil (ANAC, 2017, s.p) como toda aeronave projetada para operar sem piloto a bordo por meio de uma estação de controle. Podem ser divididos em duas categorias distintas: (i) aeronaves remotamente pilotadas (Remotely Piloted Aircraft – RPA), utilizados com finalidade corporativa, comercial ou experimental; e (ii) aeromodelos, utilizados para fins recreativos.

A Organização das Nações Unidas ("ONU") possui uma definição para o conceito de drone baseada no artigo 8º da Convenção de Chicago, na qual inclui todas as aeronaves que não são tripuladas, ou seja, não possuem um piloto a bordo, e o comando de controle está em outro local (CIRC. 328AN/190, p. 11).

A conceituação deste equipamento é imprescindível para a compreensão dos efeitos gerados pela sua utilização no âmbito do DIH. Nesse sentido, a pletora de conceitos existente atualmente para designar esse tipo de aeronave pode causar confusões. Dentre eles, tem-se, por exemplo, veículos aéreos não tripulados; veículos aéreos de combate não tripulados; sistemas aéreos não tripulados; veículos aéreos pilotados remotamente ou sistemas de aviação remotamente pilotados (MELZER, 2013, p.7). Portanto, para fins de contemplação do maior número possível de variáveis, recorrer-se-á principalmente ao termo *drone* ao longo deste artigo.

Quanto às classificações, pode-se dizer que elas não são verdadeiras nem falsas, mas úteis ou inúteis, na medida em que servem para identificar melhor o objeto de análise (CARRIÓ, 1986, p. 99). Assim, pelo critério da utilidade, os drones podem ser classificados pelos seus usos civis e militares. No âmbito civil, as principais atividades desenvolvidas pelos drones englobam serviços de delivery, pulverização de lavouras, controle epidemiológico, aerocinematografia, cobertura jornalística e fiscalização de segurança pública. No campo militar, por sua vez, eles desempenham as funções de vigilância, rastreio de alvos, coleta de informações e facilitação de ataques armados (DOBBING & COLE, 2014, p. 4). Aqui, ressalta-se a imprecisão da classificação de drones como armas, na medida em que, por si só, os drones não podem causar danos ou a morte de pessoas; o que fazem é carregar e lançar armas com potencial de fazê-lo, atuando, portanto, como facilitadores (Manual on International Law Applicable to Air and Missile Warfare, 2009, Rule 1, (ee) e (ff)).

## 2.2. ORIGEM E HISTÓRICO

Em linhas gerais, o desenvolvimento dos *drones* está estreitamente relacionado ao contexto dos conflitos armados, ou seja, eles passaram a ser construídos com vistas a desempenhar precipuamente atividades militares, tais como os já mencionados monitoramento, reconhecimento de território, detecção de alvos e combates aéreos.

Partindo desta premissa, podemos dividir a evolução histórica do uso de *drones* em cinco momentos centrais, atrelados a conflitos armados (MENDES, 2016, pp. 8-10). No primeiro momento, tem-se a construção de *drones* com o objetivo principal de coletar informações, como ocorreu de modo pioneiro na Primeira Guerra Mundial, com a presença dos primeiros protótipos de aeronaves não tripuladas (remotamente pilotadas), ainda que num estágio incipiente e de eficácia precária (GETTINGER et al., 2014, p. 5).

O segundo momento desenvolve-se com o advento da Segunda Guerra Mundial, cenário em que os *drones* foram desenvolvidos para utilização pelo exército americano (UDEANU; DOBRESCU; OLTEAN, 2016, p. 200). O terceiro momento ocorre em seguida, com os desdobramentos da Guerra Fria, período em que os avanços tecnológicos refletiram também no âmbito dos *drones*, resultando em máquinas cada vez mais avançadas e com mais componentes e funcionalidades, como o acoplamento de câmeras e visão e iluminação noturnas (CARR, 2013 apud MENDES, 2016, p. 9).

No quarto momento, o marco temporal é a Guerra do Golfo, com os *drones* sendo utilizados, primordialmente, para diminuir as perdas humanas de militares em missões que apresentassem alto risco (MENDES, 2016, pp. 8-10). Por fim, o quinto e último momento teria se iniciado com os ataques terroristas de 11 de setembro de 2001, a partir do qual os *drones* passaram a desempenhar importante papel nas buscas por Osama bin Laden (GETTINGER et al., 2014, p. 4).

Atualmente, arrimados nesta não tão recente evolução histórica, os *drones* já são capazes de realizar autonomamente algumas funções, como a localização de alvos. Porém, como será tratado oportunamente, ainda não há que se falar em uma inteligência artificial apta a distinguir militares de civis inocentes, na medida em que se carece de uma consciência situacional que permita avaliações casuísticas e concretas, de modo que não são os *drones* dotados de raciocínio autônomo (MELZER, 2013, p. 11). Para ilustrar esse cenário, far-se-á a seguir um breve estudo de casos.

## 3. CASOS PRÁTICOS DA UTILIZAÇÃO DE *DRONES* COMO FACILITADORES DE ARMAS

Os *drones* foram utilizados pela primeira vez como facilitadores de armas na Segunda Guerra Mundial (PERES, 2015, p. 30). Essa tecnologia foi bastante desenvolvida durante o período da Guerra Fria e constantemente utilizada em Guerras no Oriente Médio, bem como na Guerra ao Terror. Desde a Segunda Guerra Mundial até a atualidade, a tecnologia de *drones* como facilitadores de armas de guerra teve grande evolução, desde o modelo *VANT*, utilizado na guerra do Vietnã, passando pelo modelo *General Atomics MQ-1 Predator*, desenvolvido pela General Atomics para a Força Aérea dos Estados Unidos, utilizado na guerra do Iraque, até o *General Atomics MQ-9 Reaper*, muito utilizado nos ataques americanos ao Oriente Médio para o combate de grupos terroristas. Podemos observar, em uma linha cronológica, ao longo de diferentes guerras, o aperfeiçoamento dos *drones* com uma tecnologia cada vez mais refinada, o que também os permite constituir armas cada vez mais letais. Neste capítulo, serão apresentados alguns exemplos históricos referentes ao uso de *drones*, sendo observada a mudança nos modelos.

## 3.1. GUERRA DO VIETNÃ

A Guerra do Vietnã, inserida dentro do contexto da Guerra Fria, foi uma das primeiras guerras em que houve o uso deliberado de *drones*, sendo relevante inclusive para o desenvolvimento dessa tecnologia. Os *drones* foram um importante veículo de reconhecimento durante a Guerra do Vietnã:

> A Guerra do Vietnã proporcionou a primeira oportunidade para o uso sistemático de VANTs em campo de batalha. De 1965 a 1973, os Firebees (que também passaram a ser designados "Lightning Bugs") foram usados em 3.435 missões de reconhecimento no sudeste asiático. A maioria das missões seguiu rotas pré-programadas, de modo que a função dos controladores remotos era bastante limitada" (PERES, 2015, p. 34).

Durante a Guerra do Vietnã, o Firebee da Ryan Aeronautical desempenhou diversas missões, com características e problemas similares aos que posteriormente se verificariam nas guerras do Afeganistão e do Iraque. Na Guerra do Vietnã foi utilizado um dos primeiros modelos dessa tecnologia, os *VANTs*.

## 3.2. GUERRA DO YOM KIPPUR

Israel utilizou *drones* na Guerra do Yom Kippur. A FAI usou *VANTs* em larga escala, pela primeira vez, em 1973, na Guerra do Yom Kippur. Durante a ofensiva egípcia e síria a Israel, ela empregou *VANTs* para enganar os sistemas de defesa inimigos, com vistas a reduzir as perdas de pilotos e de aviões com baterias antiaéreas. Em 7 de outubro de 1973, Chukars sobrevoaram as Colinas de Golã, levando o exército sírio a acreditar que estava em curso um ataque massivo contra suas baterias antiaéreas. Diversos mísseis terra-ar foram lançados. Em seguida, enquanto as baterias ainda estavam sendo recarregadas, aviões de combate israelenses, já com informações sobre as posições inimigas, iniciaram o ataque (RODMAN, 2010, p. 78; PERES, 2015, p. 41). No mesmo recorte temporal que a Guerra do Vietnã, a Guerra do Yom Kippur também utilizou o modelo *VANT*.

## 3.3. PRIMEIRA GUERRA DO GOLFO, GUERRA DO IRAQUE E GUERRA DO AFEGANISTÃO

Os Estados Unidos, na chamada Operação Tempestade no deserto, utilizam *drones* na Guerra do Golfo. A Guerra do Golfo promoveu um avanço nessa tecnologia, com maior entendimento e aprimoramento de seu funcionamento, esse desenvolvimento foi usado futuramente nas guerras do Afeganistão e Iraque:

> A invasão norte-americana ao Afeganistão marcou um ponto de inflexão no uso de VANTs em conflitos. Em todas as guerras anteriores, eles foram usados de forma meramente auxiliar. No Afeganistão e, pouco depois, no Iraque, VANTs adquiriram protagonismo ímpar. A aquisição de veículos existentes e o desenvolvimento de novos expandiram-se exponencialmente, de modo que sistemas como Predator e Pioneer tiveram suas capacidades ampliadas, enquanto novos sistemas, como Raven e Shadow, passaram rapidamente da fase inicial de desenvolvimento para a produção em larga escala (PERES, 2015, p. 52).

Em 2002, o *Predator* foi adaptado para o uso de mísseis ar-terra Hellfire. Essa nova capacidade levou a uma mudança em sua designação, de RQ-1 para MQ-1, sendo que "M" se referia a sua nova capacidade multimissão. A operação da Agência Central de Inteligência Norte-Americana ("CIA", por sua sigla em inglês) marcou o primeiro uso moderno de *drones* pelos EUA para matar um alvo em outro país (GIELOW, 2015).

Dessa forma, com a evolução dessa tecnologia na Guerra do Golfo, podemos ver o novo modelo MQ-1 sendo utilizado na Guerra do Afeganistão em 2001, e na Guerra do Iraque, em 2003. O uso de *drones* foi muito utilizado pelos Estados Unidos nessas guerras, sendo observado um grande potencial lesivo dessas armas nessas ocasiões (GIELOW, 2015).

As guerras do Iraque e do Afeganistão marcam uma transição do uso de *drones* como sistemas de espionagem, vigilância e reconhecimento, para o uso de *drones* com sistemas de armas, apesar de também terem sido essenciais para o desenvolvimento dessas funções:

> O emprego de drones na guerra do Afeganistão e do Iraque foi determinante, principalmente nas atividades de inteligência, vigilância e reconhecimento – promovendo a sinergia necessária às operações de "rápida dominação" (MONÇÕES, 2014).

A justificativa para as ações bélicas no Afeganistão foi o suposto suporte do governo Talibã para a Al-Qaeda, e no Iraque o suposto desenvolvimento de armas de destruição em massa pelo governo de Saddam Hussein. Essas ações se desdobram para outros países, como por exemplo o Paquistão, que tem fronteira com o Afeganistão, e deram origem à Guerra ao Terror (SILVA, 2019, p. 2).

No governo Bush, com a justificativa da perseguição da Al Qaeda, foi implantado um uso deliberado de *drones* no Oriente Médio, que se iniciou no Iraque e no Afeganistão. Tal política - que desrespeita as noções de fronteiras e soberania - continuou sendo adotada durante o governo Obama (SOUZA, 2016).

## 3.4. ESTADOS UNIDOS E GUERRA AO TERROR – ORIENTE MÉDIO

Atualmente, podemos observar um uso massivo de *drones* pelos Estados Unidos no Oriente Médio, no combate a grupos terroristas. O governo Obama expandiu o programa de *drones* americano para intensificar os ataques contra a Al-Qaeda e o Estado Islâmico no Oriente Médio.

Assim, o uso de *drones* pelos EUA se tornou constante no suposto combate a grupos terroristas no Oriente Médio.

O primeiro uso de um *drone* armado em combate ocorreu em outubro de 2001, na primeira noite da invasão do Afeganistão, em que um comboio do Talibã foi alvejado. Em 2002, em um ataque contra Qaeda Salim Sinan al-Harthi em uma estrada no Iêmen, um *drone* do tipo MQ-1 *Predator* da CIA lançou um míssil contra o veículo em que estava o membro do grupo terrorista. Em 2016 os Estados Unidos fizeram um ataque ao Paquistão com *drone* operado, que matou um líder do talibã (AMERICAN JOURNAL OF INTERNATIONAL LAW, 2016). Em 2019, os Estados Unidos realizaram ataques aéreos contra o grupo Hezbollah na Síria e no Iraque (BARNES, 2019).

Em 2020, os militares norte-americanos conduziram um ataque com *drone* perto do Aeroporto Internacional de Bagda, que matou Qasem Soleimani, o líder dentro das forças armadas iranianas da Força Quds do Corpo de Guarda Revolucionário Islâmico (IRGC) (AMERICAN JOURNAL OF INTERNACIONAL LAW, 2020). Esses são só alguns exemplos do uso de *drones* pelos Estados Unidos no Oriente Médio, prática que se tornou recorrente na Guerra ao Terror.

As operações *"Targeted Killing"* no Paquistão, para a eliminação de alvos específicos, membros do Talibã e da Al Qaeda, foram extremamente agressivas, com números expressivos de mortes de civis. O que representa o principal perigo dos *drones*, a não distinção dos mortos nos ataques, não atingindo apenas os alvos almejados. O enviado especial da Folha de São Paulo Igor Gielow aponta que os *drones* se tornaram a principal arma da CIA nas ações contra terroristas no Paquistão. Além da função de vigilância, no Paquistão foram usados os modelos *Predators* e *Reapers*, com mísseis *Helfire*, que foram responsáveis por diversas mortes de civis.

De acordo com o levantamento da ONG New América, entre 2004 e 2011 foram realizados 267 ataques, com 2.588 mortos registrados (GIELOW,

2011). A porcentagem da taxa de civis é estimada em 20%, o que é contestado por lideranças paquistanesas, que afirmam ser muito mais. Nesse contexto observa-se a grande problemática da não distinção dos *drones*.

Pela presença do Estado Islâmico, países como a Síria e Iraque já foram alvos desse tipo de tecnologia por parte dos EUA, assim como Paquistão e Afeganistão, pela presença da Al Qaeda e Talibã:

> No Paquistão, a atuação dos EUA se dá de forma intensa, já que dois grupos terroristas, Al Qaeda e Talibã, colocados no denominado "eixo do mal", estão alocados no país. Entre 2004 e a primeira metade de 2016, os EUA realizaram 392 ataques aéreos no total – sendo a maioria realizados por meio de drones. Dados a partir de 2006 apontam que desses ataques resultou a morte de aproximadamente 2800 membros da Al Qaeda, Talibã e extremistas ligados ao grupo, ao passo que 158 vidas de civis foram retiradas durante tais operações (TLWJ, 2016a). Já no Iêmen, desde 2002, os EUA totalizam 152 ataques, que acarretaram na morte de civis, sendo que um deles não causou nenhuma vítima. Dos outros 151, um total de 762 mortes de membros de milícias e terroristas – sendo a grande maioria deles membros da Al Qaeda – e, também, ocasionou na morte de 105 civis (TLWJ, 2016a; TLWJ, 2016b).

Durante a década de 2010, estima-se um total de 14 mil ataques dos Estados Unidos em locais como Afeganistão, Paquistão e Somália (GIELOW, 2021).

## 3.5. GUERRA DO CÁUCASO

Os *drones* foram decisivos no conflito entre Azerbaijão e Armênia, tendo sido fornecidos pela Turquia. O *drone* mais utilizado foi o Bayraktar turco, adaptação do modelo israelense IAI (GIELOW, 2021). Nesta guerra, é importante observar que os *drones* foram utilizados em um conflito que não envolveu uma grande potência, e a tecnologia foi fornecida pela Turquia, baseada na tecnologia de Israel, que se mostra como pioneira no uso de *drones*, algo que vem desde a Guerra do Yom Kippur. O especialista Pavel Fedutinov pontua o uso de *drones* por países com menos recursos em uma guerra convencional, se apresentando como uma opção mais barata aos caças (GIELOW, 2021).

## 3.6. PANORAMA GERAL

Através do uso de *drones* como facilitador de armas ao longo da história, é possível perceber que apenas as principais potências mundiais possuem essa tecnologia, com destaque para os Estados Unidos, o que gera um grande desequilíbrio de forças entre os atores dos conflitos armados. Isso se mostra principalmente nas guerras e ataques no Oriente Médio. Os países dessa região sofrem diversos ataques por *drones* por parte dos Estados Unidos, sob a justificativa do combate a grupos terroristas, ataques esses que atingem civis e a infraestrutura das cidades. Além da falta de equilíbrio de poder bélico, já que poucos países possuem as tecnologias dos *drones*, também existe a problemática da não distinção, em ataques a grupos terroristas, visto que, como demonstrado, um número alarmante de civis foram e continuam sendo atingidos.

Nos exemplos apontados, é possível analisar que os *drones* são de extrema importância estratégica para as guerras na atualidade. Ressalta-se a grande e rápida evolução tecnológica dos *drones* armados, que se tornam cada vez mais dotados de um grande potencial armamentista. Através desse desenvolvimento tecnológico, os *drones* passarão a ser autônomos, isto é, não precisarão ser operados a distância e farão os ataques sozinhos, o que aumenta ainda mais seu poder e letalidade. Os *drones* autônomos ainda não foram utilizados em guerras, mas representam o futuro das armas, conforme se mencionará posteriormente neste artigo.

## 4. TERRORISMO E O USO DE *DRONES*

Abrindo um norte de apresentações sobre as perspectivas de defesas dos direitos humanos e garantias fundamentais, Ben Emmerson (2016, p. 3 e seguintes) é ínclito ao relatar, bem como analisar, as consequências de medidas tomadas sob o mando da luta contra o terrorismo em face dos imigrantes e refugiados, entre fevereiro a agosto de 2016, em países que vivem em contexto de guerra.

Adjunto às perspectivas oriundas e propostas pelo Alto Comissariado das Nações Unidas para Refugiados (ACNUR, 2015), bem como o aqui enunciado no capítulo anterior, é cediço que a perspectiva de utilização de *drones*, para fins de implementação e uso contínuo de violência em países de contexto de guerra, é crescente, à luz dos exemplos do grupo terrorista Hezbollah (HOENIG, 2014, p. 1 e 2). Nessa seara, vê-se que a banalização do uso da força, a partir do uso de *drones* como armamentos, resulta em agravação das lesões a direitos humanos, por exemplo, a partir do uso crescente de medidas de controles de fronteiras em territórios dominados por grupos terroristas (CREPEAU; PURKEY, 2016, p. 4).

Para além das perspectivas no bojo do DIH, Crepeau e Purkey expõem e refletem como o ataque de *drones*, praticado, em agosto de 2019, pelos *houthis* do Iêmen, afetou diretamente os campos de petróleo na Arábia Saudita, obstando a manutenção das atividades comerciais e, consequentemente, suspendendo a produção do país e levando ao aumento significativo dos preços. Muito embora haja a negativa do Irã, a respeito de seu envolvimento e participação ativa no ataque dos *houthis*, os Estados Unidos são cediços em afirmar que esse ataque teve como alicerce as forças iranianas.

Em se tratando de ataques terroristas e contra-ataques por parte dos Estados, faz-se necessário analisar os usos dos *drones* por parte dos grupos terroristas, bem como diferentes problemáticas dele decorrentes. A principal delas é focada no caráter ético e jurídico, principalmente no que diz respeito à morte de civis inocentes, bem como aos danos colaterais resultantes do uso de *drones* para combater terroristas.

Os grupos terroristas podem utilizar os *drones* para cinco fins diferentes (RASSLER, 2016, p. 12): (i) monitoramento, que inclui reconhecimento de um local, coleta eletrônica de comunicações e suporte operacional; (ii) comunicação externa, que engloba a gravação e documentação de operações que podem ser utilizadas posteriormente como meio de propaganda externa do grupo terrorista; (iii) contrabando e transporte de objetos, podendo ser utilizados para levar objetos para estabelecimentos protegidos e áreas proibidas, como fronteiras de países, evitando passar por mecanismos de conferência e segurança; (iv) desordem, podendo ocorrer através de ameaças falsas, vandalismo, interferência em comunicações eletrônicas ou protestos; e (v) armas, englobando a entrega de explosivos, ou seu controle guiado até o alvo com os explosivos, armas embutidas que podem ser disparadas remotamente, e, apesar de menos frequente, aerossóis embutidos, contendo agentes químicos ou biológicos.

Tendo em vista o panorama exposto, verifica-se que os Estados buscam não apenas compreender todas as maneiras de utilização dos *drones* por grupos terroristas, como procurar maneiras de interceptar e prevenir esses ataques utilizando a mesma tecnologia. A análise, portanto, se volta às problemáticas mencionadas anteriormente.

A análise do caráter ético e jurídico do uso de *drones* se volta, principalmente, aos limites desses ataques sob uma perspectiva de DIH. Atualmente, os ataques por *drones* realizados por Estados são inseridos no contexto de guerra, e, portanto, se pautam nas leis internacionais que regulam esse tipo de conflito, tendo como norte os princípios de distinção, precaução e proporcionalidade para evitar abusos e danos colaterais excessivos (STERIO, 2012, p. 200).

Os membros do governo americano (KOH, 2010) defendem que a legalidade desses ataques é oriunda de quatro fatores principais: (i) indivíduos que componham a liderança de grupos terroristas inimigos são alvos legítimos por serem membros ativos e, portanto, beligerantes, em um contexto de guerra; (ii) o uso de drones é permitido desde que estejam em conformidade com as leis internacionais de guerra; (iii) deve haver a aplicação dos princípios de distinção e proporcionalidade em um processo rigoroso para determinar os alvos, visto que as mortes ocorridas em contexto de guerra são isentas do devido processo legal; e (iv) tais ataques não consistem em violações de leis domésticas de assassinato, já que o uso de armas legais para matar líderes específicos de grupos terroristas em um contexto de guerra não configura assassinato.

Em se tratando de guerra frente ao DIH, os indivíduos são separados em dois grupos (LEWIS; VITKOWSKY, 2010, p. 73): combatentes, que não respondem legalmente por violações da legislação nacional, mas que estão sujeitos a serem considerados alvos de ataques, sendo sua morte legítima em todos os momentos, exceto o *hors de combat*[1]; e civis, que são todos aqueles que não se enquadram como combatentes.

---

1  *Hors de combat* é entendido como um status onde um combatente não pode mais realizar suas devidas funções e, portanto, volta ao status de civil. Nesse sentido: *"Norma 47. Atacar pessoas que estão reconhecidamente fora de combate é proibido. Uma pessoa está fora de combate:(a) quando está em poder de uma parte adversa;(b) quando está indefesa por estar inconsciente, ferida ou enferma, ou por ser um náufrago; ou(c) quando expressa claramente a sua intenção de render-se;desde que se abstenha de todo ato hostil e não tente escapar."* (Normas de

Grupos terroristas se encontram em uma espécie de limbo jurídico no DIH, como uma forma de desincentivo às suas ações. Para obter o *status* de combatente, o indivíduo deve integrar um grupo que tenha um sistema disciplinar interno que siga a lei internacional em conflitos armados, e isso não se aplica aos grupos terroristas, tendo em vista que suas ações colocam civis em perigo. Entretanto, isso significaria que os membros desses grupos não poderiam ser alvos de ataques por parte dos Estados, já que não são combatentes. Por isso, o DIH os enquadra em uma categoria de função combativa contínua, o que permite que seus líderes sejam alvos de ataques, ao mesmo tempo em que não possuem os privilégios de um combatente (LEWIS; VITKOWSKY, 2010, p. 74).

Apesar de, em teoria, os líderes de Estado alegarem que o uso de *drones* ocorre em conformidade com as normas de DIH, já houve ocasiões em que membros governamentais assumiram que existem situações que se classificam como autodefesa, e que, portanto, permitem mortes deliberadas (DORSEY; PAULUSSEN, 2015, p. 49), que não necessariamente estão de acordo com os padrões discutidos acima.

Isso levanta questionamentos sobre como seria possível monitorar ataques vindos de Estados e utilizando armas discretas como UASs, que podem passar despercebidas até o momento do ataque, e que, mesmo posteriormente ao ataque, podem não ser reportadas ao restante do mundo. Além disso, levando em consideração a importância da investigação conduzida sobre os alvos, também surgem preocupações quanto a determinações de quem pode ser investigado, onde e como, bem como determinações quanto a quais entidades possuem autoridade para utilizar os *drones*, seja para investigação, seja para ataque, assim como a regulação de seu uso e sob quais condições.

Direito Internacional Humanitário Consuetudinário, disponível em: https://ihl-databases.icrc.org/customary-ihl/por/docs/home)

## 5. O DIREITO INTERNACIONAL HUMANITÁRIO APLICÁVEL A CONFLITOS COM USO DE *DRONES*

Retomando a limitação aos meios e métodos de guerra, em vistas à proteção da população alheia ao conflito, o DIH impõe aos agentes estatais e paraestatais a observância de uma série de regramentos para conter a violência aplicada somente às necessidades militares. A incidência de tais normas é matéria de fato, isto é, não depende de uma declaração de guerra ou outras formalidades (ICRC, 2014), e tampouco depende de reciprocidade entre as partes, como determina o artigo 60, §5º da Convenção de Viena sobre o Direito dos Tratados[2] (ONU, 1969). A escolha dos meios e métodos de combate não é irrestrita, havendo balizas trazidas pelo DIH, as quais devem ser aferidas caso a caso.

Uma vez que, conforme explicitado anteriormente, os *drones* já vêm sendo aplicados como armamentos em conflitos de caráter internacional e não internacional, cabe avaliar os aspectos relevantes no tocante a sua utilização em hostilidades à luz de princípios relevantes do DIH. Neste contexto, insta destacar três princípios de caráter mais fundamental: (i) a distinção; (ii) a precaução; e (iii) a proporcionalidade; conforme será destrinchado a seguir.

### 5.1. O PRINCÍPIO DA DISTINÇÃO

A Corte Internacional de Justiça já determinou ser a distinção um dos princípios cardeais do DIH, sendo, portanto, intransgressível, independentemente de os agentes agressores terem ou não ratificado instrumentos que

---

2 Art. 60. 1. Uma violação substancial de um tratado bilateral por uma das partes autoriza a outra parte a invocar a violação como causa de extinção ou suspensão da execução de tratado, no todo ou em parte. [...] 5. Os parágrafos 1 a 3 não se aplicam às disposições sobre a proteção da pessoa humana contidas em tratados de caráter humanitário, especialmente às disposições que proíbem qualquer forma de represália contra pessoas protegidas por tais tratados.

o prevejam expressamente (CIJ, 1996, §§78 e 79). Tal princípio impõe que as partes em conflito sempre distingam a população civil e os combatentes, vez que os ataques apenas podem ser direcionados a estes últimos (ICRC, 2005, p. 3). Consoante o art. 3, §1º[3], comum às Convenções de Genebra, e o art. 13 do Protocolo Adicional II[4] (ICRC, 1977b), proíbe-se que a população civil seja alvo de agressões, salvo na hipótese de participarem diretamente do conflito, de maneira que, caso a distinção entre os objetivos militares, ora combatentes, e civis não for observada, o agente agressor comete crime de guerra, na forma dos arts. 8.2(b)(i) e 8.2(e)(i) do Estatuto de Roma (TPI, 1998)[5].

---

3    Artigo 3º. No caso de conflito armado sem caráter internacional e que surja no terri-tório de uma das Altas Partes Contratantes, cada uma das Partes em luta será obrigada a aplicar pelo menos, as seguintes disposições: 1) As pessoas que não participem diretamente das hostilidades, inclusive os membros de forças armadas que tiverem deposto as armas e as pessoas que tiverem fica de fora de combate por enfermidade, ferimento, detenção, ou por qualquer outra causa, serão, em qualquer circunstância, tratadas com humanida-de em distinção alguma de caráter desfavorável baseada em raça, côr, religião ou crença, sexo, nascimento, ou fortuna, ou qualquer outro critério análogo. Para esse fim estão e ficam proibidos, em qualquer momento e lugar, com respeito às pessoas mencionadas acima: a) os atentados à vida e à integridade corporal, notadamente o homicídio sob qualquer de suas formas, as mutilações, os tratamentos cruéis, as torturas e suplícios; b) a detenção de reféns; c) os atentados à dignidade das pessoas, especialmente os tratamentos humilhantes e degradantes; d) as condenações pronunciadas e as execuções efetuadas e sem julgamen-to prévio proferido por tribunal regularmente constituído, que conceda garantias judiciá-rias reconhecidas como indispensáveis pelos povos civilizados.

4    Art. 13. 1. A população civil e as pessoas civis gozam de uma proteção geral contra os perigos resultantes das operações militares. Com vista a tornar essa proteção eficaz, serão observadas em todas as circunstâncias as regras seguintes. 2. Nem a população civil, enquanto tal, nem as pessoas civis deverão ser objeto de ataques. São proibidos os atos ou ameaças de violência cujo objetivo principal seja espalhar o terror na população civil. 3. As pessoas civis gozam da proteção atribuída pelo presente título, salvo se participarem diretamente nas hostilidades e enquanto durar tal participação.

5    Art. 8.2. Para os efeitos do presente Estatuto, entende-se por "crimes de guerra": (...) b) Outras violações graves das leis e costumes aplicáveis em conflitos armados internacionais no âmbito do direito internacional, a saber, qualquer um dos seguintes atos: i) Dirigir intencionalmente ataques à população civil em geral ou civis que não participem diretamente nas hostilidades; (...). e) As outras violações graves das leis e costumes aplicáveis aos conflitos armados que não têm caráter internacional, no quadro do direito internacional, a saber qualquer um dos seguintes atos: i) Dirigir intencionalmente ataques à população civil em geral ou civis que não participem diretamente nas hostilidades; (...).

Rastreia-se a positivação de tal princípio, primeiramente, à Declaração de São Petersburgo (INTERNATIONAL MILITARY COMMISSION, 1868), compreendida como o primeiro instrumento internacional a regular meios e métodos de combate (ALBUQUERQUE; MARTINS, 2021), o qual, em seu preâmbulo, estabelece que *"o único objetivo legítimo de um Estado em um conflito armado é enfraquecer as forças militares do inimigo"*[6]. As Convenções de Haia de 1899 e 1907, por sua vez, já traduziam, em seu comum art. 25, a proibição de ataque ou bombardeio de cidades, vilas, edifícios e habitações[7], por serem locais em que a população civil conduz suas atividades e seu cotidiano. E, a partir deste maior desenvolvimento escrito das normas de DIH, diversos instrumentos passaram a repetir tal ensinamento quanto à proibição de ataques indiscriminados, a exemplo do Protocolo Adicional I (ICRC, 1977*a*), em seus arts. 48, 51 §1º e §4º, e 52 §2º, a Emenda ao Protocolo II da Convenção da ONU sobre Armas Convencionais, em seu art. 3§7º[8] (ONU, 1996), e o Protocolo III da Convenção da ONU sobre Armas Convencionais, no art. 2§1º[9] (ONU, 1980*b*).

Consoante estabelece o ICRC, ataques indiscriminados, é dizer, que não respeitam tal princípio, podem ser identificados como aqueles (a) não direcionados, especificamente, sobre um objetivo militar; (b) que empreguem meios ou métodos de combate que não podem ser direcionados sobre um objetivo militar, precisamente; ou (c) que empreguem meios ou métodos de combate cujos efeitos não podem ser contidos, como exige o DIH (ICRC, 2005, p. 40). Assim, decorrência do princípio da distinção é que não são permitidas, como meios de combate, àquelas armas que, por

---

6  Tradução livre de: "the only legitimate object which States should endeavour to accomplish during war is to weaken the military forces of the enemy".

7  Art. 25. The attack or bombardment of towns, villages, habitations or buildings which are not defended, is prohibited.

8  Art. 3§7º. It is prohibited in all circumstances to direct weapons to which this Article applies, either in offence, defence or by way of reprisals, against the civilian population as such or against individual civilians or civilian objects.

9  Art. 2§1º. It is prohibited in all circumstances to male civilian population as such, individual civilians or civilian objects the object of attack by incendiary weapons.

sua natureza, promovem ataques indiscriminados (ICRC, 2005, p. 244; CIJ, 1996, §78). No geral, tratam-se de armas cujos efeitos não podem ser limitados pelos agentes que as empregam, após a liberação de sua potencialidade lesiva, a exemplo de armas nucleares.

A respeito do uso de *drones* armados como meios de promoção de ataques, entende-se que, por serem dotados de alta precisão, são ferramentas que possibilitariam melhor discriminação *in bello* a seus operadores, de modo a resultar em menor dano colateral (CHEHTMAN, 2017, p. 175). Ante tal entendimento, o cumprimento das disposições humanitárias a respeito da necessidade de distinção seria, inclusive, facilitado e aprimorado pelo uso de tal tecnologia militar, em comparação a outros instrumentos como aviões armados. Deste modo, não existe, a princípio, qualquer característica intrínseca aos *drones* que impede que seus operadores respeitem a distinção e direcionem as hostilidades diretamente aos alvos militares, razão pela qual não constituem, *per se*, meios de guerra indiscriminados, proibidos pelo DIH (MELZER, 2013, p. 27).

Tal compreensão, no entanto, não pode ser recebida acriticamente e sem maiores análises sobre o caso concreto. Isto porque, em determinados conflitos, em especial em confrontos assimétricos e que envolvem agentes paraestatais, pode ser muito difícil determinar se certo indivíduo é ou não um alvo militar legítimo, especialmente quando alguns combatentes propositalmente se imiscuem entre os civis. Tal situação pode gerar um abuso por parte dos operadores dos *drones* em direcionar os ataques a certos indivíduos por razões não claras e de fundamentação questionável, sob o manto de defesa contra "terroristas" ou "jihadistas", que, por vezes, compõem a população civil protegida, mas são trazidos ao conflito por razões meramente discriminatórias (MELZER, 2013, p. 23).

Determinar, na prática dos combates que envolvem agentes estatais e paraestatais, se o princípio de distinção é adequadamente observado nos termos do artigo 51 do Protocolo Adicional I às Convenções de Genebra não é tarefa tão evidente. Para tanto, é necessário observar não apenas se os ataques diferenciam suficientemente alvos militares e civis, mas também se estes efetivamente tomam medidas para evitar atingir objetivos não militares, levando em consideração os efeitos sobre a população civil (VOGEL, 2010, p. 118)

Embora defensores do uso de *drones* para práticas militares defendam que a utilização da alta tecnologia presume ataques mais precisos, na prática, esses veículos acabam vitimando civis, especialmente por geralmente serem utilizados em áreas povoadas, o que exige um questionamento sobre a "precisão" alegada (SHANE, 2016).

É admissível um certo grau de tolerância a erros cometidos nas circunstâncias imprecisas e difíceis do conflito armado «dentro dos limites de um julgamento honesto com base nas condições prevalecentes no momento» (COMISSÃO DAS NAÇÕES UNIDAS PARA CRIMES DE GUERRA, 1949, p. 69). Ocorre que nenhuma circunstância pode justificar a segmentação de indivíduos com base na mera suspeita de que possam ser qualificados como alvos militares legítimos, como documento elaborado pelo Parlamento Europeu afirma que a política norte-americana de "ataques de assinatura" o faz (MELZER, 2013, p. 24). Deve ser cobrada uma razoabilidade objetiva que diferencie a "mera suspeita" de um juízo honesto que futuramente venha a ser provado como errôneo, em função das circunstâncias prevalecentes na época.

Para tanto, torna-se relevante a análise da prática geral dos Estados Unidos, país referência no uso de *drones* como facilitadores de ataques com armas, assim como casos específicos que evidenciam o abismo entre a observância do princípio de distinção do Direito Internacional Humanitário e a destruição de vilas e morte de civis como resultado da política militar de *drones*.

Em primeiro lugar, cumpre-se citar como a CIA, por exemplo, adiciona alvos militares monitorados e posteriormente atacados com o uso de drone. O processo de adição de nomes à lista se dá por formulário de duas a três páginas (MILLER, 2010) detalhando as atividades do indivíduo e justificando sua adição à lista, devendo ser uma ameaça contínua para pessoas ou interesses norte-americanos para tanto e dependendo de aprovação do alto escalão da CIA (FINN; WARRICK, 2010). São, portanto, os formuladores de políticas que decidem sobre os alvos, e não os operadores dos *drones* que sofrem com circunstâncias imprevisíveis do conflito. A partir disso, torna-se mais preocupante que, embora esteja previsto nas metas que os alvos seriam líderes militares (MILLER, 2010), na prática militantes de baixo escalão também são incluídos na lista (MAYER, 2009). Quando é tomada a decisão de lançar o míssil, as circunstâncias do momento são consideradas para examinar se o ataque permanecerá dentro dos limites de proporcionalidade, o que é calculado por um algoritmo de computador (MAYER, 2009).

Um caso em específico, cuja breve análise torna-se relevante, é o emprego de *drones* nas operações "*Targeted Killings*" nos conflitos no Paquistão pelos EUA, que tem se recusado a fornecer os critérios sobre os quais se baseiam para qualificar os militantes mortos enquanto participantes diretos em hostilidades (HCR, 2010). Por conta disso, falta o oferecimento de critérios plausíveis para a distinção entre civis e combatentes para além dos ditos "padrões de vida", o que demonstraria o caráter ilegítimo dessa prática no território paquitanês. Ilustra-se, nesse sentido, o caso de Chenghai em 30 de outubro de 2006, no qual mais de 80 civis, sendo 60 crianças deste todo, foram confundidas com militantes e mortas em um único ataque de drone em um seminário religioso (WOODS, 2011).

Por fim, deve ser feito um balanço crítico sobre o quão evidente é a diferenciação cabível entre grupos paramilitares e a população civil, principalmente em um contexto no qual os principais alvos dos combates são grupos terroristas de função combativa continua, e não um exército tradicional de outro Estado. Em confrontos assimétricos com grupos armados que propositalmente se misturam à população civil, torna-se desafio ainda maior determinar quem goza ou não de proteção civil nos termos do artigo 51 do Protocolo Adicional I (ICRC, 1977a). É urgente uma reflexão no sentido de que, dependendo do contexto cultural e político, pode haver vários graus de apoio ou afiliação voluntária ou involuntária a tais grupos nos conflitos da atualidade que não necessariamente significam participação direta nas hostilidades e, por consequência, não deveriam implicar na perda da proteção civil contra ataques diretos (MELZER, 2013, p. 23).

As crescentes dificuldades em implementar o princípio de distinção acabam por na prática promover sistematizações que ferem os direitos humanos, como são os "ataques de assinatura" dos EUA (HELLER, 2013). Esses autorizam ataques via *drones* contra indivíduos não identificados que, com base em seu comportamento pessoal, contatos ou outras características, são suspeitos de serem combatentes, ignorando gravemente a presunção de proteção civil de todos os indivíduos não diretamente envolvidos em hostilidades.

## 5.2. O PRINCÍPIO DA PRECAUÇÃO

Já no que tange ao princípio da precaução, este propugna que constante cautela e cuidado devem ser observados na condução das operações militares, no contexto de um conflito armado, para poupar a população civil e os objetos civis - como monumentos, residências, entre outros - dos males inerentes à guerra. É dizer, por meio de tal princípio, salienta-se o compromisso das partes combatentes em evitar, em todas as oportunidades, e minimizar, quando inevitável, a perda ou ferimento de civis e os danos a seus objetos, ante a tomada das precauções devidas em atenção a tal finalidade (ICRC, 2005, p. 51).

Este comprometimento da comunidade internacional é refletido em uma série de documentos, porém, traça-se sua adoção positivada, por primeira vez, à Convenção IX de Haia de 1907 (CONFERÊNCIA DA PAZ DE HAIA, 1907), a qual, em seu art. 2, §3º, impõe que, na hipótese de a ação militar ser necessária de imediato em cidades indefesas, o comandante da operação deverá tomar todas as precauções para que a cidade sofra o menor dano possível[10]. Ainda, a Assembleia Geral da ONU já adotou Resoluções que traduzem a mesma necessidade, por exemplo, a Resolução n. 2444 [XXIII] (AGNU, 1968)[11] e a Resolução n. 2675 [XXV] (AGNU, 1970)[12]. Não suficiente, o Protocolo Adicional I (ICRC, 1977a) também dedica um capítulo inteiro às medidas de precaução a serem garantidas, em função dos regramentos humanitários, na condução das hostilidades. Seu art. 57, §1º, expressa que *as operações militares devem ser conduzidas procurando constantemente poupar a população civil, as pessoas civis e os bens de caráter civil*", deixando clara, novamente, a obrigação assumida em vistas à proteção das vítimas de conflitos armados. Trata-se, bem verdade, de desdobramento do princípio da distinção, já que, em respeito ao entendimento de que ataques não podem ser dirigidos à população civil e devem ser única e exclusivamente direcionados aos alvos militares, os agentes do conflito devem tomar as precauções necessárias para realizar tal distinção com o máximo de precisão e cautela possíveis.

---

10  Art. 2, §3º. If for military reasons immediate action is necessary, and no delay can be allowed the enemy, it is understood that the prohibition to bombard the undefended town holds good, as in the case given in paragraph 1, and that the commander shall take all due measures in order that the town may suffer as little harm as possible.

11  Art. 1. [The General Assembly] Affirms resolution XXVIII of the XXth International Conference of the Red Cross held at Vienna in 1965, which laid down, inter alia, the following principles for observance by all governmental and other authorities responsible for action in armed conflicts: [...] (c) That distinction must be made at all times between persons taking part in the hostilities and members of the civilian population to the effect that the latter be spared as much as possible.

12  Art. 3. In the conduct of military operations, every effort should be made to spare civilian populations from the ravages of war, and all necessary precautions should be taken to avoid injury, loss or damage to civilian populations.

Disto, novamente, decorre que a precaução deve ser estendida à escolha dos meios e métodos de combate, de maneira que estes estejam em conformidade à necessidade de se evitar ou minimizar os danos colaterais intrínsecos aos conflitos (ICRC, 2005, p. 56). Consoante o art. 57, §2º, "a", ii do Protocolo Adicional I (ICRC, 1977a), cabe a todos os agentes que preparam e decidem sobre os ataques "tomar todas as precauções praticamente possíveis quanto à escolha dos meios e métodos de ataque de forma a evitar e, em qualquer caso, a reduzir ao mínimo as perdas de vidas humanas na população civil, os ferimentos nas pessoas civis e os danos nos bens de caráter civil que puderem ser incidentalmente causados". Nesta toada, o ICRC aponta, como exemplos da forma pela qual tal princípio incide, que os agentes devem considerar o *timing* dos ataques, evitar combater em áreas povoadas, selecionar armamentos de capacidade lesiva proporcionais ao objeto almejado, e lançar mão, quando possível, de armas de maior precisão e mira para a seleção dos alvos (ICRC, 2005, p. 58).

O uso de *drones*, neste cenário, pode adimplir com tal regramento, vez que, por suas características inerentes, estes veículos permitem maior precisão no tocante à seleção e mira dos objetivos militares identificados, bem como capacidade de vigilância estendida, para assegurar que o alvo é, efetivamente, um objetivo militar legítimo (AGNU, 2013, §71). Ademais, é possível maior monitoramento, por meio de suas câmeras de alta definição e exatidão, da presença de civis próximos aos objetivos militares, até os últimos momentos da ação de combate, razão pela qual as operações podem ser mais facilmente refreadas (CASEY-MASLEN, 2012, p. 607).

Porém, a despeito de tais vantagens, frisa-se que a precisão e, consequentemente, legalidade de um ataque promovido por um *drone* armado depende da inteligência humana através da qual a decisão de atacar determinado alvo é baseada (HRC, 2010, §81). Assim, ainda que os *drones* não ofereçam, intrinsecamente, riscos ao princípio da precaução, deve haver grande transparência a respeito dos critérios de seleção de um objetivo militar para ser objeto de uma investida, os fundamentos que motivaram tal decisão, as autoridades que a tomaram e quais as precauções observadas, a nível humanitário (AGNU, 2013, §98). No mais, cabe ressaltar que, uma vez que os *drones* possuem elevada capacidade de penetração em outros territórios, ampliando os limites dos tradicionais "campos de batalha", maior atenção deve se dar à precaução de não conduzir hostilidades em áreas povoadas pela população civil, em respeito ao que postula o art. 58[13] do Protocolo Adicional I (ICRC, 1977*a*).

Na prática do uso de *drones* como arma de combate militar, pode-se apontar que, por um lado, eles têm a capacidade de permitir precauções mais extensas antes de um ataque, pelo recolhimento de informações com antecedência e pelas gravações em vídeo permitindo maior acompanhamento, além da possibilidade de envolvimento de advogados no momento de decisão do ataque e da própria maior capacidade de precisão resultante de sua alta tecnologia (MAYER, 2009). Por outro lado, porém, são diversos os fatores que ensejam críticas na efetividade da prevenção do uso de *drones*, visto o alto número de vítimas civis (O'CONNELL, 2010, p. 7).

O adequado respeito ao princípio da precaução é condicionado por fatores como a disponibilidade de inteligência sobre o alvo e seu entorno, o nível de controle exercido sobre o território, a escolha e sofisticação das armas disponíveis, a urgência do ataque e os riscos de segurança que medidas de precaução adicionais podem acarretar para as forças de ataque ou a população civil (ICRC, 2005, p. 54). Relevante reiterar que, na hipótese de ter tomado todas as medidas de precaução viáveis e persistir a dúvida sobre o

---

13 Artigo 58. Na medida do que for praticamente possível, as Partes no conflito: a) Esforçar-se-ão, procurarão, sem prejuízo do artigo 49.º da Convenção IV, por afastar da proximidade dos objetivos militares a população civil, as pessoas civis e os bens de caráter civil sujeitos à sua autoridade; b) Evitarão colocar objetivos militares no interior ou na proximidade de zonas fortemente povoadas; c) Tomarão outras precauções necessárias para proteger a população civil, as pessoas civis e os bens de caráter civil sujeitos à sua autoridade contra os perigos resultantes das operações militares.

status de proteção das pessoas visadas, deve-se sempre presumir que elas dispõem de proteção civil (MELZER, 2009).

Além disso, para que o uso de *drones* militarmente respeite tal princípio do DIH, é exigido que estes sejam planejados e organizados com extrema precisão e baseados em alta tecnologia. Diferentemente de outras formas de operação militar mais tradicionais, o uso de *drones* direciona-dos deve ter baixíssima tolerância para improvisação, visto que, em geral, as decisões de realização de ataque não são tomadas sob a pressão pessoal do combatente, uma vez que os alvos são frequentemente rastreados e obser-vados por semanas antes de serem atacados. Neste período de observação, espera-se que os operadores verifiquem os alvos, avaliem a probabilidade de efeitos colaterais e esclareçam todos os fatores pendentes antes de tomar a decisão de ataque, de forma que é exigível para esse tipo de operação um nível de precaução particularmente alto para o devido respeito aos princí-pios do DIH (SUPREMA CORTE DE ISRAEL, 2006, § 40).

## 5.3. O PRINCÍPIO DA PROPORCIONALIDADE

Por fim, em se tratando do princípio da proporcionalidade, este reflete a proibição de performar um ataque, mesmo ante a identificação de um alvo militar legítimo, na hipótese de tal ataque pode resultar na perda ou dano incidental à população civil ou a objetos civis, e tal perda for considerada excessiva em relação à vantagem militar antecipada pelo ataque (ICRC, 2005, p. 46). Para atender a este princípio, a operação deve ser direcionada ao objetivo militar através de meios e métodos de combate que não sejam desproporcionais em relação ao alvo, mas sim designados a des-truir apenas aquele objetivo. A aferição quanto à excessividade das perdas colaterais em relação aos ganhos militares auferidos pode ser delicada, não havendo critérios concretos dispostos em lei, porém, entende-se que, em situações nebulosas, os interesses da população civil sempre deve prevalecer sobre qualquer possibilidade visualizada (ICRC, 1987, §1979).

A proporcionalidade, dotada de caráter consuetudinário no contexto humanitário (CASEY-MASLEN, 2012, p. 612), é traduzida em outros dispositivos de instrumentos de direito internacional, como no art. 3§3 do Protocolo II da Convenção da ONU sobre Armas Convencionais (ONU, 1980*a*) e art. 3§8 da Emenda ao Protocolo II da mesma Convenção (ONU, 1996). Ainda, sua violação constitui crime de guerra, nos termos do art. 8.2(b)(iv) do Estatuto de Roma (TPI, 1998)[14]. Este regramento decorre, diretamente, dos outros dois já mencionados, sendo certo que o Protocolo Adicional I (ICRC, 1977*a*) qualifica como indiscriminado o ataque do qual se possa esperar dano incidental excessivo relativamente à vantagem concreta e direta esperada (art. 51, §5º, *b*)[15], bem como impõe que uma das precauções a serem observadas na condução das hostilidades seja a aferição do provável encadeamento entre as perdas colaterais e a vantagem obtida, de modo que, caso aquelas restem excessivas em contraposição a esta, o ato de agressão deve ser anulado ou interrompido (art. 57, §2º, *a*, *iii* e *b*)[16].

---

14  Art. 8.2. Para os efeitos do presente Estatuto, entende-se por "crimes de guerra": (...) b) Outras violações graves das leis e costumes aplicáveis em conflitos armados internacionais no âmbito do direito internacional, a saber, qualquer um dos seguintes atos: [...] iv) Lançar intencionalmente um ataque, sabendo que o mesmo causará perdas acidentais de vidas humanas ou ferimentos na população civil, danos em bens de caráter civil ou prejuízos extensos, duradouros e graves no meio ambiente que se revelem claramente excessivos em relação à vantagem militar global concreta e direta que se previa; [...].

15  Art. 51, §5 - Serão considerados como efetuadas sem discriminação, entre outros, os seguintes tipos de ataques: [...] b) Os ataques de que se possa esperar venham a causar incidentalmente perda de vidas humanas na população civil, ferimentos nas pessoas civis, danos nos bens de caráter civil ou uma combinação destas perdas e danos, que seriam excessivos relativamente à vantagem militar concreta e direta esperada [...].

16  Art. 57, § 2 - No que respeita aos ataques, devem ser tomadas as seguintes precauções: a) Os que preparam e decidem um ataque devem: [...] iii)Abster-se de lançar um ataque de que se possa esperar venha a causar incidentalmente perdas de vidas humanas na população civil, ferimentos nas pessoas civis, danos nos bens de caráter civil ou uma combinação dessas perdas e danos que seriam excessivos relativamente à vantagem militar concreta e direta esperada; b) Um ataque deverá ser anulado ou interrompido quando pareça que o seu objetivo não é militar ou que beneficia de uma proteção especial ou que se possa esperar venha a causar

Neste diapasão, avalia-se que o uso de *drones* armados na condução dos ataques em um contexto de conflito armado não é, inerentemente, proporcional ou desproporcional, devendo ser procedida uma avaliação caso a caso (MELZER, 2013, p. 25). Importa ressaltar, no entanto, que *drones* podem baixar significativamente barreiras de guerra, posto que tornam possível despachar forças armadas por longos períodos e sem o enfrentamento das mesmas consequências de guerras normais - já que seus operadores estão a quilômetros de distância e fora das linhas de perigo (AGNU, 2013, §17). Assim, a aferição da proporcionalidade deve ser enfrentada sob a compreensão de que pode estar sob risco.

A proporcionalidade, isto é, comparar o dano que seria previsivelmente evitado pela campanha militar contra o dano esperado (HURKA, 2004, p. 35), pode na prática ser medido pelo número de mortes envolvidas em cada uma dessas ameaças. Porém, na maioria das circunstâncias, a proporcionalidade precisaria considerar muitos outros elementos, como a forma como o terrorismo afeta a vida daqueles que não são prejudicados diretamente, ou como seu combate bélico afeta a vida das populações em que ocorrem tais ataques (CHEHTMAN, 2017, p. 182).

O desafio especificamente diante operações com *drones* se dá pelo fato destes operarem com base em perfis de alvo pré-programados, ou seja, informações recebidas sobre o ambiente por meio de sensores e posterior análise por meio de computador dos dados coletados e aplicados aos perfis. Ocorre que muitos especialistas concordam que ferramentas estatísticas não são suficientes para avaliar o respeito ao princípio do DIH (ICRC, 2020, p. 5), não podendo substituir a ponderação humana exigida pelas regras da proporcionalidade.

---

incidentalmente perdas de vidas humanas na população civil, ferimentos nas pessoas civis, danos em bens de caráter civil ou uma combinação dessas perdas e danos, que seriam excessivos relativamente à vantagem militar concreta e direta esperada; [...].

Considerando apenas a quantidade de mortes causadas no Paquistão ao longo dos últimos dez anos de operações *"Targeted Killings"* com *drones*, e o fato dos EUA não disponibilizarem as informações acerca de como é realizada a distinção entre civis e combatentes, é possível afirmar que há um uso desnecessário e desproporcional de força que não encontra justificativas legais para a sua manutenção (PERON; BORELLI, 2014, p. 302). Isso se evidencia a partir de Relatório da ONU (HRC, 2010, p. 25) que entende necessidade como situação "instantânea, esmagadora", "que não deixa escolha de outros meios" e "sem momentos para deliberar". Sendo assim, justificar assassinatos deliberados em circunstâncias fora dessas significam, segundo o Relatório, a ameaça à dilaceração da proibição das normas de direitos humanos contra a privação arbitrária da vida. Portanto, entende-se que assassinar indivíduo que não seja o alvo específico do drone, "seria uma privação arbitrária da vida segundo as normas de direitos humanos e pode resultar na responsabilidade por parte do Estado e responsabilidade legal criminal individual" (HRC, 2010, p. 25).

A partir do exposto, percebe-se que existem crescentes dificuldades em implementar adequadamente, na prática do uso de *drones* em combates internacionais, os princípios mais basilares do DIH. Enquanto casos como a política militar dos EUA no Paquistão desde 2004 ilustram a falta de proporcionalidade pela destruição de cidades paquistanesas e morte de centenas de civis, torna-se ainda mais alarmante o desrespeito ao princípio da precaução, visto o potencial de rastreamento do alvo dos *drones* e o fato da decisão de ataque ser feita em conjunto entre operadores e agentes da Inteligência Americana. Em especial, reitera-se que a inobservância do princípio de distinção pode acarretar na promoção de sistematizações que ferem os direitos humanos, ao presumir que indivíduos não identificados são combatentes por conta de critérios discriminatórios como aparência, contatos e comportamento pessoal.

Tais dificuldades se evidenciam no contexto de rápida evolução tecnológica testada contra grupos terroristas, alvos principais na escolha de utilização de *drones* por Estados. Além do já existente descompasso entre o poderio militar de países como os Estados Unidos e a efetividade da segurança da população que goza de proteção civil internacional em regiões como o Oriente Médio, preocupa o desenvolvimento de tecnologias absolutamente autônomas, desumanizando ainda mais o uso da força em sociedades que são duplamente vítimas, tanto do terrorismo quanto da ação militar estrangeira desproporcional aos seus fins.

## 6. DESAFIOS CONTEMPORÂNEOS DO USO DE *DRONES* EM CONFLITOS ARMADOS

O aperfeiçoamento tecnológico na seara dos conflitos armados tem como consequência uma mudança no *ethos* da guerra: sua estética, seus participantes e seu tempo/espaço. Com as novas tecnologias de guerra, cada vez menores, mais discretas e letais, o cenário que nos vem à cabeça quando pensamos em um campo de batalha, está cada vez mais distante da realidade, pelo menos nos países ocidentais. A guerra tem sido transferida para longe de nossos olhos, o que causa a falsa sensação de que horrores não têm sido cometidos (KAHN, 2013, p. 200). As baixas dos exércitos das grandes potências, principalmente dos EUA, têm sido cada vez menores, em razão da baixa exposição de seus soldados às zonas militarizadas, considerando que os *drones* são controlados de dentro de uma confortável sala, a quilômetros de distância do local sob ataque. Tal circunstância, além de reduzir as barreiras à guerra, já que os baixos riscos aos agentes agressores leva à ampliação do recurso à força, diferentemente do que ocorreria na hipótese de os agentes estarem fisicamente sob ataque, como nas guerras clássicas, também resulta em uma grande assimetria de forças, principalmente quando o inimigo não possui esse aparato.

Além disso, o fato de o soldado estar seguro e em um ambiente controlado, observando o cenário conflituoso através de uma tela, contribui ainda mais para a desumanização das pessoas que estão em campo e para a banalização do uso da força. Assim, torna-se extremamente fácil o ato de abater alguém. Além de o custo humano ser reduzido, tanto em relação a militares quanto, supostamente, ao risco de se atingir civis, quando comparado com as perdas observadas nas Grandes Guerras, por exemplo, ocorre uma maior aceitabilidade, por parte da opinião pública, das ocasiões nas quais seria justificável a passagem à um estado beligerante (CHEHTMAN, 2017, pág. 197).

Definitivamente, um dos grandes desafios envolvendo o uso de *drones* está relacionado com a velocidade com a qual as novas tecnologias de guerra evoluem. Os EUA destinam investimentos cada vez mais vultosos em Pesquisa e Desenvolvimento, ano após ano, tornando a tarefa de adaptação da legislação internacional a essa realidade sempre em movimento em algo de complexa execução. As instituições políticas não são rápidas o suficiente e movimentar todo um corpo político é mais demorado do que a evolução das novas tecnologias de guerra. Como consequência, tem-se uma situação na qual o sistema internacional se encontra à mercê de grandes potências como os EUA que, em junho de 2021, anunciaram um novo projeto de lei de Inovação e Competência, contemplando um aporte de US$ 250 bilhões em P&D, estimulados por um contexto de disputa com a China pela vanguarda da tecnologia mundial.

Hoje, EUA e China são os principais atores neste quadro, mas as grandes potências sempre irão investir em tecnologias que estão na fronteira do conhecimento científico em busca de fazerem pender a balança de poder para o próprio lado. A grande questão é saber como operacionalizar, de maneira rápida e eficiente, as modificações e criações legislativas necessárias para lidar com este desafio. As normas estão sendo moldadas neste exato momento e há o risco de que práticas adotadas hoje, não legisladas, serem consideradas o normal, por via costumeira, o que pode alterar significativamente o que julgamos como uso legítimo da força (BODE & HUELSS, 2018, pág. 413).

Não só, porém, no tocante aos *drones* autônomos, aqueles sem o elemento humano a controlá-los, compreendidos como o futuro dos armamentos de guerra, questiona-se a viabilidade de tais armas distinguirem entre alvos militares legítimos e a população civil, até em função das tendências recentemente verificadas de que mecanismos de inteligência artificial, que operam autonomamente através de bases de dados construídas e disponibilizadas por humanos, possuem maior dificuldade em identificar indivíduos de certos fenótipos, gêneros, entre outros. Não apenas isso, mas os critérios de identificação de combatentes não são precisos, de maneira que, sem o elemento humano para a devida aferição do contexto, não é possível realizar, com maior segurança, a distinção. Exemplificativamente, não há como limitar os alvos militares a indivíduos vestindo o uniforme do exército do país envolvido no entrave, e ainda que o agente seja assim identificado, não há como verificar, autonomamente, se pode se tratar, por exemplo, de combatente rendido, também protegido pelas normas humanitárias.

Neste diapasão, avalia-se que não há *drones* armados capazes de realizar a distinção entre civis e combatentes de maneira confiável e nos *standards* exigidos pelo DIH, sendo certo que, embora existam tecnologias hábeis a detectar certos objetivos militares como armamentos hostis ou sistemas de comunicação de interesse (MELZER, 2013, p. 28), apenas operadores humanos têm a aptidão para avaliar os indivíduos combatentes, já que tal avaliação exige mais do que análises meramente operacionais e matemáticas. Assim, uma vez que não são os drones autônomos capazes de atender à distinção, tampouco podem respeitar a precaução exigida pelo DIH.

Não sendo possível traduzir a dicotomia entre combatente e não combatente em um programa de computador, a inabilidade de sistemas não humanos em avaliar os contextos da ação militar, antes da realização do ataque, faz com que armas autônomas não respeitem, portanto, os requisitos impostos pelo DIH para a condução dos conflitos armados (HRC, 2013, §67). Contudo, não é certo que os países refrearão os investimentos e pesquisas para o desenvolvimento de tal tecnologia e não a utilizarão como forma de obtenção de vantagens militares indevidas, sendo certo que os *drones* autônomos representam grande risco à efetivação das normas humanitárias.

## 7. CONSIDERAÇÕES FINAIS

Ao analisar o uso de *drones* ao curso da história, é possível concluir que existe uma disparidade de poder bélico, já que apenas alguns países possuem esta tecnologia, em sua maioria grandes potências bélicas e militares. Destaca-se o maior uso de *drones* registrado por parte dos Estados Unidos, com a justificativa de combate ao terrorismo no Oriente Médio. Esse uso na região coloca em evidência a problemática da não distinção dos *drones*, já que, como citado ao longo do artigo, diversos civis são atingidos nessas ações. Em suma, demonstra-se um grande avanço tecnológico desde o início da utilização de *drones* em meados do século XXI, até os dias de hoje, com o futuro direcionado para os *drones* autônomos.

O crescente uso de *drones* por parte de entidades terroristas forçou os Estados a tentar compreender melhor essa tecnologia, assim como também se adaptar ao seu uso como forma de promover ataques, em teoria, mais seguros e que resultem em menos causalidades. Frente ao DIH, os terroristas não poderiam ser considerados como combatentes, e isso impediria sua elegibilidade como alvo de ataques por parte dos Estados. Como forma de promover uma solução para esse impasse, o DIH imputou uma classificação de função combativa contínua, permitindo que esses indivíduos pudessem ser alvos de contra-ataques, mas sem receber os privilégios estendidos a combatentes. Entretanto, nota-se uma carência de instrumentos que consigam efetivamente controlar as ações dos Estados nos ataques a grupos terroristas por meio de *drones*, desde a investigação de alvos, até o controle efetivo de todos os ataques realizados e todo o dano que deles resulte.

Para além da utilização da ameaça do terrorismo como uma justificativa para a adoção das tecnologias de *drones* e da maior adesão às tecnologias de guerra não tripuladas, é relevante considerar o cenário competitivo das relações internacionais, inseridas em um sistema composto por Estados soberanos. Após um longo período de hegemonia norte-americana, tem-se observado a ascensão da China como um ator capaz de desafiar tal conjuntura: basta examinarmos os constantes aumentos de orçamentos militares de ambos os países, frequentemente anunciados como uma resposta a um anterior aumento do orçamento militar da China ou dos EUA. Neste contexto de competição pela vanguarda da fronteira científica e tecnológica, é relevante ponderar, em pesquisas futuras, sobre como o DIHe o uso de drones em conflitos armados se desenvolveria em um cenário no qual os EUA não estivessem em uma posição de hegemonia econômica e militar na qual se encontram atualmente.

Ante a compreensão de que os meios e métodos de guerra estão em constante evolução, de maneira que a produção jurídica escrita nem sempre consegue acompanhar o desenvolvimento das tecnologias militares, impõe-se que, durante o estudo, preparação, aquisição ou adoção de uma nova arma, meio ou método de guerra, os Estados realizem estudo para determinar se seu emprego seria proibido, em alguma ou todas as circunstâncias, pelas demais disposições do Protocolo ou outras regras de DIH. Tal obrigação, além de decorrência lógica do sistema de proteção humanitária, vem regulada pelo art. 36 do Protocolo Adicional I (ICRC, 1977*a*).

À luz das normas de DIH, ressalta-se que, apesar das controvérsias e desafios ora explicitados pelo presente estudo, o uso de *drones* armados para a condução de hostilidades não seria, *per se*, ilegal e ilegítimo, porém, de fundamental necessidade a análise caso a caso, para adequar seu uso aos princípios e normas do *ius in bello*. Não existe instrumento internacional, hoje, a regular, de forma clara e específica, a aplicação de tais veículos aéreos em combate, razão pela qual a proteção garantida se dá por meio dos regramentos aplicáveis a todo e qualquer caso, tratando-se de proteção genérica. Inclusive, por meio da denominada *Cláusula Martens*, refletida no art. 1, §2º do Protocolo Adicional I (ICRC, 1977a), determina-se que, em casos não abrangidos pelo Protocolo ou outros acordos internacionais, a população civil e combatente ainda permanece sob proteção e autoridade dos princípios de direito internacional decorrentes de costumes, princípios de humanidade e ditames da consciência pública - refletindo, novamente, o caráter inafastável do DIH.

Por meio do presente artigo, foram explicitados uma série de desafios a serem observados no tocante ao uso de *drones* como meios e métodos de guerra, para os quais, à luz das normas de DIH, ainda não há solução clara. Vê-se que, embora o DIH abarque a utilização de *drones* em conflitos por suas normas gerais, ainda existem espaços cinzentos e lacunas que poderiam ser mais bem tratadas a partir da elaboração de um instrumento específico para regular tal cenário - por exemplo, no tocante a seu uso em confrontos com agentes terroristas, os quais não estão bem definidos nos termos da regulação ora existente. Tal elaboração, no entanto, ainda exigirá maior investigação e produção acadêmica a respeito das bases legais e jurídicas que englobam a temática. Espera-se que, através das considerações aqui elencadas, tenha-se um ponto de partida para a promoção desta discussão.

# REFERÊNCIAS BIBLIOGRÁFICAS

ACNUR. **Tendências globales: desplazamiento forzado en 2015**. 2016. Disponível em: <www.acnur.org/t3/fileadmin/Documentos/ Publicaciones/2016/10627.pdf>. Acesso em 08 Jul. 2021.

AGNU, **Extrajudicial, summary or arbitrary executions (A/68/382).** United Nations General Assembly. 13.09.2013. Disponível em: <https://undocs.org/A/68/382>. Acesso em 27. Jun 2021.

AGNU. **Princípios Básicos para a Proteção da População Civil em Conflitos Armados.** Resolução 2675 (XXV) de 9 de dezembro de 1970.

AGNU. **Respeito aos Direitos Humanos em Conflitos Armados.** Resolução 2444 (XXIII) de 19 de dezembro de 1968.

ALBUQUERQUE, Catarina; MARTINS, Isabel. **Direito Internacional Humanitário.** São Paulo, 2021, Disponível em: <http://www.dhnet.org.br/direitos/sip/dih/dih1.htm>. Acesso em 25. Jun 2021.

ANAC. **Regras da ANAC para uso de drones entraram em vigor em 2 de mai de 2017.** Disponível em: <http://www.anac.gov.br/noticias/2017/regras--da-anac-para-uso-de-drones-entram-em-vigor/release_drone.pdf>. Acesso em 09 Mai. 2021.

ANDREATTA, André Luis Parodi. A utilização do drone como Arma de Guerra. **Revista Relações Exteriores.** Brasil, 18 jan. 2021. Disponível em: <https://relacoesexteriores.com.br/o-drone-como-arma-de-guerra/>. Acesso em 03 Jul. 2021.

BARNES, Julian E. U.S. Launches Airstrikes on Iranian-Backed Forces in Iraq and Syria, **N.Y. Times**, 30 Dez. 2019. Disponível em: <https://www.nytimes.com/2019/12/29/world/middleeast/us-airstrikes-iran-iraq-syria.html>. Acesso em 19 Jun. 2021.

BBC. **Como o uso de drones mudou o cenário dos combates no Oriente Médio.** São Paulo, 18 set. 2019. Disponível em: <https://www.bbc.com/

portuguese/internacional-49748760.>. Acesso em 02 Jul. 2021.

BENJAMIN, Medea. Drone Warfare: Killing by Remote Control. Londres: Verso, 2012.

BODE, Ingvild; HUELSS, Hendrik. Autonomous weapons systems and changing norms in international relations. **Review Of International Studies**, [S.L.], v. 44, n. 3, p. 393-413, 19 fev. 2018. Cambridge University Press (CUP). Disponível em: <http://dx.doi.org/10.1017/s0260210517000614>. Acesso em 05 Jul. 2021.

CARRIÓ, Genaro. **Notas sobre el derecho y lenguaje.** 3ª ed. Buenos Aires: Abeledo-Perrot, 1986.

CASEY-MASLEN, Stuart. Pandora's box? Drone strikes under jus ad bellum, jus in bello, and international human rights law. **International Review Of The Red Cross**, [S.L.], v. 94, n. 886, p. 597-625, jun. 2012. Cambridge University Press (CUP). Disponível em: <http://dx.doi.org/10.1017/s1816383113000118>. Acesso em 23 Jun. 2021.

CHANDLER, Matt. **Military Drones.** Nova Iorque: Capstone, 2017.

CHEHTMAN, Alejandro. **The** ad bellum **Challenge of Drones: recalibrating permissible use of force.** European Journal Of International Law, [S.L.], v. 28, n. 1, p. 173-197, 1 fev. 2017. Oxford University Press (OUP). Disponível em: <http://dx.doi.org/10.1093/ejil/chx001>. Acesso em 23 Jun. 2021.

CIJ. Corte Internacional de Justiça. **Nuclear Weapons case.** Opinião Consultiva, 8 de julho de 1996. CIJ Reports 1996, pp. 226/267.

CIRC. 328AN/190. **Unmanned aircraft systems (UAS).** International Civil Aviation Organization, Canada, 2011. Disponível em: <http://www.icao.int/meetings/uas/documents/circular%20328_en.pdf>. Acesso em: 16 Mai. 2021.

COCKBURN, Andrew. **Kill Chains: Drones and The Rise of High Tech Assassins.** Londres: Verso, 2015.

COMISSÃO DAS NAÇÕES UNIDAS PARA CRIMES DE GUERRA. **USA v. Wilhelm List and others, Nuremberg,** Law Reports of Trials of War Criminals,

Vol. VIII, caso 47, 1949.

CONFERÊNCIA DA PAZ DE HAIA. **Convenção IX sobre o bombardeamento por Forças Navais em Tempos de Guerra.** Haia, 18 de outubro de 1907.

CREPEAU, François. PURKEY, Anna. Facilitating mobility and fostering diversity: getting European Union migration governance to respect the human rights of migrants. **Liberty and Security in Europe**, n. 92. Bruselas: CEPS, 2016. Disponível em: <http://aei.pitt.edu/75465/1/LSE_No_92_Facilitating_Mobility.pdf>. Acesso em 04 Jul. 2021.

DOBBING, Mary; COLE, Chris. Israel and the drone wars. Examining Israel's production, use and proliferation of UAVs. **Drones Wars UK**, Oxford, 2014. Disponível em <https://dronewarsuk.files.wordpress.com/2014/01/israel-and--the-dronewars.pdf>. Acesso em 23 Mai. 2021.

DORSEY, Jessica; PAULUSSEN, Christophe. **Towards a European position on armed drones and targeted killing: Surveying EU counterterrorism perspectives.** Hague, ICCT Research Paper, 2015.

EMERSON, Ben. **Report of the Special Rapporteur on the promotion and protection of human rights and fundamental freedoms while countering terrorism (A/71/384).**

FINN, P. WARRICK, J. Under Panetta, a More Aggressive CIA, **The Washington Post**, 21. Mar. 2010.

GARATTONI, Mauricio Moraes e Bruno. A verdade sobre os drones. **Superinteressante.** 1 jun. 2016. Disponível em: <https://super.abril.com.br/tecnologia/a-verdade-sobre-os-drones/.>. Acesso em 02 Jul. 2021.

GASSER, Hans-Peter. International Humanitarian Law. **Max Planck Encyclopedias of International Law [MPIL].** Oxford Public International Law, 2015. Disponível em: <https://opil.ouplaw.com/view/10.1093/law:epil/9780199231690/law-9780199231690-e488>

GETTINGER, Dan et al. The Drone Primer. A Compendium of the Key Issues. Estados Unidos. **Center for Study of The Drone, Bard College**, 2014, pp. 1-35.

Disponível em: <http://dronecenter.bard.edu/publication/the-drone-primer/>. Acesso em 28 Jun. 2021.

GIELOW, Igor. Aviões-robô têm papel central na guerra: em uma década, "drones" se tornaram arma fundamental da cia nas ações contra terroristas no paquistão. **Folha de São Paulo.** Paquistão, 11 set. 2011. Disponível em: <https://www1.folha.uol.com.br/fsp/mundo/ft0909201113.htm>. Acesso em 11 Jun. 2021.

GIELOW, Igor. Drones dominam história militar de 2020 e abrem brecha a países pobres: aviões não tripulados têm custo muito inferior ao de caças e fizeram diferença na guerra no Cáucaso. **Folha de São Paulo.** São Paulo. 2 Jan. 2021. Disponível em: <https://www1.folha.uol.com.br/mundo/2021/01/drones-dominam-historia-militar-de-2020-e-abrem-brecha-a-paises-pobres.shtml>. Acesso em 07 Jun. 2021.

HELLER, K. J., 'One Hell of a Killing Machine': Signature Strikes and International Law. **Journal of International Criminal Justice**, Vol. 11, N. 1, Dez. 2013. Disponível em: <https://papers.ssrn.com/sol3/papers.cfm?abstract_id=2169089>. Acesso em 05 Jul. 2021.

HOENIG, Milton. Hezbollah and the Use of Drones as a Weapon of Terrorism. **Public Interest Report**, v. 67, n. 2, 2014. Disponível em: <https://fas.org/wp-content/uploads/2014/06/Hezbollah-Drones-Spring-2014.pdf>. Acesso em 23 Jun. 2021.

HRC. Report of the Special Rapporteur on Extrajudicial, **Summary or Arbitrary Executions**, Christof Heyns (A/HRC/23/47), 09.04.2013, Disponível em: <https://undocs.org/A/HRC/23/47>. Acesso em 27 Jun. 2021.

HRC. **Report of the Special Rapporteur on Extrajudicial, Summary or Arbitrary Executions, Philip Alston, Addendum.** Study on targeted killings (A/HRC/14/24/Add.6), 28.05.2010. Disponível em: <https://www2.ohchr.org/english/bodies/hrcouncil/docs/14session/A.HRC.14.24.Add6.pdf>. Acesso em 04 Jul. 2021.

HUMAN RIGHTS WATCH. **Blaming Refugees or Muslims while Missing the Boar on Terrorism.** Em: World Report 2016: Events of 2015. New York: Seven

Stories Press, 2016, pp. 2/3. Disponível em: <https://www.hrw.org/sites/default/files/world_report_download/wr2016_web.pdf>. Acesso em 08 Jul. 2021.

HURKA, T. Proportionality in the Morality of War. **Philosophy and Public Affair**, Vol. 33, p. 34-66, Dez. 2004. Disponível em: <https://onlinelibrary.wiley.com/doi/abs/10.1111/j.1088-4963.2005.00024.x>. Acesso em 07 Jul. 2021.

ICRC. **Commentary on the Additional Protocols of 8 June 1977 to the Geneva Conventions of 12 August 1949.** Geneva, 1987. Disponível em: <https://www.loc.gov/rr/frd/Military_Law/pdf/Commentary_GC_Protocols.pdf>. Acesso em 04. Jul 2021.

ICRC. Customary International Humanitarian Law, Volume I, Rules. New York: **Cambridge University Press**, 2005.

ICRC. **Ensuring the use of drones in accordance with international law.** 2014. Disponível em: <https://www.icrc.org/en/document/ensuring-use-remotely-piloted-aircraft-or-armed-drones-counterterrorism-and-military>. Acesso em: 04 jul. 2021.

ICRC. Limits on Autonomy in Weapon Systems: Identifying Practical Elements of Human Control. **Stockholm International Peace Research Institute**, Jun. 2020. Disponível em: < https://www.sipri.org/publications/2020/other-publications/limits-autonomy-weapon-systems-identifying-practical-elements-human-control-0>. Acesso em 26 Jun. 2021.

ICRC (1977*a*) **Protocolo I Adicional às Convenções de Genebra de 12 de Agosto de 1949 relativo à Proteção das Vítimas dos Conflitos Armados Internacionais.** 8 de junho de 1977. Disponível em: <http://www.nepp-dh.ufrj.br/onu2-11-5.html>. Acesso em 05. Jul 2021.

ICRC (1977*b*). **Protocolo II Adicional às Convenções de Genebra de 12 de Agosto de 1949 relativo à Proteção das Vítimas dos Conflitos Armados Não Internacionais.** 8 de junho de 1977. Disponível em: <http://www.direitoshumanos.usp.br/index.php/Conven%C3%A7%C3%A3o-de-Genebra/protocolo-ii-adicional-as-convencoes-de-genebra-de-12-de-agosto-de-1949-rela-

tivo-a-protecao-das-vitimas-dos-conflitos-armados-nao-internacionais.html>. Acesso em 05. Jul 2021.

ICRC. **State Parties to the Following International Humanitarian Law and Other Related Treaties as of 27-May-2021.** 2021. Disponível em: <https://ihl-databases.icrc.org/applic/ihl/ihl.nsf/xsp/.ibmmodres/domino/OpenAttachment/applic/ihl/ihl.nsf/40BAD58D71673B1CC125861400334BC4/%-24File/IHL_and_other_related_Treaties.pdf?Open>. Acesso em 05. Jul 2021.

INTERNATIONAL MILITARY COMMISSION. **Declaration Renouncing the Use, in Time of War**, of Explosive Projectiles Under 400 Grammes Weight. Saint Petersburg, 29 November/11 December 1868.

KAHN, P. W. Imagining Warfare. European Journal Of International Law, [S.L.], v. 24, n. 1, p. 199-226, 1 fev. 2013. **Oxford University Press** (OUP). http://dx.doi.org/10.1093/ejil/chs086.

KOH, Harold Hongju. **Address at the Annual Meeting of the American Society of International Law 14**, Estados Unidos, 2010. Disponível em: https://2009-2017.state.gov/s/l/releases/remarks/139119.htm. Acesso em 04 jul. 2021.

LEWIS, Michael W.; VITKOWSKY, Vincent J. The Use of Drones and Targeted Killings in Counterterrorism. **The Federalist Society for Law and Public Policy Studies**, v. 23, 2010.

LUBELL, N. The War (?) Against Al-Qaeda. **Oxford Public International Law**, 08. Fev. 2013. Disponível em: <https://www.newyorker.com/magazine/2009/10/26/the-predator-war>. Acesso em 17 Jun. 2021.

MAYER, J. The Predator War, **The New Yorker**, 26. Out. 2009. Disponível em: <https://www.newyorker.com/magazine/2009/10/26/the-predator-war>. Acesso em 17 Jun. 2021.

MEIER, Michael W. Emerging Technologies and the Principle of Distinction: A Further Blurring of the Lines between Combatants and Civilians?, in The Impact of Emerging Technologies on the Law of Armed Conflict.

**Oxford Public International Law**, Out. 2019. Disponível em: <https://opil.ouplaw.com/view/10.1093/law/9780190915322.001.0001/law-9780190915322-chapter-8?prd=OSAIL>. Acesso em 03 Mai. 2021.

MELZER, **Nils. Human rights implications of the usage of drones and unmanned robots in warfare.** União Europeia, 2013. Disponível em: <http://www.europarl.europa.eu/RegData/etudes/etudes/join/2013/410220/EXPODROI_ET(2013)410220_EN.pdf>. Acesso em 16 Mai. 2021.

MELZER, N. Interpretative Guidance on the notion of direct participation in hostilities under International Humanitarian Law. **International Committee of the Red Cross**, 2009. Disponível em: <http://www.icrc.org/eng/assets/files/other/icrc-002-0990.pdf>. Acesso em 22 Mai. 2021.

MENDES, Ana Sofia Carvalheira. Drones**: Uma ameaça ao Direito Internacional Humanitário.** Lisboa, 2016. Disponível em: <http://www.academia.edu/31576005/Drones_Uma_amea%C3%A7a_ao_Direito_Internacional_Humanit%C3%A1rio>. Acesso em 09 Mai. 2021.

MILLER, G. From Memo to Missile, **Los Angeles Times**, 31. Jan. 2010.

MOYN, S. Drones and Imagination: a response to paul kahn. European Journal Of International Law, [S.L.], v. 24, n. 1, p. 227-233, 1 fev. 2013. **Oxford University Press** (OUP). Disponível em: <http://dx.doi.org/10.1093/ejil/cht011>. Acesso em 26 Jun. 2021.

O'CONNELL, M. E. Unlawful Killing with Combat Drones: A Case Study of Pakistan, 2004– 2009. **Notre Dame Legal Studies Paper**, N. 09-43, Jul. 2010. Disponível em: <https://www.law.upenn.edu/institutes/cerl/conferences/targetedkilling/papers/OConnellDrones.pdf>. Acesso em 05 Jul. 2021.

ONU. **Carta das Nações Unidas.** 1945. Disponível em: <https://brasil.un.org/sites/default/files/2020-09/A-Carta-das-Nações-Unidas.pdf>. Acesso em 05. Jul 2021.

ONU. **Convenção de Viena sobre o Direito dos Tratados. 23 de maio de 1969.** Disponível em: <http://www.planalto.gov.br/

ccivil_03/_ato2007-2010/2009/decreto/d7030.htm> . Acesso em 06. Jul 2021.

ONU. **Emenda ao Protocolo II da Convenção da ONU sobre Armas Convencionais. Protocolo sobre a Proibição ou Restrição do uso de Minas**, Armadilhas e outros dispositivos. 1996. Disponível em: <https://geneva-s3.unoda.org/static-unoda-site/pages/templates/the-convention-on-certain-conventional-weapons/AMENDED%2BPROTOCOL%2BII.pdf>. Acesso em 03 Jul. 2021.

ONU (1980*a*). **Protocolo II da Convenção da ONU sobre Armas Convencionais. Protocolo sobre a Proibição ou Restrição do uso de Minas**, Armadilhas e outros dispositivos. 1980. Disponível em: <https://geneva-s3.unoda.org/static-unoda-site/pages/templates/the-convention-on-certain-conventional-weapons/PROTOCOL%2BII.pdf>. Acesso em 04 Jul. 2021.

ONU (1980*b*). **Protocolo III da Convenção da ONU sobre Armas Convencionais. Protocolo sobre a Proibição ou Restrição do Uso de Armas Incendiárias. 1980.** Disponível em: <https://geneva-s3.unoda.org/static-unoda-site/pages/templates/the-convention-on-certain-conventional-weapons/PROTOCOL%2BIII.pdf>. Acesso em 03 Jul. 2021.

PERES, Hugo Freitas. **Novos desafios securitários: as implicações da tecnologia de Veículos Aéreos Não Tripulados para o sistema internacional.** 2015. 173 f., il. Dissertação (Mestrado em Relações Internacionais)—Universidade de Brasília, Brasília, 2015.

PERON, A. BORELLI, P. O uso de *drones* pelos Estados Unidos nas operações "targeted killing" no Paquistão e o desrespeito ao Direito Humanitário Internacional: Rumo aos estados de violência?. In: Monções, **Revista de Relações Internacionais da UFGD**, Dourados, v.3. n.6, jul./dez., 2014, pp. 276/312. Disponível em: <http://www.periodicos.ufgd.edu.br/index.php/moncoes>. Acesso em 31 Mai. 2021.

PROGRAM ON HUMANITARIAN POLICY AND CONFLICT RESEARCH AT HARVARD UNIVERSITY. **Manual on International Law Applicable to Air and Missile Warfare.** Bern, 2009. Disponível em: <https://reliefweb.int/sites/reliefweb.int/files/

resources/8B2E79FC145BFB3D492576E00021ED34-HPCR-may2009.pdf>. Acesso em 05 Jun. 2021.

RASSLER, Don. **Remotely piloted innovation: Terrorism, drones and supportive technology.** US Military Academy, Combating Terrorism Center West Point. United States, 2016. Disponível em: <https://ctc.usma.edu/wp-content/uploads/2016/10/Drones-Report.pdf>. Acesso em 17 Jun. 2021.

SHANE, Scott. Drone Strike Statistics Answer Few Questions, and Raise Many, **N.Y. Times**, 3 Jul. 2016. Disponível em: <https://www.nytimes.com/2016/07/04/world/middleeast/drone-strikestatistics-answer-few-questions-and-raise-many.html>. Acesso em 09 Jun. 2021.

SINGER, Peter. **Wired for War: The Robotics Revolution and Conflicts in the 21th Century.** Nova Iorque: The Penguin Press, 2009.

STEREO, Milena. The United States' use of drones in the War on Terror: the (il) legality of targeted killings under international law. Case Western **Reserve Journal of International Law**, v. 45, 2012. Disponível em: <https://scholarlycommons.law.case.edu/cgi/viewcontent.cgi?article=1072&context=jil>. Acesso em 19 Jun. 2021.

SWINARSKI, Christophe. O Direito Internacional Humanitário como Sistema de Proteção Internacional da Pessoa Humana. **Revista do Instituto Brasileiro de Direitos Humanos**, [S.l.], n. 4, p. 33-48, dez. 2003. ISSN 1677-1419. Disponível em: <http://revista.ibdh.org.br/index.php/ibdh/article/view/5>. Acesso em 05 Jul. 2021.

TPI. **Estatuto de Roma do Tribunal Penal Internacional.** 1998. Disponível em: <http://www.planalto.gov.br/ccivil_03/decreto/2002/d4388.htm>. Acesso em 04. Jul 2021.

UDEANU, Gheorghe; DOBRESCU, Alexandra; OLTEAN, Mihaela. Unmanned aerial vehicle in military operations. **Scientific Research And Education In The Air Force**, [S.L.], v. 18, n. 1, p. 199-206, 24 jun. 2016. Henri Coanda Air Force Academy. Disponível em: <http://dx.doi.org/10.19062/2247-3173.2016.18.1.26>. Acesso em 06 Jun. 2021.

U.S. Drone Strike Kills Taliban Leader in Pakistan. (2016). **American Journal of International Law**, 110(4), 811-814. Disponível em: <https://doi.org/10.1017/S0002930000763299>. Acesso em 23 Jun. 2021.

U.S. Drone Strike in Iraq Kills Iranian Military Leader Qasem Soleimani. (2020). **American Journal of International Law**, 114(2), 313-323. Disponível em: <https://doi.org/10.1017/ajil.2020.15>. Acesso em 26 Jun. 2021.

Use of Force and Arms Control: President Obama Outlines Shifts in U.S. Counterterrorism Policy. (2013). **American Journal of International Law**, 107(3), 674-679. Disponível em: <https://doi.org/10.1017/S0002930000011234>. Acesso em 28 Jun. 2021.

SOUZA, Matheus de Abreu Costa. Os EUA e a utilização de drones no combate ao terror no Oriente Médio. **Conjuntura Internacional. PUC Minas.** Minas Gerais, nov. 2016. Disponível em: <https://pucminasconjuntura.wordpress.com/2016/11/21/os-eua-e-a-utilizacao-de-drones-no-combate-ao-terror-no-oriente-medio/>. Acesso em 05 Jul. 2021.

SUPREMA CORTE DE JUSTIÇA DE ISRAEL. **The Public Committee Against Torture et al. v. The Government of Israel et al.** (HCJ 769/02), 13. Dez. 2006.

UBIRATAN, Edmundo. Drones se tornam armas fatais na guerra moderna. **Aeromagazine Uol.** Washington.  7 jan. 2020. Disponível em: <https://aeromagazine.uol.com.br/artigo/drones-se-tornam-armas-fatais-na-guerra-moderna_4872.html.>. Acesso em 05 Jul. 2021.

VOGEL, Ryan. Drone Warfare and the Law of Armed Conflict. **Denver Journal of International Law and Policy**, v. 39, n. 1, p. 101-138, 2010. Disponível em: <https://digitalcommons.du.edu/cgi/viewcontent.cgi?article=1230&context=djilp>. Acesso em 23 Mai. 2021.

WOODS, C. The day 69 children died, **The Express Tribune**, 12. Ago. 2011. Disponível em: < https://tribune.com.pk/story/229844/the-day-69-children-died>. Acesso em 22 de maio de 2021.

# Do humanitarismo multidimensional à Responsabilidade de Proteger: sínteses operacionais dos mecanismos humanitários das Nações Unidas[1]

LETÍCIA RIZZOTTI LIMA

**SUMÁRIO:**

1. Introdução
2. Reinvenção do humanitarismo nas Nações Unidas
3. A formulação do princípio de Responsabilidade de Proteger
4. Respostas atuais e desafios latentes
5. Considerações finais.

---

1   O texto aqui presente é fruto da dissertação "Moralidade e pragmatismo: os elos de legitimidade entre proteção e democracia no humanitarismo contemporâneo das Nações Unidas" apresentada por esta autora no PPGRI San Tiago Dantas (UNESP/UNICAMP/PUC-SP), e disponível no Repositório Unesp a partir de 30 de junho de 2022. O projeto foi financiado pelos processos nº2018/00460-5 e nº2018/26430-5, Fundação de Amparo à Pesquisa do Estado de São Paulo (FAPESP). As opiniões, hipóteses e conclusões ou recomendações expressas neste material são de responsabilidade da autora e não necessariamente refletem a visão da FAPESP e da CAPES.

# 1. INTRODUÇÃO

O debate sobre as transformações da governança global no século XXI exige um olhar atento para as rupturas e continuidades do modelo estatista e centralizado vigente também no pós-Segunda Guerra Mundial (SEAMAN, 2014). Para tanto, é preciso valer-se da antecipação dessas mudanças feita pelo fim da Guerra Fria ainda nos anos 1990: o debacle soviético não apenas extinguiu um polo de poder da então bipolaridade como acelerou a fragmentação de coalizões (HALE, HELD, YOUNG, 2013), a liberalização econômica da periferia do globo e a globalização financeirizada (CHESNAIS, 1996).

Deste período de turbulência, a eclosão de conflitos armados nas franjas da globalização (KALDOR, 2012) mostrou-se como uma das faces mais desafiadoras para o tradicionalismo das práticas internacionais. Este fenômeno foi tipificado por Mary Kaldor (2012) como novas guerras. Das características mais relevantes desta classificação, a centralidade das populações civis no combate – tendo por marca destes conflitos episódios de massacres e execução de genocídios – mostra-se especialmente útil para a compreensão das respostas internacionais a estes acontecimentos no eixo das intervenções humanitárias. Apesar da alcunha, sua identificação não significa o ineditismo do fenômeno bélico, mas sim a percepção de que suas dinâmicas acompanhavam o processo de globalização (KALDOR, 2012).

As beligerâncias deste escopo também são marcadas pelo protagonismo de atores não estatais – seja de grupos paramilitares, ou empresas de mercenários (MUNKLER, 2005) –; que recolhem seus recursos majoritariamente de atividades criminosas como o tráfico de drogas e armas (CHINKIN, KALDOR, 2017); fazem uso de narrativas identitárias, ainda que estas não sejam completamente verificáveis (KALDOR, 2012); e perpetuam a execução dos combates como forma de obtenção contínua de lucros econômicos e políticos (KALDOR, 2018).

Estes acontecimentos pulverizados e em larga escala demandaram importantes reformas na atuação da Organização das Nações Unidas (ONU), que inauguraram uma nova forma de humanitarismo (DUFFIELD, 2001) e transformaram interpretações basilares das normas de não-intervenção sob o signo da proteção das populações e salvaguarda de direitos humanos (ORFORD, 2003). Isso, pois ainda que o protagonismo da ONU tenha sido testado para além da paralisia nuclear da Guerra Fria, com a criação da primeira geração de operações de paz na virada da década de 1950 estabelecidas com princípios de consentimento das partes em litígio, imparcialidade e restrição do uso da força, sob a liderança do Secretário-Geral Dag Hammarskjöld (ORFORD, 2011); foi apenas com a dissolução da União Soviética e a eclosão de conflitos internos na periferia do globo (KALDOR, 2012), que o engajamento de forças da Organização foi exponenciado de forma singular (KENKEL, 2013).

Nesta linha, este capítulo se apoia nas reformas operacionais do envolvimento da ONU, fazendo uso da definição de humanitarismo como **instrumentos de intervenção estatal; contidos por limites normativos vinculantes – neste caso, no rol em vigor na ONU –; e materializado em práticas securitárias, que contêm sentidos interpretativos sobre normas e padrões de determinada autoridade política (KALDOR, 2018)**. Assim, os documentos que desenharam as diretrizes do arcabouço intervencionista nas últimas décadas, podem ser alocados uma primeira moldura de transformações contundentes em curso nos anos 1990. A primeira seção deste trabalho se debruça sobre esse momento e explicita os elos principiológicos que possibilitaram as mudanças no engajamento internacional.

A segunda parte arregimenta a inauguração do princípio de Responsabilidade de Proteger (conhecido na sigla em inglês R2P). O princípio foi publicado em 2001 com o intuito de afastar a ação da ONU das experiências malogradas das intervenções humanitárias e preconizava as ações contingentes. Este instituto também demandou reformas importantes e foi utilizado explicitamente apenas em 2011 na operação enviada à Líbia. No entanto, a má repercussão desta experiência iniciou um momento de tensão nas deliberações do Conselho de Segurança das Nações Unidas (CSNU), responsável por decisões vinculantes em matérias de paz e segurança internacional.

Esta encruzilhada deixa espaço para o terceiro momento deste texto, que reflete sobre o atual estágio das operações de paz, os desafios impostos sobre seu modelo e as mudanças nas práticas de segurança internacional, especialmente sobre o signo da estabilização e suas implicações. Desta forma, conclui-se que a prática de transformação e reafirmação das escolhas feitas ainda nos anos 1990 foi impulsionada pela trajetória institucional, sem abrir confronto com entendimentos normativos sobre o uso da força. A diferença mais marcante entre o arcabouço institucional noventista e o princípio de Responsabilidade de Proteger (R2P) está justamente no movimento em que o primeiro se lastreou nas opções discricionárias do CSNU e o segundo tentou – sem sucesso notável até o momento – criar um instituto normativo auxiliar. Assim, as mudanças de trajetória do humanitarismo das Nações Unidas no século XXI parecem se apoiar nas escolhas antecipadas pelo fim da Guerra Fria, e na consolidação de práticas sedimentadas por sua reiteração institucionalizada.

## 2. REINVENÇÃO DO HUMANITARISMO NAS NAÇÕES UNIDAS

O marco documental inaugural da fase noventista do humanitarismo das Nações Unidas é a publicação de Uma Agenda para Paz (1992) patrocinada pelo então Secretário-Geral Boutros Boutros-Ghali. Esta é a primeira peça da sequência de publicações que sedimentou o conjunto de valores principiológicos, especialmente sintetizados nas prescrições da segurança humana e da responsabilidade internacional de proteção, para a ativação das operações de paz. Isto, pois o novo humanitarismo *"reinforces earlier policy commitments to linking relief and development, conflict resolution and societal reconstruction. The new humanitarianism reflects a willingness to include the actions and presence of aid agencies within an analytical framework of causal and consequential relations."* (DUFFIELD, 2001, p.75).

No texto, o constrangimento da soberania territorial ganha respaldo da governança estatal como garantidora da segurança de seus cidadãos; aponta-se para a construção de um entendimento de que a legitimidade do Estado e da salvaguarda de sua soberania passa pela garantia de direitos fundamentais da população, em substituição ao princípio inviolável da não intervenção (SECRETARIA GERAL DA ORGANIZAÇÃO DAS NAÇÕES UNIDAS, 1992). Assim, a permanência da centralidade dos Estados no regime é reconhecida dentro de um contexto politicamente conturbado, com o aprofundamento da globalização econômica e financeira *pari passu* às democratizações em curso na periferia do globo. Aliada a esta leitura, o documento interpõe os temas de desenvolvimento – pobreza e meio ambiente – à preocupação com a segurança internacional, formulando de modo seminal a ideia de segurança humana[2] (SECRETARIA GERAL DA ORGANIZAÇÃO DAS NAÇÕES UNIDAS, 1992).

A peça lançou a repaginação das operações de paz em quatro categorias de atuação da ONU em contextos de conflito, no intuito de formular o protagonismo pretendido na estabilização de paz e segurança internacional. Os modelos foram nomeados:

---

2   O conceito de segurança humana foi aprimorado no Relatório de Desenvolvimento Humano do Programa das Nações Unidas para o Desenvolvimento (PNUD) de 1994. Seu fundamento indica que a estabilidade da paz e segurança internacional estão atreladas à condição de vida das pessoas, implicando na necessidade de proteção dos indivíduos contra ameaças físicas, ambientais, econômicas, comunitárias, alimentar e de saúde (CHINKIN, KALDOR, 2017). Mesmo com divergências sobre sua definição, este fundamento é central e aponta para a mudança interpretativa sobre matérias de paz e segurança internacional na ONU.

1. diplomacia preventiva, que visa mediar tensões antes do conflito armado aberto;

2. *peacemaking*, com mandatos embasados do Capítulo VI da Carta, mantendo a Organização como mediadora de hostilidades;

3. *peacekeeping*, contando com a presença de tropas e forças das Nações Unidas (Capítulo VII), com o consentimento das partes; e, por fim,

4. *post-conflict peacebuilding*, genericamente construído, aponta para auxílio de construção de capacidades estatais (SECRETARIA GERAL DA ORGANIZAÇÃO DAS NAÇÕES UNIDAS, 1992).

Estes quatro moldes elencados instalam uma lógica de vínculos etapistas no andamento dos conflitos e circula as ações de prevenção às ações de *peacebuilding*. Neste sentido, esta última fase dispende atenção à construção de estruturas físicas e políticas para reduzir percepção das hostilidades, que atuasse na mesma fase da diplomacia preventiva, a fim de evitar a recorrência do conflito. Esta publicação configura, portanto, o marco institucional histórico da sedimentação de um arcabouço axiológico intervencionista, que no campo concreto fundamentou-se na concretização de aportes internacionais de proteção e operacionalizou a militarização aprofundada da atuação internacional. Mais do que uma diretriz institucional corriqueira, o texto expressa a fotografia temporal de consensos sobre a responsabilidade protetiva e a execução de modelos liberais para a reabilitação dos Estados afetados por conflitos armados, inaugurando a forma multidimensional do engajamento por sua miríade de atividades.

A dinâmica entre a produção de documentos em nível operacional é um mecanismo central nas reformas do engajamento onusiano e dialoga constantemente com consensos políticos profundos entre os Estados. A manutenção *a priori* dos princípios da primeira geração de operações de paz – consentimento das partes em litígio, imparcialidade e restrição do uso da força – conhecidos como a santíssima trindade do humanitarismo é um dos vetores essenciais dessa dialética entre um novo perfil de engajamento e as transformações axiológicas inauguradas nos anos 1990 (ORFORD, 2003). A construção desta matriz foi ensejada pela grande prevalência de conflitos locais internacionalizados (BIGATÃO, 2015); desenhando argumentos para o maior embasamento das operações no Capítulo VII da Carta de São Francisco, que autoriza o uso da força. Entretanto, o caráter eminentemente militar aventado pela ativação deste dispositivo criou margem para críticas de ingerência, já que a presença militar estrangeira – ainda que multilateral – fere patentemente o princípio basilar de "não intervenção em assuntos internos", em referência à Carta de São Francisco (SEAMAN, 2014).

A engenharia retórica que possibilitou esta abordagem foi a noção de restrição da soberania, em prol da segurança dos indivíduos (WEISS, 2007). Este movimento realocou a atenção das instâncias de concertação securitária – como protagonismo evidente do Conselho de Segurança – para a tomada de decisões embasadas na condição da segurança humana das populações. Assim, arraigados em argumentos morais de pertencimento e proteção, atrelados à segurança coletiva enquanto fator estabilizante de conflitos internacional, estes expedientes abriram caminho para a reinterpretação do princípio vestifaliano de não intervenção galgados na imperatividade dos direitos humanos (AMARAL JÚNIOR, 2003).

Enquanto Uma Agenda para Paz proveu a matriz principiológica e os ensaios normativos das novas missões de paz, uma série de outras publicações dentro da institucionalidade onusiana aprimorou as balizas operacionais das intervenções, reforçando o caráter teleológico protetivo. O documento Suplemento de Uma Agenda para Paz (1995) robusteceu a opção político-jurídica pelo uso da força. O impacto dos episódios de massacres em Ruanda (1994)[3] e Srebrenica (1995)[4] alarmou para a inabilidade das missões civis em cumprir com objetivos de proteção e, assim, legitimar pela eficácia a presença internacional. Neste sentido, a transição para intervenções militarizadas (SEAMAN, 2014), foi respaldada pelo apelo moral para dirimir a percepção de ineficácia que estes episódios causaram, e desta forma propiciar a realização do desempenho das expectativas protetivas de direitos humanos.

Na mesma linha, o Relatório Brahimi (2000) atentou-se para a conformidade da atuação militar aos mandatos emitidos pelo CSNU, com a preocupação de sustentar a legitimidade dos expedientes do campo. O reforço à autoridade do Conselho indicou a reprodução da perspectiva de responsabilidade centralizada na manutenção da segurança, bem como reforçou a determinação de objetivos de reconstrução no envio das intervenções como fórmula para a concretização de estabilidade política (FAGANELLO, 2013).

A próxima publicação relevante neste sentido é a chamada Doutrina Capstone (2008), que pode ser percebida como um dos mais significativos esforços em desenhar uma doutrina sistematizada das operações de paz (BIGATÃO, 2015). Apresentam-se princípios e diretrizes concretas reafirmando as escolhas do final da Guerra Fria, a exemplo da consolidação da base legal nos Capítulos VI e VII da Carta de São Francisco, a natureza dos objetivos e atividades das missões e o reforço do Conselho como autoridade devida. Vale aqui pontuar mais uma questão que perpassa a aplicação destes instrumentos ao longo das últimas décadas: o aceno à regionalização

---

3   A violência do Genocídio de Ruanda atingiu entre quinhentas mil e um milhão em apenas 100 dias e gerou grande comoção internacional, inclusive marcada pela inércia do CSNU em enviar tropas de contenção nas semanas que antecederam a maioria das mortes (KALDOR, 2001)

4   A ação das tropas sérvias comandadas por Slobodan Milosevic criou um enorme fluxo de deslocados, em parte recepcionados por campos sob a tutela de tropas da operação das Nações Unidas. O massacre no campo de Srebrenica resultou na morte de mais de oito mil bósnios pelos sérvios, sem que as tropas holandesas enviadas no bojo da intervenção agissem para impedir o ataque na área de tutela internacional (KALDOR, 2001).

para a operacionalização das intervenções, em referência ao Capítulo VIII da Carta. Este apontamento se apresenta desde Uma Agenda para Paz e também compõe a R2P (BELLAMY, 2015), com dois filões centrais: o primeiro remonta às críticas de imperialismo destes expedientes, nesta lógica o envolvimento de atores regionais legitimariam a atuação internacional; e o segundo apela para a desoneração das estruturas da ONU que se mostraram demasiadamente limitadas no campo (BIGATÃO, 2015).

O Painel Independente de Alto Nível sobre Operações de Paz - HIPPO (2015) readaptou os instrumentos noventistas às realidades de intervenção mais hodiernas. O Relatório aponta a necessidade de integração e coordenação das agências da própria ONU, da adequação específica às realidades locais a partir de mandatos mais lineares com objetivos para assegurar a transição e implantar lógica de proteção de direitos humanos e convergentes aos Objetivos do Desenvolvimento Sustentável (ODS). Reconhece explicitamente as dificuldades e distâncias das operações em serem vetores de legitimação do Estado a partir da responsividade das demandas locais. São elencadas textualmente sete debilidades do modelo em curso, que abordam de modo geral as disparidades dos modelos de reconstrução com as necessidades locais e as dificuldades de operacionalização das operações (SECRETARIA GERAL DAS NAÇÕES UNIDAS, 2015a, §134-140). O HIPPO 2015 demonstra o reconhecimento da ONU sobre suas debilidades na atuação do *peacebuilding*, bem como as preocupações em diminuir o distanciamento das práticas mandatárias das demandas internas em prol da "paz sustentável". Identifica o imperativo premente da legitimidade local, dedica grande atenção às dificuldades operacionais, reforça a necessidade de aliança às entidades regionais e indica a proteção de civis como função fundamental das operações.

Existe uma patente continuidade entre princípios de atuação e questões apontadas como limitantes para o cumprimento bem sucedido dos objetivos. As permanências aparecem na reafirmação de modelos

– especialmente referenciados pela paz liberal – como fontes de resultado; esta lógica aponta aos pressupostos de que a democracia e a economia de mercado são *per se* pacificadoras (SEAMAN, 2014). Neste último documento, continuou-se a ligar a ampliação da democracia e dos direitos humanos, com esforços de redução da pobreza, à elevação objetiva da segurança humana. O que se percebe de distinto no texto é a inclusão de "novos atores" como integrantes influentes nestes processos e não apenas os já incorporados no léxico institucional e que são tradicionalmente reconhecidos como sujeitos de direito internacional, como entes armados beligerantes e o próprio Estado.

Ainda que haja negação explícita da Organização sobre o caráter de *statebuilding* na sua atuação (SECRETARIA GERAL DA ORGANIZAÇÃO DAS NAÇÕES UNIDAS, 2015a, §132) é impossível dissociar suas práticas deste viés. A emissão de missões que preconizam a realização democrática na consolidação de instituições governamentais nos motes generalistas é relevante e ganha força na modalidade de assistência técnica, desviando de dissensos estatais bastante importantes na condução de operações de paz (LIMA, 2020). Assim, a produção de documentos operacionais dentro do arcabouço do humanitarismo multidimensional (ou novo humanitarismo) teve o objetivo de reciclar a moldura noventista aos desafios do século XXI e provou-se um importante mecanismo de reformas diretivas.

## 5. A FORMULAÇÃO DO PRINCÍPIO DE RESPONSABILIDADE DE PROTEGER

Um segundo eixo de instrumentos intervencionistas foi aberto na virada do século com o relatório da *International Commission on Intervention and State Sovereignty* (ICISS) em 2001. Neste documento, o princípio de Responsabilidade de Proteger (R2P) foi cunhado a partir da necessidade de desvincular a atuação internacional do conceito de intervenções humanitárias, pela má repercussão das missões enviadas nos anos 1990 (ICISS, 2001, p. 16-18). A peça articula a primazia da segurança humana na proteção de civis como elemento axiológico de corresponsabilidade internacional, acenando para a relativização de soberania territorial; este centro argumentativo é o que define o princípio em sua origem (DENG, 2010).

Não se pode deixar de destacar o contexto em que ocorreu a formulação da doutrina: o ataque aos contingentes militares na Somália (1992-3)[5], o Genocídio de Ruanda (1994) e o massacre de Srebrenica (1995) impulsionaram uma reação à inércia e ineficiência operacional, fazendo com que a tentativa de descolar missões futuras daquele formato se tornasse necessária. O relatório ainda aponta a missão comandada pela Organização do Tratado do Atlântico Norte (OTAN) no Kosovo (1999), à revelia do CSNU, como caso paradigmático para o debate da legitimidade e legalidade intervencionista.

O que prevalece ao longo do texto de 2001 é a tentativa de ressignificação da soberania estatal, com balizas de direitos humanos e do compromisso internacional com a segurança humana, fazendo uso da imperatividade da proteção de civis. A soberania foi repaginada pela Comissão enquanto responsabilidade que decorre em três significados:

1. a responsabilidade das autoridades estatais em proteger a vida e a segurança dos cidadãos, bem como de promover seu bem-estar;

2. a responsabilidade as autoridades políticas nacionais para com os cidadãos em âmbito doméstico e internacional;

---

5   O envio de tropas para Somália autorizadas pelo CSNU, a partir da S/RES/794, foi um dos primeiros marcos deste período a usar a força para fins humanitários (KALDOR, 2001). Contudo, os embates entre as tropas internacionais lideradas pelos EUA e os grupos locais armados integrou a conflitividade causando baixas significativas de ambos os lados e se provando um fracasso operacional (AMARAL JÚNIOR, 2003).

3. a responsabilidade das autoridades por seus atos da ação e omissão.

A formulação tríplice é justificada no texto pelo maior impacto de normas de direitos humanos e do conceito de segurança humana (ICISS, 2001, p.13).

Esta elaboração subverte sensivelmente a previsão do princípio de não intervenção tradicional por condicionar explicitamente a integridade territorial ao respeito e à proteção de direitos humanos. Constrói-se também o elo de responsabilidade da primazia protetiva para a comunidade internacional que passaria a ter o dever moral de intervir para a garantia da dignidade humana (LIMA, 2020). O princípio foi, portanto, composto em três faces elementares da corresponsabilidade internacional: a responsabilidade de prevenir; a responsabilidade de reagir – incluindo o uso da força – e; a responsabilidade de reconstruir (ICISS, 2001, p.XI).

Esta formulação é similar à leitura etapista de Uma Agenda para a Paz. De modo espelhado, as três responsabilidades internacionais retomam em essência os expedientes das operações de paz, em termos de prevenção, ação e reconstrução. Quanto ao uso da força, cristaliza-se a possibilidade como fator elementar da ativação, constrito "às últimas consequências", tentando contornar críticas de instrumentalização pela criação de critérios para a incursão. Neste sentido, é possível compilar os critérios do novo modelo em: "1 princípio basilar, 4 princípios de precaucionários, 1 princípio relacionado a autoridade adequada para intervir e 10 princípios operacionais" (JUBILUT, 2008, p.16). No escopo deste texto, vale o destaque para a consecução da lógica entre as três primeiras categorias.

A começar pelo princípio basilar, nomeado como "justa causa". A Comissão definiu violações da proteção humana no sentido de perda de vidas em larga escala em contextos de incapacidade e/ou negligência do Estado (RIBEIRO, 2015) – vinculando à noção de responsabilidade. Este movimento não destoa da retórica intervencionista anterior, mas sim inclui o entendimento em uma moldura operacional mais sólida. Fica claro neste ponto que a medida moral da proteção de civis, como máxima da responsabilidade internacional, tornou-se basilar na conjugação de elementos bélicos multilaterais. A sedimentação desta perspectiva no cerne da R2P indica para a percepção de uma aquiescência axiológica no sentido protetivo, ainda que com a contradição iminente do uso da força para estes fins (BENHABIB, 2008).

Os princípios precaucionários tentam delimitar fronteiras restritivas para a ativação da R2P de foram resumidos pela Comissão em quatro eixos:

1. intenção correta;

2. último recurso;

3. meios proporcionais e;

4. perspectivas razoáveis (ICISS, 2001, p. XII).

Esta elaboração revela o apoio essencial do expediente em consensos morais como a primazia de "intenção" com a conexão concreta de centralidade do olhar à proteção. Não só a terminologia usada faz referência corriqueira aos elementos axiológicos, como vincula sua legitimidade – em termos de "ação devida" – à correspondência dos postulados protetivos e atrela a autorização multilateral concertada ao cumprimento procedimental.

A discussão sobre a autoridade adequada (do inglês *right authority*) se apresenta como fonte do processo de formulação e aceitação normativa. A Carta de São Francisco limita o uso da força por parte dos Estados e investe o CSNU de autoridade vinculante; assim, à Assembleia Geral (AGNU) ficam designadas as funções indicativa e de reconhecimento. Desta forma, a R2P não discute a primazia mandatária e resolutiva do CSNU como fonte principal da atuação. Em verdade, a elaboração desta condição reforça o

Conselho como ente maior de autoridade sobre a segurança pela discricionariedade de suas decisões.

Entretanto, dois caminhos alternativos são veiculados para contornar as possíveis debilidades que resultem em ineficiência do Conselho (remetendo aos episódios de morosidade do órgão e aos consequentes questionamentos sobre sua legitimidade): o primeiro é a incorporação por meio da AGNU que funcionaria como expressão do aceite majoritário a partir de convocações extraordinárias incorporadas regimentalmente (ICISS, 2001). O segundo passa pelas instituições regionais; para além da reafirmação da complementariedade já prevista na moldura da intervenção humanitária, os mecanismos regionais legitimariam as operações, como agentes possíveis de contenção da emergência humanitária. Contudo, a margem de atuação não foge da moldura formulada: não seriam justificadas missões regionais que não atendessem aos critérios elencados e que suplantassem a autoridade eficaz do CSNU.

A despeito da tentativa de retratar a R2P como um mecanismo juridicamente inédito, suas raízes são profundamente ligadas às próprias retóricas humanitárias, por fortalecer o CSNU como fonte de autoridade em referência ao regime da Carta de São Francisco como o vértice fundamental de sustentação para a disrupção da soberania motivada pela narrativa de proteção (ORFORD, 2011). A inovação do princípio é dificilmente sobre o seu núcleo, mas primordialmente sobre quais as suas possíveis decorrências se a ressignificação e quebra da soberania fossem levadas a cabo como prevê sua redação. O relatório da ICISS não foi mais uma diretriz axiológica, e sim um conjunto detalhado de argumentos para que a comunidade internacional agisse de forma responsiva sem implodir as estruturas da ONU (ORFORD, 2011).

A baliza que restringiu de modo mais claro a R2P aos episódios de atrocidade massiva foi o *Report of the High-level Panel on Threats, Challenges and Change* (2004), intitulado *"A More Secure World: our shared responsibility"*. Diversas transformações sobre o estado de segurança internacional são apresentadas como o desafio contemporâneo de manter a paz e a segurança internacional dentro da estrutura onusiana. O raciocínio circular da reconstrução/prevenção continuou como eixo condutor para a atuação internacional. Esta notável continuidade do humanitarismo multidimensional é guia de todas as reformas da R2P e prova-se até o presente momento como o elo entre as transformações interpretativas da segurança internacional e a teleologia de proteção (LIMA, 2020).

A formulação institucional seguinte, inspirada diretamente no relatório de 2004, aconteceu no Encontro Mundial de 2005 no marco dos 60 anos da ONU. A cúpula teve dois principais desenvolvimentos (WEISS, 2007):

1. a criação do Conselho de Direitos Humanos e;

2. a incorporação da R2P como doutrina para o uso da força.

A aprovação unânime dos parágrafos 138-40 espelhava a preocupação de circunstâncias da validade do princípio, uma vez que sua aplicabilidade foi cristalizada em quatro crimes tipificados no direito internacional: genocídio, crimes de guerra, limpeza étnica e crimes contra humanidade (NOROOZ, 2015). A versão de 2005 recepciona e limita as práticas sugeridas no relatório original do regime de proteção humanitária, sem inovação lógica e operacional. Em abril de 2006, há a menção da condição principiológica do princípio protetivo na S/RES/1674 (RIBEIRO, 2015).

Há ainda mais uma reformulação do princípio na abordagem dos "Três Pilares" em dois relatórios da Secretaria Geral (2009 e 2010). Os pilares foram nomeados:

1. Proteção das responsabilidades do Estado;

2. Assistência internacional e construção de capacidade; e

3. Reação decisiva e em tempo.

A nova reforma deu roupagem operacional aos fundamentos da R2P: mantém a ênfase da primazia da proteção civil pelo Estado como condicionante da soberania; mobiliza o aporte internacional para assistência técnica e estrutural; e fortalece o imperativo da eficácia e eficiência da atuação internacional.

Os questionamentos levantados pela R2P indicam para o caminho similar de sua predecessora noventista. O que se pode interpretar de ambas as trajetórias é a permanência da mesma carga teleológica. Entretanto, suas diferenças fundamentais situam-se na formação dos respectivos caráteres jurídicos: a tipificação dada no escopo humanitário dialogava com a operacionalização institucionalizada, a partir de balizas normativas internas ao sistema ONU; a R2P, por sua vez, mobiliza espectros amplos do direito internacional ao caminhar para a ressignificação do princípio de soberania e suas consequências indicadas, podendo ser argumentada como *opinio juris* (NOROOZ, 2015) e da *soft law* (RIBEIRO, 2015).

Este debate é situado na interpretação do princípio como parte do direito costumeiro (NOROOZ, 2015) – ainda que este argumento seja substancialmente questionável face ao consagrado princípio da não-intervenção – isso, porque a constante expressão teleológica, concomitante à defesa de atores internacionais neste paradigma[6] configuraria a aceitação legal por *opinio juris*. Todavia, do mesmo modo que a aquiescência pela *opinio juris* pode ser levantada, a categoria da *soft law* também pode descrever o *status* da R2P (RIBEIRO, 2015):

---

6    A incorporação textual da R2P na constituição da União Africana e as defesas de intervenção no caso líbio formariam este movimento.

Os dispositivos que têm natureza de *soft law* são, comumente, encontrados em tratados que ainda não estão em vigência, ou em resoluções de organizações internacionais que não possuem caráter vinculante (situação da *RtoP*, uma vez que foi endossada por resolução da AG). Assim, parece consistir a responsabilidade de proteger em *soft law*, uma vez que não implica o instituto em obrigação legal, e não é consolidado no que diz respeito a sua definição, objetivo e natureza. Além disso, a RtoP não possui mecanismo que atribua autoridade a outros órgãos para instituir uma interpretação jurídica do instituto; bem como não possui disposições determinadas que permitam a concretização de suas metas. (RIBEIRO, 2015, p. 70).

Nesta linha, é crível a defesa da existência de um processo crescente na aquiescência político-jurídica sobre a primazia da proteção (BELLAMY, 2015), ainda que de forma difusa e operada pela burocracia internacional (LIMA, 2020). Entretanto, o reconhecimento desta trajetória não significa confirmar a R2P como novo elemento concreto do direito internacional, e nem mesmo como instrumento consolidado na institucionalidade das Nações Unidas.

Um tópico central foi a reafirmação do CSNU como o detentor da autoridade devida para autorizar as intervenções. As organizações regionais são citadas como validadores da atuação da R2P, entretanto, o Conselho permanece como a fonte primaz do poder legítimo para tanto[7]. Essa foi uma questão angular para a aquiescência da R2P. Apesar de todas as críticas à legitimidade do CSNU e seu *modus operandi* antidemocrático, o órgão permanece como um mecanismo essencial da governança global (LOPES, 2007). Seja na invasão do Iraque em 2003 pelos EUA, ou

---

7   A breve menção sobre validação via Assembleia Geral no relatório de 2001 como uma alternativa à inércia do CSNU não constrói um caminho concreto alheio à vontade do Conselho. Suas condições de aprovação não são factíveis, confirmando o reconhecimento do dever do CSNU em abordar essas temáticas.

na anexação da Crimeia pela Rússia em 2014[8], o uso da força fora do regime das Nações Unidas não foi legalmente aceito. Mesmo no Kosovo (1999) – onde a principal retórica foi que a intromissão militar era legítima, embora ilícita – a intervenção sofreu grandes críticas e apenas foi aceita após a tardia aprovação do Conselho, lastreada pelo argumento que seus princípios estavam alinhados à teleologia internacional de proteção (KENNEDY, 2004).

No contexto transicional entre o paradigma humanitário dos anos 1990, e a formulação da R2P, a direção das prerrogativas intervencionistas formam um *continuum* teleológico. Se a tipologia da década de 1990 lastreou a implementação operacional a partir dos parâmetros da Carta de São Francisco; a incorporação do princípio da R2P no direito internacional levanta questões dos próprios fundamentos jurídicos. Ao sinalizar para a intervenção à revelia soberana territorial, cria-se espaço para a afronta direta deste princípio basilar e fundacional do sistema internacional, perpetuado pela ONU na ideia de segurança coletiva.

Não à toa, é possível identificar resistência especial de países não hegemônicos para consolidação da R2P como norma imperativa (THAKUR, 2013; WELSH, 2013). A possibilidade concreta de disrupção da soberania territorial a partir da justificativa de não proteção da segurança humana de forma genérica colocaria a maior parcela do globo em risco de ingerência. Desta forma, a legitimidade e consolidação do princípio dependeriam do engajamento dos países não hegemônicos, bem como do debate ampliado com setores civis (THAKUR, 2013). Neste sentido, as formulações de 2005 e de 2009/2010 constrangem a insegurança legal por vincular a R2P a acontecimentos incorporados no direito internacional.

A falta de produção vinculante e a pouca utilização do expediente deixou a R2P em um limbo normativo: seu diálogo com a interpretação

---

8    Em que o expediente usado para justificar o uso da força foi a própria R2P.

teleológica não foi capaz até agora de superar o instituto da soberania territorial na arena política, nem mesmo fora recepcionado como costume robusto (BASARAN, 2014); por mais que possa se advogar a consonância de seus objetos no escopo consolidado do direito internacional. A R2P não produziu novas obrigações explícitas (BASARAN, 2014), ainda que inove na roupagem jurídica e que ensaie se distanciar do caráter soberanista e emergencial das intervenções humanitárias (ORFORD, 2011).

Mesmo com a menção aos princípios de proteção de civis nos mandatos do Conselho desde 2006 (RIBEIRO, 2015), a R2P foi utilizada de fato apenas na aprovação da intervenção na Líbia em 2011 com S/RES/1973 (RIBEIRO, 2015). As realizações objetivas operacionais bem como a discussão sobre a legitimidade da missão permaneceram cercadas de duras críticas (THAKUR, 2013). Em uma versão de tipicidade evidente, o cenário de catástrofe, violação de direitos e perda de vida de civis em larga escala delineou-se a cumprir os pré-requisitos de responsabilidade (BELLAMY, 2015; NOROOZ, 2015; RIBEIRO, 2015). Entretanto, a condução política pelos agentes favoráveis à disrupção soberana – especialmente EUA, Reino Unido e França (não coincidentemente, membros permanentes do CSNU) – deu formato de "mudança de regime" para operação (RIBEIRO, 2015). Destaca-se a movimentação militar da OTAN como fonte de desconfiança da comunidade internacional – nomeadamente de Brasil, Rússia, Índia, China e África do Sul (BRICS) (BELLAMY, 2015); uma vez que aberto o precedente normativo, este pudesse ser utilizado pela coalizão militar como expediente de ingerência política[9]. Desencadeamentos desastrados no campo e a instabilidade política aprofundada da missão refrearam a fundamentação da R2P em intervenções na Síria pouco tempo depois (BELLAMY, 2015; KALDOR, 2018; THAKUR, 2013).

---

9   Em 2011, o governo brasileiro lançou a proposta da "Responsabilidade ao Proteger" (em inglês "Responsibility while Protecting", de sigla RwP) em resposta à má repercussão da incursão militar na Líbia. Entretanto, a sugestão provia limitada inovação conceitual e se restringia a indicar a necessidade de impedir a instrumentalização da R2P, o que levou que tanto as potências ocidentais, quanto não hegemônicas, levantassem resistência à proposta.

O profundo descrédito após a operação na Líbia fez com que o Secretariado das Nações Unidas moldasse esforços para a operacionalização controlada dos instrumentos intervencionistas. Em sintonia com o HIPPO (2015), o Secretário Geral Ban Ki-moon, enviou ao CSNU um relatório sobre a urgência de implementação da R2P. Chamado de *"A vital and enduring commitment – implementing the Responsibility to Protect"*, o documento preza contundentemente pela associação feita entre o expediente e a prevenção de atrocidades. A escrita expõe a tentativa de reduzir os casos de uso da R2P, enquanto tenta distinguir seus meios do uso imperativo da força.  Esta refutação é feita contundentemente na menção ao Terceiro Pilar. O texto ainda pontua os limites da aplicação dos mecanismos sem força – como missões de monitoramento e sanções – em grupos não-estatais, que não buscam sua legitimação na comunidade de Estados, e atualmente dominam os cenários de violência aberta (SECRETARIA GERAL DA ORGANIZAÇÃO DAS NAÇÕES UNIDAS, 2015b, § 45-50).

A evolução do princípio e seus desdobramentos políticos levantam debates já postos sobre formação jurídica e a legitimidade dos agentes internacionais, especialmente no bojo da discussão intervencionista. A incursão sobre a proteção dos direitos humanos como finalidade onusiana está inscrita na prerrogativa de autoridade do CSNU e na definição dos seus primados. No contexto da governança global, a referência à Carta de São Francisco permanece crucial sob ambos os aspectos de adesão majoritária e, por consequência, os vetores de legitimidades do CSNU mostram-se basilares para a condução persistente do regime (LOPES, 2007).

Neste sentido, a retórica construída para a aplicação de intervenções humanitárias encontra um importante vetor de crítica: a formulação de soluções pouco profícuas na promoção de direitos humanos por parte de um Conselho bastante questionado sobre suas práticas e resultados. A noção de resposta armada validada por processos político-jurídicos em que o objetivo apontado é a salvaguarda humanitária é um contrassenso *per se* por romper com condições básicas da cidadania (BENHABIB, 2008). As mudanças de regime não só não se justificam do ponto de vista ético, mas resplandecem as limitações do órgão em responder de modo eficaz e em conformidade às noções de direitos humanos e *rule of law*.

## 4. RESPOSTAS ATUAIS E DESAFIOS LATENTES

A paralisação do CSNU em agir no conflito sírio, franqueadas especialmente por Rússia e China, enquanto a beligerância é alimentada por atores estatais e privados com a injeção de armamentos e fluxo financeiro (KALDOR, 2018), fez com que as agendas sobre do humanitarismo estacionassem sob a autoridade do órgão. Quando António Guterres assumiu o cargo de secretário-geral em janeiro de 2017, a guerra síria já se arrastava como um peso incômodo na eficácia dos expedientes de promoção da paz e proteção civil, travado por um desacordo político crucial após a experiência de acionamento da R2P na Líbia: o iminente uso ostensivo da força em violações massivas de direitos humanos, rompendo com a prerrogativa de consentimento do Estado anfitrião ainda preconizada no humanitarismo multidimensional.

A dificuldade de consensos robustos ao final do mandato de Ban Ki-moon foi reativa à má execução de avanços significativos nos dispositivos de proteção ao longo de todo o mandato do sul-coreano. A publicação de diretrizes sobre a proteção de civis (2015) e de implementação da R2P (2009, 2010 e 2015) revelam insistência e incorporação de práticas internacionais sob este signo. O próprio uso do princípio de R2P em 2011, de modo inédito, mostra a epítome de um processo em que havia concordância mínima para lançar mão de uma incursão, com governo estabelecido na Líbia, francamente autorizada pelo Conselho (WELSH, 2013).

Assim, o bloqueio instalado é fruto da ampla frustração na execução desses dispositivos, fundamentada em crises de legitimidade alargadas. A divisão artificial entre dissonâncias procedimentais e substantivas não retrata os entraves primordiais no humanitarismo, aludindo aos debates de que o dissenso instalado desde 2011 é restrito às questões procedimentais do uso da força (STUENKEL, 2014). A fratura instalada há quase uma década implica na ruptura de um processo de aceitação dos fundamentos da trajetória de princípios intervencionistas, limitando ações avalizadas pela autoridade do CSNU (CARVALHO, LIMA, 2020), e indicando para mecanismos ainda mais belicosos (KALDOR, 2018).

Neste sentido, o cenário herdado por Guterres demandava mais uma vez a criação de alternativas em nível operacional. O português colocou em marcha uma reforma administrativa no setor de paz e segurança, que transformou o antigo DPKO (*Department of Peacekeeping Operations*) em DPO (*Department of Peace Operations*), e o DPA (*Department of Political Affairs*) em DPPA (*Department of Peacebuilding and Political Affairs*). Esta estrutura é vigente desde janeiro de 2019. O secretário usou o mote de "*primacy of politics*" para remodelar a coordenação das operações de paz (SECURITY COUNCIL REPORT, 2019).

Mesmo nesta última reforma, um campo de atuação se destaca no bojo das missões: a proteção de civis é reconhecida amplamente como um tópico fulcral de preocupação da ONU. Assim, o modelo pretendido atualmente – tanto para operações de *peacekeeping*, quanto de *peacebuilding* – deveria congregar as capacidades específicas do campo de cada localidade, com atenção aos contextos políticos particulares, contudo, seguindo agendas mais amplas da ONU, organizando o modo de trabalho a partir destes eixos; dando ao léxico narrativo das Nações Unidas plasticidade para diversos contextos materiais (KENNEDY, 2004).

Outro tópico essencial no referencial operacional – em que se situam os documentos de reforma do humanitarismo multidimensional e da R2P – é a dissonância sobre consentimento do Estado anfitrião para instalação do contingente missionário em caso de violações massivas de direitos humanos. A importância deste elemento é central em três marcos do humanitarismo onusiano. O primeiro no início das operações de paz ainda nos anos 1950 sob o comando do secretário-geral Dag Hammarskjöld, em que os pilares da santíssima trindade do *peacekeeping* foram formulados (KENKEL, 2013; ORFORD, 2011), limitando o alcance das atividades das tropas e objetivando o cessar estrito das beligerâncias. O segundo momento de efervescência do consentimento foi na repaginação dos anos 1990, em que foi levantada a possibilidade da aceitação de ingerências militares no direito internacional (AMARAL JÚNIOR, 2003), motivados pela proteção de civis, que lançou de modo amplo o debate moral sobre a tutela internacional dos direitos humanos (ORFORD, 2003). Por fim, o terceiro e mais recente momento crucial em que o consentimento estatal foi debatido como baliza do humanitarismo foi neste século sob o princípio da R2P, que evoluiu das discussões noventistas sobre a proteção enquanto objetivo fundamental das intervenções internacionais e tentou construir caminhos político-jurídicos para a disrupção da soberania territorial (ORFORD, 2011).

O uso da força também foi escrutinado no processo de reformas. A escolha pela ampliação dos mandatos em Capítulo VII, especialmente após o Suplemento de Uma Agenda para Paz (1995), indica que a limitação bélica das tropas internacionais se provou um empecilho para a eficácia das missões, entretanto sua ostensividade alterou o perfil de engajamento e abre hoje uma nova discussão sobre os objetivos operacionais (KENKEL, 2013). O vetor mais preponderante neste processo foi o aporte de contingentes militares que diminuíram o alcance dos modelos liberais e operaram para a contingência da violência como parte da estratégia para a transição dos conflitos (MAC GUINTY, 2012).

O signo da estabilização gera hoje um intenso debate sobre as consequências do engajamento militarizado, seus resultados e sua influência em processos de paz (OLIVEIRA, 2020). Isso, pois:

> Essa porosidade entre operações de paz e operações de combate, convencionais e não-convencionais, faz com que a flexibilização dos princípios do *peacekeeping*, [...], alcance agora, no contexto das missões de estabilização, patamar mais extremo, onde a decisão de usar a força e interferir na luta política das partes em conflito se dá ao nível estratégico de decisão dentro da ONU [...]. (OLIVEIRA, 2020, p.207)

Ainda que o conceito da estabilização permaneça nebuloso na prática operacional (NAPOLEÃO, KALIL, 2015), a redução de expectativas das operações de paz não se descola da narrativa protetiva. O argumento fundamental para a execução de medidas de estabilização é situado na lógica circular entre estabilizar e proteger – que o controle da violência aberta seria um marco para a garantia da proteção física dos indivíduos –, uma vez que o foco central seria a contenção dos grupos armados envolvidos. O contragolpe deste encaminhamento é a prevalência dos setores militares nas operações, diminuindo o alcance das iniciativas civis e ampliando ainda mais as lentes securitárias seus vetores (MAC GUINTY, 2012).

A opção pela contenção emergencial divide as práticas institucionais entre o engajamento beligerante e capacidade de gerar resultados sustentáveis nos processos de transição. Esta clivagem responde aos entraves dos anos 1990 em que se estabeleceram missões sem a capacidade de contenção da violência, nem com planos estratégicos da saída célere. A primeira iniciativa relevante deste século de reforma dos documentos operacionais é justamente a produção do mote de *"no exit without a strategy"* (UNITED NATIONS, 2001); pelo entendimento que as operações da década anterior perpetuavam a instabilidade de onde eram instaladas (KALDOR, 2018).

Assim, consolidou-se o ciclo entre proteção e estabilização em que as opções sobre a força foram ampliadas e entendidas não apenas no campo do consentimento – como na R2P – mas também como passo estratégico para a retirada das tropas internacionais sem prejudicar a transição política. A opção pela estabilização ganhou foça a partir dos anos 2010, ainda que a primeira menção a esse tipo operacional tenha sido 1996 (OLIVEIRA, 2020). O conceito hoje é um dos principais termos discutidos pela academia, bem como pelo corpo político e burocrático das operações de paz, já que a ampliação dos contingentes militares e suas ações vem sendo francamente adotada na caixa de ferramentas dos departamentos e nas decisões do Conselho de Segurança.

As questões ainda abertas que se apresentam na observação deste movimento são quais os resultados esperados na inclusão no engajamento ostensivo de militares, e se esta escolha implica na transformação contundente do perfil das operações de paz construído ao final da Guerra Fria. Até o momento, experiências francamente invasivas sob o signo da estabilização não melhoraram o processo transitório, tampouco apaziguaram violências decorrentes da instabilidade. O caso mais notório deste cenário é a execução da MINUSTAH no Haiti sob comando brasileiro (NAPOLEÃO, KALIL, 2015).

Neste sentido, a estabilização não parece solucionar os entraves de legitimidade, porém segue a prática de reformas operacionais no nível diretivo, sem desafiar abertamente consensos políticos amplos. Essa prática, contudo, dialoga diretamente com os tópicos centrais do arcabouço jurídico-político da governança das Nações Unidas, explicitando mecanismos de transformação e interpretação de pilares consensuados. Nesta linha, a sobrevivência da moldura multidimensional, a construção de um novo retrato do engajamento internacional na contenção da violência aberta, e preconização da proteção de civis depende hoje das possibilidades de consensos decisórios mais amplos tanto no CSNU, quanto da eleição do ferramental operacional autorizado em campo.

## 5. CONSIDERAÇÕES FINAIS

A necessidade de ampliar o engajamento internacional em contextos localizados de violência aberta foi inaugurada ao final da Guerra Fria e antecipou todo o movimento político-jurídico-institucional do humanitarismo das Nações Unidas no século XXI. Essa trajetória é lastreada por publicações significativas e transformadoras de interpretações sobre a segurança internacional, que entretanto não rompem com o arcabouço de autoridade estabelecido na Carta de São Francisco. Esses documentos formam o processo normativo em nível operacional demonstram que o redimensionamento limitado das operações de paz reproduziu em toda a trajetória desde os anos 1990 de causalidade entre modelos de estabilização e a permanência da paz para a recuperação de conflitos.

Neste sentido, a formulação da carga axiológica baseada na segurança humana ganhou sua máxima na proteção de civis, que passou a permear de modo central a autorização das missões. A preocupação em levar concretizar princípio protetivo acompanhou o aumento do vetor militar que se voltou às lógicas de estabilização e frustrou as expectativas de emancipação local. Com efeito, este cenário diminuiu a legitimidade das intervenções pela percepção destas como um instrumento malfadado pela implicação do baixo alcance das experiências. Este padrão foi mais explícito na elaboração da R2P, que faz menção radical à proteção de civis e a ventila explicitamente como expediente na possibilidade de disrupção da soberania territorial, agora não apenas no bojo institucional onusiano, mas também em nível normativo mais amplo. Mesmo com essa tentativa o princípio teve aderência bastante reticente sobre seu componente inerente de uso da força, e sua atuação na Líbia em 2011 escancarou os limites problemáticos da ruptura com o consentimento estatal.

Desta feita, a conformação desta axiologia internacional em produções não vinculantes que inspiram a primazia do direito internacional se descola da atividade concreta dos mecanismos internacionais. Isto é, a prática do CSNU e a sobrevivência da autoridade onusiana dão-se na arena política em que as potências se resignaram aos acordos regulatórios tradicionais; o que dificulta a aceitação de preceitos que subvertam as imunidades nacionais em níveis ampliados nos instrumentos globais. Até este momento, o que os contrapontos sobre legitimidade das instâncias internacionais revelam é a fotografia jurídico-política do regime de intervenção em duas faces: a primeira sendo uma crescente da expressão de precedência da proteção de civis e promoção da segurança humana; e a segunda na tensão entre a principiologia posta na arena global e os institutos normativos fundacionais do sistema internacional.

No espaço de possibilidades das reformas empenhadas pelo Secretariado, a ampliação do uso da força sancionada pelo CSNU conseguiu se sedimentar na prática corriqueira das operações. A aposta mais relevante da atualidade é a construção de operações de estabilização, que contam com flanco militar bastante proeminente e tomas decisões de combate em nível estratégico. O resultado deste perfil ainda não pode ser amplamente observado, contudo seus preceitos distanciam ainda mais o engajamento internacional da possibilidade de transição política sem vetores afiados de ingerência externa. Assim, a atual crise do modelo multidimensional prova-se um momento decisivo para a consolidação de práticas securitárias no engajamento internacional do humanitarismo.

# REFERÊNCIAS BIBLIOGRÁFICAS

AMARAL Júnior, Alberto do. **O Direito de Intervenção Humanitária**. Rio de Janeiro: Renovar, 2003.

BASARAN, Halil R. Identifying the Responsibility to Protect. **Fletcher F. World Aff.**, v. 38, 2014.

BELLAMY, Alex J. International Responses to Human Protection Crises: Responsibility to Protect and the Emerging Protection Regime. **RCCS Annual Review. A selection from the Portuguese journal Revista Crítica de Ciências Sociais**, n. 7. 2015.

BENHABIB, Seyla. The legitimacy of human rights. **Daedalus**, v. 137, n. 3, 2008. pp. 94-104.

BIGATÃO, Juliana de P. **Do fracasso à reforma das operações de paz das Nações Unidas (2000-2010)**. 2015. Tese (Doutorado em Relações Internacionais) – Programa San Tiago Dantas (UNESP/UNICAMP/PUC-SP), São Paulo, 2015.

CARVALHO, Daniel C. de; LIMA, Letícia R. Protection or Interference? The Legitimacy of Contemporary Humanitarian Interventions and the Engagement of Nonhegemonic Powers. **Contexto Internacional**, v.42. n.2, 2020.

CHESNAIS, François. **A mundialização do capital**. São Paulo: Xamã, 1996.

CHINKIN, Christine, KALDOR, Mary. **International Law and New Wars**. Cambridge: Cambridge University Press. 2017.

DENG, Francis M. From 'Sovereignty as Responsibility' to the 'Responsibility to Protect'. **Global Responsibility to Protect**, v. 2, n. 4, 2010. pp. 353-370.

DUFFIELD, Mark. **Global Governance and New Wars: merging security and development**. London, New York: Zed Books. 2001.

FAGANELLO, Priscila L. F. **Operações de manutenção da paz da ONU: de que forma os direitos humanos revolucionaram a principal ferramenta**

**internacional da paz**. Brasília: FUNAG, 2013.

HALE, Thomas, HELD, David, YOUNG, Kevin. **Gridlock: why global coopera-tion is failing when we need it most**. Cambridge: Polity Press. 2013.

ICISS. **The Responsibility to Protect**. Canadá: International Development Research Center. 2001.

JUBILUT, Liliana. "responsabilidade de proteger" é uma mudança real para as intervenções humanitárias?. **Revista Eletrônica de Direito Internacional**, v.2, 2008. pp. 409-449.

KALDOR, Mary. 'A decade of Humanitarian Intervention: The Role of Global Civil Society'. In: ANHEIER, H.; GLASIUS, M.; KALDOR, M. (ed). **Global Civil Society 2001**. Oxford: Oxford University Press, 2001. pp. 109-143.

KALDOR, Mary. **Global Security Cultures**. Cambridge: Polity Press. 2018

KALDOR, Mary. **New and Old Wars: organised violence in a global era**. 3rd ed. Cambridge: Polity Press. 2012.

KENKEL, Kai Michael. Five generations of peace operations: from the" thin blue line" to" painting a country blue". **Revista Brasileira de Política Internacional**, v. 56, n. 1, 2013, pp. 122-143.

KENNEDY, David. **The Dark Sides of Virtue: reassessing international huma-nitarianism**. Princeton: Princeton University Press. 2004.

LOPES, Dawisson B. A ONU tem autoridade? Um exercício de contabilidade política (1945-2006). **Revista Brasileira de Política Internacional**, v. 50, n. 01, 2007. p. 47-65.

LIMA, Letícia Rizzotti. **Moralidade e Pragmatismo: os elos de legitimida-de entre proteção e democracia no humanitarismo multidimensional das Nações Unidas**. Dissertação (Mestrado em Relações Internacionais) – Programa San Tiago Dantas (UNESP/UNICAMP/PUC-SP), São Paulo, 2020.

MAC GINTY, Roger. Against Stabilization. **Stability: International Journal of Security and Development**, v.1, n.1, 2012. pp.20-30.

MÜNKLER, H. **Viejas y Nuevas guerras. Asimetría y privatización de la violencia**. México: Siglo XXI, 2005.

NAPOLEÃO, Thomaz A. M.; KALIL, Mariana A. Stabilization as the securitization of Peacebuilding? The experience of Brazil and MINUSTAH in Haiti. **Brasiliana-Journal for Brazilian Studies**, v. 3, n. 2. 2015. pp. 87-112.

NOROOZ, Erfaun. Responsibility to Protect and its applicability in Libya and Syria. **ICL Journal**, v. 9, n. 3, 2015. p. 1À50.

OLIVEIRA, Gilberto Carvalho de. O conceito de estabilização: implicações no campo das operações de paz contemporâneas. **Carta Internacional**, v. 15, n.2, 2020. pp. 190-212.

ORFORD, Anne. **International Authority and the Responsibility to Protect**. Cambridge: Cambridge University Press. 2011.

ORFORD, Anne. **Reading humanitarian intervention: human rights and the use of force in International Law**. Cambridge: Cambridge University Press, 2003.

RIBEIRO, Raíssa P. da R. **Intervenção humanitária e a doutrina da Responsabilidade de Proteger**. 2015. Dissertação (Mestrado em Direito Internacional Público e Europeu) – Universidade de Coimbra, Coimbra, 2015.

SEAMAN, Kate. **UN-Tied Nations: the United Nations, Peacekeeping and Global Governance**. Surrey: Ashgate Publishing. 2014.

SECRETARIA GERAL DA ORGANIZAÇÃO DAS NAÇÕES UNIDAS, A/47/277-S/24111, **An Agenda for Peace: Preventive diplomacy, peacemaking and peacekeeping**. Report of the Secretary-General pursuant adopted by the Summit Meeting of the Security Council on 31 January 1992, 17 June 1992.

SECRETARIA GERAL DA ORGANIZAÇÃO DAS NAÇÕES UNIDAS. **A more secure world: our shared responsibility**. Report of the High-level Panel on Threats, Challenges and Change. 2004

SECRETARIA GERAL DA ORGANIZAÇÃO DAS NAÇÕES UNIDAS. **A vital and**

**enduring commitment: implementing Responsibility to Protect**. Report of the Secretary-General, follow-up on the outcome of the Millennium Summit. 2015b.

SECRETARIA GERAL DA ORGANIZAÇÃO DAS NAÇÕES UNIDAS, A/70/95. **Painel de Alto Nível em Operações de Paz**. 2015a.

SECRETARIA GERAL DA ORGANIZAÇÃO DAS NAÇÕES UNIDAS, A/55/305. **Report of the Panel on United Nations Peace Operations**. 2000.

SECRETARIA GERAL DA ORGANIZAÇÃO DAS NAÇÕES UNIDAS, A/50/60 – S/1995/1. **Suplemento à Agenda para a Paz**. Documento de manifestação de posição do Secretário Geral por ocasião do Quinquagésimo Aniversário das Nações Unidas. 1995.

SECRETARIA GERAL DA ORGANIZAÇÃO DAS NAÇÕES UNIDAS. **United Nations Peacekeeping Operations: Principles and Guidelines**. 2008.

SECURITY COUNCIL REPORT. **Is Christmas Really Over? Improving the Mandating of Peace Operations**. s/v, n.1, 2019.

STUENKEL, Oliver. The BRICS and the future of R2P – was Syria or Libya the exception?. **Global Responsibility to Protect** v.6. 2014. pp. 03-18.

THAKUR, Ramesh. R2P after Libya and Syria: engaging emerging powers. **The Washington Quarterly**. V. 36 n. 2, Spring 2013. p. 61 – 76.

UNITED NATIONS. Security Council: No exit without strategy: Security Council decision-making and the closure or transition of United Nations peacekeeping operations: Report of the Secretary-General: S/2001/394. *[S.I]*, 20 Apr. 2001. In **S-1092-0087-02-00012**: DPKO Department of Peacekeeping Operations (Jan – June) 2001. In **S-1092-0083-02-00042**: DPA – Security Council Matters – General (Jan – Sept) 2001.

WEISS, Thomas G. **Humanitarian intervention**. Cambridge: Polity Press. 2007.

WELSH, Jennifer M. Norm Contestation and the Responsibility to Protect. **Global Responsibility to Protect**, v.5, 2013. pp. 365 – 396.

## Seção 3

# A PROTEÇÃO DO INDIVÍDUO NO DIREITO INTERNACIONAL DO SÉCULO XXI

# Yazidis, rohingyas e uigures: repressão e prevenção do crime de genocídio no século XXI

CECILIA LECHNER ALMEIDA
CRISTÓVÃO CORRÊA BORBA SOARES
FELIPE BONFIM SILVEIRA
LARISSA KRÖNER BRESCIANI TEIXEIRA
LUIZA GIBRAN DE OLIVEIRA
MANOELA PAREDES FRANCO MARTINS
MARIA EDUARDA BONATTI LEONARDI
MARIANA YUMI KONO GOMES
MARINA BERNARDINI

**SUMÁRIO:**

1. Introdução;

2. Histórico do Genocídio;

3. Conceito e causas do genocídio;

4. Análise dos casos;

    4.1. Os Yazidis;

    4.2. Os Rohingyas;

    4.3. Os Uigures;

5. Prevenção de genocídio;

5.1. Procedimento de identificação;

5.2. Recomendações dos órgãos internacionais;

6. Perspectiva crítica.

# 1. INTRODUÇÃO

O presente artigo tem como objetivo a análise da repressão e prevenção do crime de genocídio no século XXI no regime internacional de direitos humanos. Sabe-se que a dificuldade de tipificação do genocídio entrava sua repressão e prevenção, e que nas primeiras décadas do atual século foram cometidas violências contra minorias étnicas. Dessa forma, faz-se necessária uma análise que busque compreender a aplicação jurídica contemporânea do crime de genocídio.

Inicialmente, buscar-se-á conceituar o termo genocídio, desde sua criação pelo advogado polônes Raphael Lemkin (1900-1959), até sua incorporação pela Convenção para a Prevenção e a Repressão do Crime de Genocídio da Organização das Nações Unidas, de 1948 (Convenção de 1948). Em seguida, analisar-se-á, à luz das definições previamente estabelecidas, três casos de violências contra minorias étnicas no século XXI: (i) a perseguição dos yazidis, minoria de língua curda do Oriente Médio, pelo Estado Islâmico; (ii) a violência perpetrada pelo Estado de Mianmar contra a minoria mulçumana rogingya; e (iii) a ação violenta realizada pela República da China contra os uigures.

Ademais, após a introdução dos casos, serão expostas as formas de prevenção ao crime de genocídio, averiguando o procedimento e as formas de identificação do tipo penal genocídio nos casos concretos. Serão analisadas, também, as recomendações dos órgãos internacionais para coibir a prática do delito. Por fim, o trabalho busca criticar os instrumentos de repressão, mas, sobretudo, de prevenção do crime de genocídio no Direito

Internacional dos Direitos Humanos, observando-se a excessiva abrangência dos instrumentos internacionais de regulação do genocídio e amplas dificuldades em adequar dinâmicas subjetivas ao conceito estrito do crime

## 2. HISTÓRICO DO GENOCÍDIO

Para a análise aqui proposta, é importante compreender como se deu a conceituação do termo genocídio a partir de uma perspectiva histórica. Ao analisar as políticas aplicadas pelo governo nazista na Europa, Raphael Lemkin foi o primeiro autor a utilizar a expressão genocídio em sua obra *"Axis Rule in Occupied Europe"* (1944). Por se tratar de uma destruição completa de um grupo, Lemkin acreditava que termos existentes anteriormente não serviriam para descrever o que ocorria naquele contexto. A partir de então, o termo genocídio foi cunhado através da junção dos termos *"genos"* (palavra grega antiga que traduz a ideia de etnia, tribo) e *"cídio"* (terminação comum advinda do latim que carrega uma noção de "assassinato").

A definição criada, contudo, não se limitava apenas ao imediato extermínio realizado contra grupos étnicos particulares, mas abarcava também estratégias de "anulação" de populações por meio de táticas de segregação e de destruição de elementos culturais de identificação. Durante seu processo de construção teórica, Lemkin se baseou em um estudo histórico comparativo amplo sobre o genocídio, levando em conta não apenas o Nazismo, mas especialmente situações como o genocídio armênio, ocorrido na Turquia nas primeiras décadas do século XX. Isso permitiu com que formasse uma visão abrangente sobre as diversas formas de opressão em relação a segmentos nacionais específicos (LEVENE, 2005).

Nessa perspectiva, a significação de genocídio dada por ele pode ser ilustrada por uma ideia de execução de ações ordenadas e planejadas que almejam um aniquilamento dos sustentáculos vitais de grupos nacionais

- por meio, por exemplo, do ataque a suas instituições e a suas característi-cas de identificação - e, por conseguinte, da própria existência dos grupos em si (LEMKIN, 1944). Assim, os atos de genocídio não se direcionam contra pessoas singulares, mas contra grupos em sua integridade e aos indivíduos enquanto integrantes do grupo perseguido.

Faz-se necessário explicitar que, mesmo com a definição de Lemkin, o reconhecimento do genocídio dentro do âmbito jurídico não foi instan-tâneo. A título ilustrativo, pode-se citar o Tribunal de Nuremberg, respon-sável por julgar os crimes realizados no período do Nazismo, que preferiu utilizar o termo "crime contra a humanidade" para realizar a condenação (SCHABAS, 2008A).

Todavia, logo depois, a Assembleia Geral da Organização das Nações Unidas (ONU) decidiu por adotar, embora com algumas ressalvas, o conceito cunhado por Lemkin para formular a Convenção de 1948. Assim, a conceitua-ção do autor serviu de base para a criação de outras diversas normas interna-cionais acerca do tipo penal do genocídio e de sua prevenção, ressaltando sua relevância para a organização e estruturação jurídica do tema.

Contudo, vale frisar que a limitação do escopo adotado para a tipi-ficação do crime obstaculizou que diversas práticas de anulação cultural e social - previstas por Lemkin dentro de sua concepção de genocídio - fos-sem abrangidas pelas normas penais. Isso atua, inclusive, como um impedi-tivo para que todas as condutas que objetivam a destruição de um grupo sejam efetivamente punidas e até mesmo prevenidas.

## 3. CONCEITO E CAUSAS DO GENOCÍDIO

A partir das discussões da Assembleia Geral da ONU, chegou-se à definição jurídica de genocídio mais usada atualmente. O artigo II da

Convenção de 1948 estabelece um rol taxativo de condutas que, quando cometidas com a intenção de destruir no todo ou em parte um grupo nacional, étnico, racial ou religioso, tipificam-se como crime de genocídio. Neste sentido, as condutas normatizadas pela Convenção são: a) assassinato de membros de grupo; b) dano grave à integridade física ou mental de membros de grupo; c) submissão intencional de grupo a condições de existência que lhe ocasionem a destruição física, total ou parcial; d) medidas destinadas a impedir os nascimentos no seio de grupo; e) transferência forçada de menores de um grupo para outro (ONU, 1948).

Ainda, a Convenção estabeleceu que as Partes Contratantes devem assumir o compromisso de adotar as medidas legislativas pertinentes para assegurar a sua aplicação interna. Ademais, determina, em seu artigo VI, que os indivíduos acusados pela prática do delito sejam julgados por tribunais competentes do Estado em cujo território o ato foi cometido ou, subsidiariamente, pela corte penal internacional competente e cuja jurisdição seja reconhecida pelas Partes Contratantes.

Também importa mencionar que os *Tribunais ad hocs*[1], criados pelo Conselho de Segurança na década de 1990, influenciaram ativamente na definição do tipo genocídio, bem como criaram precedentes em relação a aplicabilidade deste tipo[2]. Desta forma, os massacres na antiga Iugoslávia e

---

1   Os Tribunais Internacionais *ad hocs* para a Antiga Iugoslávia (1993) e para Ruanda (1994) foram criados por resoluções do Conselho de Segurança das Nações Unidas como uma forma de julgar e responsabilizar os perpetradores de violações de direitos humanos nestes territórios. Assim, caracterizam-se pela temporalidade de atuação e pela primazia em julgar os casos. Atualmente, os Mecanismos Internacionais, estabelecido em Haia, são responsáveis por encontrar fugitivos, reparar as vítimas e cuidar dos acervos históricos de ambos os casos.

2   O primeiro julgamento de genocídio na história da humanidade foi o caso *The Prosecutor v. Jean-Paul Akayesu*, no âmbito do Tribunal Penal Internacional para Ruanda. Além disso, este caso tornou-se emblemático por interpretar o crime de estupro como um crime passível de se enquadrar como genocídio, uma vez que, durante o genocídio em Ruanda, os homens *Hutus* abusavam sexualmente das mulheres *Tutsis* antes de assassiná-las - evidenciando possibilidade de se enquadrar não apenas o assassinato direto como elemento do crime de genocídio, mas também outros atos ilícitos.

em Ruanda evidenciaram uma lacuna em relação à responsabilização criminal individual permanente, haja vista a ineficácia das normas internacionais vigentes à época em impedir estes acontecimentos. Dessa maneira, criou-se, por meio do Estatuto de Roma (1998), o Tribunal Penal Internacional (TPI), corte de caráter permanente com competência de investigar, julgar e responsabilizar indivíduos por crime de genocídio, crimes de guerra, crimes contra a humanidade e crimes de agressão.

Quanto ao conceito de genocídio, o Estatuto reproduziu a definição e o rol de atos contidos na Convenção de 1948. Compreende-se, assim, que a partir do amparo jurídico do instrumento e da criação do TPI para a responsabilização de agentes envolvidos em atos de genocídio, têm-se avanços importantes para a repressão maciça de um delito que antes encontrava poucas consequências efetivas no cenário internacional. A prevenção, punição e proibição do crime de genocídio se configura, portanto, como uma obrigação jurídica *erga omnes* e de *jus cogens* que abrange Estados, indivíduos e até mesmo organizações, independentemente de terem explicitamente aceito a Convenção (CIJ, 2000).

Dentro dos elementos necessários para a caracterização do genocídio, destaca-se a existência de um grupo protegido, os atos de genocídio previstos na Convenção e a intenção de destruição do grupo em questão. Dessa maneira, é importante evidenciar como tal Convenção explicita a necessidade do *mens rea* e do *actus reus* para a configuração do crime de genocídio.

Consoante mencionado, em seu artigo II a Convenção entende como genocídio uma série de atos listados, com uma ênfase na realização com a "intenção de destruir". Dadas as suas particularidades, quando se discute um crime de genocídio, a busca pelo elemento da intencionalidade, típico da análise do *mens rea*, centra-se na observação de estratégias ou de políticas ordenadas de exterminação de um grupo específico (SCHABAS, 2007). Isso significa que não é necessária uma consonância do indivíduo com a política em questão, mas sim uma atuação consentida em prol de sua efetivação. Além disso, essa intenção particularizada - também chamada de *dolus specialis* - do crime de genocídico deve ser marcada pela tentativa de destruição, pelo menos parcial, da comunidade infligida (CIJ, 2007).

Já o fator da *actus reus* se relaciona ao elemento material do crime, se voltando especificamente para as condutas necessárias para configuração do genocídio no citado artigo II. Vale mencionar, todavia, a necessidade de um nexo causal entre o ato cometido e os efeitos do extermínio. Sob essa perspectiva, volta-se, de certa forma, para uma ponderação acerca da causalidade entre uma conduta e o dano gerado. Assim, avalia-se se o crime de genocídio teria ocorrido sem a ação do acusado ou se, ao menos, teria sido evitado se esse tivesse cumprido seus deveres legais.

Nesse sentido, é de extrema valia, com o auxílio do instrumental trazido, a análise dos casos propostos neste trabalho: yazidis, rohingyas e uigures, a fim de entender se a situação em que esses grupos se encontram pode enquadrar-se como genocídio ou não.

# 4. ANÁLISE DOS CASOS

## 4.1. OS YAZIDIS

Os yazidis são um grupo étnico-religioso predominantemente de língua curda com indivíduos originários de uma vasta área que se estende pelo leste da Turquia, norte da Síria, norte do Iraque e oeste do Irã. Sua população antes de 2014 era estimada entre 500.000 e 700.000 pessoas, sendo metade dos indivíduos localizados nos distritos de Shekhan e Sinjar, na província de Ninawa no Iraque. Atualmente, avalia-se que restam pouco mais de 300.000 yazidis, espalhados entre cidades iraquianas como Duhok e campos de refugiados na Europa e América do Norte (CARUSO, 2021).

Misturando elementos do judaísmo, cristianismo, islamismo e zoroastrismo, a crença dos yazidis apresenta Deus como uma figura remota, sendo o contato divino realizado por meio de seres sagrados chamados de "anjos". Dentre esses seres, a principal figura é de Melek Tawwus ("anjo pavão"), um anjo caído que foi perdoado e devolvido ao céu. Juntamente ao fato de seguirem uma crença não-abraâmica, a importância dada pelo grupo a esse espírito, também chamado de Shaytan – mesmo nome que o Alcorão dá ao Satanás – faz com que os yazidis sejam vistos como "adoradores do diabo", por isso considerados infiéis por organizações fundamentalistas islâmicas como o Estado Islâmico e a Al-Qaeda (ALLISON, 2017).

O momento reconhecido por órgãos internacionais como marco para o início do genocídio yazidi foi agosto de 2014. Nessa data, o Estado Islâmico (EI) atacou a região de Sinjar, e nos dias que se seguiram cerca de 9.900 yazidis foram mortos ou sequestrados (CETORELLI *et al*, 2017). Os perpetradores dividiram os yazidis em diferentes grupos:

1. mulheres e meninas, que foram convertidas à força e transferidas para diversos locais de detenção para serem usadas como *sabaya* - escravas sexuais[3] - ou esposas;

2. garotos impúberes, que foram submetidos a treinamento militar;

3. homens e mulheres mais velhos que se recusaram a se converter ao Islã, os quais foram executados;

4. e aqueles que se converteram, os quais foram realocados e submetidos a trabalho forçado.

---

3    Nota-se que a prática de estupro é passível de ser configurada como genocídio, conforme Seção de Julgamento do Tribunal Penal Internacional para Ruanda no caso Prosecutor v Jean--Paul Akayesu (1998).

Uma parcela dos yazidis fugiram para o Monte Sinjar, onde foram cercados pelo EI por dias em temperaturas acima de 50 graus Celsius, sem acesso a alimentos, água ou cuidados médicos, enquanto outras centenas morreram antes que uma operação de resgate coordenada envolvendo defensores voluntários dos yazidis, forças curdas sírias (YPG) e o Partido dos Trabalhadores do Curdistão (PKK), em conjunto com uma coalizão internacional, conduzisse a abertura de uma passagem segura do Monte Sinjar para a Síria. Paralelamente, o EI destruiu locais religiosos dos yazidis nos territórios que ocupou, bem como suas casas e propriedades.

Considerando que o EI declarou abertamente que seu objetivo é destruir a minoria yazidi, percebe-se aqui a presença clara de um elemento essencial para a caracterização de um genocídio: a intenção especial do perpetrador em destruir o grupo em questão. Em artigo publicado na revista de língua inglesa Dabiq, por exemplo, o EI declarou que "ao conquistar a região de Sinjar (...) o Estado Islâmico enfrentou uma população de yazidis, uma minoria pagã existente há muito tempo nas regiões do Iraque e Sham [Síria]. Sua existência contínua até hoje é uma questão que os muçulmanos devem refletir sobre, já que serão questionados sobre isso no Dia do Julgamento" (tradução livre).

Desse modo, os atos realizados contra os yazidis são contemplados pela definição de genocídio de Lemkin, que abarca métodos de supressão por meio de segregação e de destruição de elementos culturais de identificação, almejando completa extinção dos pilares vitais do grupo. As Nações Unidas, além da União Europeia, Estados Unidos, Reino Unido, França, Canadá e outros países reconheceram formalmente o genocídio yazidi.

Contudo, o futuro do yazidismo não apresenta perspectivas positivas: em 2017, apenas uma das duas regiões centrais dos yazidis, Sheikhan, ainda resistia - embora até mesmo esta tenha perdido as cidades gêmeas históricas de Bashika-Behzane. Apesar de a cidade de Sinjar ter sido recapturada no final de 2015, muitos yazidis não se sentiam seguros para voltar à sua terra de origem. Logo, sua emigração para o Ocidente continua em ritmo acelerado, com todos os perigos inerentes à travessia do Mediterrâneo para a Europa, e a previsão é que a comunidade da diáspora cresça, acelerando o ritmo de mudança da cultura e religião yazidi. Com mais de 3.200 mulheres e crianças ainda mantidas sob o controle do EI, o grupo busca ajuda da comunidade internacional para resgatar seus pares sequestrados, exigindo também que o caso de genocídio seja ouvido em cortes internacionais para devida reparação legal (ALLISON, 2017).

## 4.2. OS ROHINGYAS

Os rohingyas são uma minoria étnica muçulmana habitante de Mianmar, país do sudeste asiático de maioria budista. Sua origem é objeto de debate, uma vez que os birmaneses afirmam que eles são mulçumanos originários da região de Bengala, enquanto os rohingyas se reconhecem como um povo autóctone historicamente ligado ao estado de Rakhine, no oeste do país (BBC, 2017).

Apesar de residirem em território birmanês, os rohingyas compõem o maior grupo apátrida do mundo. Isso porque, desde a independência de Mianmar em 1948 – ano em que o país se libertou da ocupação britânica – os governos, majoritariamente militares, avançaram na retirada de direitos desse povo. Em 1982, com a Lei de Cidadania, os rohingyas perderam o direito à nacionalidade birmanesa, tornando-se apátridas[4] (ECHO, 2018).

Para além de serem considerados "invasores" e não possuírem direitos básicos, a etnia rohingya sofre ainda uma repressão sistemática por parte

---

4    Devido à Lei de Cidadania, os rohingyas perderam acesso à direitos civis (não podem viajar ou casar sem autorização do estado, dentre outros.), direitos políticos (sendo impedidos de votar ou ocupar cargos públicos) e direitos sociais (não têm acesso à serviços públicos, como saúde, educação, etc.).

do Estado birmanês, que há décadas utiliza da violência como meio de coação – e até de extermínio – contra esse povo. Exemplos recentes são a destruição de vilarejos rohingyas no estado de Rakhine em ataques contra civis dessa etnia entre 2012 e 2016  (HUMAN RIGHTS WATCH, 2017).

Em agosto de 2017, um ataque de insurgentes rohingya a postos da polícia birmanesa desencadeou uma repressão brutal contra a população rohingya e, desde então, mais de 700.000 civis fugiram através da fronteira para Bangladesh (ECHO, 2018). Além de uma parada abrupta das operações humanitárias, os ataques resultaram na morte de pelo menos 25.000 rohingyas e 19.000 mulheres rohingyas violadas sexualmente (REUTERS, 2018).

Nesse contexto de violência sistemática contra uma minoria étnica, é necessário, inclusive para promoção de eventuais punições e ações de ordem reparatória, analisar se o caso dos rohingyas perante o Estado de Mianmar poderia configurar-se como genocídio.

Como demonstrado, a configuração do crime de genocídio no Direito Internacional exige a observância de uma série de requisitos, dentre os quais o *mens rea*, o *actus reus* e o nexo causal são indispensáveis para a sua tipificação. Neste sentido, os rohingya constituem um grupo religioso passível de proteção pela Convenção de 1948[5], uma vez que são uma minoria muçulmana em uma sociedade majoritariamente budista. Conforme Cappotti (1979), para caracterizar-se como uma minoria internacional, o grupo precisa ser numericamente inferior ao grupo majoritário. Todavia, compreende-se, atualmente, que este requisito não é fundamental para a caracterização de um grupo como minoria, mas sim a sua relação de dominância e subordinação. Assim, apesar da religião muçulmana ser a religião mais professada no mundo, os rohingya encontram-se em uma situação de

---

5   Segundo Schaack (2019), os rohingyas podem ser conceituados, também, como um grupo étnico, haja vista suas tradições culturais e dialetos distintos, bem como podem ser classificados como um grupo racial por possuírem percepções subjetivas distintas da maioria budista de Mianmar.

vulnerabilidade e não dominância quando comparados com a predominância budista em Mianmar.

No que se refere aos atos de violência cometidos contra o grupo, nota-se que, desde a promulgação da Lei da Cidadania, os rohingyas sofrem perseguições e ataques direcionados por parte de militares e da própria sociedade civil, sendo que, a partir de 2017, esse ataques começaram a se tornar mais corriqueiros. Como consequência, diversas famílias dessa minoria estão refugiadas em Bangladesh, onde se encontra o maior assentamento de refugiados do mundo da atualidade – Kutupalong, lar de mais de 700.000 refugiados, de acordo com o ACNUR (2021). Não obstante, em março de 2019, o governo bangladês anunciou que não aceitaria mais rohingyas fugindo de Mianmar (BBC, 2019).

Nesse sentido, há juristas, como William Schabas[6], que defendem que, ao invés de um genocídio, o que aconteceria em Mianmar seria uma limpeza étnica, haja vista que a expulsão de um grupo de um território para outro não seria considerado genocídio, com fulcro em precedente do TPI (2003). Não obstante, a Corte Internacional de Justiça (CIJ), em 2007, definiu que a limpeza étnica, quando acompanhada ao dolo específico de destruir o grupo, em todo ou em parte, pode configurar crime de genocídio. Assim, conforme Schaack (2019), o grau de violência em Mianmar é inconsistente com a intenção de meramente envolver-se na limpeza étnica, levando-nos a concluir preliminarmente que os atos de violência contra os rohingyas podem ser tipificados como genocídio.

Por fim, em relação ao dolo e a intenção de destruir o grupo, sabe-se que o governo de Mianmar trata de forma desigual os rohingyas em relação a outros grupos, haja vista as restrições impostas pela Lei da Cidadania. Nesse sentido, menciona-se que o governo de Mianmar, ao longo dos anos,

---

6    Atualmente o advogado canadense defende Mianmar contra acusações de genocídio na Corte Internacional de Justiça.

transmitiu por suas mídias uma política anti-rohingya, estimulando que os próprios civis budistas se posicionassem de forma contrária à existência e permanência deste grupo no território nacional de Mianmar (LEE, 2019).

Dessa forma, além de não terem acesso a uma série de direitos resguardados aos cidadãos budistas, os rohingyas são discriminados pelo próprio Estado, de forma semelhante à segregação que existia em Ruanda antes de 1994[7]. Ademais, observa-se que os assassinatos, torturas e perseguições comprovam que o objetivo do Estado de Mianmar não é apenas expulsá-los de sua nação, mas de exterminá-los.

Observando esse contexto, em 11 de novembro de 2019, a República da Gâmbia[8] denunciou o Estado de Mianmar perante a CIJ, alegando que atos direcionados contra os rohingyas violariam a Convenção de 1948. Em janeiro de 2020, a Corte declarou por unanimidade que a Gâmbia havia estabelecido *prima facie* uma brecha da Convenção por parte de Mianmar, emitindo medidas cautelares para Mianmar evitar novas violações, incluindo o envio de relatórios regulares sobre a situação humanitária do país (UNITED NATIONS, 2021).

Dessa forma, o Estado de Mianmar já está sendo julgado por possíveis crimes de genocídio contra a comunidade rohingya no âmbito da CIJ. No que se refere à responsabilização criminal individual de superiores hierárquicos militares e políticos no TPI, ressalta-se que Mianmar não é signatário do Estatuto de Roma, o que dificulta a possibilidade de investigação por parte da promotoria, uma vez que o caso deve ser aprovado pelo

---

7   Antes do genocídio em 1994, *Tutsis* e *Hutus* eram diferenciados por carteiras de identidades, as quais delimitaram e permitiam uma série de privilégios aos que eram classificados como Hutus. As carteiras de identidades serviram como uma forma de discriminar a população Tutsi, além de ter sido uma forma de identificá-los durante as matanças entre abril e julho de 1994.

8   Ressalta-se que a Gâmbia contou com o apoio dos 57 membros da Organização de Cooperação Islâmica, uma vez que a comunidade islâmica se identifica como uma grande nação, independente das fronteiras terrestres, o que cria legitimidade processual ativa para denunciar o caso para a Corte.

Conselho de Segurança nos casos de Estados não signatários do Estatuto. Não obstante, o Tribunal decidiu que como a maioria dos indivíduos da etnia se refugiam em Bangladesh, sendo este signatário do Estatuto, haveria jurisdição sobre o caso concreto (ICC, 2019).

## 4.3. OS UIGURES

Os uigures são um grupo étnico originado na região da Turquia, que atualmente habita a região autônoma Uigur de Xinjiang, uma província no oeste da China considerada estratégica por seus recursos naturais e por servir como corredor comercial (KRISHNA, 2018). Deve-se destacar que a base da identidade, língua e cultura uigur está diretamente atrelada à Turquia e à base religiosa islâmica. Desde 1900, esse grupo busca autonomia em relação à China, tendo declarado independência da região de Xinjiang em 1931 e novamente em 1944, sendo que em ambas as vezes foram reprimidos e reabsorvidos pelo governo chinês. Contudo, em 1955, Xinjiang se tornou "região autônoma" da República Popular da China (DILLON, 2004), o que garantiu às etnias da região direitos culturais, sociais e políticos.

No entanto, na segunda metade do século XX, o regime estabelecido por Mao Tse-tung implementou políticas repressivas na região, voltadas à homogeneização da sociedade chinesa (GACHUZ MAYA *et al*, 2019). Sob a ótica estabelecida por essas políticas, os uigures e suas particularidades socioculturais passaram a ser percebidas como ameaças contra-revolucionárias. Após a morte de Mao, o governo chinês passou também a utilizar a região para a realização de testes nucleares e como fonte de recursos naturais (GACHUZ MAYA *et al*, 2019).

Em 2009, o presidente da Turquia acusou a China de cometer um genocídio em Xinjiang (NOJONEN e TORBAKOV, 2009). Em contrapartida, Pequim afirma que grupos separatistas da região estão recebendo treinamento terrorista da Turquia, Afeganistão, Paquistão e países vizinhos (KRISHNA, 2018). Não obstante, deve-se atentar para o fato de que a Human Rights Watch, em investigação acerca de violações dos direitos humanos em Xinjiang, acredita que grande parte da repressão na região é mantida em segredo, destacando-se que a China está construindo um estado de vigilância em Xinjiang com tecnologia cibernética de ponta e com policiais armados que monitoram várias facetas da vida dos indivíduos (KRISHNA, 2018).

Outra medida de repressão é a criação de "campos de reeducação" em Kashgar, cidade no oeste da China, onde acredita-se que pelo menos cento e vinte mil uigures tenham sido confinados (PHILLIPS, 2018). De acordo com relatório da Human Rights Watch, as detenções são frequentemente motivadas por "ofensas religiosas", como "orar excessivamente" (PHILLIPS, 2018). Acrescenta-se que a Anistia Internacional também alertou acerca da crise dos direitos humanos em Xinjiang, observando que os uigures correm o risco de serem presos por se comunicarem com parentes no exterior ou fora de Xinjiang (Anistia Internacional, 2018). Diversos meios de comunicação internacionais noticiaram que as autoridades em Khotan (com uma população majoritariamente uigur) proibiram o uso desta língua nas escolas, em atividades públicas e profissionais. Além disso, as famílias são obrigadas a entregar suas cópias do Alcorão e outros objetos religiosos para evitar serem punidas (Anistia Internacional, 2018).

Posto isto, cumpre destacar que, em consonância com o dito anteriormente, o tipo penal genocídio é delineado no Art. II da Convenção de 1948, a qual requer para sua caracterização a existência de uma série de elementos constitutivos, todos os quais podem ser observados nas violências cometidas contra a população uigur.

Com efeito, segundo a supramencionada Convenção, este crime deve ser cometido contra um "grupo nacional, étnico, racial ou religioso". Logo, tomando a já explicitada relação de dominância e subordinação como elemento principal para a definição de "minoria", os uigures, um grupo étnico-religioso que representam tão somente 46% da população de Xinjiang e que estão subordinados a um governo de maioria cultural Han, se encaixam perfeitamente nesta definição.

Partindo para os já mencionados atos que caracterizam o genocídio, todos, senão a maioria deles, já foram supostamente executados contra a população uigur. Desde Abril de 2017, jornais em torno do mundo reportam que os uigures em Xinjiang são arbitrariamente retidos em Centros de Detenção, que se espalham pela região. Nestes, seriam não apenas submetidos a constante violência física e psicológica, mas também forçados a renegar suas práticas culturais e religiosas em favor do ateísmo oficialmente adotado pelo Governo chinês e os costumes da maioria Han. Ademais, fora desses centros, observou-se a implementação de políticas de supressão de nascimento pelo governo chinês, as quais incluem o controle de natalidade involuntário, tais como a inserção de DIUs, bem como abortos forçados e esterilizações. A criação desses campos e a política de supressão de nascimentos implementados em Xinjiang contra a população uigur correspondem às medidas destinadas a impedir os nascimentos no seio do grupo e à submissão intencional do grupo a condições de existência que lhe ocasionem a destruição física total ou parcial, que foram colocadas como elementos constitutivos do Crime de Genocídio.

No entanto, o governo chinês nega reiteradamente que qualquer forma de abuso ou de violação de direitos humanos esteja sendo praticada contra a minoria uigur na região de Xinjiang. Desde 2018, os oficiais do Estado mantêm a posição de que os campos têm somente dois objetivos: ensinar mandarim, leis chinesas e habilidades profissionais, e evitar que os cidadãos sejam influenciados por ideias extremistas, nada tendo sido publicamente dito em referência às alegações de que o governo estaria tentando sistematicamente suprimir as taxas de natalidade e deprimir o crescimento da população uigur. Essa negação por parte do Governo chinês, juntamente com o fato que é extremamente difícil realizar pesquisas acerca de suas políticas internas, entreva a caracterização do segundo elemento constitutivo do crime de genocídio: a intenção específica dos perpetradores dos atos descritos acima em destruir o grupo em questão.

Efetivamente, as fontes de informação nas quais essa intenção de aniquilação por parte do governo chinês é expressa acabam por serem retiradas de circulação pelo próprio governo chinês, ou são produtos de testemunhos de sobreviventes dos Campos de Detenção, ou de vazamento de documentos confidenciais do governo chinês, cuja veracidade é negada. Exemplificadamente, a declaração: *"quebrem sua linhagem, quebrem suas raízes, quebrem suas conexões e quebrem suas origens"*, na qual a intenção de aniquilação por trás da atuação do governo chinês contra a população uigur é inegável, foi feita por Maisum Jiang Maimer, funcionário chinês de assuntos religiosos, na rede social Xinhua Weibo no dia 10 de Agosto de 2017 e foi prontamente negada pelo Estado chinês. Todavia, em 2018 a Agence France-Presse descobriu documentos oficiais chineses que utilizavam a mesma linguagem sobre quebrar as raízes uigur para construir cidadãos chineses "novos e melhores". Assim, percebe-se que, apesar da negação por parte do governo chinês, é possível identificar a intenção especial de destruição do grupo uigur por trás das ações por ele promovidas.

Portanto, observa-se que os atos cometidos contra os uigures são contemplados pela definição de genocídio proposta pela Convenção de 1948, já tendo, inclusive, sido reconhecido por parte da comunidade internacional: Em 19 de janeiro de 2021, o Secretário de Estado dos Estado Unidos, Mike Pompeo, declarou que o governo chinês estava cometendo genocídio em Xinjiang, e um mês depois, os parlamentos da Holanda e do Canadá aprovaram moções apontando o crime. Além disso, em Junho de 2020, o congresso estadunidense aprovou uma lei que exige que as empresas e indivíduos americanos que vendem produtos para ou operem em Xinjiang garantam que suas atividades não contribuam para as violações de direitos humanos que ocorrem na região.

Não obstante, a China, com seu forte poder econômico e vasto mercado consumidor, continua a ser largamente imune a essas ações, tendo não apenas recebido elogios de vários Estados, incluindo o Paquistão e a Arábia Saudita, por suas "notáveis conquistas" com relação aos direitos humanos e seus esforços de "contraterrorismo" em Xinjiang, mas também tendo avançado com sucesso em um grande acordo de investimento com a União Europeia. Logo, observa-se que, como é o caso para todos os grupos minoritários discutidos ao longo do presente artigo, enquanto os uigures se encontram sob um processo de aniquilação cultural e populacional, o futuro não parece lhes guardar grandes esperanças.

## 5. PREVENÇÃO DE GENOCÍDIO

## 5.1. PROCEDIMENTO DE IDENTIFICAÇÃO

Consoante sustenta Gregory Stanton, apesar da acentuada repulsa ao genocídio verificada após a Segunda Guerra Mundial e uma vontade crescente da comunidade internacional em reprimir esse tipo de conduta e evitar sua recorrência, o crime continou e continua a ocorrer repetidamente (STANTON, 2003). Após uma série de massacres ocorridos no século XX e em especial após a mencionada guerra, a necessidade de prevenção de tais situações ficou evidente, resultando na criação da Convenção de 1948, que além de definir a conduta como um crime contra o direito internacional, alerta para a urgência da comunidade internacional em buscar formas de prevenir e mitigar eventuais genocídios, responsabilizando e punindo aqueles que tenham cometido tais delitos por meio de tribunais penais internacionais.

Apesar da importância desse texto legal no cenário internacional, ele não trouxe medidas concretas a serem tomadas para que uma prevenção efetiva pudesse ser atingida. Isso se dá por uma série de fatores, como a relativa novidade do delito no ordenamento jurídico internacional e a dificuldade existente em conter um crime de tal porte. No entanto, sua importância deve ser destacada, a exemplo da decisão da CIJ no caso Bósnia vs. Sérvia, em que entendeu ser a prevenção não somente um princípio moral, mas uma obrigação legal e vinculante (STANTON, 2015), uma vez que o chamado Princípio da Prevenção[9] é de grande relevância para o direito internacional. Assim ressaltam Richter e Stanton:

> The Precautionary Principle states that when there is uncertainty concerning the possibility of the occurrence of a major catastrophic event, the costs of inaction far outweigh those of anticipatory preventive action. The Precautionary Principle shifts the burden of proof from those suspecting a catastrophic risk to those denying it. In everyday terms, the Precautionary Principle states that it is better to be safe than sorry (RICHTER; STANTON, p. 1).

Os genocídios não acontecem repentinamente, sem aviso prévio ou possibilidade de identificação antecipada, mas demandam extrema organização, preparação e deliberação estratégica de vários grupos para que possam ser realizados (DEPARTMENT OF PUBLIC INFORMATION, 2012). Eles são crimes intencionais, passíveis de contenção antes mesmo de serem iniciados. Kofi Annan, ex-secretário geral da ONU, ressalta que, para se prevenir um genocídio, é primordial compreender como ele ocorre e perceber sinais que poderiam levar ao seu cometimento[10]. Annan estabelece um plano de cinco passos (five-point action plan), trazendo, em síntese, a necessidade de

---

9   Apesar do Princípio da Prevenção (Precautionary Principle) ter nascido especificamente no campo do direito ambiental, ele paulatinamente se expandiu e passou a ser utilizado em outros ramos do direito, tal como nos estudos acerca do crime de genocídio. Apesar das diferentes aplicações em cada âmbito, prevê a necessidade geral de se evitar determinadas condutas que possam levar a situações catastróficas, em detrimento de somente estabelecer ações posteriores à sua ocorrência para mitigá-las.

10  DEPARTMENT OF PUBLIC INFORMATION, 2012, p. 02

evitar conflitos armados, proteger a sociedade civil e acabar com a impunidade existente (DEPARTMENT OF PUBLIC INFORMATION, 2012)[11].

Ocorre que, apesar da importância em identificar tais sinais, deve-se ter critérios objetivos para sua verificação e um plano concreto de ação para ser iniciado no momento em que eles forem identificados em determinada região. Para tanto, seria necessário um acompanhamento constante nos locais de risco, com coletas ininterruptas de informações, o que demanda mão-de-obra contínua e altos investimentos.

Diante dessas dificuldades, a ONU traz o conceito de "Responsibility to Protect" (UNITED NATIONS). Tal princípio preconiza que a obrigação primária de conter esses crimes é dos estados individuais, coletando informações, assegurando que as normas internacionais sejam respeitadas internamente e evitando que tais delitos sejam incitados. Ao prevenir esses delitos, os Estados seriam capazes de assegurar sua soberania prescindindo da intervenção de organismos internacionais (UNITED NATIONS). Seria necessário, portanto, que houvesse uma atuação dos Estados individuais, mantendo um diálogo constante com as organizações internacionais, visando reprimir eventuais crimes de genocídio diante dos primeiros indícios de sua ocorrência através de planos de contenção.

Entretanto, mesmo com esse acompanhamento, é necessário que exista um plano estruturado e efetivo para atuar no momento de verificação de quaisquer sinais, pois dificilmente a prevenção acontece na prática. Um exemplo é o caso de Ruanda, em que o general Romeo Dallaire soube cerca de três meses antes do início do conflito sobre a compra de armamento e de campos de treinamento de soldados voltados para a prática

---

11 "1. Prevent armed conflict, which usually provides the context for genocide; 2. Protect civilians in armed conflict, including through UN peacekeepers; 3. End impunity through judicial action in national and international courts; 4. Gather information and set up an early-warning system; and 5. Take swift and decisive action, including military action". DEPARTMENT OF PUBLIC INFORMATION, 2012, p. 02

do genocídio. No entanto, quando solicitou o auxílio da ONU para confiscar o armamento e enviar tropas internacionais para conter o potencial delito, foi ignorado e teve, inclusive, suas próprias tropas retiradas do local (STANTON, 2009).

Dessa forma, é primordial a compreensão de como um genocídio é formado, vez que por demandar esforços organizacionais e possuir diferentes aspectos, poderia ser percebido ainda mais cedo do que em Ruanda. A organização internacional Genocide Watch desenvolveu um modelo que divide o genocídio em dez estágios, sendo eles: 1. classificação; 2. simbolização; 3. discriminação; 4. desumanização; 5. organização; 6. polarização; 7. preparação; 8. persecução; 9. extermínio; e 10. negação. Os estágios serão apresentados sinteticamente para, posteriormente, ser analisado como os Estados ora em análise poderiam ter contido os genocídios em seus respectivos países de acordo com as fases mencionadas. Importante ressaltar, ainda, que em todos os estágios existem oportunidades para prevenção, intervenção e mitigação do conflito (RICHTER; STANTON).

A classificação é o primeiro estágio do crime, e ocorre quando existem diferentes grupos em uma nação que são visivelmente excluídos e tratados de maneira distinta que os demais, como pela retirada de sua cidadania, seja por meio de lei ou prática reiterada de uma conduta excludente (STANTON, 2020). Ela é seguida pela simbolização, marcada pela utilização de símbolos ou denominações preconceituosas para se referir ao grupo excluído (STANTON, 2020). Já nesses momentos, é possível desenvolver atividades que promovam a tolerância e proibir o uso de símbolos de ódio. No entanto, nem sempre a simples proibição será efetiva, de forma que deve ser combinada com outras ações simultâneas, como a conscientização da população.

A discriminação, por sua vez, é marcada pela retirada de direitos de um grupo excluído, que acaba sendo dominado por uma ideologia distinta por meio de uma violência legitimada (STANTON, 2020). A desumanização, em seguida, é marcada pela disseminação de um discurso de ódio, culminando com uma despersonalização dos indivíduos desses grupos. A prevenção nessas fases pode ser feita por meio da judicialização de casos, além da garantia de direitos básicos a todos os cidadãos igualmente. Ademais, tais discursos de ódio devem ser controlados e punidos de forma imediata, não podendo ser confundidos com liberdade de expressão (STANTON, 2020).

Conforme já ressaltado, os genocídios não acontecem repentinamente, e são delitos que demandam uma preparação grande, com a compra de armamentos e treinamento de unidades especiais, fatores que caracterizam o quinto estágio, a organização. O sexto estágio, a polarização, é marcado pela divisão dos grupos opositores, com o ataque de líderes moderados que poderiam conter a situação. A preparação, sétimo estágio, é uma continuação desse movimento, sendo marcada pela doutrinação da população para ter medo ou atacar o outro grupo. Nesses momentos, é essencial que os Estados acompanhem de perto eventuais movimentações nesses níveis, monitorando compras de armamentos e acompanhando pessoas possivelmente envolvidas no crime, além de oferecer proteção e assistência de grupos de proteção de direitos humanos (STANTON, 2020).

A persecução ocorre pela identificação e separação dos grupos a serem atacados e segregados (vezes em campos de concentração), quando passam a ter inúmeros direitos humanos sistematicamente violados, como por meio de esterilização e abortos forçados, sendo colocados à mercê de recursos básicos necessários (STANTON, 2020). O extermínio é a fase em que as mortes em massa e a violência efetivamente acontecem. Nesse momento, é imprescindível o uso de intervenção armada de organizações internacionais para conter o genocídio (STANTON, 2020).

O estágio de negação é a última fase, e ocorre no momento em que o delito está sendo perpetrado ou mesmo posteriormente, e consiste na negação de governantes, chefes de Estado e mesmo de organizações internacionais em aceitarem que o conflito que está ocorrendo é efetivamente um genocídio, fazendo o uso de outros nomes como "limpeza étnica" que acabam por não ter nenhuma força legal no direito internacional, sendo ineficientes para seu combate (STANTON, 2015). Por fim, é importante ressaltar que a educação e o combate à intolerância são essenciais em todos os momentos.

No caso dos rohingyas, consoante supramencionado, as fases iniciais do conflito começaram em 1982, quando o Estado nacional removeu seu direito à cidadania e passou a impedir que seus membros se identificassem como pertencentes daquele grupo, além de sujeitá-los a uma série de restrições cotidianas, como à privação de assistência médica, educação, sustento e proibição de direitos básicos (ECHO, 2018), de que se depreende os estágios um, dois e três mencionados, de classificação, simbolização e discriminação.

O próximo estágio, a polarização, ocorreu quando levaram uma grande parte da população para as fronteiras, onde atualmente vivem em campos de refugiados. Tal exclusão foi realizada através de um dispositivo legal de Mianmar, o que demonstra a clara participação do Estado em tal ato discriminatório e o impacto que poderia ter tido a intervenção de alguma organização internacional ou ajuizamento de ações judiciais no momento em que os ataques físicos se iniciaram (ECHO, 2018). Apesar do auge das discussões acerca dos genocídios na década de 90 por conta do massacre de Ruanda, nada foi feito em Mianmar e o conflito gerou mais de um milhão de refugiados (STANTON, 2020).

Conforme o portal Genocide Watch, atualmente o caso dos rohingya se encontra no estágio nove, extermínio, apesar de já existir evidências de negação por parte dos chefes de estados de Mianmar e mesmo de organizações internacionais, que se recusam a assumir que o caso pode ser configurado como um genocídio. Houve situações, inclusive, de prisões de jornalistas que tentaram divulgar imagens do que estava ocorrendo no local (GENOCIDE WATCH, 2018).

A preparação do crime no local durou décadas envolvendo todas as fases mencionadas, e em momento algum houve uma tentativa de conter o delito. A participação da sociedade civil teria sido primordial e o apoio de organizações internacionais desde o início da observada segregação poderia ter evitado o massacre visto hoje.

Os yazidis, por sua vez, já passaram por 73 ataques massivos prévios ao longo de sua história, de forma que a única distinção em relação ao atual seria a publicidade que este recebeu. Os yazidis são um grupo historicamente excluído e discriminado, de maneira que as fases iniciais do genocídio perpassam pelo tempo, com uma constante repressão. Eles foram forçados pelo Estado Islâmico a mudar seu nome e sua língua, e receberam ultimatos de que se não se convertessem ao islamismo seriam mortos, do que se depreende as fases de classificação, simbolização e discriminação do crime.

Apesar de serem atacados constantemente, em 2007 houve o referido ataque que deixou 800 mortos, além de inúmeras mortes pontuais. No entanto, não houve nenhuma movimentação da comunidade internacional, resultando, anos depois, no início do atual extermínio em 2014. Desde então, apesar das tentativas de requerimento de auxílio às organizações internacionais, os yazidis permanecem sendo mortos ou forçados a viver em regiões de extrema miséria, sem acesso a recursos.

O portal Genocide Watch incluiu o conflito simultaneamente nos estágios de extermínio e negação. Deve-se ressaltar que, diante do histórico de perseguição sofrido por esses grupos e os inúmeros ataques e violações que o povo já sofreu, a comunidade internacional deveria ter adotado desde o século passado, para dizer o mínimo, uma postura atenta à região de forma a estar preparada para interferir ao menor sinal de violência. Infelizmente não foi o que aconteceu, e pelo descaso dos órgãos internacionais o conflito se mantém até os dias de hoje, resultando em inúmeros mortos, refugiados e deslocados internos.

Os uigures, por sua vez, também estão no estágio nove do crime de genocídio, o extermínio. O grupo foi vítima de uma série de políticas repressivas na região, como a proibição do uso de sua língua em determinados ambientes, como em escolas, o que reflete a existência das primeiras fases do delito, com uma série de detenções arbitrárias. Os campos de reeducação existentes são uma clara manifestação da polarização e extermínio desse grupo, e a persecução pode ser observada pelo uso de coletas de dados como biometria e DNA organizada pela China para montar um sistema com a população uigur e identificar potenciais terroristas. Um dos sinais clássicos de genocídio é visto, ainda, com a coerção para que as mulheres do grupo tomem remédios abortivos.

Verifica-se, portanto, que todos os grupos mencionados passaram por pelo menos nove dos dez estágios existentes para a identificação do crime de genocídio. Foram inúmeros os sinais que poderiam ter sido utilizados para reprimir os delitos, e que infelizmente foram ignorados pelas principais organizações internacionais e pela comunidade internacional como um todo. Atualmente, com o poder crescente das mídias sociais e da internet, existe uma capacidade gigantesca de mapeamento de potenciais locais de risco e identificação de sinais que poderiam levar ao crime de genocídio, além da possibilidade de utilização de ocorrências históricas para corroborar tais probabilidades que poderiam ter auxiliado na contenção dos mencionados casos. Em locais como Macedônia, Quênia e Guiné, por exemplo, a pressão internacional e mecanismos de mediação foram essenciais para a contenção de desastres que poderiam ter ocorrido ou se tornado ainda mais gravosos (BARTOLI, OGATA, STANTON, 2009). Assim, é justamente por tais razões que é essencial que sejam desenvolvidos cada vez mais mecanismos de identificação e de contenção dos primeiros sinais do crime, para que possam ser prevenidos, reprimidos e mitigados.

## 5.2. RECOMENDAÇÕES DOS ÓRGÃOS INTERNACIONAIS

A dinâmica que se aplica aos yazidis, rohingyas e uigures é objeto de regulação na Convenção de 1948. Desta, podem ser extraídas as medidas de segurança aplicáveis aos conflitos globais para que sejam evitados os contextos de genocídio e que atribuem uma responsabilidade aos Estados para controlar e assegurar que certos atos danosos a grupos étnicos não sejam concretizados.

A cooperação dos Estados para prevenir tal crime também é mencionada no parecer consultivo da CIJ sobre Reservas à Convenção sobre Genocídio (CIJ, 1951). O documento estabelece a opinião da Corte no que tange às reservas existentes na participação dos Estados como signatários, concluindo que, perante a inexistência de provisões legais na Convenção sobre a reserva, um Estado pode ser considerado parte, ainda que os demais discordem, desde que a reserva seja compatível com o objetivo do Tratado. O parecer consultivo, dessa forma, contribui com a estatuição de responsabilidade limitada no crime de genocídio.

Posteriormente, em 1977, a Convenção Internacional para a Repressão de Atentados Terroristas a Bomba determinou um patamar mais incisivo e direto quanto à responsabilização dos Estados (ONU, 1997). Em seu artigo 2º, a Convenção especifica que serão punidos os crimes que forem organizados individualmente ou por um grupo de pessoas a partir da utilização de explosivos e quando houver a intenção de causar destruição. No artigo 7º, por sua vez, as atitudes perante o Estado são definidas:

> Artigo 7.º
>
> 1 - Ao receber a informação de que o autor, ou o presumível autor, de um crime previsto no artigo 2.º se encontra no seu território, o Estado Parte em causa tomará as medidas que entender necessárias, nos termos do seu direito interno, para proceder à investigação dos factos constantes da informação.

2 - Se considerar que as circunstâncias assim o justificam, o Estado Parte em cujo território o autor, ou o presumível autor, do crime se encontra tomará as medidas apropriadas, nos termos do seu direito interno, de modo a garantir a presença dessa pessoa para fins de procedimento criminal ou extradição.

O artigo 15 do mesmo instituto normativo complementa as obrigações previstas pelo artigo 7° e intensifica as medidas que devem ser tomadas pelos Estados-parte, a partir da troca de informações entre eles, a coordenação de ações de caráter administrativo e o investimento em técnicas de pesquisa que possam aprofundar a identificação das bombas e explosivos para evitar eventuais ataques.

Ainda que esta Convenção seja direcionada aos atentados a bombas, ela refina os meios a serem utilizados pelos Estados para prevenir crimes violentos, como os que são empregados em contextos de genocídio. Desse modo, as recomendações são aprofundadas em relação à Convenção da ONU, específica sobre o genocídio, a qual trata o tema de forma mais generalizada e não atribui responsabilizações certas e determinadas para os Estados, apenas se limita a proferir que eles devem prevenir o genocídio. A Convenção Onusiana esclarece em seu artigo 1°:

ARTIGO I. As Partes Contratantes confirmam que o genocídio quer cometido em tempo de paz ou em tempo de guerra, é um crime contra o Direito Internacional, que elas se comprometem a prevenir e a punir.

Ou seja, as atribuições mais diretas e específicas são trazidas pelas Convenções e tratados posteriores ao que é determinado pela ONU e que serve de base para as primeiras regulações do genocídio no Direito Internacional.

## 6. PERSPECTIVA CRÍTICA

Evidentemente, a regulação dos órgãos internacionais como ferramenta para controlar e reprimir situações de genocídio é pautada em aplicações bastante diversas, que se transformam em uma legislação ampla para abranger os mais diversos signatários dos acordos firmados. Tendo em vista essa primeira dificuldade da comunidade internacional em refinar a legislação sobre genocídios, torna-se necessário tecer a primeira crítica às normativas do tema: os institutos que solidificam a repressão ao genocídio não detêm maneiras claras, objetivas e diretas de controlar o crime por parte do Estado.

Como observado pela Convenção Onusiana que aborda o genocídio, os meios de segurança e proteção de grupos potencialmente perseguidos não tocam propriamente na prática material sobre como efetivar medidas que reduzam o potencial de exterminação dentro do território. Ainda que seja possível argumentar que a Convenção é antiga, diversos outros meios mais recentes de regulação acerca do crime evitam o tópico prático sobre como implementar medidas eficazes, conforme se identifica na Convenção Internacional para a Repressão de Atentados Terroristas à Bomba, como a devida investigação da violência. Sendo assim, atrelar a responsabilização dos Estados à necessidade de controlar o genocídio sem a existência de metas palpáveis prejudica o próprio objetivo dos acordos internacionais.

Por diversas vezes, há um conflito aparente entre a pacificação dos conflitos que levam à uma situação de genocídio, e o emprego de métodos repressivos contra os perpetradores do genocídio como medida de prevenção. Seguindo a tendência majoritária dos casos de genocídio tradicionalmente abordados pelo Direito Internacional, as situações dos yazidis, dos rohingyas e dos uigures emergem entremeados em um conflito físico entre vítimas e perpetradores.

Os órgãos internacionais de pacificação, por um outro lado, tendem a apoiar a visão de que, frequentemente, a judicialização de perpetradores é um fator que não entra na balança da pacificação de conflitos, por vezes, inclusive, auxiliando para que seja atingido um acordo entre as partes envolvidas (HUMAN RIGHTS WATCH, 2008). Principalmente no que concerne ao âmbito da justiça transicional, compreende-se que a penalização dos perpetradores por um processo judicial estimula uma sensação coletiva de isonomia na população, contribuindo para a percepção de que a lei é aplicável igualmente a todos os indivíduos (HRC, 2018).

A punição de crimes graves que violam *ius cogens*, como é o caso do genocídio, é pacificamente entendida como um passo necessário para a conciliação da sociedade após a interrupção do conflito. Nesse sentido, não se pode desconsiderar o papel necessário do TPI, da CIJ e de outros mecanismos de responsabilização internacional dos Estados e dos perpetradores desses crimes. Questiona-se, entretanto, em que medida os Estados e os instrumentos internacionais estão qualificados e determinados a aplicar uma penalização justa e eficiente contra os perpetradores do genocídio.

Em segundo lugar, ressalta-se que os institutos reguladores do genocídio não tocam em aspectos relevantes da anulação de povos, a qual também pode ocorrer pelo apagamento de tradições e inviabilização de manifestações culturais. As práticas reiteradas de destruição da identidade das populações vítimas, como, por exemplo, a supressão das manifestações religiosas dos yazidis, concentram impactos subjetivos e violentos no contexto de genocídio que não são mensurados de maneira prática.

Contexto similar pode ser identificado pela divergência religiosa entre os rohingyas e o Estado de Mianmar. Ainda que seja possível atribuir a caracterização de genocídio ao que ocorre contra tal povo, cabe ressaltar que não existe uma convergência doutrinária unânime sobre a ocorrência de genocídio em Mianmar, tendo em vista a necessidade de se valorar as quantidades absolutas de pessoas para se caracterizar uma minoria. Dessa forma, em relação aos elementos caracterizadores de genocídio, mesmo que fixados os requisitos do crime na Convenção Onusiana, a dinâmica ainda é dotada de preceitos subjetivos e que dificultam o estabelecimento de parâmetros claros a respeito da solidificação do conceito.

A partir dos fatos e fundamentos apresentados, conclui-se que os mecanismos de controle do genocídio nem consideram a pluralidade de ocorrências danosas a grupos populacionais, especialmente os localizados no sul global de desenvolvimento, nem estabelecem parâmetros claros para a responsabilização dos Estados. Ainda que o avanço seja significativo desde a mera criação do conceito de genocídio por Lemkin até a eventual possibilidade de regular a ocorrência a partir de requisitos objetivos, a codificação do crime no direito internacional torna-se enfraquecida à medida que os seus instrumentos não acompanham a pluralidade e não se desenvolvem para uma penalização mais específica.

# REFERÊNCIAS BIBLIOGRÁFICAS

ALLISON, Christine. **The Yazidis**. Oxford Research Encyclopedia of Religion. 25 jan. 2017. Disponível em: <https://oxfordre.com/religion/view/10.1093/acrefore/9780199340378.001.0001/acrefore--9780199340378-e-254>. Acesso em: 9.05.2021.

ANISTIA INTERNACIONAL. 2018. "Informe 2017/18 La Situación de los Derechos Humanos en el Mundo". Disponível em: <https://www.amnesty.org/download/Documents/POL1067002018SPANISH.PDF>. Acesso em 09.05.2021.

AP. 2021. **China hits back at UK over accusations of Uyghur genocide**. Disponível em: <https://www.euronews.com/2021/04/24/china-hits-back-at-uk-over-accusations-of-uyghur-genocide> . Acesso em: 13.05.2021.

BAKER, Greg; DOOLEY,Ben; EISELE, Johannes. 2018. **Inside China's Internment Camps: Tear gas, Tasers and Textbooks**. Disponível em: <https://www.afp.com/en/inside-chinas-internment-camps-tear-gas--tasers-and-textbooks>. . Acesso em: 13.05.2021.

BARTOLI, Andrea; OGATA, Tetsushi; STANTON, Gregory. Emerging paradigms in genocide prevention. In: Genocide Prevention. Bern: Politorbis, n. 47, fev. 2009, p. 15-24. Disponível em: <https://www.eda.admin.ch/dam/eda/mehrsprachig/documents/publications/Politorbis/politorbis-47_EN.pdf.> Acesso em: 13.06.2021.

BBC. **Myanmar Rohingya: What you need to know about the crisis**. 2020. Disponível em: <https://www.bbc.com/news/world-asia-41566561<. Acesso em: 01.06.2021.

BBC. **Rohingya crisis: Bangladesh will no longer take in Myanmar refugees**. 2019. Disponível em: <https://www.bbc.com/news/world--asia-47412704>. Acesso em: 01.06. 2021.

BORGES, Corine Figueiredo. **Prevenção ao crime de genocídio**. Dissertação de mestrado. Faculdade de Direito, Universidade de Lisboa.

CARUSO, Antonella. **Iraq's Yazidis: Among the World's Most Threatened Minorities**. Istituto Affari Internazionalli. 2021. Disponível em: <https://www.iai.it/en/pubblicazioni/iraqs-yazidis-among-worlds-most-threatened-minorities>. Acesso em: 28.06.2021.

CAPOTORTI, Francesco. Study on the rights of persons longing to ethnic, religious and linguistic minorities. *In*: **United Nations Special Rapporteur of the Sub-Commission on Prevention of Discrimination and Protection of Minorities**, 1979.

CETORELLI, V.; SASSON, I.; SHABILA, N.; e BURNHAM, G. **Mortality and Kidnapping Estimates for the Yazidi Population in the Area of Mount Sinjar, Iraq, in August 2014: A Retrospective Household Survey**. 9 mai. 2017. **PLoS Medicine**, 14. Disponível em: <https://journals.plos.org/plosmedicine/article?id=10.1371/journal.pmed.1002297>. Acesso em: 9.05.2021.

CAVE, Danielle ; LEIBOLD, Dr. James ; MUNRO, Kelsey ; RUSER, Nathan ; XU, Vicky Xiuzhong. 2020. **'Re-education', forced labour and surveillance beyond Xinjiang.** Disponível em: <https://www.aspi.org.au/report/uyghurs-sale>. Acesso em: 04.05.2021

CIJ, **Application of the Convention on the Prevention and Punishment of the Crime of Genocide**. Bosnia and Herzegovina v. Serbia and Montenegro), 2007.

CIJ, **Caso concernente à aplicação de dolus specialis** (Bosnia v. Serbia), 2007.

CIJ, **Armed Activities on the Territory of Congo** (Democratic Republic of the Congo v. Rwanda), 2000.

CIJ, **Caso concernente a violações ao direito humanitário** (Gambia v. Myanmar), 2021.

CIJ, **Reservations to the Convention on the Prevention and Punishment of the Crime of Genocide**, Parecer Consultivo, 28 de maio de 1951

CHUNYING, HUA. 2021. **Chinese Foreign Ministry Spokesperson Hua Chunying's remarks on Xinjiang-related issues.** Disponível em: <http://ca.china-embassy.org/eng/zjwl/t1863554.htm>. Acesso em: 13.05.2021.

DENYER, Simon. 2018. **Former inmates of China's Muslim 'reeducation' camps tell of brainwashing, torture.** Disponível em: <https://www.washingtonpost.com/world/asia_pacific/former-inmates-of-chinas-muslim-re-education-camps-tell-of-brainwashing-torture/2018/05/16/32b330e8-5850-11e8-8b92-45fdd7aaef3c_story.html?-noredirect=on>. Acesso em: 12.05.2021

DEPARTMENT OF PUBLIC INFORMATION. **Preventing Genocide - Outreach Programme on the Rwanda Genocide and the United Nations**. United Nations. Março, 2012. Disponível em: <https://www.un.org/en/preventgenocide/rwanda/pdf/bgpreventgenocide.pdf>. Acesso em: 02.05.2021

DILLON, Michael. 2004. **Xinjiang - China's Muslim Far North West**. London, New York, RoutledgeCourzon. Disponível em: <http://catdir.loc.gov/catdir/toc/ecip042/2003007580.html>. Acesso em: 09.05.2021.

ECHO. European Civil Protection And Humanitarian Aid Operatios. **ECHO Factsheet – The Rohingya crisis**. 2018. Disponível em: <https://ec.europa.eu/echo/files/aid/countries/factsheets /rohingya_en.pdf>. Acesso em: 01.06.2021.

GACHUZ MAYA, Juan Carlos; AGUILAR, María Paula; MENDOZA, Dinorah Ivonne. **El conflicto en Xinjiang (2013-2018): Iniciativa**

**'Franja y Ruta' y crisis de derechos humanos.** Méx.cuenca pac, Guadalajara, v. 8, n. 23, p. 67-91, agosto de 2019. Disponível em: <https://doi.org/10.32870/mycp.v8i23.602>. Acesso em: 09.05.2021.

GOLDSTONE, Richard J. **"Justice as a Tool for Peacemaking: Truth Commissions and International Tribunals,"** N.Y.U. Journal of International Law and Politics, vol. 28: 485 (1996), p. 488; Crimes of War Project news release, June 16, 2003.

UNHRC. Joint study on the contribution of transitional justice to the prevention of gross violations and abuses of human rights and serious violations of international humanitarian law, including genocide, war crimes, ethnic cleansing and crimes against humanity, and their recurrence, A/HRC/37/65, 6 June 2018, para. 13. Disponível em: <https://www.un.org/en/genocideprevention/documents/A_HRC_37_65_AdvanceEditedVersion.pdf>. Acesso em: 09.05.2021.

HUMAN RIGHTS WATCH. **Massacre by the River:** burmese army crimes against humanity in tula toli. Burmese Army Crimes against Humanity in Tula Toli. 2017. Disponível em: <https://www.hrw.org/report/2017/12/19/massacre-river/burmese-army-crimes-against-humanity-tula-toli>. Acesso em: 01.06.2021.

HUMAN RIGHTS WATCH. **Selling Justice Short: Why Accountability Matters for Peace** (7th July 2009). Disponível em: <https://www.hrw.org/report/2009/07/07/selling-justice-short/why--accountability-matters-peace>. Acesso em: 01.06.2021

HUMAN RIGHTS WATCH. **Break their lineage, Break their roots:** China's crimes against Humanity targeting Uyghurs and other turkic muslims. 19th April 2021. Disponível em: <https://www.hrw.org/report/2021/04/19/break-their-lineage-break-their-roots/chinas-crimes-against-humanity-targeting>. Acesso em: 23.05.2021

TPI. **ICC judges authorise opening of an investigation into the situation in Bangladesh/Myanmar.** 14th November 2019. Disponível em: <https://www.icc-cpi.int/Pages/item.aspx?name=pr1495>. Acesso em: 01.06.2021.

KRISHNA, A. **Xinjiang Conflict: The Turkish Link & Cross-Border Implications**. Chennai Centre for China Studies, 11 de agosto de 2018. Disponível em: <https://www.c3sindia.org/geopolitics-strategy/xinjiang-conflict-the-turkish-link-by-maya-k/#_ednref1>. Acesso em: 09.05.2021.

INDEPENDENT International Commission of Inquiry on the Syrian Arab Republic. **"They came to destroy": ISIS crimes against the Yazidis.** 15 jun. 2016. Disponível em: <https://www.securitycouncilreport.org/atf/cf/%7B65BFCF9B-6D27-4E9C-8CD3-CF6E4FF96FF9%-7D/A_HRC_32_CRP.2_en.pdf>. Acesso em: 09.05.2021.

LEE, Ronan. Extreme Speech in Myanmar: The Role of State Media in the Rohingya Forced Migration Crisis. *In:* **International Journal of Communication,** v. 13, 2019, 3203–3224.

LEMKIN, Raphael. **Axis Rule in Occupied Europe: Laws of Occupation, Analysis of Government, Proposals for Redress**. Carnegie Endowment for World Peace: Washington, 1944

LEVENE, Mark. **Genocide in the Age of the Nation-State. Volume I: The Meaning of Genocide**. Londres: I. B. Tauris, 2005.

MATTIS, Peter. 2021. **Yes, the Atrocities in Xinjiang Constitute a Genocide**. Disponível em: <https://foreignpolicy.com/2021/04/15/xinjiang-uyghurs-intentional-genocide-china/>. Acesso em: 16.05.2021.

NOJONEN, Matti; TORBAKOV, Igor. 2009. **China-Turkey and Xinjiang: a frayed relationship**. Open Democracy. Disponível em: <https://www.opendemocracy.net/article/china-turkey-and-xinjiang-a-frayed-relationship>. Acesso em: 9.05.2021.

UNOHCHR. **A Call for Accountability and Protection: Yezidi**

**Survivors of Atrocities Committed by ISIL**. 2016. Disponível em: <https://www.ohchr.org/Documents/Countries/IQ/UNAMIReport12Aug2016_en.pdf>. Acesso em: 08.06.2021.

UNOHCHR. **"They came to destroy": ISIS Crimes Against the Yazidis**. 2016. Disponível em: <https://www.ohchr.org/Documents/HRBodies/HRCouncil/ColSyria/A_HRC_32_CRP.2_en.pdf>. Acesso em: 08.06.2021.

ONU. **Atrocity Crimes. Prevention**. Office on Genocide Prevention and the Responsibility to Protect.

ONU, **Convenção Internacional para a Repressão de Atentados Terroristas à Bomba**, Adotada em Nova Iorque, em 15 de Dezembro de 1997.

ONU, **Convenção para a Prevenção e a Repressão do Crime de Genocídio**, Adotada em Paris, em 09 de Dezembro de 1948.

ONU. **Preventing genocide. Outreach Programme on the Rwanda Genocide and the UN**. 2012.

ONU. 2019. **Carta circulada na 41° sessão do "Human Rights Council".** Escritório do Alto Comissariado das Nações Unidas para os Direitos Humanos. Adotada em 09 de Agosto de 2019.

POMPEO**,** Michael R. 2021. **Determination of the Secretary of State on Atrocities in Xinjiang**. Disponível em: <https://2017-2021.state.gov/determination-of-the-secretary-of-state-on-atrocities-in-xinjiang/index.html>. Acesso em: 16.05.2021.

PHILLIPS, Tom. 2018. **China 'holding at least 120,000 Uighurs in re-education camps**. The Guardian. Disponível em: <https://www.theguardian.com/world/2018/jan/25/at-least-120000-muslim--uighurs-held-in-chinese-re-education-camps-report>. Acesso em: 09.05.2021.

RAMOS, Mariana dos Anjos "Responsabilidade de proteger" dos

Estados e sua dimensão jurídico-normativa. Dissertação de mestrado, SP, 2013. Disponível em: <https://teses.usp.br/teses/disponiveis/2/2135/tde-14052015-144250/publico/Mariana_dos_Anjos_Ramos_dissertacao.pdf>. Acesso em: 09.05.2021.

REUTERS. **Killing of Rohingyas: Death toll could be up to 25,000**. 2018. Disponível em: <https://www.thedailystar.net/news/frontpage/killing-rohingyas-death-toll-could-be-over-10000-1622392>. Acesso em: 01.06.2021.

ROTMAN-FERRIS, Amie. 2019. **Abortions, IUDs and sexual humiliation: Muslim women who fled China for Kazakhstan recount ordeals**. Disponível em: <https://www.washingtonpost.com/world/asia_pacific/abortions-iuds-and-sexual-humiliation-muslim-women-who-fled-china-for-kazakhstan-recount-ordeals/2019/10/04/551c2658-cfd2-11e9-a620-0a91656d7db6_story.html>. Acesso em: 12.05.2021.

RUBIO, Marco. 2020. **S.3744 - Uyghur Human Rights Policy Act of 2020**. Disponível em: <https://www.congress.gov/bill/116th-congress/senate-bill/3744>. Acesso em: 16.05.2021.

RICHTER, Elihu; STANTON, Gregory. The Precautionary Principle: A Brief for the Genocide Prevention Task Force. Disponível em: <https://d0dbb2cb-698c-4513-aa47-eba3a335e06f.filesusr.com/ugd/e5b74f_062d1a7d13ca4c78a32667cb91ed981b.pdf >. Acesso em: 12.05.2021.

SCHAACK, Beth Van. Determining the Commission of Genocide in Myanmar. *In*: **Journal of International Criminal Justice**, 2019, 285-323.

SCHABAS, William. **Genocide in International Law: the crimes of crimes.** Cambridge: Cambridge University Press, 2000.

SCHABAS, William A. Genocide and the international court of

justice: finally, a duty to prevent the crime of crimes. **Genocide Studies and Prevention**, v. 2, n. 2, p. 101-122, 2007.

SCHABAS, William A. **THE UN INTERNATIONAL CRIMINAL TRIBUNALS: The Former Yugoslavia, Rwanda and Sierra Leone**. Cambridge: Cambridge University Press, 2006.

SCHABAS, William A. **ORIGINS OF THE GENOCIDE CONVENTION: FROM NUREMBERG TO PARIS**. 40 Case Western Reserve Journal of International Law: v. 40, n. 1, 2008. <https://scholarlycommons.law. case.edu/jil/vol40/iss1/4>. Acesso em: 25.06.2021.

STANTON, Gregory H. **How we can prevent genocide - Building an international campaign to end genocide.** 2003. <https://www.ha-waii.edu/powerkills/COMM.6.24.03.HTM>. Acesso em: 12.05.2021.

STANTON, Gregory. **ISIS is Commititing Genocide**. Genocide Watch, out. 2015. Disponível em: <http://genocidewatch.net/2015/10/15/ isis-is-committing-genocide-2/>. Acesso em: 22.05.2021.

STANTON, Gregory H. **The Rwandan Genocide: Why Early Warning Failed. Journal of African Conflicts and Peace Studies**: Vol. 1: Iss. 2, 6-25 2009. Disponível em: <https://scholarcommons.usf.edu/jacaps/ vol1/iss2/3>. Acesso em: 13.05.2021.

STANTON, Gregory H. **The Ten Stages of Genocide. Genocide Watch**, 2020. Disponível em: <https://www.genocidewatch.com/ tenstages>. Acesso em: 12.05.2021

TPIR, **Caso concernente ao reconhecimento de estupro como um dos atos constitutivos do genocídio** (Prosecutor v. Jean-Paul Akayesu), 1998.

TPII, **Caso concernente à diferenciação entre limpesa étnica e genocídio.** The Prosecutor v. Dr. Milomir Stakic (2003).

UNHCR. **Joint Government of Bangladesh - UNHCR Population**

**Factsheet**. 2021. Disponível em: <https://data2.unhcr.org/en/documents/details/85395>. Acesso em: 01.06 2021

YAZDA. **The Yazidi Case**. 2021. Disponível em: <https://www.yazda.org/yazidi-case#>. Acesso em: 08.06.2021.

BEATRIZ TIEMI IKEDA

# O combate à discriminação racial e ao racismo estrutural no direito internacional: conquistas e desafios para o século XXI

BRUNA SUEKO HIGA DE ALMEIDA
CAIO HENRIQUE DA SILVEIRA E SILVA
JOÃO VITOR LAVAGNINI MENEZES
MARINA BERNARDINI
SABRINA REBOUÇAR WANDERLEY

**SUMÁRIO:**

1. Introdução;

2. Normativas internacionais de proteção contra a discriminação racial;

   2.1. O que é discriminação racial?;

   2.2. O que é racismo estrutural?;

3. Abordagens do direito internacional frente à discriminação racial;

   3.1. Sistema Onusiano;

   3.2. Sistema Interamericano de Direitos Humanos;

   3.3. Sistema Europeu de Direitos Humanos;

   3.4. Sistema Africano de Direitos Humanos;

4. Jurisprudência e materialização dos direitos protegidos em instrumentos convencionais;

    4.1. Corte Europeia de Direitos Humanos;

    4.2. Sistema Interamericano de Direitos Humanos;

    4.3. Sistema Onusiano;

    4.4. Corte Internacional de Justiça;

5. Desafios e possibilidades do combate à discriminação no regime internacional;

    5.1. A aplicação da doutrina do "*living instrument*" em normativas internacionais contra a discriminação racial;

    5.2. A necessidade de evolução jurisprudencial no Sistema Africano de Direitos Humanos;

    5.3. A seletividade racial dentro das próprias organizações e sistemas internacionais;

        5.3.1. A necessidade de combate ao racismo no Tribunal Penal Internacional;

        5.3.2. A falta de representatividade em organismos internacionais;

6. Considerações finais;

    7. Bibliografia.

# 1. INTRODUÇÃO

O presente artigo tem como foco a análise do combate ao racismo estrutural no regime internacional de direitos humanos. Conhece-se que o preconceito étnico é dotado de particularidades inerentes a cada contexto regional, de maneira que os alvos de segregação e de violência diferem conforme o processo histórico. Sendo assim, foi necessária uma abordagem que considerasse a discriminação sofrida por grupos não-brancos nas organizações internacionais, tendo como lente o contexto da América Latina.

Primeiramente, identificou-se como prioridade entender as definições jurídicas de discriminação racial e de racismo estrutural, de forma a refinar os aspectos iniciais do estudo quanto aos grupos étnicos alvos de preconceito, assim como compreender as diretrizes básicas de regulamentação na dimensão internacional. Sendo assim, foram selecionados os sistemas globais e regionais de direitos humanos – das Nações Unidas, das Américas, da Europa e da África – como objeto da pesquisa, fundamentada em normativas e jurisprudência internacional. Dessa forma, foi possível reunir a estruturação do entendimento dos organismos internacionais sobre o tema para que suas abordagens fossem estudadas.

Em seguida, analisou-se recortes normativos e aplicação jurisprudencial em casos de discriminação competentes a cada tribunal para estudar os fundamentos que regulam a discriminação racial e o racismo estuturual. Dessa maneira, observou-se a materialização dos direitos protegidos nos instrumentos convencionais selecionados e, por fim, analisou-se através de uma interpretação crítica, a aplicação das normativas, que se propõe ao combate à dicriminação e ao racismo estrutural, assim como determinadas expectativas utópicas para o combate efetivo de tais dilemas.

## 2. NORMATIVAS INTERNACIONAIS DE PROTEÇÃO CONTRA A DISCRIMINAÇÃO RACIAL

### 2.1. O QUE É DISCRIMINAÇÃO RACIAL?

O combate ao racismo partiu de uma mudança ideológica na sociedade. Durante o século XIX, era vigente uma ideologia cientificista que defendia a desigualdade entre os homens em razão da "raça", o que significava que certos grupos eram naturalmente inferiores a outros. A criação de uma categoria biológica "raça" justificaria a estratificação de posições de poder entre indivíduos e povos. Essa doutrina de cunho "científico" justificava, por exemplo, a escravidão, a conquista de outros povos ou a colonização. Essa ideologia estava presente no direito e na própria biologia (GUIMARÃES, 1999).

Hoje, contudo, em diversos países, a ideologia racista não tem mais legitimidade social ou legal. O caminho histórico para essa conquista foi longo e repleto de conflitos e movimentos de resistência por diversos grupos (GUIMARÃES, 1999). De acordo com Piovesan, as violações de direitos humanos são estruturais e históricas e, assim, lutar pela proteção destes direitos é trabalhar para desconstruir estas estruturas:

> Há que se assumir o risco de romper com a cultura da "naturalização" da desigualdade e da exclusão social, que, enquanto construídos históricos, não compõem de forma inexorável o destino da humanidade. Há que se enfrentar essas amarras, mutiladoras do protagonismo, da cidadania e da dignidade de seres humanos (PIOVESAN, 2009).

Apesar da ideologia racista não ser mais legítima legal e socialmente, o racismo ainda está presente na sociedade de forma maciça. Mecanismos de combate ao racismo são concretizados em normativas internacionais, criadas com o objetivo de garantir a igualdade entre todos os seres humanos independente de raça, cor ou etnia. Nesse sentido, abordear-se-á o papel destas normativas no combate à discriminação racial, umas das formas de expressão do racismo.

A Organização das Nações Unidas (ONU) foi pioneira ao adotar, em 1965, a Convenção Internacional sobre a Eliminação de Todas as Formas de Discriminação Racial (ICERD) (ONU, 1965), que é o primeiro tratado internacional de direitos humanos que definiu a discriminação racial como uma afronta à dignidade da pessoa humana e uma violação dos direitos e liberdades proclamados na Declaração Universal de Direitos Humanos (DUDH).

Dispõe, em seu artigo 1º, que o termo "discriminação racial" deve ser compreendido como:

> (...) qualquer distinção, exclusão, restrição ou preferência fundadas na raça, cor, descendência ou origem nacional ou étnica que tenha por fim ou efeito anular ou comprometer o reconhecimento, o gozo ou o exercício, em igualdade de condições, dos direitos humanos e das liberdades fundamentais nos domínios político, econômico, social, cultural ou em qualquer outro domínio da vida pública (ONU, 1965).

Essa primeira definição foi importante para influenciar outros órgãos internacionais que também a adotaram. O Sistema europeu, por exemplo, em 29 de junho de 2000, pelo Conselho da Europa (CE) aprovou a Diretiva 2000/43/CE (CE, 2000), que pretendia estabelecer um quadro jurídico para combater a discriminação racial e étnica. Uma inovação dessa normativa é a definição, em seu art. 2º, da discriminação, em suas formas direta e indireta:

> a) Considera-se que existe **discriminação direta** sempre que, em razão da origem racial ou étnica, uma pessoa seja objecto de tratamento menos favorável que aquele que é, tenha sido ou possa vir a ser dado a outra pessoa em situação comparável;

> b) Considera-se que existe **discriminação indireta** sempre que uma disposição, critério ou prática aparentemente neutra coloque pessoas de uma dada origem racial ou étnica numa situação de desvantagem comparativamente com outras pessoas, a não ser que essa disposição, critério ou prática seja objectivamente justificada por um objectivo legítimo e que os meios utilizados para o alcançar sejam adequados e necessários (CE, 2000).

O Sistema Interamericano, por sua vez, adotou, no âmbito da Organização dos Estados Americanos (OEA), a Convenção Interamericana contra o Racismo, a Discriminação Racial e Formas Correlatas de Intolerância (OEA, 2013) que possui a mesma definição[12] para "discriminação racial" que a ONU e o sistema europeu, acrescentando que "a discriminação racial pode basear-se em raça, cor, ascendência ou origem nacional ou étnica". Nesta Convenção, define-se também que:

> Discriminação múltipla ou agravada é qualquer preferência, distinção, exclusão ou restrição baseada, de modo concomitante, em dois ou mais critérios dispostos no Artigo 1.1, ou outros reconhecidos em instrumentos internacionais, cujo objetivo ou resultado seja anular ou restringir o reconhecimento, gozo ou exercício, em condições de igualdade, de um ou mais direitos humanos e liberdades fundamentais consagrados nos instrumentos internacionais aplicáveis aos Estados Partes, em qualquer área da vida pública ou privada (OEA, 2013).

Por fim, no âmbito da Organização da Unidade Africana (OUA), o Sistema Africano de Proteção dos Direitos Humanos, que foi instituído pela Carta Africana de Direitos do Homem e dos Povos ou Carta de Banjul (CADHP), em seu em seu artigo 28 prevê que: "Todo indivíduo tem o dever de respeitar e considerar seus semelhantes sem discriminação e de manter relações que visem promover, salvaguardar e reforçar o respeito mútuo e a tolerância" (OAU, 1981, tradução nossa).

Apesar de não haver uma explícita citação de discriminação racial, a Carta traz especificamente como objetivos: a eliminação de todas as formas

---

12 O art. 1(1) da Convenção Interamericana contra o Racismo, a Discriminação Racial e Formas Correlatas de Intolerância define que discriminação racial é "qualquer distinção, exclusão, restrição ou preferência, em qualquer área da vida pública ou privada, cujo propósito ou efeito seja anular ou restringir o reconhecimento, gozo ou exercício, em condições de igualdade, de um ou mais direitos humanos e liberdades fundamentais consagrados nos instrumentos internacionais aplicáveis aos Estados Partes".

de colonialismo, neocolonialismo, *apartheid* e quaisquer formas de discriminação que se baseiam na raça, etnia ou cor. Ressalta-se também o importante papel atribuído à proteção dos povos nessa Carta, o que é associado à diversidade étnica presente no continente e da cautela necessária após a ocidentalização da África com o colonialismo, que pode ser chamado de "genocídio cultural" (SAMPAIO, 2014). Nesse sentido, por exemplo, a Comissão Africana de Direitos Humanos e dos Povos (CmADHP), prevista nos art. 30 a 44 da CADHP, deve promover e proteger não apenas os direitos humanos, mas, também, os direitos dos povos. O reconhecimento do direito dos povos é uma particularidade desse sistema regional, em especial os relacionados ao direito à independência, à autodeterminação e à autonomia dos Estados africanos (SAMPAIO, 2014).

## 2.2. O QUE É RACISMO ESTRUTURAL?

Entre as formas de manifestação do racismo na sociedade, destaca-se o racismo estrutural, que ameaça a garantia de direitos humanos iguais a todos os homens independente de raça, cor, etnia ou nacionalidade. Herrera Flores sustenta que o *"enfoque estrutural dos direitos humanos"*, na maioria das ocasiões, engloba *"as estruturas políticas, econômicas, sociais e culturais, tanto em nível interno quanto na esfera internacional, que escondem gravíssimas violações dos direitos humanos"* (HERRERA, 20009). Deste modo, de acordo com Herrera, a maior urgência está em detectar as causas básicas que "naturalizam" essas violações estruturais:

> Os acontecimentos históricos não ocorrem por motivos transcendentes, pré-determinados ou inevitáveis. É urgente detectar as causas básicas dos processos e intervir diretamente sobre elas. Não fazê-lo implica deixar que ditas "causas" sigam produzindo inexoravelmente seus efeitos, nos deixando impotentes frente aos processos por elas desencadeados.

Detectar e intervir sobre a causa real dos fenômenos exige, pois, eliminar os imperativos "naturalizados" de uma ordem causal estruturalmente determinada e, certamente, silenciada (HERRERA, 2009).

Para o combate desse racismo estrutural, tem-se novamente o importante papel das normas internacionais. Por exemplo, a ONU adotou, em 1978, a "Declaration on Race and Racial Prejudice", que definiu, em seu art. 2.2, racismo estrutural como: *structural arrangements and institutionalized practices resulting in racial inequality as well as the fallacious notion that discriminatory relations between groups are morally and scientifically justifiable*" (ONU, 1978). Tem-se como resultado de tais práticas discriminatórias estruturais:

> Discriminatory provisions in legislation or regulations and discriminatory practices as well as in anti-social beliefs and acts; it hinders the development of its victims, perverts those who practise it, divides nations internally, impedes international co-operation and gives rise to political tensions between peoples; it is contrary to the fundamental principles of international law and, consequently, seriously disturbs international peace and security (ONU, 1978).

Apesar da definição onusiana, o continente europeu, por englobar inúmeras etnias e manifestações culturais, apresenta especificidades, que podem divergir do que se enquadra tipicamente como grupos alvos de racismo estrutural em países da América (GUIMARÃES, 1999). Dentre estas especificidades, cita-se que são consideradas minorias sociais os grupos de ascendência norte-africana, cigana e afro-saariana, as quais possuem casos representativos na Corte Europeia de Direitos Humanos.

A Agência dos Direitos Fundamentais da União Europeia (por sua sigla em inglês, FRA), em um estudo realizado[13], constatou que 28% dos ciganos e 27% das pessoas de ascendência norte-africana eram as que enfrentavam o grau mais elevado de discriminação no que compete o acesso a bens e serviços - tais como administração pública, transportes públicos, lojas, restaurantes, etc. Na mesma pesquisa, verificou-se que o nome é um elemento discriminatório na procura de um imóvel – para 44% dos entrevistados –, a cor de pele ou o aspecto físico para 40%, e a nacionalidade para 22% (FRA, 2020). Desse modo, percebe-se que o racismo estrutural mostra-se de forma institucionalizada e ataca aspectos da personalidade dos indivíduos dos grupos citados.

Informações referentes à violência policial também confirmam isso: dos 14 % de inquiridos que afirmaram ter sido abordados pela polícia em 2019, 40 % sentiram que essa interpelação se deveu à sua origem étnica ou antecedentes migratórios (FRA, 2020). Essa é uma clara demonstração de violação do princípio da desigualdade prezado pelos Estados Democráticos Europeus.

Por fim, é importante ressaltar que o sistema africano, assim como o sistema europeu, também apresenta particularidades. O continente africano, em razão de seu passado, apresenta, em sua CADHP, o compromisso de eliminar todas as formas de colonialismo da África, de coordenar e de intensificar a cooperação e esforços para oferecer melhores condições de existência aos seus povos (OAU, 1981). A Carta também prevê em seu preâmbulo que os países membros da OUA têm o dever de:

> (...) lutar pela sua verdadeira independência e pela sua dignidade, e comprometendo-se a eliminar o colonialismo, o neocolonialismo, o apartheid,

---

13 Baseado em "Comunicação da Comissão ao Parlamento Europeu, ao Conselho, ao Comitê Econômico e Social Europeu e ao Comitê das Regiões: Uma União da igualdade: plano de ação da UE contra o racismo 2020-2025", Bruxelas, 18 de setembro de 2020.

o sionismo, as bases militares estrangeiras de agressão e quaisquer formas de discriminação, nomeadamente as que se baseiam na raça, etnia, cor, sexo, língua, religião ou opinião política (OAU, 1981).

Outra normativa importante adotada pela OUA foi a "Convenção da Organização de Unidade Africana que Rege os Aspectos Específicos dos Problemas dos Refugiados em África" (1969). Nesse sentido, outra particularidade do contexto africano é a questão dos refugiados que são definidos no art. 1º como:

> (...) qualquer pessoa que, receando com razão, ser perseguida em virtude da sua raça, religião, nacionalidade, filiação em certo grupo social ou das suas opiniões políticas, se encontra fora do país da sua nacionalidade e não possa, ou em virtude daquele receio, não queira requerer a protecção daquele país; ou que, se não tiver nacionalidade e estiver fora do país da sua anterior residência habitual após aqueles acontecimentos, não possa ou, em virtude desse receio, não queira lá voltar. (OUA, 1969).

Assim, demonstra-se que foi construído ao longo dos anos um amplo rol de normativas internacionais que definem a discriminação racial e o racismo estrutual com o intruito de combatê-los. A seguir, são analisadas outras abordagens internacionais que complementam estas normativas.

## 3. ABORDAGENS DO DIREITO INTERNACIONAL FRENTE À DISCRIMINAÇÃO RACIAL

Para além das normativas supracitadas, que definem parâmetros a serem observados no tocante ao combate à discriminação racial, há uma série de outros instrumentos, no campo do direito internacional, que têm por finalidade estabelecer diretrizes aos Estados acerca da proteção a ser conferida a esta parcela da população, de maneira a orientar a ação estatal e o compromisso internacional, bem como manter a produção a respeito do tema sempre atual.

## 3.1. SISTEMA ONUSIANO

A Resolução nº 1.904 (XVIII) da ONU aprovou a Declaração das Nações Unidas sobre a Eliminação de Todas as Formas de Discriminação Racial (ONU, 1963), a qual condena todas as formas de discriminação racial e políticas governamentais nela baseadas, bem como afirma o compromisso de seus signatários em adotar esforços especiais na promoção da igualdade relacionada à raça, cor ou origem étnica.

Com base neste documento, a Assembleia Geral aprovou, por meio da Resolução nº 2.106 (ONU, 1965), a ICERD, a qual, entre outras providências para assegurar a rápida eliminação de manifestações de cunho discriminatório e práticas racistas, criou o Comitê para a Eliminação da Discriminação Racial (CERD). O Comitê, neste diapasão, é criado para trazer efetividade à Convenção. Os Estados devem, a cada 2 anos, ou sempre que lhes for solicitado, apresentar ao CERD um relatório sobre as medidas administrativas, legislativas, judiciárias, ou de outra ordem, que tenham adotado para dar efetividade às disposições da Convenção, de maneira que o CERD pode apresentar sugestões ou recomendações de ordem geral; ademais, o Comitê avaliará litígios interestatais, quando um Estado entender que outro não está observando o disposto na Convenção, de forma a proferir recomendações que julgar necessárias, ao final; e o Comitê também examinará comunicações de pessoas ou grupo que sejam vítimas das violações à Convenção.

A Organização Educacional, Científica e Cultural das Nações Unidas (UNESCO), por sua vez, adotou, em 1978, a Declaração sobre a Raça e os Preconceitos Raciais (ONU, 1978), de maneira a reafirmar a igualdade em dignidade e direitos de toda a humanidade e reconhecer que, embora as diferenças entre indivíduos e grupos devam ser celebradas e observadas, não podem servir de fundamento ao preconceito racial ou práticas discriminatórias.

No âmbito da ONU, além disso, em 2001, ante um cenário de preocupação internacional com o cumprimento dos objetivos de combate ao racismo, declarou-se o ano como Ano Internacional de Mobilização contra o Racismo, Discriminação Racial, Xenofobia e Intolerância Correlata, e, neste diapasão, celebrou-se a Conferência de Durban, estabelecidos, ao final de tal evento, a Declaração e o Programa de Ação de Durban (ONU, 2001), reflexos da agenda antirracista que, há décadas, era pauta no contexto internacional. A partir da citada Declaração, reconheceu-se que as manifestações contemporâneas de racismo são herança do período de escravidão, tráfico escravo e colonialismo imposto sobre certas culturas, sendo evidente a persistência de algumas estruturas sociais que permitiram que tais práticas ocorressem. Dez anos depois, o ano de 2011 foi definido pela ONU como o Ano Internacional dos Afrodescendentes, por meio da Resolução nº 64/169 (ONU, 2010). Assim, sublinhou-se a necessidade de os Estados fortalecerem a resposta nacional e os meios de cooperação internacionais para garantir o desenvolvimento econômico, social, cultural, civil e político dos indivíduos de descendência africana.

No ano de 2020, outrossim, o Conselho de Direitos Humanos das Nações Unidas (CDH) elaborou uma série de Rascunhos de Resoluções relevantes ao contexto mundial experimentado e suas implicações à população afrodescendente.

Em repúdio ao assassinato de George Floyd nos Estados Unidos aos fins de maio de 2020, assim como à violência policial seletiva e desproporcional contra a população afrodescendente, o CDH publicou o Rascunho de Resolução para a Proteção de Africanos e Pessoas de Descendência Africana (CDH, 2020(a)), pelo qual condenou a violência sistêmica perpetrada contra afrodescendentes, bem como o enaltecimento de práticas violentas e discriminatórias contra tal parcela da população nas instituições policiais, fazendo menção aos eventos de brutalidade policial ocorridos. Tal instrumento também determinou a criação de uma comissão de inquérito internacional e independente para investigar fatos e circunstâncias relacionados ao racismo estrutural, a violações de regras internacionais de direitos humanos e aos abusos contra pessoas africanas e de ascendência africana por parte das agências policiais, tendo por finalidade identificar os perpetradores da violência e levá-los à justiça.

O CDH também publicou, em agosto de 2020, o Relatório do Grupo de Trabalho de Especialistas em Pessoas de Descendência Africana acerca de Covid-19, Racismo Estrutural e Protestos Mundiais (CDH, 2020(b)), por meio do qual foram reconhecidos os  impactos específicos sentidos pela população afrodescendente em virtude do racismo estrutural, no contexto da pandemia do Covid-19, uma vez que a discriminação exacerba a desigualdade no acesso a serviços de saúde, levando a disparidades de viés racial no tocante à exposição, contaminação e mortalidade de afrodescendentes por conta do vírus, o que já havia sido observado durante a pandemia de H1N1.

Por fim, o Relatório do Grupo de Trabalho Intergovernamental sobre a Eficaz Implementação da Declaração de Durban e seu Plano de Ação, acerca da Preparação para o 20º Aniversário da Adoção da Declaração de Durban e seu Plano de Ação (CDH, 2020(c)), reconheceu e reafirmou tais instrumentos como uma estrutura abrangente e base sólida para o combate ao racismo e à discriminação racial. Assim, em função da proximidade do aniversário de 20 anos da Declaração, que é celebrado em 2021, foi proposta a realização de eventos, por Estados e Organizações Internacionais e Intergovernamentais, que celebrem as conquistas referentes ao combate ao racismo estrutural, bem como evidenciam os desafios ainda enfrentados e que devem ser abordados, reafirmando, de todo modo, o compromisso dos Estados para com as diretrizes do instrumento.

## 3.2. SISTEMA INTERAMERICANO DE DIREITOS HUMANOS

No campo do Sistema Interamericano, além da já citada Convenção Interamericana contra o Racismo, a Discriminação Racial, e Formas Correlatas de Intolerância (OEA, 2013), a Convenção Americana sobre Direitos Humanos (CADH) protege, em seus Arts. 1.1 e 24, o dever de não discriminação e igualdade, respectivamente (OEA, 1969). Não obstante, em 2011, a Comissão Interamericana de Direitos Humanos (CIDH) elaborou o Relatório sobre a Situação de Pessoas Afrodescendentes nas Américas, destacando que, apesar de muitos Estados terem adotado instrumentos contra a discriminação racial, tanto não é suficiente se as disposições legais não são dotadas de efetividade (CIDH, 2011). Ainda que as Constituições e demais legislações dos Estados prevejam o direito de igualdade perante a lei, a população afrodescentente enfrenta muitas dificuldades no exercício de seus direitos humanos em função da discriminação estrutural. Assim, o Relatório pontua a necessidade de medidas positivas e, principalmente, ações afirmativas para promover a igualdade efetiva de tal parcela da população.

Além disso, em março de 2019, em função da comemoração do Dia Internacional da Eliminação da Discriminação Racial, a CIDH fez um chamado aos Estados para que se comprometessem a adotar legislação que defina e proíba claramente o racismo, a discriminação racial e formas conexas de intolerância; assim como a revogar ou modificar toda legislação que constitua ou possibilite o racismo, a discriminação racial e formas conexas de intolerância. Isto em razão da averiguação, por parte da CIDH, de diversos crimes de ódio racialmente motivados, assim como discursos incitadores de violência discriminatória contra os afrodescendentes (OEA, 2019). Neste cenário, a Comissão clamou para que os Estados adotassem as medidas necessárias para ratificar a Convenção Interamericana contra o Racismo, a Discriminação Racial e Formas Conexas de Intolerância, como demonstração do compromisso internacional no combate a essas práticas, observado que apenas cinco Estados ratificaram a referida Convenção: Antígua e Barbuda, Costa Rica, Uruguai, México e Equador. No Brasil, a adesão do país à Convenção foi aprovada em dezembro de 2020 pela Câmara dos Deputados, devendo seguir a análise no Senado (CRISTALDO, 2020).

No âmbito da OEA, além disso, foi aprovado, em 2016, quando da 46ª Sessão da Assembleia Geral da entidade, o Plano de Ação da Década dos Afrodescendentes nas Américas 2016 - 2025 (OEA, 2016), pelo qual foram refletidas políticas, programas e projetos, além de diretrizes de cooperação com outras organizações, com o fim precípuo de promover os direitos dos afrodescendentes nas Américas. As medidas recomendadas são organizadas a partir dos objetivos de reconhecimento desta parcela da população, mediante, por exemplo, a criação de campanhas contra a múltipla discriminação a que são submetidos, a promoção de medidas de combate aos perfis raciais e a educação a respeito da história dos afrodescendentes e das injustiças decorrentes da escravidão na América; de promoção da justiça, mediante a capacitação dos operadores da justiça e forças de segurança para prevenir e erradicar o perfilamento racial e o uso excessivo de força e o incentivo de medidas para promover a participação política e a eleição de afrodescendentes para cargos públicos; e de desenvolvimento, por exemplo, a capacitação em educação financeira da população afrodescendente, o fomento à criação de programas de formação trabalhista em comunidades de presença afrodescendentes, entre outros.

## 3.3. SISTEMA EUROPEU DE DIREITOS HUMANOS

Em relação ao Sistema Europeu de Direitos Humanos, a Convenção Europeia de Direitos Humanos (CEDH) estabelece diretriz ampla e assertiva a respeito do racismo estrutural, abrangendo diversos tipos de discriminação no instituto normativo. O Tratado de Lisboa , instrumento reformador da União Europeia (UE), estabelece, em seu artigo 10º, como objetivo das políticas e ações da UE o combate à discriminação racial ou de origem étnica (UE, 2007), e, novamente, a Carta dos Direitos Fundamentais da União Europeia proíbe, em seu artigo 21º, a discriminação em razão da raça (UE, 2000) .

Dentro de tal Sistema existe também, para monitorar questões relativas ao combate ao racismo e discriminação na Europa, a Comissão Europeia contra o Racismo e Intolerância (ECRI), operacional desde 1994 por meio do Conselho da Europa. Tal Comissão, assim, observa as práticas descritas e desenvolve atividades de cooperação com Estados e outras entidades, elaborando relatórios e recomendações a respeito.

Porém, apesar do esforço dos organismos europeus para reconhecer e mitigar o racismo estrutural nos países signatários dos acordos e tratados supracitados, ainda existem dificuldades no que compete a identificação dos casos de violação aos institutos normativos que pretendem proteger os povos ali residentes. Dentre elas, a Comunicação da Comissão ao Parlamento Europeu, ao Conselho, ao Comitê Econômico e Social Europeu e ao Comitê das Regiões cita a baixa taxa de denúncia de situações de racismo estrutural, pois "as vítimas de crimes oriundas de comunidades ou minorias desfavorecidas ou vulneráveis podem ter pouca confiança nas autoridades públicas, o que as leva a não denunciarem crimes." (COMISSÃO EUROPEIA, 2020). Além do mais, no século XXI, a incidência das tecnologias de inteligência artificial aplicadas na vigilância e reconhecimento facial "podem apresentar elevadas taxas de erro de classificação quando utilizadas em relação a alguns grupos demográficos, como as mulheres e as pessoas de minorias étnicas ou raciais".

## 3.4. SISTEMA AFRICANO DE DIREITOS HUMANOS

Por fim, insta consignar que o Sistema Africano de Direitos Humanos também é dotado de instrumento a reconhecer e criticar o racismo estrutural em seu contexto, qual seja, a Resolução 15 (I) da Primeira Sessão Ordinária da Assembleia dos Chefes de Estado e de Governo da Organização da Unidade Africana (OUA, 1964), por meio da qual se reconhece a existência de práticas discriminatórias raciais nos EUA, urgindo pela eliminação de todos os meios de discriminação racial. Não suficiente, a CADHP assegura o gozo de direitos e liberdades sem nenhuma distinção baseada em raça, etnia ou cor, pontuando o dever de cada indivíduo em respeitar e considerar seus semelhantes sem nenhuma discriminação (OUA, 1981).

Como analisado, há tanto normativas quanto diversas abordagens do direito internacional que positivam o combate à discriminação racial e ao racismo estrutual. Assim, passa-se à análise da implementação de referidas normativas e abordagens através da jurisprudência internacional.

## 4. JURISPRUDÊNCIA E MATERIALIZAÇÃO DOS DIREITOS PROTEGIDOS EM INSTRUMENTOS CONVENCIONAIS

## 4.1. SISTEMA ONUSIANO

Como supramencionado, o sistema onusiano engloba um órgão específico para a análise de casos de racismo e demais formas de discriminação racial. O CERD é um corpo de tratado, operante no âmbito do Escritório do Alto Comissariado para Direitos Humanos da ONU, criado para monitorar a aplicação da ICERD nas jurisdições dos Estados-parte. Assim, além da instalação de reuniões regulares, o CERD tem competência para receber e examinar casos de discriminação suscitados por indivíduos contra Estados, dentro da matéria da ICERD.[14]

---

14   Veja em: United Nations Human Rights, Office of the High Comissioner, Committe on the Elimination of Racioal Discrimination. Disponível em: https://www.ohchr.org/EN/HRBodies/CERD/Pages/CERDIntro.aspx. Acesso em 13 de janeiro de 2021.

Valendo-se dessa competência, o CERD analisou o caso *Hagan v. Australia*, em que a vítima, Hagan, denunciouao Comitê a utilização da "n-word" (*nigger*) no nome de uma quadra esportiva como uma prática racista (UNHRC, 2003). O pedido alegou uma violação sob os artigos 1º e 4º da ICERD, combinado com o artigo 5º, sobre a obstrução ao seu direito de desfrutar de esportes sem discriminação. Ainda, Hagan alegou que a Austrália estaria obrigada, sob os artigos 2.1.c e 7, a reformar leis que autorizassem discriminação racial, bem como a tomar medidas positivas para coibir tais práticas (UNHRC, 2003).

O CERD, frente ao caso, reconheceu que, apesar de o nome do estádio persistir por 39 anos até a petição de Hagan, alguns termos racistas podem adquirir acentuada ofensividade, suscitando maior sensibilidade do público conforme a sociedade evolui (UNHRC, 2003). Nesse sentido, fez-se expressa a doutrina do *living instrument*, caráter atribuído à ICERD, como uma convenção cuja interpretação deve seguir as circunstâncias da sociedade contemporânea (UNHRC, 2003). Assim, o CERD deu provimento ao pedido de Hagan, determinando que a Austrália removesse o nome da quadra esportiva em questão (UNHRC, 2003).

É de se notar que, apesar de favorável à evolução jurisprudencial do racismo como tema do Direito Internacional, a decisão não especificou quais violações teriam sido consubstanciadas no caso, tomando caráter muito genérico. Ainda, soma-se a isso a recusa da Austrália de efetivar a decisão do Comitê, bem como as retaliações sofridas por Hagan em seu país após a comunicação das violações, de modo a esclarecer que a atuação do Comitê, nesse caso, abriu grandes lacunas para a operação do Direito Internacional contra o racismo (REMEDY AUSTRALIA, 2014, pp. 7-8).

## 4.2. CORTE INTERNACIONAL DE JUSTIÇA

A proteção contra a discriminação racial é pontuada pela Corte Internacional de Justiça (CIJ) como obrigações *erga omnes* no caso *Barcelona Traction - Belgium v. Spain* (CIJ, 1964). Tal jurisprudência, quando legisla sobre os direitos sobre investimentos em território estrangeito, ressalta a necessidade de distinção entre as obrigações de um Estado perante a comunidade internacional e aquelas que concernem outro Estado no campo da proteção diplomática. As obrigações *erga omnes*, como fundamentado em *Belgium v. Spain* são interesse de todos os Estados e, principalmente, estão relacionadas a atos que ferem os princípios e regras dos direitos humanos básicos: dentre eles, a discriminação racial.[15]

O tema é dotado de uma observação específica pelas Nações Unidas a partir da ICERD, assinada em 1965. No ano de 2008, no caso *Georgia v. Russian Federation* (CIJ, 2011), a Rússia foi acusada pelo primeiro país de violar o artigo 22 da Convenção ao exercer poder estatal militar sobre as forças separatistas da Ossétia do Sul e Abkhazia, territórios localizados na Geórgia. A ocupação massiva russa gerou conflitos de ordem racial e humanitária na região, que resultaram na demanda por solução jurisprudencial da Corte, que rejeitou o caso por não entender o enquadramento no artigo citado.

O artigo 22 da ICERD é mencionado também em *Ukraine v. Russian Federation* (CIJ, 2019). Além de uma possível violação a esse instituto normativo, a Ucrânia aplicou em 2017 uma alegação de que a Rússia teria violado

---

15  CIJ, Caso concernente à Barcelona Traction, Light and Power Co Ltd (New Application: 1962) (Bélgica v. Espanha), 1970, para. 34: "Such obligations derive, for example, in contemporary international law, from the outlawing of acts of aggression, and of genocide, as also from the principles and rules concerning the basic rights of the human person, including protection from slavery and racial discrimination. Some of the corresponding rights of protection have entered into the body of general international law (Reservations to the Convention on the Prevention and Punishment of the Crime of Genocide, Advisory Opinion, I.C.J. Reports 1951, p. 23); others are conferred by international instruments of a universal or quasi-universal character".

também o artigo 36, parágrafo 1º da Convention for the Suppression of the Financing of Terrorism ("ICSFT") pela ocupação na região da Criméia. A opinião concorrente do juiz brasileiro da Corte, Cançado Trindade[16], em especial, aponta para a ocorrência de vulnerabilidade humana e possibilidade de danos irreparáveis em comunidades ucranianas, o que afeta particularmente certos segmentos étnicos de população ucraniana.

Em julgamento recente, *Qatar v United Arab Emirates* (CIJ, 2021), discutiu-se a qualidade de discriminação étnico-racial de uma medida imposta pelos Emirados Arabes impedindo a entrada de nacionais de Qatar em seu território. No julgamento, a Corte ressaltou que, de acordo com o Comitê da CERD, o tratamento diferencial entre cidadãos e imigrantes apenas constituiria discriminação racial se não fosse precrito em lei, com um objetivo legítimo e necessário em uma sociedade democrática.[17] Assim, a CIJ decidiu que não houve discriminação racial à luz do artigo 1.1 da Convenção.[18]

---

16 CIJ, Caso concernente à aplicação da Convenção Internacional para a Supressão do Financiamento ao Terroristo e da Convenção Internacional de Eliminação de Todas as Formas de Discriminação Racial (Ucrânia v. Federação Russa), 2019, para. 49: "Where there is a risk to human life or health, the Court has duly considered the probability of a damage which would be ipso facto irreparable. Imminence of breaches of rights under the CERD Convention, insofar as they could involve privation, hardship, anguish and danger to life and health, can result in damages that can be properly qualified as irreparable; such risk of irreparable harm renders certain ethnic segments of local populations (in Crimean Tatar and ethnic Ukrainian communities) particularly vulnerable".

17 CIJ, Aplicação da Convenção Convenção Internacional sobre a Eliminação de todas as Formas de Discriminação Racial (Qatar v Emirados Árabes Unidos), 2021, para. 100: The CERD Committee, in its General Recommendation XXX, considered that "differential treatment based on citizenship or immigration status will constitute discrimination if the criteria for such differentiation, judged in the light of the objectives and purposes of the Convention, are not applied pursuant to a legitimate aim, and are not proportional to the achievement of this aim".

18 O artigo 1.1. da CERD dispões: Nesta Convenção, a expressão "discriminação racial" significará qualquer distinção, exclusão restrição ou preferência baseadas em raça, cor, descendência ou origem nacional ou etnica que tem por objetivo ou efeito anular ou restringir o reconhecimento, gozo ou exercício num mesmo plano,( em igualdade de condição), de direitos humanos e liberdades fundamentais no domínio político econômico, social, cultural ou em qualquer outro dominio de vida pública.

## 4.3. SISTEMA INTERAMERICANO DE DIREITOS HUMANOS

A Corte Interamericana de Direitos Humanos (CtIDH) desempenha um papel importante na operacionalização do Direito Internacional como um instrumento de combate ao racismo, decidindo em casos emblemáticos em que o assunto assume papel central. Dentre tais casos, podem ser listados: caso *Nadege Dorzema y otros Vs. República Dominicana*, caso *Atala Riffo y niñas Vs. Chile*, caso *Veliz Franco y otros Vs. Guatemala*, caso *Norín Catrimán y otros (Dirigentes, miembros y activista del Pueblo Indígena Mapuche) Vs. Chile*.

No caso *Nadege Dorzema y otros Vs. República Dominicana*, que tratou de violações ocorrentes em meio a um contexto de racismo estrutural na República Dominicana, a Corte reconheceu a indissolubilidade do vínculo entre proteção de direitos humanos e o princípio da igualdade e da não-discriminação (CtIDH, 2012), que foi inclusive declarado como regra do *jus cogens* (CtIDH, 2012).

O caso *Comunidades afrodescendientes desplazadas de la Cuenca del Río Cacarica (Operación Génesis) Vs. Colombia*, por sua vez, também culminou em uma contribuição de valor da CIDH para a abordagem do racismo no âmbito contencioso do Direito Internacional. Nesse contexto, a Corte decidiu que os Estados, consoante ao artigo 1.1, da Convenção Americana de Direitos Humanos ("CADH") (OEA, 1969), estão submetidos à obrigação de adotar medidas positivas que coíbam situações discriminatórias sob sua jurisdição, implicando o dever de proteger cidadãos que sejam alvos de indivíduos que contribuem para tais situações (CtIDH, 2013).

A Corte, doravante, engendrou uma importante interpretação da CADH, traçando um paralelo entre seus artigos 1.1. e 24. Nesse ensejo, enquanto o artigo 1.1 se refere a uma norma geral que remete à própria CADH, entabulando o direito de poder fruir, sem discriminação, de todos os direitos encerrados na dita convenção, o seu artigo 24 garante o direito de que todos os indivíduos sejam protegidos, de igual forma, pela lei. Assim, tal direito se opera no âmbito interno de cada Estado, que deve zelar para que a aplicação de sua lei interna seja não-discriminatória (CtIDH, 2013).

Outro caso emblemático, julgado pela CIDH, foi o de *Simone Diniz v. Brasil*, referente a uma mulher que se candidatou a uma vaga de emprego de empregada doméstica, sendo que sua candidatura foi negada unicamente pelo fato de ser negra, tendo a sua procura por resolver o caso em corte nacional resultado infrutífera. Nesse sentido, a Comissão decidiu que negar acesso ao mercado de trabalho a alguém pela simples cor de sua pele é um ato de racismo, enquadrando-o no artigo 1º, da Convenção para Eliminação de Todas as Formas de Racismo (ICERD). (CIDH, 2006).

Ademais, a Comissão ainda atribui um dever de proteção ao Estado, precedendo a decisão constante no caso da *Operación Génesis*, no sentido de que aquele deve punir atos discriminatórios como o supramencionado (CIDH, 2006). Nesse ensejo, a Comissão entendeu que a omissão das autoridades públicas em dar seguimento às investigações suscitadas pela denúncia feita por Simone Diniz não só corria o risco de produzir um racismo institucional, como estimulava a prática de atos racistas, municiando a percepção social com impunidade (CIDH, 2006).

## 4.4. CORTE EUROPEIA DE DIREITOS HUMANOS

A violência policial e o racismo institucional já foram alvo de julgamento pela Corte Europeia de Direitos Humanos (CtEDH), materializados em casos concretos que, principalmente, abordavam as diferenças étnicas da Europa. O cerne da identificação do racismo estrutural na jurisprudência produzida pela Corte está em violações do artigo 14 da CEDH. Em *B.S. v. Spain* (CtEDH, 2012), observa-se a ação violenta da polícia espanhola sobre o comportamento de uma mulher nigeriana que se prostituía no país europeu. A mulher foi agressivamente abordada no distrito de Palma de Mallorca, na Espanha, por policiais que provocaram ferimentos em seus membros e abdômen e apontaram diretamente a cor de sua pele como uma violência verbal. A Corte identificou, assim, a violação do artigo 14 em conjunção com o artigo 3 da CEDH ao perceber a humilhação sofrida pela vítima e os danos de responsabilidade estatal.

A violação a estes mesmos artigos também é constatada pela Corte no caso *Bekos and Koutropoulos v. Greece* (CtEDH, 2006). Em 1998, policiais gregos atenderam a uma denúncia de invasão de propriedade por parte dos aplicantes e empenharam violência extrema durante a detenção e o interrogatório dos dois suspeitos de origem cigana. Na sala de depoimento, os acusados passaram diversas horas recebendo agressões físicas, sexuais e, especialmente, verbais, associadas a ofensas à comunidade nômade. Após uma série de controvérsias sobre a apuração da desproporcionalidade da violência sofrida pelos aplicantes durante a detenção, a Corte decidiu, em 2005, que as autoridades gregas falharam ao investigar possíveis motivos raciais no incidente, o que acometeu uma violação nos artigos 14 e 3 da Convenção conjuntamente.

A possível aplicação do artigo 14 da CEDH aplicado para violência policial também é observada em *Menson v. The United Kingdom* (CtEDH, 2003), que aborda o ataque racista sofrido pelo jovem negro Michael Menson em 1997. O homem era portador de esquizofrenia e havia sido previamente tratado em um hospital psiquiátrico no norte de Londres, na Inglaterra, até a data de sua liberação no dia 27 de janeiro do mesmo ano. Naquela noite, ele tomou o transporte público e foi atacado por quatro jovens brancos, que o agrediram e atearam-no fogo após descer de um ônibus. Em tal caso concreto, também houve negligência por parte da polícia quanto à investigação do crime, que culminou com a morte de Michael Menson alguns dias depois em decorrência dos severos ferimentos, e motivou tentativa de responsabilização da Metropolitan Police pela Comissão Europeia de Direitos Humanos (CmEDH). Apesar de a Corte não ter admitido o caso em razão da inexistência de direta relação com o Estado para que fosse julgada e ter direcionado-o para a lei doméstica, contudo, entendeu que o crime foi motivado por preconceito de raça.

## 5. DESAFIOS E POSSIBILIDADES DO COMBATE À DISCRIMINAÇÃO NO REGIME INTERNACIONAL

Como descrito nos itens anteriores, o combate à discriminação racial no Direito Internacional é traduzido em normativas e materializado através de abordagens e julgados de organismos internacionais. Apesar de os instrumentos e a jurisprudência representarem, por um lado, uma perspectiva positiva no que se refere à consolidação deste combate, como apontado anteriormente, pontuam-se, a seguir, alguns dos desafios ainda iminentes para que o enfrentamento à discriminação racial seja, de fato, potencializado.

### 5.1. A APLICAÇÃO DA DOUTRINA DO "LIVING INSTRUMENT" EM NORMATIVAS INTERNACIONAIS CONTRA A DISCRIMINAÇÃO RACIAL

Em primeiro lugar, embora a utilização do *living instrument* para proteção de garantias em sistemas internacionais (dentre os quais se destaca o Sistema Europeu de Direitos Humanos) tenha se mostrado um considerável avanço jurídico para a tutela de direitos fundamentais e para o correto acesso à justiça das populações mais vulneráveis, o uso desta doutrina para a análise de conflitos raciais deve ser feito pelas cortes de maneira mais consciente e responsável. Dessa forma, evita-se a invisibilização de importantes movimentos sociais que historicamente lutaram - e ainda lutam - contra a discriminação étnica, principalmente contra populações negras, ao redor do mundo.

No já citado *Hagan v Australia* (CERD, 2003), especificamente, destaca-se a aplicação do *living instrument* para evitar um suposto anacronismo de narrativas, o que pode ser comprovado a partir do argumento do CERD de interpretar os fatos ocorridos à luz das concepções jurídicas em vigor à época da apreciação do caso. Contudo, além de não proporcionar genuína reparação de danos para o reclamante (devido ao caráter não vinculativo da Convenção e ao desinteresse do Estado envolvido em modificar a conjuntura discriminatória vigente, fatores que, por si sós, também são empecilhos para o tratamento das relações raciais contemporâneas), a decisão do órgão ainda possui grande viés contraprodutivo, expresso na medida em que, ao acatar a denúncia de Hagan, o teor objetivamente negativo da denominada *"n-word"* foi vinculado apenas ao momento em que se deu a resposta por parte da Convenção, no ano de 2003 (KEANE, 2020, p. 245).

Assim, em resumo, o CERD, com aplicação equivocada da doutrina do *living instrument*, ao considerar que o termo tratado *supra* não representava ofensa às populações negras e aborígenes da Austrália na década de 1960, passando a ser considerado desrespeitoso somente 40 anos depois, ignora a estruturalidade e a historicidade das expressões e condutas de cunho segregacionista no território australiano e em diversos outros países. Ademais, essa concepção do órgão vai de encontro ao objetivo da própria convenção que lhe deu origem: combater todas as formas de discriminação racial (diretas e indiretas) e não apenas as manifestações consideradas ofensivas e que foram proferidas após a criação do documento ou em um intervalo de tempo determinado (GOES & SILVA, 2013, pp. 15-17).

Por fim, não obstante o *living instrument* possa ser utilizado para casos que envolvam evidentes transgressões dos direitos humanos, aplicando, no julgamento, conceitos jurídicos que ainda não existiam no instante da violação - justificando uma interpretação à luz de *"present-day conditions"*, como no caso Tyrer v United Kingdom (CEDH, 1978) -, é inadmissível que formas de ataque explícito,como a violência a partir do uso de termos ofensivos e claramente racistas, que há séculos afetam negativamente a população negra, sejam tidas pelos órgãos colegiados internacionais enquanto condutas indesejadas unicamente à luz das normas e concepções morais vigentes na atualidade. Caso isso continue a ocorrer, invariavelmente são abertos perigosos precedentes por meio dos quais, da mesma forma, a violência racial estrutural representaria um grave crime apenas e tão somente para sociedades contemporâneas, reforçando a ultrapassada e errônea tese de que práticas discriminatórias eram historicamente aceitáveis em contextos sociais anteriores, já que não eram tipificadas como tal por sistemas jurídicos estruturalmente omissos quanto ao racismo.

## 5.2. A NECESSIDADE DE EVOLUÇÃO JURISPRUDENCIAL NO SISTEMA AFRICANO DE DIREITOS HUMANOS

Outro importante desafio a ser ressaltado refere-se à necessidade de evolução jurisprudencial do Sistema Africano de Direitos Humanos, a partir (i) da instauração de ampla possibilidade para abertura de ações e demandas diretas dos indivíduos contra Estados e (ii) da diminuição da influência política dos governos no que se refere à ação das Cortes Internacionais do continente. A partir dessas medidas, seriam observados importantes avanços no acesso pleno à justiça por parte da população africana, que sofre, ainda nos dias de hoje, com gravíssimas violações de liberdade, relacionadas, em maior ou menor grau, ao histórico de práticas racistas, colonialistas e neocolonialistas no continente, como abordado em tópicos anteriores deste artigo.[19]

---

19 A situação de vulnerabilidade social sistêmica não é característica exclusiva do continente africano. Contudo, o problema se torna mais grave na região pois grande parte das infrações aos Direitos Humanos cometidas pelos Estados-membros não chegam à Corte Africana dos Direitos do Homem e dos Povos. A título de informação, até 2020, 14 anos após a efetiva ratificação do Tribunal por alguns países africanos, apenas 310 demandas foram recebidas, sendo

Com relação à possibilidade de proposição de ações diretas de indivíduos ou ONGs para os órgãos internacionais do continente - em especial a Corte Africana dos Direitos Humanos e dos Povos -, destaca-se a estratégia incutida nos documentos que regulamentam o Sistema Africano (dentre os quais se destacam os artigos 5º, § 3º, e 34, § 6º, do Protocolo Adicional à Carta Africana de Direitos Humanos[20]), produzidos de forma que fosse necessária autorização de cada Estado para que sua população estabeleça demandas perante os tribunais internacionais em caso de violação de direitos. Essa condição foi adotada para que países africanos aceitassem sem grandes ressalvas as normativas internacionais e reconhecessem a jurisdição da Corte Internacional (NASCIMENTO, 2012, p. 113).

Contudo, a partir disso, são observados graves problemas no sistema jurídico do continente, principalmente pela negativa dos Estados em cooperar para o acesso à justiça por parte de seus habitantes. Até o final do ano de 2020, somente seis dos 31 Estados-membros da União Africana haviam emitido essa declaração,[21] o que dificulta consideravelmente a investigação de violações aos Direitos Humanos na região, cujos conflitos estão relacionados, em grande parte, a motivos étnicos estruturais - como o já citado *apartheid*, fruto do imperialismo no continente -, dentre outras formas de segregações racistas.

---

somente 29% dessas tidas como solucionadas.

20  Artigo 5º, nº 3. The Court may entitle relevant Non Governmental Organizations (NGOs) with observer status before the Commission, and individuals to institute cases directly before it, in accordance with article 34 (6) of this Protocol.

Artigo 34, nº 6. At the time of the ratification of this Protocol or any time thereafter, the State shall make a declaration accepting the competence of the Court to receive cases under article 5 (3) of this Protocol. The Court shall not receive any petition under article 5 (3) involving a State Party which has not made such a declaration.

21  Veja em: African Court of Human and Peoples' Rights, *Democratic Republic of Congo ratifies the Protocol on the establishment of the African Court on Human and Peoples' Rights*. Disponível em: https://www.african-court.org/wpafc/democratic-republic-of-congo-ratifies-the-protocol-on-the-establishment-of-the-african-court-on-human-and-peoples-rights/. Acesso em 05 de fevereiro de 2021.

Portanto, a solução do problema de acesso da população africana aos órgãos regionais de proteção aos Direitos Humanos passa pela revisão da cláusula facultativa para aceitação de demandas individuais por parte dos Estados-membros, como ocorreu no âmbito da Corte Europeia e, aos poucos, também acontece no Sistema Interamericano de Direitos Humanos (NASCIMENTO, 2012, pp. 119-123). A partir dessa possibilidade – que poderia aumentar a quantidade de denúncias no Sistema e reconhecer de vez a capacidade e personalidade jurídica internacional da população africana perante seu próprio sistema regional – seria observada verdadeira evolução jurisprudencial da Corte Africana, abandonando o sistema de reivindicações apenas por Estado contra Estado (NASCIMENTO, 2012, p. 106).

## 5.3. A SELETIVIDADE RACIAL DENTRO DAS PRÓPRIAS ORGANIZAÇÕES E SISTEMAS INTERNACIONAIS

### 5.3.1. A necessidade de combate ao racismo no Tribunal Penal Internacional

Com o valoroso viés de impedir a impunibilidade daqueles que perpetuam os mais bárbaros crimes contra a comunidade internacional,[22] o Tribunal Penal Internacional (TPI) acaba por reproduzir desigualdades sistemáticas a nível global, tornando-se um grande desafio a inclusão de políticas antirracistas neste tribunal. Emerge, assim, a discussão se está o TPI imerso em um oceano de racismo estrutural, reproduzindo-o em suas próprias acusações e decisões (CLARKE, 2020; DEFALCO & MEGRÉT, 2019, p. 55).

Neste sentido, o TPI é criticado por seu evidente foco em líderes africanos. Até o final de 2020, o TPI havia proposto acusações contra 45

---

22 Veja em: International Criminal Court, *About the Court*. Disponível em: https://www.icc-cpi.int/about. Acesso em 23 de janeiro de 2021.

indivíduos, sendo que todos os acusados eram africanos negros ou africanos árabes,[23] os dois grupos globalmente submetidos ao mais alto grau de racismo na atualidade. Esta tendência possui duas possíveis interpretações. A primeira, traduzida como um neo-colonialismo, referindo-se à manutenção do papel que a justiça criminal possuía durante o período colonial. E a segunda, interpretada como um projeto de Estados neo-imperialistas, que buscam ofuscar os crimes de seus líderes e ressaltar os crimes de líderes africanos (CLARKE, 2015, p. 592; DEFALCO & MEGRÉT, 2019, pp. 56, 59).

Por um lado, o escudo antirracista do TPI se institui no fato de que o tribunal está comprometido em combater a mais intensa expressão do racismo em um crime internacional: o genocídio. Isto leva a uma atitude defensiva quando se trata de discutir se a justiça criminal internacional pode estar, apesar de tal compromisso, envolvida na perpetuação de racismo estrutural (DEFALCO & MEGRÉT, 2019, p. 59). Discursos negando o racismo envolvido nas atividades do TPI geralmente argumentam com a citação de algum caso superficial, ou alegando que a preponderância de réus africanos no TPI é um resultado neutro da aplicação da lei (MORENO-OCAMPO, 2009, p. 3).

Por outro lado, destaca-se que esta tendência culminou no afastamento de muitos Estados africanos do TPI. Após retirarem seus Estados, líderes africanos o intitularam como *"Tribunal Caucasiano Internacional para a perseguição e humilhação de pessoas de cor, principalmente africanas"* (GRIFFITHS, 2013), e *"encarregado de uma nova missão civilizatória ante o fardo do homem branco do século XXI"* (REUTERS, 2016). Assim, a seletividade racial do TPI implica na persistência de atitudes e crenças claramente destoantes de suas aspirações antirracistas, perpetuando a cegueira mundial às realidades do racismo estrutural (MÉGRET, 2015, p. 549).

---

23  Veja em: International Criminal Court, *Defendants*. Disponível em: https://www.icc-cpi.int/Pages/defendants-wip.aspx#Default=%7B%22k%22%3A%22%22%7D. Acesso em 23 de janeiro de 2021.

## 5.3.2. A falta de representatividade em organismos internacionais

O racismo tem sido tratado como algo externo aos organismos internacionais e à justiça internacional, que deve ser combatido e julgado, e não um fenômeno no qual os próprios organismos podem estar inseridos. Entretanto, a falta de representatividade de pessoas afrodescendentes nestes organismos mostra-se, por si só, como um reflexo do racismo estrutural global.

Na CIJ, por exemplo, das 108 pessoas que já constituíram o corpo de juízes até 2021, apenas 17 eram de países africanos. Destaca-se que, apesar de ser muito mais frequente a eleição de presidentes franceses, estadunidenses e britânicos, apenas por três vezes foram eleitos juízes de países africanos. De 1982 a 1985, foi eleito como presidente da Corte o Juiz Taslim Olawale Elias, da Nigéria; de 1994 a 1997 o Juiz Mohammed Bedjaoui da Algéria; e, o mais recente, de 2018 a 2021, o Juiz Abdulqawi Ahmed Yusuf, da Somália[24].

Esta realidade de desigualdade no judiciário ocorre já em proporção nacional e se reflete em órbita internacional. Como descreve ESSED (2015, p. 227), há, por parte das elites que estão no poder, uma preferência por 'clones culturais' ao selecionar novos membros.

Como analisam BRATTON & HAYNIE (1999, p. 658), é esperado que, quando tomarem decisões, aqueles que fazem parte de minorias raciais têm maior probabilidade de levar em consideração a discriminação histórica de seu grupo, tendo maior empatia aos demandantes, ainda que o caso de discriminação não seja baseado em raça. De acordo com a análise de BOYD (2016, p. 8), por exemplo, juízes negros seriam mais propensos a decidir a favor do demandante em casos de discriminação racial, pois, em casos que

---

24 Veja em: International Court of Justice, All Members. Disponível em: https://www.icj-cij.org/en/all-members. Último acesso em 08 de fevereiro de 2021.

se relacionam diretamente com sua área pessoal de diversidade, estariam mais inclinados a tomar decisões protetivas.

Ademais, haveria uma maior troca de experiências e conhecimentos que enriqueceria não apenas o judiciário, mas também a própria noção de justiça (BOCKER & LEEUWEN, 2007, p. 47). Assim, uma representação proporcional de minorias étnicas traduziria aspectos mais heterogêneos no corpo judiciário, que, por consequência, seria refletido nos julgamentos.

Neste sentido, a maior variedade racial no judiciário seria favorável não só para uma representação simbólica – ou seja, aquela em que a minoria sente que está sendo representada adequadamente e de forma justa (PITKIN, 1967) – como também para simbolizar que a justiça não é prerrogativa de um determinado grupo étnico. Ademais, esta variedade poderia influenciar positivamente na forma como a sociedade sentiria confiança nestes sistemas judiciais (BOCKER & LEEUWEN, 2007, p. 48).

Para que essa diversidade racial fosse possível, seria necessária a criação de políticas de diversidade ou políticas de ações afirmativas no recrutamento de juízes (BOCKER & LEEUWEN, 2007, p. 48). O TPI, por exemplo, possui normas para eleição de juízes destacando a necessidade de igualdade de gêneros (DEFALCO & MEGRÉT, 2019, p. 60). Seria uma evolução oportuna que houvesse uma reforma nestas normas a fim de se englobar também as questões raciais.

# 6. CONSIDERAÇÕES FINAIS

Ainda hoje, não há como negar que existem importantes obstáculos que impedem a ocorrência de um real e libertador combate à discriminação racial no âmbito dos sistemas internacionais estudados. Como observado ao longo deste artigo, fatores relacionados à violência contra as populações afro-americanas, afro-saarianas e ciganas (dentre diversos outros grupos que são vítimas de posturas segregacionistas) estão inerentemente associados à estruturalidade e à historicidade das manifestações de violência étnica que vêm ocorrendo nas sociedades modernas.

Para além disso, a partir da análise normativa e jurisprudencial, observa-se também um crescente aumento no número de regulações de combate à discriminação criadas pelos organismos regionais de proteção aos direitos humanos, sem que se verifique real efetividade de tais medidas de cunho antirracista. Isso se deve, na maioria das vezes, ao fato de as diretrizes criadas pelas instituições jurídicas supraestatais serem muito recentes, mesmo que o racismo seja entendido como um fenômeno dotado de raízes históricas bastante antigas.[25] Ademais, não são observadas, na maioria das vezes, as especificidades de manifestações discriminatórias ocorridas ao redor do mundo. Com isso, constata-se, de forma recorrente, um claro eurocentrismo no que diz respeito a casos apreciados por órgãos internacionais - dentre os quais se destaca o CERD, criado pela ONU, e as controvérsias associadas ao caso *Hagan v Australia*, mencionado anteriormente.

Por último, em linhas gerais, também representa um problema para o combate ao racismo o comportamento excessivamente conservador da grande maioria dos Estados-parte dos sistemas regionais de proteção aos direitos humanos. Somente a partir de uma postura transformadora de relações, em que sejam identificados e assumidos os reais problemas do racismo estrutural e da discriminação racial para a sociedade, poderão ser transpassadas algumas das questões mais elementares que envolvem a problemática, finalmente possibilitando um acesso à justiça mais equânime para todos os grupos da população mundial.

---

25 Destacam-se, nesse âmbito, a Diretiva 200/43/CE e a Convenção Interamericana contra o Racismo, a Discriminação Racial e Formas Conexas de Intolerância, criadas somente em 2000 e em 2013, respectivamente, o que explicita a falta de compromisso dos sistemas regionais no combate ao racismo e a limitação da eficácia das medidas.

# REFERÊNCIAS BIBLIOGRÁFICAS

BOCKER, Anita. LEEUWEN, Leny de Groot-van. **Ethnic minority representation in the judiciary: diversity among judges in old and new countries of immigration**. The Judiciary Quarterly, 2007.

BOYD, Christina L. Representation on the Courts? The Effects of Trial Judges' Sex and Race. **Political Research Quarterly**, University of Utah, 2016.

BRATTON, Kathleen A. HAYNIE, Kerry L. Agenda Setting and Legislative Success in State Legislatures: The Effects of Gender and Race, **Journal of Politics,** Vol. 61, pp. 658–679, 1999.

CDH, 2020(a). **The promotion and protection of the human rights and fundamental freedoms of Africans and of people of African descent against police brutality and other violations of human rights.** A/HRC/43/L.50. 17 de junho de 2020. Disponível em: https://ap.ohchr.org/documents/dpage_e.aspx?si=A/HRC/43/L.50. Acesso em: 11 Fev. 2021.

CDH, 2020(b). **COVID-19, systemic racism and global protests. Report of the Working Group of Experts on People of African Descent.** A/HRC/45/44. 21 de agosto de 2020. Disponível em: https://undocs.org/en/A/HRC/45/44. Acesso em: 11 Fev. 2021.

CDH, 2020(c). **Preparations for marking the twentieth anniversary of the adoption of the Durban Declaration and Programme of Action. Report of the Intergovernmental Working Group on the Effective Implementation of the Durban Declaration and Programme of Action.** A/HRC/45/48. 13 de julho de 2020. Disponível em: https://undocs.org/en/A/HRC/45/48. Acesso em: 13 Fev. 2021.

CEDH, 1978. **Caso Tyrer Vs. The United Kingdom**. Conselho Europeu. Sentença de 15 de março de 1978.

CIDH, **Caso Simone Diniz v. Brasil**, Caso 12.001, Relatório n° 66/06, 2006.

CIDH. **The situation of people of African descent in the Americas**. OEA official records; OEA Ser.L/V/II. Doc 62. 5 de dezembro de 2011.

CIJ, **Caso concernente à Barcelona Traction, Light and Power Co Ltd** (New Application: 1962) (Bélgica v. Espanha), 1970.

CIJ, **Caso concernente à aplicação da Convenção Internacional de Eliminação de Todas as Formas de Discriminação Racial** (Georgia v. Federação Russa), 2011.

CIJ, **Caso concernente à aplicação da Convenção Internacional para a Supressão do Financiamento ao Terrorista e da Convenção Internacional de Eliminação de Todas as Formas de Discriminação Racial** (Ucrânia v. Federação Russa), 2019.

CIJ, **Caso concernente à aplicação da Convenção Convenção Internacional sobre a Eliminação de todas as Formas de Discriminação Racial** (Qatar v Emirados Árabes Unidos), 2021.

CLARKE, Kamari Maxine. Negotiating Racial Injustice: How International Criminal Law Helps Entrench Structural Inequality, **Just Security**, 24 de julho de 2020. Disponível em: https://www.justsecurity.org/71614/negotiating-racial-injustice-how-international-criminal-law-helps-entrench-structural-inequality/. Acesso em 17 de janeiro de 2021.

CLARKE, Kamari Maxine. Refiguring the perpetrator: culpability, history and international criminal law's impunity gap, **The International Journal of Human Rights**, Vol. 19:5, pp. 592-614, 2015.

COMISSÃO EUROPEIA. **Comunicação da Comissão ao Parlamento Europeu, ao Conselho, ao Comitê Econômico e Social Europeu e ao Comitê das Regiões: Uma União da igualdade: plano de ação da UE contra o racismo 2020-2025**, Bruxelas, 18 de setembro de 2020.

CONSELHO DA EUROPA. **Convenção Europeia de Direitos Humanos**. 4 de novembro de 2011.

CONSELHO DA UNIÃO EUROPEIA. **Diretiva 2000/43/CE que aplica o princípio da igualdade de tratamento entre as pessoas, sem distinção de origem racial ou étnica**, 2000. Disponível em: https://eur-lex.europa.eu/legal-content/PT/TXT/PDF/?uri=CELEX:32000L0043&from=PT. Acesso em: 08 de fevereiro de 2021.

CRISTALDO, Heloísa. Câmara Ratifica Convenção Interamericana Contra o Racismo. **Agência Brasil**, 09 de dezembro de 2020. Disponível em: https://agenciabrasil.ebc.com.br/direitos-humanos/noticia/2020-12/camara-ratifica-convencao-interamericana-contra--o-racismo. Acesso em 19 de janeiro de 2021.

CtEDH, 2003. **Menson v. The United Kingdom**, App no. 47916/99, Sentença de 06 de maio de 2003.

CtEDH, 2006. **Bekos and Koutropoulos v. Greece**, App no. 15250/02, Sentença de 13 de março de 2006.

CtEDH, 2012. **B.S. v. Spain**, App no. 47159/08, Sentença de 24 de outubro de 2012.

CtIDH, **Caso de las comunidades afrodescendientes desplazadas de la Cuenca del Río Cacarica (Operación Génesis) v. Colombia**, Excepciones Preliminares, Fondo, Reparaciones y Costas, Serie C/No. 270, 2013.

CtIDH, **Caso Nadege Dorzema y otros Vs. República Dominicana**, Fondo Reparaciones y Costas, Serie C/No. 251, 2012.

DEFALCO, Randle C. MÉGRET, Frédéric. The invisibility of race at the ICC: lessons from the US criminal justice system, **London Review of International Law**, Volume 7, Issue 1, 2019.

ESSED, Philomena. Gendered preferences in racialized spaces: Cloning the physician. In: MURJI, K. & SOLOMOS, J, eds., **Racialization.**

**Studies in theory and practice**. Oxford University Press, Oxford, pp. 227-47, 2005.

GOES, Fernanda Lira; SILVA, Tatiana Dias. **O regime internacional de combate ao racismo e à discriminação racial**. Rio de Janeiro: IPEA, 2013.

GRIFFITHS, Courtenay. Unfair and Partial, **Time**, 30 de setembro de 2013. Disponível em: http://content.time.com/time/subscriber/article/0,33009,2152447,00.html. Acesso em 25 de janeiro de 2021.

GUIMARÃES, Antonio Sérgio Alfredo. **Combatendo o racismo: Brasil, África do Sul e Estados Unidos**. São Paulo: Rev. bras. Ci. Soc., v. 14, n. 39, p. 103-115, Feb. 1999 . Disponível em: <http://www.scielo.br/scielo.php?script=sci_arttext&pid=S0102-69091999000100006&lng=en&nrm=iso>. Acesso em 08 de fevereiro de 2021.

HERRERA FLORES, Joaquín. **A reinvenção dos direitos humanos**; tradução de: Carlos Roberto Diogo Garcia; Antônio Henrique Graciano Suxberger; Jefferson Aparecido Dias. Florianópolis: Fundação Boiteux, 2009.

KEANE, David. Mapping the International Convention on the Elimination of All Forms of Racial Discrimination as a Living Instrument. **Human Rights Law Review** 20, pp. 236-268, 2020.

MÉGRET, Frédéric. Protecting Identity by Ignoring It? A Critical Look at the French and Rwandan Paradoxes, **Dalhousie Law Journal**, pp. 549-589, 2015.

MORENO-OCAMPO, Luis. **Working with Africa: The View from the Prosecutor's Office, Statement to ISS Symposium on 'The ICC that Africa Wants'**, International Criminal Court, 9 de novembro de 2009. Disponível em: https://www.icc-cpi.int/NR/rdonlyres/1229900D-B-581-42AE-A078-918550C372FB/281385/south_africa_nov_09_3final-fordistribution.pdf. Acesso em 19 de janeiro de 2021.

NASCIMENTO, M. A. R. . O acesso do indivíduo às instâncias de proteção do Sistema Africano de Proteção dos Direitos do Homem e dos Povos. **Revista de Direito Internacional,** v. 9, p. 103-124, 2012.

OEA, **Convenção Americana de Direitos Humanos**, 1144 UNTS 144, 1969.

OEA. **Convenção Interamericana contra o Racismo, a Discriminação Racial e Formas Correlatas de Intolerância**, 2013. Disponível em: <https://www.cut.org.br/system/uploads/ck/files/interamericantreatiesA-68ConvencaoInteramericanaracismoPOR.pdf>. Acesso em: 08 de fevereiro de 2021.

OEA. **Plano de Ação da Década dos Afrodescendentes nas Américas (2016-2025)**. AG/RES.2891 (XLVI-O/16). 14 de junho de 2016.

OEA. CIDH chama os Estados a que se comprometam a adotar legislação que defina e proíba o racismo, a discriminação racial e a intolerância. **Comunicado de Imprensa n. 074/19**. 2019. Disponível em: https://www.oas.org/pt/cidh/prensa/notas/2019/074.asp. Acesso em 11 de fevereiro de 2021.

ONU. **Ano Internacional dos Povos Afrodescendentes**. UN Doc A/RES/64/169. Resolução nº 64/169. 19 Março 2010. Disponível em: https://brazil.unfpa.org/sites/default/files/pub-pdf/resolucao_ano_internacional_povos_afrodescendentes.pdf. Acesso em: 08 de fevereiro de 2021.

ONU. **Convenção Internacional sobre a Eliminação de Todas as Formas de Discriminação Racial**. Resolução 2106 (XX), 21 de dezembro de 1965.

ONU. **Declaration on Race and Racial Prejudice**, 1978. Disponível em: < http://portal.unesco.org/en/ev.php-URL_ID=13161&URL_DO=DO_TOPIC&URL_SECTION=201.html>. Acesso em 8 de fevereiro de 2021..

ONU. **Declaração das Nações Unidas sobre a Eliminação de Todas as Formas de Discriminação Racial**. Resolução 1904 (XVIII), 20 de dezembro de 1963.

ONU. **Declaração e Programa de Ação de Durban**. 8 de setembro de 2001. Disponível em: http://www.unfpa.org.br/Arquivos/declaracao_durban.pdf. Acesso em: 08 de fevereiro de 2021.

OUA. **Carta Africana dos Direitos Humanos e Dos Povos** (Carta de Banjul), 1981. Disponível em: http://www.ciespi.org.br/media/Base%20Legis/CartaBanjul.pdf. Acesso em: 13 de fevereiro de 2021.

OUA. **Convenção da Organização de Unidade Africana que Rege os Aspectos Específicos dos Problemas dos Refugiados em África**, 1969. Disponível em: <https://gddc.ministeriopublico.pt/sites/default/files/convencao_refugiados_oua.pdf>. Acesso em: 08 de fevereiro de 2021.

OUA. **Racial Discrimination in the United States of America**. AHG/Res. 15(I). Julho de 1964. Disponível em: https://au.int/sites/default/files/decisions/9514-1964_ahg_res_1-24_i_e.pdf. Acesso em: 13 de fevereiro de 2021.

PIOVESAN, Flávia. Prefácio. In: HERRERA FLORES, Joaquín. **A reinvenção dos direitos humanos**; tradução de: Carlos Roberto Diogo Garcia; Antônio Henrique Graciano Suxberger; Jefferson Aparecido Dias. Florianópolis: Fundação Boiteux, 2009.

PITKIN, H.F. The concept of representation, **University of California Press**, Berkeley, 1967.

REMEDY AUSTRALIA. **Follow-up Report on violations by Australia of ICERD, ICCPR & CAT in individual communications (1994-2014)**, Melbourne, 11 de abril de 2014. Disponível em: https://remedy.org.au/reports/2014_Follow-Up_Report_to_treaty_bodies.pdf. Acesso em 11 de janeiro de 2021.

REUTERS, Gambia announces withdrawal from International Criminal Court, **Reuters World News**, 25 de outubro de 2016. Disponível em: https://www.reuters.com/article/us-gambia-icc/gambia-announces--withdrawal-from-international-criminal-court-idUSKCN12P335?il%-C2%BC0. Acesso em 25 de janeiro de 2021.

SAMPAIO, Nestor. **Carta Africana dos Direitos Humanos e dos Direitos dos Povos (Sistema Regional Africano/1981)**. Disponível em:<https://nestorsampaio.jusbrasil.com.br/artigos/112021030/carta-africana-dos-direitos-humanos-e-dos-direitos-dos-povos-sistema--regional-africano-1981>. Acesso em: 19 de janeiro de 2021.

UE. **Carta dos Direitos Fundamentais da União Europeia**. 2000/C 364/01. 18 de dezembro de 2000.

UE. **Tratado de Lisboa que altera o Tratado da União Europeia e o Tratado que institui a Comunidade Europeia**. 2007/C 306/01. 17 de dezembro de 2007.

UNHRC, **Stephen Hagan v. Australia**, Communication no. 26/2002, U.N. Doc. CERD/C/62/D/26/2002, 2003

# O necessário tratamento contra-hegemônico e multicultural acerca da mutilação genital feminina no âmbito do direito internacional dos direitos humanos

YHASMIN MONTEIRO[1]

**SUMÁRIO:**

1. Introdução
2. Análise do Corte Genital Feminino dentro de uma ótica não hegemônica dos Direitos Humanos
3. A prática do Corte Genital Feminino e seu contexto
4. As normas internacionais que tangem o tema
5. A correta abordagem internacional para a extinção da prática do Corte Genital Feminino
6. Conclusão.

---

1 Graduanda em Direito pela Universidade de São Paulo e pela Université de Jean Monnet, através de programa de dupla graduação intitulado PITES. Pesquisadora do Grupo de Trabalho sobre Defensores de Direitos Humanos da Cátedra Jean Monnet da FECAP. Estagiária no Núcleo de Cidadania e Direitos Humanos da Defensoria Pública do Estado de São Paulo. E-mail: yhasminm@gmail.com.

## 1. INTRODUÇÃO

A prática do Corte Genital Feminino (CGF) ocorre em cerca de trinta países, localizados na África e no Oriente Médio. Nestes locais, é por vezes uma prática de comunidades rurais e, por vezes, uma prática realizada nas cidades. Assim, é importante ter em mente, inicialmente, sobre o tema, que ele abrange uma série de contextos e de diferentes configurações, a depender da cultura local.

Além dos locais onde é originária, a prática do CGF também se dá em diversos países ao redor do mundo, em razão das comunidades de imigrantes que lá vivem e que mantém sua realização como uma forma de identificação e pertencimento cultural.

Logo, o Corte Genital Feminino é uma prática que afeta milhões de meninas e mulheres ao redor do globo, sendo uma problemática transnacional, não limitada pelas fronteiras dos Estados, em razão da migração dos povos, e, ao mesmo tempo, de cunho fortemente tradicionalista e com fortes raízes culturais. Desta feita, é uma questão que envolve, ao mesmo tempo, o Direito Internacional dos Direitos Humanos e o direito dos Estados nacionais como forma de demonstração cultural.

Ao longo do presente artigo será feito um estudo para a compreensão da forma como deve ser realizada a intervenção da comunidade internacional para que, de forma não hegemônica e imperialista cultural, esta prática seja combatida.

É importante destacar que a utilização do termo "Corte Genital Feminino" em vez de "Mutilação Genital Feminina" é preferível, pois não estigmatiza as populações envolvidas (CAMPOS, 2010, p. 152) e se mostra-se mais efetivo no diálogo com as comunidades locais, pois é menos imparcial e julgador, como restou demonstrado pela abordagem da Tostan

International, uma organização africana que conduziu as campanhas mais bem sucedidas de redução do CGF ao redor do mundo (DUVENBODE, PADELA, 2019, p. 4).

## 2. ANÁLISE DO CORTE GENITAL FEMININO DENTRO DE UMA ÓTICA NÃO HEGEMÔNICA DOS DIREITOS HUMANOS.

A prática do corte genital feminino é uma problemática que se insere dentro de um contexto onde são diversos os fatores a serem considerados. Não é possível sua análise em um vácuo de abstração, dado que o fenômeno é dotado de grande complexidade por relacionar-se a toda uma dinâmica social e cultural (MEDEIROS; DENIS, 2019, p. 8), resultado de diversos modos de existência e interações humanas, a depender das peculiaridades dos grupos que a ela recorrem (MELO, 2019, p. 60). É possível assimilar esta prática dentro do contexto do conceito de horror trágico, trazido por Diniz, o qual corresponde à vivência de uma experiência mórbida ou desagradável que é consequência de um cotidiano socialmente instituído (DINIZ, 2001).

Assim, não é possível que a análise deste fenômeno pelo Direito Internacional dos Direitos Humanos se dê de forma neutra, por meio da aplicação de uma norma positivada em um contexto abstrato e puro, uma vez que este contexto seria utópico e irreal. Diante disso, faz-se necessário observar de que maneira seria possível empreender uma análise da temática, dentro do campo do direito internacional, com o emprego de uma visão de direitos humanos contra-hegemônica e multicultural, de forma a não corroborar com uma verticalização hierárquica da moral e da ética (MELO, 2019, p. 68), provenientes de localismos diversos.

Primeiramente, cabe destacar, em observância aos ensinamentos de Boaventura de Sousa Santos (2001, p. 9) que o modelo político da modernidade ocidental se traduz em um modelo de Estados-nação sobe-ranos, os quais coexistem em um sistema internacional. Segundo o autor, diante do quadro de erosão das fronteiras duras dos Estados, no contexto da globalização, surge o deslocamento da regulação e da emancipação social para o âmbito global, sendo que, com isto, há um reconhecimento mundial da política dos direitos humanos. Todavia, ao passo que há a insti-tuição de um ordenamento internacional que rege a matéria, tem-se que as violações de direitos humanos e a luta contra estas estão, inevitavelmente, inseridas em uma dimensão interna, nacional, permeada por aspectos cul-turais (SANTOS, 2001, p. 9). Desta forma, nota-se que há uma disparidade entre o âmbito internacional, onde as normas são criadas, e o âmbito nacio-nal, onde devem ser aplicadas.

Boaventura define globalização como "o processo pelo qual determi-nada condição ou entidade local estende a sua influência a todo o globo e, ao fazê-lo, desenvolve a capacidade de designar como local outra condição social ou entidade rival", de forma que "aquilo a que chamamos globali-zação é sempre a globalização bem-sucedida de determinado localismo" (SANTOS, 2001, p. 11). Partindo desta definição, o autor afirma que existem dois tipos de globalização: a de-cima-para-baixo, ou hegemônica, e a de-bai-xo-para-cima, ou contra-hegemônica (Ibid., p. 15).

A partir disso, defende Santos (2001, p. 15) que a aplicação de uma noção de direitos humanos como direitos universais tende a sua inserção na sistemática de um localismo globalizado, operando de forma hegemô-nica. Nesse sentido, tem-se que a própria Declaração Universal dos Direitos Humanos, apesar de dizer-se universal, na verdade incorpora fundamen-tos ideológicos e filosóficos puramente ocidentais (HERRERA, 2009, p. 36), tendo sido, inclusive, questionada em sua redação por alguns países, na época de sua criação (RAMOS, 2018, p. 118).

Os direitos humanos, historicamente, têm uma origem inegavel-mente ocidental (HERRERA, 2009, p. 36) sendo que a luta pela dignidade

–um de seus valores máximos, definida, por Piovesan (2006, pp. 7-8) como um de seus paradigmas e referenciais éticos, fora, nos mais diversos momentos, instrumentalizada e dirigida em prol dos interesses das nações ocidentais (Ibid., p. 126), havendo a invisibilização, o repúdio e a marginalização de questões culturais que fugissem a esta dimensão, ecoada por um discurso universal humanitário (MELO, 2009, p. 60).

Não obstante sua origem ocidental, nosso entendimento vai no mesmo sentido daquele emanado por André de Carvalho Ramos (2018, pp. 130-131), no sentido de que a proteção dos direitos humanos, nos dias de hoje, é, ainda, uma conquista diária, não pertencendo a determinada tradição cultural, de forma que a luta pelo respeito dos direitos humanos deve se dar em conformidade e respeito com a pluralidade de culturas e cosmovisões.

O entendimento dos direitos humanos como mínimo necessário para a manutenção de um padrão ético, a ser empregado por todos os países no fornecimento de condições mínimas de dignidade as suas populações (PIOVESAN, 2006, p. 9), e, portanto, de forma universal, todavia, é também dotado de certa controvérsia (MELO, 2019, p. 63). Isto porque, apesar de sustentarem-se como direitos de titularidade de todos os seres humanos, sem distinção de qualquer ordem, seja temporal ou cultural (RAMOS, 2018, p. 120), a interpretação e implementação desses direitos não pode se dar como forma de opressão a outras culturas, devendo ocorrer sem qualquer forma de imposição ou colonialismo (HERRERA, 2009, 37).

Apesar disso, tem-se que a universalidade e indivisibilidade dos direitos humanos são características que integram a concepção contemporânea dos Direitos Humanos, marcada, em um primeiro momento, pela criação da Declaração de 1948 (PIOVESAN, 2006, p. 8), e ratificada, de forma robusta e definitiva, pela Segunda Conferência Mundial de Direitos Humanos, realizada em Viena, em 1993, que foi um marco para o Direito Internacional, pois contou com a participação de 180 Estados (RAMOS, 2018, p. 122).

Desta feita, estabeleceu-se, no primeiro artigo da Declaração de Viena que "a natureza universal desses direitos e liberdades não admite dúvidas", enquanto, em seu parágrafo quinto, reconheceu que "todos os direitos humanos são universais". Assim, ficou estabelecido que os seres humanos, independentemente de sua origem étnica, credo, convicção política, nacionalidade e outras diferenças, são titulares desses direitos (RAMOS, 2018, p. 122).

A Universalização dos direitos humanos, posteriormente, fortaleceu-se e se estabilizou, sendo um fator que o comprova a ampla ratificação, pelos Estados, de instrumentos normativos internacionais como a Convenção contra a Tortura, a Convenção sobre a Eliminação da Discriminação contra a Mulher, e a Convenção sobre os Direitos da Criança, a qual, em 2003, contava com a adesão de 191 Estados-partes (PIOVESAN, 2006, p. 9).

Logo, apesar do reconhecimento de um caráter universal no que tange à titularidade dos direitos humanos, estendida a todos os seres humanos, a interpretação desses direitos e, consequentemente, sua aplicação, não podem se dar apartadas da compreensão, do respeito e da consideração dos fenômenos diversos que se produzem na sociedade cujas práticas são questionadas por entenderem-se, pela comunidade internacional, em contradição com os direitos humanos (HERRERA, 2009, p. 86).

Assim, destaca-se a visão de Boaventura de Souza Santos, segundo a qual, para operar de forma contra-hegemônica, os direitos humanos devem ser aplicados em conformidade com uma concepção multicultural (SANTOS, 2001, pp. 15-16), inspirada no diálogo entre as culturas, com o objetivo de compor uma ferramenta emancipatória (PIOVESAN, 2006, p. 13).

Necessário, neste ponto, fazer uma breve digressão para a explicação do termo. A expressão multiculturalismo, originalmente, diz respeito à coexistência de formas culturais ou de grupos, caracterizados por culturas diferentes, no seio de sociedades «modernas», todavia, acabou por generalizar-se, de forma que, atualmente, é utilizado para designar as diferenças culturais em um contexto transnacional e global (SANTOS, pp. 3-10). Dentro do contexto hora tratado, multiculturalismo deve ser entendido como a coexistência pacífica e não hegemônica de valores sociais, políticos, econômicos e culturais, sem que haja qualquer tipo de imposição de preceitos tidos como universais, que são, na verdade, produto de um localismo e imperialismo cultural (MELO, 2019, pp. 64-68).

Conforme explica Boaventura (2003, p. 10), as versões emancipatórias do multiculturalismo baseiam-se no reconhecimento da diferença e do direito à diferença, com a possibilidade de coexistência apesar dela. Através da aplicação multicultural dos direitos humanos, possibilitar-se-á sua transformação em um projeto cosmopolita (SANTOS, 2001, p. 18), emancipatório, cujo objetivo é a implantação de relações de solidariedade entre o "nós" e os "outros" (HERRERA, 2009, p. 102).

Piovesan, aplicando conceito de Joaquín Flores Herrera, explica que, através de um universalismo de confluência[2], fomentado pelo ativo protagonismo da sociedade civil internacional, a partir de suas demandas e reivindicações morais, seria assegurada a legitimidade no processo de construção dos parâmetros internacionais voltados à proteção dos direitos humanos (PIOVESAN, 2006, pp. 14-15).

Logo, nota-se que se demonstra não apenas necessária, como imprescindível, a aplicação de uma visão multicultural dos direitos humanos, construída a partir da implementação do universalismo de confluência. Ademais, para que seja possível o estabelecimento de um diálogo intercultural, é preciso o reconhecimento de incompletudes mútuas (SANTOS, 2001, p. 23), de forma que as relações entre Estados e entre Estado e a comunidade internacional devem se dar de forma horizontal, quando considerados temas que estejam inseridos na cultura, na história e na identidade dos povos.

---

2   O universalismo de confluência seria alcançado com a a abertura do diálogo entre as culturas, com respeito à diversidade e com base no reconhecimento do outro, como ser pleno de dignidade e direitos (PIOVESAN, 2006, p. 14).

É também importante notar que, a necessidade da aplicação das normas de Direito Internacional dos Direitos Humanos em conformidade a uma visão multicultural se justifica pelo fato de que as normas jurídicas estão situadas em um marco de sistemas de valores, que podem ser reacionários ou emancipadores (HERRERA, 2009, pp. 135-136). Nesse sentido, não basta a criação de uma definição abstrata, pela comunidade internacional, do conceito de dignidade e dos valores que a conformam, pois é preciso reconhecer a experiência particular das culturas e formas de vida para poder apreciar o componente universalista da ideia de dignidade (Ibid. p. 135).

É muito ilustrativa, nesse sentido, a lição de Joaquín Flores Herrera, segundo a qual o direito, garantidor da identidade comum, não é neutro, nem tampouco a cultura, garantidora da diferença, é fechada, de forma que é preciso construir uma cultura dos direitos humanos que acolha, em seu seio, a universalidade das garantias e o respeito ao diferente (HERRERA, 2009, p. 150).

No entanto, o relativismo cultural não pode servir de justificativa para imposições culturais e restrição de indivíduos a papéis preestabelecidos que lhes custem a liberdade (RAMOS, 2018, p. 131). Isto porque, no plano ético, qualquer atentado contra a vida humana ou à integridade física se coloca em um patamar superior à aceitação acrítica do fator cultural ou étnico definido por si próprio, de modo que, as diferenças culturais só podem ser aceitas no limite ético da dignidade humana (MEDEIROS, DENIS, 2019, pp. 8-9).

Da própria Declaração de Viena se extrai que qualquer norma ou prática cultural local deve ser subordinada aos direitos humanos (RAMOS, 2018, p. 122), de forma que, sendo os direitos humanos construções sociais, podem ser objeto de relativização social e cultural, no entanto, nos limites estabelecidos pela ética, de forma a não se sobreporem as questões ético-culturais aos direitos humanos (MEDEIROS, DENIS, 2019, p. 9).

Neste mesmo sentido seguiu o voto conjunto dos juízes Trindade, Pacheco Gómez e Abreu Burelli, da Corte Interamericana de Direitos Humanos, dado no Caso da Comunidade Mayagna (Sumo) Awas Tingni vs. Nicaragua, em sentença de 31 de agosto de 2001, *in verbis*:

> En efecto, muchas son, en nuestros días, las sociedades multiculturales, y la atención debida a la diversidad cultural nos parece que constituye un requisito esencial para asegurar la eficacia de las normas de protección de los derechos humanos, en los planos nacional e internacional. Del mismo modo, consideramos que la invocación de las manifestaciones culturales no puede atentar contra los estándares universalmente reconocidos de observancia y respeto a los derechos fundamentales de la persona humana. Así, al mismo tiempo que afirmamos la importancia de la atención debida a la diversidad cultural, inclusive para el reconocimiento de la universalidad de los derechos humanos, rechazamos con firmeza las distorsiones del llamado 'relativismo' cultural.

Logo, o argumento de relativização dos direitos humanos somente pode ser aceito como cláusula de salvaguarda para os casos daqueles que, de fato, desejarem exercer seus direitos de escolha, e nunca para coagir outros a se submeterem a determinados comportamentos apenas por se tratar de uma "prática tradicional" (RAMOS, 2018, p. 131). Isto porque a pretensão de imposição cultural se mostra como uma agressão contra os valores que o corolário da dignidade humana visa proteger (MELO, 2019, p. 68).

Ato contínuo, tem-se que a remoção, parcial ou total dos órgãos genitais femininos por razões não médicas é um prática perpetuada e sustentada por valores sociais e culturais (MELO, 2019, p. 68) a qual viola o direito da dignidade da pessoa humana posto que é um atentado contra a integridade física e mental das mulheres submetidas a tal prática, podendo ser, ainda, um atentado contra a vida das mesmas. Assim, para o caso do Corte Genital Feminino, não há que se falar em relativização dos direitos humanos.

Não é possível, tampouco, entender que a prática se dá de forma voluntária nas comunidades onde faz parte do costume e da cultura local, uma vez que se configura como necessária à assimilação social, onde é praticada, levando à segregação quando a mulher se recusa a efetuá-la (MELO, 2019, p. 69).

## 3. A PRÁTICA DO CORTE GENITAL FEMININO E SEU CONTEXTO

A prática do corte genital feminino é correspondente a todos os procedimentos nos quais os órgãos genitais femininos externos sejam removidos, parcial ou totalmente, ou nos quais sejam provocadas lesões nos órgãos genitais femininos por motivos não médicos (MELO, 2019, p. 6; UNITED NATIONS POPULATION FOUND, 2015, p. 7; CEREJO, TEIXEIRA, LISBOA, 2017, p. 85; CAMPOS, 2010, p. 152; OKEKE, ANYAEHIE, EZENYEAKU, 2012, p. 70, UNICEF, 2008, p. 1).

Normalmente, a prática é realizada em meninas de até 15 anos, sendo que a idade considerada ideal para a realização do procedimento varia de acordo com o país. No Egito, por exemplo, 90% das meninas é submetida ao corte genital entre 5 e 14 anos, enquanto na Etiópia e na Mauritânia, cerca de 60% passa pelo procedimento antes de completar cinco anos de idade. Por fim, no Iêmen, 76% das meninas é submetida ao CGF em suas primeiras duas semanas de vida (UNICEF, 2008, p. 6).

No ano de 2014, estimava-se que entre 100 e 140 milhões de meninas e mulheres haviam sido submetidas ao corte genital feminino (POPULATION REFERENCE BUREAU, 2014), sendo que, em 2018, de acordo com a Organização Mundial da Saúde, este número seria de aproximadamente 200 milhões (WHO, 2018). O aumento é assustador, e denota que, apesar da intensificação da pressão internacional para a extinção da prática, poucos foram os efeitos disso para a diminuição deste quadro.

Em termos geográficos, a prática se concentra em 29 países na África e do Oriente Médio, onde ocorre de modo habitual e recorrente (OKEKE, ANYAEHIE, EZENYEAKU, 2012, p. 70; UNITED NATIONS POPULATION FOUND, 2015, p. 7; CEREJO, TEIXEIRA, LISBOA, 2017, p. 85; MEDEIROS, DENIS, 2019, p. 10; UNICEF, 2008, p. 3).

Algumas características demográficas em comum podem ser encontradas nestes países onde o CGF é prevalente, quais sejam: todos eles possuem altos índices de jovens na composição de sua população e apresentam elevados níveis de fertilidade e de mortalidade materna e de bebês (UNITED NATIONS POPULATION FOUND, 2015, p. 12). Ademais, 22 destes países são países em desenvolvimento, sendo que a grande maioria apresentou um rápido crescimento de sua população entre 1950 e 2010, além disso, tem-se que, nestes países, os maiores índices de prática do CGF são observados nas áreas rurais, com exceção da Nigéria (Ibid., pp. 16-20).

É importante destacar que os altos índices de fertilidade desses países não guardam relação com a prática do Corte Genital Feminino, mas sim com o fato de que são países que contam com uma grande população de jovens em idade fértil (UNITED NATIONS POPULATION FOUND, 2015, p. 16).

Ademais, nota-se que não é apenas nos países onde a prática é originária que ela ocorre, uma vez que, com o fenômeno da migração, o CGF não mais se circunscreve às fronteiras desses países, pois acompanha as populações migrantes, como elemento de uma identidade cultural (CEREJO, TEIXEIRA, LISBOA, 2017, p. 86). Nesse sentido, em 2009, o Parlamento Europeu estimou que cerca de 500 mil mulheres que haviam passado pelo CGF viviam no território europeu (UNITED NATIONS POPULATION FOUND, 2015, p. 7).

A situação das mulheres migrantes é particularmente mais sensível, pois enquadra-se em um contexto multidimensional onde questões como gênero, classe social, pertencimento étnico e cultura sobrepõem-se (MEDEIROS, DENIS, 2019, pp. 3-6). Assim, é importante que o tratamento desta questão pelos países nos quais vivem essas mulheres seja feito de forma horizontalizada, em termos de cultura, e que seja dada grande atenção ao cuidado necessário para não estigmatizar essas mulheres ou endemonizar suas culturas.

São quatro os tipos de Corte Genital Femino existentes. O primeiro deles é a clitoridectomia, correspondente à remoção parcial ou total do clitóris e/ou do prepúcio; a segunda forma se dá pela excisão, que consiste, além da clitoridectomia, na amputação dos pequenos lábios, podendo ocorrer também a excisão dos grandes lábios; a terceira modalidade é a infibulação ou circuncisão faraônica, a qual ocorre quando há o estreitamento do orifício varginal, que pode ocorrer juntamente com a clitoridectomia e infibulação; e, por último, a intervenção por razões não médicas por questão de saúde (MELO, 2019, p. 61).

As variações da prática se devem à existência de diversas comunidades étnicas que contam com diferentes concepções e atitudes no que diz respeito à prática do Corte Genital Feminino (UNICEF, 2008, p. 6). Assim, o tipo de corte realizado varia consoante o país ou os grupos étnicos praticantes (CEREJO, TEIXEIRA, LISBOA, 2017, p. 85; OKEKE, ANYAEHIE, EZENYEAKU, 2012, p. 71). Nesse sentido, é importante notar que a gravidade do impacto físico é proporcional à extensão do procedimento (CEREJO, TEIXEIRA, LISBOA, 2017, p. 89).

O Corte Genital Feminino viola os direitos e a saúde das meninas e mulheres que a ele são submetidas, tendo em vista que elas têm sua saúde física, psicológica, sexual e reprodutiva afetadas pela prática (CEREJO, TEIXEIRA, LISBOA, 2017, p. 88; MELO, 2019, p. 61). Sua execução traz consequências devastadoras para a vida de cerca de três milhões de meninas e mulheres por ano, que têm sua liberdade violada, são expostas à discriminação e têm suas vidas ameaçadas pelo procedimento (UNICEF, 2008, p. vii). Trata-se de uma grave violação aos direitos humanos e, também, de um problema de saúde pública (Ibid. p. 85).

A prática do CGF é uma manifestação cultural da desigualdade de gênero profundamente enraizada nas estruturas social, econômica e política dessas sociedades, traduzindo-se em episódios diversos de discriminação e estigmatização com base no gênero ao longo da vida das mulheres destas comunidades (UNICEF, 2008, p. 11; CEREJO, TEIXEIRA, LISBOA, 2017, p. 85). Trata-se de uma forma extrema de discriminação contra a mulher, envolvendo uma violação de seus direitos à saúde, segurança, integridade física, do direito a não ser submetido a tortura e a tratamento cruel, inumado ou degradante, e do direito à vida, quando, muitas vezes, o procedimento termina com a morte da mulher a ele submetida (OKEKE, ANYAEHIE, EZENYEAKU, 2012, p. 71).

Muitas das vezes, as garotas submetidas ao procedimento do CGF não têm a oportunidade de realizar uma decisão independente sobre passar ou não por ele, uma vez que, normalmente, são submetidas ao CGF enquanto ainda muito novas, e também porque, com frequência não são informadas sobre o que lhes será feito (OKEKE, ANYAEHIE, EZENYEAKU, 2012, p. 71).

No seio dessas sociedades, o CGF pode ser compreendido sob diferentes perspectivas e apresentar justificações diversas, dentre elas é possível mencionar a compreensão da prática do Corte Genital Feminino como procedimento para a preservação da castidade e pureza, para a manutenção da honra familiar, por questões de higiene, por questões de estética, para a proteção da virgindade e prevenção da promiscuidade, para modificação de atitudes sociossexuais, para o aumento do prazer sexual do marido, para aumento da fertilidade e aumento de oportunidades de matrimônio, e ainda, por razões legais (uma vez que, em muitos destes países, uma pessoa não pode herdar uma propriedade se não for circuncisada) (OKEKE, ANYAEHIE, EZENYEAKU, 2012, p. 71).

Em grande parcela dos casos, as mães submetem suas filhas à prática para as protegerem de serem condenadas ao ostracismo, serem espancadas, segregadas e caírem em desgraça (OKEKE, ANYAEHIE, EZENYEAKU, 2012, p. 72). Ao mesmo tempo, o procedimento é revestido por um senso de orgulho, de passagem para a vida adulta e de pertencimento social. Todavia, quando não se submetem à prática, as meninas e suas famílias perdem seu status social, sendo estigmatizadas e isoladas (UNICEF, 2008, p. vii). Apesar de saberem, em muitas vezes, que o procedimento causará danos físicos e psicológicos às meninas, os membros da família preferem isso à exclusão social a qual serão submetidas caso não o façam (Ibid., p. 11; CEREJO, TEIXEIRA, LISBOA, 2017, p. 91).

Através dessa análise, é possível observar que, mesmo quando o CGF é uma escolha, não pode ser considerada uma prática voluntária, dado que está permeada por um contexto de coerção social, sendo as consequências para a saúde preferíveis àquelas a serem enfrentadas em caso de descumprimento do papel predeterminado conferido às mulheres nestas sociedades. Por essa razão, mostra-se legítimo seu combate, pois caracteriza-se como uma prática inteiramente contrária à dignidade da pessoa humana.

É possível concluir, portanto, que o CGF corresponde a uma convenção social que faz parte da identidade cultural de gênero dessas comunidades (CEREJO, TEIXEIRA, LISBOA, 2017, p. 90), o que responde em grande parte à razão de sua propagação mesmo por mulheres que já foram submetidas ao procedimento, as quais continuam mantendo a prática viva ao levarem suas filhas e netas para serem submetidas à ela (UNICEF, 2008, pp. 11-12).

A religião também é um fator marcadamente utilizado como justificativa para a realização do Corte Genital Feminino, apesar de não existir nenhuma referência a sua prática em nenhum dos três livros sagrados

(CEREJO, TEIXEIRA, LISBOA, 2017, p. 92). Apesar de não ser prescrita por nenhuma religião, a percepção geral nessas comunidades é de que sua prática pode fazer com que as mulheres que tenham passado por ela sejam puras espiritualmente (UNICEF, 2008, p. 12). Embora exista uma prevalência da religião islâmica dentre aqueles povos praticantes do CGF, é possível encontrar comunidades praticantes de todas as grandes crenças religiosas, no contexto do polimorfismo social e cultural do CGF (MEDEIROS, DENIS, 2019, pp. 10-11). Particularmente na Nigéria, o CGF é praticado majoritariamente pelos cristãos (OKEKE, ANYAEHIE, EZENYEAKU, 2012, p. 71).

Na grande maioria dos casos, os procedimentos são realizados por especialistas tradicionais, normalmente mulheres mais velhas que são membras da comunidade (UNICEF, 2008, p. 7). Todavia, nos últimos anos, a realização do CGF sofreu algumas mudanças em muitos dos países onde ocorre, sendo uma delas a medicalização do procedimento, a qual se deu pela substituição de parte dos especialistas tradicionais por profissionais da área da saúde, principalmente no Egito, na Giné e no Mali (Ibid., p. 7). Apesar de diminuir os riscos associados à prática, a medicalização falha em corresponder a uma mitigação de sua perpetuação. Nesse sentido, a OMS se manifestou contrariamente à medicalização, pois o CGF não deve ser institucionalizado ou ser praticado por qualquer profissional de saúde, seja qual for o contexto (OKEKE, ANYAEHIE, EZENYEAKU, 2012, p. 72).

Os outros dois fenômenos de transformação acerca da prática do CGF correspondem à (i) diminuição da idade na qual as meninas são submetidas a ela em muitos países, principalmente em função do fato de a prática ter sido proibida em muitos locais, de forma que, ao ser realizada em meninas mais novas, dificulta-se a fiscalização das autoridades; e (ii) à diminuição das manifestações cerimoniais públicas ligadas à prática (UNICEF, 2008, p. 7).

Muitas são as possíveis consequências para a saúde da mulher ocasionadas pelo CGF. Dentre as principais, existem aquelas imediatas, como dor, hemorragia, infecção, e até morte; e de médio prazo, como dificuldade de drenagem de secreções e sangue menstrual, infecção urinária recorrente, fibrose cicatricial e infecção pélvica crónica; ademais, são geralmente ocasionadas complicações obstétricas, como fístulas, obstrução do trabalho de parto, rotura dos tecidos, sofrimento e morte fetal, e trabalho de parto doloroso e prolongado (CAMPOS, 2010, pp. 154-155). Ademais, diversas são as consequências para a sexualidade da mulher, como ausência de sensibilidade e prazer sexual, dificuldade de penetração vaginal e anorgasmia; e as sequelas psicológicas (Ibid, pp. 154-155).

Destaca-se que, por serem frequentemente realizados através de procedimentos tradicionais, os Cortes Genitais Femininos, muitas vezes, são feitos com o uso de facas, lâminas ou pedaços de vidro não esterilizados, sem anestesia ou cuidados anti-sépticos, o que potencializa, em grande medida, as consequências danosas para a saúde dessas mulheres (CEREJO, TEIXEIRA, LISBOA, 2017, p. 89).

É interessante notar que, historicamente, as manifestações internacionais contrárias ao Corte Genital Feminino baseavam-se unicamente nos riscos à saúde que a prática promovia, sendo que apenas na década de 80 as questões ligadas à igualdade de gênero começaram a surgir no campo internacional (TOUBIA, SHARIEF, 2003, p. 252). Foi apenas na década de 90 que o conceito de direito das mulheres foi introduzido como parte dos direitos humanos, e que, em 1993, a violência de gênero foi aceita como uma violação aos direitos humanos, na Conferência de Viena, quando, então, começaram a surgir abordagens que tratavam da oposição ao CGF com ênfase em suas consequências para os direitos das mulheres e das crianças (Ibid., p. 252).

O Corte Genital Feminino se insere em um emaranhado de questões sensíveis, dado que está diretamente ligado por um laço de pertencimento cultural, ao passo em que sua prática é a materialização de uma extrema violência de gênero, que causa um terrível impacto na integridade física e psicológica de milhares de meninas e mulheres, seja no continente Africano, no Oriente Médio, ou nos diversos países onde migrantes dessas comunidades estabeleçam grupos. Apesar de sua complexidade, é imprescindível a consideração multifatorial e a compreensão do tema em suas profundezas para que seja possível seu combate e superação.

## 4. AS NORMAS INTERNACIONAIS QUE TANGEM O TEMA

A prática do Corte Genital Feminino representa, por todas as razões expostas anteriormente, uma afronta aos direitos das mulheres e das crianças, já que, normalmente, se dá ainda no período infante (MELO, 2019, p. 65). Acaba, então, por chocar-se com diversos instrumentos normativos vinculantes do Direito Internacional, caracterizando-se, assim, como uma afronta aos direitos humanos e aos instrumentos positivados.

Muitos dos países onde ocorre o CGF são membros da ONU, de forma que é a eles oponível a Declaração Universal dos Direitos do Humanos, a qual preconiza a igualdade, o direito à segurança, à proteção e a não submissão a tratamentos cruéis e degradantes (MELO, 2019, p. 66). Também instrumentos regionais, como a Carta Africana sobre Direitos Humanos e dos Povos e Protocolo sobre o Direitos da Mulher na África acabam sendo desafiados pelo CGF, uma vez que, vinculantes, estes instrumentos também protegem a integridade física e o direito à vida.

Note-se que, em 1979, fora realizada, pela Organização Mundial da Saúde a primeira Conferência Internacional sobre a Circuncisão Feminina, a qual teve uma grande importância histórica, uma vez que, nela, fora recomendada a total erradicação da prática do CGF, determinando, ainda, tratar-se de uma prática inaceitável.

O CGF viola a Convenção para a Eliminação de todas as Formas de Discriminação contra a Mulher, datada de 1979, uma vez que esta, em seu artigo 5, determina que:

Os Estados Partes tomarão todas as medidas apropriadas para: a) Modificar os esquemas e padrões de comportamento sociocultural de homens e mulheres, com vistas a alcançar a eliminação dos preconceitos e práticas consuetudinárias, ou de qualquer outro tipo, que estejam baseados na ideia de inferioridade ou superioridade de qualquer dos sexos ou em papéis estereotipados de homens e mulheres

Ainda, transgride as normas positivadas no seio da Convenção sobre os Direitos das Crianças, ratificada por 192 países, uma vez que constitui uma forma de violência que impede as crianças de atingirem ao mais alto padrão de saúde.

É importante considerar que mesmo a Convenção Sobre a Protecção e a Promoção da Diversidade das Expressões Culturais, emanada pela Conferência Geral da Organização das Nações Unidas para a Educação, a Ciência e a Cultura (UNESCO), em 2005, determina que "ninguém poderá invocar a diversidade cultural para atentar contra os direitos e liberdades garantidos pelo direito internacional".

Marco importante foi a Convenção de Istambul, adoptada em 11 de maio de 2011, que, no artigo 38 prevê explicitamente que os seus signatários devem tomar as medidas legislativas necessárias para assegurar a criminalização da prática do CGF.

Por fim, tem-se que o CGF foi internacionalmente reconhecido como uma forma extrema de violação de direitos, da saúde e da integridade de mulheres e de meninas em 2012, na Assembleia Geral das Nações Unidas, quando foi adotada a primeira resolução contra o CGF (Resolução 67/146), na qual clamou por esforços globais para a eliminação desta prática. A Resolução estipula que o CGF é:

Uma prática prejudicial que constitui uma séria ameaça à saúde de mulheres e meninas, incluindo sua saúde psicológica, sexual e reprodutiva, que pode aumentar sua vulnerabilidade ao HIV e pode ter resultados obstétricos e pré-natais adversos, bem como consequências fatais para a mãe e o recém-nascido, sendo que o abandono desta prática nociva pode ser alcançado a partir de um movimento abrangente que envolve todos os atores públicos e privados da sociedade.

Logo, há um grande respaldo legal dentro do Direito Internacional que justifica a extinção da prática do Corte Genital Feminino em razão dele transgredir diversos direitos que são reconhecidos internacionalmente e que foram, em sua grande maioria, ratificados pelos próprios Estados que propagam esta prática, tendo sido, portanto, incorporados aos seus sistemas jurídicos e tornando-se vinculantes e oponíveis contra eles.

## 5. A CORRETA ABORDAGEM INTERNACIONAL PARA A EXTINÇÃO DA PRÁTICA DO CORTE GENITAL FEMININO

Como já sustentado, o CGF compõe uma prática que se opõe ao aproveitamento de diversos direitos humanos, como o direito à vida, à integridade física, o direito de atingir ao mais alto padrão de saúde possível (incluindo, aqui, questões reprodutivas e de saúde sexual), bem como o direito de não ser submetido à violência física ou mental (UNICEF, 2008, p. 15).

Todavia, a questão do Corte Genital Feminino apresenta-se como uma prática consuetudinária, enraizada na cultura dos locais onde tem prevalência. A prática apresenta um caráter de pertencimento e identidade cultural tamanhos que conta até mesmo com a participação direta da dominada na manutenção social do regime que a oprime (MEDEIROS, DENIS, 2019, p. 12).

Os instrumentos internacionais de direitos humanos buscam promover e proteger o direito dos indivíduos de participarem da vida cultural de seu grupo social, todavia, não dão margem para que práticas tradicionais possam ser utilizadas como justificativa para a propagação de atos que violam os direitos individuais. Desta feita, questões de cunho social e cultural não podem ser invocadas para justificar o CGF (UNICEF, 2008, p. 15).

Apesar do forte posicionamento da comunidade internacional contrariamente à prática do CGF, poucos foram os resultados práticos disso para uma mudança na incidência do CGF nos países em que faz parte da cultura (KANDALA, KOMBA, 2018, p. 20). Isso se justifica pelo fato de que, para enfrentar uma prática tão enraizada na cultura local como esta, ela não pode ser isoladamente endereçada pelos movimentos que buscam combatê-la (UNITED NATIONS POPULATION FOUND, 2015, p. 22).

Do contrário, é preciso que seja empreendido um processo de longo prazo, nos campos sociológico, antropológico e histórico (MEDEIROS, DENIS, 2019, p. 13), o qual deverá envolver diversos indivíduos e dinâmicas sociais voltadas aos níveis individuais e coletivos para tratar da matéria, sendo que este processo não apresenta um começo ou um fim claros (TOUBIA, SHARIEF, 2003, p. 257). Logo, tem-se que, para se mudar comportamentos culturais que são intrínsecos numa sociedade, é preciso agir em áreas como a educação, saúde, e realizar intervenções sociais (MELO, 2019, p. 67).

Alguns fatores estruturais podem ser destacados como características que corroboram para que a prática do Corte Genital Feminino seja combatida. Dentre eles, tem-se o desenvolvimento urbano, uma vez que as mulheres e suas famílias, normalmente, têm acesso a uma melhor educação e a um acesso mais amplos aos serviços, o que encoraja uma mudança de comportamento (UNITED POPULATION FOUND, 2015, p. 21). Nesse sentido, note-se que, dentre os 18 países nos quais a UNICEF realizou um acompanhamento acerca do tema, 12 deles apresentaram uma maior taxa de realização do CGF nas áreas rurais (UNICEF, 2008, p. 6).

A educação é outro destes fatores. No geral, filhas de mulheres que tiveram uma educação mais ampla são menos prováveis de serem submetidas ao CGF (UNICEF, 2008, p. 6). Em uma pesquisa realizada pelas Nações Unidas em Burkina Faso, constatou-se que 27% das meninas cujas mães não receberam qualquer educação foram submetidas ao CGF, enquanto 0% das meninas cujas mães apresentavam um nível de escolaridade regular foram submetidas ao procedimento (UNITED NATIONS POPULATION FOUND, 2015, p. 38). A educação exerce um importante papel como mecanismo de salvaguarda dos direitos humanos, podendo, neste caso, ser transformadora na condição de vida dessas meninas e mulheres (Ibid., p. 6). Não obstante, é importante notar que tampouco a educação isoladamente é capaz de provocar o abandono da prática (UNICEF, 2008, p. 6).

A prática do CGF acaba se relacionando, também, mesmo que de forma indireta, ao casamento infantil, sendo que, desta forma, é importante uma luta multifatorial que ataque essas duas frentes. Mulheres que se casaram antes de completar 18 anos apresentam maiores chances de submeter suas filhas ao CGF. Note-se que quando casam antes dos 18 anos, dificilmente as mulheres completam sua educação, sendo também mais prováveis de sofrerem violência doméstica e complicações no parto (UNITED NATIONS POPULATION FOUND, 2015, pp. 23-24).

É importante que a decisão de abandonar a prática do CGF surja da própria comunidade, refletindo uma escolha coletiva, que será reforçada publicamente para solidificar uma base firme de direitos humanos naquela sociedade (UNICEF, 2008, p. vii; KANDALA, KOMBA, 2018, p. 22). Assim, não deve ser algo imposto socialmente, podendo a comunidade internacional auxiliar essas comunidades no processo de transformação, mas não a forçar a agir de dada maneira.

Nesse sentido, é importante notar que, para que a transformação ocorra de dentro, é necessária uma massa crítica de pessoas dispostas a fazer a mudança acontecer (UNICEF, 2008, p. 13). De acordo com a UNICEF, existem seis elementos que podem contribuir para transformar a convenção social do CGF e encorajar a sociedade a adotar um abandono em massa da prática. Assim, é preciso (i) adotar uma abordagem não coercitiva e não julgadora, primariamente focada em promover os direitos humanos e empoderar as mulheres e meninas da comunidade; (ii) promover discussões e reflexões públicas acerca dos danos gerados pela prática do CGF; (iii) a adoção da decisão coletiva de um grupo largo sobre o abandono da prática; (iv) a afirmação explícita e pública, por parte das comunidades, acerca de seu comprometimento coletivo em abandonar o CGF; (v) a organização de um processo de discussão para assegurar que a decisão de abandonar o CGF, adotada por aquela sociedade, seja ventilada para as comunidades vizinhas; (vi) a criação de um ambiente que possibilite e promova mudanças, com o compromisso do governo em introduzir medidas sociais e legislações adequadas sobre o tema (UNICEF, 2008, pp. 13-14).

Assim, é de grande importância a promoção e a priorização da saúde das meninas e mulheres, assim como o empoderamento destas, através de investimentos para dar suporte as suas habilidades de tomar decisões e de exercer poder econômico (TOUBIA, SHARIEF, 2003, p. 258). Os programas voltados à saúde da mulher devem abordar as questões relativas à saúde reprodutiva delas e também a todo o entorno das questões que as envolvem (UNITED NATIONS POPULATION FOUND, 2015, p. 53). Além disso, a construção de um consenso comunitário para a proteção das mulheres e meninas é fundamental, sendo facilitada pelo apoio público de pessoas detentoras das posições sociais de poder, como líderes civis, religiosos e políticos, homens no geral e profissionais da saúde (Ibid., p. 258).

A participação de líderes políticos no processo de transformação social acerca da convencionalidade do CGF é fundamental, uma vez que, apesar de não guardar qualquer relação com nenhum dos livros sagrados, o CGF recebe, muitas vezes, uma justificativa de cunho religiosa por parte de seus praticantes. Assim, o pronunciamento claro dos líderes religiosos, no sentido de reafirmar a inexistência de qualquer referência ao CGF nos dogmas religiosos é muito importante (CEREJO, TEIXEIRA, LISBOA, 2017, p. 98).

As medidas, no caso do combate ao CGF, não funcionam em apartado, como já anteriormente exposto. Assim, a criação de um aparato legislativo decorrente da inscrição do problema na agenda institucional de estruturadas, definido por decisões políticas, embora imprescindível para a obtenção dos resultados almejados não é suficiente (MEDEIROS, DENIS, 2019, p. 13). Assim, a proibição do CGF isolada não foi efetiva para a abolição da prática nos países em que foi implementada como frente única da luta contra o CGF (KANDALA, KOMBA, 2018, p. 21).

Ademais, é importante salientar que as medidas a serem implementadas para o combate ao Corte Genital Feminino devem ser especialmente formuladas para cada localidade em que serão aplicadas, uma vez que cada comunidade conta com particularidades e características únicas, que podem, inclusive, ser contrárias umas às outras, a depender das comunidades. Assim, Em Djibouti, por exemplo, onde há um rápido crescimento da população urbana, seria efetiva a instituição de programas nas cidades, enquanto na Guiné Bissau, país altamente rural, seria preciso tomar uma abordagem diferente, voltada aos grupos étnicos que praticam o CGF no meio rural (UNITED NATIONS POPULATION FOUND, 2015, p. 53).

Por fim, é importante destacar que tods as políticas voltadas para a extinção do Corte Genital Feminino devem ser pensadas de forma a abarcar o melhor interesse da criança, conforme disposto na Convenção sobre os Direitos da Criança, uma vez que a prática do CGf é feita majoritariamente em meninas ainda em idade infantil (UNICEF, 2008, p. 15).

# 6. CONCLUSÃO

A prática do Corte Genital Feminino está enraizada profundamente na cultura dos países e das comunidades onde se faz uma realidade, constituindo uma parte da identidade cultural e sendo vista como um rito de passagem e como critério de pertencimento cultural. Todavia, seu caráter tradicionalista e consuetudinário não pode servir de justificativa para que, através de sua propagação, o direito das mulheres e crianças submetidas a tal prática seja tão grandemente violado.

Isto porque a referida prática é um grave atentado à dignidade da pessoa humana, à integridade física e moral, ao direito à vida, e ao direito de não ser submetido a tratamento cruel ou a tortura. Assim, justifica-se, no campo do direito internacional, que seja travada uma batalha na direção da extinção do CGF como prática nos países onde integra a cultura.

A movimentação da comunidade internacional deve se dar de forma não impositiva, coercitiva ou julgadora, mas sim através da promoção de condições para que os países praticantes do CGF possam atingir o patamar conjuntural de estrutura necessária para poderem, através da movimentação de sua sociedade civil e líderes políticos, banir a prática em questão.

De forma alguma estar-se-ia, com isso, impondo uma cultura e um padrão de ética hegemônicos a esses países, uma vez que, uma vez que contrária à dignidade da pessoa humana, e uma vez que coloque em causa os próprios direitos humanos, práticas culturais não devem ser protegidas dentro do Direito Internacional como manifestações culturais e de autonomia legítimas.

Desta feita, é essencial a descaracterização da referida prática como justificada sobre os preceitos do relativismo, dentro do Direito Internacional Público, para que, reconhecendo-se a universalidade dos Direitos Humanos quanto a sua titularidade, implementem-se eles de modo contra-hegemônico e multicultural, corroborando-se para que a prática do Corte Genital Feminino seja extinta de dentro das comunidades pela ação delas, com o auxílio, na medida que lhes cabe, da comunidade internacional.

Como observado, as medidas a serem implementadas pelos Estados para sua extinção devem ser multifatoriais, uma vez que se trata de uma questão complexa, que envolve tradição, direitos da mulher, direitos da criança, identidade cultural, e também está relacionada a uma série de características próprias da estrutura dos países onde ocorre.

Assim, o fim da prática do Corte Genital Feminino se dará quando houver tanto a mobilização dos atores internacionais para incentivarem e darem respaldo aos Estados em que é praticada, como pelos governos destes Estados, que devem instituir leis e políticas públicas necessárias para sua superação, como, ainda, pela ação da própria sociedade civil, de organizações defensoras dos direitos humanos e da mobilização individual e comunitária das pessoas envolvidas ao redor da prática em questão.

# REFERÊNCIAS BIBLIOGRÁFICAS

CAMPOS, Ana Correia. Mutilação genital feminina-a importância de reconhecer e de saber como agir. Acta Obstétrica e Ginecológica Portu**guesa**, p. 152-156, 2010.

CEREJO, Dalila; TEIXEIRA, Ana Lúcia; LISBOA, Manuel. Contextos socioculturais, discursos e percepções sobre a mutilação genital feminina. Faces de Eva: **Revista de Estudos Sobre a Mulher**, n. 37, p. 83-103, 2017.

Corte Interamericana de Direitos Humanos, **Caso da Comunidade Mayagna (Sumo) Awas Tingni vs. Nicaragua,** sentença de 31 de agosto de 2001, voto conjunto dos juízes Cançado Trindade, Pacheco Gómez e Abreu Burelli.

Diniz D. A. Antropologia e os limites dos direitos humanos: o dilema moral deTash.In: Novaes R. R., Lima R. K. **Antropologia e direitos humanos**. Niterói: Editora: UFF; 2001.

DUIVENBODE, Rosie; PADELA, Aasim I. **Female genital cutting (FGC) and the cultural boundaries of medical practice**. 2019.

HERRERA, Joaquín Flores. **A (re) invenção dos direitos humanos.** Florianópolis: Fundação Boiteux, 2009.

KANDALA, Ngianga-Bakwin; KOMBA, Paul Nzinga. **Female Genital Mutilation Around The World**. Springer International Publishing:, 2018.

MEDEIROS, Nuno; DENIS, Teresa. **Multiculturalidade, interculturalidade, direitos humanos e violência de género: breves notas para pensar o caso da mutilação genital feminina em Portugal e a sua abordagem**. Cadernos Pagu. 2019.

MELO, Miguel ângelo Silva de. A mutilação genital feminina sob o foco do direito internacional humanitário. Ressignificações e novos discursos. **Interfaces Científicas. Direito.** V. 7, n. 2, abril/maio/junho, 2019.

OKEKE, T. C.; ANYAEHIE, U. S. B.; EZENYEAKU, C. C. K. An overview of female genital mutilation in Nigeria. **Annals of medical and health sciences research**, v. 2, n. 1, p. 70-73, 2012.

PALHARES, Dario; SQUINCA, Flávia Os desafios éticos da mutilação genital feminina e da circuncisão masculina. **Revista Bioética**, vol. 21, núm. 3, 2013, pp. 432-437

PIOVESAN, Flávia. **Direitos humanos**: desafios da ordem internacional contemporânea. Caderno de Direito Constitucional. EMAGIS. 2006.

POPULATION REFERENCE BUREAU. **Female Genital Mutilation/ Cutting**: Data and Trends. 2014

RAMOS, André de Carvalho. **Teoria geral dos direitos humanos na ordem internacional.** Saraiva Educação SA, 2018.

SANTOS, Boaventura de Sousa; NUNES, João Arriscado. Introdução: para ampliar o cânone do reconhecimento, da diferença e da igualdade. In: SANTOS, Boaventura de Sousa (org.). **Reconhecer para libertar: os caminhos do cosmopolitismo multicultural.** Rio de Janeiro: Civilização Brasileira, 2003 (Série reinventar a emancipação social: para novos manifestos, v.3).

SANTOS, Boaventura de Sousa. Para uma concepção multicultural dos direitos humanos. **Contexto internacional**, v. 23, n. 1, p. 7-34, 2001.

TOUBIA, Nahid F.; SHARIEF, E. H. Female genital mutilation: have we made progress? **International Journal of Gynecology & Obstetrics**, v. 82, n. 3, p. 251-261, 2003.

UNICEF. **Innocenti Digest.** Changing a hermful social convention: Female Genital Mutilation/Cutting. Italy, 2008.

United Nations Population Found. **Demographic Perspectives on Female Genital Mutilation.** 2015

WORLD Health Organization (WHO). **Female genital mutilation (FGM)**. Prevalence of FCG. 2018 Disponível em: http://www.who.int/reproductivehealth/topics/fgm/prevalence/en/. Acesso em: 18 de março de 2021.

# *Jus standi* e a ascensão do indivíduo à centralidade da jurisdição internacional de direitos humanos no século XXI: reflexos sobre os conceitos de cidadania e de soberania estatal

GUILHERME STABILE NOGUEIRA

**SUMÁRIO:**

1. Introdução
2. Desenvolvimento do instituto do *jus standi* em paralelo à progressão histórica do indivíduo enquanto detentor de personalidade jurídica na esfera internacional

    2.1. A legitimidade internacional do indivíduo nas violações de direitos humanos

    *2.2* Edificação do *jus standi* individual em experimentos internacionais concessores de capacidade processual aos indivíduos

    *2.2.1.* Sistema de Navegação do Reno

    2.2.2. Corte Centro-Americana

    2.2.3. Personalidade internacional do indivíduo nos experimentos da Alta-Silésia

    2.2.4. Jurisdição de Dantzig e Parecer da CPJI de 1928

    2.2.5. A "Europa do Direito": Protocolo nº 11 da CEDH
3. A reformulação do conceito de cidadania: do acumulado histórico de conflitos à proteção multinível de direitos humanos
4. A guinada humanista no Direito Internacional

    4.1. A soberania humanizada: *jus standi* como mecanismo corporificador da primazia do indivíduo sobre às soberanias estatais no século XXI
5. Considerações finais.

# 1. INTRODUÇÃO

Com vistas à análise da centralidade do indivíduo na ordem internacional contemporânea pela ótica da capacidade processual dos indivíduos, este capítulo tem como objetivo a investigação da moderna interrelação entre a proteção dispensada a esses direitos relacionados ao piso existencial humano, sobretudo pelo viés da jurisdição internacional de direitos humanos, e a formulação de uma nova proposta de conceituação de cidadania, adotando o ponto de vista arendtiano que define cidadania como *direito a ter direitos*. Atualmente, em que pese o paulatino crescimento em importância dos mecanismos internacionais de vindicação de direitos, não nos parece haver suficientes estudos acerca do tema da personalidade/capacidade jurídica individual no plano internacional. A ideia, muito cara à temática da cidadania, de que o direito de acesso à justiça é um supra direito, pois viabiliza o exercício dos demais, pode ser transposta para o ordenamento jurídico internacional de forma a questionar-se se é possível, e se o caso, em que medida, pode o indivíduo obter acesso diretamente à jurisdição internacional, que classicamente somente admite a participação de entes estatais (ordem estatocêntrica).

A discussão dar-se-á sob a perspectiva da ressignificação da soberania estatal pelo processo de internacionalização dos direitos humanos. A soberania será abordada para discussão de suas molduras, se pode continuar sendo definida unicamente como bloqueio da ingerência externa (soberania clássica ou westfaliana), ou deve redimensionar-se, transformando-se na capacidade concreta dos Estados prestarem a seus cidadãos serviços essenciais e proteção contra a violência arbitrária, com tendência à abertura à ordem internacional e proteção dos direitos humanos (soberania humanizada). A soberania tida sob este último aspecto parece ser vital para que haja real entranhamento da jurisdição internacional na jurisdição interna, ampliando os foros para defesa dos direitos humanos. Nesse sentido, indagar-se-á o que se faz necessário, em termos de manutenção/ redefinição conceitual das temáticas de cidadania e soberania, para que o indivíduo, destinatário último da norma protetiva, tenha reconhecida sua capacidade processual no âmbito internacional, mediante a concessão do *jus standi*, para que haja de fato a vindicação de seus direitos internacionalmente protegidos.

O *jus standi* será apresentado como possivelmente o instituto de maior relevância na proteção internacional dos direitos humanos, pois outorga ao indivíduo autonomia para vindicar seus direitos vis-à-vis o próprio Estado-Nação, este usualmente o maior violador de direitos humanos. Coaduna-se, também, com a transição da cidadania enquanto instituto arraigado no interior dos Estados para uma cidadania transnacional, exercida também no âmbito da comunidade internacional, sendo que é da essência da cidadania o acesso aos remédios jurídicos necessários para concretizar na prática os direitos proclamados. A capacidade processual individual é, aliás, justamente a figura jurídica capaz de garantir a eficácia do direito internacional dos direitos humanos, posto que de nada vale a positivação de direitos ou seu reconhecimento como inato à dignidade humana se, no plano processual, não contar o cidadão com os meios reivindicatórios necessários para torná-lo uma realidade.

## 2. DESENVOLVIMENTO DO INSTITUTO DO *JUS STANDI* EM PARALELO À PROGRESSÃO HISTÓRICA DO INDIVÍDUO ENQUANTO DETENTOR DE PERSONALIDADE JURÍDICA NA ESFERA INTERNACIONAL

O conceito de direito internacional guarda intrínseca relação com seus sujeitos. De um ponto de vista histórico, percebe-se crescente e paulatina perda da primazia dos Estados neste ramo do direito, no sentido de abranger, para além de seus sujeitos clássicos, também as organizações internacionais e, mais afetadamente aos direitos humanos, os indivíduos. BRIERLY (1963), por exemplo, adepto de uma concepção clássica, definiu o direito internacional como "um corpo de regras e princípios de conduta que são vinculantes relativamente a estados civilizados nas relações que guardam entre si".

No decorrer do século XIX, em bem verdade, fora consolidada a posição de que o cerne do funcionamento do direito internacional é a posição de prevalência ocupada pelos Estados, seus sujeitos por excelência – como expressado pela locução *Staatenrecht* – e que, por tal motivo, teriam por prerrogativa impor soluções às custas dos demais atores internacionais e à "revelia de qualquer fiscalização de uma pretensa comunidade internacional" (RIBEIRO, 2010, p. 23).

Para MELLO (1997), a subjetividade jurídica do indivíduo não é meramente uma questão acadêmica, tendo consequências prático-políticas. Advoga no sentido de existirem relevantes razões para que ao homem seja concedido o status de sujeito de direito das gentes, mencionando a dignidade da pessoa humana, o que levaria a ordem internacional a tutelar diretamente os direitos individuais dos seres humanos, para garantir--lhes eficácia.

Confira-se, nesse sentido, a posição de OLIVEIRA & MENDES (2018, p .28) a respeito da prevalência dos Estados na ordem internacional em detrimento dos indivíduos:

> O Direito Internacional "tradicional", vigente até a segunda metade do século passado, foi marcado pelo voluntarismo estatal, sob o manto do paradigma de uma soberania absoluta e, consequentemente, excludente e individualista. O modelo vestfaliano, assim chamado aquele introduzido

no cenário internacional a partir da Paz de Vestfália, induzia a atomização e fragmentação (no sentido de exclusão e diferenciação) da comunidade internacional. Com o advento do positivismo jurídico e a consolidação dos Estados-nação – e a ilusão da soberania absoluta –, o papel do indivíduo relegou-se a um status de coadjuvante quase não-existente ante ao Direito Internacional.

Depreende-se, nesse aspecto, que até meados do século passado a preocupação primordial do Direito Internacional estava relacionada não à participação individual ou à democratização do acesso à justiça global, mas sim à efetivação deste ramo do direito nos moldes de um direito estatal, que pudesse ser *hard* em seu poder vinculante, institucionalmente forte e com aptidão para regulação das condutas na esfera internacional. A agenda internacional era pautada principalmente "nas questões da guerra e da paz, comércio, conquista territorial, expansão tecnológica (...) o indivíduo estava ali, mas não estava, sempre de uma forma simbólica, uma figura quase." (OLIVEIRA & MENDES, 2018, p. 28)

Na progressão histórica da personalidade jurídica do indivíduo no campo internacional, é importante que se note o fundamental papel do direito humanitário na consolidação do indivíduo como relevante na esfera internacional, posto que antes disto o indivíduo era mero elemento de concepção do Estado, inserido no conceito de "povo". Foi justamente na seara do direito de guerra que as preocupações concernentes à "pessoa humana" passaram a ter relevância. O Direito Internacional Humanitário encontra suas raízes nas Convenções de Genebra, sendo que a primeira das quatro convenções fora adotada em 1864, um ano após a criação da Cruz Vermelha Internacional. O papel do indivíduo, neste contexto, é tangencial e vitimado, objeto de proteção em virtude de sua condição peculiar de soldado em campanha (SANTOS, 2015, p. 135).

Outrossim, a figura do indivíduo, no contexto das crises humanitárias decorrentes das atrocidades cometidas nas grandes guerras do século XX, alçou o indivíduo ao patamar de potencial responsável por crimes contra a humanidade, acelerando a expansão do Direito Internacional Penal. A necessidade de apuração de culpados, sobretudo ao final da Segunda Guerra Mundial, elevou o indivíduo à condição de sujeito passivo de uma obrigação moral, mas igualmente jurídica, de abstenção de prática de delitos internacionais. Obteve, com isso, uma espécie de acesso indireto às instâncias jurisdicionais internacionais (OLIVEIRA & MENDES, 2018, p. 29)

Percebe-se, em síntese, que antes do advento do que se convencionou chamar de "processo de internacionalização dos direitos humanos", o indivíduo adquiriu a forma de três figuras distintas: a) mero elemento do conceito de Estado; b) vítima da guerra merecedora de tutela humanitária; c) indivíduo potencialmente responsável por delitos internacionais.

Segundo PIOVESAN (2003, p. 148), o processo de internacionalização dos direitos humanos se traduz, primordialmente, no fato de que "proteção dos direitos humanos não deve se reduzir ao domínio reservado do Estado, isto é, não deve se restringir à competência nacional exclusiva ou à jurisdição doméstica exclusiva, porque revela tema de legítimo interesse internacional. " A concepção do fenômeno sob análise como não restrição à jurisdição doméstica das questões envolvendo direitos humanos repercute fortemente na temática da subjetividade internacional do indivíduo, posto que para que se torne efetiva a promessa de tutela internacional dos direitos humanos, é necessária a elevação do indivíduo ao patamar de sujeito do direitos das gentes, no sentido de reforçar seu lugar de destaque no direito internacional moderno, como bem expressado pela autora supramencionada:

Se, de um lado, faz-se necessária a justicialização dos direitos humanos, por outro lado, faz-se emergencial ampliar a capacidade processual do indivíduo no sistema internacional, mediante sua democratização. Isto é, a afirmação de instâncias jurisdicionais de proteção internacional dos direitos humanos deve ser conjugada com a consolidação do indivíduo como verdadeiro sujeito de direito no campo internacional. (PIOVESAN, 2003, p. 154)

A personalidade jurídica internacional dos Estados é indubitável e fundante da disciplina. Entretanto, em decorrência das transformações a que o direito internacional se viu submetido nas décadas precedentes –v. g: globalização e suas decorrências, geradora de crescente interdependência, a emergência da dignidade humana como preocupação universal, etc. –, o indivíduo teve enfim seu renascimento enquanto potencial sujeito de direitos na esfera internacional, em resposta às atrocidades cometidas nos conflitos do século XX e como consequência do processo de internacionalização dos direitos humanos

## 2.1. A LEGITIMIDADE INTERNACIONAL DO INDIVÍDUO NAS VIOLAÇÕES DE DIREITOS HUMANOS

A construção da personalidade jurídica internacional do indivíduo, no plano dos direitos humanos, é de fundamental importância para que este ramo do direito tenha plenas ferramentas para consecução de seus objetivos. Sem que se considere o indivíduo como verdadeiro sujeito de direito internacional, não se pode cogitar de uma proteção plena e integral, posto que careceria de mecanismos para vindicar seus direitos. O reconhecimento da personalidade jurídica aos indivíduos é condição necessária para que se dê o próximo passo primordial em direção ao objetivo de minorar as afrontas à dignidade humana, vale dizer, para que se conceda acesso direto à jurisdição internacional aos indivíduos. Nas palavras de LAUTERPACH (2007, p. 258), o "indivíduo é o destinatário final de todo direito", e a limitação ao poder discricionário e irrestrito do Estado tem como uma de suas causas mais relevantes a ideia de que o indivíduo deixou de ser considerado objeto de compaixão internacional e se converteu em sujeito de direitos.

Na processualística internacional, o indivíduo já logra, de maneira razoavelmente difundida, exercer o chamado direito de comunicação, consistente na possibilidade de acionar mecanismos de denúncia previamente instalados. Não tem legitimidade, contudo, na maioria dos sistemas de proteção de direitos humanos, para demandar diretamente os supostos violadores das normas internacionais. Este seria o chamado *jus standi*, e pressupõe a ampliação da personalidade jurídica individual para abranger plenitude processual nos procedimentos perante a jurisdição internacional. A Corte Interamericana de Direitos Humanos, por exemplo, não prevê o direito de petição das partes, que devem necessariamente direcionar suas petições à Comissão Interamericana de Direitos Humanos, órgão intermediário que atua como uma espécie de Ministério Público, aferindo as razões da demanda e perquirindo acerca do preenchimento dos requisitos de admissibilidade. Dessa forma, o indivíduo, neste sistema regional, não possui o direito de ação direta à Corte, tal qual no sistema regional europeu (OLIVEIRA & MENDES, 2018, p. 33). A possibilidade jurídica de se reconhecer a *legitimatio ad causam* em relação aos indivíduos é, ademais, plena, pois equivaleria tão somente ao correlato no plano adjetivo da subjetividade internacional que já é reconhecida no plano substantivo. Em bem verdade, já fora concedida tal legitimidade em inúmeros experimentos ao redor do mundo, responsáveis, cada qual a sua maneira, por fomentar o progresso do indivíduo enquanto detentor de direitos justiciáveis no plano internacional. Tais experimentos serão os objetos de análise das seções seguintes, para que se evidencie a plausibilidade da reivindicação de incremento na capacidade processual dos indivíduos relativamente à jurisdição internacional.

## 2.2. EDIFICAÇÃO DO *JUS STANDI* INDIVIDUAL EM EXPERIMENTOS INTERNACIONAIS CONCESSORES DE CAPACIDADE PROCESSUAL AOS INDIVÍDUOS

### 2.2.1. Sistema de Navegação do Reno

O mais antigo órgão internacional com jurisdição efetiva foi a Comissão Central para Navegação do Reno, criada em 1816 com poder decisório para rever causas relativas à navegação deste curso d'água, em grau de recurso, tanto administrativas quanto propriamente judiciais. Significa dizer que, decidida a lide em nível doméstico, é facultado pela Convenção de Mannheim o acesso a órgão judicial internacional, com competência para reapreciar a causa. Nesse sentido, esse experimento é ao mesmo tempo pioneiro em autorizar o acesso direto de particulares à jurisdição internacional – após submeterem-se a procedimento arbitral prévio, nos termos do regulamento – e pioneiro no sentido de dotar um tribunal internacional com a última palavra em matéria de mérito da ação. Desta forma, ao passo em que se nota que nada de inerente à perso- nalidade do indivíduo o exclui de poder ser parte no contencioso inter- nacional, vislumbra-se também que a cessão de parcela de competência tipicamente estatal a órgão jurisdicional internacional não nega neces- sariamente a soberania dos Estados, apenas a ressignifica, dotando-a de maior funcionalidade (MARTINS, 2011, p. 169).

### 2.2.2. Corte Centro-Americana de Justiça

Em que pese o experimento dos tribunais de apelo com jurisdição no Rio Reno, estes não tinham o condão de decidir causar com mérito rela- tivo a direitos outros que não meramente patrimoniais. Atinham-se, em bem verdade, mais a aferir responsabilidade civil por danos do que tratar de matérias concernentes a direitos "mais essenciais". A Corte Centro Americana de Justiça, por sua vez, foi o primeiro tribunal com jurisdição internacional a tratar de temas ligados à dignidade humana, tendo sido instituída em 1907 por cinco países da América Central (Honduras, Guatemala, Nicarágua, El Salvador e Costa Rica), nos termos da Conferência de Washington[3], e perdurou até 1917. (DOTTO, 2010, p. 129).

No âmbito do sistema interamericano de proteção dos direitos humanos, a Corte Centro-Americana de Justiça é tida como verdadeiro marco relativamente à criação de precedentes para a concessão de capacidade processual aos indivíduos. Em seu estatuto, previa expressamente a possibilidade de acesso direto à sua jurisdição, sem intermediação. Nesse sentido, LEAL comenta que, no âmbito da Corte, fora concedido pela primeira vez *jus standi* à pessoa humana, para exercitar pessoalmente seus direitos e pleitear ressarcimentos:

> A primeira ação de um cidadão perante esta corte deu-se com o nicaraguense Pedro Andrés Forno Dias, numa demanda contra o governo da Guatemala. Dentre os cinco casos impetrados por particulares diante desse tribunal, apenas uma questão teve tramitação completa, foi a do outro nicaraguense, Alejandro Bermúdez Núnes contra a Costa Rica. (LEAL, 2003, p. 47)

Em que pese o pioneirismo, em decorrência da extrema rigidez na imposição de requisitos de admissibilidade das ações – o esgotamento dos recursos internos era entendido de maneira formal e devia ser pleno, mesmo

---

3    O art. 1º do Estatuto assim apregoava: "A Corte de Justiça Centro-Americana tem por objeto garantir, com sua autoridade, baseada na honra dos Estados e dentro dos limites de intervenção concedidos, os direitos de cada um deles em suas relações recíprocas, assim como manter nestas a paz e a harmonia, e é por sua natureza, por suas atribuições e pelo caráter de sua jurisdição, um Tribunal permanente de Justiça Internacional, com poder para julgar e resolver, a pedido da parte, todos os assuntos compreendidos em sua lei constitutiva, e para financiar e administrar, conforme a mesma, o seu escritório e os interesses deste"

que o Estado impedisse o acesso à justiça arbitrariamente –, a Corte Centro-Americana consolida-se como experimento maias teórico do que prático, posto que, das ações propostas, apenas uma delas, referida no excerto acima, teve decisão de mérito, sendo que o ganho de causa foi dado ao Estado costa-riquenho. Todavia, esse experimento concessor de capacidade processual aos indivíduos, mesmo que formal e sem prestígio à paridade de armas, aponta no sentido da possibilidade de se outorgar uma posição ativa aos indivíduos, sendo marco na história do direito internacional, por prever em seu regulamento a viabilidade de um cidadão entabular causas contra seu respectivo estado (MAZZUOLI, 2014, p. 28).

### 2.2.3. Personalidade internacional dos indivíduos no experimento da Alta-Silésia

No contexto do período final da Primeira Guerra Mundial, inúmeras inovações no campo do direito internacional tiveram lugar sob os auspícios da Liga das Nações. O "experimento da Alta Silésia" foi uma tentativa de manutenção da ordem em territórios instáveis do pós-guerra mediante o uso de ferramentas jurídico-políticas. O supracitado experimento tomou forma através de um tratado bilateral firmado entre Polônia e Alemanha, cujo desenho normativo partiu inteiramente das Quatro Potências Aliadas (EUA, Reino Unido, Itália e França), de maneira outorgada e compulsória. Foram delineados dois órgãos principais: uma Comissão Mista e um Tribunal Arbitral, este com a competência para deliberar acerca da interpretação do texto normativo e da solução de litígios privados decorrentes da aplicação do texto convencional. (MAREK, 1956, p. 553)

A questão sobre a capacidade processual dos particulares para processar seu próprio Estado, com base na exegese do art. 5 do texto convencional[4], logo foi objeto de deliberação pelo Tribunal Arbitral da Alta Silésia, no caso *Steiner and Gross vs Poland*, de 1927, sendo a resposta afirmativa no sentido de assegurar o *locus standi* das vítimas. A Comissão ainda argumentou no sentido de que a especial situação de vulnerabilidade decorrente do estado anormal do pós-guerra justificaria ainda mais o reconhecimento do direito de petição direta dos indivíduos. Nesse sentido, gozava o indivíduo, nesse experimento pioneiro, de posição equânime em relação aos Estados perante o tribunal instituído, com ampla capacidade processual para propor ação de reparação.

## 2.2.4.Jurisdição dos Tribunais de Dantzig e o Parecer da CPJI de 1928

No bojo do sistema de proteção de minorias instituído pela Liga das Nações no contexto do primeiro pós-guerra, o caso da Cidade Livre de Dantzig destaca-se por inaugurar o começo de uma mudança paradigmática nas relações entre direito internacional e direito interno. Sob o comando dos Aliados, negociou-se tratado internacional entre os governos da Polônia e de Dantzig – região semiautônoma, à época sob mandato da Liga das Nações, mas tecnicamente em união aduaneira com o governo polonês –, sob a égide do artigo 104 do Tratado de Versailles, relativamente ao sistema ferroviário no interior de Dantzig, que seria controlado e administrado pelos poloneses (ASSENZA, 2010, p. 29). Neste contexto, fora provocada a opinião da Corte Permanente de Justiça Internacional para emitir parecer sobre ação movida por funcionários de Dantzig contra

---

4    Art. 5 da Convenção da Alta Silésia: "The question as to whether or to what extent an indemnity for the abolition or diminution of vested rights must be paid by the State, will be settled directly by the Arbitral Tribunal on the complaint of the person enjoying the right." – em tradução livre do autor: "A questão acerca de se, ou em qual extensão, uma indenização pela abolição ou minoração de direitos adquiridos deve ser paga pelo Estado será decidida diretamente pelo Tribunal Arbitral através da reclamação da pessoa detentora do direito.

a administração ferroviária, pleiteando a aplicação direta, em suas relações particulares, do tratado internacional entabulado. Sobre tal possibilidade, aduziu a CPJI:

> Pode-se prontamente admitir que, de acordo com um bem estabele- cido princípio de direito internacional, um tratado, sendo um acordo internacional, não pode, como tal, criar direitos e obrigações diretamente perante pessoas privadas. Entretanto, não se pode olvidar que o objeto precípuo de uma convenção internacional, de acordo com a intenção das Partes Contratantes, pode ser a adoção pelas Partes de algumas regras definidas criadoras de direitos e obrigações individuais, aplicáveis pelas cortes nacionais. (PCIJ Reports, p. 17-18) (trad. do autor)[5]

Em que pese a aparente ambiguidade na redação da opinião con- sultiva, pois primeiramente a Corte, fundando sua afirmação em um "prin- cípio de direito internacional" – não o especifica –, aduz que um acordo internacional não tem o condão de incidir diretamente entre particulares, e posteriormente conclui que, se esta for a intenção dos contratantes, algumas regras podem atingir a esfera particular, a maioria dos estudio- sos advoga no sentido de que o parecer acima transcrito não foi menos revolucionário por este aspecto, pois contraria o status estatocêntrico do direito internacional. É esta, por exemplo, a opinião de PARLETT, como se dessume da passagem a seguir:

> Apesar de cunhado em termos que podem o fazer parecer menos do que revolucionário, este pronunciamento vem sendo considerado um

---

5    No original: "It may be readily admitted that, according to a well established principle of in- ternational law, the [treaty], being an international agreement, cannot, as such, create direct rights and obligations for private individuals. But it cannot be disputed that the very object of an international agreement, according to the intention of the contracting Parties, may be the adoption by the Parties of some defi nite rules creating individual rights and obligations and enforceable by the national courts."

significante afastamento da estabelecida visão do direito internacional em que os Estados atuam como exclusivos beneficiários dos direitos e obrigações internacionais, visão esta arraigada desde os tempos de Vattel. Naquela concepção do sistema jurídico internacional, não havia espaço para o indivíduo obter direitos ou assumir obrigações perante o direito internacional. Se a opinião da Corte for interpretada corretamente (no sentido de que o indivíduo pode ter direitos e assumir obrigações perante tratado internacional), esta representa um desafio à visão estatocêntrica do sistema jurídico internacional. Também controverte as relações entre direito internacional e direito interno e pode ser vista como um distanciamento da concepção dualista do direito internacional. (PARLLET, 2008, p. 120) (trad. do autor)[6]

O parecer emitido pela Corte Permanente de Justiça Internacional, portanto, se não representativo da consolidação da subjetividade individual no seio do direito internacional, deve ter sua importância reconhecida pela quebra da tradição de se entender o direito internacional como meramente interestatal. Na esteira dos experimentos levados a cabo pela Liga das Nações, percebe-se que a posição do indivíduo perante a lei internacional não é de insignificância, e no decorrer do século XX ganha paulatina relevância, como já exposto.

---

6    No original: "Although couched in terms which makes it appear less than revolutionary, this statement has been considered a significant departure from the established view of international law which saw states as the exclusive beneficiaries of international rights and obligations, a view entrenched since the time of Vattel.2 In that conception of the international legal system, there was no place for the individual to obtain rights or bear obligations under international law. If the Court's opinion is cited correctly (for the proposition that individuals may bear rights under international treaties), it represents a challenge to a state-centric view of the international legal system. It also muddies the waters between the spheres of influence of international and municipal law and thus can be seen as a move away from the dualist conception of international law."

## 2.2.5.A "Europa do Direito": Protocolo nº 11 da Corte Europeia de Direitos Humanos

A Corte Europeia de Direitos Humanos foi estabelecida em 21 de janeiro de 1959, com o propósito de assegurar os termos da Convenção Europeia de Direitos Humanos. Da sua criação até a reforma de seu estatuto pelo protocolo nº 11, sua estrutura era relativamente semelhante à da Corte Interamericana, funcionando com dois órgãos principais, vale dizer, a Comissão Europeia – análoga à Comissão Interamericana –, com funções de filtrar as demandas interpostas e decidir por sua admissibilidade, remetendo-as, se o caso, para julgamento pela Corte Europeia, órgão jurisdicional responsável pela decisão de mérito. Nas palavras de SPANO, magistrado da Corte de Strasbourg, a CEDH passou recentemente por uma era de transformações, uma gradativa transição de uma "fase substantiva", na qual as bases jurisprudenciais acerca do aspecto material dos direitos humanos foram erigidas – ou seja, uma fase exegética da Convenção Europeia – para uma "fase processual", em que, na esteira do Protocolo nº 11, os aspectos processuais e ritualísticos da Corte foram e estão sendo construídos (SPANO, 2018, p. 474).

Em 1998, o aludido protocolo[7] tornou o direito de petição individual compulsório, elevando os cidadãos europeus à qualidade de sujeitos de direito internacional com plena capacidade processual, outorgando-lhes *jus standi* perante a Corte Europeia de Direitos Humanos e extinguindo a Comissão Europeia, pela desnecessidade de sua continuação à vista da ausência de intermediários entre o peticionário e o órgão jurisdicional.

---

7    O protocolo nº 11 alterou o art. 34 do texto da Convenção Europeia, que conta agora com a seguinte redação: "Article 34 – Individual Application – The Court may receive applications from any person, non-governmental organisation or group of individuals claiming to be the victim of a violation by one of the High Contracting Parties of the rights set forth in the Convention of the protocols thereto. The High Contracting Parties undertake not to hinder in any way the effective exercise of this right."

Dando continuidade ao desenvolvimento da "fase processual", o protocolo nº 14 tomou forma, em decorrência do aumento significativo do número de petições recebidas. Este adendo alterou os critérios de admissibilidade das petições, exigindo, para além do esgotamento dos recursos internos, que fosse constatado "significativo prejuízo" à pessoa do peticionário, evitando assim que a Corte se debruçasse sobre causas insignificantes no espectro de violações de direitos humanos.

Assim, observando-se na prática as consequências da admissão, na teoria, da subjetividade internacional da pessoa humana, e à vista dos benefícios materiais a que se faz jus quando se concede *jus standi* aos indivíduos, para pleitear autonomamente seus direitos internacionalmente reconhecidos, constata-se que a discussão acerca da elevação do indivíduo à sujeito de direitos na esfera internacional, especialmente no que tange à problemática da proteção dos direitos humanos, é de vital relevância no direito internacional contemporâneo, principalmente pelas suas consequências práticas na tutela humanística, devendo receber, portanto, a atenção merecida pelos jusinternacionalistas.

## 3. A REFORMULAÇÃO DO CONCEITO DE CIDADANIA: DO ACUMULADO HISTÓRICO DE CONFLITOS À PROTEÇÃO MULTINÍVEL DOS DIREITOS HUMANOS

O direito internacional dos direitos humanos, durante o período do pós-Segunda Guerra, dedicou-se à ampliação de direitos fundamentais, mediante sua catalogação em tratados internacionais e na jurisprudência. Esta fase substantiva foi responsável por proclamar a existência dos direitos, mas não teve o condão de concretizá-los na prática. A aproximação do léxico dos direitos humanos com o da cidadania pressupõe, atualmente, a ampliação adjetiva dos direitos fundamentais em âmbito internacional, pois somente com a expansão das esferas de justiça se consolidará a derradeira conjugação da proteção estatal dos direitos individuais, zona rotineiramente ocupada pelos direitos de cidadania, com a tutela internacional destes mesmos direitos, espaço geralmente tomado pelo discurso dos direitos humanos.

Longe de serem conflitantes, a coexistência de esferas de justiça sobrejacentes é complementar, pois a jurisdição internacional atua como reforço à cidadania construída no âmbito dos Estados. Outrossim, na visão de TRINDADE (2013, p. 85), a efetivação dessa cidadania no plano fático e não meramente retórico converge com o paulatino aumento do reconhecimento da importância de a jurisdição internacional atuar como copartícipe da jurisdição nacional, em consonância com o princípio da complementariedade.

Um fator que não pode passar desapercebido é a influência da globalização na redefinição conceitual da cidadania, que deixa de ter um caráter exclusivamente estatal para tornar-se transnacional. A globalização cada vez mais é instrumento de vinculação entre os povos, atando-os numa relação de interdependência, como alerta VIEIRA ao dizer que "os Estados se enfraquecem à medida que não podem mais controlar dinâmicas que extrapolam seus limites territoriais", sendo que a "interdependência mundial de diversos processos acaba reduzindo de fato seu poder de decisão, mesmo que de direito continuem senhores de seu espaço de jurisdição" (VIEIRA, 2005, p. 105).

A transição da noção clássica de cidadania e sua desvinculação do ideário nacional para sua definição atual só pode ser compreendida através da observação do progresso do regime internacional de direitos humanos, no contexto do processo de globalização. Quando nos referimos à cidadania cosmopolita – na nomenclatura kantiana –, referimo-nos a toda uma nova ordem de vínculos estabelecida entre indivíduos de determinado Estado e a "comunidade internacional", sendo que em um primeiro momento, tais vínculos eram de natureza essencialmente econômica, no bojo da globalização. A globalização econômica, entretanto, ao extrapolar a esfera de agência dos Estados isoladamente considerados, deu início a um processo de globalização que abarcaria outras temáticas, como as relações sociais, culturais e políticas, que são "embebidas por referencial valorativo determinante na construção da ordem jurídica cosmopolita" (BARRETTO, 2010, 268-269).

O referencial valorativo mencionado, o qual deverá ser base estruturante para a construção de uma ordem internacional protetiva dos direitos dos indivíduos, é a centralidade dos direitos humanos no léxico internacional. O processo de globalização exige, pela sua própria configuração e potencial lesivo – pelo agravamento do neoliberalismo tendente ao empobrecimento dos não-globalizados –, uma teoria fundacional que tome por base o respeito inequívoco aos direitos humanos. À vista deste quadro de corrosão da soberania nacional pela globalização, "tendo em vista a interdependência do Estado-nacional perante os demais Estados do planeta, sobrevém a necessidade de se estabelecer um cenário em que seja possível buscar a solução de problemas correspondentes ao seu âmbito de consequências danosas" (MONTEIRO, 2012, p. 64).

Outrossim, o regime internacional de direitos humanos tem papel fundamental na redefinição da cidadania, internacionalizando-a, pois limita o campo de atuação discricionária dos Estados, principalmente no que diz respeito ao tratamento de seus cidadãos, que interessam agora à sociedade internacional, dada a possibilidade cada vez maior de repercussão externa dos assuntos internos dos Estados. A questão dos refugiados, nesse sentido, é exemplificativa do impacto que a internacionalização dos direitos humanos tem sobre o papel do Estado-nação. Sobre o problema migratório e o impacto da internacionalização dos direitos humanos na soberania dos Estados para definirem suas próprias fronteiras, confira-se:

[...] de um lado, os Estados estariam vendo sua soberania enfraquecida frente ao indivíduo, de outro, os laços que ligam os direitos de cidadania à nacionalidade estariam se tornando mais fracos. Isso significa, entre outras coisas, que o Estado não seria mais capaz de definir, em função de seus próprios interesses, quem pode ou não entrar e se estabelecer em seu território, e, ainda, que cada vez mais os direitos são atribuídos em nome da dignidade inerente da pessoa humana, e não da sua nacionalidade, de modo que a própria distinção entre nacional e não nacional estaria perdendo sua importância. (REIS, 2019, p. 157)

Desta forma, o avanço do sistema de proteção de direitos humanos em âmbito global estaria contribuindo para, conjuntamente ao processo de globalização, minar a capacidade decisória dos Estados, quando isolados. Nesse sentido, ao reconhecer a interrelação entre a perda da soberania absoluta pelos Estados e os direitos humanos, KATE (2009), comentando conclusões de Seyla Benhabib, argumenta que "a cidadania está tornando-se cada vez mais cosmopolita através do desenvolvimento dos direitos humanos". Ademais, a outorga de proteção aos estrangeiros, em nome de sua condição humana e não necessariamente pela sua condição de cidadão, estaria indicando que a cidadania está paulatinamente descolando-se da nacionalidade. Diante deste panorama de transferência da razão pela qual se protege, do cidadão ao indivíduo, enquanto pessoa humana, "alguns autores consideram que o Estado está perdendo o controle de suas fronteiras e que estaria surgindo uma espécie de cidadania pós-nacional ou transnacional" (KATE, 2009).

Cidadania, então, não significa mais o mesmo que nacionalidade. Com a superação do ideário da cidadania enquanto vinculação de um indivíduo a um determinado Estado, passa-se à consolidação de uma cidadania enquanto múltiplos vínculos. Na verdade, "melhor seria falar de cidadania no plural, pois a construção da democracia requer a articulação de vários espaços complementares de cidadania: do local ao planetário, passando pelo nacional e pelo regional" (SACHS, 1998, p. 259), e assim sendo, novas diretrizes e instrumentos jurídicos internacionais estariam tutelando, conjuntamente ao Estado, a fruição pelos indivíduos dos direitos civis, políticos, econômicos e sociais. Dessa forma, conclui-se:

> Inobstante a cidadania nacional possibilitar uma identidade institucional que vincula o indivíduo a uma estrutura política e jurídica perante a qual ele responde e pode peticionar, é inegável que, com as novas formatações do mundo globalizado, o Estado nacional foi incisivamente questionado e afetado em sua capacidade monopolística de decidir sobre assuntos tidos como de ordem soberana. (LUCAS, 2008, p. 71)

Uma das respostas clássicas dadas pelos Estados para rejeitarem a prestação de esclarecimentos à comunidade internacional acerca de suas condutas porventura violadoras de direitos humanos é justamente a de que seus atos são praticados em consonância com sua soberania. A cidadania exercida nesse contexto é limitada à uma concessão estatal. Na ausência desta concessão – como ocorreu durante o período de dominação nazista –, o cidadão vê-se limitado no exercício de seus direitos. O direito internacional dos direitos humanos, com sua centralidade no indivíduo, é a resposta frontal ao poder irrestrito dos Estados. O acumulado histórico – as Guerras, os refugiados apátridas e a resposta político-jurídica a estes acontecimentos – da construção humanista de uma jurisdição équa e tuteladora dos direitos mais essenciais da pessoa humana acarretou, entre outras consequências, a modificação do significado de cidadania, como visto.

A noção de uma cidadania que extrapola o Estado-nação pauta-se no direito das pessoas, sem levar em conta suas nacionalidades, de serem possuidoras de garantias reconhecidas entre os Estados, um direito que se funda em uma perspectiva universal de direitos humanos e no pragmatismo da necessidade de se construir soluções para problemas globais, impossíveis de serem solucionados através dos nacionalismos.

A cidadania pós-nacional, ao constatar que "a soberania nacional está em processo de esvaziamento, não apenas pela criação de instituições supranacionais, mas também pela multiplicidade de filiações e de identidades decorrentes do deslocamento de populações" (LISZT, 2002, p. 399), irradia as consequências de seu reconhecimento também no aspecto relacional entre indivíduo e sociedade internacional, mais especificamente em sua faceta jurisdicional.

Nesse sentido, a cidadania jusinternacional  no contexto da tutela dos direitos humanos em âmbito global apenas se efetiva plenamente na medida em que o direito de acesso às instancias jurisdicionais internacionais for consolidado, posto que da mesma forma que não se cogita da existência de uma cidadania nacional descolada dos meios reivindicatórios que lhe são inerentes, não se vislumbra a possibilidade de uma cidadania ampliada para atender às prementes necessidades dos direitos humanos sem a elevação da subjetividade internacional do indivíduo ao patamar condizente com seu status central na ordem internacional contemporânea, o que implica a concessão da capacidade processual aos indivíduos para que exercitem por si sós os direitos que lhe são reconhecidos vis-à-vis os Estados-Nação.

Esse exercício de direitos perante instâncias de justiça que transcendem a esfera nacional nos remete à noção de proteção multinível dos direitos humanos. Um sistema multinível é caracterizado pela coexistência de diversas esferas protetivas, as quais se somam no sentido de tutelar os direitos fundamentais do cidadão. A governação multinível teve como marco mais essencial em seu desenvolvimento a experiência da União Europeia, pois neste modelo subsiste a proteção dos direitos humanos para além do Estado-Nação, o qual coexiste com mecanismos institucionais supranacionais (GALINDO, 2014, p. 16).

A interrelação entre a tutela nacional e internacional dos direitos humanos pode ser interpretada a partir de duas perspectivas díspares: primeiramente, de uma perspectiva nacional, na qual a interação é observada do ponto de vista do direito interno. Em segundo lugar, a interação entre os foros nacionais e internacional pode ser pensada de fora para dentro, sendo adotado o ponto de vista de um observador externo chamado de "comunidade internacional".

Interessa-nos, especialmente no âmbito do sistema interamericano de direitos humanos, a perspectiva interna. Diante da insuficiência da proteção nacional dos direitos humanos em vários Estados latino-americanos, seja por incompetência dos dirigentes ou por falta de vontade das autoridades políticas, a perspectiva interna evidencia como o modelo multinível – também chamado constitucionalismo multinível – pode ser útil para ampliar o espectro de proteção. Por um lado, a comunidade internacional, especialmente sua emanação consubstanciada na Corte Interamericana de Direitos Humanos, guardião da interpretação do Pacto de San José da Costa Rica, torna-se uma ameaça crível para conseguir que autoridades nacionais relutantes protejam os direitos humanos: esta possibilidade de litígio internacional é um claro incentivo no processo de proteção dos direitos humanos (SANCHEZ, 2009, p. 13)

Portanto, o processo de transferência de direitos do cidadão para o indivíduo em decorrência do avanço do regime internacional de direitos humanos, a reformulação da cidadania, que passa do local para o regional/ global em virtude da crescente globalização, e a insuficiência do Estado-Nação apontam no sentido de considerar os fenômenos da subjetividade internacional do indivíduo como centrais na discussão destas temáticas, pois é justamente a pessoa humana o foco da tutela protetiva. A concessão de *jus standi* ao indivíduo circunda toda a discussão, pois seja pelo viés da cidadania cosmopolita, seja como indivíduo sob a égide do regime do direito internacional dos direitos humanos, a efetivação prática de direitos jamais poderá se realizar sem os meios reivindicatórios que lhe são inerentes. A realização da justiça no sistema multinível de proteção de direitos humanos pressupõe a capacidade processual dos agentes das reivindicações. A competência, por exemplo, da Comissão Interamericana como órgão responsável por filtrar as comunicações pertinentes, decidindo se ofertará denúncia à Corte, tendo papel discricionário nesta análise, é diametralmente oposta ao exercício da cidadania no ambiente multinível, pois afasta o acesso direto à jurisdição, tão vital aos direitos de cidadania. Conclui-se, então, que a "luta pelos direitos humanos reclama, pois, um novo internacionalismo, não o velho internacionalismo de classe, mas antes, um novo internacionalismo de cidadania (SOUZA SANTOS, 1989, p. 10).

## 4. A GUINADA HUMANISTA NO DIREITO INTERNACIONAL: A SOBERANIA CLÁSSICA COMO ÓBICE À CENTRALIDADE DO INDIVÍDUO NO DIREITO INTERNACIONAL DOS DIREITOS HUMANOS

A internacionalização da proteção dos direitos humanos significou fundamentalmente o fim da exclusividade normativa dos Estados no que tange à definição do estatuto jurídico dos indivíduos, que com a superveniência do regime internacional de direitos humanos deixou de ser matéria de domínio reservado. O reconhecimento de personalidade jurídica a outros agentes que não os Estados constituem uma virada paradigmática na vida internacional, pois consolidou o primado do direito sobre a força, conforme ensina PUREZA:

> A noção de que o Direito Internacional não é mais um subproduto da *power politics* discricionária dos soberanos e que, sem deixar de ser uma instância reguladora da coexistência na sociedade internacional, o Direito Internacional se assume como um discurso antecipador de novas formas de sociabilidade internacional e, por isso, como um discurso legitimador de transformações da realidade internacional. (PUREZA, 1998, p. 88)

A maior transformação da realidade internacional deu-se nas décadas posteriores ao fim da Segunda Guerra Mundial, com o resgate histórico da posição do indivíduo como sujeito de direitos no plano internacional. Dessa forma, a nova sociedade internacional não é mais uma comunidade composta exclusivamente de nações soberanas, mas composta também por organizações internacionais e indivíduos. O regime internacional de direitos humanos legitima e capacita os indivíduos a exercerem cada vez mais protagonismo na esfera internacional, sobretudo no meio jurisdicional. Nesse sentido, parece-nos inviável a manutenção de uma soberania discricionária e ilimitada neste novo contexto. Em bem verdade, nada mais antagônico com a soberania westfaliana do que a regulação conjunta, em âmbito nacional e internacional, do *status* jurídico dos cidadãos.

Assim, para que seja condizente com essa realidade de regulação conjunta dos direitos humanos, a soberania deve ser entendida em outros termos, mais adequados à moderna centralidade e protagonismo do indivíduo no plano supraestatal, com vistas à realização da dignidade humana. Nos moldes do discutido até agora, confira-se as palavras de ZANON (2014, p. 99-100), que oferece proposta de compatibilização entre os dois conceitos, vale dizer, entre a soberania estatal e a ordem internacional principista pautada na dignidade da pessoa humana:

> (...) Os Direitos Humanos e sua primazia nos ordenamentos jurídicos nacionais e internacionais permitem caracterizá-lo como um eixo delimitador da soberania do Estado. Essa passaria a ser subordinada à garantia de proteção e promoção de direitos fundamentais às pessoas, algo que se mostra como uma relação horizontalizada entre Estado Soberano – Indivíduo. Os Direitos Humanos estariam, portanto, compondo um dos aspectos da essência da soberania, que não poderia ser caracterizada em situação que conflita com garantias fundamentais do indivíduo. Os Direitos Humanos podem ser revelados, assim, como o eixo de condução e delimitação do poder soberano. A soberania continua sendo a marca

da identidade do Estado no âmbito internacional, entretanto, com o advento dos indivíduos como sujeito de Direito Internacional, eventuais violações a Direitos Humanos não podem ficar acobertadas pela soberania. A tutela dos Direitos Humanos no plano internacional possui o condão de intervir nos assuntos domésticos do Estado sem que se configure restrição do poder soberano. Esse pensamento não apenas defende uma espécie de limitação do poder soberano pelos Direitos Humanos, mas propriamente insere a proteção dos Direitos Humanos como eixo de influência da soberania (ZANON, 2014, p. 99-100)

A soberania vista sob o enfoque da dignidade da pessoa humana vem reforçar a centralidade do indivíduo na ordem internacional, condizendo com as transformações éticas e técnico-normativas que ensejaram a preeminência do direito internacional dos direitos humanos como ramo específico e autônomo, apto à proteção dos cidadãos e à desnacionalização da tutela dos direitos fundamentais.

A garantia coletiva de direitos, através da interrelação harmônica entre direito interno e direito internacional, só pode ser concretizada através da ressignificação da soberania, tornando-a humanizada. Em nenhum momento advoga-se no sentido da supremacia dos direitos humanos tornar letra morta os direitos de soberania. Pelo contrário. A soberania humanizada é aliada na garantia de eficácia do piso mínimo de direitos fundamentais devidos aos cidadãos, posto que é no seio dos Estados que deve ocorrer a consolidação do discurso dos direitos humanos. Noutras palavras, confira-se:

Os princípios da soberania e da dignidade humana não podem mais ser colocados de modo hierarquizado porque levaria à conclusão equivocada de que a soberania deve ser afastada em *prol* da proteção dos direitos humanos, o que não condiz com a realidade de que tais princípios são equivalentes. A questão não está na priorização de um dos princípios em relação ao outro, mas na busca de mecanismos capazes de concretizar ambos os princípios. O caminho inexorável é a garantia dos direitos humanos por meio do exercício da soberania, isto é, inserindo no conceito de soberania o elemento "dignidade humana", o que não é difícil já que a soberania decorre da ordem jurídica para realização da vontade popular (TAIAR, 2010, p. 294)

No mesmo sentido, assevera BERARDO (2003, p. 225-226):

A concepção moderna dos direitos humanos, como direitos indivisíveis, unos e universais, promove a complementação entre os dois pilares. A soberania e os direitos humanos não devem ser vistos como pilares contrapostos, mas sim devem ser vistos coordenadamente. Os direitos humanos, através do princípio da dignidade, e de seu caráter universal, realiza novos contornos ao conceito de soberania.

A dignidade da pessoa humana, por tanto, assenta-se como novo fundamento da ordem soberana estatal, de forma a concretizar a exigibilidade jurídica dos direitos humanos e a consolidar a internacionalização da regulação da matéria, de acordo com o novel paradigma de abertura estatal à ordem internacional. No campo da justiça internacional de direitos humanos, como já esmiuçado neste trabalho, o indivíduo goza de posição renovada, contando com *locus standi in judicio* em todos os sistemas regionais de proteção. No âmbito americano, entretanto, em que pese a possibilidade do reclamante manifestar-se autonomamente na maioria das fases processuais, tanto nas fases preliminares no seio da Comissão, quanto perante a própria Corte Interamericana, não é franqueado, ainda, o acesso direto – *jus standi* – ao indivíduo, de forma a pleitear de maneira autônoma seus direitos internacionalmente garantidos, pois há ainda a intermediação da Comissão Interamericana. Discorreremos, neste momento, acerca do cerne do resgate histórico da posição de primazia do indivíduo no direito internacional, de forma a materializar o princípio da dignidade humana face às soberanias estatais também no âmbito processual, consolidando assim um quadro de evolução que somente tem a agregar na proteção dos direitos humanos.

## 4.1. A SOBERANIA HUMANIZADA: O JUS STANDI COMO MECANISMO CORPORIFICADOR DA PRIMAZIA DO INDIVÍDUO FACE ÀS SOBERANIAS ESTATAIS NO SÉCULO XXI

Em que pese o advento de uma posição principista no direito internacional, veiculada pela adoção dos direitos humanos como ideal máximo da contemporaneidade, ao menos em discurso, a efetividade das normas postas pelos tratados internacionais é reduzida, se comparada com o padrão desejado de proteção. Como visto no decorrer deste trabalho, a ascensão dos direitos humanos como tema global foi responsável por uma virada paradigmática nos fundamentos do direito das gentes, preconizando pelo resgate histórico do indivíduo enquanto sujeito de direitos também no plano internacional, pela emergência das normas de *jus cogens* e pelo monitoramento supraestatal do implemento dos direitos fundamentais internacionalmente garantidos. Nesse sentido, alguns autores mencionam uma verdadeira revolução dos direitos humanos em progresso na sociedade internacional, como salienta VAN AAKEN (2005, p. 2):

> É alegado por vezes que estamos atravessando uma "revolução de direitos humanos em progresso", na qual (i) o reconhecimento do caráter objetivo das obrigações de proteção de direitos humanos; (ii) a aceitação da garantia de averiguação coletiva do implemento destas obrigações e por último, mas não menos importante, (iii) o direito de petição individual são peças cruciais. (Trad. do autor)[8]

---

8    No original: "It is sometimes claimed that we are living through a 'human rights revolution in progress', in which (i) the recognition of the objective character of obligations to protect hu-

A fase substantiva pela qual o direito internacional dos direitos humanos atravessou na segunda metade do século XX, com a promulgação das mais variadas declarações de direitos e assunção de obrigações decorrentes de tratados diversos fundou um catálogo de direitos humanos que, não fossem os organismos de supervisão aliado com o direito de petição individual, seria pouco mais que letra morta, posto que um direito não justiciável não é um direito, mas mera promessa de direito.

Em sendo da própria essência da jurisdição internacional de direitos humanos a confrontação de indivíduos demandantes e Estados demandados, é o direito de petição individual o instituto pelo qual o sistema ganha seus contornos de eficácia. A *rationale* estatocêntrica, nesse sentido, é diametralmente oposta à efetividade dos aparatos judiciais no plano supraestatal. Desta forma, o sistema de proteção deve ser erigido em torno da centralidade do instituto do *locus standi in judicio* dos indivíduos no âmbito jurisdicional internacional, porque em análise teleológica e histórica, constatamos que a própria razão de ser da jurisdição de direitos humanos é elevar a vítima ao patamar de primazia vis-à-vis os Estados. Nesse sentido, ressoam as palavras de TRINDADE (1998, p. 26):

> Três séculos de um ordenamento internacional marcado pelo predomínio das soberanias estatais e pela exclusão dos indivíduos foram incapazes de evitar as violações maciças de direitos humanos, perpetradas em todas as regiões do mundo, e as sucessivas atrocidades de nosso século, inclusive as contemporâneas. Tais atrocidades despertaram a consciência jurídica universal para a necessidade de reconceitualizar as próprias bases do ordenamento internacional, restituindo ao ser humano a posição central de onde havia sido alijado. Essa reconstrução, sob bases humanas, tomou por fundamento conceitual os cânones inteiramente distintos da

man rights,5 (ii) the acceptance of a collective guarantee of compliance with these obligations and last but not least (iii) the right of individual complaints are all crucial parts."

realização de valores comuns superiores, da titularidade de direitos do próprio ser humano, da garantia coletiva de sua realização, e do caráter objetivo das obrigações de proteção. A ordem internacional das soberanias cede espaço à da solidariedade.

O retorno do indivíduo à centralidade do ordenamento internacional não prescinde, todavia, dos meios reivindicatórios correlatos para exercício dos direitos a que fazem jus. Não basta que a pessoa humana seja objeto de preocupações no âmbito internacional, pois sem a capacidade de exercício, os direitos declarados jamais se efetivarão na realidade. Para que a nova principiologia da jurisdição internacional se concretize na prática, faz-se necessário mecanismos que a corporifiquem. O direito de petição, em nosso sentir, é justamente o expediente corporificador da primazia do ser humano face às soberanias estatais, pois permite ao indivíduo apresentar sua reclamação e provocar a ação das autoridades competentes em matéria de direitos humanos, mormente quando presente o *jus standi* – o direito de colocar-se perante um Tribunal como verdadeira parte demandante, em homenagem ao princípio do acesso à justiça. Nessa lógica, confira-se:

> Direitos são amplamente ilusórios sem a capacidade *de iure* e *de facto* para impô-los, ou seja, o direito internacional dos direitos humanos somente será efetivo se indivíduos vítimas tenham acesso de fato e de direito aos remédios necessários para impô-los. Assumindo que a efetividade dos tratados de direitos humanos é desejável, e pressupondo que mecanismos de queixa individual nutrem tal efetividade, precisa-se indagar como os mecanismos de queixa existentes podem ser tornados mais efetivos no plano internacional. Organismos judiciais ou quase-judiciais só podem, é claro, atuar a partir de uma queixa. Os requisitos de admissibilidade de queixas nos organismos internacionais têm uma função de filtração em relação a quais casos serão analisados em seus méritos. Uma

das mais importantes dessas condições de admissibilidade – e uma das quais é juridicamente mutável – é o *jus standi*. (AAKEN, 2005, p. 4) (trad. do autor)[9]

Percebe-se que a capacidade para protocolar queixa de violação é a base de efetividade do sistema de proteção. O *jus standi* pode ser subdividido, ainda, em seu aspecto substancial ou processual. O aspecto processual diz respeito à capacidade de ser parte em processo internacional, sendo que o aspecto substancial é ligado à qualidade de vítima de uma infração, ou seja, coliga-se à noção de que via de regra não se pleiteia direito alheio em nome próprio. De posse dessas definições, no âmbito do sistema americano de proteção, no que tange ao aspecto substancial, a normatização prestigia a eficácia, pois qualquer pessoa, grupo de pessoas ou ONG pode peticionar, inclusive em benefício alheio, em substituição à real vítima, perante à Comissão Interamericana. Isso ocorre pela natureza eminentemente coletiva dos direitos humanos, pois o reconhecimento de uma violação de direitos de alguém interessa à comunidade como um todo e é apto contribuir para a não repetição da mesma infração e desencentivo a casos semelhantes. É, entretanto, em relação ao aspecto processual que o sistema americano desencentiva a efetividade. Em que pese argumentos de pragmática, como a falta de recursos dos órgãos de supervisão, a inexistência de capacidade processual dos indivíduos para peticionar diretamente à Corte desprestigia a eficácia protetiva. O direito de petição restringe-se à Comissão, incompetente para proferir julgamentos juridicamente vinculantes, sendo que o indivíduo, apesar de ter a palavra franqueada a si, não detém controle sobre se

---

9  No original: "Rights are largely illusory without the *de iure* and *de facto* capability and incentive to enforce them, that is, IHRL can only be effective if individual victims have both de jure and de facto access to its remedies. Assuming that effectiveness of human rights treaties is desirable, and hypothesizing that individual complaint mechanisms foster effectiveness, one needs to ask how the existing complaint mechanisms can be rendered more effective on an international plane. Judicial or quasi-judicial bodies can, of course, only act if there is a complainant. Admissibility conditions for complaints to international bodies have a gate-keeping function in view of which cases are dealt with on their merits. One of the most important of these admissibility conditions – and one which is legally changeable – is the ius standi."

o caso seguirá ou não para apreciação do órgão jurisdicional, incumbência essa que pertence exclusivamente à Comissão e pode perdurar por anos a fio, sem que o caso tenha encaminhamento ou solução satisfatória.

O passo lógico para a consolidação cada vez mais efetiva de uma jurisdição efetiva de direitos humanos, portanto, é a abertura da Corte Interamericana ao peticionamento individual direto, posto que é a Corte o órgão competente para proferir decisões juridicamente vinculantes. Essa abertura vai de encontro à exigibilidade dos direitos humanos e à humanização da soberania, pois se as jurisdições internacionais e nacionais são coparticipes na tutela dos direitos fundamentais dos indivíduos, nada mais lógico do que franquear a este acesso ao órgão capaz de vincular o Estado nativo do cidadão demandante. Para que se garanta a eficácia ao sistema regional, parece-nos vital o incremento do procedimento de petição individual, abrangendo os poderes dos peticionantes para atingir também a Corte, pois deve-se conferir aos indivíduos as ferramentas necessárias para reivindicar seus direitos em face do Estado, que no mais das vezes é o próprio infrator dos direitos internacionalmente protegidos. Estado este que, aliás, teve seus contornos redefinidos com o processo de internacionalização dos direitos humanos. Encaminhando-se para as conclusões deste trabalho, apresentaremos por fim um modelo de Estado cuja soberania é exercitada nos moldes preconizados pela humanização do direito internacional, com características condizentes com a concessão de capacidade processual ao indivíduo para apresentar ao órgão vinculante queixas vis-à-vis o próprio Estado, nos moldes da internacionalização da tutela dos direitos humanos.

# 5. CONSIDERAÇÕES FINAIS

Neste capítulo, buscou-se esclarecer o fenômeno da centralidade do indivíduo na ordem internacional do século XXI, especialmente no que tange à jurisdição de direitos humanos e, nesta seara, compreender o referido fenômeno sob o prisma da capacidade processual individual para colocar-se perante órgãos jurisdicionais internacionais como verdadeira parte demandante.

Sob o ponto de vista da natureza jurídica dos direitos humanos e do fundamento da disciplina internacional afeta à temática, pode-se concluir que a concessão de capacidade processual aos indivíduos no campo internacional é ferramenta importante para a institucionalização do aparato protetivo. Isto porque, em sendo os direitos humanos direitos juridicamente exigíveis – afastando-se o raciocínio que os entendem como pretensões éticas –, o passo lógico fundamental a ser dado na sequência é a resposta da pergunta "quem pode exigi-los? ". Dessa forma, tendo em vista o próprio fundamento da matéria, ou seja, o reconhecimento do princípio da dignidade da pessoa humana como corolário das relações entre indivíduos e a "comunidade internacional", nos moldes do processo de internacionalização dos direitos humanos, faz-se mister reconhecer que o empoderamento das vítimas somente tem a contribuir para a realização da justiça e para a democratização do aparato procedimental da jurisdição internacional de direitos humanos. Assim, nota-se que é pressuposto vital de qualquer tutela protetiva que se pretenda eficaz a implementação de meios de acesso à jurisdição. A institucionalização deve-se operar pelos meios processuais de concretização dos direitos declarados nos variados compromissos internacionais ou reconhecidos nas normas costumeiras. A criação de tribunais de direitos humanos corresponde ao mais alto grau de refinamento que o Direito Internacional conhece nesta seara, mas em que pese a relevância do aspecto substantivo da tutela internacional dos direitos humanos (a *existência* dos tribunais e o reconhecimento dos direitos), jamais será alcançada a plena eficácia protetiva caso não seja reconhecida a capacidade processual dos destinatários finais das normas, os seres humanos.

A centralidade da pessoa humana no direito internacional consubstancia uma verdadeira virada paradigmática na disciplina. Tendo como base a força normativa dos princípios – utilizados reiteradamente pela Corte Interamericana de Direitos Humanos, como vimos em sua jurisprudência –, o processo de internacionalização dos direitos humanos é resposta histórica aos desmandos praticados pelos Estados em nome de sua soberania. Em que pese a existência de experimentos históricos concessores de *jus standi* ao indivíduo, o reconhecimento amplo de sua subjetividade internacional é fenômeno mais evidente a partir da segunda metade do século XX. O processo de afirmação histórica dos direitos humanos, em bem verdade, corresponde à noção de que a matéria não é afeta exclusivamente à jurisdição interna dos Estados, constituindo verdadeiro tema de preocupação global.

Esta virada paradigmática na disciplina ocorrida a partir de meados do século passado – pautada na centralidade da subjetividade individual no direito internacional, na erosão da soberania absoluta dos Estados e na refundação dos direitos humanos como tema de interesse global – guarda intrínsecas relações com o fenômeno da globalização e com a ampliação do conceito de cidadania. Pôde-se concluir que a cidadania, historicamente desenvolvida no âmbito interno dos Estados, não guarda mais uma conexão exclusiva com estes, ampliando-se conceitualmente para abarcar o leque de direitos previstos internacionalmente.

A soberania tida sob o ponto de vista da dignidade da pessoa humana vem fortificar a centralidade do indivíduo na ordem internacional, harmonizando-se com as transformações éticas e normativas que ensejaram a emancipação do direito internacional dos direitos humanos como ramo autônomo, apto à proteção dos cidadãos e à desnacionalização da tutela dos direitos fundamentais. A dignidade da pessoa humana, nesse sentido, assenta-se como novo fundamento da ordem soberana estatal, de forma a concretizar a exigibilidade jurídica dos direitos humanos sob o novel paradigma da abertura estatal à jurisdição internacional.

A interrelação entre as temáticas abordadas nesse artigo, quais sejam, o entendimento dos direitos humanos como normas dotadas de exigibilidade jurídica plena e superioridade normativa, a transcendência da cidadania local rumo à cidadania cosmopolita e a ressignificação do conceito de soberania, compreendida em termos funcionais, vale dizer, associada à capacidade estatal de prestar serviços essenciais e proteção aos seus cidadãos, geraram consequências relevantes na constante luta pela defesa dos direitos humanos, que será central no século XXI. Um dos efeitos mais valorosos dessa interligação temática, se não o mais necessário, é a necessidade de concessão do *jus standi* ao indivíduo para vindicar seus direitos vis-à-vis o próprio Estado-Nação, mediante a adoção sem reservas da sistemática de petições individuais direcionadas às Cortes Internacionais, extensão natural e correlato na ordem internacional do princípio do acesso à ordem jurídica justa.

# REFERÊNCIAS BIBLIOGRÁFICAS

AAKEN, Anne Van. **Making international human rights protection more effective: a rational-choice approach to the effectiveness of** ius standi **provisions**. Max Planck Institute: 2005, p. 2. Download em: http://ssrn.com/abstract=802424

ASSENZA, Conrado. **Individual as subject of international law in the International Court of Justice jurisprudence**. University of Heidelberg: 2010. p. 29

BARRETTO, Vicente de Paulo. **Direito cosmopolítico e direitos humanos**. Espaço jurídico: Joaçaba, v. 11, n. 2, p. 266-275, jul./dez. 2010. p. 268-269.

BERARDO, Telma. **Soberania e direitos humanos: reconceituação com base na dignidade humana.** PUC/SP: 2003, p. 225-226.

BRIERLY, J. L. **The Law of Nations: An Introduction to the International Law of Peace** (Oxford: Clarendon Press, 1963)

DOTTO, Adriano Cielo. **O indivíduo como sujeito de direito internacional no sistema interamericano de proteção dos direitos humanos**. Mestrado em Direito, Relações Internacionais e Desenvolvimento. PUC/GO: Goiânia, 2010. p. 129

GALINDO, George; URUEÑA, René; PEREZ, Aida Torres. (coord.) **Proteção Multinível dos Direitos Humanos**. Manual 2014 - dhes. Red de Direitos Humanos e Educação Superior. ISBN: 97-84-617-1782-8 p. 16.

**Jurisdiction of the Courts of Danzig (Pecuniary Claims of Danzig Railway Officials who have passed into the Polish Service, Against the Polish Railways Administration**), PCIJ Reports, Series B, No. 15, 3 March 1928, 3 at pp. 17-18

LAUTERPACH, H. **The International Protection of Human Rights**. 70 Recueil des Cours de l'Académie de Droit International de La Haye (1947) p. 11. In: Jornadas de Direito Internacional Público no Itamaraty (2005 : Brasília, DF) **Desafios do direito internacional contemporâneo** / Antônio Paulo Cachapuz de Medeiros, organizador. – Brasília : Fundação Alexandre de Gusmão, 2007. p. 258

LEAL, Débora Alcântara de Barros. O ser humano como sujeito de direito internacional. Prim@facie, João Pessoa, ano 2, n. 3, p. 42-56, jul./dez. 2003. Disponível em: <http: //www.ccj.ufpb.br/primafacie>. Acesso em: 14/10/2019.

LUCAS, Douglas Cesar. **Os direitos humanos e a insuficiência da concepção legal-nacionalista de cidadania**. Revista Direito em debate. Ano XVI, nº 29, jan-jun, 2008. p. 71.

MARTINS, Isabela Maia Mesquita. **O indivíduo na condição de sujeito ativo e passivo do direito internacional contemporâneo.** Univ. Jus, Brasília, vol. 22, n. 1, p. 113-406, jan/jun, 2011. p. 169

MAREK, St. Korowicz. **The Problem of the International Personality of Individuals**. The American Journal of International Law, vol. 50, no. 3, 1956, pp. 533–562. JSTOR, www.jstor.org/stable/2195506.

MAZZUOLI, Valério de Oliveira. **Por um Tribunal de Justiça para a UNASUL: a necessidade de uma Corte de Justiça para a América do Sul sob os paradigmas do Tribunal de Justiça da União Europeia e da Corte Centro-Americana de Justiça**. Senado Federal, Coordenação de Edições Técnicas, 2014. ISBN: 978-85-7018-558-7. p. 28

MELLO, Celso de Albuquerque. **Curso de Direito Internacional Público**. 11ª ed. Rio de Janeiro: Forense. 1997, p. 738.

MONTEIRO, Matheus Vidal Gomes. **Cidadania, nacionalidade e globalização: notas sobre o possível estabelecimento de uma cidadania mundial**. Confluências, Vol. 12, n. 1. Niterói: PPGSD-UFF, outubro de 2012, páginas 58 a 75. ISSN 1678-7145.

OLIVEIRA, Tamires de Lima; MENDES, Tiago Meyer. **Jurisdição em direitos humanos e jus standi individual: a emancipação do indivíduo enquanto sujeito de direito internacional**. Confluências – Revista Interdisciplinar de Sociologia e Direito. Volume 20, nº 03. 2018. p. 28.

PARLETT, Kate. **The PCIJ's Opinion in Jurisdiction of the Courts of Danzig: individual rights under treaties.** University of Cambridge: Journal of the History of International Law 10 (2008) 119–145. p. 120

PIOVESAN, Flávia Cristina. **Direitos humanos e a jurisdição constitucional internacional**. Revista Brasileira de Direito Constitucional, N. 1, jan./jun. – 2003. p. 148.

PUREZA, José Manuel. **O lugar do direito num horizonte pós-positivista**. Revista de Política Internacional: outono-inverno 1998. Vol. 2, nº 18. p. 88.

REIS, Rossana Rocha. **Soberania, Direitos Humanos e Migrações Internacionais**. In: Revista Brasileira de Ciências Sociais, v. 19, n. 5, p. 150. Disponível em: <www.scielo.br/pdf/rbcsoc/v19n55/a09v1955.pdf>. Acesso em: 13/11/2019. p. 157.

RIBEIRO, Dilton Rocha Ferraz. **Prospects for Jus Standi or Locus Standi of Individuals in Human Rights Disputes before the International Court of Justice**. University of Manitoba: 2010.

SANCHEZ, B., **Cuando Los Derechos Son La Jaula: Transplante Rígido Del Soft Law Para La Gestión Del Desplazamiento Forzado**. Estudios Políticos, 35, 2009. p. 13.

SACHS, Ignacy. **Desenvolvimento, direitos humanos e cidadania**. In: PINHEIRO, Paulo Sérgio; GUIMARÃES, Samuel Pinheiro (org.) **Direitos Humanos no Século XXI**. FUNAG: Instituto de Pesquisa de Relações Internacionais, 1998. p. 259.

SANTOS, Natália Sacchi. **Titularidade subjetiva no direito internacional: os sujeitos atípicos**. São Paulo: 2015. Dissertação de Mestrado (USP). p. 135 et seq.

SOUZA SANTOS, Boaventura de. **Os direitos humanos na pós--modernidade. Direito e Sociedade**, n. 4: Coimbra. Associação Portuguesa de Estudos sobre o Direito em Sociedade, março de 1989, p. 10.

SPANO, Robert. **The Future of the European Court of Human Rights – subsidiarity, process-based review and rule of law**. Oxford: Human Rights Law Review, 2018, 18, 473–494. p. 474.

TAIAR, Rogério. **Direito internacional dos direitos humanos**. Universidade de São Paulo: 2010, p. 294.

TRINDADE, Antônio Augusto Cançado. **Os tribunais internacionais contemporâneos**. FUNAG: Brasília, 2013. p. 85.

_____. **A consolidação da capacidade processual dos indivíduos na evolução da proteção internacional dos direitos humanos: quadro atual e perspectivas na passagem do século.** In: Direitos Humanos no Século XXI. Instituto de Pesquisa em RI da FUNAG: 1998, p. 26.

VIEIRA, Liszt. **Cidadania e globalização**. 8ª ed. Rio de Janeiro: Record, 2005. p. 105.

_____. **Entre a terra e o céu: a cidadania do nacional ao global**. p. 387-405. In: ANNONI, Danielle (coord.). **Os novos conceitos do novo direito internacional**. Rio de Janeiro: América Jurídica, 2002. p. 399.

KATE, Nash. Between Citizenship and Human Rights. Sociology, vol. 43, no. 6, 2009, pp. 1067–1083. JSTOR, www.jstor.org/stable/42857339.

ZANON, Pedro Henrique Nascimento. **Os direitos humanos como eixo na soberania estatal contemporânea.** Mestrado em Direito da Faculdade de Direito de Vitória: 2014, p. 99-100.

# Desafios à atuação de defensoras e defensores de direitos humanos no Século XXI: Uma análise a partir de casos da América Latina

BRUNA SUEKO HIGA DE ALMEIDA

YHASMIN MONTEIRO

## SUMÁRIO:

1. Introdução;

2. Parâmetros para determinação de defensoras e defensores de direitos humanos;

3. A vulnerabilidade daqueles que protegem os vulneráveis;

4. A falta de proteção do direito à vida e integridade pessoal de defensores e defensoras de direitos humanos;

    4.1. Violação à Integridade Pessoal: Tortura de Lysias Fleury - Haiti;

    4.2. Violação à Integridade Pessoal: Ataques e ameaças a Leonidas Iza e María Iza - Equador;

    4.3. Violação do Direito à Vida e Integridade Pessoal: *Defensor de derechos humanos y otros v Guatemala*;

    4.4. Violação do Direito à Vida: assassinato de Hugo de Jesús Giraldo e outros 13 defensores - Colômbia;

    4.5. Violação do Direito à Vida e integridade pessoal: O assassinato de Marielle Franco e as ameaças à Mônica Benício - Brasil;

5. O uso de tecnologias de informação para ameaçar defensores de direitos humanos e para deslegitimar e impedir sua atuação;

5.1. A utilização do meio virtual para propagação de ameaças contra defensores de direitos humanos;

5.1.1. Caso Jean Wyllys - Brasil;

5.1.2. Condenações por ameaças a jornalistas, defensores de direitos humanos e líderes sociais - Colômbia;

5.1.3. Caso Miguel Guimaraes e outros líderes indígenas - Peru;

5.2. Como as *fake news* afetam defensoras e defensores de direitos humanos;

5.3. Desafio à Proteção de dados de defensores e defensoras de direitos humanos;

6. O papel do Estado na proteção de defensoras e defensores de direitos humanos;

6.1. A responsabilidade internacional do Estado ante a violações dos direitos de defensores;

6.2. A criminalização da atividade em defesa dos direitos humanos;

6.3. Programas de proteção de defensores de direitos humanos;

7. Considerações finais.

# 1. INTRODUÇÃO

Defensoras e defensores de direitos humanos se dedicam à luta pela efetivação dos mais básicos direitos do ser humano. A atuação deles é imprescindível para a própria concretização das democracias e liberdades fundamentais. Apesar da dedicação às causas mais nobres em prol da sociedade civil, realizando o trabalho que o Estado deveria empreender, em prol das garantias sociais, defensoras e defensores de direitos humanos correm diversos riscos diariamente, constituindo-se diversos desafios para sua atuação (CIDH, 2006).

Fato é que as ameaças contra defensoras e defensores de direitos humanos não são novidade. A repressão contra a atividade protetiva dos direitos dos mais vulneráveis possui raízes históricas incrustadas no véu da colonialidade que assombrou toda a América Latina (TERRA DOS DIREITOS, 2009; MAIA; MELO, 2020, p. 232). Assim, não é uma coincidência, por exemplo, que os defensores de causas indígenas e de causas concernentes à redistribuição de terras estão dentre os mais vulneráveis a ameaças e homicídios (CIDH, 2006; CIDH, 2011, par. 253; ONU, 2009, par. 47-49).

Ademais, nos Estados do Cone Sul, os dirigentes dos regimes militares das décadas de 1960 e 1970 escolheram radicalmente como lidar com a oposição e discordância políticas. Por certo que o apavorante período de ditaduras militares contribuiu, e muito, historicamente para a manutenção dos mais absurdos empecilhos impostos à atividade daqueles que buscam promover direitos humanos (PEREIRA, 2010, p. 79). Neste período, foram perpetuadas e legitimadas pelos Estados as mais graves violações de direitos humanos, classificadas como crimes contra a humanidade (PERRONE-MOISÉS, 2012, p. 107).

Da passagem de um período ditatorial militar para um período de redemocratização emergiu a necessidade de uma justiça caracterizada por respostas legais para confrontar os crimes do regime repressivo anterior, a chamada justiça de transição. Este processo transitório, entretanto, nunca foi completamente alcançado, de forma que permaneceram sólidas as estruturas repressivas do Estado legitimador das violações de direitos humanos (MEZAROBBA, 2009, p. 111).

Com a emergência de novas tecnologias, no final do século XX, que se tornaram cada vez mais acessíveis no século subsequente, a elaboração de obstáculos às atividades de defensores ficaram mais "sofisticados", potencializando-se o alcance de ameaças e constrangimentos, de forma que defensoras e defensores de direitos humanos sequer necessitam sair de suas casas para serem atemorizados (CASSIANO, 2011, pp. 8-9, 12-13; HANKEY; CLUNAIGH, 2013, p. 535).

Assim, aos desafios históricos somaram-se a novos desafios, de forma que defensoras e defensores de direitos humanos enfrentam, atualmente, não só aqueles empecilhos construídos historicamente pelas imortais estruturas coloniais e ditatoriais sobre as quais as sociedades contemporâneas do Cone Sul foram edificadas, como, também, novos desafios pelo malicioso uso de tecnologias de informação.

## 2. PARÂMETROS PARA DETERMINAÇÃO DE DEFENSORAS E DEFENSORES DE DIREITOS HUMANOS

Os termos "defensora e defensor de direitos humanos" (doravante, DDH) são utilizados para descrever pessoas que, individualmente ou em conjunto, a nível nacional ou internacional, atuam buscando a proteção e promoção dos direitos humanos e das liberdades fundamentais universalmente reconhecidas. Elas e eles buscam uma justiça social, lutando contra a ameaça à dignidade humana de todas as pessoas, a fim de promover um ambiente respeitoso, sem abuso de poder e com a garantia de condições mínimas de vida (ANISTIA INTERNACIONAL, 1997, pp. 9-10; CONSELHO DA UNIÃO EUROPEIA, 2004; MIRANDA, 2007).

Ainda, estabelece a Organização das Nações Unidas (doravante, ONU) que o critério que permite a identificação de DDHs, é, sobretudo, a atividade que ela ou ele exerce, a qual pode ser definida por meio de suas ações e do ambiente em que tais ações se desenvolvem (ONU, 2004, p. 5; ONU, 2018, p. 5). A utilização desse critério é reiterada pela Comissão e pela Corte Interamericana de Direitos Humanos (doravante, CIDH e Corte IDH), respectivamente em seus relatórios (CIDH, 2006, par. 14) e julgados (e.g. Corte IDH, 2014, par. 129). Neste mesmo sentido, entende a União Europeia que os DDHs são aqueles que realizam atividades em busca da promoção e realização dos direitos civis e políticos;

e dos direitos econômicos, sociais e culturais (CONSELHO DA UNIÃO EUROPEIA, 2004).

De acordo com a Comissão Interamericana de Direitos Humanos (CIDH, 2006, par. 13), o quadro de análise básico para determinar quem deve ser considerada defensora ou defensor de direitos humanos consta da *Declaração sobre o Direito e o Dever dos Indivíduos, Grupos e Instituições de Promover e Proteger os Direitos Humanos e as Liberdades Fundamentais Universalmente Reconhecidos*, da ONU, cujo artigo 1º dispõe:

> Todas as pessoas têm o direito, individualmente e em associação com outras pessoas, de promover e lutar pela proteção e realização dos direitos humanos e das liberdades fundamentais a nível nacional e internacional (ONU, 1998).

Entretanto, decorridos mais de vinte anos da adoção da citada Declaração, ao invés da esperada mudança positiva em favor da tarefa de exercer o direito de defender direitos, tem-se testemunhado uma reação global contra a sociedade civil. Ressalta-se o aumento no extremismo político e a ascensão de grupos de extrema direita, adotando posições mais autoritárias e restritivas sobre direitos e, assim, criando um ambiente deteriorado para a atuação de defensores de direitos humanos (LEÃO, BARRETO, 2020; CIVICUS, 2019).

## 3. A VULNERABILIDADE DAQUELES QUE PROTEGEM OS VULNERÁVEIS

Defensoras e defensores de direitos humanos correm diversos riscos diariamente, tanto no que tange à execução de seu trabalho, quanto à sua integridade física e, até mesmo, sua vida e a de seus familiares (NAH et al.,

p. 406). Tentando lutar pelos direitos humanos da população vulnerável, os DDHs têm seus próprios direitos violados. Mesmo em sociedades democráticas, eles são alvos das mais diversas violações, desde ameaças, agressões e campanhas de descrédito, até torturas e homicídios (CIDH, 2006, p. 7; ONU, 2004, pp. 10-17; ONU, 2010a, pp. 7-8).

Em âmbito regional, os casos que chegaram à Corte IDH demonstram um padrão de violações frequentes às DDHs, traduzido em ataques sistemáticamente organizados. Devido às desastrosas heranças do período colonial e do período ditatorial, a região acaba concentrando os países com maior número de ameaças contra defensoras e defensores de direitos humanos (BUDAHAZI; ALMEIDA; MITUMORI et al., 2020, p. 37).

Ademais, existem defensores que estão particularmente desprotegidos por defenderem grupos historicamente mais vulneráveis, como mulheres, líderes sindicais, operadoras e operadores de justiça, a comunidade LGBTQIA+, líderes indígenas e afrodescendentes (CIDH, 2006; CIDH, 2011, par. 253; ONU, 2009, par. 47-49).

Destaca-se a situação de dupla vulnerabilidade de mulheres defensoras de direitos humanos. Muitas defensoras de direitos humanos trabalham em defesa dos direitos das mulheres ou em causas relativas à questão de gênero e acabam se encontrando em acentuada vulnerabilidade, não só pela sua condição de mulher, como também pelo conteúdo das causas pelas quais lutam. Elas são submetidas aos mesmos riscos que qualquer outro defensor de direitos humanos, mas, como mulheres, são alvo de determinadas ameaças e violências específicas ao gênero, como assédio sexual. Elas também são mais vulneráveis a certos preconceitos, exclusões e retaliações devido a tradições, percepções e estereótipos sobre feminidade, orientação sexual e o "papel da mulher" na sociedade (ONU, 2010b, par. 23). Desta forma, sofrem com os estereótipos e a discriminação de gênero, próprios de sociedades onde ainda impera o patriarcalismo e o machismo.

A seguir, pontua-se como estes desafios à atividade de defesa dos direitos humanos, ocorrem de forma concreta através dos mais diversos meios, colocando defensoras e defensores em situação de extrema vulnerabilidade.

# 4. A FALTA DE PROTEÇÃO DO DIREITO À VIDA E INTEGRIDADE PESSOAL DE DEFENSORES E DEFENSORAS DE DIREITOS HUMANOS

A Declaração Universal dos Direitos Humanos, em seu artigo 3, dispõe que "todo ser humano tem direito à vida, à liberdade e à segurança pessoal" (ONU, 1948). Neste mesmo sentido, estabelece o artigo 4.1 da Convenção Americana dos Direitos Humanos que "toda pessoa tem o direito de que se respeite sua vida" e "ninguém pode ser privado da vida arbitrariamente". Nesse mesmo sentido, complementa o artigo 5.1 da mesma Convenção que "toda pessoa tem o direito de que se respeite sua integridade física, psíquica e moral" (OEA, 1969).

Na luta pela concretização destes direitos mais básicos do ser humano, como a vida e a integridade pessoal, os defensores de direitos humanos têm seus próprios direitos violados (EUREN, 2005, p. 11). As violações à integridade pessoal, física ou psíquica, são utilizadas como instrumento para obstaculizar o trabalho desenvolvido por DDHs, constituindo um padrão identificável em muitos países da região latino-americana (ONU, 2004b, par. 61).

O principal risco oferecido aos DDHs é que, muitas vezes, as ameaças se convertem, de fato, em ataques. Os agressores possuem os meios e se valem da impunidade para levar a cabo as ameaças (EUREN, 2005, p. 12). A depender da intensidade de agressões físicas, pode-se resultar na morte da defensora ou do defensor, sendo esta atitude utilizada como "exemplo" para que outros DDHs tenham medo e desistam de atuar (CIDH, 2006, par. 152).

Em seu informe de 2006, a Comissão Interamericana expressou sua preocupação por receber constantes denúncias sobre assassinatos de DDHs em variados países. Alguns defensores, inclusive, eram beneficiários de medidas cautelares outorgadas pela própria Comissão, mas que não foram cumpridas efetivamente, facilitando os homicídios (CIDH, 2006, par. 150). A crítica situação permanece e se intensifica nos dias atuais. De acordo com a Front Line Defenders (FLD), em 2017, a epidemia global de assassinatos de defensores e defensoras de direitos humanos resultou na morte de 312 defensores, de 27 diferentes países (FLD, 2017, p. 6). Em 2018, o número aumentou para 321 (FLD, 2018, p. 7), mantendo-se acima de 300 no ano de 2019 (FLD, 2019, p. 7).

A fim de ilustrar esses desafios enfrentados pelos DDHs, com violações aos seus direitos de integridade pessoal e do direito à vida, analisar-se-á, a seguir, alguns casos concretos da região latinoamericana. Os casos paradigmáticos exemplificam como, em um recorte de 18 anos, não se trata de um problema pontual, mas sim de uma combinação de falhas estatais em proteger os DDHs com uma cultura social de repúdio àqueles que ajudam a população marginalizada.

## 4.1. VIOLAÇÃO À INTEGRIDADE PESSOAL: TORTURA DE LYSIAS FLEURY - HAITI

Este caso é um exemplo paradigmático de violação de direitos contra defensores de direitos humanos, vez que, após as bárbaras violências proferidas por agentes da segurança pública haitiana, o Estado continuou a legitimar ditas violações à integridade física de Lysias Fleury, através da não investigação dos fatos e da impunibilidade dos perpetradores destas violações, sendo, assim, responsabilizado internacionalmente[1].

Em 24 de junho de 2002, por volta das 19h, Lysias Fleury, membro da *"Comisión Episcopal Justicia y Paz"* do Haiti, foi detido por agentes policiais que o agrediram com uma pistola e o prenderam. Ele ficou privado de liberdade durante 17 horas, no posto policial de Bon Repos, no Haiti. Naquela noite, sofreu diversos tratamentos degradantes como, por exemplo, ser obrigado a recolher fezes com as mãos, além das centenas de golpes no ventre e pontapés nas clavículas que recebeu (CIDH, 2006, par.157).

Em 11 de outubro de 2002, a Comissão Interamericana recebeu de Lysias Fleury um pedido de medida cautelar para proteger sua vida e integridade pessoal, a qual foi concedida quatro dias depois[2]. Com a falta de resposta estatal acerca das medidas tomadas, a Comissão submeteu à Corte um pedido de medida provisória para a proteção da vida e integridade pessoal de Lysias Fleury, a qual foi concedida em 7 de junho de 2003 (CIDH, 2006, par.157)[3]. Devido às falhas, Lysias Fleury e sua família submeteram, também, uma petição à CIDH, a fim de responsabilizar o Estado do Haiti pelas violações de direitos humanos.

Em 16 de março de 2009, a Comissão Interamericana emitiu seu relatório de mérito responsabilizando o Haiti pelas violações do direito à

---

1    Os casos que chegam às instâncias internacionais representam padrões históricos de violações a direitos humanos. Após o esgotamento de todos os recursos internos na inefetiva busca por justiça e pela punição dos responsáveis, as instâncias internacionais podem ser acionadas. No Sistema Interamericano, indivíduos podem submeter suas petições à Comissão Interamericana. A Comissão, por sua vez, pode submeter o caso à Corte para que o Estado seja responsabilizado pelas violações cometidas (CARVALHO RAMOS, 2016, p. 165).

2    A Comissão Interamericana de Direitos Humanos pode emitir medidas cautelares, de acordo com o artigo 25 de seu Regulamento, com recomendações aos Estados para que garantam os direitos de pessoas em grave risco.

3    A Corte Interamericana de Direitos Humanos pode emitir medidas urgentes ou medidas provisórias, de acordo com o artigo 25 de seu Regulamento, mediante as quais pode ordenar que os Estados adotem as medidas necessárias para proteger os direitos de um indivíduo (RODRIGUEZ, 2014, p. 4).

integridade pessoal, liberdade pessoal, proteção e garantia judiciais, sendo estes dois últimos decorrentes da ausência de investigação e punição dos policiais responsáveis pelas referidas violações. Como o estado do Haiti não apresentou nenhuma informação sobre o cumprimento das recomendações da CIDH em relação às violações cometidas, em julho de 2009, a Comissão decidiu submeter o caso à Corte (CIDH, 2009).

Em julgamento de 2011, a Corte Interamericana condenou o estado do Haiti pelas mesmas violações de direitos humanos alegadas pela Comissão, e proferiu, em sua decisão, as necessárias medidas de reparação. O Haiti foi sentenciado a investigar as violações cometidas contra o DDH Lysias Fleury; a implementar cursos de direitos humanos aos oficiais de polícia e do judiciário; e a pagar uma indenização pecuniária a Lysias Fleury e sua família (Corte IDH, 2011, pp. 41-42).

Apesar da condenação, o estado do Haiti não cumpriu as medidas proferidas. Em sua supervisão de cumprimento de sentença de 2019, oito anos após a decisão, a Corte declarou a situação de grave descumprimento estatal, divulgada em seu informe anual. Determinou, por fim, que o estado do Haiti deveria cumprir, com a maior brevidade possível, as medidas necessárias para reparar as violações contra Lysias Fleury e seus familiares (Corte IDH, 2019, pp. 5-6).

## 4.2. VIOLAÇÃO À INTEGRIDADE PESSOAL: ATAQUES E AMEAÇAS A LEONIDAS IZA E MARÍA IZA - EQUADOR

Na noite do dia primeiro de fevereiro de 2004, o presidente da Confederação de Nacionalidades Indígenas do Equador (CONAIE), Leonidas Iza, foi vítima de um atentado em que os membros de sua família acabaram gravemente feridos. Ele havia acabado de regressar de Cuba, onde havia participado de um encontro regional contra a Área de Livre Comércio das

Américas. Sua mulher, seus dois filhos, seu irmão e seu sobrinho o recepcionaram no aeroporto e logo tomaram um táxi para a sede do CONAIE (CIDH, 2006, par. 156). Dois homens em um veículo com vidros filmados os perseguiram e, quando chegaram à sede do CONAIE, atacaram-nos com tiros e ameaças de morte, gritando que iriam matá-los. Leonidas e sua família conseguiram ingressar no prédio da organização, mas as balas ultrapassaram a porta atingindo três parentes. Os parentes feridos foram encaminhados à Clínica Cotocollao, onde receberam cuidados médicos.

O ataque foi classificado como de caráter político, sugerindo uma manobra correspondente a organizações secretas ou gangues paramilitares, típicas de países que viveram sob ditaduras militares (ZHINGRI T., 2006; CIDH, 2006, par. 156).

Posteriormente, em abril de 2006, María Iza Quinatoa, irmã de Leónidas Iza, presidenta da seção de mulheres da União de Organizações Campezinas de Cotopaxi (UNOCANC), sofreu diversas ameaças e intimidações devido às manifestações que vinha organizando. Em março e abril daquele ano, María havia sido responsável por coordenar a participação em Quito, capital do Equador, de comunidades indígenas em manifestações contra o Tratado de Livre Comércio entre Equador e Estados Unidos. As manifestações destacavam o impacto negativo ao comércio e aos produtores locais (ANISTIA INTERNACIONAL, 2006(a), pp. 1-2; ANISTIA INTERNACIONAL, 2006(b), pp. 24-25).

Em 23 de março de 2006, enquanto estava em uma reunião com indígenas, o carro de María foi roubado. Quando denunciou o roubo, o delegado de polícia comentou "é isso que acontece com quem está nestas manifestações". Em 10 de abril de 2006, logo após deixar a reunião com outros indígenas, enquanto caminhava na rua, duas pessoas desconhecidas a ameaçaram com uma faca. Uma delas perguntou se María iria organizar outras manifestações. Após, roubaram-lhe a carteira com todos os seus documentos. Ao denunciar o roubo, apesar da insistência de María

Iza pelo registro dos detalhes do atentado, os policiais registraram apenas como 'perda de documentos' (ANISTIA INTERNACIONAL, 2006(a), pp. 1-2; ANISTIA INTERNACIONAL, 2006(b), pp. 24-25).

Apesar das ameaças e ataques, Leonidas Iza continuou atuando ativamente em defesa dos direitos humanos dos povos indígenas e camponeses (FARGA, 2019). María Iza, no entanto, afastou-se da linha de frente, mas continuou produzindo pesquisas sobre o movimento indígena de Cotopaxi (IZA QUINATOA, 2020).

## 4.3. VIOLAÇÃO DO DIREITO À VIDA E INTEGRIDADE PESSOAL: DEFENSOR DE DERECHOS HUMANOS Y OTROS V GUATEMALA

A defensora de direitos humanos B.A. e sua família, cujos nomes foram mantidos em segredo por requisição das próprias vítimas, sofreram diversas ameaças e ataques entre 2004 e 2005. O contexto base remonta ao período entre 1962 e 1996, na Guatemala, em que houve um conflito armado que provocou grandes perdas institucionais, materiais, morais e humanas. Após este conflito, com os acordos de paz e a busca por justiça pelas violações cometidas, as defensoras e os defensores de direitos humanos passaram a sofrer graves ameaças e ataques contra sua integridade pessoal. Estas ameaças e ataques eram proferidas, principalmente, por grupos clandestinos e pelas próprias forças de segurança do Estado (Corte IDH, 2014, par. 74).

Em 20 de fevereiro de 2004, a defensora B.A. se dirigiu ao Centro de Medição do Organismo Judicial de Escuintla, a fim de denunciar as ameaças que vinha sofrendo. Em 20 de dezembro de 2004, foi encontrado o cadáver do pai de B.A., que também era defensor de direitos humanos. O corpo estava caído no asfalto, com três impactos de arma de fogo, dois na região frontal do crânio e outro no tórax, e com a bicicleta que conduzia ainda entre suas pernas. Assim, a Procuradoria de Direitos Humanos tomou ciência dos atos intimidatórios contra B.A. e sua família por grupos de pessoas desconhecidas e fortemente armadas que constantemente apareciam disparando, de noite, nas proximidades de sua casa (Corte IDH, 2014, par. 91-93).

Mesmo com as denúncias de B.A., os ataques continuaram e nenhuma medida de proteção foi tomada. Em 14 de janeiro de 2005 ela sofreu um novo atentado. Enquanto dirigia seu veículo *pick up*, percebeu que jogaram combustível nos para-brisas e no teto, impedindo sua visibilidade. Assim, B.A. viu-se forçada a deixar seus cargos como Secretária do Conselho Comunitário de Desenvolvimento da Aldeia *"Cruce de la Esperanza"* e de oficial da Organização Social do Município de Santa Lucía Cotzumalguapa (Corte IDH, 2014, par. 123).

Com a falta de proteção estatal, o caso chegou à Comissão Interamericana ainda em 2005, sendo, posteriormente, encaminhado à Corte, em 2012, pela falta de cumprimento das recomendações proferidas pela Comissão (Corte IDH, 2014, par. 4-11).

Em sua sentença de 28 de agosto de 2014, a Corte declarou que a República de Guatemala era responsável internacionalmente pelo não cumprimento do dever de garantir a integridade pessoal da defensora de direitos humanos B.A. e sua família, bem como pelas violações ao direito de circulação e residência e de garantias e proteção judicial. Isto porque o Estado foi informado acerca das ameaças que vinham sofrendo e não atuou para protegê-los (Corte IDH, 2014, pp. 90-93).

Em sua última supervisão, a Corte declarou que a Guatemala cumpriu a medida de garantir condições de segurança adequadas para que B.A. e seus familiares retornassem a seus locais de residência. Entretanto, ficou pendente o cumprimento de medidas de reparação às vítimas quanto à necessidade de investigar as violações cometidas, oferecer apoio psicológico às vítimas e realizar políticas públicas efetivas para a proteção de defensoras e defensores de direitos humanos (Corte IDH, 2017, p.4).

## 4.4. VIOLAÇÃO DO DIREITO À VIDA: ASSASSINATO DE HUGO DE JESÚS GIRALDO E OUTROS 13 DEFENSORES - COLÔMBIA

No primeiro quadrimestre de 2020, uma onda de assassinatos de DDHs emergiu na Colômbia. Dentre as dezenas de casos, Hugo de Jesús Giraldo López, líder social de camponeses, professor e integrante da Coordenação Social e Política da Marcha Patriota, foi assassinado em 22 de abril. Dois homens se aproximaram de sua residência, de moto, e um deles a invadiu, desferindo seis disparos contra Hugo de Jesús. Ele trabalhava na Associação de Trabalhadores e Pequenos Produtores Agropecuários (ASTCAP) junto com seu presidente, Mario Chilhueso, que também foi assassinado, três dias antes (COMISIÓN COLOMBIANA DE JURISTAS, 2020(a)).

Mario Chilhueso saía de sua casa com várias mulas, com as quais desenvolvia seu trabalho, quando foi atacado por vários homens armados, que tiraram sua vida de maneira imediata. Chilhueso já havia sido vítima de desaparecimento forçado em 2001. Em fevereiro de 2020, ele havia solicitado à Unidade de Restituição de Vítimas sua inclusão no Registro de Terras Desapropriadas e Abandonadas à Força, planejando trabalhar em sua terra e para sua comunidade. Quando do assassinato de Mario, anunciou-se que a vida de outros integrantes da ASTCAP também estava em perigo (COMISIÓN COLOMBIANA DE JURISTAS, 2020(b)).

O número de atores armados que lutam pelo controle de economias ilegais e podem estar por trás dos atentados contra DDHs aumentou durante a pandemia de COVID-19. Com as restrições impostas pelo governo, agravou-se a situação pré-existente de violência. Grupos armados passaram a aproveitar o isolamento de líderes sociais para ampliar sua presença e controle no território. Além dos assassinatos, a própria população local de comunidades campestres, indígenas e afrodescendentes, passou a sofrer ameaças (ONU Colombia, 2020).

## 4.5. VIOLAÇÃO DO DIREITO À VIDA E INTEGRIDADE PESSOAL: O ASSASSINATO DE MARIELLE FRANCO E AS AMEAÇAS À MÔNICA BENÍCIO - BRASIL

Marielle Franco era vereadora estadual, eleita no Rio de Janeiro, pelo PSOL. Mulher, lésbica, negra e ativista. Ela iniciou sua militância em direitos humanos após perder uma amiga, vítima de bala perdida, em um tiroteio entre policiais e traficantes no Complexo da Maré.[4] Em 14 de março de 2018, Marielle foi assassinada, dentro de seu carro, com 13 tiros, após retornar de um evento com jovens negras (ANISTIA INTERNACIONAL, 2018).

Mesmo após a onda de homenagens e comoção nacional, extremistas destruíram a placa que a homenageava, na rua em que foi dado seu nome, em uma clara expressão de que seu assassinato não só representava a repressão ao ativismo por direitos humanos, como, também, de que outras DDHs continuariam sendo ameaçadas (MARQUES, 2018).

O assassinato entrou em pauta no Conselho de Direitos Humanos da ONU, o qual cobrou do governo brasileiro avanço nas investigações a fim de que fossem punidos os responsáveis. Em março de 2019, dois policiais suspeitos foram presos pelo assassinato, entretanto, dois meses

---

4   Cf. A verdade sobre Marielle Franco, Mandato Marielle Franco, 2018. Disponível em: https://www.mariellefranco.com.br/averdade. Acesso em 21 de dezembro de 2020.

depois, a polícia federal revelou ter havido obstrução às investigações. Ademais, o Grupo de Atuação Especial de Combate ao Crime Organizado do Ministério Público do Rio de Janeiro formulou um relatório no qual afirmava a existência de uma organização criminosa, a fim de dificultar as investigações, composta por um dos policiais investigados e pela advogada dele.[5]

Além disso, após o assassinato de Marielle Franco, sua esposa, Mônica Benício, passou a sofrer ameaças por assumir o trabalho de Marielle. Alguns meses após o assassinato, Mônica passou por situações de perseguição por veículos desconhecidos e abordagens com claras ameaças. Em um dos episódios de ameaça, Mônica foi abordada por um homem enquanto transitava por uma praça. Ele se aproximou de Mônica e disse sorrindo *"aceita que Marielle Franco morreu, sapatão. Tenha cuidado para não ser a próxima"*. Devido às ameaças, Mônica conseguiu uma medida cautelar concedida pela Comissão Interamericana (CIDH, 2018(a)).

Apesar das ameaças, Mônica Benício não se absteve de continuar o legado de Marielle Franco e lutar em prol da proteção dos direitos humanos. Em novembro de 2020, Mônica foi eleita vereadora do Rio de Janeiro, com o assertivo discurso de que enfrentaria a política de ódio do governo brasileiro.[6]

---

5    Cf. Polícia Federal conclui que houve tentativa de atrapalhar investigações do caso Marielle. Folha de S. Paulo, 23 de maio de 2019. Disponível em https://www1.folha.uol.com.br/cotidiano/2019/05/policia-federal-conclui-que-houve-tentativa-de-atrapalhar-investigacoes-do-caso--marielle.shtml. Acesso em 27 de dezembro de 2020.

6    Cf. ALBUQUERQUE, Ana Luiza. Enfrentar o bolsonarismo é o meu 1º compromisso, diz viúva de Marielle, eleita vereadora no Rio. Folha de São Paulo, 23 de novembro de 2020. Disponível em: https://www1.folha.uol.com.br/poder/2020/11/enfrentar-o-bolsonarismo-e-o-meu-1o--compromisso-diz-viuva-de-marielle-eleita-vereadora-no-rio.shtml. Acesso em 27 de dezembro de 2020.

## 5. O USO DE TECNOLOGIAS DE INFORMAÇÃO PARA AMEAÇAR DEFENSORES DE DIREITOS HUMANOS E PARA DESLEGITIMAR E IMPEDIR SUA ATUAÇÃO.

O advento da tecnologia de informação, certamente, traz diversas facilidades positivas para o ativismo, graças à criação de um ambiente *online* amplo, democrático e livre. Os ativistas de movimentos sociais podem fazer uso da internet para a expansão de suas ideias e alcance de um maior número de adeptos, propiciando, inclusive, o impacto global. Assim, facilita-se, por exemplo, a organização de mobilizações sociais via *Facebook*, *Twitter* e *blogs* (CASSIANO, 2011, pp. 8-9, 12-13).

Por outro lado, facilita-se, também, o uso malicioso destas tecnologias, inclusive para potencializar ameaças e ataques. Em visita ao México, em 2017, Michel Forst, relator especial da ONU sobre a situação de Defensoras e Defensores de Direitos Humanos, declarou sua preocupação pelo número de defensoras e defensores que receberam ameaças, por via das redes sociais, pelo mero fato de terem se reunido com ele à época (ANISTIA INTERNACIONAL 2017, p. 17; ONU, 2017).

Como descreveu o relator especial, defensoras e defensores de direitos humanos ficam mais vulneráveis a ameaças através da comunicação digital, tanto pelas redes sociais, quanto por e-mails e mensagens de texto. Na maioria dos casos, DDHs recebem mensagens de "advertência" quanto à sua vida e segurança caso continuem com suas atividades em defesa dos direitos humanos. Apesar de as autoridades estatais não considerarem estas ameaças como "reais", por utilizarem o ambiente virtual, elas, certamente, podem causar impactos psicológicos negativos e, até mesmo, conduzir a agressões físicas (ONU, 2017).

## 5.1. A UTILIZAÇÃO DO MEIO VIRTUAL PARA PROPAGAÇÃO DE AMEAÇAS CONTRA DEFENSORES DE DIREITOS HUMANOS

A seguir, pontuam-se alguns casos de ameaças a defensores de direitos humanos na América Latina, destacando como o uso malicioso da tecnologia de informação tem se tornado um grande desafio à atuação de defensores.

### 5.1.1. Caso Jean Wyllys - Brasil

Jean Wyllys era professor universitário de Cultura Brasileira e de Teoria da Comunicação, e começou a se destacar acadêmicamente como DDH com a criação do curso de pós-graduação em Jornalismo e Direitos Humanos. Em 2010 ele foi eleito deputado federal pelo PSOL do Rio de Janeiro, sendo reeleito em 2014. Um ano depois, foi destaque na revista britânica *The Economist* como uma das 50 personalidades que mais lutam pela diversidade no mundo (WYLLYS, ABUJAMRA, 2019).

Devido ao seu ativismo dentro do Congresso, destacando-se na luta pelos direitos LGBTQI+, e por ser o primeiro congressita a se declarar publicamente homossexual, Jean Wyllys passou a sofrer ameaças (BOWATER, MORAES, 2015). Desde 2011, foi ameaçado de morte inúmeras vezes mediante publicações em redes sociais, mensagens enviadas ao seu e-mail institucional ou, ainda, cartas que chegavam ao seu escritório no Congresso. As mensagens recebidas possuíam ameaças como *"Vou te matar com explosivos"*, *"já pensou em ver seus familiares estuprados e sem cabeça?"*, *"vou quebrar seu pescoço"*, *"aquelas câmeras de segurança que você colocou não fazem diferença"* (MEGALE, CAMPOREZ, 2019).

Após o assassinato de Marielle Franco, companheira de partido de Jean Wyllys, ele enviou um pedido de medida cautelar à Comissão Interamericana, instando a Comissão a exigir que o Estado brasileiro adotasse medidas necessárias para proteger seus direitos à vida e integridade pessoal. A medida cautelar foi concedida em 20 de novembro de 2018 (CIDH, 2018(b)).

Como nenhum representante estatal se manifestou contra os ataques que Jean Wyllys suportava e, como o Estado não tomou medidas em relação à medida cautelar concedida a ele, Wyllys renunciou ao cargo, em janeiro de 2019, mesmo sendo reeleito para seu terceiro mandato. Como única solução encontrada para proteger a si e a seus parentes, após a renúncia, Jean Wyllys deixou o Brasil (SENNA, 2019; MEGALE, CAMPOREZ, 2019).

Nos Estados Unidos, Jean Willys começou a lecionar em universidades. A temática de suas aulas são, principalmente, sobre *fake news* e discurso de ódio contra minorias sexuais e étnicas. Ele declarou, em uma entrevista, que não retornará ao Brasil, devido à cumplicidade do atual governo em relação a ataques contra DDHs, mas que deseja voltar um dia quando puder viver em segurança no país (LIMA, VINHAL, 2020).

## 5.1.2. Condenações por ameaças a jornalistas, defensores de direitos humanos e líderes sociais - Colômbia

Entre outubro de 2017 e outubro de 2018 uma onda de ameaças pelas redes sociais emergiu na Colômbia. Entre as vítimas das ameaças estavam defensores de direitos humanos, servidores públicos, jornalistas, pessoas engajadas na luta por terras e integrantes de organizações políticas (FISCALÍA GENERAL DE LA NACIÓN, 2019).

Em 03 setembro de 2019, Francisco Javier Andica Acevedo foi condenado a 38 meses de prisão e multa de mais de seis salários mínimos pelo *Segundo Penal del circuito de Dosquebradas*. A *Fiscalía General de la Nación* – um ramo judicial do poder público com função de orientar e garantir aos cidadãos colombianos a eficaz administração da justiça – comprovou que Andica Acevedo enviou mensagens intimidadoras, através do Twitter contra o cartunista Julio César González, a jornalista Vanessa de la Torre e alguns juízes da Corte Suprema de Justiça da Colômbia. Além deste caso, agressores de outros dois casos relacionados a ameaças contra DDHs via chamada telefônica e por distribuição de panfletos de difamação também foram condenados (FISCALÍA GENERAL DE LA NACIÓN, 2019).

Dentre os diversos casos de ameaças que ocorreram neste período e que chegaram ao estágio de julgamento, destacam-se as ameaças sofridas pelo líder político Gustavo Francisco Petro Urrego, em abril de 2018, através das redes sociais, devido a oposições políticas. Citam-se, também, as ameaças sofridas, em julho de 2018, pelo jornalista Luis Carlos Vélez e sua família, através do envio de mensagens intimidadoras por redes sociais. Por fim, destacam-se as ameaças sofridas pelos jornalistas Claudia Gurisatti e Luis Carlos Vélez, em outubro de 2018, através da publicação de vídeos incitando outras pessoas a atentar contra a vida e integridade pessoal deles (FISCALÍA GENERAL DE LA NACIÓN, 2019).

### 5.1.3. Caso Miguel Guimaraes e outros líderes indígenas - Peru

Em 14 de outubro de 2020, Miguel Guimaraes – defensor indígena de direitos humanos e ambientais da comunidade *Flor de Ucayali* e presidente da Federação de Comunidades Nativas de Ucayali e Afluentes (FECONAU) – recebeu uma ameaça de morte de um indivíduo desconhecido através de mensagens de WhatsApp. A mensagem continha a foto de uma pessoa desmembrada e dizia *"Venimos por ti cueste lo que cueste bastardo"* (Vamos atrás de você, custe o que custar, bastardo) (FLD, 2020).

As ameaças ocorreram logo após Miguel Guimaraes participar de uma audiência pública online da CIDH, ocorrida em 6 de outubro de 2020. Na audiência, defensores e defensoras indígenas, incluindo integrantes da FECONAU, testemunharam e denunciaram vínculos entre ataques e assassinatos de DDHs e a corrupção estatal. As organizações concluíram existir um contexto histórico caracterizado pela impunidade estrutural e corrupção que facilitam o crime organizado e garantem a repetição, sem qualquer punição, de violações de direitos humanos contra comunidades indígenas e seus líderes.

Após, a audiência não só Miguel Guimaraes foi ameaçado, como também outros defensores indígenas que participaram da audiência e, posteriormente, receberam ameaças pelos mais variados meios (FLD, 2020).

## 5.2. COMO AS FAKE-NEWS AFETAM DEFENSORAS E DEFENSORES DE DIREITOS HUMANOS

Com a utilização cada vez maior de recursos online para a disseminação de informações, as *Fake News* surgiram como um mecanismo utilizado pelos agentes contrários à defesa dos direitos humanos para desarticular as lutas das defensoras e defensores. As *Fake News* não apenas são utilizadas para disseminação de informações falsas acerca das ações dos defensores de direitos humanos, ou acerca de dados factuais falsos para tentar demonstrar um cenário favorável aos agentes violadores dos direitos humanos, mas, também, são utilizadas para descredibilizar os DDHs como pessoas, através da articulação e divulgação de notícias falsas que empregam, de forma discriminatória, estereótipos diversos a fim de manchar a imagem dos DDHs, além de atribuírem-lhes ações que seriam contrárias (às) e incongruentes (com) suas lutas (LOPEZ, 2019, p. 10). Trata-se do emprego de um processo de desumanização do outro, através da utilização das *Fake News* (LOPEZ, 2019, p. 10).

Marielle Franco, defensora brasileira dos direitos humanos cruelmente executada no estado do Rio de Janeiro, como mencionado no tópico anterior, mostrou-se como um grande exemplo da forma de atuação violenta que as *Fake News* podem ter para atingir os defensores de direitos humanos. Marielle teve, sobre si, veiculadas inverdades convenientemente articuladas de que teria engravidado aos 16 anos, de que defendia a morte de policiais militares e até de que sua eleição ao cargo de vereadora da Câmara Municipal do Rio de Janeiro decorreu de votos da facção Comando Vermelho, tudo com o objetivo de descredibilizar sua atuação, por meio da propagação de ideias estereotipadas que partiram do tabu e repressão à sexualidade feminina e de uma equivalência imaginária entre criminalidade e defesa desta, e defensores de direitos humanos. A construção dessa narrativa mentirosa tinha um objetivo claro: causar a naturalização e, no limite, até mesmo a celebração de sua execução (LOPEZ, 2019, p. 26).

Embora o conceito básico de *Fake News* seja bastante antigo, sendo condizente à propagação de qualquer informação falsa, principalmente com cunho político, pretendendo-se, com elas, a mitigação da democracia e da proteção de direitos, por estarem inseridas no ambiente virtual, as *Fake News* trazem um grande diferencial: com apenas um click a (des)informação é capaz de se alastrar por diversos países, chegando a milhões de pessoas (SCHIBELBEIN, 2020).

No âmbito político, mais recentemente, as *Fake News* foram utilizadas para possibilitar as eleições de políticos autoritários de extrema direita (são notáveis exemplos disso a eleição de Trump, nos Estados Unidos, e de

Bolsonaro, no Brasil, sendo que, durante a campanha eleitoral de ambos, fizeram eles ampla utilização de suas redes sociais, como canal de informação, para propagar *Fake News* que lhes fossem favoráveis) e, também, para a propagação de informações falsas acerca da doença, propagação e tratamento da COVID-19 que, no Brasil, por exemplo, tornou-se um assunto de cunho político.

Ademais, as *Fake News* mostram-se como um perigoso fator capaz de ocasionar a restrição da liberdade de expressão, atingindo diretamente a atuação dos defensores de direitos humanos, pois, com seu advento, alguns países passaram a propor projetos de lei com o fito de coibir a propagação desse tipo de conteúdo, através da censura de conteúdos declarados como *Fake News*. Todavia, notadamente, a flexibilização da liberdade de expressão, desta forma, para impedir que sejam disseminadas *Fake News*, poderia facilmente ser instrumentalizada pelos governos e setores interessados, para censurar, também, conteúdos que reportassem a violação de direitos humanos (CIVICUS, 2020). Um exemplo deste tipo de proposta legislativa foi o PL 2.630/2020 do Brasil, conhecido, também, como PL das *Fake News*, que é extremamente polêmico por contrariar algumas disposições da Lei Geral de Proteção de Dados (LGPD) e do Marco Civil da Internet (BASTOS, 2020; IFEX, 2020).

## 5.3. DESAFIO À PROTEÇÃO DE DADOS DE DEFENSORES E DEFENSORAS DE DIREITOS HUMANOS

Embora as tecnologias digitais tenham possibilitado a extensão da capacidade dos defensores de direitos humanos de analisar e documentar violações, assim como a capacidade de amplificar essas análises e ventilá-las tanto em âmbito local quanto internacional, também abriram caminho para um novo tipo de violação dos direitos dos defensores de direitos humanos e de uma nova forma de sabotagem de seu trabalho, qual seja: por meio da intercepção de dados; da vigilância das atividades documentadas; do vazamento de informação e do rastreamento de seus traços digitais (HANKEY; CLUNAIGH, 2013, p. 535).

A coleta, o armazenamento, e a disposição de informações, assim como as comunicações interpessoais, são peças chave no trabalho dos defensores de direitos humanos, sendo que, nos dias atuais, normalmente, são realizados com o emprego de meios digitais. No entanto, a utilização de tais meios faz com que se torne possível a perseguição e o controle dos DDHs por seus adversários, que empregam, para isso, vigilância e utilização de inteligência artificial para fins de monitoramento das ações, contatos e redes dos defensores e entidades defensoras de direitos humanos; usando informações coletadas como evidência contra os próprios DDHs e suas organizações (HANKEY; CLUNAIGH, 2013, p. 536).

Ademais, também são empregadas formas mais manipulativas de uso indevido de informações, como aprisionamento de informações veiculadas pelos HRDs ou circulação de informações incorretas, desvirtuando-se o caráter de documentos oficiais dos DDHs e dissipando-os para, assim, deslegitimá-los. Ademais, também são observadas intervenções diretas no acesso e na circulação de informações por DDHs, como bloqueio e censura de conteúdo veiculado na web (HANKEY; CLUNAIGH, 2013, p. 536).

No México, que, em 2017, foi o país no qual mais ocorreram assassinatos de jornalistas, foi apontado, pela entidade Red en Defensa de los Derechos Digitales, junto com a Article 19, que, no período entre janeiro de 2015 e julho de 2016 foram constatadas 16 tentativas de implantação do malware Pegasus contra jornalistas e defensores de direitos humanos. O Malware em questão é um sofisticado programa de vigilância que apenas pode ser comercializado aos governos, sendo que, no México, ao menos três órgãos do governo o possuem: a Procuraduría General de la República (PGR), o Centro de Investigación y Seguridad Nacional (CISEN) e a Secretaría de la Defensa Nacional (a qual não conta com competência legal para exercer ações de vigilância). Com o emprego do Malware, a pessoa ou órgão que promove o ataque digital tem acesso a todos os arquivos armazenados naquele dispositivo, podendo, ainda, controlar a câmera e o microfone do equipamento (R3D; ARTICLE 19; SOCIALTIC, 2017).

Dentre os casos constatados, podem ser citados o caso do Centro Prodh, que sofreu tentativas de implantação do Malware durante sua atuação na discussão sobre a Ley General contra la Tortura, e o dos periodistas da entidade "Mexicanos contra la Corrupción y la Impunidad", que sofreram ataques após a publicação de uma reportagem sobre uma rede de empresas fantasma do governo de Javier Duarte (R3D, 2017).

Uma consideração importante é que, à medida que a tecnologia se torna cada vez mais fácil de ser empregada, ela também se mostra mais difícil de ser controlada. Assim, a utilização das mídias sociais, como Facebook, YouTube, Skype e Twitter, por parte dos defensores, apesar de ser uma boa forma de garantir que as informações difundidas chegarão a um maior número de pessoas, também faz com que os defensores fiquem cada vez mais vulneráveis a ataques digitais, isto porque as lacunas e brechas do controle e proteção de dados, que são opacas para os usuários regulares das redes sociais, tornam-se um fator de extremo perigo para os DDHs, que podem ter seus dados pessoais descobertos.[7]

---

7    Na Síria, por exemplo, um grande número de ativistas foi capturado depois que alguns dos presos foram forçados a fornecer as senhas de suas contas no Facebook e Skype, levando à exposição de suas redes sociais, aos contatos que mantinham e às informações que trocavam (FREEDOM HOUSE, 2012).

# 6. O PAPEL DO ESTADO NA PROTEÇÃO DE DEFENSORAS E DEFENSORES DE DIREITOS HUMANOS

## 6.1. A RESPONSABILIDADE INTERNACIONAL DO ESTADO ANTE A VIOLAÇÕES DOS DIREITOS DE DEFENSORES

Os Estados possuem obrigações positivas e negativas em relação à garantia de direitos humanos. As obrigações negativas correspondem ao dever do Estado em não violar os direitos de um indivíduo ou de não o privar de um julgamento justo. Já as obrigações positivas, correspondem ao dever estatal de adotar medidas necessárias praa garantir e proteger o exercício destes direitos (PIOVESAN, 1996, p. 225).

O dever de garantir e proteger os direitos humanos está ligado, também, à adoção de ações positivas do Estado, direcionadas a prevenir e sancionar, com eficiência, as ofensas que seus nacionais possam sofrer. Busca-se, assim, um equilíbrio entre os direitos e deveres: trata-se da dupla função de proteção dos direitos humanos (PEREIRA & FISCHER, 2018, p. 85).

Destes deveres, emergem responsabilidades em casos de violações cometidas tanto por atores do próprio Estado quanto por atores não estatais. Os Estados têm a obrigação internacional de proteger defensores de direitos humanos e, em casos de violações de seus direitos, devem investigá-las propriamente e punir os responsáveis. Os casos de ameaças, violência e até assassinatos, como aqueles aqui analisados; a falta de investigação; e a consequente impunidade dos perpetradores dessas violações, revelam sérias falhas na proteção de direitos humanos, ressaltando-se, assim, uma segunda violação decorrente da primeira - a omissão Estatal. Esta cumplicidade institucional com as violações de direitos humanos pode culminar, sem dúvidas, na responsabilização internacional do Estado (ONU, 2019, par. 68, 70).

## 6.2. A CRIMINALIZAÇÃO DA ATIVIDADE EM DEFESA DOS DIREITOS HUMANOS

Apesar das obrigações estatais em proteger os defensores de direitos humanos para que possam exercer propriamente suas atividades, há Estados que, além de não cumprirem suas obrigações, obstaculizam as atividades de defensores de direitos humanos, violando duplamente seus direitos. Através do uso indevido do direito penal, as atividades de DDHs são, muitas vezes, criminalizadas, sendo, estes, submetidos a acusações de "instrução à rebelião", "terrorismo", "sabotagem", "ataque ou resistência à autoridade pública" (CIDH, 2015, par. 41).

Como observado pela Comissão Interamericana, a criminalização de defensoras e defensores de direitos humanos consiste na manipulação do poder punitivo do Estado com objetivo de dificultar a defesa e impedir o exercício legítimo do direito de defender os direitos humanos. Assim, deslegitima-se a atuação de defensoras e defensores e paralisam-se suas causas (CIDH, 2011, par. 76; ANISTIA INTERNACIONAL, 2014, pág. 11; UDEFEGUA, 2009, pág. 7).

Paradoxalmente, o Estado que deveria garantir os direitos dos mais vulneráveis, e cuja falta de proteção culmina na necessária atuação de defensores de direitos humanos, é o mesmo que reprime a atuação destes mesmos defensores. Assim, além de não garantir os direitos à sociedade civil, os Estados também patrocinam estas violações.

## 6.3. PROGRAMAS DE PROTEÇÃO DE DEFENSORES DE DIREITOS HUMANOS

Alguns Estados estabelecem programas de proteção para defensores e defensoras de direitos humanos, em tese, não estando, assim, inertes com relação às vulnerabilidades a que eles estão submetidos.

O Brasil, por exemplo, possui a Política Nacional de Proteção aos Defensores dos Direitos Humanos (PNPDDH), instituída pelo Decreto nº 6.044/2007. Após a promulgação do Decreto Presidencial nº 8.724, de 27 de abril de 2016, o Brasil passou a dispor, também, do Programa de Proteção para Defensores de Direitos Humanos (PPDDH). Atualmente, há cerca de 665 pessoas incluídas neste programa (MDH, 2018a), e a sua duração está condicionada à persistência da ameaça, do risco e da situação de vulnerabilidade (MDH, 2018b).

Para que a PNPDDH tivesse sucesso, seria necessária uma atuação conjunta dos estados com a federação. Entretanto, uma pequena minoria dos estados possui programas estaduais de proteção (ANJOS, 2019). A baixa adesão dos governos estaduais em implantar programas de proteção ressalta como as medidas tomadas pelo governo brasileiro não têm sido suficientes para o enfrentamento de problemas estruturais que geram vulnerabilidade aos DDHs. Ademais, nos poucos estados em que há algum tipo de mobilização no sentido da implementação destas políticas, revelam-se as condições precárias e as deficiências em seu funcionamento, que afetam sua plena efetividade (BUDAHAZI; ALMEIDA; MITUMORI et al., 2020, p. 54).

Outro exemplo, encontrado no Estado do Peru, é o Protocolo para a Proteção de Defensores de Direitos Humanos que, apesar de ter sido adotado em 2019, ainda não foi implementado pelo governo peruano, que não adotou medidas eficazes para fornecer garantias concretas à proteção de DDHs (ANISTIA INTERNACIONAL, 2019; FLD, 2020).

Assim, ressalta-se que, mesmo em situações em que os Estados se propõem a proteger defensoras e defensores de direitos humanos, as medidas se mostram insuficientes ou ineficazes e os defensores são deixados, novamente, à mercê da própria sorte.

## 7. CONSIDERAÇÕES FINAIS

Os casos emblemáticos aqui explorados exemplificam como as ameaças, agressões, homicídios, constrangimentos e restrição de acesso à informação e demais violações contra os direitos daqueles que buscam defender direitos não representam casos isolados, mas sim, revelam padrões de violações agravadas pela falta de anteparo do próprio Estado. Revela-se como os desafios contra a atuação de defensores de direitos humanos têm raízes históricas e se mantêm sólidas até os dias atuais. Destacam-se também novos desafios à atuação de defensores de direitos humanos advindo das novas tecnologias de informação. Trata-se das mesmas violações de direitos contra defensores de direitos humanos, porém potencializados por novas ferramentas. Assim, ressalta-se como defensores de direitos humanos, ao lutarem pela proteção dos direitos dos grupos mais vulnerabilizados, acabam por ter seus próprios direitos mitigados, constituindo-se, também, como um grupo vulnerável que enfrenta, cada vez mais, desafios à sua atuação.

# REFERÊNCIAS BIBLIOGRÁFICAS

ANISTIA INTERNACIONAL, 1997. **Defensores de los derechos humanos en Latinoamérica.** EDA: Madrid, 1997.

ANISTIA INTERNACIONAL, 2006(a). **Temor por la seguridad / amenazas,** AU 102/06, 21 de abril de 2006. Disponível em: https://www.amnesty.org/download/Documents/72000/amr280032006es.pdf. Acesso em: 19 de dezembro de 2020.

ANISTIA INTERNACIONAL, 2006(b). **Como de costumbre: Violencia contra la Mujer en la Economía Mundializada de las Américas,** maio de 2006. Disponível em: https://rsechile.files.wordpress.com/2007/02/bus_book_sp.pdf. Acesso em: 19 de dezembro de 2020.

ANISTIA INTERNACIONAL, 2014. **Defender Derechos Humanos en las Américas: Necesario, Legítimo y Peligroso**, 2014. Disponível em: https://www.amnesty.ch/de/laender/amerikas/zentralamerika/dok/2014/amerika-menschenrechtsaktivistinnen/bericht-defender-derechos-humanos-necesario-legitimo-y-peligroso-diciembre-2014.-49-p. Acesso em: 19 de janeiro de 2021.

ANISTIA INTERNACIONAL, 2017. **Defensores y Defensoras de los Derechos Humanos bajo amenaza: la reducción del espacio para la sociedad civil.** Disponível em: https://www.amnesty.org/download/Documents/ACT3060112017SPANISH.PDF. Acesso em 9 de janeiro de 2021.

ANISTIA INTERNACIONAL, 2018. **O labirinto do caso Marielle**, 14 de nov. de 2018. Disponível em https://anistia.org.br/direitos-humanos/publicacoes/o-labirinto-caso-marielle/. Acesso em 12 de dezembro de 2020.

ANJOS, Anna Beatriz. Sem Políticas Sociais, Defensores Seguem Em Risco De Morte, **Agência Pública**, 10 de maio de 2019. Disponível em: apublica.org/2019/04/sem-politicas-sociais-defensores-se-guem-em-risco-de-morte. Acesso em 13 de janeiro de 2021.

BASTOS, Athena. PL das Fake News: as polêmicas do Projeto de Lei 2630/2020. 28 de julho de 2020. **SAJADV**. Disponível em: https://blog.sajadv.com.br/pl-das-fake-news-as-polemicas-do-projeto-de--lei-2630-2020/. Acesso em: 10 de janeiro de 2021.

BOWATER, Donna. MORAES, Priscilla. **Brazil's only openly gay MP Jean Wyllys de Matos Santos leads the fight to legalise abortion.** Independent, 6 de abril de 2015. Disponível em: https://www.independent.co.uk/news/world/americas/brazils-only--openly-gay-mp-jean-wyllys-de-matos-santos-leads-the-fight-to-legalise-abortion-10158565.html. Acesso em 13 de janeiro de 2021.

BUDAHAZI A. S., ALMEIDA B. S. H., MITUMORI, C. M. H. et al. Entre Ameaça de Direitos e Normativas Nacionais de Proteção: levantamento do quadro normativo de proteção de defensores de direitos humanos no Brasil. **Cadernos da Defensoria Pública do Estado de São Paulo.** São Paulo, v. 5 n. 27 p. 33-59, dez 2020.

CARVALHO RAMOS, André de. **Teoria Geral dos Direitos Humanos na Ordem Internacional.** 6 ed., São Paulo: Saraiva, 2016.

CASSIANO, Adriele Machado. **Ativismo a partir das redes sociais.** 2011. Artigo científico de conclusão de curso de Pós-graduação em Mídia, Informação e Cultura do Centro de Estudos Latino-Americanos sobre Cultura e Comunicação, Universidade de São Paulo, São Paulo, 2011.

CIDH, 2006. **Relatório Sobre a Situação das Defensoras e Defensores dos Direitos Humanos nas Américas**, OEA/Ser.L/V/II.124, 7 março 2006. Disponível em: https://cidh.oas.org/pdf%20files/DEFENSORES%20PORTUGUES%20(Revisada).pdf. Acesso em 12 de dezembro de 2020.

CIDH, 2009. **Application to the Inter-American Court of Human Rights In the case of Lysias Fleury and his family (Case 12.459) against the Republic of Haiti**, August 5, 2009. Disponível em: http://www.cidh.oas.org/demandas/12.459%20Lysias%20Fleury%20Haiti%205ago09%20ENG.pdf. Acesso em 3 de janeiro de 2021.

CIDH, 2011. **Segundo Informe sobre la Situación de las Defensoras y Defensores de Derechos Humanos en las Américas**, OEA/Ser.L/V/II., Doc.66, 31 de dezembro de 2011. Disponível em: https://www.oas.org/es/cidh/defensores/docs/pdf/defensores2011.pdf. Acesso em 15 de janeiro de 2021.

CIDH, 2015. **Criminalización de la labor de las defensoras y los defensores de derechos humanos**, OEA/Ser.L/V/II., Doc. 49/15, 31 de dezembro de 2015.

CIDH, 2018(a). **CIDH concede medidas cautelares em favor de Mônica Tereza Azeredo Benício no Brasil**, CIDH Comunicado de Imprensa No. 172/18, 5 de agosto de 2018. Disponível em https://www.oas.org/pt/cidh/prensa/notas/2018/172.asp. Acesso em 27 de dezembro de 2020.

CIDH, 2018(b). Resolução 85/2018, **Medida Cautelar No. 1262-18**, Jean Wyllys de Matos Santos e família em relação ao Brasil. 20 de novembro de 2018.

CIVICUS, **Against the Wave: Civil Society Responses to Anti-Rights Groups**, novembro de 2019. Disponível em: http://www.civicus.org/documents/reports-and-publications/action-against--the-anti-rights-wave/AgainstTheWave-summary-en.pdf. Acesso em 10 de janeiro de 2020.

COMISIÓN COLOMBIANA DE JURISTAS, 2020(a). **Repudiable asesinato del líder social Hugo de Jesús Giraldo en Santander de Quilichao, Cauca, el segundo en tres días**, 23 de abril de 2020.

Disponível em: https://www.coljuristas.org/sala_de_prensa/articulo.php?id=300. Acesso em 21 de dezembro de 2020.

COMISIÓN COLOMBIANA DE JURISTAS, 2020(b). **Condenamos el asesinato de Mario Chilhueso, líder social del Cauca**, 20 de abril de 2020. Disponível em: https://www.coljuristas.org/nuestro_quehacer/item.php?id=298. Acesso em 21 de dezembro de 2020.

CONSELHO DA UNIÃO EUROPEIA, **Projeto de Conclusões do Conselho sobre as Diretrizes da UE sobre Defensores dos Direitos Humanos**, 100056/1/04 REV 1, Bruxelas, 9 de junho de 2004. Ver Diretrizes da União Européia sobre Defensores dos Direitos Humanos, itens 2 e 3.

Corte IDH, 2011. **Case of Lysias Fleury et al. v. Haiti. Merits and Reparations.** Judgment of November 23, 2011. Series C No. 236. Disponível em: https://www.corteidh.or.cr/docs/casos/articulos/seriec_236_ing.pdf. Acesso em 03 de janeiro de 2021.

Corte IDH, 2014. **Caso Defensor de Direitos Humanos e outros vs. Guatemala.** Exceções Preliminares, Mérito, Reparações e Custas. Série C, N. 283, Sentença de 28 de agosto de 2014. Disponível em: https://www.corteidh.or.cr/docs/casos/articulos/seriec_283_esp.pdf. Acesso em 05 de janeiro de 2021.

Corte IDH, 2017. **Caso Defensor de Direitos Humanos e outros vs. Guatemala. Supervisão de Cumprimento de Sentença.** Resolução da Corte Interamericana de Direitos Humanos de 29 de agosto de 2017. Disponível em: https://www.corteidh.or.cr/docs/supervisiones/defensor_29_08_17.pdf. Acesso em 05 de janeiro de 2021.

Corte IDH, 2019. **Caso Fleury y otros Vs. Haití. Supervisión de Cumplimiento de Sentencia.** Resolución de la Corte Interamericana de Derechos Humanos de 22 de noviembre de 2019. Disponível em: https://www.corteidh.or.cr/docs/supervisiones/fleury_otros_22_11_19.pdf. Acesso em 03 de janeiro de 2021.

EUREN, Enrique. **Manual de Proteção para Defensores de Direitos Humanos**, PBI BE & Front Line, 2005. Disponível em: http://www.dhnet.org.br/dados/manuais/a_pdf/manual_defensores_brigadas.pdf. Acesso em 17 de dezembro de 2020.

HANKEY, Stephanie; CLUNAIGH, Daniel Ó. Rethinking Risk and Security of Human Rights Defenders in the Digital Age. **Journal of Human Rights Practice.** Vol. 5, Number 3, pp. 535 – 547. November 2013.

FARGA, Andrés Almeida. Leonidas Iza: "Conocemos nuestra historia, no vamos a ceder nuestros derechos por baratijas", **Interferencia**, 17 de outubro de 2019. Disponível em: https://interferencia.cl/articulos/leonidas-iza-conocemos-nuestra-historia-no-vamos-ceder-nuestros-derechos-por-baratijas. Acesso em 07 de janeiro de 2021.

FISCALÍA GENERAL DE LA NACIÓN, **Tres condenas por amenazas contra periodistas, defensores de derechos humanos y líderes sociales**, 03 de septiembre de 2019. Disponível em https://www.fiscalia.gov.co/colombia/noticias/tres-condenas-por-amenazas-contra-periodistas-defensores-de-derechos-humanos-y-lideres-sociales/. Acesso em 13 de janeiro de 2021.

FREEDOM HOUSE.. **Freedom on the Net: Syria.** 2012. Disponível em: http://www.freedomhouse.org/ report/freedom-net/2012/syria. Acesso em: 23 de janeiro de 2021.

FRONT LINE DEFENDERS (FLD) 2017. **Annual Report on Human Rights Defenders in 2017.** Disponível em: <https://www.frontlinedefenders.org/sites/default/files/annual_report_digital.pdf>. Acesso em 10 de janeiro de 2021.

FLD 2018. **Front Line Defenders Global Analysis, 2018.** Disponível em: <https://www.frontlinedefenders.org/sites/default/files/global_analysis_2018.pdf>. Acesso em 10 de janeiro de 2021.

FLD 2019. **Front Line Defenders Global Analysis, 2019.**
Disponível em: <https://www.frontlinedefenders.org/sites/default/files/global_analysis_2019_web.pdf>. Acesso em 10 de janeiro de 2021.

FLD 2020. **Amenazas de muerte en contra del Defensor de los Derechos Humanos ambientales Miguel Guimaraes y otros líderes y lideresas indígenas en Ucayali**, 22 de outubro de 2020. Disponível em: https://www.frontlinedefenders.org/es/case/death-threats-against-environmental-human-rights-defender-miguel-guimaraes-and-other-indigeno-0. Acesso em 15 de janeiro de 2020.

IFEX. **Brazilian disinformation bill threatens freedom of expression and privacy online.** 24 de junho de 2020. Disponível em: https://ifex.org/brazilian-disinformation-bill-threatens-freedom-of-expression-and-privacy-online/. Acesso em: 22 de dezembro de 2021.

IZA QUINATOA, María Diocelinda. Proceso Organizativo Del Canal TVMICC Durante Los Años 2008-2010: Análisis Y Proyección. **URACCAN**, 2020.

LEÃO, Débora. BARRETO. Marianna B. Sob ataque, mas contra-atacando: defensoras e defensores dos direitos humanos e espaço cívico. **Revista SUR**, v.30, ago., 2020. Disponível em: https://sur.conectas.org/wp-content/uploads/2020/08/sur-30-portugues-debora-leao-e-marianna-belalba-barreto.pdf. Acesso em 12 de dezembro de 2020.

LIMA, Luciana. VINHAL, Gabriela. Bolsonaro é cúmplice do Gabinete do Ódio, diz Jean Wyllys, **Metrópoles**, 10.07.2020. Disponível em: https://www.metropoles.com/brasil/politica-brasil/acompanhe-a-entrevista-do-ex-deputado-jean-wyllys-ao-metropoles. Acesso em 25 de novembro de 2020.

LOPEZ, Carolina Galvão. As fake news e o Estado pós-democrático de direito: desafios à proteção de defensoras e defensores de direitos de dignidade. **Dignidade Re-Vista**, v. 4, n 7, julho 2019

MAIA, Bruna S. R; MELO, Vico D. S. de. A colonialidade do poder e suas subjetividades, **Teoria e Cultura**, Programa de Pós-Graduação em Ciências Sociais - UFJF v. 15 n. 2 Julho. 2020.

MARQUES, João Vitor. Candidatos do partido de Bolsonaro quebram placa que homenageava Marielle no Rio. **Estado de Minas**, 03 out. 2018. Disponível em https://www.em.com.br/app/noticia/politica/2018/10/03/interna_politica,994042/correligionarios--de-bolsonaro-quebram-placa-que-homenageava-marielle.shtml. Acesso em 27 de dezembro de 2020.

MDH, 2018a. **Sobre o PPDDH**, 20 de abril de 2018. Disponível em: Disponível em: https://www.gov.br/mdh/pt-br/navegue-por-temas/programas-de-protecao/ppddh-1/sobre-o-ppddh. Acesso em 13 de janeiro de 2021.

MDH, 2018b. **PPDDH Metodologia**, 20 de abril de 2018. Disponível em: https://www.gov.br/mdh/pt-br/navegue-por-temas/programas-de-protecao/ppddh-1/metodologia. Acesso em 13 de janeiro de 2021.

MEGALE, Bela. CAMPOREZ, Patrik. SACONI, João Paulo. As ameaças que levaram Jean Wyllys a sair do Brasil: 'Vou te matar com explosivos', 'quebrar seu pescoço', **O Globo**, 25.01.2019. Disponível em: https://oglobo.globo.com/brasil/as-ameacas-que-levaram--jean-wyllys-sair-do-brasilvou-te-matar-com-explosivos-quebrar--seu-pescoco-23401589. Acesso em 13 de janeiro de 2021.

MEZAROBBA, Glenda. De que se Fala, quando se diz "Justiça de Transição"?, **BIB**, n. 67, pp. 111-121, São Paulo: ANPOCS, 2009.

MIRANDA, Juliana. O Direito à Proteção e os defensores de Direitos Humanos na América Latina, **Boletim Jurídico**, Uberaba/

MG, a. 4, n° 217, 21 de fevereiro de 2007. Disponível em https://www.boletimjuridico.com.br/artigos/direitos-humanos/1729/o-direito-protecao-os-defensores-direitos-humanos-america-latina. Acesso em 12 de dezembro de 2020.

NAH, Alice M. et al. A Research Agenda for the Protection of Human Rights Defenders. **Journal of Human Rights Practice**. Vol. 5. Number 3, , pp. 401–420. November 2013.

OEA. **Convenção Americana sobre Direitos Humanos. Assinada na Conferência Especializada Interamericana sobre Direitos Humanos**, San José, Costa Rica, em 22 de novembro de 1969. Disponível em: https://www.cidh.oas.org/basicos/portugues/c.convencao_americana.htm. Acesso em 12 de janeiro de 2021.

ONU, 1948. **Declaração Universal dos Direitos Humanos**. Adotada e proclamada pela Assembleia Geral das Nações Unidas (resolução 217 A III) em 10 de dezembro 1948. Disponível em: https://www.unicef.org/brazil/declaracao-universal-dos-direitos-humanos. Acesso em 12 de janeiro de 2021.

ONU, 1998. **Declaração sobre o Direito e a Responsabilidade dos Indivíduos, Grupos ou Órgãos da Sociedade de Promover e Proteger os Direitos Humanos e Liberdades Fundamentais Universalmente Reconhecidos (Defensores de Direitos Humanos)**, Resolução 53/144, 9 de Dezembro de 1998. Disponível em: https://www2.ohchr.org/english/issues/defenders/docs/.../declarationPortuguese.doc. Último acesso em 10 de janeiro de 2020.

ONU, 2004. **Human Rights Defenders: Protecting The Right to Defend Human Rights**, Fact Sheet No. 29, Genebra, 2004. Disponível em: https://www.ohchr.org/Documents/Publications/FactSheet29en.pdf. Acesso em 10 de janeiro de 2021.

ONU, 2004b. Comisión de Derechos Humanos, **Informe presentado por la Representante Especial del Secretario General sobre**

**defensores de derechos humanos**, Sra. Hina Jilani, Informe Anual 2004, Doc. E/CN.4/20051/101.

ONU, 2009. **Consejo de Derechos Humanos. Informe de la Relatora Especial sobre la situación de los defensores de los derechos humanos.** A/HRC/13/22, 30 de dezembro de 2009. Disponível em: https://www.ohchr.org/sp/Issues/SRHRDefenders/Pages/AnnualReports.aspx. Acesso em 15 de janeiro de 2021.

ONU, 2010a. **Report of the Special Rapporteur on the situation of human rights defenders**, Un Doc. A/65/223, 4 ago. 2010. Disponível em: https://documents-dds-ny.un.org/doc/UNDOC/GEN/N10/475/01/PDF/N1047501.pdf?OpenElement. Último acesso em 10 de janeiro de 2021.

ONU, 2010b. Conselho de Direitos Humanos, **Report of the Special Rapporteur on the situation of human rights defenders, Margaret Sekaggya,** 20 de dezembro de 2010. Disponível em: https://undocs.org/A/HRC/16/44. Acesso em 23 de janeiro de 2021.

ONU, 2017. End of mission statement by the United Nations Special Rapporteur on the situation of human rights defenders, Michel Forst on his visit to Mexico from 16 to 24 January 2017, **Human Rights Office of the High Commissioner.** Disponível em: https://www.ohchr.org/EN/NewsEvents/Pages/DisplayNews.aspx?-NewsID=21111&LangID=E. Acesso em 9 de janeiro de 2021.

ONU, 2018. **Situation on human rights defenders**, UN Doc A/73/215, 23 de julho de 2018. Disponível em: https://undocs.org/en/A/73/215. Acesso em 10 de janeiro de 2021.

ONU, 2019. Conselho de Direitos Humanos, **Investigation of, accountability for and prevention of intentional State killings of human rights defenders, journalists and prominent dissidents**, Report of the Special Rapporteur on extrajudicial, summary or arbitrary executions, UN Doc A/HRC/41/36, 4 de outubro de 2019.

ONU Colombia. Asesinato de Defensores y Defensoras de Derechos Humanos, Notas Informativas, **Naciones Unidas Derechos Humanos, Oficina del Alto Comissionado, Colombia**. 24 de abril de 2020. Disponível em: https://www.hchr.org.co/index.php/informacion-publica/notas-informativas/9222-asesinato-de-defensores-y-defensoras-de-derechos-humanos. Acesso em 21 de dezembro de 2020.

PEREIRA, Anthony. A legalidade da segurança nacional no Brasil e no Cone Sul. In: ___. **Ditadura e Repressão: autoritarismo e Estado de Direito no Brasil, Chile e Argentina.** São Paulo: Paz e Terra, 2010.

PEREIRA, Frederico Valdez; FISCHER, Douglas. **As Obrigações Processuais Penais Positivas Segundo as Cortes Europeia e Interamericana de Direitos Humanos.** Porto Alegre: Livraria do Advogado, 2018.

PERRONE-MOISÉS, Cláudia. **Direito Internacional Penal: Imunidades e Anistias.** São Paulo: Manole, 2012.

PIOVESAN, Flávia. Direitos humanos e o direito constitucional internacional. São Paulo: Max Limonad. 1996. In.: Procuradoria Geral do Estado. **Grupo de Trabalhos de Direitos Humanos. Convenção Americana de Direitos Humanos.** São Paulo: Centro de Estudos da Procuradoria Geral do Estado, 1998.

RODRIGUEZ, Rosario del. Las medidas cautelares y provisionales de la Comisión y la Corte Interamericana de Derechos Humanos: Función y Alcances. **Revista Praxis de la Justicia Fiscal y Administrativa**, 2014, p. 4. Disponível em: https://www.tfja.gob.mx/investigaciones/pdf/r22_trabajo-2.pdf. Acesso em 17 de janeiro de 2021.

R3D; ARTICLE 19; SOCIALTIC. **Gobierno Espía – Vigilancia sistemática a periodistas y defensores de derechos humanos em**

**México.** Junho de 2017. Disponível em: https://r3d.mx/wp-content/uploads/GOBIERNO-ESPIA-2017.pdf. Acesso em 21 de dezembro de 2020.

R3D. **#GOBIERNOESPÍA: Vigilancia sistemática a periodistas y defensores de derechos humanos en México.** 19 de junho de 2017. Disponível em: https://r3d.mx/2017/06/19/gobierno-espia/. Acesso em 21 de dezembro de 2020.

SCHIBELBEIN, Ralph. Direitos Humanos e Fake News. 15 de abril de 2020. **Estado de Direito, informação formando opinião.** Disponível em: estadodedireito.com.br/direitos-humanos-e-fake-news/. Acesso em 25 de dezembro de 2020.

SENNA, Ricardo. Jean Wyllys desiste de mandato: Governo brasileiro falhou em proteger deputado, diz relatora da Comissão Interamericana de Direitos Humanos. **BBC News.** 24 de janeiro de 2019. Disponível em: https://www.bbc.com/portuguese/brasil-46996196. Acesso em: 08 de janeiro de 2021.

TERRA DOS DIREITOS. **Os desafios para os Defensores de Direitos Humanos no Brasil e o papel do Programa nacional de proteção**, 10 de dezembro de 2009. Disponível em: https://terra-dedireitos.org.br/noticias/noticias/os-desafios-para-os-defensores-de-direitos-humanos-no-brasil-e-o-papel-do-programa-nacional-de-protecao/1927. Acesso em 29 de janeiro de 2021.

UDEFEGUA. **Criminalización en contra de Defensores y Defensoras de Derechos Humanos Reflexión sobre Mecanismos de Protección**, Guatemala 2009. Disponível em: https://www.protectioninternational.org/wp-content/uploads/2012/04/criminalizacion_en_contra_de_dddhh.pdf. Acesso em 19 de janeiro de 2021.

WYLLYS, Jean. ABUJAMRA, Adriana. **O que será: A história de um defensor dos direitos humanos no Brasil.** Rio de Janeiro: Objetiva, 2019.

ZHINGRI T. Patricio. **El atentado criminal contra Leonidas Iza es un hecho de carácter político**, Confederación de Pueblos de la Nacionalidad Kichwa del Ecuador, 2 de fevereiro de 2004. Disponível em: http://www.llacta.org/organiz/coms/com452.htm. Acesso em 19 de dezembro de 2020.

**Seção 4**

# A QUESTÃO DOS REFUGIADOS NO SÉCULO XXI

# Os pactos globais das migrações e do refúgio e a incompatibilidade da construção de muros à luz dos direitos humanos

JULIA BERTINO MOREIRA

**Sumário:**

- 1. Introdução;
- 2. Migrações internacionais e refúgio: fronteiras conceituais;
- 3. Refúgio e direitos humanos em perspectiva histórica;
- 4. Os Pactos Globais das Migrações e do Refúgio: limites e desafios;
- 5. A construção de muros: implicações para os direitos humanos e o acesso ao refúgio;
- 6. Conclusão.

## 1. INTRODUÇÃO

As migrações internacionais e o tema do refúgio vêm chamando a atenção da mídia internacional, de atores políticos e da sociedade civil não somente, mas especialmente após a denominada "crise migratória" ou "crise dos refugiados" desencadeada a partir de 2015 (MOREIRA; BORBA, 2021).

Diante de migrantes vindos particularmente do denominado Sul Global, assistiu-se a movimentações por parte de atores governamentais no sentido de restringir ainda mais o acesso às fronteiras, sendo uma das medidas adotadas a construção de muros. À luz desse cenário, que se desenrolou sobretudo tendo a Europa como palco, foram elaborados os Pactos Globais das Migrações e do Refúgio em 2018 para encaminhar questões especialmente relativas à gestão migratória com base em tentativas de negociações voltadas à cooperação internacional.

Em que pesem tais tentativas, pouco se modificou nos anos subsequentes, sobretudo se levarmos em conta os dados em escala mundial. Pessoas continuaram a se movimentar de países do Sul Global rumo ao Norte Global, novamente esbarrando em impedimentos físicos ou jurídicos em termos do acesso a este espaço do globo. Aliás, as movimentações no eixo Sul-Sul, não só de migrantes considerados forçados[8] como também voluntários[9], vêm se avolumando – o que pode ser visto como um indicativo das restrições impostas pelo Norte. O relatório do ACNUR referente a 2019 aponta que quase 80 milhões de pessoas precisaram se deslocar forçosamente, em função de perseguições, conflitos armados e outras formas de violência, além de violações a direitos humanos. E, ainda, que 85% da população refugiada se encontra em países do Sul, sendo 68% desta oriunda de apenas 5 países (Síria, Venezuela, Afeganistão, Sudão do Sul, Mianmar) e acolhida majoritariamente nos países vizinhos (como Turquia, Colômbia, Paquistão, Uganda). A Alemanha é o único país do Norte que figura entre os maiores acolhedores de refugiados, ocupando o quinto lugar da lista (ACNUR, 2020). Em face desse contexto global, torna-se imperativo

---

8    O dado constante do relatório produzido pelo ACNUR dando conta de que migrantes forçados se movimentam majoritariamente de países do Sul Global a outros da mesma região vem se repetindo ao longo dos últimos anos. Recomenda-se consultar os relatórios *Global Trends* mais recentes disponibilizados no site do ACNUR.

9    Desde ao menos 2015, as migrações Sul-Sul passaram a superar em volume as do eixo Sul-Norte. Ver: OIM. *Global Migration Trends:* factsheet. 2015. Disponível em: https://publications.iom.int/books/global-migration-trends-factsheet-2015. Acesso em 25 jan. 2021.

compreender mais a fundo a complexidade e diversidade dos processos migratórios, incluindo a modalidade do refúgio, assim como as respostas dadas por atores estatais e por instituições internacionais a tais grupos.

A proposta deste texto é avançar na discussão de tais temáticas, contribuindo com a literatura nacional a partir da análise dos referidos Pactos Globais para demonstrar a incompatibilidade da construção de muros à luz de seus propósitos principais, pautando-se pela ótica dos direitos humanos. Desta maneira, pretende-se sanar uma lacuna em termos da análise destes documentos jurídicos a partir de uma prática securitária – a edificação de barreiras físicas – que compõe o chamado regime de não-entrada (*non-entrée regime*), colocando em xeque o acesso ao refúgio e a garantia de direitos fundamentais a indivíduos e coletividades.

Para tanto, o texto parte metodologicamente de revisão bibliográfica, percorrendo as literaturas sobre migrações e refúgio, além da de direitos humanos; assim como de pesquisa e análise documental. A documentação se embasa não apenas nos Pactos, mas também em instrumentos jurídicos como a Declaração Universal dos Direitos Humanos de 1948, a Convenção Relativa ao Estatuto dos Refugiados de 1951 e seu Protocolo de 1967, entre outros. E igualmente em relatórios produzidos pelo Alto Comissariado para os Refugiados das Nações Unidas e pela Organização Internacional das Migrações.

O texto está dividido em quatro seções. Na primeira, discutem-se duas áreas do conhecimento intimamente conectadas: a das migrações e a do refúgio, problematizando os contornos e as fronteiras entre elas, a partir da conceituação de categorias migratórias diversas. Na segunda, abordam-se historicamente as estreitas relações entre as temáticas relativas aos direitos humanos e ao refúgio, a partir do debate sobre o direito ao asilo, com base em instrumentos jurídicos acima citados. Na terceira, parte-se para a análise dos dois Pactos Globais – um dedicado às migrações e outro ao refúgio – a partir de uma reflexão crítica, tensionando seus limites e apontando suas lacunas. Na quarta, trata-se da prática histórica de construção de muros à luz das violações de princípios e dispositivos referentes aos universos do refúgio e dos direitos humanos. Por fim, na conclusão, o argumento central do texto é reforçado, chamando atenção para os desdobramentos práticos vivenciados pelos seres humanos que têm seus direitos desrespeitados em decorrência da edificação de fronteiras e da inobservância das garantias fundamentais constantes em tais Pactos.

## 2. MIGRAÇÕES INTERNACIONAIS E REFÚGIO: FRONTEIRAS CONCEITUAIS

Tradicionalmente, a área de migrações se pautou por uma divisão entre os movimentos migratórios considerados voluntários e aqueles tidos como forçados. Migrantes voluntários seriam aqueles que se movem por uma decisão pautada pela vontade ou pela escolha, tendo como objetivo central melhorar de vida – o que remete à dimensão socioeconômica. Já migrantes forçados seriam aqueles que não possuem escolha – ou agência –, sendo obrigados a fugir de seus locais de origem ou residência em decorrência de processos políticos marcados por extrema violência (MOREIRA, 2017). Enquanto os primeiros basicamente são vistos como sinônimo de migrantes econômicos, os segundos abarcam uma miríade de categorias migratórias, a qual inclui solicitantes de refúgio, refugiados, apátridas, asilados e deslocados internos.

Tal linha divisória teve como eixo central a oposição entre o desejo, a esperança e a vontade *versus* o medo, a violência e o desespero (MALKKI, 1992) – gerando impactos não apenas conceituais, como metodológicos e epistemológicos nesse campo de conhecimento. Contudo, essa dicotomia é questionável, na medida em que desejo e esperança acompanham também os processos migratórios tidos como compulsórios, ao passo que medo e violência podem ser observados igualmente nas migrações denominadas como voluntárias. Além disso, a questão sobre a tomada de decisão de migrar, assim como as margens de escolha que as pessoas possuem em múltiplos e distintos contextos rende uma discussão à parte[10] – a qual, portanto, não deve ser tomada como dada.

Importa articular esses pontos sobre o processo migratório não apenas usando lentes analíticas em visão micro – que toca aos indivíduos, sobretudo ao ato decisório de migrar – mas também macro – compreendendo mais a fundo as situações dos países de origem em seus aspectos sociais, econômicos, políticos, culturais, religiosos etc. Ao conectar o macro ao micro, conseguiremos ter um olhar mais ampliado e novamente desmistificar a oposição binária entre deslocamentos forçados e movimentos voluntários. Sendo assim, pessoas taxadas como movidas pelo "desejo de uma vida melhor" podem se deslocar em cenários de extrema pobreza, em que sua própria sobrevivência pode se encontrar em risco. Da mesma forma que uma pessoa solicitante de refúgio deverá buscar se integrar ao mercado de trabalho local, ao se inserir em uma nova sociedade antes mesmo ou após o reconhecimento da condição de refugiada.

Fato é que o binômio "migrações voluntárias"/ "migrações forçadas" vem sendo utilizado até hoje, gerando uma hierarquização entre categorias migratórias, a partir de uma classificação implementada por autoridades governamentais com base em legislações e políticas migratórias. Diferentes "rótulos" foram (e ainda são) criados e mobilizados por Estados, organizações internacionais, entre outros atores de relevo na esfera local ou transnacional (ZETTER, 2007). Desse processo de rotulação por meio do qual pessoas são enquadradas em categorias diversas, resultam distintas possibilidades sobretudo em termos de acesso a direitos no país receptor.

---

10  Sugere-se aqui para situar o debate: MOREIRA, 2017.

No âmbito da Academia, o debate mais recente trouxe à tona o fenômeno dos "fluxos mistos", que desafiaria a clássica divisão entre "migrantes voluntários" (leia-se econômicos) e "migrantes forçados" (em especial solicitantes de refúgio, ou melhor, refugiados). A pretensão de discernir pessoas que se movem juntas rumo ao Norte Global se tornou uma enorme dificuldade na prática, ao se tentar gerir expressivos movimentos migratórios advindos do Sul Global – como demonstrou a questão da "crise migratória" ou "crise dos refugiados" na Europa de 2015. Do ponto de vista das autoridades migratórias, é imperativo separar o "joio do trigo", ou seja quem seria real merecedor de proteção (refugiados) daqueles que apenas almejam melhorar de vida (migrantes econômicos). Entretanto, a categoria nomeada pelo ACNUR como *refugee-like situation* revela a contradição inerente a tal processo classificatório: são pessoas que não conseguem acessar a categoria de refugiado – o "rótulo" de mais difícil acesso –, o que não significa que não necessitem igualmente de proteção estatal.

Até mesmo a relação entre "migrações forçadas" e "refúgio" tem seus contornos discutidos epistemologicamente por especialistas. Há os que defendem trazer os estudos sobre refugiados (*refugee studies*) para dentro das migrações forçadas (*forced migration studies*), ampliando o olhar sobre os fenômenos investigados. Outros entendem que alargar o campo relativo ao refúgio poderia prejudicar a garantia de proteção a essas pessoas especificamente. E, ainda, outros lançam luz sobre grupos que superam os refugiados em números (como os deslocados internos), mas não recebem a mesma atenção que aqueles (MOREIRA, 2017).

Nesse sentido, novas propostas conceituais vêm surgindo na área das migrações forçadas nos últimos anos. Entre acadêmicos e acadêmicas de renome internacional que se destacam nessas formulações inovadoras, encontram-se o britânico Alexander Betts e a estadunidense Susan Martin, respectivamente com os conceitos de migração de sobrevivência e migração de crise. Betts (2013) desenvolveu a figura do "migrante de sobrevivência" como aquele que está "fora de seu país de origem devido à ameaça para acessar uma solução ou remédio doméstico", com a intenção de inverter o foco das causas dos deslocamentos para as situações em que se encontram esses sujeitos como decorrência delas. Nessa formulação, estão excluídos os deslocados internos (aqueles que se movimentam no interior do Estado natal), dada a necessidade de extra-territorialidade (i.e. encontrar-se fora do país de origem). Martin et al (2014) elaboraram sobre o conceito da "migração de crise" de forma mais ampla, contemplando não apenas aqueles que migram interna ou transnacionalmente, como também os que ficam retidos (chamando atenção para a questão da imobilidade) e precisam ser realocados diante de crises humanitárias ou ambientais.

Bastante ilustrativo dessa discussão é o deslocamento motivado por desastres naturais ou catástrofes ambientais, provocados tão-somente pela natureza ou também pelo homem (sendo as causas, no segundo caso, denominadas antropogênicas). As estimativas[11] divergem a esse respeito, mas sinalizam que um contingente populacional da marca de milhões ou bilhões de pessoas precisará se mover para preservar suas vidas, como resultado desses fenômenos. Somando-se a isso, o fenômeno da imobilidade traz implicações de enorme magnitude – revelando, ainda, o impedimento do exercício ao direito de migrar (MOREIRA; BORBA, 2021).

Ambos os conceitos de "migrante de sobrevivência" e "migrante de crise" pretendem lançar luz aos processos desencadeados por situações de crise (humanitária ou ambiental) e vivenciados por sujeitos migrantes. Com isso, busca-se deslocar o enfoque dos estudos migratórios sobre as causas desses processos para analisar os efeitos sentidos pelas pessoas afetadas por eles. Ao mesmo tempo, subverte-se o sentido de "crise", à medida que esta passa a ser abordada não pelo ponto de vista do Estado receptor, destino das

---

11  Projeções consultadas em: RAMOS, E. P. *Refugiados Ambientais:* em busca de reconhecimento pelo direito internacional. Tese de doutorado em Direito Internacional. USP, São Paulo, 2011. Disponível em: https://www.teses.usp.br/teses/disponiveis/2/2135/tde-10082012-162021/pt-br. php. Acesso em 28 jan. 2021.

volumosas movimentações de pessoas, mas dos seres humanos que precisam se deslocar para resguardar suas próprias vidas (MOREIRA; BORBA, 2021).

Em que pesem tais relevantes formulações, são ainda meramente proposições teóricas, não havendo indícios de que Estados passem a adotá-las na prática para gerir movimentos migratórios em seus territórios. Além disso, por serem mais inclusivas, haveria um impacto significativo em relação ao número de pessoas acolhidas, fortalecendo o argumento do "fardo" ou "encargo" socioeconômico que migrantes representam para as sociedades receptoras. De todo modo, a discussão é altamente profícua e atual dentro da área, razão pela qual merece ser acompanhada com afinco nas próximas décadas.

Feito esse balanço dentro da área das migrações sobre suas fronteiras conceituais, abordar-se-á a seguir particularmente a categoria do refúgio, relacionando-a ao arcabouço mais amplo dos direitos humanos, traçando um panorama histórico sobre este instituto.

## 3. REFÚGIO E DIREITOS HUMANOS EM PERSPECTIVA HISTÓRICA

A categoria de refugiado tal qual conhecemos hoje tem suas raízes históricas fincadas temporalmente no contexto da Segunda Guerra Mundial e espacialmente no continente europeu. Tanto assim que, em 1950, foi criado o Alto Comissariado das Nações Unidas para os Refugiados, tendo suas atividades início no ano seguinte e, naquele ano, foi aprovada a Convenção Relativa ao Estatuto dos Refugiados – instrumento jurídico internacional aplicado até os dias de hoje.

Alguns anos antes importantes instituições internacionais haviam sido edificadas, diante da preocupação com os horrores praticados pelos regimes totalitários e com o ímpeto de se estabelecer um novo aparato global voltado à cooperação entre os Estados. Enfatiza-se aqui obviamente a própria constituição da Organização das Nações Unidas mediante a Carta de São Francisco de 1945. Em seu preâmbulo, pode-se ler como objetivo: "(...) preservar as gerações vindouras do flagelo da guerra que (...) trouxe sofrimentos indizíveis à humanidade" (ONU, 1945). Nesse sentido, outro ponto de destaque no mesmo trecho do texto se refere à relevância dos direitos fundamentais, em especial a dignidade e o valor da pessoa humana.

À luz desses preceitos, a Declaração Universal dos Direitos Humanos de 1948 foi elaborada, prevendo um rol de direitos políticos, civis, econômicos, sociais e culturais que seriam considerados fundamentais ao ser humano. Importa frisar, claramente, que a Declaração esteve ancorada em conteúdos normativos e conceituais fortemente arraigados à tradição liberal ocidental[12]. Somando-se a isto, vale recordar o cenário da incipiente Guerra Fria, que propiciou um embate entre os ideais e valores dos blocos ocidental e soviético, em paralelo a interesses e questões de caráter socioeconômico e geopolítico em nível global. Por estas razões, pode-se afirmar que a Declaração acabou por priorizar os direitos civis e políticos (MOREIRA; BORBA, 2018).

Dentre os direitos previstos pela Declaração Universal de 1948, interessam-nos aqui especialmente os artigos 13, 14 e 15. O primeiro estipulava a liberdade de locomoção – o qual tem sido interpretado atualmente como o direito humano de migrar[13] – ao passo que o último tratou do direito à nacionalidade, visando solucionar a questão da apatridia – problema vivenciado historicamente durante os pós-guerras[14] e ainda verificado nos dias atuais[15]. Já o artigo 14 dispunha que: "Todo ser humano, vítima de

---

12  Este argumento é melhor desenvolvido em: MOREIRA; BORBA, 2018.

13  Entre autoras e autores que defendem esse posicionamento, faz-se referência aqui à professora da USP Deisy Ventura. Vide: "Migrar é um direito humano", disponível em: https://saudeglobal.org/2014/01/28/migrar-e-um-direito-humano-de-deisy-ventura/. Acesso em 20 jan. 2021.

14  Uma autora que tratou magistralmente do tema da apatridia do bojo da Primeira e da Segunda Guerra Mundiais foi a filósofa Hannah Arendt, em sua obra *Origens do Totalitarismo* – a qual se indica fortemente para uma compreensão mais aprofundada dessa questão.

15  Atualmente, a estimativa da agência das Nações Unidas para refugiados é de que mais de 4

perseguição, tem o direito de procurar e gozar asilo em outros países" (ONU, 1948). Ainda que "procurar" e "gozar" tenham conotações bastante diversas, demarcava-se a importância de se reconhecer ao indivíduo a possibilidade de usufruir de asilo diante de condições persecutórias sofridas no local de origem.

Tendo como base o direito ao asilo[16], o refúgio foi construído institucionalmente a partir da Convenção de 1951. Fruto de intensas negociações estatais[17], igualmente influenciadas pela rivalidade entre os blocos no eixo do conflito Leste-Oeste, a Convenção seguiu a tradição ocidental da Declaração de 1948, notadamente privilegiando aspectos relacionados aos direitos civis e políticos e de caráter individual no cerne do instituto do refúgio (MOREIRA; BORBA, 2018). É o que se pode depreender da leitura de seu artigo 1º, o qual define como refugiado a pessoa que:

> (...) em consequência dos acontecimentos ocorridos em 1º de janeiro de 1951 e temendo ser perseguida por motivos de raça, religião, nacionalidade, grupo social ou opiniões políticas, se encontra fora do país de sua nacionalidade e que não pode ou, em virtude desse temor, não pode valer-se da proteção desse país, ou que, se não tem nacionalidade e se encontra fora do país no qual tinha sua residência habitual em consequência de tais acontecimentos, não pode ou, devido ao referido temor, não quer a ele voltar (...) (ACNUR, 2015).

---

milhões de pessoas sejam apátridas (ACNUR, 2020).

16  É valido registrar que "asilo" e "refúgio" são institutos jurídicos e políticos distintos – tratados por Convenções e Declarações, entre outros instrumentos, de forma diversa – especialmente no contexto da América Latina. Contudo, a literatura inglesa, por exemplo, emprega ambos os termos *asylum* e *refuge* de forma intercambiante. Para uma discussão mais pormenorizada dessas diferenças, sugere-se: JUBILUT, 2007.

17  Para compreender em maiores detalhes o processo de negociação e debates entre os representantes das delegações governamentais, assim como os principais argumentos e pontos de vista defendidos durante a conferência internacional em que se aprovou o texto da Convenção de 1951, recomenda-se a leitura de: MOREIRA, 2012.

A definição caracterizava, assim, o refugiado como um migrante internacional – devido à necessidade de cruzamento de fronteiras estatais e assim se encontrar territorialmente em outro país para solicitar refúgio – e forçado – por razões tidas como à revelia do indivíduo, propulsoras do "fundado temor de perseguição". Ancorada na perspectiva individualizada[18] da (efetiva ou ameaça de) perseguição e em cinco motivos para o refúgio – raça, religião, nacionalidade, pertencimento a determinado grupo social e opiniões políticas –, a Convenção ainda incluiu a figura do apátrida na definição de refugiado. Não à toa, posto que o deslocamento forçado pode acarretar a perda da nacionalidade do país de origem ou decorrer a mesma de política de desnacionalização em massa, motivadora do movimento migratório (ARENDT, 2012; ACNUR, 2015).

Por outro lado, o referido instrumento ainda trazia em seu bojo restrições de natureza temporal e geográfica à sua aplicação. A primeira delas se fazia notar pela expressão "em consequência dos acontecimentos ocorridos antes de 1º de janeiro de 1951", a qual denotava uma preocupação entre os Estados signatários em resolver problemas ligados à intensa movimentação de pessoas em virtude da guerra. A segunda se traduzia pela possibilidade de os mesmos limitarem a aplicação da definição apenas a pessoas de origem europeia – o que atestava o caráter essencialmente eurocentrado da Convenção (ACNUR, 2015; MOREIRA, 2021).

A quintessência da Convenção se centrava no princípio de *non-refoulement*, previsto no artigo 33: "Nenhum dos Estados partes expulsará ou rechaçará, de maneira alguma, um refugiado para as fronteiras dos territórios em que a sua vida ou a sua liberdade seja ameaçada em virtude de sua raça, religião, nacionalidade, grupo social ou opiniões políticas". Posteriormente, em

---

18 Anteriormente à Convenção de 1951, havia outros instrumentos jurídicos internacionais que tratavam o refúgio a partir de uma perspectiva coletivista – vale dizer: reconheciam-se como refugiados pessoas pertencentes a uma coletividade, a exemplo dos judeus. Ver: JUBILUT, 2007.

1977, por meio do Comitê Executivo do ACNUR[19], este princípio foi estendido aos solicitantes de refúgio (ACNUR, 1977). Todavia, conhecido como a "pedra angular" do Direito Internacional dos Refugiados, foi desrespeitado inúmeras vezes, como veremos neste texto (LOESCHER, 2001).

Outro direito importante assegurado pela Convenção constantemente violado é a proibição de sanção aos refugiados que cheguem sem autorização ao território do Estado ao qual solicitam refúgio, conforme disposto no artigo 31 (ACNUR, 2015). Sabe-se, contudo, que a exigência de vistos migratórios é imperativa do ponto de vista estatal, o qual detém o controle sobre a mobilidade e o ingresso territorial em suas fronteiras. E, com isso, pode impedir que o indivíduo consiga pedir refúgio – leia-se: proteção estatal – a outro Estado, em que pese tenha tido de fugir de seu país de origem a fim de resguardar a própria vida ou a sua liberdade.

A Convenção também elencou diversos direitos aos refugiados em relação a questões trabalhistas, previdenciárias e relativas ao emprego remunerado, à educação, moradia, assistência social, propriedade, associação e acesso à justiça – ainda que, em muitos deles, houvesse limitações relacionadas aos sistemas normativos dos países provedores de refúgio. Nesse sentido e fazendo uma análise geral do documento, pouco se previu quanto a deveres a serem assumidos pelos Estados signatários – o que se resumia basicamente ao *non-refoulement*. Aqui vale salientar a diferença crucial entre "buscar"[20] ou pedir refúgio – possibilidade dada ao indivíduo, a partir de um direito que lhe é assegurado – e "gozar" do mesmo – condicionado inerentemente à decisão estatal, fundamentada do ponto de vista das autoridades governamentais no princípio da soberania.

---

19 Vale conferir o posicionamento do ACNUR a partir do documento: https://help.unhcr.org/armenia/rights-and-duties/principle-of-non-refoulement/.

20 Não à toa, na literatura inglesa, é corrente o termo *asylum-seekers*, que pode ser traduzido livremente por "buscadores de asilo".

Nas décadas que se seguiram à elaboração da Convenção, assistiu-se, especialmente nos continentes africano e asiático, a movimentos de libertação nacional a partir de processos de descolonização. Dada a inaplicabilidade da Convenção a eventos posteriores a 1º de janeiro de 1951, reconheceu-se a necessidade de alteração do texto, o que se deu por meio de outro instrumento jurídico internacional: o Protocolo Relativo ao Estatuto dos Refugiados de 1967. Com ele, caía a denominada reserva temporal da Convenção e se proibia que novos Estados signatários pudessem adotar a reserva geográfica à mesma. No entanto, Estados que já haviam ratificado a Convenção com a reserva geográfica – a exemplo do Brasil – poderiam mantê-la (ACNUR, 2015).

Percorridas as origens históricas, assim como as principais instituições sobre as quais se alicerçou o instituto do refúgio, procedendo-se à análise a partir da conexão com o tema dos direitos humanos, tratar-se-ão em seguida dos Pactos Globais das Migrações e do Refúgio, elaborados em momento mais recente e tendo como evento central a chamada "crise migratória" ou "crise dos refugiados" na Europa sobretudo dos anos 2015.

## 4. OS PACTOS GLOBAIS DAS MIGRAÇÕES E DO REFÚGIO: LIMITES E DESAFIOS

No contexto do que se convencionou denominar pelo discurso midiático em geral e por discursos políticos no âmbito da União Europeia como "crise migratória" ou "crise dos refugiados" em 2015, emergiram iniciativas de cooperação internacional voltadas a solucionar o que foi tido como um problema em termos da gestão desses fluxos migratórios tendo a Europa como destino. Emblemática desse momento foi a imagem do menino sírio Aylan Kurdi que teve seu corpo estampado em diversas capas de jornais mundo afora. Mais de um milhão de pessoas cruzaram o Mar Mediterrâneo tentando alcançar o território europeu naquele ano, a maioria vinda da Síria e do Afeganistão, entre outros países, em direção à Grécia e Itália. Deste total, quase 4.000 delas estavam desaparecidas (acredita-se que afogadas), segundo dados do ACNUR[21].

Diante desse cenário, em 2016, foi aprovada a Declaração de Nova York para Migrantes e Refugiados pelas Nações Unidas, documento em que se previu a concretização do "Pacto Global para Migração Segura, Ordenada e Regular" e do Pacto Global para Refugiados em 2018. É possível notar de antemão como as duas temáticas foram abordadas de forma distinta, dedicando-se cada pacto a tratar de um grupo específico – o que corrobora o entendimento de que "migrantes" não devem ser confundidos com "refugiados". No entanto, como já discutido anteriormente no texto, nem sempre se revela fácil ou mesmo possível distinguir categoricamente a figura do migrante da do refugiado em potencial (COSTELLO, 2018; HYNDMAN; REYNOLDS, 2020).

A respeito do primeiro deles, que versa sobre o tema das migrações de forma mais ampla, colocavam-se preocupações pautadas pela perspectiva dos direitos humanos – incluindo questões relativas à discriminação e xenofobia vivenciadas por migrantes – , da questão da migração irregular, da governança migratória em seus múltiplos aspectos – tais quais o ingresso, o trânsito, o retorno, a integração e, de modo geral, as fronteiras – , das situações de exploração de migrantes – a exemplo do contrabando e do tráfico de pessoas –, das contribuições de migrantes em situações diaspóricas em termos do desenvolvimento sustentável (p.ex. via remessas), das respostas governamentais e internacionais em relação aos fatores motivadores dos movimentos migratórios – a exemplo de efeitos decorrentes das mudanças climáticas, desastres naturais, crises humanitárias, entre outros (BAENINGER, 2018; COSTELLO, 2018).

---

21  Dados obtidos a partir do documento: ACNUR. *Over one million sea arrivals reach Europe in 2015.* 30 dez. 2015. Disponível em: https://www.unhcr.org/news/latest/2015/12/5683d0b56/ million-sea-arrivals-reach-europe-2015.html. Acesso em 25 jan. 2021.

Entre as críticas que podem ser tecidas a este documento, destaca-se primeiramente que a ideia de "migração segura, ordenada e regular" partia do ponto de vista estatal, amparado pela soberania nacional, ao passo que esta caracterização da mobilidade humana deveria se calcar no ponto de vista do sujeito migrante e do seu direito a migrar (BAENINGER, 2018). Vale dizer que pessoas arriscam suas vidas ao se lançarem mar adentro com o intuito de cruzar fronteiras não porque querem, mas porque não veem qualquer outra alternativa para preservar suas vidas. Por isso que, logicamente, não conseguirão organizar sua travessia com segurança, de forma ordenada e necessariamente passando pelas vias regulares de ingresso territorial. Já pela ótica do Estado, é possível afirmar que as práticas migratórias de controle fronteiriço, fortemente ancoradas pelo viés securitivo, estas sim buscam garantir a segurança nacional, a ordem interna e a regularização no acesso ao território (GUILD, 2018).

Quanto ao pacto que trata especificamente dos refugiados, focando sobretudo em situações de deslocamentos massivos e prolongados, partindo do princípio de compartilhamento de responsabilidades, os objetivos elencados consistiam em: diminuir as pressões sofridas por países acolhedores; aumentar a autossuficiência dos refugiados; expandir o acesso a soluções aos refugiados que passem por terceiros países na rota do refúgio; apoiar as condições de retorno a seus países de origem em condições de segurança e dignidade para os refugiados (MCADAM, 2018; COSTELLO, 2018).

Em termos dos desafios para cumprimento efetivo deste pacto, uma das questões mais prementes que emergem é a implementação de maiores oportunidades para reassentamento de refugiados – o que colocaria em prática de fato o princípio do compartilhamento de responsabilidades entre Estados. Além disso, refugiados em busca de proteção (i.e. solicitantes de refúgio) frequentemente não possuem rotas legais para transitar e são barrados daquelas regulares devido às sanções que podem enfrentar. São estas sanções que tornam a migração irregular especialmente perigosa, já que pessoas recorrentemente precisam lançar mão de contrabandistas para fazer a travessia. Embora este seja um ponto chave, nada foi afirmado a esse respeito nos pactos, podendo ser visto como uma lacuna significativa, segundo Costello (2018).

Aleinikoff (2018) endurece as críticas ao Pacto Global dos Refugiados, ao afirmar que este não fez um esforço real no sentido de endereçar o expressivo movimento de refugiados chegando ao Norte Global, não estabeleceu um compromisso que permitisse a essas pessoas recém-chegadas solicitar refúgio, tampouco regras a respeito da interdição e do resgate de migrantes no mar e, ainda mais, nada fez para conter os muros sendo construídos na Europa. Por fim, não houve previsão no tocante a outros grupos para além dos refugiados, a exemplo dos deslocados internos, os quais perfazem um contingente populacional há décadas mais volumoso em comparação com aqueles.

Já Chimni (2018) lança questionamentos motivados pelas relações Norte-Sul, apontando que o mesmo pacto falha ao não mencionar a responsabilidade de terceiros Estados, notadamente os países ocidentais, dado que os deslocamentos estão ligados a atos de intervenção praticados por estes nos países de origem dos refugiados. O pacto silencia, assim, a respeito do papel decisivo de atores externos nos processos migratórios. Tampouco há menção especificamente a contextos em diferentes regiões do globo, tratando de questões que lhes são peculiares. Os casos da América do Norte e da Europa, para o autor, são emblemáticos, por serem regiões que confinam refugiados forçosamente em outros espaços regionais. Outros temas ausentes no pacto, conforme o autor, referem-se aos direitos das mulheres e crianças, que constituem a maioria da população refugiada.

Analisando ambos os documentos em pauta, Costello (2018) destaca que a distinção entre migrantes e refugiados traçada pela existência de dois pactos gera riscos para pessoas que estão em situação análoga ao refúgio (*refugee-like situation*), as quais podem nunca serem formalmente reconhecidas como refugiadas. Além disso, como já pontuado a respeito do Pacto das Migrações, as práticas de controle migratório são sofridas pesadamente por pessoas que pretendem solicitar refúgio, as quais acabam impedidas de fazê-lo. Para a autora, se os pactos reconhecem formalmente o princípio de *non-refoulement*, em contrapartida, pouco avançaram para encaminhar uma questão fundamental a pessoas que não se movem (ou ficam imobilizadas): a ausência de arcabouço jurídico para regular sua situação.

Por sua vez, McAdam (2018) destaca que, se o pacto das migrações foi cunhado por Estados, o dos refugiados foi conduzido pelo ACNUR; sendo que, diferentemente deste, aquele pode ser visto como o primeiro acordo mais amplo sobre a temática estabelecido mundialmente. Por outro lado, há convergência em termos de se monitorar o cumprimento de suas diretrizes e avaliar sua implementação, estipulando-se uma periodicidade para realização de fóruns globais destinados a discutir cada uma das temáticas separadamente. Contudo, a autora sublinha que seus efeitos práticos ainda levarão tempo a serem sentidos. Dado que nenhum dos pactos tem a caracterização de um tratado internacional, não são criadas, assim, obrigações legais aos Estados signatários, de tal modo que a grande questão – nada nova, diga-se de passagem – será se esses atores irão agir no sentido de dar efetividade ao conteúdo previsto pelos referidos documentos. Costello (2018) vai ainda além, ao cogitar que ambos podem simplesmente se tornar letra morta, se nada for feito.

## 5. A CONSTRUÇÃO DE MUROS: IMPLICAÇÕES PARA OS DIREITOS HUMANOS E O ACESSO AO REFÚGIO

Sabe-se que a prática de construção de muros não é uma novidade histórica, mas mais recentemente tem sido utilizada de forma recorrente como estratégia de controle migratório por países ocidentais (PAZ, 2017; PÓVOA NETO, 2008). Paz (2017) considera como muros aqueles desenhados para bloquear a entrada irregular em um país e construídos num território que não esteja sob disputa entre Estados. Exemplos disso, ante ao cenário analisado por este texto, foram os erigidos entre a Áustria e Eslovênia, Sérvia e Hungria, além da Grécia e Turquia[22]. Por meio deles, é possível perceber a fortificação das fronteiras externas (no último caso) e igualmente das fronteiras internas (nos demais casos) no âmbito da União Europeia.

Parte-se do entendimento de que tal prática merece ser compreendida à luz de um aparato securitário mais amplo implementado com vistas a coibir a imigração vinda do Sul Global por países do Norte Global – o qual é designado por autores como Clochard (2007) e Chimni (2018) como regime de não-entrada (*non-entrée regime*). Os mecanismos adotados passaram a se disseminar no contexto da securitização das migrações, tendo sido intensificados sobretudo após o 11 de setembro de 2001, envolvendo desde o recrudescimento da vigilância sobre as fronteiras, detenção e confinamento de migrantes em espaços diversos, ao uso de instrumentos biométricos para maior controle sobre os corpos migrantes (MOREIRA; BORBA, 2021; PÓVOA NETO, 2008). Desta feita, seguindo Chimni (2018), evidencia-se o objetivo primordial de reter migrantes e solicitantes de refúgio provenientes majoritariamente do Sul Global nesse espaço regional e, com isso, reforçar as fronteiras do Norte Global para que se tornem cada vez mais inacessíveis.

Segundo Paz (2017), os muros ainda são relativamente sub-regulados, o que levanta questionamentos na área do Direito Internacional. Nesse sentido, do ponto de vista estatal, sob o discurso da segurança nacional, estes funcionam notoriamente para impedir indivíduos e grupos de cruzarem as fronteiras. Contudo, lançando luz a estes indivíduos e coletividades, muros colocam em xeque o acesso a e a concretização de direitos humanos – os quais somente são realizáveis na esfera estatal (Ibidem; ARENDT, 2012). A tensão entre o viés securitivo e a perspectiva humanitária – que, aliás, não é nova – suscita o debate acerca das repercussões das práticas estatais de controle migratório sobre a garantia de direitos à população migrante refugiada.

---

22  Consultar: EL PAÍS. "Os muros do mundo: 21 fronteiras históricas". 25 abr. 2017. Disponível em: https://brasil.elpais.com/brasil/2017/02/27/album/1488207932_438823.html#foto_gal_1

Note-se que os direitos ameaçados ou potencialmente violados a partir do emprego de tais práticas abarcam desde o direito à vida, à segurança, à liberdade até o direito ao asilo – todos previstos por uma série de instrumentos internacionais firmados desde o pós-guerra, a exemplo da Declaração Universal de 1948, do Pacto Internacional de Direitos Civis e Políticos, da Convenção de 1951, entre outros (ONU, 1948; ACNUR, 2015). No âmbito da discussão acadêmica atual, o próprio direito a migrar também se encontra em risco, visto que estas medidas inibem a mobilidade, podendo ter como efeito a contenção territorial de pessoas em outros espaços a fim de obstruir o ingresso territorial num dado país ou numa dada região.

A respeito da discussão especificamente sobre o direito ao asilo (aqui utilizado como sinônimo de refúgio), vejamos os pontos principais a serem considerados. Em primeiro lugar, nos termos da Convenção de 1951, há a exigência de que a pessoa esteja territorialmente no Estado ao qual pretende solicitar refúgio. Desse modo, a existência de uma barreira física impedirá o próprio exercício do direito de solicitar (e consequentemente o acesso ao) refúgio. Em segundo lugar, vale recordar que a mesma Convenção prevê ao indivíduo a possibilidade de entrar irregularmente no território do país em que busca proteção para que possa fazer tal solicitação, não devendo por isso ser punido (ACNUR, 2015). Por fim, os Estados signatários se comprometeram com o princípio da não-devolução, de maneira que solicitantes não devem ser devolvidos a países em que suas vidas, segurança ou liberdade estejam ameaçadas. Contudo, ao se barrar o acesso ao refúgio, na prática isso pode ocorrer, violando frontalmente o *non-refoulement*.

Além disso, os muros podem gerar outras implicações para a (i)mobilidade. Como estes operam para conter coletividades, estas podem ficar presas em regiões ou contextos – seja nos países de origem ou de trânsito – em que continuam a ter seus direitos mais fundamentais sob ameaça ou sistematicamente desrespeitados. Podemos cogitar situações como crises humanitárias ou crises ambientais ou, ainda, de instabilidade política, como conflitos armados (MOREIRA; BORBA, 2021). Ao mesmo tempo, estas práticas restritivas, ao reterem populações migrantes refugiadas, podem também prejudicar o direito a retorno a seus países de origem ou, ainda, o reassentamento em países que ofereçam melhores condições de segurança ou de vida.

Nesse sentido, ao confrontar a prática da construção de muros – que parece se intensificar ainda mais nos últimos anos no seio do Norte Global – com a gramática dos direitos humanos, revela-se patente a incompatibilidade entre ambos. Quanto maiores essas barreiras físicas, mais longe estaremos da efetivação de direitos à população migrante refugiada. Ao revisitarmos os Pactos Globais das Migrações e do Refúgio, analisados na seção anterior, infere-se que tal prática pode inviabilizar a execução dos referidos pactos. Se pensarmos nas maiores oportunidades de reassentamento e retorno seguro, nas condições de acesso territorial por vias consideradas regulares ou na coibição ao contrabando e tráfico de pessoas, apenas para ilustrar alguns casos, corre-se o sério risco de que todas essas medidas fiquem comprometidas frente à adoção destas barreiras.

Por fim, vale registrar que as críticas direcionadas aos pactos apontam lacunas e deficiências que incluem a edificação de muros por países ocidentais (como bem coloca Aleinikoff, 2018), além das implicações práticas, jurídicas e políticas quanto aos direitos humanos de migrantes e refugiados. Contudo, como ambos os pactos não avançaram significativamente para conter a expansão do regime de não-entrada, segundo Chimni (2018), não parecem haver indicativos de que o erguimento de barreiras físicas na Europa e mundo afora deverá ser banido no futuro próximo.

## 6. CONCLUSÃO

Logo no início do texto, pretendeu-se chamar atenção para uma clássica divisão feita na área de migrações que pode ensejar graves repercussões às pessoas que vivenciam processos migratórios na contemporaneidade. A complexidade e diversidade assumidas pelas migrações transnacionais vêm colocando, assim, cada vez mais em xeque uma precisa distinção entre categorias de migrantes – a qual se notabilizou pela oposição entre "migrante" e "refugiado", sendo este considerado o real merecedor de proteção estatal. Novas propostas conceituais têm sido trazidas à tona – a exemplo das definições de "migração de sobrevivência" e "migração de crise" – justamente com a intenção de problematizar os "rótulos" vigentes. Assim, não devemos perder de vista tal visão crítica a respeito destas categorias, inclusive para podermos compreender como são mobilizadas por diferentes atores, sejam estatais ou não, locais ou internacionais. Até porque o cerne do debate, ao fim e ao cabo, diz respeito ao acesso a direitos, incluindo o acesso ao próprio refúgio (ou à categoria "refugiado"), como se buscou evidenciar.

Em seguida, a partir da análise dos Pactos Globais das Migrações e do Refúgio, percebe-se um esforço internacional amplo com vistas a gerenciar movimentos migratórios em escala global nos próximos anos. Nitidamente, tal esforço teve como centro o Norte Global, por conta das então nomeadas "crise migratória" e "crise dos refugiados" que tiveram como destino a Europa, e também por partir de organismos internacionais como o ACNUR, notadamente influenciado por um viés ocidental ao lidar com tais populações. Todavia, pelo balanço realizado, não foram poucas as críticas direcionadas por acadêmicos e acadêmicas da área em termos das contribuições destes documentos. Merecem especial destaque as omissões em relação a pontos centrais que os mesmos deveriam ter contemplado, porém não o fizeram (CHIMNI, 2018; ALEINIKOFF, 2018; COSTELLO, 2018; HYNDMAN, REYNOLDS, 2020).

Dentre essas ausências, enfocou-se especificamente o erguimento de barreiras físicas por países do Norte Global, o qual tem sido levado a cabo mais intensamente na atualidade com o intuito de prevenir pessoas de ingressarem em seus territórios, retendo-as no Sul Global. O argumento da segurança nacional frequentemente adotado leva em conta migrantes e refugiados como ameaças em potencial, tanto em termos socioeconômicos por um suposto "encargo" ou "fardo pesado" em decorrência do acesso a serviços públicos (que viabilizam direitos) quanto ideológicos, étnicos, religiosos ou culturais, pela visão de que a inserção dessas pessoas e coletividades vindas de outras regiões poderia alterar substancialmente a sociedade receptora (MOREIRA; BORBA, 2021). A discussão aqui desenvolvida envereda para a antiga tensão entre segurança e direitos humanos, tendo como objeto central a questão dos muros.

De forma geral, pode-se concluir que, no embate entre a perspectiva estatal amparada por seu aparato de segurança – em que a construção de muros é mais um dispositivo dentre tantos outros que compõem o regime de não-entrada – e a garantia dos direitos humanos a populações migrantes refugiadas, não paira dúvida de que a primeira prevalece. Afinal, Estados detêm o monopólio legítimo sobre a mobilidade a partir do controle fronteiriço, decidindo sobre quem pode adentrar seu território, inclusive quem deve deixá-lo, fundamentando-se na soberania nacional. Além disso, Estados são inegavelmente necessários para a concretização de direitos, já que constituem o *locus* onde serão (ou deveriam ser) exercitados. Contudo, Estados despontam desde há muito tempo como violadores (reais ou em potencial) de direitos de sua própria população local – quem dirá de não-nacionais.

Fato é que, na disputa pautada pelas relações de poder que opõe Estados, de um lado, e indivíduos e coletividades, de outro, os primeiros continuam a ser os atores mais poderosos, razão pela qual a prática de cercear pessoas a reivindicarem e realizarem seus direitos resguardados por tratados internacionais deverá permanecer. Resta saber se as cortes regionais e internacionais terão (ou poderão ter) uma atuação mais contundente no sentido de garantir o respeito a direitos de sujeitos migrantes refugiados, em que pese a defesa da soberania estatal levada a cabo por Estados.

# REFERÊNCIAS BIBLIOGRÁFICAS

ACNUR. Coletânea de Instrumentos de Proteção Nacional e Internacional de Refugiados e Apátridas. Brasília: ACNUR, 2015. Disponível em: https://www.acnur.org/fileadmin/Documentos/ portugues/Publicacoes/2015/Lei_9474-97_e_Coletanea_de_ Instrumentos_de_Protecao_Internacional_dos_Refugiados2015.pdf. Acesso em 20 jan. 2021.

ACNUR. **Global Trends: forced displacement in 2019.** Genebra: ACNUR, 2020. Disponível em: https://www.unhcr.org/5ee200e37.pdf. Acesso em 20 jan. 2021.

ACNUR. **Conclusão n. 6 do Comitê Executivo de 1977** (28ª sessão). Disponível em: <http://www.cidadevirtual.pt/acnur/refworld/unhcr/ excom/xconc/excom6.html>. Acesso em: 28 jan. 2021.

ALEINIKOFF, A. **The Unfinished Work of the Global Compact on Refugees. International Journal of Refugee Law**, v. 30, n, 4, p. 611-617, 2018.

ARENDT, H. **Origens do Totalitarismo**. São Paulo: Companhia das Letras, 2012.

BAENINGER, R. "Contribuições da Academia para o Pacto Global da Migração: o olhar do Sul". In: BAENINGER, R. et al (org.). **Migrações Sul-Sul**. P. 17-22. Campinas: NEPO-UNICAMP, 2018.

BETTS, A. **Survival Migration: failed governance and the crisis of displacement.** Ithaca: Cornell University Press, 2013.

CLOCHARD, O. **Les réfugiés dans le monde entre protection et illegalité".** *EchoGéo,* v. 2, p. 1-10, 2007.

CHIMNI, B. S. **Global Compact on Refugees: one step forward, two steps back**. International Journal of Refugee Law, v. 30, n, 4, p. 630-634, 2018.

COSTELLO, C. **Refugees and (Other) Migrants: will the Global Compacts ensure safe flight and onward mobility for refugees?.** International Journal of Refugee Law, v. 30, n, 4, p. 643-649, 2018.

GUILD, E. **The UN Global Compact for Safe, Orderly and Regular Migration: what place for human rights?.** International Journal of Refugee Law, v. 30, n, 4, p. 661-663, 2018.

HYNDMAN, J.; REYNOLDS, J. **Beyond the Global Compacts: re-imagining protection.** *Refuge,* v. 36, n. 1, p. 66-74, 2020.

JUBILUT, L. L. **O Direito Internacional dos Refugiados e sua Aplicação no Ordenamento Jurídico Brasileiro**. São Paulo: Ed. Método, 2007.

LOESCHER, G. **UNHCR and the erosion of refugee protection**. Forced Migration Review, v. 10, p. 28-30, 2001.

MALKKI, L**. National geographic: the rooting of peoples and the territorialization of national identity among scholars and refugees**. Cultural Anthropology, v. 7, n. 1, p. 24-44,  1992.

MARTIN, S.; WEERASINGHE, S.; TAYLOR, A. (ed.) **Humanitarian Crises and Migration: causes, consequences and responses.** New York: Routeledge, 2014.

MCADAM, J. **The Global Compacts on Refugees and Migration: a new era for international protection?.** *International Journal of Refugee Law,* v. 30, n, 4, p. 571-574, 2018.

MOREIRA, J. B. **Pesquisando migrantes forçados e refugiados: reflexões sobre desafios metodológicos no campo de estudos**. Revista Sociedade e Cultura, v. 20, n. 2, p. 154-172, 2017.

MOREIRA, J. B. **Política em relação aos refugiados no Brasil (1947-2010).** Tese de doutorado em Ciência Política. Campinas, UNICAMP, 2012.

MOREIRA, J. B.; BORBA, J. H. O. M. **Direitos humanos e refugiados: relações entre regimes internacionais construídos no sistema ONU.** Revista Monções, v. 7, n. 14, p. 59-90, 2018.

ONU. **Carta das Nações Unidas**. São Francisco: ONU, 1945. Disponível em: https://unric.org/pt/wp-content/uploads/sites/9/2009/10/Carta-das-Na%C3%A7%C3%B5es-Unidas.pdf. Acesso em 20 jan. 2021.

ONU. **Declaração Universal dos Direitos Humanos.** Nova Iorque: ONU, 1948. Disponível em: https://www.unicef.org/brazil/declaracao--universal-dos-direitos-humanos. Acesso em 20 jan. 2021.

PAZ, M. **The Law of Walls**. European Journal of International Law, v. 28, n. 2, p. 601-624, 2017.

PÓVOA NETO, H. **O erguimento de barreiras à migração e a diferenciação dos 'direitos à mobilidade'.** Revista Interdisciplinar da Mobilidade Humana, v. XVI, n. 31, p. 394-400, 2008.

ZETTER, R. **More 'labels', fewer refugees: remaking the refugee label in an era of globalization**. Journal of Refugee Studies, v. 20, n. 2, p. 172-192, 2007.

# Direitos humanos e migração: a proteção e o acolhimento de crianças e adolescentes migrantes no Brasil

PAULO ROBERTO FADIGAS CÉSAR
DEBORAH ESTHER GRAJZER
MARIANA MITIKO NOMURA
VICTOR ANTONIO DEL VECCHIO

**SUMÁRIO:**

Introdução;

1. O fenômeno da migração infantil no Brasil: breve panorama histórico e normativo;

2. A experiência do SANCAST (Setor Anexo de Atendimento de Crianças e Adolescentes Solicitantes de Refúgio e Vítimas Estrangeiras de Tráfico Internacional de Pessoas) na proteção de crianças migrantes na cidade de São Paulo;

Conclusão;

Referências bibliográficas.

## INTRODUÇÃO

A Migração infantil é um fenômeno crescente e que tem ganhado destaque nos meios midiáticos nos últimos anos e não é para menos, uma vez que existem milhões de crianças em movimento. A migração infantil é um assunto complexo e estudado há muitos anos, mas nem sempre analisado com o destaque e olhar crítico necessário.

A mobilidade humana ocorre tanto de forma voluntária como forçada, sendo essa segunda, muitas vezes, motivada por impactos de crises econômicas e políticas, devido a conflitos armados, religiosos, catástrofes climáticas, entre outros fatores. Enquanto o refúgio se configura como uma situação mais particularizada que envolve uma modalidade específica de movimento ou deslocamento forçado, o fenômeno geral da migração engloba também os fluxos domésticos e internacionais de pessoas ou grupos de pessoas que se movimentam de forma voluntária em busca de melhores condições de vida e felicidade. Os refugiados, devido às suas particularidades, têm direito à proteção internacional específica.

De acordo com a Convenção sobre os Direitos da Criança de 1989, considera-se criança todo ser humano com menos de 18 anos de idade. A faixa etária em questão não foi escolhida ao acaso, mas por fazer parte de um grupo social e que, portanto, tal qual os idosos e as mulheres, precisam ter suas especificidades identificadas e amparadas por uma legislação especializada.

Segundo dados do Relatório *Forced Displacement*, divulgado pelo Alto Comissariado das Nações Unidas para Refugiados (ACNUR), das 68 milhões de pessoas deslocadas em 2017, 52% eram crianças menores de 18 anos de idade. Tal dado expressa que mais da metade da migração internacional forçada em todo o mundo é composta por crianças (UNHCR, 2018).

A divulgação da imagem do corpo Aylan Kurdi, menino sírio de três anos de idade, encontrado de bruços após seu afogamento em uma praia próxima à Turquia, após um incidente com um barco transportando migrantes em uma tentativa frustrada de se chegar à ilha grega de Kos, trouxe luz ao debate de como a questão dos deslocamentos forçados e a infância se cruzam. Aylan nasceu em Kobane em 2012, cidade curda do norte da Síria. Sua família já havia se movido entre diversas cidades do país para escapar do Estado Islâmico quando, em 2015, resolveram retornar à Turquia com intenção de seguir viagem para o Canadá, onde viviam alguns de seus parentes. Essa imagem foi um marco importante que comoveu o mundo e se tornou símbolo das dificuldades enfrentadas por milhares de crianças obrigadas a deixarem seus lares devido à guerra e aos conflitos armados.

Tal fato suscitou o ressurgimento do debate político de como enfrentar o desafio humanitário da migração nos dias atuais, especialmente tendo em vista a quantidade de crianças e adolescentes que migram, inclusive sozinhas ou acompanhadas, e que estão expostas a diversos perigos e ao iminente risco de vir a óbito.

Nota-se que as crianças, em comparação aos adultos, estão mais expostas às violações de direitos humanos e a própria integridade física durante todo o processo migratório, e ainda correm riscos de serem sequestradas, vendidas, e por assim mais expostas ao trabalho infantil, a exploração sexual ou mesmo, ao tráfico de pessoas. O tratamento digno às crianças e as demandas envolvendo o refúgio misturam-se, tornando este problema complexo tanto para os estudiosos da área da migração e infância, quanto para a comunidade internacional.

# 1. O FENÔMENO DA MIGRAÇÃO INFANTIL NO BRASIL: BREVE PANORAMA HISTÓRICO E NORMATIVO

O século XX foi um período de mudanças para a sociedade brasileira, inclusive em suas últimas décadas. Os movimentos sociais vividos durante os anos 80 permitiram ao Brasil novas possibilidades políticas que almejavam reconhecer e efetivar novos direitos, dentre eles, os chamados "direitos das crianças e adolescentes".

Nessa conjuntura destacam-se o Movimento Nacional Meninos e Meninas de Rua, a Pastoral do Menor da Conferência Nacional dos Bispos do Brasil (CNBB), a Frente Nacional de Defesa dos Direitos da Criança e do Adolescente, a Ordem dos Advogados do Brasil (OAB), entre outros atores, que se articularam e trabalharam pela promoção da melhoria das condições de vida das crianças e adolescentes no Brasil (VIEIRA, VERONESE, 2015).

Nota-se que o primeiro Código de Menores de 1927 se pautava na Doutrina do Direito Penal do Menor, na qual a delinquência era tida como responsabilidade do "menor". Em 1979 foi alterada a perspectiva jurídica para "o menor em situação irregular" abarcando apenas aqueles que estavam em situações perigosas, de marginalização e criminalização.

Desse modo, as condições sociais das crianças e adolescentes estavam submetidas aos atos de seus responsáveis ou do próprio "menor", tornando a vítima um réu a cargo da justiça e do assistencialismo. Assim, aos juízes cabia a tarefa de definir o que seria melhor à criança e ao adolescente: a assistência, a proteção ou a vigilância. Esse novo Código acaba por facilitar o processo de adoção, principalmente daqueles retirados de suas famílias ou responsáveis legais.

Ainda no recorte temporal e histórico da década de 80, Doutrina da Proteção Integral, então já presente no plano internacional, passa a ser de fato debatida no Brasil, o que culminará com sua adoção no art. 227 da Constituição Federal, promulgada em 5 de outubro de 1988, e no Estatuto da Criança e do Adolescente - Lei nº 8.069/90 (VIEIRA, VERONESE, 2015). A partir do Decreto nº 99.710, de 1990, a Convenção sobre os Direitos da Criança foi ratificada e adotada em sua integridade. Publicado em julho de 1990, o Estatuto da Criança e do Adolescente revoga o Código de Menores de 1979, e contempla a Doutrina da Proteção Integral superando a visão da "criança como menor" constituída ao longo da história nacional sob a ótica do direito penal.

O posicionamento da criança e do adolescente no direito brasileiro foi, assim, reorientado pela Doutrina da Proteção Integral, garantindo-lhes uma proteção normativa com características e princípios próprios. Passa-se, então, a reconhecer "(...) a condição da criança e do adolescente como cidadãos em desenvolvimento, capazes de fazerem escolhas e participarem de forma ativa e autônoma da vida em sociedade" (GRAJZER, 2018, p.67). A criança deixa de ser vista como incapaz e passa a ser ouvida e ter suas ideias e opiniões consideradas, constituindo-se como titular de direitos plenos e específicos.

O Brasil hoje, a exemplo de outros países, recebe um número cada vez maior de indivíduos oriundos de países como a Venezuela, Haiti, Bolívia, ou mesmo de regiões como Oriente Médio e África Subsaariana. Uma criança indocumentada e desacompanhada[23] de pais ou responsáveis, solicitando refúgio, acolhida institucionalmente em um abrigo, coloca-se perante a interseção de dois microssistemas jurídicos contidos no Sistema de Direitos Humanos[24]: o da Infância e Juventude, e o da Migração. Ademais, há uma sobreposição de vulnerabilidades que desafiam tanto as autoridades migratórias quanto os Sistemas de Justiça da Infância e da Juventude, Único de Saúde (SUS) e Único de Assistência Social (SUAS).

No âmbito migratório, a Lei de Migração (Lei nº 13.445/2017) revolucionou em muitos aspectos a situação jurídica do migrante[25], inclusive no tocante

---

23 De acordo com a Resolução Conjunta CONANDA/CONARE/CNIg/DPU de 2017 entende-se por: i) Indocumentadas – aquelas que, apesar de estarem acompanhadas de seus genitores, não possuem documento de identificação apto para comprovar o vínculo parental ou possuem apenas cópia de documento original; ii) Separadas – acompanhadas por uma pessoa adulta que não é o responsável legal no seu ingresso em território brasileiro; iii) Desacompanhadas - aquelas que não possuem nenhuma pessoa adulta que acompanhe no seu ingresso em território nacional.

24 A acepção de sistema utilizada é a adotada por Mario G. Losano, cf. LOSANO, Mario G. Sistema e estrutura no Direito, São Paulo: Ed. Martins Fontes, Vol. I, 2008, p. 216.

25 Anteriormente, seja pela doutrina, seja pelo ordenamento jurídico nacional, era denominada situação jurídica do estrangeiro. Nesse sentido, cf. DE ARAUJO, Nádia. Direito Internacional

à Infância e Juventude. Nesta seara, a lei inova ao incorporar como princípio a "proteção integral e atenção ao superior interesse da criança e do adolescente migrante", que é o princípio 2 da Declaração dos Direitos da Criança adotada pela Assembleia das Nações Unidas de 20 de novembro de 1959, previsto no art. 3º da Convenção sobre os Direitos da Criança adotada pela Assembleia Geral da ONU em 20 de novembro de 1989, no art. 227 da Constituição Federal, e no art. 100, inc. IV, do Estatuto da Criança e do Adolescente, com a alteração introduzida pela Lei nº 12.010, de 3 de agosto de 2009.

A mesma Lei de Migração também prevê, em seu art. 40, inc. V, que poderá ser autorizada excepcionalmente a admissão no país de crianças e adolescentes desacompanhados de pais ou responsáveis, "independentemente do documento de viagem que portar", hipótese que haverá encaminhamento do infante ao Conselho Tutelar ou instituição indicada pela autoridade competente. Em outras palavras, o imigrante nessa situação será acolhido institucionalmente, seja pelo Conselho Tutelar, seja emergencialmente.

No âmbito da Infância e Juventude, o acolhimento é medida socioprotetiva consistente em serviço prestado no âmbito do SUAS[26] e, pelo Estatuto da Criança e Adolescente, não implica em privação de liberdade (art. 101, §1º,)[27] podendo ser determinada pela autoridade judiciária (art. 101, § 2º) ou, excepcionalmente, pelo próprio serviço de acolhimento institucional (art. 93, caput), devendo durar no máximo 18 meses (art. 19, § 2º), preferindo o acolhimento familiar ao institucional (art. 34, § 1º). Esse mesmo diploma legal estabelece que a diretriz a ser adotada no curso do acolhimento é a devolução para família natural (art. 19, "caput" e § 1º) e exige que a medida socioprotetiva seja proferida em "procedimento judicial contencioso, no qual se garanta aos pais ou ao responsável legal o exercício do contraditório e da ampla defesa" (art.101, § 2º).

---

Privado - Teoria e Prática Brasileira. 8ª ed. São Paulo: Revista dos Tribunais, 2019, pg. 444.

26  Resoluções do Conselho Nacional de Serviço Social nº 109, de 11 de novembro de 2009, e nº 13, de 13 de maio de 2014.

27  Diferentemente do que ocorre em outros países, não há no Brasil detenção de crianças e adolescentes em razão da situação migratória.

A ausência de previsão no Estatuto da Criança e do Adolescente sobre as crianças e adolescentes migrantes pode dar margem a interpretações com vieses xenofóbicos. Nas poucas passagens do Estatuto[28] em que se refere a não nacionais, o instrumento limita-se aos temas da adoção internacional e a utilização da expressão "criança ou adolescente brasileiro" (art. 51, §§ 1º e 2º, e art. 52, I). Tal redação passa ao leitor menos atento da norma a impressão de que não se aplicaria o referido estatuto para os migrantes, o que violaria frontalmente o princípio de igualdade entre nacionais e não nacionais previsto no art. 5º, "caput", da Constituição Federal.

É essencial observar que a regularidade administrativa da situação migratória dos pais migrantes ou das crianças e adolescentes migrantes não afeta nenhum direito fundamental dessas pessoas em desenvolvimento como prevê o art. 4º, "caput", do Estatuto da Criança e Adolescente. Não há, assim, motivo jurídico para afastar a incidência deste Estatuto enquanto estiverem em solo brasileiro, e nem para aplicá-lo somente ao fixarem domicílio no Brasil. Neste caso, para fixar a competência judicial, incidem os incisos I e II do art. 147 do Estatuto, que, respectivamente, dizem respeito ao domicílio e ao local em que se encontra a criança ou o adolescente.

A peculiaridade em relação às crianças e adolescentes migrantes é o direito fundamental à cultura (art. 4º, "caput", e art. 71, do Estatuto), inclusive em face dos pais e responsáveis (art. 22, parágrafo único). Tal garantia engloba o "direito de transmissão familiar de suas crenças e culturas", que ocorre tanto pela educação (art. 58), quanto por eventos culturais (art. 59). Seja o indivíduo em cumprimento de medida socioeducativa privativa de liberdade (art. 124, inc. XII), seja a criança ou o adolescente sob medida socioprotetiva de acolhimento institucional (art. 94, inc. XI), todos têm direito à apropriação de seus bens culturais, como a língua, origens e história e, ao mesmo tempo, direito à convivência comunitária dentro de um novo país.

---

28  O Plano Nacional de Convivência Familiar e Comunitária não prevê em suas mais de 130 páginas nenhuma linha às crianças e adolescentes migrantes.

O Estatuto da Criança e do Adolescente trata de forma igual o conceito de "local" com o de "comunitário", o que, no âmbito da Sociologia, não é correto. Ferdinand Tönnies, sociólogo alemão do século XIX, distingue comunidade, *Gemeinschaft*, da sociedade, *Gesellsachft*. A *Gemeinshaft* traz, em sua acepção, um sentimento de pertencimento, de ter algo em comum com os demais integrantes de um grupo, ao passo que, na *Gesellshaft*, as relações seriam formais, institucionais. São nuances significativas, apesar da difícil tradução. No artigo *Sense of Community: A Definition and Theory*, de David W. McMillan e David M. Chavis, os autores definem o senso de comunidade como um sentimento que se origina ao integrar um grupo. Conforme os autores, os membros de um mesmo grupo têm esse sentimento entre eles, e existe uma fé compartilhada de que as necessidades dos membros serão atendidas pelo compromisso de estarem juntos.

Ocorre que crianças e adolescentes em deslocamento internacional formarão uma nova comunidade que não se confunde nem com a de seus pais, e nem com a que já se encontrava no país de destino. Representa, desse modo, significativo desafio para o Estado, porque a migração é, por si só, uma vulnerabilidade, podendo ser exasperada nas situações de indocumentação e de estarem desacompanhadas.

Dessa forma, a abordagem para com essas comunidades em formação, seja na formação da política pública migratória ou no atendimento individual dos migrantes, exige a aplicação do princípio previsto no art. 100, inc. XII, do Estatuto da Criança e Adolescente. O artigo prevê a oitiva obrigatória e a participação dessas crianças e adolescentes, pois do contrário, viola-se o princípio de que criança e adolescente são "pessoas humanas em processo de desenvolvimento e como sujeitos de direitos civis, humanos e sociais garantidos na Constituição e nas leis" (art. 15 e art. 100, inc. I, ambos também do Estatuto da Criança e Adolescente).

## 2. A EXPERIÊNCIA DO SANCAST (SETOR ANEXO DE ATENDIMENTO DE CRIANÇAS E ADOLESCENTES SOLICITANTES DE REFÚGIO E VÍTIMAS ESTRANGEIRAS DE TRÁFICO INTERNACIONAL DE PESSOAS) NA PROTEÇÃO DE CRIANÇAS MIGRANTES NA CIDADE DE SÃO PAULO

O Tribunal de Justiça de São Paulo conta com um serviço de apoio a solicitantes de refúgio, o SANCAST (Setor Anexo de Atendimento de Crianças e Adolescentes Solicitantes de Refúgio e Vítimas Estrangeiras de Tráfico Internacional de Pessoas), criado pelo Provimento CSM Nº 2279/2015, e que funciona na Vara da Infância e da Juventude de Penha de França na Cidade de São Paulo. O SANCAST visa atender duas demandas peculiares que, em comum, têm a criança e o adolescente migrantes e desacompanhados.

A primeira demanda teve origem no caso de um menino haitiano que supostamente estaria perdido no metrô paulistano, tendo sido acolhido institucionalmente pelo Conselho Tutelar em dezembro de 2009. Logo após o terremoto que assolou o Haiti em 12 de janeiro de 2010, um traficante explicou, pessoalmente, que o contrabando da criança havia sido encomendado pela genitora do infante. O objetivo era que este pudesse entrar de maneira irregular na Guiana Francesa, onde a mãe residia com o padrasto e seus outros irmãos, todos em situação migratória indocumentada – o que exasperava a vulnerabilidade da família. Jamais ficaram claros alguns fatos, tais quais a razão de entrarem no Brasil pelo sul (que nunca foi rota para o destino apontado) e o motivo do abandono.

Iniciou-se, então, um fluxo na Vara da Infância e da Juventude, com adaptação do existente em relação aos nacionais, ou seja, além da autoridade judiciária, da Promotora de Justiça, da Defensora Pública, do Serviço de Acolhimento Institucional de Crianças e Adolescentes - SAICA, dos técnicos de serviço social e de psicologia do Poder Judiciário, do Centro de Referência Especializado de Assistência Social – CREAS, Centro de Atenção Psicossocial – CAPS, e Conselho Tutelar, começaram a participar a Polícia Federal - tanto como polícia judiciária, quanto autoridade migratória-, Comitê de Enfrentamento ao Tráfico de Pessoas da Secretaria Estadual da Cidadania e da Justiça –, o Programa de Proteção à Criança e Adolescente Ameaçado de Morte – PPCAAM, a Defensoria Pública da União e Ministério das Relações Exteriores[29].

O segundo fluxo, por sua vez, teve início com um pedido da Cáritas Arquidiocesana de São Paulo, instituição de atenção à população migrante, em relação a um adolescente nigeriano desacompanhado que estaria solicitando refúgio. A rede que se formou foi distinta da anterior, porque, além da Cáritas (na época representando o ACNUR), participou também o Comitê Nacional de Refugiados – CONARE e o Comitê Internacional da Cruz Vermelha.

Em ambos os fluxos, é elemento comum o fato da criança ou adolescente estar desacompanhado, o que exige a aplicação de medida socioprotetiva de acolhimento institucional ou familiar. E, em muitos casos, ocorre a ausência de documento válido de viagem, ou seja, a indocumentação da criança ou do adolescente. No tráfico de crianças e adolescentes, os chamados "coiotes" retém, ilegalmente, os documentos pessoais da vítima, visando aumentar a situação da vulnerabilidade da pessoa afetada pelo tráfico, uma vez que, no pedido de refúgio, a documentação é necessária em situações de fuga frente a conflitos armados e perseguições políticas.

---

29  O fluxo se encontra detalhado *in* CRUZ, Taís Vella. Longe de casa: aspectos do devido processo legal de refúgio no Brasil e o sistema de garantia dos direitos da criança e do adolescente no contexto das solicitantes desacompanhadas ou separadas. Dissertação (Mestrado em Direito). Faculdade de Direito. Universidade Federal do Paraná. Curitiba, 2020. Disponível em: <https://acervodigital.ufpr.br/bitstream/handle/1884/67239/R%20-%20D%20-%20TAIS%20VELLA%20CRUZ.pdf?sequence=1&isAllowed=y>. Acesso em: 06 de março de 2021.

A diferença entre os fluxos, por sua vez, não se resume aos atores da rede de proteção, mas também em relação às normas internacionais e nacionais com as quais o SANCAST deve operar.

Em relação ao pedido de refúgio, o marco normativo internacional foi a Convenção de Genebra de 25 de julho de 1951, relativa ao Estatuto dos Refugiados[30]. Todavia, não se aplicava a fatos posteriores à sua assinatura, motivo pelo qual foi pactuado o Protocolo sobre o Estatuto dos Refugiados, que estendeu sua proteção para fatos posteriores[31]. Interessante ressaltar que a agência que antecedeu o ACNUR, a *Nansen International Office for Refugees* ou em francês, *Office International Nansen pour les Réfugiés*, foi estabelecida em 1930 pela Liga das Nações em razão da participação entre 1930 e 1939 de Fridtjof Nansen, famoso explorador do Ártico, em prol dos deslocados em decorrência das guerras europeias, criando o Passaporte Nansen, feito esse que lhe proporcionou o Prêmio Nobel da Paz em 1938. Atuou juntamente com Eglantyne Jebb, fundadora do *Save the Children*, na proteção de crianças refugiadas russas[32], o que demonstra que a temática do refúgio tem umbilical ligação com a infância e a adolescência.

Internalizado a Convenção pela Lei nº 9.474, de 22 de julho de 1997, esse diploma legal define em seu art. 1º que refúgio é o reconhecimento pelo Estado para pessoas em situações de perseguidos, ou apátridas perseguidos, bem como vítimas de "grave e generalizada violação de direitos humanos". E diz, no art. 2º, que situação jurídica de refugiado se estende ao

---

30 A promulgação no Brasil sofreu alguns percalços. Assinada em 15 de julho de 1952 pelos representantes brasileiros, foi aprovada pelo Decreto Legislativo nº 11, de 1960 e promulgada pelo Decreto nº 50.215, de 28 de janeiro de 1961, com uma referência equivocada ao texto da Convenção, motivo pelo qual o último decreto foi alterado pelo Decreto nº 98.602, de 19 de dezembro de 1989. Em todos os textos havia expressa exclusão de dois dispositivos da Convenção, exclusão essa revogada pelo Decreto nº 99.757, de 29 de novembro de 1990.

31 Promulgado pelo Decreto nº 70.946, de 7 de agosto de 1972.

32 Essa passagem histórica é detalhada na obra The Great War and the Origins of Humanitarianism 1918-1924, cf. CABANES, Bruno. The Great War and the Origins of Humanitarianism 1918-1924. Cambridge: University Press, 2014.

"cônjuge, aos ascendentes e descendentes, assim como aos demais membros do grupo familiar que do refugiado dependerem economicamente, desde que se encontrem em território nacional", cabendo ao CONARE, conforme art. 12, reconhecer ou não essa situação.

Pelo mesmo diploma legal, mesmo não concedida a medida, pelo princípio do *non refoulement*, isto é, a "não devolução" da pessoa, ela. solicitante ou não de refúgio, não poderá ser deportada "para fronteira de território em que sua vida ou liberdade esteja ameaçada, em virtude de raça, religião, nacionalidade, grupo social ou opinião política", exceto se for "considerado perigoso para a segurança do Brasil" conforme prevê o seu art. 7º, § 1º e 2º. De qualquer forma, o ingresso regular não é requisito para solicitação de refúgio, conforme o art. 8º, e a autoridade migratória de fronteira "deverá ouvir o interessado e preparar termo de declaração, que deverá conter as circunstâncias relativas à entrada no Brasil e às razões que o fizeram deixar o país de origem" conforme art. 9º, bem como "suspenderá qualquer procedimento administrativo ou criminal pela entrada irregular, instaurado contra o peticionário e pessoas de seu grupo familiar que o acompanhem." (art. 10). Pela Lei de Migração, concedida essa proteção à criança ou ao adolescente, esse passa ter direito a identificação civil, ( art. 20), autorização de residência (art. 30, II, "e") e não poderá ser repatriado (art. 49, § 4º), enquanto o solicitante também terá direito a identificação própria, bem como autorização de residência provisória (art. 31, § 4º), conforme previsto, respectivamente nos art. 20, art. 30, II, "e", 49, §4º e art. 31, §4º. É necessário observar, entretanto, que a criança ou o adolescente atendido pelo SANCAST vem desacompanhado e, geralmente, não fala a língua portuguesa. Portanto, o guardião legal, que é o gerente do serviço de acolhimento institucional na forma do art. 92, § 1º, do Estatuto da Criança e do Adolescente, é quem preenche os formulários.

Retornando à Lei do Refúgio, essa enumera três situações duráveis: a repatriação (art. 42), a integração local (arts. 43 e 44), e o reassentamento (art. 45). A integração local das crianças e adolescentes migrantes deve observar o direito à cultura, sem negligenciar o aprendizado da língua portuguesa. Além disso há necessidade da regularização registral perante tanto no país de origem - o que se faz perante as representações diplomáticas e consulares - como também no Brasil. Tal procedimento deverá ser facilitado, considerando a situação desfavorável vivenciada pelos refugiados, no tocante ao "reconhecimento de certificados e diplomas, [a]os requisitos para a obtenção da condição de residente e [a]o ingresso em instituições acadêmicas de todos os níveis". O deslocamento de refugiados em outros países para o Brasil é, em regra, voluntário, podendo ser compulsório, e se denomina reassentamento, devendo ser planejado, coordenado pela Administração Pública, com participação de organizações não-governamentais.

A Observação Geral nº 6 do Comitê dos direitos da Criança da ONU intitulado "Tratamento dos menores desacompanhados e separados de sua família fora de seu país de origem" concede à criança e ao adolescente o direito de solicitar refúgio independentemente da vontade dos pais. Salutar transcrever o item 80 do parecer consultivo OC-21/14 de 19 de agosto de 2014 da Corte Interamericana de Direitos Humanos solicitado pela República Argentina, República Federativa do Brasil, República do Paraguai e República Oriental do Uruguai sobre direitos e garantias de crianças no contexto da migração:

> Agora, é necessário reconhecer que os elementos da definição de refugiado foram tradicionalmente interpretados a partir das experiências de pessoas adultas ou maiores de 18 anos. Desse modo, dado que as crianças são titulares do direito de solicitar e receber asilo e podem, consequentemente, apresentar solicitações de reconhecimento da condição de refugiados em seu próprio nome, encontrem-se acompanhados ou não, deve-se dar aos elementos da definição uma interpretação que tenha em consideração as formas particulares em que pode se manifestar a perseguição de crianças, tais como o recrutamento, o tráfico e a mutilação genital feminina, assim como o modo em que elas podem experimentar estas situações.

Não se olvida que esse entendimento não é acompanhado pela Justiça Federal[33]. Todavia, havendo vulnerabilidade, a competência para aplicar medidas socioprotetivas é da Vara da Infância e da Juventude, inexistindo interesse da União que permita deslocamento de competência.

No tocante à aplicação de medidas socioprotetivas para as crianças e adolescentes vítimas de tráfico internacional de pessoas, aplicava-se, inicialmente, o Protocolo de Palermo Relativo à Prevenção, Repressão e Punição do Tráfico de Pessoas, em Especial Mulheres e Crianças, bem como os planos nacionais de enfrentamento ao tráfico de pessoas. O diploma internacional foi internalizado pela Lei nº 13.344, de 6 de outubro de 2016, e é esse verdadeiramente um estatuto, apesar de não ser extenso, porque abrange os eixos da prevenção, proteção e persecução criminal, normatizando aspectos de direito material e processual, e estabelecendo princípios (art. 2º) e diretrizes (art. 3º). Destacam-se os princípios previstos nos incisos I, II e VI do art. 2º, "respeito à dignidade da pessoa humana", "promoção e garantia da cidadania e dos direitos humanos" e "proteção integral da criança e do adolescente" são princípios constitucionais e enquanto o previsto no inc. IV, "não discriminação por motivo de gênero, orientação sexual, origem étnica ou social, procedência, nacionalidade, atuação profissional, raça, religião, faixa etária, situação migratória ou outro status" é mais extenso e detalhado do que o previsto na Constituição Federal.

O SANCAST atua no eixo protetivo, terceiro eixo previsto no art. 6º da Lei de Enfrentamento ao Tráfico de Pessoas, que é o da proteção à vítima. Essa se dará mediante "assistência jurídica, social, de trabalho e emprego e de saúde" (inc. I) - sendo que a saúde engloba, na forma do § 3º a "recuperação física e psicológica da vítima"-, "acolhimento e abrigo provisório" (inc. II), "atenção às suas necessidades específicas, especialmente em

---

33    Neste sentido, FURQUIM, Angelica. A criança refugiada desacompanhada ou separada: *non refoulement*, melhor interesse da criança e a inversão do caráter protetivo na prática brasileira. Monografia (Graduação em Direito) - Faculdade de Direito. Universidade Federal do Paraná. Curitiba, 2016. Disponível em: <https://acervodigital.ufpr.br/bitstream/handle/1884/46441/142.pdf?sequence=1&isAllowed=y>. Acesso em: 06 de março de 2021.

relação a questões de gênero, orientação sexual, origem étnica ou social, procedência, nacionalidade, raça, religião, faixa etária, situação migratória, atuação profissional, diversidade cultural, linguagem, laços sociais e familiares ou outro status" (inc. III), "preservação da intimidade e da identidade" (inc. IV), " prevenção à revitimização no atendimento e nos procedimentos investigatórios e judiciais" (inc. V), "atendimento humanizado" (inc. VI), "informação sobre procedimentos administrativos e judiciais" (inc. VII). As crianças e adolescentes migrantes vítimas do tráfico de pessoas, em razão da condição peculiar de pessoas em desenvolvimento, necessitam de atendimento em um fluxo especializado, respeitadas as suas peculiaridades.

O último diploma legal, atualmente de grande aplicação na situação dos venezuelanos, é a Lei nº 13.684, de 21 de junho de 2018, que estabeleceu a assistência emergencial para acolhimento de pessoas em situação de vulnerabilidade decorrente de fluxo migratório provocado por crise humanitária. A lei, em seu art. 3º, estabelece três importantes conceitos: o de situação de vulnerabilidade (condição emergencial e urgente que evidencie a fragilidade da pessoa no âmbito da proteção social, decorrente de fluxo migratório desordenado provocado por crise humanitária), o de proteção social (conjunto de políticas públicas estruturadas para prevenir e remediar situações de vulnerabilidade social e de risco pessoal que impliquem violação dos direitos humanos) e o de crise humanitária (situação de grave ou iminente instabilidade institucional, de conflito armado, de calamidade de grande proporção, de desastre ambiental ou de grave e generalizada violação de direitos humanos ou de direito internacional humanitário que cause fluxo migratório desordenado em direção a região do território nacional). A única referência a crianças e adolescentes está no art. 5º, inc. VI, que determina a ampliação para os assistidos da política de proteção dos direitos daqueles, o que reforça a tese da aplicação do Estatuto da Criança e do Adolescente aos migrantes.

Além das normas e procedimentos, o SANCAST adaptou-se conforme o perfil dos atendidos no decorrer de suas atividades, e que são diversos, quase todos provenientes de países africanos, próximos de adquirir a maioridade e com um passado marcado pelo sofrimento e pela perseguição em suas terras natais, mas, mesmo assim, resilientes, sonhadores e esperançosos, tal como os nacionais. Essa adaptação, que visa os melhores interesses das crianças e adolescentes, somente foi possível em razão do princípio previsto no art. 100, inc. XII, do Estatuto da Criança e do Adolescente. Ao prever a oitiva e a participação da criança e do adolescente em todos os fluxos de atendimento, o Estatuto afasta a visão adultocêntrica[34] que predomina no atendimento aos migrantes e, assim, torna efetiva a igualdade entre nacionais e não nacionais, prevista no art. 5º, "caput", da Constituição Federal, e a absoluta prioridade prevista no art. 227, "caput", também da Carta constitucional.

Por se tratar de sujeitos de pouca idade, distantes de suas casas e, muitas vezes, separados dos pais ou responsáveis por seus cuidados diários, as crianças desacompanhadas e indocumentadas estariam ainda mais vulneráveis a essas situações de violação de direitos humanos. Desse modo, a proteção específica e adequada torna-se essencial para a sobrevivência dessas crianças, e por isso a importância de serviços especializados que se pautem pelo melhor interesse da criança e do adolescente como o SANCAST.

## CONCLUSÃO

Ao longo do século XX, foram diversas as transformações que desaguaram na compreensão de sujeitos de pouca idade não mais como "menores", mas sim como crianças e adolescentes em si. E, no Brasil, foi a partir da incorporação constitucional da Doutrina da Proteção Integral que tal visão

---

34 Sobre o adultocentrismo, consulte a entrevista de Miriam Abramovay à Revista do Instituto Humanitas Unisinos, cf. SANTOS, João Vitor. O adultocentrismo que silencia, apaga e flagela o jovem. Edição 536, de 13 de maio de 2019. Disponível em: <http://www.ihuonline.unisinos.br/artigo/7570-o-adultocentrismo-que-silencia-apaga-e-flagela-o-jovem>. Acesso em: 5 de março de 2021.

foi superada. Deste entendimento decorre a necessária proteção específica, não apenas pelo expressivo contingente de crianças e adolescentes que migram a cada ano pelo globo, mas também pelas peculiaridades jurídicas que tais grupos ensejam. Como tornou-se claro no decorrer do artigo, é notória a vulnerabilidade às quais as crianças e adolescentes são submetidos - quanto à sua integridade física e psicológica, à sua integração na comunidade, ao direito cultural, ao tráfico e à exploração, dentre outras.

A migração infantil ganhou destaque ainda mais acentuado com o atual deslocamento de venezuelanos para o Brasil. Nos últimos cinco anos, o agravamento da conjuntura socioeconômica da Venezuela acarretou também na intensificação de seus fluxos migratórios. Dentre os destinos sul-americanos, o Brasil registrou mais de 178 mil solicitações de refúgio e de residência temporária entre 2015 e maio de 2019 - em especial na fronteira norte, no Estado de Roraima[35]. O Fundo das Nações Unidas para a Infância - UNICEF, notoriamente, elenca como grandes preocupações o fato "[d]as crianças [estarem] em maior risco de discriminação, violência, separação familiar, xenofobia, exploração e abuso"[36].

Deste modo, se torna imprescindível, portanto, questionar "(...) como os direitos da criança venezuelana são afetados em razão das circunstâncias decorrentes do contexto de migração e refúgio no Brasil" (RAFFOUL, 2020, p.379), o que aguça a necessidade de sistemas proteção que considerem as diversas nuances envolvidas na pauta da migração infantil (das mais diversas nacionalidades).

Do cenário descrito decorre a construção de sistemas normativos e de políticas públicas que se voltam especificamente a esse setor da população. Não apenas da intersecção entre migração e infância e adolescência, mas

---

35 Crise migratória venezuelana no Brasil - O trabalho do UNICEF para garantir os direitos das crianças venezuelanas migrantes. Disponível em: <https://www.unicef.org/brazil/crise-migratoria-venezuelana-no-brasil>. Acesso em: 5 de janeiro de 2021

36 UNICEF: 1,1 milhão de crianças venezuelanas precisarão de assistência em 2019. ONU News, 5 de abril de 2019. Disponível em: <https://news.un.org/pt/story/2019/04/1667121>. Acesso em: 5 de janeiro de 2021

também entre ordem internacional e doméstica. Nesse sentido, o Estatuto da Criança e do Adolescente representa importante marco jurídico, especialmente ao afastar a visão adultocêntrica predominante no atendimento ao migrante. E também, é nessa mesma direção que caminha o SANCAST.

O Setor Anexo  de Atendimento de Crianças e Adolescentes Solicitantes de Refúgio e Vítimas Estrangeiras de Tráfico Internacional de Pessoas representa importante iniciativa, pioneira em terras latinoamericanas[37]. Ao endereçar as demandas peculiares que crianças e adolescentes migrantes e desacompanhados estabelece importante pivô institucional para o desenvolvimento de políticas públicas e sociais, em âmbito estadual e municipal, para a efetiva inclusão e não discriminação dessas crianças. A proteção desse contingente populacional não se endereça somente pela adição à agenda internacional, mas especialmente pelo reconhecimento de seus direitos e de suas garantias na seara nacional, através da mobilização de diversos agentes da sociedade e do entendimento das crianças e adolescentes enquanto atores centrais nos fluxos migratórios da contemporaneidade.

Por fim, é fundamental entender que a complexidade da pauta torna difícil a estruturação de um sistema protetivo sem falhas. Ao mesmo tempo, cumpre reconhecer a interessante experiência do desenho procedimental e normativo sob o qual as crianças e adolescentes migrantes estão quando na jurisdição do SANCAST. Isto, no entanto, não nos permite olvidar que a migração, enquanto fenômeno bastante dinâmico, e assim como a infância, complexa e multidisciplinar, demandam não só constante revisões e avaliações, mas também um tratamento que englobe o olhar de proteção partindo de diversas áreas, visando o constante aperfeiçoamento, sempre tendo como objetivo a garantia e efetivação dos Direitos Humanos.

---

37    TRIBUNAL DE JUSTIÇA DE SÃO PAULO. Pioneirismo no TJSP: Judiciário instala Sancast. Jusbrasil, 8 de novembro de 2017. Disponível em: <https://tj-sp.jusbrasil.com.br/noticias/518465879/pioneirismo-no-tjsp-judiciario-instala-sancast>. Acesso em: 14 de março de 2021.

# REFERÊNCIAS BIBLIOGRÁFICAS

CABENES, Bruno. The Great **War and the Origins of Humanitarianism** 1918-1924. Cambridge: University Press, 2014.

CORTE INTERAMERICANA DE DIREITOS HUMANOS. **Parecer Consultivo OC21/2014, de 19 de agosto de 2014, solicitado pela República Argentina, República Federativa do Brasil, República do Paraguai e República Oriental do Uruguai.**

Direitos e Garantias de Crianças no contexto da migração e/ou em necessidade de proteção internacional. Disponível em: <https://www.corteidh.or.cr/docs/opiniones/seriea_21_por.pdf.>. Acesso em: 06 de março de 2021.

CRUZ, Taís Vella. **Longe de casa**: aspectos do devido processo legal de refúgio no Brasil e o sistema de garantia dos direitos da criança e do adolescente no contexto das solicitantes desacompanhadas ou separadas. Dissertação (Mestrado em Direito). Faculdade de Direito. Universidade Federal do Paraná. Curitiba, 2020. Disponível em: <https://acervodigital.ufpr.br/bitstream/handle/1884/67239/R%20-%20D%20-%20TAIS%20VELLA%20CRUZ.pdf?sequence=1&isAllowed=y>. Acesso em: 06 de março de 2021.

DE ARAUJO, Nádia. **Direito Internacional Privado - Teoria e Prática Brasileira**. 8ª ed. São Paulo: Revista dos Tribunais, 2019.

FURQUIM, Angelica. **A criança refugiada desacompanhada ou separada**: non refoulement, melhor interesse da criança e a inversão do caráter protetivo na prática brasileira. Monografia (Graduação em Direito) - Faculdade de Direito. Universidade Federal do Paraná. Curitiba, 2016. Disponível em: <https://acervodigital.ufpr.br/bitstream/handle/1884/46441/142.pdf?sequence=1&isAllowed=y>. Acesso em: 06 de março de 2021.

GRAJZER, Deborah Esther. **Crianças refugiadas:** um olhar para a infância e seus direitos. Dissertação (Mestrado em Educação) - Universidade Federal de Santa Catarina, 2018. Disponível em: <https://repositorio.ufsc.br/bitstream/handle/123456789/188092/PEED1323-D.pdf?sequence=-1&isAllowed=y>. Acesso em: 06 de março de 2021.

LOSANO, Mario G. **Sistema e estrutura no Direito**, São Paulo: Ed. Martins Fontes, Vol. I, 2008

RAFFOUL, Jacqueline Salmen. **A (in)observância dos direitos das crianças refugiadas venezuelanas em Roraima**. BJIR, Marília, v. 9, n. 2, p. 374-404, maio/ago. 2020

SANTOS, João Vitor. **O adultocentrismo que silencia, apaga e flagela o jovem**. Edição 536, de 13 de maio de 2019. Disponível em: <http://www.ihuonline.unisinos.br/artigo/7570-o-adultocentrismo--que-silencia-apaga-e-flagela-o-jovem>. Acesso em: 5 de março de 2021.

SILVESTRE FILHO, Oscar; FERREIRA, Eduardo Dias de Souza. **Breve Análise das Opiniões Consultivas da Corte Interamericana de Direitos Humanos no Âmbito da Migração**. Revista Direitos Humanos e Democracia. Editora Unijuí, Ano 8, n. 16, Jul./dez. 2020. Disponível em: https://www.revistas.unijui.edu.br/index.php/direitoshumanosedemocracia/article/view/7918 Acesso em: 06 mar. 2021.

TRIBUNAL DE JUSTIÇA DE SÃO PAULO. **Pioneirismo no TJSP**: Judiciário instala Sancast. Jusbrasil, 8 de novembro de 2017. Disponível em: <https://tj-sp.jusbrasil.com.br/noticias/518465879/pioneirismo-no-tjsp-judiciario-instala-sancast>. Acesso em: 14 de março de 2021.

UNITED NATIONS HIGH COMMISSIONER FOR REFUGEES. UNHCR. **Diretrizes sobre proteção internacional N. 08**, Disponível em: <https://www.acnur.org/fileadmin/Documentos/BDL/2014/9747.

pdf?view=1>. Acesso em: 06 de março de 2021.

_____. **UNHCR Global Trends Forced Displacement in 2018.**
Disponível em: <https://www.unhcr.org/globaltrends2018/l>. Acesso
em: 06 de março de 2021.

_____. **UNHCR Guidelines on Determining the Best Interests
of the Child**. Disponível em: <https://www.unhcr.org/protection/
children/4566b16b2/unhcr-guidelines-determining-best-interests-
-child.html>. Acesso em: 06 de março de 2021.

**UNICEF**: 1,1 milhão de crianças venezuelanas precisarão de assistência em 2019. ONU News, 5 de abril de 2019. Disponível em: <https://
news.un.org/pt/story/2019/04/1667121>. Acesso em: 5 de janeiro de
2021.

VIEIRA, C. M. C. A.; VERONESE, J. R. P. **Crianças Encarceradas**: A proteção integral da criança na execução penal feminina da pena privativa de liberdade. Rio de Janeiro: Editora Lumen Juris, 2015.

**Seção 5**

# A PROTEÇÃO DO MEIO AMBIENTE NO DIREITO INTERNACIONAL DO SÉCULO XXI

# O desafio ambiental
# no fluxo migratório:
# refugiados ambientais?

PAULA MONTEIRO DANESE

**SUMÁRIO:**

1. Introdução
2. Refugiado Ambiental: uma questão de linguagem
3. O clima como fator determinante para migrar e o refugiado ambiental
4. Da Declaração de Cartagena ao Plano de Ação do Brasil: as novas fronteiras de proteção nas Américas para o refúgio
5. Considerações finais.

# 1. INTRODUÇÃO

O artigo começará versando sobre a questão da linguagem do termo *refugiado*, abordando-se conjuntamente questões sobre a nacionalidade, a fim de esclarecer seus limites.

Como por vezes o termo refugiado tem sua nomenclatura confundida com outros termos, será feita uma diferenciação entre eles, buscando demonstrar como se dá sua condição jurídica e qual seu verdadeiro alcance.

O objetivo do presente artigo é expor sobre os direitos dos refugiados, fazendo-se uma abordagem sobre o principal órgão internacional atuante na proteção dos refugiados, o ACNUR (Alto Comissariado para Refugiados das Nações Unidas), demonstrando sua importância no âmbito internacional.

Durante a pesquisa é mostrado como se dá a proteção do refugiado enquanto atrelado a tal condição e sua proteção jurídica, para então conseguir chegar à problemática dos refugiados que ainda não obtiveram o que se chama no Direito Internacional de *solução duradoura*.

O tema ainda requer empenho do direito internacional para ser melhor delimitado e o auxílio a estes indivíduos ser mais efetiva, não havendo uma solução jurídica que valha para toda situação em que haja refugiados dentro de um campo de refugiados.

Faz-se importante entender como uma pessoa torna-se refugiada e a necessidade do direito de ampará-la enquanto nesta condição frágil. São eles, os refugiados, os sujeitos de direito mais necessitados da cooperação dos países dentro do direito internacional, requerendo ainda um estudo para que haja uma melhor caracterização de sua condição, a efetiva proteção de seus direitos.

## 2. REFUGIADO AMBIENTAL: UMA QUESTÃO DE LINGUAGEM

A instituição do asilo está prevista na Declaração Universal dos Direito do Homem, de 1948, em seu artigo XVI que dispõe que "todo homem, vítima de perseguição, tem o direito de procurar e de gozar asilo em outros países". E ainda, em seu parágrafo 2° acrescenta "não pode ser invocado em caso de perseguição motivada legitimamente por crimes de direito comum ou por atos contrários aos objetivos e princípios das Nações Unidas." O artigo deixa claro que se reconhece o direito do indivíduo procurar asilo, entretanto, não é obrigação do Estado concedê-lo. Por isso mesmo, o direito de asilo, mesmo tendo por finalidade a proteção da pessoa humana, é considerado um direito do Estado, que tem o arbítrio de concedê-lo ou não ao solicitante.

O asilo tem sua prática limitada à perseguição política. Quem fornece o asilo é o Estado e, também por isso se diferencia do refúgio, pois este último é declarado pela Comunidade Internacional.

Sublinha-se que o *refúgio*, diferente do *asilo*, tem seu *status* reconhecido e não dado subjetivamente pelo Estado que o concede, ou seja, ele é declarado, reconhecido pelo ordenamento internacional.

Ainda sobre essa temática, é importante analisar a Opinião Consultiva OC-25/18 de 30 de Maio, solicitada pela República do Equador à Corte Interamericana de Direitos Humanos. Como bem relembra a Corte Interamericana, o asilo diplomático foi inicialmente concedido para criminosos comuns, onde não apenas havia a inviolabilidade das missões e da residência do embaixador, mas o asilo diplomático começou a cair em desuso na Europa no século XIX, consolidando a figura de extradição. Pontua, ainda, que muito embora se tenha contatado o declínio europeu da instituição devido à maior estabilidade política, na América Latina consolidou-se em resposta às constantes crises típicas dos estados latino-americanos. [1]

Sobre a terminologia, a Corte destacou que:

---

1 Corte IDH. OC 25/2018. Disponível em: https://static.legis.pe/wp-content/uploads/2018/11/Opinion-Consultiva-Corte-IDH-OC-25-18-Legis.pe_.pdf>. Acesso 20 de agosto de 2020.

66.Asilo em sentido estrito ou asilo político é a proteção que um Estado oferece a pessoas que não são de sua nacionalidade quando sua vida, integridade pessoal, segurança e / ou liberdade estão comprometidas ou podem estar em perigo, devido a perseguição por crimes políticos ou comum relacionado a estes, ou por razões políticas. Asilo em sentido estrito coincide com denominada "tradição latino-americana de asilo" (pars. 78 a 93 infra).

67. Por sua vez, de acordo com o lugar onde a proteção é prestada, asilo em sentido estrito pode ser classificado em:

i) Asilo territorial: consiste na proteção que um Estado oferece em seu território a nacionais ou residentes habituais de outro Estado onde são perseguidos por motivos políticos, por suas crenças, opiniões ou filiação política ou por atos que podem ser considerados crimes políticos ou comuns. O asilo territorial é intrinsecamente relacionado à proibição de extradição por crimes políticos ou comuns cometidos para fins políticos.

ii) Asilo diplomático: consiste na proteção que um Estado confere nas suas legações, navios de guerra, aeronaves militares e acampamentos, para nacionais ou residentes habituais de outro Estado onde são perseguidos por motivos políticos, suas crenças, opiniões ou afiliação política ou por atos que podem ser considerados como crimes políticos ou comuns relacionados. (Corte Interamericana de Direitos Humanos, OC 25/18)[2] (tradução)

---

2    Texto original:" El asilo en sentido estricto o asilo político66, es la protección que un Estado ofrece a personas que no son sus nacionales cuando su vida, integridad personal, seguridad y/o libertad se tran o podrían encontrarse en peligro, con motivo de persecución por delitos políticos o comunes conexos con estos, o por motivos políticos. El asilo en sentido estricto coincide con la llamada "tradición latinoamericana del asilo" (infra párrs. 78 a 93). 67. A su vez, de acuerdo al lugar en el que se brinda la protección, el asilo en sentido estricto puede clasificarse en: i) Asilo territorial: consiste en la protección que un Estado brinda en su territorio a las personas nacionales o residentes habituales de otro Estado en donde son perseguidas por motivos políticos, por sus creencias, opiniones o filiación política o por actos que puedan ser considerados como delitos políticos o comunes conexos. El asilo territorial se encuentra in-

A partir da conceituação, a Corte Interamericana entende que o direito humano de solicitar e receber asilo está reconhecido no artigo 22.7 da Convenção Americana de Direitos Humanos e no artigo XXVII da Declaração Americana dos Direitos e Deveres do Homem e que tais dispositivos devem ser interpretados à luz da proteção dada pelo sistema onusiano de proteção dos direitos humanos. Nesse sentido, impõe ao Estado certos deveres específicos, tais como:

> i) obrigação de não retorno (não expulsão) e sua aplicação extraterritorial; ii) obrigação de permitir o pedido de asilo e não de rejeitar na fronteira; iii) obrigação de não penalizar ou sancionar a entrada ou presença irregular e de não detenção; iv) obrigação de fornecer acesso efetivo a um procedimento justo e eficiente para determinação da condição de refugiado; v) Obrigação de assegurar as garantias mínimas de devido processo em procedimentos justos e eficientes para determinar o status ou status de refugiado; vi) obrigação de adaptar os procedimentos às necessidades específicas das meninas, crianças e adolescentes; vii) Obrigação de conceder proteção internacional se a definição de refugiado e garantia da manutenção e continuidade do estatuto de refugiado; viii) obrigação de interpretar restritivamente as cláusulas de exclusão, e ix) obrigação de fornecer acesso aos direitos em condições de igualdade sob o estatuto de refugiado.[3] (Corte Interamericana de Direitos Humanos, OC 25/18)

---

trínsecamente relacionado con la prohibición de extradición por delitos políticos o comunes cometidos con fines políticos. ii) Asilo diplomático: consiste en la protección que un Estado brinda en sus legaciones, navíos de guerra, aeronaves militares y campamentos, a las personas nacionales o residentes habituales de otro Estado en donde son perseguidas por motivos políticos, por sus creencias, opiniones o filiación política o por actos que puedan ser considerados como delitos políticos o comunes conexos. "

3    Texto original: i) obligación de no devolver (nonrefoulement) y su aplicación extraterritorial; ii) obligación de permitir la solicitud de asilo y de no rechazar en frontera; iii) obligación de no penalizar o sancionar por ingreso o presencia irregular y de no detención; iv) obligación de brindar acceso efectivo a un procedimiento justo y eficiente para la determinación de la condición de refugiado; v) obligación de asegurar las garantías mínimas de debido proceso en procedimientos justos y eficientes para determinar la condición o estatuto de refugiado; vi)

A Corte Interamericana, ao analisar os termos refugiado, asilo territorial e asilo diplomático estabelece que a natureza das funções diplomáticas e o fato da delegação diplomática estar no Estado receptor denota grande diferença com o asilo territorial, uma vez que mantém uma interação com o princípio da soberania do Estado. Ainda considerando tal diferença, sublinha-se que em todos os termos relacionados com asilo *lato sensu* (refugiado, asilado territorial ou asilado diplomático) são formas de proteção a favor dos indivíduos que sofrem perseguição, significando, também que as legislações internas regem cada situação jurídica estabelecem um rol de direitos e deveres das pessoas asiladas.

Conforme pontuado acima, entende-se por Refugiado aquele que por motivo de perseguição, fundado temor de perseguição, por conta de sua raça, religião, participação em grupo social etc., necessite se retirar de seu país.

Outro ponto interessante se volta sobre o direito de ir vir do asilado dentro do Estado que lhe concedera asilo. No Brasil, por exemplo, segundo o Estatuto do Estrangeiro, o asilado não tem direito de sair do país sem avisar o próprio país, em outras palavras, o asilado tem seu direito de ir e vir restringido. Caso o asilado não respeite essa disposição, perderá a concessão de asilo. (Jubilut, 2007, p. 49-50)

Indo mais adiante na diferenciação dos termos, temos a apatrídia que ocorre quando nenhum Estado reconhece uma pessoa como seu nacional.

Na condição de apátrida, o indivíduo fica sem a proteção de um Estado e, assim, sem os direitos fundamentais que o Estado atribui aos seus nacionais. O direito da nacionalidade é oriundo do vínculo entre o indivíduo

---

obligación de adaptar los procedimientos a las necesidades específicas de las niñas, niños y adolescentes; vii) obligación de otorgar la protección internacional si se satisface la definición de refugiado y asegurar el mantenimiento y continuidad del estatuto de refugiado; viii) obligación de interpretar de forma restrictiva las cláusulas de exclusión, y ix) obligación de brindar acceso a derechos en igualdad de condiciones bajo el estatuto de refugiado.

e o Estado. Somente sendo nacional é que se pode adquirir a cidadania e, a partir dela é que a pessoa tem a faculdade de certos direitos políticos, o que é retirado do indivíduo enquanto sustentar a condição de apátrida. (Cavarzere, 2001, p. 146-147).

Um caso comum de apatridia ocorre quando o nascimento ocorre dentro de um campo de refugiados, pois este se localiza fora do território em que os pais se viram obrigados a fugir, porém, o país que permite que o campo ali se instale dificilmente reconhecerá que os indivíduos que ali nasçam sejam seus nacionais, e, como nasceram fora do território em conflito, por este segundo também não são reconhecidos como nacionais, gerando um grande impasse para estes indivíduos que nascem no meio dos conflitos e dentro dos campos.

Ainda, é essencial o conceito de deslocados internos em função de clara motivação do deslocamento por causas ambientais. A doutrina estabelece que os deslocados internos saem ou são forçados a sair seus lares, para evitar os efeitos de conflitos armados, situações de violência generalizadas, violações de direitos humanos ou desastres naturais ou desastres causados pela vontade humana, mas que não chegam a cruzar as fronteiras de seus países de origem. O ponto que mais diferencia os conceitos de refugiado e deslocado interno é o fato de o deslocado interno não cruzar a fronteira apesar de enfrentar basicamente os mesmos problemas que levam os refugiados a saírem de seus países (Newland, Patrick & Zard, 2003. P. 1-8).

Seguindo para o conceito específico de refugiado, de acordo análise *Convenção de 1951 relativa ao Estatuto dos Refugiados*, a expressão *refugiado* se aplica a qualquer pessoa que, em virtude de fundado temor de sofrer perseguição por motivos de raça, religião, nacionalidade, participação em determinado grupo social ou convicção política, se encontre fora do país do qual é nacional e está impossibilitada ou, tendo fundado medo, não deseja retornar a este país (Mazzuoli, 2004, p. 460-470)

O direito define refugiado como sendo aquele que sofre perseguição em seu Estado de origem e/ou residência habitual. Essa perseguição pode ter motivos de raça, nacionalidade, religião, opinião política ou pertencimento a determinado grupo social. Por causa dessa perseguição, o refugiado encontra-se fora de seu país. Pode-se dizer que é aquela pessoa não só não é reconhecida pelo Estado ao qual pertence, como também passa ser perseguida por esse Estado, ou este passa a não ter mais condições de protegê-la de outros grupos residentes no Estado. (PIOVESAN, Flávia, In: ARAÚJO; ALMEIDA, 2001, p.44-49).

A vida, a segurança e a liberdade se encontram em perigo devido a uma violência generalizada, de tal grau que há uma forte violação dos direitos humanos como um todo. A agressão pode ser proveniente de agressão estrangeira ou outra causa que perturbe gravemente a ordem interna, causando o êxodo.

Para se caracterizar como refugiado não é estritamente necessário que a perseguição ou o (s) direito(s) tenha(m) sido violado(s), basta um fundado temor que isso ocorra para que a pessoa possa pedir refúgio em outro Estado.

Com relação ao fundado temor, pode-se dizer que esse elemento somente passou existir a partir do momento que houve a introdução do sistema individual de verificação da condição de refugiado, visto que antes o método utilizado para se dar o *status* de refugiado ao indivíduo era coletivo, bastando pertencer a um grupo entendido como perseguido para que este passasse a gozar da condição de refugiado. (Jubilut, 2007, p.45.)

## 3. O CLIMA COMO UM FATOR DETERMINANTE PARA MIGRAR E O REFUGIADO AMBIENTAL

A questão do clima é tão séria que o Banco Mundial publicou relatório em 2013, alertando sobre o aquecimento global e suas consequências, dentre elas, as barreiras que serão criadas para acesso a alimentos, tendo em vista que as temperaturas elevadas vão secar recursos hídricos, impedindo o plantio:

> O relatório Turn Down the Heat: Why a 4°C Warmer World Must Be Avoided (Reduzir o calor: por que um mundo 4°C mais quente deve ser evitado), publicado pelo Banco Mundial em novembro de 2012, explica os perigos da mudança climática, especialmente para os países em desenvolvimento, e sugere ações de cooperação internacional para mitigar seu impacto e ajudar os países a adaptarem-se a ela. O estudo de acompanhamento, cujo subtítulo é "Extremos Climáticos, Impactos Regionais e Casos para Resiliência", relata os prováveis impactos do atual aquecimento de 2°C e 4°C sobre a produção agrícola, recursos hídricos, ecossistemas costeiros e cidades em três regiões em desenvolvimento. Ele demonstra de que modo a elevação das temperaturas globais está ameaçando cada vez mais a saúde e a subsistência da maioria das populações vulneráveis, ampliando de modo crucial os problemas que cada região está enfrentando hoje. ( Banco Mundial, 2013)

Tal cenário levará, inevitavelmente, ao êxodo de famílias, que buscarão em outros locais melhores condições para sobreviver, não sendo um imigrante comum, mas um indivíduo fugindo da fome causada pela mudança climática.

Como esclarece o Relatório especial do Painel Intergovernamental sobre Mudanças Climáticas IPCC, o aquecimento global é uma realidade atual e que necessita de um olhar objetivo sobre suas causas e consequências.

> O aquecimento causado por emissões antrópicas desde o período pré--industrial até o presente persistirá por séculos e milênios, e continuará causando mudanças a longo prazo no sistema climático, como aumento

dos níveis dos oceanos, com impactos associados (alta confiança), mas é improvável que apenas essas emissões isoladamente causarão um aquecimento global de 1,5°C ( IPCC, 2018, p.8)

Segundo o Professor Fabiano L. de Menezes há um grande obstáculo, todavia, para relacionarmos a proteção ambiental com os direitos humanos:

> É sabido que a atividade humana é a principal causadora do aumento das mudanças climáticas e a que sofrerá os maiores impactos em decorrência da alteração climática. Para entender melhor a relação humana, uma iniciativa de aproximar as ciências sociais do estudo das mudanças climáticas foi a criação do Programa Internacional de Dimensões Humanas das Mudanças Globais Ambientais (IHDP). Essa iniciativa surgiu para preencher o vácuo que existe nas contribuições das ciências do conhecimento, nas pesquisas interdisciplinares e na falta de estratégias de pesquisa em longo prazo no estudo das mudanças climáticas (IHDP, 2008). Em uma análise da literatura brasileira sobre direito ambiental, conclui-se que a maior parte dos trabalhos que abordam a proteção ambiental examina timidamente a questão do impacto humano. (MENEZES, 2010)

A expressão "refugiados ambientais" adveio com a publicação em 1985, de um *paper* intitulado "Environment Refugees" de autoria de Essam El-Hinnawi, pesquisador do Programa das Nações Unidas para o Meio Ambiente (Pnuma), onde incorporou à definição clássica do Estatuto dos Refugiados as pessoas que:

> Fogem ou deixam sua terra natal em função de ameaças de vida e segurança provocadas pelo meio ambiente, dentre essas ameaças quaisquer mudanças provocadas pelo meio ambiente, dentro essas ameaças

quaisquer mudanças físicas, químicas e biológicas nos ecossistemas ou diretamente nos recursos naturais que o transformam, tornando o meio ambiente impróprio para manter ou reproduzir a vida humana (BARROS, 2011, p.61).

O dilema dos refugiados está amplamente relacionado com problemas sociais, políticos e econômicos. Entretanto, a atual situação mundial traz outra causa que leva aos indivíduos a se deslocarem: o clima, ou melhor, relação homem e natureza que modifica o ambiente.

Em muitos casos, o deslocamento involuntário pode ser assistido pelo Estado onde ele ocorre, dando assistência aos deslocados, ás vezes até conjuntamente com assistência internacional de outros Estados e/ou agências internacionais. Normalmente isso ocorre quando o motivo do deslocamento é causado por desastres naturais. Nesses casos, a comunidade internacional trabalha juntamente com o governo nacional para prover assistência humanitária aos que sofrem ou sofreram com os desastres. (Newland, Patrick & Zard, 2003. P. 1-8).

Refugiados ambientais são "as pessoas que fugiram de suas casas por causa de mudança ambientais que tornaram suas vidas ameaçadas ou insustentáveis" (Jubilut, 2007, P. 169).

A expressão "refugiado ambiental" começa a ganhar notoriedade a partir da publicação, no ano de 1985, de um artigo elaborado pelo professor do Egyptian National Research Centre, no Cairo, Essam El Hinnawi. Essa expressão é abertamente rejeitada por estudos da geografia que diziam ser ela reducionista ao ofuscar os aspectos sociais e políticos que motivam a decisão que uma pessoa toma de migrar para outro país. Para os contrários ao conceito, raramente o deslocamento forçado se dá única e exclusivamente por uma causa sozinha, mas sim por uma pluralidade de fatores. (GUERRA; AVZARADEL, 2008, p. 2745)

Foi apenas recentemente que passou a ter pressão da Comunidade Internacional para que essas pessoas sejam protegidas pelo Sistema do Direito Internacional dos Refugiados, devido aos desastres naturais, como a desertificação acentuada na África, o Tsunami na Ásia, o terremoto no Haiti, entre outros.

> (...) aquelas pessoas temporariamente deslocadas devido a perturbações ambientais locais, como avalanches ou terremotos; aqueles que migram por causa da degradação ambiental que tem prejudicado a sua subsistência ou apresenta riscos inaceitáveis para a saúde; e aqueles reassentados porque a degradação da terra resultou em desertificação ou por causa de outras mudanças permanentes no habitat. (JACOBSON, 1988, apud RAMOS, 2011)

Para Hatrick (2007 apud JUBILUT, 2007, p. 169), são as principais causas para a existência de refugiados ambientais: a degradação da terra agriculturável, desastres ambientais, destruição de ambientes pela guerra, deslocamento involuntário na forma de reassentamento e mudanças climáticas.

Muito embora parece difícil enquadrar essas pessoas como refugiados pelos limites legais ainda existentes, a questão dos refugiados ambientais impõe uma discussão relevante sobre a abrangência do sistema internacional de proteção dos refugiados, que levou ao Plano de Ação do Brasil, que será discutido posteriormente.

> Na geração dos fluxos de "refugiados ambientais" há uma sobreposição de fatores, havendo muita dificuldade no isolamento de suas causas. Na maior parte das vezes, essas múltiplas causas se identificam de maneira tão profunda que se torna impossível separá-las. Esses fluxos não apenas se originam diante da ocorrência de desastres puramente naturais, mas

também por desastres naturais ocasionados por fatores não climáticos (com ou sem a intervenção do homem), acidentes e processos de degradação ambiental (provocados ou agravados pela ação humana) e, ainda, pela combinação desses fatores. (RAMOS, 2011)

Tal assertiva denota que mesmo que alguns autores tratem do termo refugiado ambiental, juridicamente ele não existe, não tendo, portanto, qualquer instrumento jurídico que delimite as situações em que ele se enquadra.

Desse modo, é possível concluir que estas pessoas ficam deslocadas e desprovidas de proteção internacional específica, uma vez que não se enquadram na proteção concedida pelo Direito Internacional dos Refugiados, ficando em situação similar a dos migrantes forçados por questões econômicas.

O clima levará, cada vez mais, ao êxodo de pessoas em busca pela sobrevivência e, em consequência teremos um número cada vez maior de "refugiados ambientais".

De acordo com BARROS, (2011, p. 67), o Programa das Nações Unidas para o Meio Ambiente (Pnuma) define "refugiados ambientais" da seguinte forma:

> (...) refugiados ambientais são pessoas que foram obrigadas a abandonar temporária ou definitivamente a zona onde tradicionalmente vivem, devido ao visível declínio do ambiente (por razões naturais ou humanas) perturbando a sua existência e/ou a qualidade da mesma de tal maneira que a subsistência dessas pessoas entra perigo. Não motivados pela perseguição, política, mas pelo desflorestamento, pelo aquecimento global, por catástrofes naturais, por desastres nucleares e industriais, estes são refugiados ambientais.

Entretanto, em razão do critério limitado na definição de refugiado contida na Convenção de 1951, modificada pelo Protocolo de 1967, a lei internacional ainda não reconhece as razões ambientais como motivos para o reconhecimento do refugiado. Como consequência, os "refugiados ambientais", normalmente não podem contar com a proteção material e jurídica dos países de asilo.

Tendo por objetivo solucionar esta questão, a ONU, em 2008, em Poznan (Polônia), fez um Conferência com o objetivo de debater o relatório de "Alterações Climáticas e Cenários de Migrações Forçadas". Nesta ocasião, o ACNUR (Alto Comissariado das Nações Unidas para Refugiado) sugeriu a efetiva definição de "refúgio ambiental" e a consequente criação de instrumentos jurídicos que pudessem regulamentar a proteção e os direitos dos "refugiados ambientais".

Com o aumento dos desastres naturais no último século, em especial nos últimos 20 anos, a comunidade internacional buscou e ainda busca respostas efetivas para mitigar os impactos ambientais na efetivação de direitos humanos. Em 2018, relatou-se eventos climáticos extremos:

> Em 2018, eventos climáticos extremos, como seca severa no Afeganistão, ciclone tropical Gita em Samoa e enchentes nas Filipinas, resultaram em necessidades humanitárias agudas. De acordo com o Centro de Monitoramento de Deslocamento Interno, houve 18,8 milhões de novos deslocamentos internos relacionados a desastres registrados em 2017. A maioria dos deslocamentos de desastres relacionados a desastres naturais e impactos das mudanças climáticas é interna, com os afetados permanecendo dentro de suas fronteiras nacionais. No entanto, o deslocamento através das fronteiras também ocorre e pode estar relacionado a situações de conflito ou violência.[4]

---

4    UNHCR. Climate Change and Disasters. Disponível em: https://www.unhcr.org/climate-change-and-disasters.html. Acesso em: 20 de agosto de 2020. Texto original: "In 2018, extreme

O estudo recente acima destaca esclarece que as mudanças climáticas em muito se relacionam com os diversos motivos que levam à migração e são causas de para solicitação de refúgio previstas internacionalmente, como violência e perseguição.

> Uma variedade de ambientes atmosféricos, terrestres e aquáticos as pressões provavelmente produzirão com o tempo, isoladamente ou em combinação, quatro principais efeitos sociais causalmente inter-relacionados: reduzido produção agrícola, declínio econômico, população deslocamento e ruptura do sistema social regular e legitimado relações. Esses efeitos sociais, por sua vez, podem causar vários tipos de grupos étnicos e conflitos civis e insurgências, cada um com repercussões potencialmente graves para os interesses de segurança do mundo desenvolvido. (Homer-Dixon, 1991: 78) (tradução nossa)[5]

Ainda, importante entender que há duas modalidades de motivações climáticas para solicitação de refúgio por questões climáticas:

---

weather events such as severe drought in Afghanistan, Tropical Cyclone Gita in Samoa, and flooding in the Philippines, resulted in acute humanitarian needs. According to the Internal Displacement Monitoring Centre, there were 18.8 million new disaster-related internal displacements recorded in 2017. Most disaster displacement linked to natural hazards and the impacts of climate change is internal, with those affected remaining within their national borders. However, displacement across borders also occurs, and may be interrelated with situations of conflict or violence.
In all cases, people displaced by disasters have needs and vulnerabilities that must be addressed. People already displaced for reasons other than disasters linked to natural hazards – including refugees, stateless people, and the internally displaced – often reside in climate change 'hotspots' and may be exposed to secondary displacement. Moreover, similar impacts on their home areas can inhibit their ability to safely return."

5   HOMER-DIXON, T. (1991) "On the threshold: Environmental changes as cause of actual conflict" International security 16 (2). Texto original: "A range of atmospheric, terrestrial, and aquatic environmental pressures will in time probably produce, either singly or in combination, four main, causally interrelated social effects: reduced agricultural production, economic decline, population displacement, and disruption of regular and legitimized social relations. These social effects, in turn, may cause several specific types of ethnic groups, and civil strife and insurgency, each with potentially serious repercussions for the security interests of the developed world".

No primeiro tipo, incluem-se os "refugiados ambientais" originários de eventos agudos que não foram previstos como potenciais geradores de migração, podendo ter origem natural (como furacões, inundações, terremotos) ou terem sido causados por acidentes tecnológicos e/ou industriais (como no caso de acidentes em usinas nucleares). No segundo tipo, os "refugiados ambientais" são originados por perturbação aguda no meio ambiente causada intencionalmente pela ação do homem (causas antropogênicas). Estas perturbações, por sua vez, subdividem-se em dois grupos: aquelas cujo evento perturbador foi causado pelo desenvolvimento econômico, gerando o que a autora chama de "populações deslocadas para a modernização", como, e.g., quando áreas são inundadas para a construção de usinas hidrelétricas; e aquelas causadas por conflitos armados, a que a autora denomina "ecocídio", quando ocorre a destruição intencional do ambiente, a fim de estrategicamente deslocar uma população-alvo durante um período de guerra.[6] (DICHER, Marilu)

Todavia, infelizmente não se produziu nenhum tratado internacional capaz de conscientizar os países sobre o dever de defender os interesses dos vitimados pelo clima, prejudicando aqueles que buscam auxílio em outros países em decorrência de mudanças climáticas que tornam o acesso à água e alimentos difícil. (BARROS, 2011, p. 73)

Além da problemática ambiental enfrentada por muitos, normalmente estas pessoas também tem de enfrentar a instabilidade social e econômica, fatores por vezes preexistentes à catástrofe ou por ela instituída, já que as catástrofes naturais que ocorrem em países onde já existem conflitos internos ou situação política instável, faz com que essa instabilidade aumente, criando uma atmosfera mais propícia ao desrespeito aos direitos humanos, levando essas pessoas a se deslocarem pelo fator político e por não haver condições de alcançarem o mínimo de que precisam para sobreviver, como água ou alimentos.

Entende-se que diferentemente do regime de proteção dos direitos dos refugiados que já consolidado no direito internacional, do ponto de vista institucional, normativo e teórico, o regime de mudanças climáticas ainda não está consolidado, dificultando ainda mais o seu desenvolvimento em direção à proteção de umas das reais consequências das mudanças climáticas e desastres ambientais: os refugiados ambientais.

A COP 21, realizada em dezembro de 2015, em Paris, teve como objetivo a criação de acordos internacionais de cooperação visando o bem-estar humano e ambiental: acordos com relação à diminuição da emissão de gases do efeito estufa e combate às consequências das mudanças climáticas estavam entre os tópicos discutidos. A Conferência retomou a discussão sobre refugiados e, particularmente, sobre refúgio ambiental. Os refugiados climáticos ou ambientais são pessoas que continuam sem uma definição jurídica oficial no âmbito internacional, faltando-lhe alguns mecanismos e garantias institucionais para tratar da questão, como ocorre com outros tipos de deslocamentos forçados.

> A natureza desse movimento é influenciada por uma série de fatores, incluindo: recursos financeiros, redes sociais, acessibilidade do destino e laços étnicos, linguísticos ou históricos. (...) A atenção ao nexo entre deslocamento e migração induzida por fatores ambientais, incluindo mudanças climáticas e conflito ou segurança humana, também aumentou. Um relatório recente pelo Secretário-Geral das Nações Unidas, "Mudanças Climáticas e suas possíveis implicações de segurança ", e outro preparado pelo Alto Representante e a Comissão Europeia para o Conselho Europeu, "Alterações Climáticas e Segurança Internacional", definir a migração como um dos canais através dos quais o clima mudança funciona como um multiplicador de ameaças para ameaças existentes à

segurança, agravamento dos problemas econômicos, políticos e sociais (EC, 2008; ONU, 2009). No entanto, evidências empíricas para tirar conclusões sobre esse nexo ainda não é suficiente. (United Nations, 2012, p. 39/40). (Tradução nossa)[7]

Assim, quando se tem a junção de desrespeito aos direitos humanos em razão de caos social e catástrofe natural, é possível invocar a proteção aos refugiados em razão da definição contida na Convenção sobre Refugiados de 1951, em seu artigo 1°. Em contrapartida, quando temos unicamente uma situação emergencial em razão do clima, os indivíduos que buscarem outro país para se abrigar não poderão ter o *status* de refugiado por falta de previsão legal, ficando à margem do direito internacional.

Cumpre destacar que a Universidade das Nações Unidas (UNU) estima que, até o ano de 2050, poderão ser 200 milhões de pessoas que tiveram de abandonar os seus lares em razão de processos de degradação e desastres ambientais, especialmente em virtude das mudanças climáticas (ACNUR, 2008). Imprescindível que a comunidade internacional e o direito se debrucem sobre a temática para buscar uma solução legal visando a

---

7    Texto original: "The nature of this movement is influenced by a range of factors, including: financial resources, social networks, accessibility of the destination and ethnic, linguistic or historical ties (Foresight 2011; Newland, 2011). Increasingly, experts note that, contrary to initial predictions that climate change would lead to mass exoduses across borders, most climate change-related migration is likely to be internal or over a nearby border, and even then mainly circular in nature (Jäger et al. 2009; Warner et al. 2009a; Warner et al. 2010; Kniveton et al. 2009; Kailin, 2009; McAdam, 2011). _ 40 Climate change, vulnerability and human mobility Report No. 1 | June 2012 The attention to the nexus between displacement and migration induced by environmental factors, including climate change and conflict or human security, has also increased. A recent report by the United Nations Secretary-General, "Climate Change and its Possible Security Implications", and another prepared by the High Representative and the European Commission to the European Council, "Climate Change and International Security", define migration as one of the channels through which climate change works as a threat multiplier for existing threats to security, exacerbating economic, political and social problems (EC, 2008; UN, 2009). However, empirical evidence to draw conclusions on this nexus is not yet sufficient (Barnett and Adger, 2007)".

proteção dos direitos humanos daqueles saem de seus lares por uma imposição climática.

## 4. DA DECLARAÇÃO DE CARTAGENA AO PLANO DE AÇÃO DO BRASIL: AS NOVAS FRONTEIRAS DE PROTEÇÃO NAS AMÉRICAS PARA O REFÚGIO

Em 3 de dezembro de 2014 representantes dos países da América Latina e do Caribe se reuniram em Brasília com o propósito de comemorar os 30 anos da Declaração de Cartagena, aprovando a Declaração do Brasil " Um marco de Cooperação e Solidariedade Regional para fortalecer a Proteção Internacional das Pessoas Refugiadas, Deslocadas e Apátridas na América Latina e no Caribe" e seu plano de ação em anexo. (ACNUR, 2014)

Brevemente, pode-se dizer que como resposta aos vários conflitos em andamento nessa parte do planeta ao longo desta década de 1980, na América Central, foi instituída a Declaração de Cartagena sobre os Refugiados de 1984. Os países participantes do Colóquio que originou a Declaração firmaram o entendimento de que muitos problemas jurídicos e humanitários que vinham surgindo na região da América Central, México e Canadá, no que se refere a refugiados, deveriam ser encarados tendo em consideração a necessária coordenação e harmonização entre os sistemas universais, Convenção e Protocolo relativo aos refugiados, aos regionais e esforços de cada país.

Nesse momento, os países que ainda não tinha se comprometido com um desses dois documentos internacionais universais, se comprometiam a fazê-lo, e mais, reiteraram a importância e a significação do princípio do *non-refoulement* (incluindo a proibição da rejeição nas fronteiras), como pedra angular da proteção internacional dos refugiados.

Entre os outros compromissos firmados nesse documento, estava o de Estudar com os países da região que contam com uma presença maciça de refugiados, as possibilidades de integração dos refugiados na vida produtiva do país.

Os países, no entanto, muito embora tenham se comprometido com os refugiados e asilados nas américas, acabaram por focar nas mesmas causas estabelecidas nos documentos internacionais anteriores, como de conflito armado, deixando uma lacuna para tratar dos problemas atuais, como o clima.

Nesse contexto, trinta anos depois, na Declaração do Brasil, onde os países puderam identificar novos desafios humanitários e propor soluções para a proteção dos refugiados, deslocados e apátridas na região.

Em tal documento, verifica-se que os países reconhecem a situação de vulnerabilidade de diversos grupos de pessoas na América Latina e nesse contexto, é reconhecido a questão das pessoas que saem de seus países pelas questões climáticas, merecendo, também, a atenção dos países do continente na seguinte passagem: " Reconhecemos os desafios apresentados pela mudança climática e pelos desastres naturais, bem como o deslocamento de pessoas através das fronteiras que estes fenômenos possam gerar na região, e reconhecimento a necessidade de levar adiante estudos e prestar mais atenção a este tema, inclusive por parte do ACNUR".

A assertiva acima é confirmada no Capítulo Sétimo do documento, que trata da Cooperação Regional, onde os países se posicionaram que frente aos desafios gerados pela mudança climática e pelos desastres naturais, assim como pelo deslocamento de pessoas através das fronteiras que estes fenômenos possam geral, é preciso que o ACNUR realize um estudo sobre o tema com o objetivo de apoiar a adoção de medidas e ferramentas, para que seja possível aos mesmos darem uma reposta integrada de gestão do risco de desastres e programas de vistos humanitários.

A Declaração do Brasil, busca, então, tratar de novos temas que surgiram após a Declaração de Cartagena e merecem igualmente a atenção dos países, como foi feito há 30 anos, não somente a questão do clima, mas outras que não foram debatidas nesse tópico. O continente enxerga que hoje há outras razões que forçam um deslocamento e é preciso unir esforços para dar uma resposta conjunta ao problema.

Pode-se dizer que a Declaração do Brasil é um marco no Direito Internacional para que a comunidade internacional potencialize seus esforços para buscar uma resposta às mudanças que o mundo vem passando e suas consequências. Aqueles que se deslocam, ultrapassando fronteiras em razão de uma questão climática serão cada vez mais numerosos e os países devem estar preparados para dar uma resposta aos mesmos, de uma forma que seja uniforme.

# 5. CONSIDERAÇÕES FINAIS

Desde os tempos remotos, aqueles que eram perseguidos em seu país buscavam a sobrevivência em outro que lhe fizesse fronteira. Eram os refugiados, porém, ainda não assim denominados. Para que o termo tivesse repercussão jurídica, foi necessário a evolução do direito internacional. Foi a partir da Segunda Guerra Mundial que houve uma regulamentação abrangente do que se deveria entender por refugiado e quais os direitos a serem respeitados pelos Estados.

Apesar desse marco na evolução do conceito de Refugiado, como a Convenção Relativa ao Estatuo dos Refugiados limitou sua proteção para um fator temporal e territorial (Segunda Guerra Mundial e países envolvidos), houve a necessidade de se ampliar o conceito para que se abarcasse os indivíduos que sofriam perseguição, não por conta da atuação nazista nem por viverem na Europa, mas os que sofriam por outras razões e em outros continentes, sobrevindo por isto, o Protocolo sobre o Estatuto dos Refugiados.

Além da proteção internacional aos refugiados, houve um reconhecimento pela Comunidade Internacional da necessidade de proteção de outros indivíduos, que já sem a proteção de seu próprio Estado e sem a caracterização de refugiado, necessitavam do auxílio do Direito Internacional para continuarem a existir como pessoas humanas dotadas de direitos a serem respeitos. É o caso dos apátridas e dos deslocados internos, como visto nos capítulos anteriores.

O refugiado não necessariamente fica desprovido de nacionalidade, pois nacionalidade, como já visto, é o vínculo que une determinado indivíduo em uma sociedade organizada juridicamente a um Estado. Sendo refugiado ele não rompe esse vínculo, se assim fosse, ele não teria possibilidade de retornar ao seu país de origem como seu nacional.

Deste modo, o individuo que carece de cidadania, como é o caso dos refugiados, tem um menor grau de acesso aos direitos humanos, pois o Estado tem como finalidade a proteção desses direitos.

Foram criados instrumentos de proteção ao direito dos refugiados, uns específicos, como a Convenção relativa ao Estatuto do Refugiado de 1951, como também, as de direitos gerais que servem no direito internacional para servir como base de proteção aos indivíduos que se encontram nesta condição, como por exemplo a própria Carta da ONU.

No percurso até se encontrar uma *solução duradoura*, os refugiados ficam nos campos de refugiados, instituídos e amparados pelo ACNUR. Estes campos, que se localizam fora do Estado de origem dos Refugiados, servem como uma base de proteção. É um campo neutro, pode-se dizer assim, para os refugiados se protegerem e terem assistência.

A temática ambiental ainda é recente e as suas consequências estudadas pelas diversas áreas de conhecimento e dentre seus impactos temos a migração. Restou claro que muitos daqueles que se encontrem no grupo vulnerável de migrantes, temos aqueles que migram em decorrência da pobreza e da violência são, também, frequentemente motivadas por fatores ambientais. Aplica-se, então, a esses refugiados que migram para outra parte do seu próprio país buscando oportunidades sociais e econômicos melhores, bem como locais que tenham segurança ambiental, busca de uma vida onde os limites ambientais como força motivadora para sair de seus países de origem.

Recentemente presenciou-se uma evolução no debate sobre o tema nas Américas, onde os países discutiram sobre as novas causas de deslocamentos de grupo de pessoas, entre elas, o clima, compreendendo e firmando o compromisso de dar maior atenção ao tema e buscar uma resposta uniforme, como descrito da Declaração do Brasil de 2014.

Conclui-se que o refugiado ainda demanda uma maior atenção do meio internacional, principalmente por meio de instrumentos internacionais que o protejam enquanto nesta situação, seja o indivíduo refugiado tal como na Convenção de 1951, seja ele o "refugiado ambiental", ainda sem previsão de ser regulamentado e reconhecido pela Comunidade Internacional como tal.

# REFERÊNCIAS BIBLIOGRÁFICAS

ACCIOLY, Hildebrando; SILVA, G. E. do Nascimento e; CASELLA, Paulo Borba. **Manual de direito internacional público**. 19. ed. São Paulo: Saraiva, 2011.

ACNUR, Disponível em: <http://www.acnur.org/t3/portugues/infor-macao-geral/a-missao-do-acnur/>. Acesso em 29 de Jun. 2014.

ACNUR. **60 anos de ACNUR: perspectivas de futuro**. André de Carvalho Ramos, Gilberto Rodrigues e Guilherme Assis de Almeida (Org.) - São Paulo: CL-A Cultural, 2011.

ACNUR. **CARTAGENA +30.** Disponível em:https://www.acnur.org/cartagena30/pt-br/antecedentes-e-desafios/. Acesso em 28 de jun. 2020.

ACNUR,. DEUTSCHE WELLE. **Refugiados ambientais, a dimensão humana do aquecimento global.** Disponível em: https://www.dw.com/pt-br/refugiados-ambientais-a-dimens%C3%A3o-humana-do-a-quecimento-global/a-3704948. Acesso em: 25 jun. 2020.

**BANCO MUNDIAL. RELATÓRIO** 2013. Disponível em: https://openknowledge.worldbank.org/bitstream/han-dle/10986/16091/9780821399422PT.pdf?sequence=5. Acesso em 29 de Jun.2020.

Dicher, Marilu. **O termo refugiado ambiental e a problemática de sua definição.** Disponível em:< http://www.publicadireito.com.br/artigos/?cod=dbe1a0a2c9bd9241>.

Cavarzere, T. T. (2001). **Direito Internacional da pessoa humana: circulação internacional de pessoas**. Rio de Janeiro: Renovar.

CORTE INTERAMERICANA DE DERECHOS HUMANOS. **Opinião Consultiva n.25 de 2018**. Disponível: https://static.legis.pe/wp-con-tent/uploads/2018/11/Opinion-Consultiva-Corte-IDH-OC-25-18-Legis.pe_.pdf.

Jubilut, L. L. . **O Direiro Internacional dos Refugiados e sua Aplicação no Ordenamento Jurídico Brasileiro**. São Paulo: Método. 2007

Menezes, F. L. (2010). **Contribuição crítica ao debate sobre a caracterização do conceito de Refugiado Ambiental.** *Revista Internacional de Direito e Cidadania, n°8* 97-109.

Menezes, F. L. (2010). **As inter-relações entre os atores internacionais**. São Paulo: editorama.

Mazzuoli, V. d. (2004). **Coletânea de Direito Internacional**. São Paulo: RT.

Newland, K., Patrick, E., & Zard, M. (2003). **NO REFUGE: The Challenge of Internal Displacement**. New York: United Nations.

PIOVESAN, Flavia. **O Direito de Asilo e a Proteção Internacional dos Refugiados**. In Nádia de Araújo e Guilherme Assis de Almeida, (coord.) O Direito Internacional dos Refugiados Uma Perspectiva Brasileira. Rio de Janeiro/São Paulo: Renovar, 2001.

PIOVESAN, Flávia. **Igualdade, Diferença e Direitos humanos: Perspectivas Global e Regional.** In. SARMENTO, Daniel; IKAWA, Daniela; PIOVESAN, Flávia (Coords.). Igualdade, Diferença e Direitos humanos. Rio de Janeiro: Lumen Juris, 2008.

RAMOS, Érika Pires. **Refugiados ambientais: em busca de reconhecimento pelo Direito Internacional**. Tese (Doutorado) – Faculdade de Direito, Universidade de São Paulo, São Paulo, 2011.

Tavares, A. R. (2008). **Curso de direito Constitucional**. São Paulo: Saraiva

United Nations University Institute for Environment and Human Security. **Climate change, vulnerability, and hu - man mobility: perspectives of refugees from the East and Horn of Africa.** Report. Geneva, 2012.

UNHCR. **Climate Change and Disasters.** Disponível em: https://www.unhcr.org/climate-change-and-disasters.html.

# Interfaces do direito penal internacional e do direito internacional do meio ambiente – por uma tipificação do ecocídio como crime ambiental internacional?

CAIO HENRIQUE DA SILVEIRA E SILVA

CAROLINE CARVALHO CIDRI

DOMENICA DE OLIVEIRA ZATTI

EUNICE COSTA DE LIMA

HELENA FOLGUEIRA DE CAMPOS VIEIRA

JOÃO VITOR VASQUES DE SOUZA

MARIA EDUARDA DA MATTA RIBEIRO LESSA

MARIA GIULLIA PINTERICH BIAZON

**SUMÁRIO:**

1. Introdução;

2. O que é o ecocídio?;

3. O que já existe em matéria de tipificação de crimes ambientais?;

    3.1. Tipificação no Brasil;

    3.2. Tipificação transnacional;

4. Discussões acerca do ecocídio enquanto tipo penal;

    4.1. Qual o bem jurídico tutelado? Bem-estar humano versus integridade do meio ambiente;

4.1.1. Abordagem antropocêntrica;

4.1.2. Abordagem ecocêntrica;

5. Desafios e possibilidades para uma possível tipificação do eco-cídio pelo Tribunal Penal Internacional;

5.1. Preliminarmente - Sobre o Tribunal Penal Internacional;

5.1.1. Emenda ao Estatuto de Roma;

5.1.2. Critérios de admissibilidade do Tribunal Penal Internacional;

5.1.2.1. Princípio da complementaridade;

5.1.2.2. Princípio da gravidade;

5.2. Primeiro Desafio - Quem pode ser sujeito ativo e passivo dos crimes tipificados pelo Estatuto de Roma e, consequentemente, quem seriam os sujeitos do ecocídio?;

5.3. Segundo Desafio - Países que não reconhecem a jurisdição do Tribunal Penal Internacional e cujos governos não são sujeitos ativos;

5.4. Terceiro Desafio - A necessidade de ser uma tipificação com limites bem definidos;

6. Conclusão.

# 1. INTRODUÇÃO

Estudos demonstram que a concentração de gases de efeito estufa na atmosfera permaneceu constante durante cerca de 10 mil anos, cenário que passou a sofrer modificações no século XIX (FARLEY, 2008). Desde então, o ritmo de emissão dos gases é crescente: entre 1970 e 2004, a emissão de $CO_2$, gás que representa 77% das emissões antropogênicas, cresceu em 80% (IPCC, 2007). Consequentemente, houve um aumento médio da temperatura global de cerca de 1°C (IPCC, 2018). Conforme determinado no Artigo 2 do Acordo de Paris, o principal objetivo é manter o aumento médio da temperatura global abaixo de 2°C e, se possível, limitá-lo a 1,5°C.

No entanto, nos últimos anos, indica-se um alto risco de que, entre 2030 e 2052, o aumento da temperatura global atinja 1,5°C, situação que acarretaria inúmeros prejuízos ao meio ambiente. Além disso, a principal preocupação é que esse aumento de temperatura alcance 2°C. Projeta-se que a possibilidade de grandes perdas de diversidade de fauna e flora é 50% menor com um aumento de 1,5°C quando comparada a 2°C. Ao analisar os recifes de corais, estima-se que o aumento de 1,5°C acarrete a diminuição do ecossistema em 70-90%, enquanto o aumento de 2°C gera um risco irreversível de perda de biodiversidade (IPCC, 2018).

Faz-se necessário, portanto, controle legal da destruição dos ecossistemas terrestres. Por essa razão, vem se intensificando o número de especialistas, organizações não governamentais, ativistas e juristas em defesa da adição de uma quinta categoria à lista do Artigo 5 do Estatuto de Roma do Tribunal Penal Internacional: o crime de ecocídio. O Tribunal Internacional Penal (TPI), cujo mandato tem origem no Estatuto de Roma, foi estabelecido em 2002 como a primeira corte internacional permanente na história, com competência sobre crimes contra a humanidade cometidos no território de Estados-Partes e por seus respectivos nacionais.

Conforme o Artigo 31 da Convenção de Viena sobre o Direito dos Tratados (1969), documentos internacionais devem ser interpretados à luz de seu objetivo e propósito, devendo ser também considerados trabalhos preparatórios, preâmbulos e anexos. Por essa razão, identifica-se, no preâmbulo do Estatuto de Roma, preocupação com a proteção da paz e da segurança na prevenção de crimes de interesse da humanidade como um todo, inclusive das futuras gerações, com objetivo de acabar com a impunidade dos responsáveis.

Uma das principais problemáticas advindas do denominado "ecocídio" é a emissão de gases do efeito estufa, o que é agravado pelas práticas de desmatamento (ARAGÃO et al., 2008). Além disso, reconhece-se que a violação da obrigação de proteger o meio ambiente tem efeito generalizado e com impacto desproporcional sobre a qualidade de vida de populações vulneráveis, principalmente no que se refere ao direito à vida e a todos os demais direitos humanos correlatos, como a autodeterminação, o desenvolvimento econômico e os direitos das futuras gerações (ACNUDH, 2015, p. 13-25).

Nos últimos anos, a discussão sobre uma possível tipificação da destruição em massa do meio ambiente tomou proporções maiores após pronunciamentos de Vanuatu e Maldivas - ilhas especialmente vulneráveis ao aquecimento global e à destruição do meio ambiente - na Assembleia dos Estados Partes do Estatuto de Roma em 2019 (VANUATU, 2019) (MALDIVAS, 2019). A partir disso, outras pressões pela criminalização do ecocídio no Tribunal têm sido trazidas à Assembleia dos Estados Partes, em especial pelo terceiro setor, como pôde ser observado na declaração de 2020 da Fundação *Stop Ecocide*. Ao enfatizar a necessidade de criminalização do ecocídio, a referida Fundação caracterizou o delito de ecocídio como a destruição em larga escala dos ecossistemas, desde que cometida com total ciência dos possíveis riscos, os quais incluem perda de biodiversidade, esgotamento dos solos, desequilíbrio de cadeias alimentares, contaminação de aquíferos, impactos no sistema meteorológico e intensificação das mudanças climáticas (FUNDAÇÃO STOP ECOCIDE, 2020). Na última reunião, a Bélgica também se pronunciou a favor da análise da possibilidade de inclusão do crime de ecocídio no Estatuto de Roma (BÉLGICA, 2020).

Dessa forma, o presente artigo abordará caminhos e desafios para uma possível tipificação do ecocídio no âmbito do Tribunal Penal Internacional, indicando, ainda, a importância da imposição de tal iniciativa, assim como os empecilhos ainda enfrentados para sua efetiva concretização. Na primeira parte do artigo, serão apresentadas as definições de ecocídio. Na segunda parte, serão analisados os modelos existentes de tipificação do crime no Brasil e no mundo. Na terceira parte, será abordado o bem jurídico tutelado, contrapondo-se a abordagem antropocêntrica e a ecocêntrica de proteção da natureza. Por último, serão apresentados desafios e possibilidades para tipificar o ecocídio no Tribunal Penal Internacional, pontuando aspectos formais do órgão, questões relevantes quanto aos possíveis sujeitos do ecocídio e a necessidade de um tipo penal bem delimitado.

## 2. O QUE É ECOCÍDIO?

Usado pela primeira vez no livro *Ecocide in Indochina* (WEISBERG, 1970), "ecocídio" provém de um neologismo entre as palavras gregas *oikos* ("casa" ou "lar") e *caedere* (do latim, "demolir"), trazendo a ideia de destruição da própria casa (ALMEIDA, 2018, p. 2). Segundo a definição trazida pela obra citada, o ecocídio seria um ataque premeditado de uma nação contra as pessoas, a cultura e o tecido biológico de outro país, produzindo, sobretudo, destruição significativa do ecossistema (ZIERLER, 2011).

Desde então, o termo ecocídio tem sido amplamente trabalhado por autores de diversas áreas de conhecimento, evidenciando a interseccionalidade do tema e sua importância não só para o bem-estar da humanidade, mas para a própria existência de vida no planeta. Nesse sentido, é possível destacar duas principais correntes de pensamento que se propõem a definir o termo, uma vez que o ecocídio pode ser identificado como um evento especificamente aplicado à destruição de recursos naturais pelo homem (concepção estrita) ou, ainda, como um fenômeno cujas origens remetem a características econômico-estruturais, relacionadas ao modo de produção capitalista vigente (concepção abrangente).

O sociólogo Franz Broswimmer define ecocídio como "(...) atos praticados com a intenção de perturbar ou destruir, no todo ou em parte, um ecossistema humano" (BROSWIMMER, 2002, p. 109). É possível perceber que, nessa concepção, são incluídos apenas os processos de degradação ambiental e extinção das espécies que se relacionam a atos humanos voluntários, o que revela uma definição mais estrita por parte do autor.

Por outro lado, o professor de políticas ambientais Patrick Hossay amplia o espectro de aplicação do termo, considerando o ecocídio como um dos principais efeitos de uma industrialização desenfreada, relacionada, em especial, ao insustentável padrão de desenvolvimento econômico contemporâneo (HOSSAY, 2006). Nesse modelo, os danos não seriam adequadamente mensurados e a sustentabilidade, por sua vez, não é fator a ser considerado no contexto capitalista, que visa somente ao lucro (HOSSAY, 2006, p. 16).

Nesse sentido, Polly Higgins, autointitulada "advogada da terra", também concebe o ecocídio enquanto um fenômeno estrutural mais abrangente. A ecologista escocesa, que apresentou uma proposta de emenda ao Estatuto de Roma para a tipificação do ecocídio na Comissão de Direito Internacional da ONU, compreendia que, assim como o crime de genocídio, não há um bem jurídico específico em risco em casos de ecocídio. Assim, a lesão sistêmica não se restringiria ao meio ambiente físico, podendo o dano ser "(...) cultural e emocional e afetar as comunidades em um nível profundo, especialmente quando um modo de vida está profundamente e/ou praticamente conectado ao ecossistema afetado" (ECOCIDE LAW, 2019, apud LOPES, 2020, p. 97).

Além disso, grupos de advogados e ativistas políticos passaram a defender a criminalização do ecocídio na esfera nacional e internacional, tratando o tema de forma fática e concreta. O jurista Laurent Neyret propõe, em sua obra, a elaboração de duas convenções, a primeira para tratar do ecocídio - destinada, portanto, aos crimes ambientais de grande gravidade - e outra dispondo sobre os denominados "ecocrimes", entendidos como ilícitos ambientais comuns. Ainda, conceitua o ecocídio enquanto um ato intencional que ameaça a segurança da Terra, podendo ser cometido como parte de uma ação sistemática ou generalizada. (NEYRET, 2015). A jurista francesa Valérie Cabanes, por sua vez, defende o reconhecimento do ecocídio como crime primário, por destruir as condições de habitação na Terra, considerando-o enquanto o quinto crime contra a paz do Estatuto de Roma e propondo, assim, um repensamento dos direitos humanos por meio da proteção ambiental. (CABANES, 2016).

Por fim, em junho de 2021, um time de advogados ambientais internacionais, apoiados pela já citada Fundação *Stop Ecocide*, criada por Higgins, estabeleceu uma definição comum para o termo ecocídio, em esforço da comunidade jurídica para criminalização da conduta pelo TPI. Assim o ecocídio seria representado por "atos ilegais e deliberados cometidos com o conhecimento de que há uma probabilidade substancial de danos severos ou de longo prazo ao meio ambiente" (MEHTA, 2021, p. 5, tradução nossa).[1]

Expressas algumas das principais contribuições para a elaboração de um conceito de ecocídio, capazes de influenciar na construção dos tipos penais incriminadores da conduta, é necessário tratar, também, das experiências de alguns países e sistemas regionais de proteção aos direitos humanos na tipificação penal de ecocídio, o que muito pode contribuir para a criminalização da conduta na esfera internacional.

## 3. O QUE JÁ EXISTE EM MATÉRIA DE TIPIFICAÇÃO DE CRIMES AMBIENTAIS?

Como observado anteriormente, os esforços para a tipificação do ecocídio advém de diferentes regiões do mundo. Por esse motivo, é possível

---

1 Versão original: "ecocide" means unlawful or wanton acts committed with knowledge that there is a substantial likelihood of severe and either widespread or long-term damage to the environment being caused by those acts.

observar tendências relacionadas ao fenômeno de criminalização da conduta em três estágios:

1. a inclusão do crime de ecocídio nos ordenamentos jurídicos internos;

2. as discussões relacionadas ao ecossistema amazônico e a uma possível tipificação do ecocídio pelo Brasil; e

3. as discussões relacionadas a uma visão internacionalizada do fenômeno, o que inclui organismos transnacionais e sistemas regionais de proteção aos direitos humanos.

## 3.1. TIPIFICAÇÃO POR PAÍSES AO REDOR DO MUNDO

Em uma análise comparativa do Direito, isto é, observando diferentes sistemas jurídicos nacionais, verifica-se que, em alguns países, já é possível perceber expressa criminalização de condutas ecocidas, em uma estrutura similar àquela sugerida para inclusão no Estatuto de Roma.

O primeiro país a tipificar o ecocídio em seu ordenamento foi o Vietnã, em 1990, o que pode ser explicado pelo fato de o próprio conceito de ecocídio ter sido criado em resposta internacional à utilização, pelo exército estadunidense, de milhões de litros de agente laranja em florestas e plantações no Vietnã e no Laos, causando destruição em massa do meio ambiente da região nos anos 1960. Ademais, segundo estimativas, quatro milhões de pessoas foram expostas ao material tóxico na região do Vietnã, Laos e Camboja. O ecocídio está previsto no Artigo 422 do Código Penal vietnamita:

Qualquer pessoa que, em tempos de paz ou de guerra, cometa atos de genocídio contra a população de uma área, destruindo a fonte de seus meios de subsistência, minando a vida cultural e espiritual de uma nação ou território soberano, perturbando os fundamentos de uma sociedade com o objetivo de sabotá-la, bem como cometa outros atos de genocídio ou destrua o meio ambiente, deve ser condenado a entre dez e vinte anos de prisão, prisão perpétua ou pena capital (VIETNÃ, 2015).

Em seguida, outros países asiáticos e do leste europeu seguiram o exemplo do Vietnã e criminalizaram o ecocídio em suas legislações domésticas, tais como a Geórgia (1999), a Bielorrússia (1999), o Cazaquistão (1997), a Armênia (2003), a Ucrânia (2001), a Federação Russa (1996) e o Uzbequistão (1994) (ECOCIDE LAW, 2019). Além disso, países como França, Bélgica e Espanha apoiam a imposição de sanções penais relacionadas a medidas de destruição em massa de ecossistemas. Percebe-se, dessa forma, certa tendência nos ordenamentos jurídicos ao redor do globo a progressivamente proporcionar uma mais efetiva proteção contra práticas que promovem a destruição em massa e de forma deliberada do meio ambiente, inclusive na seara criminal.

No âmbito do direito alemão, o doutrinador Claus Roxin compreende que o ordenamento jurídico do país passa por uma fase, situada temporalmente a partir de 1975, na qual o centro de gravidade normativa se desloca à proteção da coletividade. Assim, existe tendência à criação de novos tipos penais, especialmente quanto aos crimes contra o meio ambiente, que passaram a ser rigorosamente reforçados, no núcleo dos "comportamentos definidos como de significativa ameaça ao conjunto da sociedade" (ROXIN, 2000).

Por último, no Direito francês, em 2005, foi agregada a remissão no preâmbulo da Constituição à Carta do Meio Ambiente de 2004. Dessa forma, a tutela inibitória e punitiva dos danos ambientais, no exemplo francês, possui nítida estatura constitucional, não se limitando à previsão por leis infraconstitucionais (RAMOS, 2015). É importante afirmar, ademais, que, nos últimos anos, a França passou a exercer forte influência para a criminalização do ecocídio, o que pode ser confirmado pelo anúncio do presidente francês, Emmanuel Macron, de que o país vai realizar um referendo para decidir se a destruição em massa dos ecossistemas será criminalizada pelo ordenamento jurídico do país.

## 3.2. TIPIFICAÇÃO NO BRASIL

A Floresta Amazônica é considerada a maior floresta tropical do mundo e o bioma Amazônia estende-se por nove países da América do Sul, sendo a maior parte situada em território brasileiro (MOREIRA, 2009). Assim, a proteção da Amazônia é de grande importância no cenário global, dado que o território detém expressiva biodiversidade, além de abrigar a maior bacia hidrográfica do mundo e ter um papel central no combate às mudanças climáticas mundiais.

Estima-se que foram desmatados 729.781,76 km² do Bioma Amazônico e 813.063,44 km² da Amazônia Legal até o ano de 2020 (INPE, 2021). Os impactos do desmatamento são vários, como, por exemplo, a perda da produtividade agrícola, mudanças no regime hidrológico e, consequentemente, na precipitação local, além de perda de biodiversidade - tudo isso aliado à emissão de gases do efeito estufa devido às crescentes queimadas na região (FEARNSIDE, 2020). Além disso, estima-se que o desmatamento do Bioma Amazônico representa uma ameaça concreta a pelo menos 20 milhões de habitantes, sendo 1 milhão dessas pessoas populações indígenas que habitam o território e utilizam a terra como meio de subsistência (MORLEY; RAFTOPOULOS, 2020).

Ademais, nos anos de 2019 e 2020, as queimadas na Amazônia tiveram um papel de destaque no cenário mundial. Em 2020, por exemplo, nos meses de agosto, setembro e outubro - os três meses com maior número de queimadas do ano - foram registrados, respectivamente, 29.307,

32.107 e 17.326 focos de queimadas na Amazônia (INPE, 2020). A situação levantou sérias preocupações da comunidade internacional, já que o ocorrido levou a uma massiva perda de espécies animais e vegetais endêmicas, possibilitando, ainda, a liberação de toneladas de gás $CO_2$, que agrava o efeito estufa. Assim, o desmatamento em massa resultou em um cenário no qual o Brasil, em 2020, teve o maior número de focos de queimadas em uma década.

No contexto legal brasileiro, a Constituição Federal, em seu Artigo 225, assegura a todos os indivíduos o direito a um meio ambiente ecologicamente equilibrado, bem de uso comum do povo e essencial à sadia qualidade de vida, impondo-se, ainda, ao Poder Público e à coletividade o dever de defendê-lo e preservá-lo para as presentes e futuras gerações. Entretanto, no ordenamento jurídico nacional, ainda não há uma definição precisa do que seria a conduta ecocida e de um conjunto de medidas a serem adotadas a fim de garantir a proteção apropriada ao meio ambiente.

Contudo, é importante ressaltar a existência do projeto de lei 2.787/19, ainda pendente no Senado, que pretende alterar a Lei de Crimes Ambientais, criminalizando medidas que levem a desastres ecológicos relacionados à contaminação atmosférica, hídrica ou do solo, além da destruição significativa da flora ou mortandade de animais. Assim, caso a lei seja aprovada pelo Congresso, o Brasil passará a figurar na lista de países que possuem o ecocídio tipificado em seus ordenamentos, o que representaria aumento da proteção jurídica com relação ao meio ambiente nacional.

## 3.3. TIPIFICAÇÃO TRANSNACIONAL

Quanto à perspectiva internacionalizada de criminalização das práticas de ecocídio, é possível destacar duas manifestações supraestatais principais:

1. as determinações trazidas pela Carta Africana dos Direitos Humanos e dos Povos e pelo Sistema Interamericano de proteção aos Direitos Humanos; e

2. as recentes decisões do Parlamento Europeu relacionadas a práticas de destruição em massa de ecossistemas.

Em primeiro lugar, no contexto africano, é possível destacar os Artigos 21 e 24 da Carta Africana, principal documento de proteção aos Direitos Humanos do continente, que estabelecem o direito e o interesse exclusivo da população relativo à livre disposição dos recursos naturais e riquezas da região, sendo direito de todos os povos o acesso a um meio ambiente satisfatório e propício ao desenvolvimento. Assim, embora as determinações dos sistemas africano não se relacionem especificamente à prática de ecocídio, é evidente a tendência de garantia à população do direito de usufruto ao ecossistema preservado, o que não pode ser encontrado de forma direta em outros sistemas regionais de proteção aos direitos humanos, já que a Convenção Americana e a Convenção Europeia de Direitos Humanos não possuem em seus textos quaisquer direitos relacionados à proteção do meio ambiente (MAZZUOLI e TEIXEIRA, 2013).

No que diz respeito ao Sistema Interamericano de Direitos Humanos, é importante destacar o Artigo 11 do Protocolo Adicional à Convenção Americana sobre Direitos Humanos em Matéria de Direitos Econômicos, Sociais e Culturais. Segundo essa Convenção, toda pessoa teria direito a desfrutar de um meio ambiente sadio, cabendo aos Estados-Partes promover a proteção, a preservação e o melhoramento dos ecossistemas.

Na direção da norma está a Opinião Consultiva 23 da Corte Interamericana de Direitos Humanos, tratando do dever de proteção do meio ambiente e sua relação com os direitos humanos. O documento reconhece a relação intrínseca entre a preservação da natureza e a efetivação dos direitos humanos, listando, entre eles, o direito à vida, à moradia, à alimentação, à água, à integridade pessoal e à saúde (CIDH, 2017). Além disso, no contexto latino-americano, marcado por sérias desigualdades na efetivação de direitos, observa-se ainda uma potencial maior exposição aos impactos da mudança climática, considerando especialmente a vulnerabilidade de populações marginalizadas, como povos indígenas e comunidades cuja subsistência é baseada na exploração sustentável de recursos naturais (ACNUDH, 2015). Reconhecendo tais preceitos, a Corte impôs aos Estados a obrigação de abstenção de práticas nocivas, bem como o dever de ação para proteger, fiscalizar e regulamentar o meio ambiente, de modo a garantir condições dignas de vida às populações locais. Dessa forma, é possível observar tendências de proteção contra práticas de ecocídio também no âmbito interamericano, mesmo que essa prerrogativa não esteja expressa de maneira direta no principal instrumento garantidor de direitos humanos do continente.

Em segundo lugar, é válido mencionar a Resolução do Parlamento Europeu, de 19 de maio de 2021, sobre os efeitos das alterações climáticas nos direitos humanos e o papel dos defensores do ambiente nesta matéria (2020/2134(INI)). Por mais que tal resolução não seja vinculante, a iniciativa da maior instituição da União Europeia e a instância europeia dotada da legitimidade democrática, congregando atualmente 705 deputados eleitos diretamente por seus concidadãos (SILVEIRA, 2014), exerce importante pressão sobre os Estados-Membros para que apoiem a tipificação penal de ecocídio, como é possível observar no tópico 11 de tal Resolução:

> Incentiva a UE e os seus Estados-Membros a tomarem uma iniciativa audaciosa, com o apoio ativo do Representante Especial da UE para os Direitos Humanos, a fim de combater a impunidade dos autores de crimes ambientais a nível mundial e de abrir caminho, no âmbito do Tribunal Penal Internacional (TPI), para novas negociações entre as partes com vista a reconhecer o «ecocídio» como crime internacional ao abrigo do Estatuto de Roma; apela à Comissão e ao Vice-Presidente da Comissão / Alto Representante da União para os Negócios Estrangeiros e

a Política de Segurança (VP/AR) para que criem um programa de reforço da capacidade das jurisdições nacionais dos Estados-Membros nestes domínios" (PARLAMENTO EUROPEU, 2021).

## 4. DISCUSSÕES ACERCA DO ECOCÍDIO ENQUANTO TIPO PENAL

## 4.1. QUAL O BEM JURÍDICO TUTELADO? BEM-ESTAR HUMANO VERSUS INTEGRIDADE DO MEIO AMBIENTE

Um conceito relevante na discussão acerca da criminalização do ecocídio está relacionada à definição de qual bem jurídico seria protegido por este tipo incriminador. Isto porque, segundo a lição de Luciano Anderson de Souza (SOUZA, 2021), a identificação de um bem jurídico, relativa ao conteúdo material do conceito de crime, é justamente aquilo que busca enfatizar sua razão de ser e que, por isso, lhe traz legitimidade. É neste sentido que surgem algumas teorias, a serem tratadas adiante, as quais buscam definir o conteúdo deste bem jurídico. Para uma delas, antropocêntrica, a criminalização da conduta se daria por meio de sua direta relação com a lesão de algum direito fundamental da pessoa humana. Por outro lado, a perspectiva ecocêntrica parte da premissa de que a própria natureza seria sujeito de direito, determinando que ela própria deve ser merecedora, por si só, da tutela jurídica protetiva por meio de um tipo penal.

No âmbito da doutrina jurídico-penal mais amplamente utilizada na atualidade, sobretudo seguindo-se o entendimento de Miguel Reale Júnior, não se poderia admitir a existência de um crime sem um bem jurídico tutelado. Assim, "O bem jurídico preexiste à construção normativa, sendo objeto da escolha do legislador enquanto valor digno de tutela penal" (REALE JÚNIOR, 2012, p. 28).

Além disso, ao se observar os princípios fundamentais do direito internacional, como se vê na Convenção Americana de Direitos Humanos, no Pacto Internacional de Direitos Civis e políticos e na Declaração Universal de Direitos Humanos, o valor da dignidade humana é bem maior a ser tutelado pelo ordenamento, de modo que se destaca uma clara inclinação antropocêntrica acerca daquilo que deve ser considerado como bem jurídico. Assim, a justificativa da norma penal estaria essencialmente referenciada no indivíduo e na proteção de seus direitos e necessidades (BECHARA, 2009).

Neste caso, restaria prejudicada a tentativa de se considerar a natureza - ou o meio ambiente - como um sujeito de direitos por si só, sobretudo na esfera penal. Isto ocorre, pois, pelo referenciamento antropocêntrico do ordenamento, não seria possível dotar entidade não-humana de tutela legal. Nesse sentido, segundo o entendimento de Bechara:

> (...) É importante destacar que, a partir do entendimento dos bens jurídicos supraindividuais como interesses coletivos dotados de referente individual, na qualificação de um comportamento como delito sempre será necessário interpretar o tipo penal teleologicamente, isto é, em atenção a esse fim, e não formalmente, sem que se possa verificar a existência de uma efetiva afetação da convivência social (BECHARA, 2014, p. 228).

Assim, verifica-se que, segundo esta doutrina, a fim de que novos interesses pudessem passar a ser tutelados pelo direito penal, deveria-se, necessariamente, realizar um exercício de correlação teleológica entre a possibilidade de atingir esses fins e o benefício humano. Desta forma, seriam garantidos maiores limites à atuação penal, em um claro posicionamento garantista aos direitos do indivíduo.

Contudo, como se verá adiante, existe também, no âmbito acadêmico, doutrinadores que defendem um alargamento da noção de bem jurídico para além do referenciamento humano, sobretudo em defesa de bens de valor supraindividual, como é o caso da integridade do meio ambiente. Portanto, a título de desenvolvimento, serão abordadas, a seguir, ambas as possibilidades - antropocêntrica e ecocêntrica - de se explorar a tipicidade do crime de ecocídio.

## 4.1.1. Abordagem antropocêntrica

Atualmente, o crime contra o meio ambiente já é considerado pelo TPI como uma infração existente e punível por sentença. Através de consecutivos incrementos nos tipos penais já existentes, é possível perceber uma priorização crescente ao tema da proteção ambiental. Atualmente, este tipo penal se encaixa no Estatuto de Roma de duas maneiras: (a) por meio dos crimes de guerra; e (b) através de uma interpretação ampliativa dos crimes contra a humanidade.

### a. Crime de guerra

A primeira das qualificações que pode ser extraída do Estatuto de Roma se faz através da consideração da destruição ambiental excessiva como crime de guerra. A tipificação se dá através do Artigo 8 (2) (b) (IV) do Estatuto de Roma, conforme se verifica:

Para os efeitos do presente Estatuto, entende-se por "crimes de guerra":

b) outras violações graves das leis e costumes aplicáveis em conflitos armados internacionais no âmbito do direito internacional, a saber, qualquer um dos seguintes atos:

iv) lançar intencionalmente um ataque, sabendo que o mesmo causará perdas acidentais de vidas humanas ou ferimentos na população civil, danos em bens de caráter civil ou prejuízos extensos, duradouros e graves no meio ambiente que se revelem claramente excessivos em relação à vantagem militar global concreta e direta que se previa.

Neste dispositivo, percebe-se uma intenção primária na proteção ao meio ambiente. Contudo, verifica-se não ser ela suficiente para garantir a efetiva proteção aos ecossistemas naturais, já que estritamente aplicável às situações de guerra.

### b. Crime contra a humanidade

A segunda forma por meio da qual se faz punir os crimes ambientais no âmbito do TPI é a interpretação ampliativa dos chamados crimes contra a humanidade. Em setembro de 2016, a procuradoria do TPI divulgou um *Policy Paper on case selection and prioritisation* (TPI, 2016) para priorizar a investigação de crimes contra a humanidade que se deem através de ou que acarretem na destruição do meio ambiente, exploração ilegal de recursos, ou grilagem de terras. Essa medida significou um importante avanço na responsabilização e combate à impunidade daqueles que agem de maneira a ameaçar o meio ambiente.

Todavia, a crítica que se faz a essa forma de tipificação está relacionada à dificuldade de prova da violação, por envolver necessariamente um dano a alguma comunidade ou indivíduo, principalmente quando se trata de um dano relacionado à mudança climática.

Portanto, verifica-se haver ainda um considerável trabalho a ser desenvolvido no sentido de não se associar o crime de ecocídio apenas aos danos imediatos que possa ter sobre determinada comunidade. Isto porque, em parte dos casos, as consequências decorrentes dessas atitudes somente serão observadas em longo prazo. Além disso, embora medidas de destruição do meio ambiente não afetem necessariamente uma comunidade específica, danos ambientais podem ser comprometedores a diversos ecossistemas ao redor do mundo de maneira difusa.

## 4.1.2. Abordagem ecocêntrica

### a. Tratamento da natureza como sujeito de direitos – uma necessidade

De acordo com Kate Mackintosh, diretora executiva do *Promise Institute for Human Rights* da Universidade da Califórnia em Los Angeles, embora o denominado "dano humano" seja mais politicamente apelativo, o tratamento do ecocídio sob a ótica do prejuízo causado ao meio ambiente possibilitaria que a Promotoria do TPI provasse mais facilmente a ocorrência do crime ambiental, especialmente quando se trata de dano relacionado à mudança climática, que, como afirmado anteriormente, pode apresentar caráter indireto sobre os ecossistemas mundiais (KUSNETZ, 2021).

Ademais, ainda conforme Mackintosh, tornar o ecocídio um crime independente seria de grande ajuda aos países pequenos, nos quais grandes empresas poluentes frequentemente detêm maior força - política e econômica - que o próprio Estado. Segundo ela, com a criminalização, seria mais fácil levar os responsáveis pelas ações dessas empresas ao Tribunal.

Assim, embora as maiores nações poluidoras do mundo - China, Estados Unidos, Índia e Rússia (FRIEDLINGSTEIN et al., 2020) - não sejam signatárias do Estatuto de Roma, caso uma empresa baseada em algum desses países possua operações no território de uma nação signatária, os responsáveis pelas atividades dessas corporativas poderiam ser alcançados pela Lei Penal Internacional e responsabilizados pelas violações em massa ao meio ambiente.

Diante da questão enfrentada, verifica-se que, a fim de que seja possível avançar na elaboração de um tipo penal realmente eficaz no combate à degradação ambiental em massa, a simples consideração do crime ambiental como um tipo de crime contra a humanidade não é mais sustentável.

Contudo, conforme já visto, para que seja possível tipificar o crime de ecocídio por si só, segundo a doutrina atual, seria necessário que se considerasse a natureza, ou meio-ambiente, como entidade dotada de direitos, em relação à qual possa se exigir uma tutela legal. Nesse sentido, cabe novamente o entendimento de Miguel Reale Júnior, segundo o qual não se pode admitir a existência de um crime sem um bem jurídico tutelado (REALE JÚNIOR, 2012).

### b. Tratamento da natureza como sujeito de direitos – possibilidade

Avaliando-se a possibilidade desse tratamento, evolui a Constituição do Equador, ao trazer, em seus Artigos 71 a 74, a dotação à natureza, ou *Pacha Mama*, de direitos fundamentais e inerentes à sua própria existência, sem relação com seu usufruto pelo ser-humano. Aqui, percebe-se a clara opção do constituinte equatoriano por uma visão ecocêntrica da tutela do meio ambiente, entendendo não ser possível uma proteção real sem o reconhecimento de um direito intrínseco a ele próprio.

Assim, é possível que, em cortes judiciais equatorianas, por exemplo, seja desnecessária a comprovação da correlação entre um dano ambiental a uma violação de direito da humanidade, podendo ser a violação julgada e seus responsáveis condenados por si só. Outro importante exemplo que pode ser citado neste caminho é o da decisão tomada por países como Suíça, Alemanha, Áustria, França e Nova Zelândia, de se considerar animais como sujeitos de direitos (HAJE, 2015).

Diante do fato que o TPI se vale de seu aspecto de complementaridade (como explicado no tópico 1.3), tais iniciativas são extremamente relevantes, inclusive pois o Tribunal deve funcionar como *ultima ratio* para julgamento de crimes contra a humanidade.

## 5. DESAFIOS E POSSIBILIDADES PARA UMA POSSÍVEL TIPIFICAÇÃO DO ECOCÍDIO PELO TRIBUNAL PENAL INTERNACIONAL

### 5.1. PRELIMINARMENTE - SOBRE O TRIBUNAL PENAL INTERNACIONAL

### 5.1.1. Emenda ao Estatuto de Roma

Para que seja feita emenda ao Estatuto, conforme o Artigo 121, um ou mais Estados-Partes deverão submeter proposta ao Secretário Geral das Nações Unidas, até três meses antes da Assembleia dos Estados Partes. A proposta será então discutida entre todos os contratantes na Assembleia necessitando de quórum de dois terços favoráveis para aprovação (ARSANJANI, 1999). A emenda passará a vigorar após um ano do depósito dos instrumentos de ratificação por sete oitavos dos Estados-partes. No entanto, por se tratar de adição de novo crime ao Artigo 5, o Tribunal só poderá exercer a atividade jurisdicional frente aos Estados que aceitaram a emenda, não tendo jurisdição quanto àqueles que foram contrários à inclusão (ARSANJANI, 1999). Em primeiro lugar, para que o TPI tipificasse o ecocídio, seria necessária aprovação de dois terços dos países membros, o que muito provavelmente já seria um desafio significativo.

### 5.1.2. Critérios de admissibilidade do Tribunal Penal Internacional

O critério de admissibilidade do TPI refere-se, de forma simplificada, à possibilidade de que um caso sobre o qual a Corte possui jurisdição possa ser julgado por ela (IYASU; ASTON, 2011, p. 626). A classificação de um caso enquanto admissível ou inadmissível perante o TPI depende, segundo a doutrina internacional dominante, de dois preceitos fundamentais: (a) o princípio da complementaridade e (b) o princípio da gravidade.

### a. Princípio da complementaridade

A ideia de complementaridade, presente no Preâmbulo e também no Artigo 1 do Estatuto de Roma, consagra o papel subsidiário do TPI perante as cortes criminais nacionais. Além disso, a complementaridade promove equilíbrio de interesses entre sistemas nacionais e internacionais, uma vez que, embora o Tribunal possua considerável espectro jurisdicional, a ação dos tribunais internos deve ser respeitada, evitando conflitos de soberania (MARSHALL, 2010, p. 22).

De acordo com o Artigo 17 (1) do Estatuto de Roma, uma reclamação será inadmissível diante da Corte se o caso em questão (i) for objeto de inquérito ou de procedimento criminal interno por parte do Estado que originalmente teria jurisdição para tal; (ii) tiver sido apreciado pelo Estado, mas este não tenha dado prosseguimento ao procedimento contra o indivíduo; ou (iii) envolver pessoa que já tiver sido julgada pela conduta a que se refere a denúncia.

Além disso, nas situações em que o caso já tenha sido apreciado pelo Estado, pode ainda haver declaração de admissibilidade se a inação estatal decorrer de incapacidade genuína ou de relutância do Estado em continuar o procedimento criminal. Nessas situações, e considerando que não exista nenhum outro empecilho procedimental, o Tribunal dispõe da prerrogativa de decidir pela admissibilidade do caso.

### b. Princípio da gravidade

Outro atributo relacionado à admissibilidade de casos perante a Corte, igualmente regulado pelo Estatuto de Roma, diz respeito à gravidade do caso. O Artigo 17 (1) (d) do Estatuto estabelece como inadmissível o caso que "não for suficientemente grave para justificar a ulterior intervenção do Tribunal". Embora seja tecnicamente um critério de admissibilidade, esse princípio não depende de procedimentos nacionais objetivos para ser cumprido (IYASU; ASTON, 2011, p. 628). Assim, a adição do parâmetro de gravidade para que uma denúncia seja admissível perante o TPI apenas demonstra a clara posição do Tribunal como órgão que representa a ultima ratio dentre os tribunais penais, investigando apenas os crimes mais graves e com consequências mais profundas ocorridos ao redor do mundo.

> Crimes dentro de nossa jurisdição são, por definição, crimes graves e de interesse internacional. Mas a gravidade em nosso Estatuto não é apenas uma característica do crime, mas também um fator de admissibilidade, o que parece refletir o desejo de nossos fundadores de que o TPI deva focar nas situações mais graves ocorridas no mundo (TPI, 2005, pp. 8-9, tradução nossa).

## 5.2. PRIMEIRO DESAFIO - QUEM PODE SER SUJEITO ATIVO E PASSIVO DOS CRIMES TIPIFICADOS PELO ESTATUTO DE ROMA E, CONSEQUENTEMENTE, QUEM SERIAM OS SUJEITOS DO ECOCÍDIO?

Conforme o Artigo 25 (1) do Estatuto de Roma, que versa sobre a responsabilidade criminal individual, o TPI só será competente para julgar pessoas físicas, implicando na determinação dessas como possíveis sujeitos ativos do crime de ecocídio. Por outro lado, diversos estudiosos do Direito Internacional se debruçam sobre o debate acerca da responsabilização de pessoas jurídicas pelo delito em questão, uma vez que este transcende a alçada do Tribunal. É inegável, contudo, o forte papel que as entidades empresariais possuem na degradação do meio ambiente, em especial as transnacionais (DAROS, 2018), gerando uma lacuna no que diz respeito à punibilidade do crime. Em suma, mesmo nos casos em que se possa identificar todos os elementos necessários para a tipificação do delito de ecocídio, apenas os tribunais nacionais possuem a competência de julgar pessoas jurídicas.

Vale destacar que tal debate não passou despercebido nos trabalhos preparatórios durante a constituição do Estatuto de Roma que, devido à desconformidade dos ordenamentos internos no que tange à responsabilização de pessoas jurídicas, optou pela redação atual que contempla unicamente pessoas físicas e não entes coletivos. Assim, embora o Artigo 28 do referido Estatuto confira responsabilidade a "Chefes Militares e Outros Superiores Hierárquicos", tal dispositivo não se aplica nas organizações empresariais, uma vez que são instituições que, em sua maioria, atuam com o poder descentralizado, sendo as responsabilidades distribuídas por função, e não por um autor direto e único. Nesse sentido, a perquirição penal deve ser precisa, ao ponto de identificar com segurança o autor, o dano e o respectivo nexo de causalidade entre a conduta e o resultado (NETO; MONT'ALVERNE, p. 156). Desse modo, não é "possível se reconhecer a fungibilidade dos executores em uma empresa da mesma maneira que ocorre em aparatos de poder estatal" (BORGES, 2013, p. 24).

Portanto, é notável a lacuna referente à responsabilização dos crimes de ecocídio pelo Tribunal Penal Internacional, uma vez que, devido à estrutura do Tribunal, tratada anteriormente, este não contemplaria diversos agentes que muito impactam na degeneração em massa dos ecossistemas. Cabe, assim, ao ordenamento interno de cada país estabelecer em que medida se dá a culpabilização dos crimes ambientais cometidos por pessoas jurídicas, de modo a viabilizar um consenso internacional a respeito do tema.

Feitas as devidas considerações sobre o sujeito ativo e a responsabilização do crime de ecocídio pelo Tribunal Penal Internacional, vale analisar quem são os sujeitos afetados por tal delito, bem como o bem jurídico tutelado. Orlindo Borges apresenta o ecocídio como um crime contra a paz, a vida e as futuras gerações (BORGES, 2013, p. 9), sendo possível considerar a humanidade como principal alvo de tal criminalização. Contudo, essa é uma visão antropocêntrica do objeto do Direito Ambiental Internacional, enquanto nota-se na doutrina uma evolução da determinação ecocêntrica, que entende o meio ambiente propriamente dito como sujeito de direitos. Isto posto, é preciso compreender quais são as ponderações feitas acerca de quem é, de fato, o sujeito de direito do crime de ecocídio e seus desdobramentos.

Dessa forma, a jurisdição do TPI permite, tão somente, processar pessoas físicas, o que afasta a responsabilização de governos e empresas. Todavia, como expusemos, quem mais comete tais delitos são propriamente estes últimos. Assim sendo, essa baliza do TPI já limita bastante a eficácia da criminalização do ecocídio, pois os crimes ambientais mais lesivos são cometidos justamente por empresas ou bancos que têm projetos destrutivos, mas protegidos pelo "véu" empresarial.

Assim, é possível que se tenha em perspectiva a noção de que a tipificação do crime de ecocídio, apesar de ser um avanço extremamente importante, pode ainda não ser uma medida suficiente para driblar todas as consequências advindas do abuso de recursos naturais e da destruição de ecossistemas ao redor do mundo. Tendo-se em vista o papel fundamental da empresa na geopolítica atual, além da magnitude que suas ações podem alcançar no âmbito ambiental, verifica-se a essencialidade de medidas que permitam a fixação de responsabilidade sobre estas pessoas jurídicas.

## 5.3. SEGUNDO DESAFIO - PAÍSES QUE NÃO RECONHECEM A JURISDIÇÃO DO TRIBUNAL PENAL INTERNACIONAL E CUJOS GOVERNOS NÃO SÃO SUJEITOS ATIVOS

A jurisdição do Tribunal, embora automática em relação aos Estados-Partes, está sujeita a limitações formais territorialmente e pessoalmente.

Territorialmente, porque abrange apenas os crimes cometidos no território de tais Estados; e pessoalmente, estendendo-se aos crimes cometidos por nacionais dos Estados-Partes. No entanto, tais limitações não se aplicam em situações de referência direta ao TPI feita por resoluções do Conselho de Segurança ao Procurador (TPI, s.d.). Além disso, Estados não signatários do Estatuto de Roma podem submeter declarações unilaterais aceitando a jurisdição do Tribunal (TPI, s.d.).Dessa forma, quais nacionais realmente poderiam ser processados pelo TPI seriam, tão somente, aqueles dos países que ratificaram o Estatuto. E aqui cabe ressaltar que o maior desafio é que as maiores nações poluidoras do mundo - China, Estados Unidos, Índia e Rússia (FRIEDLINGSTEIN et al., 2020) - não reconhecem a competência do TPI. Isso já limita significativamente a atuação.

## 5.4. TERCEIRO DESAFIO - A NECESSIDADE DE SER UMA TIPIFICAÇÃO COM LIMITES BEM DEFINIDOS

Há um núcleo de fenômenos sociais, jurídicos e políticos que vem experimentando no Direito Penal um acúmulo de efeitos que configuram o que convencionamos chamar de "expansão", podemos citar, nesse contexto, a flexibilização de princípios políticos criminais ou regras de imputação (SANCHÉZ, 2011). A modificação da própria estrutura e conteúdo material dos tipos penais é a primeira expressão dessa expansão. Há, neste contexto, introdução de novos objetos de proteção. Passa a ser mais importante criminalizar os delitos de lesão de bens supra individuais - "coletivos" - do que de bens individuais. A questão problemática é que, enquanto nestes há uma lesão concreta, naqueles há, muitas vezes, a "presunção de perigo", ao invés do perigo propriamente dito (KOHLER, ANO, p. 30).

Um exemplo disto é, justamente, a proteção do meio ambiente que, pelos motivos que expusemos supra, deve constituir um dos princípios organizacionais fundamentais da nossa civilização, senão o básico, pois é justamente onde se encontra a proteção do futuro do nosso planeta, dos ecossistemas e da humanidade *per se*. E o fato que o ordenamento jurídico tem de intervir para a proteção do meio ambiente é incontroverso.

Contudo, no que tange a intervenção penal, esta tem que ser deveras cuidadosa. O Direito Penal tem por característica principiológica, reagir *a posteriori* a fato lesivo individualmente delimitado - quanto ao sujeito ativo e passivo. Cai-se em risco de, com a intervenção penal da proteção do meio ambiente, de se cair em um direito de "gestão preventiva de risco gerais", como se uma administrativização do direito penal fosse.

Para o Direito Administrativo, não é necessário que a conduta em si mesma seja relevantemente perturbadora do bem jurídico - o que se faz é, justamente, uma análise de dano cumulativo ou de dano derivado da repetição. Dispensa-se valoração do fato específico e requer-se, tão somente, valoração acerca de qual seria a transcendência da prática de uma conduta, se ela se desse reiteradamente (LOPEZ, 1991, p. 2539).

No entanto, o que se deve ter em mente quando se adentra a esfera penal é que, para a intervenção penal, há de se estar diante de uma lesão concreta a bem jurídico . Não basta, tão somente que haja um dano possivelmente lesivo. Há de se enxergar a lesão, há de se verificar o nexo de causalidade. Não se pode esperar uma criminalização que seja desvirtuada dos princípios basilares do Direito Penal, que é justamente o risco que se cai quando se almeja proteger bens jurídicos supra individuais, tal como o meio ambiente.

Assim sendo, defendemos uma intervenção penal, pois trata-se, como já expusemos, o ecocídio se trata de uma das condutas mais lesivas para com a humanidade e a natureza. Todavia, há de se fazer a ressalva que é necessário que essa criminalização esteja de acordo com os princípios que norteiam a esfera penal. Se nos desprendermos destes, estaremos diante de uma intervenção ilegítima, ainda mais no que tange o Direito Penal Internacional.

Um exemplo aqui do que seria uma questão controversa é, justamente, uma das causas do porque se começou a falar da criminalização da proteção do meio ambiente na esfera internacional. O Presidente francês, Emmanuel Macron, acusou pessoalmente o governo brasileiro de não fazer o suficiente para proteger as florestas de serem destruídas, colocou: "nós temos um ecocídio real que está se desenvolvendo na Amazônia, e não apenas no Brasil"(FUNNELL, 2021).

Já se observam aqui diversas questões polêmicas do ponto de vista do Direito Penal. A destruição está realmente acontecendo ou as condutas levarão a efeitos mais perceptíveis futuramente? Quem é o responsável por isso? Se não houver uma conduta ativa por parte do governo brasiliero, poder-se-ia criminalizá-lo pela omissão?

Observa-se que aparecem diversas questões, em um exemplo bastante conhecido, que inclusive é uma das gêneses da criminalização internacional do ecocídio. Desta forma, vemos como o papel deste artigo é repisar que entendemos importante uma criminalização do ecocídio, mas sempre devemos ter em mente que esta deve ser devidamente delimitada, sem deixarmos de lado a lógica do direito penal e os princípios que lhe dão corpo e o legitimam. É necessária máxima cautela.

# 6. CONCLUSÃO

Nos últimos anos, com o crescente reconhecimento das graves consequências que a degradação ambiental traz aos ecossistemas terrestres e à humanidade, vêm se intensificando os debates acerca da possibilidade da adição do tipo penal "ecocídio" ao Artigo 5 do Estatuto de Roma de 2002. Neste sentido, reconhece-se que é patente a necessidade de maior proteção ao meio ambiente, sendo esta uma das demandas mais urgentes a serem abarcadas, na contemporaneidade, pelo Direito Internacional Público.

Por essa razão, procuramos destacar alguns desafios, impasses e questões acerca da criminalização internacional do ecocídio.

Em primeiro lugar, existem desafios inerentes ao próprio regramento do TPI: (i) por tratar-se de novo tipo penal, só poderia o Tribunal exercer sua atividade jurisdicional em face daqueles Estados que aceitarem a emenda ao Estatuto de Roma; (ii) uma vez que o TPI só é competente para julgar pessoas físicas, haveria uma considerável lacuna no que tange à responsabilização dos agentes por ecocídio, posto que parte vultosa das infrações são cometidas por corporações – principalmente as transnacionais – e governos; e (iii) os nacionais que podem ser processados pelo TPI são, tão somente, aqueles dos países que ratificam o Estatuto de Roma. Como consequência, os cidadãos de alguns dos países mais proeminentes na geopolítica (EUA, Índia, China e Rússia) - e igualmente mais poluentes - ficariam em situação de potencial impunidade.

Em segundo lugar, outro desafio significativo se refere à própria classificação do ecocídio perante o Direito Penal. Caso se venha a tipificar o ecocídio, faz-se necessário que tal criminalização esteja de acordo com vários pressupostos dogmáticos penais e, portanto, é primordial que se respeitem determinados princípios como da legalidade e da lesividade, por exemplo. Como mencionado acima, esse é um grande desafio no caso de crimes ambientais, pois existe o risco de que a criminalização tenha papel de uma gestão preventiva de riscos – sem que haja ofensa concreta aos bens jurídicos propriamente ditos – o que seria inadmissível em termos de garantias penais. Dessarte, é necessário cuidado impetuoso para que, se houver uma criminalização, esta seja legítima e respeite os elementos acima elencados.

Por fim, a preservação do meio ambiente global é crucial para a proteção da vida humana, assim como da fauna e flora terrestres. Em vista disto, é bastante evidente a necessidade de coibir e punir atos que tenham intenção de destruir os ecossistemas. O que está em jogo é o próprio futuro do planeta e da humanidade. Como observa Higgins, a lesão não diz respeito, tão somente, ao ambiente físico: pode, ainda, trazer lesões culturais, psicológicas e físicas às comunidades que dependem da natureza como meio de subsistência.

Consequentemente, é inequívoca a necessidade de emenda ao Estatuto de Roma do Tribunal Penal Internacional para a criminalização internacional do ecocídio, devido à necessidade de punir e/ou chamar atenção da comunidade internacional para condutas ilícitas, arbitrárias e deveras danosas que ficariam desconhecidas, ignoradas e impunes. Assim, não obstante possam ser apontadas ressalvas e desafios à criminalização do ecocídio, é preciso, cada vez mais, que se trate a preservação ambiental como prioridade absoluta, pois, reforça-se, é garantia basilar para a proteção de diversos outros direitos humanos.

# REFERÊNCIAS BIBLIOGRÁFICAS

AKANDE, D. *The Jurisdiction of the International Criminal Court over Nationals of Non-Parties:* **Legal Basis and Limits. Journal of International Criminal Justice, v. 1, n. 3, p. 618–650, 2003.**

ALMEIDA, Timóteo Ágabo Pacheco de. *Ecocídio: uma nova perspectiva de um problema antigo.* **In: CICLO DE PALESTRAS IBERO-AMERICANAS, II., 2018, Manaus. Anais [...]. Manaus: Universidade do Estado do Amazonas, 2018. Disponível em: https://even3.blob.core.windows.net/anais/101593.pdf. Acesso em: 16 de junho de 2021.**

ALTO COMISSARIADO DAS NAÇÕES UNIDAS PARA DIREITOS HUMANOS. *Understanding Human Rights and Climate Change.* **2015. 28 p. Disponível em: https://www.ohchr.org/Documents/Issues/ClimateChange/COP21.pdf. Acesso em: 15 de junho de 2021.**

ALVARADO, Paola Andrea Acosta; RIVAS-RAMÍREZ, D. *A Milestone in Environmental and Future Generations' Rights Protection:* **Recent Legal Developments before the Colombian Supreme Court. Journal of Environmental Law, Oxford University Press, v. 30, n. 3, p. 519–526, out./nov. 2018.**

ARSANJANI, Mahnoush H. *The Rome Statute of the International Criminal Court.* **The American Journal of International Law, v. 93, n. 1, p. 22-43, 1999. DOI https://doi.org/10.2307/2997954. Disponível em: www.jstor.org/stable/2997954. Acesso em: 15 de junho de 2021.**

BECHARA, Ana Elisa Liberatore Silva. *Bem jurídico-penal:* **Ana Elisa Liberatore Silva Bechara. [S.l: s.n.], 2014.**

BECHARA, Ana Elisa Liberatore Silva. O *rendimento da teoria do bem jurídico penal no direito penal atual.* **Revista Liberdades, São Paulo: IBCCRIM, n. 1, p. 16-29, maio/ago. 2009.**

BELLELLI, Roberto. *International Criminal Justice:* **Law and Practice from the Rome Statute to its Review. Surrey, England: Ashgate Publishing Limited, 2010.**

BORGES, Orlindo Francisco. *Ecocídio: um crime ambiental internacional ou um crime internacional maquiado de verd*e. **RIDB, Lisboa, 2013.**

BRANDÃO, Ignácio de Loyola. *Não verás país nenhum.* **São Paulo: Global, 2008.**

BRASIL, Decreto n. 4.388. *Promulga o Estatuto de Roma do Tribunal Penal Internacional.* **Brasília, DF: Planalto, 25 set. 2002. Disponível em: <http://www.planalto.gov.br/ccivil_03/decreto/2002/D4388.htm>. Acesso em: 4 de julho de 2021.**

BRASIL. Decreto nº 7.030. *Promulga a Convenção de Viena sobre o Direito dos Tratados, concluída em 23 de maio de 1969, com reserva aos Artigos 25 e 66.* **Diário Oficial da União: seção 1, Brasília, DF, 15 dez. 2009. Disponível em: http://www.planalto.gov.br/ccivil_03/_ato2007-2010/2009/decreto/d7030.htm. Acesso em: 6 de julho de 2021.**

BRASIL. Projeto de Lei nº 2.787, de 2019. *Altera a Lei nº 9.605, de 12 de fevereiro de 1998 (Lei de Crimes Ambientais), para tipificar o crime de ecocídio e a conduta delitiva do responsável por desastre relativo a rompimento de barragem, e dá outras providências.* **Brasília, DF: Senado Federal, 2019. Disponível em: https://www25.senado.leg.br/web/atividade/materias/-materia/137437. Acesso em: 4 de julho de 2021.**

BROSWIMMER, Franz J. *Ecocide: a short history of the mass extinction of the species.* **London: Pluto Press, 2002.**

CABANES, Valérie. *Un Nouveau Droit pour la Terre: pour em finir avec l'écocide.* **Éditions du Seuil: Paris, 2016.**

CORTE INTERAMERICANA DE DIREITOS HUMANOS. *Advisory Opinion OC-23/17: The Environment and Human Rights.* **São José, Costa Rica. 15 de novembro de 2017.**

COSTA, Helena Regina Lobo da. *Proteção Penal Ambiental: viabilidade – efetividade – tutela por outros ramos do direito.* São Paulo: Saraiva, 2010.

DAROS, Leatrice. *Justiça Ecológica e Crime Internacional: os limites e as possibilidades no direito no combate ao crime de ecocídio.* Tese (Pós-Graduação em Direito) - Universidade Federal de Santa Catarina. Florianópolis, 2018.

ECOCIDE LAW. *Existing ecocide laws.* Stroud: Ecocide Law, 2019. Disponível em: https://ecocidelaw.com/the-law/existing-ecocide-laws/. Acesso em: 10 de junho de 2021.

ECOCIDE LAW. *What is ecocide?* Stroud: Ecocide Law, 2019. Disponível em: https://ecocidelaw.com/ecocide-law-2/. Acesso em: 17 de junho de 2021.

FRIEDLINGSTEIN et al. *The Global Carbon Budget 2020.* Earth System Science Data. Available at: Friedlingstein et al. 2020.

FUNNELL, Anthony. *Proposta 'Ecocídio' com o objetivo de tornar a destruição ambiental um crime internacional.* ABC News. 12 de fev. de 2021. Disponível em: https://www.abc.net.au/news/2021-02-13/will--ecocide-become-an-international-crime/13136912. Acesso em: 16 de maio de 2021.

HAJE, Lara. *Meio Ambiente considera animais não humanos como sujeitos de direito.* Agência Câmara de Notícias, 2015. Disponível em: https://www.camara.leg.br/noticias/472900-meio-ambiente-considera-animais-nao-humanos-como-sujeitos-de-direitos/. Acesso em: 01 de junho de 2021.

HIGGINS, Polly. *Eradicating ecocide: laws and governance to stop the destruction of the planet.* 2nd. ed. London: Shepheart-Walwyn, 2015.

HOSSAY, Patrick. *Unsustainable: a primer for global environmental and social justice.* London: Zed Books, 2006.

INPE - Instituto Nacional de Pesquisas Espaciais. *Infoqueima: boletim mensal de monitoramento e risco de queimadas e incêndios florestais.*

Brasília, DF: Ministério da Ciência, Tecnologia e Inovação, v. 05, n. 8, ago. 2020. Disponível em: https://queimadas.dgi.inpe.br/queimadas/portal/outros-produtos/infoqueima/boletins/2020_08_infoqueima.pdf. Acesso em: 28 de maio de 2021.

INPE - Instituto Nacional de Pesquisas Espaciais. *Infoqueima: boletim mensal de monitoramento e risco de queimadas e incêndios florestais.* Brasília, DF: Ministério da Ciência, Tecnologia e Inovação, v. 05, n. 9, set. 2020. Disponível em: https://queimadas.dgi.inpe.br/queimadas/portal/outros-produtos/infoqueima/boletins/2020_09_infoqueima.pdf. Acesso em: 28 de maio de 2021.

INPE - Instituto Nacional de Pesquisas Espaciais. *Infoqueima: boletim mensal de monitoramento e risco de queimadas e incêndios florestais.* Brasília, DF: Ministério da Ciência, Tecnologia e Inovação, v. 05, n. 10, out. 2020. Disponível em: https://queimadas.dgi.inpe.br/queimadas/portal/outros-produtos/infoqueima/boletins/2020_10_infoqueima.pdf. Acesso em: 28 de maio de 2021.

INPE - Instituto Nacional de Pesquisas Espaciais. *Perguntas frequentes.* Disponível em: http://www.inpe.br/faq/index.php?pai=6 . Acesso em: 25 de maio de 2021.

IYASU, Muzit, and ASTON ,Joshua N. *Admissibility of the International Criminal Court.* Journal of the Indian Law Institute 53, no. 4 (2011): 626-51. Disponível em: http://www.jstor.org/stable/45148581.Acesso em: 13 de Maio de 2021.

KUHLEN, Umwelstrafrecht. *Auf Der Suche Nach Einer Neuen Dogmatik.* ZStW, 1993.

KUSNETZ, Nicholas et al. *As the Climate Crisis Grows, a Movement Gathers to Make 'Ecocide' an International Crime Against the Environment.* Inside Climate News, 2021. Disponível em: https://insideclimatenews.org/news/07042021/climate-crisis-ecocide-vanuatu-the-fifth-crime/. Acesso em: 06 de maio de 2021.

LOPES, Lidiane Moura. *O ecocídio e a proteção do meio ambiente pelo direito penal: reflexões para construção de uma justiça ambiental.* 2020. 264 f. Tese (Doutorado em Direito) - Faculdade de Direito, Universidade Federal do Ceará, Fortaleza, 2020.

LÓPEZ, Torio. *Injusto penal e injusto administrativo (presupuestos para la reforma del sistema de sanciones).* In: S. Martín-Retortillo Baquer (coord.), Estudios sobre la Constitución Española. Homenaje al profesor Eduardo García de Enterría, vol. 3, Madrid: Civitas, 1991. ISBN 84-7398-862-0, págs. 2529-2546.

MARSHALL, Katharine A. *Prevention and Complementarity in the International Criminal Court: A Positive Approach.* Human Rights Brief 17, no.2 (2010):21-26.

MAZZUOLI, Valerio de Oliveira e TEIXEIRA, Gustavo de Faria Moreira. *O direito internacional do meio ambiente e o greening da Convenção Americana sobre Direitos Humanos.* Revista Direito GV [online]. 2013, v. 9, n. 1 , pp. 199-241. Disponível em: <https://doi.org/10.1590/S1808-24322013000100008>. ISSN 2317-6172. https://doi.org/10.1590/S1808-24322013000100008. Acesso em: 15 de junho de 2021.

MEHTA, Jojo. *Independent Expert Panel for the Legal Definition of Ecocide: Commentary and core text.* Fundação Stop Ecocide, [S. l.], p. 5, 16 jun. 2021. Disponível em: https://static1.squarespace.com/static/5ca2608ab914493c64ef-1f6d/t/60d7479cf8e7e5461534dd07/1624721314430/SE+Foundation+Commentary+and+core+text+revised+%281%29.pdf. Acesso em: 1 jul. 2021. Acesso em: 13 de junho de 2021.

NETO, Djalma Alvarez Brochado; MONT' ALVERNE, Tarin Cristino Frota. *Ecocídio: proposta de uma política criminalizadora de delitos ambientais internacionais ou tipo penal propriamente dito?* Revista Brasileira de Políticas Públicas, Brasília, v. 8, nº 1, 2018.

NEYRET, Laurent. *Des écocrimes à l'écocide – Le droit pénal au secours de l'environnement,* **éditions Bruylant, Bruxelles, 2015. In:** *Revue Juridique de l'Environnement,* **n°3, 2015. pp. 585-586.**

**PARLAMENTO EUROPEU.** *Resolução 2021/2134 (INI), de 19 de maio de 2021. Dispõe sobre os efeitos das alterações climáticas nos direitos humanos e o papel dos defensores do ambiente nesta matéria.* **Disponível em:** https://www.europarl.europa.eu/doceo/document/TA-9-2021-0245_PT.pdf . Acesso em: 06 de julho de 2021.

**REALE JR., Miguel.** *Instituições de direito penal. Parte Geral.* **Rio de Janeiro: Forense, 2012.**

**REINO DA BÉLGICA.** *Pronunciamento gravado da Vice Primeira Ministra e Ministra de Assuntos Estrangeiros.* **Pronunciamento na 19ª Sessão da Assembleia dos Estados Partes do Estatuto de Roma do Tribunal Penal Internacional. 2019. Haia, Países Baixos. Disponível em: https://asp.icc-cpi.int/iccdocs/asp_docs/ASP19/GD.BEL.14.12.pdf, p. 4. Acesso em: 15 de junho de 2021.**

**REPÚBLICA DAS MALDIVAS.** *Pronunciamento escrito da República das Maldivas pelo Membro do Parlamento, Comitê de Mudanças Climáticas e Meio Ambiente, Ahmed Saleem.* **Debate Geral da 18ª Sessão da Assembleia dos Estados Partes do Estatuto de Roma do Tribunal Penal Internacional. 3 de dezembro de 2019. Haia, Países Baixos. 2 p. Disponível em: https://asp.icc-cpi.int/iccdocs/asp_docs/ASP18/GD.MDV.3.12.pdf. Acesso em: 15 de junho de 2021.**

**REPÚBLICA DE VANUATU.** *Pronunciamento do Embaixador da República de Vanuatu para a União Europeia, H. E. John H. Licht.* **Debate Geral da 18ª Sessão da Assembleia dos Estados Partes do Estatuto de Roma do TPI. 2-5 de dezembro de 2019. Haia, Países Baixos. Disponível em: https://asp.icc-cpi.int/iccdocs/asp_docs/ASP18/GD.VAN.2.12.pdf. Acesso em: 15 de junho de 2021.**

**ROXIN, Claus ROXIN, Claus.** *A proteção de bens jurídicos como função do direito penal.* **Trad. andré Luís Callegari e Nereu José Giacomolli.**

Porto Alegre: Livraria do Advogado, 2009 *apud* SOUZA, Luciano Anderson de. *Direito penal: parte geral - vol 1, 2. ed.* São Paulo: Thomson Reuters Brasil, 2021.

SILVA SÁNCHEZ, Jesús-María. *A expansão do direito penal: aspectos da política criminal nas sociedades pós-industriais.* 2. ed. São Paulo, 2011.

SILVEIRA, Rafael Bernardo. *O Parlamento Europeu: História, Estrutura Política e Competências.* Tese (Mestrado em Estudos sobre a Europa). Lisboa, 2014.

SOUZA, Luciano Anderson de. *Direito penal: parte geral.* v. 1. 2. ed. São Paulo: Thomson Reuters. 2021.

STOP ECOCIDE FOUNDATION. *Pronunciamento na 19ª Sessão da Assembleia dos Estados Partes do Estatuto de Roma do Tribunal Penal Internacional.* Presidente do Conselho, Jojo Mehta. Dezembro de 2020. Haia, Países Baixos. Disponível em: https://asp.icc-cpi.int/ic-cdocs/asp_docs/ASP19/GD-Stop-Ecocide-Foundation.pdf. Acesso em: 15 de maio de 2021.

TRIBUNAL PENAL INTERNACIONAL, Office of the Prosecutor. *Informal meeting of Legal Advisors of Ministries of Foreign Affairs, Statement by Luis Moreno-Ocampo, Prosecutor of the ICC.* 24 de Outubro de 2005, pp. 8-9. Disponível em: https://www.icc-cpi.int/NR/rdonlyres/9D70039E-4BEC-4F32-9D4A-CEA8B6799E37/143836/LMO_20051024_English.pdf. Acesso em 15 majo 2021.

TRIBUNAL PENAL INTERNACIONAL, *Policy paper on case selection and prioritisation.* The Office of the Prosecutor, 2016. Disponível em: https://www.icc-cpi.int/itemsDocuments/20160915_OTP-Policy_Case-Selection_Eng.pdf. Acesso em: 01 de julho de 2021.

TRIBUNAL PENAL INTERNACIONAL. *The ICC at a Glance.* The Hague, The Netherlands; International Criminal Court. Disponível em: https://www.icc-cpi.int/Publications/ICCAtAGlanceENG.pdf. Acesso em: 13 de maio de 2021.

TRIBUNAL PENAL INTERNACIONAL. *Understanding the International Criminal Court.* Disponível em: https://www.icc-cpi.int/iccdocs/pids/publications/uicceng.pdf. Acesso em: 14 maio 2021.

VIETNÃ. Criminal Code. *The Criminal Code of Vietnam* (Law no. 100/2015/QH13, 27 November 2015). Equipo Nizkor, Disponível em: http://www.derechos.org/intlaw/doc/vnm1.html. Acesso em: 01 de julho de 2021.

WEISBERG, Barry. *Ecocide in Indochina: the ecology of war.* San Francisco, CA: Canfield Press, 1970.

ZIERLER, David. *The invention of ecocide: agent orange, Vietnam, and the scientists who changed the way we think about the environment.* Athens: University of Georgia Press, 2011.

**Seção 6**

# DESAFIOS DO DIREITO DO MAR
## NO SÉCULO XXI

# A importância estratégica do Direito do Mar para os grandes temas do Século XXI: a poluição marinha por plásticos na Era do "Mar Mascarado"

ANDRÉ DE PAIVA TOLEDO

LILLIE LIMA VIEIRA

**SUMÁRIO:**

1. Introdução;

2. Um problema conhecido: a poluição marinha por plásticos e a proteção dos ecossistemas marinhos;

3. O Direito do Mar e o regime jurídico aplicado à poluição marinha por plásticos: previsões normativas e desafios no Século XXI;

4. Direito Ambiental do Mar e o desafio do combate à poluição marinha por plásticos: propostas na era do "Mar Mascarado";

5. Conclusão.

## 1. INTRODUÇÃO

O Direito Internacional do Século XXI é resultado de um processo político-social que se constrói a partir de múltiplas interligações e apresenta complexidades inerentes a essa periodização. Destarte, não é um fenômeno contemporâneo, mas antigo e contínuo, que se desenrola à medida que novas demandas implicam em alterações na realidade jurídica posta por determinadas organizações político-humanas. Nesse quadro, o Direito Internacional hodierno é uma ordem jurídica que estipula os limites de atuação das nações a partir de uma organização política fundada em parâmetros, a fim de regular a relação estabelecida entre essas.

À luz das demandas contemporâneas, o Direito do Mar se consolidou no Século XX como um dos principais ramos do Direito Internacional, e pode ser resumidamente definido como o ramo do Direito Internacional Público que regula o regime jurídico dos mares e do oceano, ou dos diferentes espaços marinhos. Assim como para alguns autores de Direito Internacional importa estabelecer a diferença entre Direito Internacional Público e Direito Internacional Privado, para alguns autores de Direito do Mar importa salientar que o Direito Marítimo dele se diferencia, pois esse se refere ao âmbito interno de regulação das normas aplicáveis aos espaços marinhos de cada Estado.

Não obstante, do mesmo modo em que, na prática, o Direito Internacional não é dividido entre o campo público e o campo privado, na medida em que há constante interdependência entre eles, o Direito do Mar não se afasta completamente do Direito Marítimo por ter natureza internacional, pelo contrário, aproxima-se intrinsicamente desse, e é a partir das práticas das entidades políticas que os constroem juridicamente que se dá a evolução do estudo dos regimes jurídicos aplicáveis aos diversos espaços marinhos e aos sujeitos neles inseridos.

Novamente, à semelhança do Direito Internacional, como ramo desse, o Direito do Mar também não é um fenômeno contemporâneo e apresenta demandas e desafios contínuos. Dentre esses, destaca-se a problemática acerca da poluição marinha por plásticos, um problema conhecido amplamente pela comunidade internacional, mas que ainda não foi solucionado. O objetivo deste artigo é, portanto, evidenciar a importância estratégica do Direito do Mar para um dos grandes temas do Século XXI: a poluição marinha por plásticos.

Para tanto, lança-se mão do método dedutivo, a fim de expor as previsões normativas, os principais desafios e a averiguação das propostas sobre o tema à luz da ideia de constante evolução do Direito do Mar no Século XXI. Ademais, trata-se de uma análise no contexto da pandemia da COVID-19, que intensificou o problema da poluição marinha por plásticos e salientou a reflexão acerca da efetividade das normas jurídicas que regulam o tema, o que chamamos de "Mar Mascarado", uma metáfora à escassez de propostas efetivas na prática no que tange à proteção dos ecossistemas marinhos.

## 2. UM PROBLEMA CONHECIDO: A POLUIÇÃO MARINHA POR PLÁSTICOS E A PROTEÇÃO DOS ECOSSISTEMAS MARINHOS

Com o avanço da Revolução Industrial a partir do Século XVIII, a mudança na relação dos seres humanos com o meio ambiente ocasionou o aumento de práticas predatórias que levaram à redução da qualidade ambiental, a partir de uma perspectiva de domínio e uso do meio natural a favor das práticas econômicas. Nesse contexto, a comunidade internacional não se preocupava com as consequências do uso reiterado de recursos naturais esgotáveis, tampouco com o futuro das gerações que precisariam usufruir dos mesmos.

Ao longo do tempo, as implicações da desenfreada e nociva atividade humana geraram diversos impactos no meio ambiente, de modo que é a atividade antropogênica a principal causadora dos problemas ambientais em xeque no Século XXI, o que leva muitos pesquisadores a classificarem a era geológica em que a humanidade se encontra como Antropoceno, uma era na qual a ação humana é o principal fator global das transformações planetárias, que teria se iniciado com o início da Revolução Industrial (STEFFEN; CRUTZEN; MCNEILL, 2007).

Dentre os maiores problemas ambientais causados pela atividade humana na atualidade, a poluição por plásticos – materiais formados por polímeros sintéticos obtidos por meio de reações químicas e amplamente empregados na produção industrial – é um dos mais evidentes, tanto no aspecto terrestre, quanto no marítimo, de modo que quase se torna banal abordar o tema perante a comunidade científica a partir das mesmas prerrogativas. A poluição marinha por plásticos não é uma realidade desconhecida pela comunidade internacional. Em diversas áreas do conhecimento, discutem-se os danos causados pelos plásticos ao meio ambiente, à biodiversidade e à saúde dos mares e oceanos. O Direito do Mar *per si* é um ramo interdisciplinar, que conta com as colaborações da Oceanografia, Biologia, Química, Geografia, Economia, Ciência Política e das Relações Internacionais e demais áreas para a sua construção. Isso se aplica de forma ainda mais preponderante no que tange à problemática dos plásticos.

Devido à necessidade de compreender o problema, suas causas e consequências, o Direito do Mar se baseia no conhecimento trazido à tona por profissionais e doutrinadores de diversas áreas do saber a fim de enfrentá-lo. Nesse ínterim, ao tratar sobre as colaborações da Química e da Oceanografia em prol do oceano, Hatje, Costa e Cunha (2013) alertam que a química e a física dos oceanos estão diretamente ligadas às variações climáticas, na medida em que processos biológicos e químicos oceânicos interferem nos ciclos de carbono e nitrogênio indispensáveis ao sistema climático. Necessários à vida, esses ciclos também afetam a disponibilidade de recursos vivos quando atropelados por interferências como as que os plásticos podem causar.

Assim, as alterações nos ciclos biológicos se intensificaram e levaram a uma reação em cadeia, alterando a dinâmica dos recursos vivos e não vivos e interferindo nos processos ambientais por completo. Diante disso, o problema conhecido pela comunidade internacional é exatamente os danos causados pela poluição marinha por plásticos. Oriundo de fontes terrestres ou diretamente descartado nos oceanos, o plástico não é dissolvido e se acumula em milhões de toneladas nos oceanos a partir da ação de giros oceânicos conhecidos como Efeito Coriolis. É esse efeito que gera o que a mídia e alguns pesquisadores já tratam como "ilhas de plástico", principalmente as localizadas no Oceano Pacífico, onde, entre o Havaí e a Califórnia, foi descoberta a primeira evidência do problema, em 1997, pelo capitão americano Charles Moore (ZANELLA, 2013).

Um estudo mais recente e aprofundado sobre a "grande ilha de plástico do Pacífico" foi realizado por pesquisadores e cientistas liderados pelo oceanógrafo Laurent Lebreton, da organização não governamental ambiental *The Ocean Cleanup*,1 e publicado na revista on-line *Scientific Reports*, em 2018. Nele, Lebreton et al., (2018) concluem que o acúmulo de plástico formado nas águas subtropicais entre a Califórnia e o Havaí somam pelo menos 79 mil toneladas de plástico em uma área de 1,6 milhão de km², o que representa um número de quatro a dezesseis vezes maior que os dados relatados em pesquisas anteriores e evidencia que a poluição por plásticos nessa região está aumentando exponencialmente e de forma mais rápida do que se pensava.

Outra interessante conclusão de Lebreton et al., (2018) é a de que a maior parte dos detritos de plástico encontrados na "grande ilha de plástico do Pacífico" são provenientes de redes pesqueiras e demais equipamentos utilizados na pesca. Ademais, apontam que aproximadamente 94% das peças de plásticos encontradas na referida região do Oceano Pacífico

---

1  *The Ocean Cleanup* é uma organização ambiental sem fins lucrativos voltada para a criação de tecnologia para retirar plástico dos oceanos. Para saber mais: https://theoceancleanup.com/.

são microplásticos, detritos de plástico que sofrem degradação física nas águas superficiais e ali se acumulam. Apesar da delimitação da área de estudos e da especificidade dos resultados, essas evidências sobre o aumento da poluição marinha por plásticos também não são desconhecidas pela comunidade internacional. Tanto a questão das "ilhas de plástico" quanto a dos microplásticos são recorrentemente apontadas em trabalhos científicos sobre o tema.

Com efeito, há estudos que datam do final do Século XX publicados no *Marine Pollution Bulletin* sobre possíveis indícios da existência dos microplásticos, apontados por Zitko e Hanlon (1991) como pequenos fragmentos de plástico encontrados em cosméticos que poderiam ser outra fonte da poluição por plásticos, de modo que à época ainda não era possível avaliar o impacto ambiental causado por essa possível fonte de poluição. Entre o final da década de noventa e o início do Século XXI, o conhecimento sobre os microplásticos se resumia à definição de sua existência e aos prováveis danos que poderiam causar aos ciclos bioquímicos oceânicos e à fauna marinha. Gregory (1996) já trabalhava com as hipóteses de que os resíduos de granulação fina de plásticos poderiam alterar a composição mineralógica de partículas e a presença de metais pesados nas microfaunas oceânicas, enquanto Derraik (2002) dava destaque aos danos causados pelos detritos de plástico à biota marinha pela ingestão, emaranhamento e possível invasão de espécies exóticas, acrescentando a possível ameaça dos microplásticos às suas hipóteses.

Tais hipóteses viriam a se confirmar nas primeiras décadas do Século XXI, quando as pesquisas sobre os microplásticos passaram a ser realizadas por meio de estudos de caso de diferentes espécies marinhas, costas oceânicas, litorais e praias em todo o globo. São exemplos desse tipo pesquisa as análises realizadas na Bélgica (CLAESSENS et al., 2011), na Inglaterra (SADRI; THOMPSON, 2014), em Portugal (NEVES, 2013), no Peru (PURCA; HENOSTROZA, 2017), no Mar do Sul da China (ZHANG et al., 2019) e no

Brasil, onde recentemente a presença de microplásticos foi pesquisada e confirmada até mesmo em água de torneira (TEOTÔNIO, 2020). A relação entre a poluição marinha por plásticos, e principalmente por microplásticos, e a qualidade dos recifes de corais também constitui um dos eixos de pesquisa em evidência no Século XXI. Alvarez et al. (2020) alertam que a presença de microplásticos em corais alteram as suas taxas de crescimento e captura, na medida em que esses são fixados em seus tentáculos e filamentos, provocando alterações teciduais que podem levar à morte.

É provável que nos próximos anos do Século XXI as pesquisas se voltem de forma mais complexa aos efeitos da poluição por plásticos no organismo dos seres humanos, à luz do que se sucedeu com a questão dos efeitos dos inseticidas e pesticidas à saúde humana, ainda na década de sessenta do Séc. XX, como relatado exaustivamente pela bióloga Rachel Carson (2010) no livro Primavera Silenciosa, que alterou o paradigma ambiental naquele contexto ao ser publicado pela primeira vez em 1962. Nesse sentido, Alvarez et al. (2020) asseveram que:

> Embora ainda não tenham sido estabelecidas relações de causa e efeito conclusivas sobre a saúde humana, as pesquisas mostram diversos efeitos sobre a vida dos recursos hídricos, o que, consequentemente, pode acarretar inúmeros problemas no futuro. As substâncias e produtos chamados de poluentes emergentes, presentes no dia a dia da população, não são de simples identificação e não são removidos pelos sistemas convencionais de tratamento de esgoto existentes nos países (ALVAREZ et al., 2020, p. 105).

Em síntese, o problema da poluição marinha por plásticos é amplamente conhecido pela comunidade internacional no Séc. XXI. Seus efeitos para a biodiversidade, para a saúde dos mares e do oceano e para os recursos hídricos não são mais uma incógnita – com exceção aos fundos oceânicos, espaços marinhos sobre os quais pouco se conhece em geral. Destarte, constitui um dos objetivos do Direito do Mar, principalmente do Direito Ambiental do Mar, atrelado às áreas interdisciplinares, promover estratégias de combate a esse problema, a fim de proteger os ecossistemas marinhos e o meio ambiente, de modo que o regime jurídico aplicado na atualidade será exposto a seguir.

## 3. O DIREITO DO MAR E O REGIME JURÍDICO APLICADO À POLUIÇÃO MARINHA POR PLÁSTICOS: PREVISÕES NORMATIVAS E DESAFIOS NO SÉCULO XXI

O principal documento que regula as normas jurídicas de Direito do Mar é a Convenção das Nações Unidas sobre o Direito do Mar – CNUDM, assinada na cidade de Montego Bay, na Jamaica, em 1982, que passou a viger de forma universal em 16 de novembro de 1994. Nesse ínterim:

> A CNUDM representou assim uma extraordinária evolução no direito internacional do mar e da navegação. Em primeiro lugar por seu caráter universal, abrangendo todos os mares e oceanos, além de quase a totalidade dos Estados, representando a "Constituição dos Oceanos". Em segundo pela complexidade e abrangência do seu texto normativo, que conseguiu solucionar problemas históricos e delimitar de forma precisa os espaços marinhos e os direitos e deveres dos países na sua utilização. Ainda, e não menos importante pelo seu caráter superior às demais normas esparsas, a convenção se sobrepõe às demais regras de Direito do Mar existentes e cria um ambiente de segurança jurídica internacional, pois todos conhecem o direito a ser aplicado (ZANELLA, 2019b, p. 82).

Nessa perspectiva, é mister salientar que a CNUDM representou o momento de consolidação do Direito do Mar no Séc. XX, devido ao seu caráter universal e vinculante que significou o momento de estabilização da segurança jurídica relacionada ao regime jurídico de mares e do oceano. Todavia, apesar de alcançar a maioria dos temas do Direito do Mar com precisão, a CNUDM possui lacunas como toda convenção no Direito Internacional.

Dentre essas, depreende-se a generalização quanto à questão da poluição marinha, principalmente no que tange à poluição por plásticos, na medida em que não há previsão expressa no texto normativo relativo à questão, até mesmo porque na época de elaboração da CNUDM, nas negociações realizadas nas três Conferências das Nações Unidas sobre o Direito do Mar em 1958, 1960 e 1973-1982,[2] o problema ainda não era conhecido de forma precisa e global, de modo que as questões sobre a poluição diziam respeito principalmente à poluição por óleo, em decorrência dos danos causados pelo primeiro grande desastre ambiental marinho ligado à navegação e derramamento de óleo no mar, o caso *Torrey Canyon*, em 1967 (ZANELLA, 2019a).

Até mesmo os outros dois grandes desastres ambientais marinhos apontados como eventos que estimularam a consciência ambiental internacional sobre os efeitos da poluição por óleo no meio ambiente marinho, a saber, os casos *Erika*, em 1999, e *Prestigie*, em 2002, ocorreram após o período de negociações, inclusive de assinatura e entrada em vigor, da CNUDM (ZANELLA, 2019b). Nesse quadro, há de se reconhecer que a ausência de previsão normativa expressa acerca da poluição marinha por plásticos na Convenção de Montego Bay (1982) não é uma anomalia. A própria descoberta da primeira evidência do acúmulo de plástico no oceano ocorreu em 1997, como ora exposto, momento posterior à entrada em vigor da CNUDM.

---

2 A III Conferências das Nações Unidas sobre o Direito do Mar se deu em onze sessões ao longo de nove anos, entre 1973 e 1982 (ZANELLA, 2019b).

Contudo, isso não significa que não cabe ao Direito do Mar se preocupar com a questão na atualidade. Na lógica de evolução constante do Direito Internacional e do Direito do Mar pela construção jurídica realizada pelas entidades político-humanas a partir das novas demandas que surgem ao longo das transformações econômicas e sociais ao longo do tempo, a poluição marinha por plásticos emerge como um dos grandes desafios ambientais da humanidade de forma concreta no Século XXI. Depreende-se, nesse quadro, um problema hodierno: como enfrentar a poluição marinha por plásticos à luz da CNUDM?

No que tange à poluição marinha, a CNUDM apresenta, desde logo, no Artigo 1°, número 4, a definição utilizada em seu âmbito de aplicação:

[...] 4) "poluição do meio marinho" significa a introdução pelo homem, direta ou indiretamente, de substâncias ou de energia no meio marinho, incluindo os estuários, sempre que a mesma provoque ou possa vir provocar efeitos nocivos, tais como danos aos recursos vivos e à vida marinha, riscos à saúde do homem, entrave às atividades marítimas, incluindo a pesca e as outras utilizações legítimas do mar, alteração da qualidade da água do mar, no que se refere à sua utilização, e deterioração dos locais de recreio; [...] (CNUDM, 1982).

A partir desse conceito, é evidente que a introdução de plásticos pelo homem no meio marinho configura poluição à luz da CNUDM, e, portanto, se insere no escopo da referida previsão normativa. Para além da definição, a CNUDM dispõe, na Parte XII, normas gerais e sólidas de proteção e preservação do meio ambiente marinho, estabelecendo, no Artigo 192, a obrigação geral dos Estados de proteger e preservar o ambiente marinho (CNUDM, 1982), e no artigo 194, medidas que devem ser adotadas para alcançar tal obrigação:

ARTIGO 194
Medidas para prevenir, reduzir e controlar a poluição do meio marinho

1. Os Estados devem tomar, individual ou conjuntamente, como apropriado, todas as medidas compatíveis com a presente Convenção que

sejam necessárias para prevenir, reduzir e controlar a poluição do meio marinho, qualquer que seja a sua fonte, utilizando para este fim os meios mais viáveis de que disponham e de conformidade com as suas possibilidades, e devem esforçar-se por harmonizar as suas políticas a esse respeito.

2. Os Estados dever tomar todas as medidas necessárias para garantir que as atividades sob sua jurisdição ou controle se efetuem de modo a não causar prejuízos por poluição a outros Estados e ao seu meio ambiente, e que a poluição causada por incidentes ou atividades sob sua jurisdição ou controle não se estenda além das áreas onde exerçam direitos de soberania, de conformidade com a presente Convenção.

3 As medidas tomadas, de acordo com a presente Parte, devem referir-se a todas as fontes de poluição do meio marinho. Estas medidas devem incluir, inter alia, as destinadas a reduzir tanto quanto possível:

a) a emissão de substâncias tóxicas, prejudiciais ou nocivas, especialmente as não degradáveis, provenientes de fontes terrestres, provenientes da atmosfera ou através dela, ou por alijamento;

[...]

4. Ao tomar medidas para prevenir, reduzir ou controlar a poluição do meio marinho, os Estados devem abster-se de qualquer ingerência injustificável nas atividades realizadas por outros Estados no exercício de direitos e no cumprimento de deveres de conformidade com a presente Convenção.

5. As medidas tomadas de conformidade com a presente Parte devem incluir as necessárias para proteger e preservar os ecossistemas raros ou frágeis, bem como a habitat de espécies e outras formas de vida marinha em vias de extinção, ameaçadas ou em perigo. (CNUDM, 1982).

As medidas previstas no Art. 194 também se aplicam à poluição marinha por plásticos, mas ainda de forma genérica, principalmente ao se considerar a discussão sobre a natureza tóxica, prejudicial ou nociva dos plásticos, que ainda não alcançou certeza jurídica no âmbito internacional. Ainda na Parte XII, A CNUDM dispõe na Seção 5, dos Artigos 207 a 212, sobre as regras internacionais e legislação nacional para prevenir, reduzir e controlar a poluição do meio marinho, e prossegue na Seção 6, dos Artigos 213 a 222, regulando a execução referente à poluição (CNUDM, 1982). Dentre essas previsões normativas, destaca-se a do Artigo 207, que se aplica à poluição marinha por plástico:

ARTIGO 207
Poluição de origem terrestre

1. Os Estados devem adotar leis e regulamentos para prevenir, reduzir e controlar a poluição do meio marinho proveniente de fontes terrestres, incluindo rios, estuários, dutos e instalações de descarga, tendo em conta regras e normas, bem como práticas e procedimentos recomendados e internacionalmente acordados.

2. Os Estados devem tomar outras medidas que possam ser necessárias para prevenir, reduzir e controlar tal poluição.

3. Os Estados devem procurar harmonizar as suas políticas a esse respeito no plano regional apropriado.

4. Os Estados, atuando em especial por intermédio das organizações internacionais competentes ou de uma conferência diplomática, devem procurar estabelecer regras e normas, bem como práticas e procedimentos recomendados, de caráter mundial e regional para prevenir, reduzir e controlar tal poluição, tendo em conta as características próprias de cada região, a capacidade econômica dos Estados em desenvolvimento e a sua necessidade de desenvolvimento econômico. Tais regras e normas, bem

como práticas e procedimentos recomendados devem ser reexaminados com a periodicidade necessária.

5. As leis, regulamentos, medidas, regras e normas, bem como práticas e procedimentos recomendados, referidos nos parágrafos 1º, 2º e 4º devem incluir disposições destinadas a minimizar, tanto quanto possível, a emissão no meio marinho de substâncias tóxicas, prejudiciais ou nocivas, especialmente as substâncias não degradáveis (CNUDM, 1982).

Segundo Zanella (2019a), a poluição marinha por plásticos se dá principalmente por fontes terrestres, como rios, indústrias, cidades e esgotos, o que pode causar o sufocamento, afogamento e envenenamento por plásticos das espécies marinhas, levando à redução da biodiversidade e ao desequilíbrio dos ecossistemas marinhos. No Alto Mar, 80% da poluição marinha por plástico tem como fonte principal a terrestre (ZANELLA, 2013). Por conseguinte, o tipo mais preponderante de poluição marinha por plásticos se configura como poluição de origem terrestre à luz do Art. 207 da CNUDM, de modo que todos os Estados signatários da Convenção devem seguir os deveres nele previstos, principalmente no que concerne ao estabelecimento de medidas de prevenção, redução e controle.

De toda forma, as previsões continuam genéricas em relação à poluição marinha por plásticos, de modo que a regulação, na atualidade, se dá principalmente a partir de normas de *soft law* no âmbito do Direito do Mar. As normas de *soft law* podem ser entendidas como aquelas que não vinculam obrigatória e universalmente os Estados, de modo que serão aplicadas em consonância a uma decisão política realizada por cada um, o que explica o fato de que, atualmente, as normas e regras aplicáveis à poluição marinha por plásticos são mais efetivas nos âmbitos nacional e regional, a partir do estabelecimento de medidas internas e de cooperação entre Estados que se atentam de forma mais atenciosa à problemática.

Devido à dificuldade de compatibilização das questões de preservação ambiental e de desenvolvimento econômico, considerando que as últimas são mais valorizadas pela maior parte dos Estados, que estão inseridos na lógica neoliberal e no avanço do capitalismo no Século XXI, as normas de *soft law* adquirem grande importância no âmbito do Direito Internacional Ambiental (ZANELLA, 2013). O consenso global em relação às normas ambientais é extremamente difícil de ser alcançado, e é nesse quadro que as normas de *soft law* representam grande parte do arcabouço jurídico que regula a poluição marinha por plásticos. Nesse ínterim, Zanella (2013) aponta duas importantes normas de *soft law* ligadas ao tema: a priori, a Convenção sobre Prevenção da Poluição Marinha por Alijamento de Resíduos e outras Matérias, de 1972 (LC-72)[3], que dispõe:

ARTIGO IV

1. De acordo com as disposições da presente Convenção, as Partes Contratantes proibirão o alijamento de quaisquer resíduos ou outras substâncias em qualquer forma ou condição, exceto nos casos a seguir especificados:

a) proíbe-se o alijamento de resíduos ou outras substâncias enumeradas no Anexo I;

[...]

ANEXO I

[...]

4 - Plásticos persistentes e demais materiais sintéticos persistentes, por exemplo, redes e cabos que possam flutuar ou ficar em suspensão no

---

3    Disponível em: http://www.planalto.gov.br/ccivil_03/decreto/1980-1989/1980-1984/D87566. htm.

mar de modo que venham a dificultar materialmente a pesca, a navegação ou outras utilizações legítimas do mar. (LC-72).

A posteriori, a Convenção Internacional para a Prevenção da Poluição por Navios (MARPOL 73/78)[4], Anexo V (Regras para a Prevenção da Poluição Causada pelo Lixo dos Navios), de 1983[5], que prevê:

Regra 3

Alijamento de lixo fora de áreas especiais

1 Sujeito ao disposto nas Regras 4, 5 e 6 deste Anexo:

(a) é proibido o lançamento no mar de todos os tipos de plásticos, inclusive, mas não restringindo-se a estes, cabos sintéticos, redes de pesca sintéticas, sacos plásticos para lixo e cinzas de incineradores provenientes de produtos plásticos que possam conter resíduos tóxicos ou de metais pesados; [...] (MARPOL 73/78, Anexo V, 1983).

A evolução do Direito do Mar quanto à introdução de plásticos nos oceanos se evidencia tanto na LC-72, quanto na MARPOL 73/78, Anexo V, de 1983, pelo mesmo motivo, ora, a previsão normativa expressa da proibição do alijamento de plásticos nos mares e no oceano. Cabe ressaltar, neste ponto, o conceito de alijamento disposto no Artigo 1º, Número 5, letra "a", "i", da CNUDM, ligado ao lançamento de plástico no mar, qual seja, "qualquer lançamento deliberado no mar de detritos e outras matérias, a partir de embarcações, aeronaves, plataformas ou outras construções; [...]" (CNUDM, 1982). Se anteriormente cabia a crítica à falta de previsão normativa expressa sobre a poluição marinha por plásticos na CNUDM, cabe, aqui,

---

4    Disponível em: https://www.ccaimo.mar.mil.br/ccaimo/marpol
5    Disponível em: https://www.ccaimo.mar.mil.br/ccaimo/marpol.

a crítica quanto à fundamentação das normas expressas previstas na LC-72 e na MARPOL 73/78, Anexo V, de 1983.

Ao proibirem o alijamento de resíduos plásticos, e não, de forma expressa, a poluição marinha por plásticos, a LC-72 e a MARPOL 73/78 não corroboram, em suas referidas previsões normativas, com a definição de poluição do meio marinho expressa no Artigo 1º, Número 4, da CNDUM – até pelo mesmo motivo cronológico ora exposto em relação ao período de negociações, assinatura e entrada em vigor da Convenção, em 1994. Dessa forma, como assevera Zanella (2013), a preocupação desses acordos internacionais não é com o meio ambiente marinho, mas sim com a qualidade da navegação e da atividade pesqueira, de modo que o alijamento não é um tipo de poluição marinha, haja vista que consiste na hipótese de lançamento deliberado no mar de detritos e outras matérias, o que não envolve a possibilidade dessa atividade causar danos aos ecossistemas marinhos e à sua biodiversidade.

Por todo o exposto, fica evidente que até mesmo as referidas normas de *soft law* que preveem expressamente a introdução de plásticos nos mares e oceanos não o fazem por motivos ambientais. Sem embargo, continuam representando a evolução do Direito do Mar em relação ao problema. Ora, o reconhecimento de que os plásticos podem afetar a qualidade das navegações e das atividades pesqueiras é um passo para compreender a magnitude dos impactos causados por esse material.

Com a evolução do Direito Ambiental Internacional, à luz das Conferências de Estocolmo, em 1972; de Nairóbi, em 1982; do Rio de Janeiro, em 1992; e da Cúpula Mundial sobre Desenvolvimento Sustentável – Rio + 10, realizada em Johanesburgo, em 2002; da Conferência do Clima de Copenhague, em 2009; da Conferência das Nações Unidas sobre Desenvolvimento Sustentável – Rio + 20, realizada no Rio de Janeiro, em 2012; e principalmente da Cúpula de Desenvolvimento Sustentável, realizada na cidade de Nova York, em 2015, o Direito do Mar também avança na temática ambiental de modo que um dos seus principais desafios no Século XXI é coordenar esforços para o combate à poluição marinha por plásticos, o que inclui a discussão sobre a celebração de um acordo global vinculante sobre o problema, o cumprimento do Objetivo 14 dos Objetivos de Desenvolvimento do Milênio (ODS) no âmbito da Agenda 2030, e a busca pela efetividade de práticas que honrem o compromisso global da Década das Nações Unidas da Ciência Oceânica para o Desenvolvimento Sustentável, iniciada em 2021, temáticas que serão abordadas em seguida.

## 4. DIREITO AMBIENTAL DO MAR E O DESAFIO DO COMBATE À POLUIÇÃO MARINHA POR PLÁSTICOS: PROPOSTAS NA ERA DO "MAR MASCARADO"

Sob a égide da evolução do Direito Ambiental Internacional, os países que integram a Organização das Nações Unidas (ONU) definiram os novos Objetivos de Desenvolvimento Sustentável – ODS na Cúpula de Desenvolvimento Sustentável, realizada na cidade de New York, Estados Unidos, em 2015. Os ODS passaram a integrar uma nova agenda que visa dar continuidade aos Objetivos do Milênio – ODM, estabelecidos no âmbito da Cúpula do Milênio das Nações Unidas, realizada na cidade de Nova York, em 2000, a partir da adoção da Declaração do Milênio da ONU. Os 17 ODS definidos passaram a integrar a chamada Agenda 2030 para o Desenvolvimento Sustentável, que estabelece 169 metas que devem ser alcançadas até o ano de 2030.

Dentre os ODS, destaca-se, para o Direito do Mar, o Objetivo 14: "Vida na Água – Conservar e promover o uso sustentável dos oceanos, dos mares e dos recursos marinhos para o desenvolvimento sustentável" (ONU, 2015). Nesse ponto, é mister ressaltar o conceito de desenvolvimento sustentável, que surgiu pela primeira vez no âmbito da Comissão

Mundial sobre Meio Ambiente e Desenvolvimento, criada em 1983 pelo Programa das Nações Unidas para o Meio Ambiente – PNUMA e conhecida como Comissão Brundtland, pois foi presidida pela então primeira-ministra da Noruega, Gro Harlem Brundtland, responsável pela primeira definição do conceito que foi publicado em 1987 no Relatório Brundtland denominado *Our Commom Future* ("Nosso Futuro Comum"), que é basicamente a ideia de um desenvolvimento que garante as necessidades das gerações atuais sem comprometer as futuras (SCHARF, 2004 apud ESTENDER; PITTA, 2008).

Em linhas gerais, o desenvolvimento sustentável é definido como um modelo de desenvolvimento que harmoniza as vertentes econômica, ambiental e social sob a mesma premissa de garantir as necessidades das gerações atuais sem o comprometimento das necessidades das próximas gerações (THOMÉ, 2014). Resumidamente, o desenvolvimento sustentável é um princípio que busca a perpetuação da humanidade, considerando que as condições sociais, econômicas e ambientais devem ser suficientes para isso. Não cabe aqui discutir as críticas ao conceito, mas destacar a sua relação com o Objetivo 14 da Agenda 2030, que tem como primeira meta "até 2025, prevenir e reduzir significativamente a poluição marinha de todos os tipos, especialmente a advinda de atividades terrestres, incluindo detritos marinhos e a poluição por nutrientes" (ONU, 2015).

Nesse sentido, Nobre e Moreira (2019) asseveram que:

Quanto ao problema da poluição marinha (14.1), é possível ressaltar que cerca de 80% desta poluição advém de atividades terrestres. Práticas agrícolas, turismo costeiro, atividades portuárias, crescimento urbano, mineração, industrialização, entre outros, são causas da poluição marinha que ameaça os ecossistemas marinhos e costeiros, assim como a saúde e bem-estar daqueles que vivem nas zonas costeiras e dependem de seus recursos naturais. (NOBRE; MOREIRA, 2019, p. 136).

Por conseguinte, é possível compreender que o combate à poluição marinha por plásticos integra o ODS 14 e é uma das formas de alcançar o desenvolvimento sustentável, o que diz respeito diretamente ao Direito do Mar, principalmente ao Direito Ambiental do Mar, como será exposto a seguir. Tiago V. Zanella (2019a, p. 30) define o Direito Ambiental do Mar como "um sub-ramo do Direito do Mar que normatiza a proteção e preservação do ambiente marinho." Nesse quadro, as questões acerca da poluição marinha por plásticos podem ser mais bem discutidas no âmbito do Direito Ambiental do Mar, na medida em que esse se ocupa diretamente das questões atreladas à conservação dos ecossistemas marinhos. É importante salientar esse sub-ramo do Direito do Mar, a fim de demonstrar a evolução da matéria no Século XXI.

Dentro deste sub-ramo, uma das propostas para o combate à poluição marinha por plásticos se refere à criação de um acordo global vinculante que trate especificamente sobre esse problema, como defendem Borrelle et al. (2017). A proposta pode parecer interessante, haja vista que, como aponta Sobreira (2019), em geral, o Direito Internacional ainda se limita à criação de normas gerais acerca da preservação e conservação do meio ambiente marinho, o que, até então, não conseguiu trazer, por exemplo, a hipótese de responsabilidade civil do Estado por dano ambiental causado pela poluição marinha por plásticos.

Neste trabalho, lança-se mão da ideia de que a dificuldade de se concretizar um acordo internacional vinculante acerca desse tipo de poluição está ligada ao fato de que não se observa um grande desastre ambiental causado pelos plásticos em um único fato. Como apontado por Zanella (2019a), desastres ambientais como os casos *Torrey Canyon*, *Erika* e *Prestigie* estimularam a comunidade internacional a criar normas sobre a prevenção da poluição por navios, principalmente da poluição por óleo, à luz da perspectiva de que "historicamente, diversos tratados internacionais para a proteção do meio marinho apenas foram assinados após algum desastre ambiental" (ZANELLA, 2019a, p. 55).

Na problemática da poluição marinha por plástico, não é provável que apenas um acontecimento ou fato, um acidente, como o derramamento de óleo no mar causado por um navio que afunda, cause, de uma só vez, um grande dano ao meio ambiente marinho, na medida que os danos causados pelo plásticos à biota marinha e à saúde dos mares e do oceano estão relacionados ao acúmulo de plásticos e microplásticos nas colunas d'água e à interferência progressiva desses nos ciclos de carbono e nitrogênio, nas cadeias alimentares e na absorção de nutrientes pelos seres vivos marinhos. Dessa forma, pela lógica da construção de um arcabouço jurídico elaborado a partir das consequências de um desastre ambiental, torna-se menos possível a elaboração de um acordo global vinculante sobre a poluição marinha por plásticos.

Não obstante, há acordos recentes que ampliam o regime jurídico relacionado à poluição marinhas por plásticos, entre os quais se destaca a emenda à Convenção da Basileia sobre o Controle de Movimentos Transfronteiriços de Resíduos Perigosos e sua Eliminação (1989):

> A recente Conferência Conjunta das Partes (Conference of the Parties - COP) das Convenções da Basiléia (BC COP-14), de Roterdã (RC COP-9) e de Estocolmo (SC COP-9), realizada em maio de 2019, alcançou vários resultados significativos para o combate à poluição plástica marinha. As Partes aprovaram uma emenda à Convenção da Basileia para incluir alguns resíduos plásticos em sua estrutura legalmente vinculante, o que poderá tornar o comércio global de plástico mais transparente e melhor regulamentado. Como a decisão é muito recente, ainda é cedo para avaliar seus resultados (CHASEK, 2019 apud DIÓGENES, 2020, p. 59).

Com o advento do referido anexo, a exportação de lixo plástico foi regulamentada de forma mais efetiva, a fim de prevenir práticas como a exportação para países nos quais as legislações ambientais são flexíveis. Contudo, países conhecidos por liderarem os *rankings* de produção de plástico, como os Estados Unidos e o Brasil (WWF, 2019), não assinaram o acordo relativo ao anexo, o que mostra novamente a dificuldade de se obter consenso nas temáticas ambientais internacionais e o empecilho à criação de um acordo global vinculante capaz de responsabilizar os Estados pelos danos ambientais marinhos causados pela poluição por plásticos. Outrossim, mesmo que um acordo desse tipo fosse aprovado, continuaria difícil aferir a responsabilidade de um Estado devido ao elemento do nexo causal, na medida em que não há métodos eficientes para verificar a origem da poluição, ou seja, de qual Estado ela partiu, à exemplo do caso do derramamento de óleo no litoral nordestino brasileiro em setembro de 2019, que continua sem responsáveis identificados (BRASIL DE FATO, 2020).

Diante do exposto, abre-se uma nova hipótese: a de que a poluição marinha por plásticos se tornará um desafio mais bem enfrentado no Século XXI apenas quando novas evidências de prováveis danos à saúde humana forem comprovadas. Isso porque, até então, não se evidencia um esforço da comunidade internacional para o estabelecimento de um acordo global que vincule os Estados à obrigação de prevenir a poluição marinha por plásticos. Não se intenta, aqui, recair ao pessimismo, mas refletir sobre os fundamentos do Direito Ambiental Internacional como um todo, que ainda se guia preponderantemente pelas necessidades humanas, e não pelas necessidades ambientais, como se essas não fossem diretamente ligadas àquelas.

A fim de aprofundar ainda mais a temática à luz das demandas do Século XXI, é mister destacar o impacto da pandemia da COVID-19, doença infecciosa causada pelo vírus Sars-CoV-2 (novo coronavírus), na poluição marinha por plásticos. Por se tratar de uma pandemia global que se propaga entre seres humanos, as preocupações obviamente se voltam à saúde e à condição mínima de existência da população humana. Todavia, cabe destacar o aumento da poluição marinha por plásticos em decorrência do descarte indevido de máscaras e equipamentos de proteção constituídos por plásticos nos mares e oceanos. Oriundos de fontes terrestres ou lança-dos diretamente à beira das praias e dos litorais oceânicos, esses materiais constituem, principalmente a partir de 2020, uma das formas de poluição marinha por plásticos, como aponta Vieira (2020).

Nesse ínterim, Vieira (2020) se vale da metáfora acerca do "Mar Mascarado", ao trazer à tona a reflexão sobre o impacto da COVID-19 na poluição marinha por plásticos à luz do Direito Ambiental do Mar, mos-trando que esse ainda não é capaz de solucionar a problemática a partir das previsões normativas existentes:

> Sem embargo, ainda não é possível apontar ações efetivas que possam ser empregadas à luz do Direito Ambiental do Mar para combater a pro-blemática. Com a Covid-19, o mar também passa a ser mascarado. No entanto, para sua imensa biodiversidade, as máscaras não indicam pro-teção, e sim uma ameaça à vida. O mar mascarado significa, sobretudo, o mar escondido, o mar poluído que ainda é silenciado e sofre os danos causados pelo plástico sem poder reivindicar soluções. Cabe precipua-mente ao Direito Ambiental do Mar desmascarar o problema, a fim de que soluções efetivas possam ser tomadas em prol do meio ambiente marinho saudável e sustentável (VIEIRA, 2020, pp. 199-200).

Por todo o exposto, conclui-se que propostas como a criação de um acordo global vinculante relativo à poluição marinha por plásticos ainda parecem distantes da concretização. As normas de *soft law* conti-nuam sendo imprescindíveis para a temática, principalmente as regionais que estimulam a criação de normas jurídicas internas. Alternativas podem ser encontradas por meio da Diplomacia do Oceano, que ganha destaque no atual contexto da Década das Nações Unidas da Ciência Oceânica para o Desenvolvimento Sustentável, que se iniciou em 2021 e se estenderá até o ano de 2030, com o objetivo de gerar e propagar o conhecimento científico sobre os oceanos, o que se coaduna ao ODS 14 e pode trazer ideias interessantes e eficientes no que tange à poluição marinha por plásticos.

Sobre a Diplomacia do Oceano, Andrei Polejack (2021) mostra que se trata de uma ciência, e nesse sentido, a diplomacia científica oceânica auxilia na conexão entre a transdisciplinaridade e os principais assuntos acerca do oceano, já que um de seus maiores papéis é a condução de negociações mais eficazes, a fim de alcançar acordos equitativos entre os Estados, balanceando interesses soberanos nacionais com as demandas mundiais relacionadas ao oceano. Nesse sentido, a Diplomacia do Oceano é uma ferramenta crucial para efetivar as normas previstas na CNUDM, como salienta Polejack (2021):

> Com a próxima Década de Ciência Oceânica para o Desenvolvimento Sustentável da ONU, há uma chance de olhar para trás e aprender com as lições anteriores sobre o sucesso das negociações sobre o direito dessas negociações. A diplomacia da ciência oceânica será essencial para promover a coordenação dos elementos necessários para superar as dificuldades históricas. A Década deve ser uma oportunidade para entender como a ciência dos oceanos acontece no sul global e o que é necessário para equilibrar essas desigualdades para entregar os resultados esperados, por exemplo, na Agenda 2030 (POLEJACK, 2021, p. 11).

A diplomacia científica oceânica une o Direito do Mar, as Relações Internacionais e demais áreas conexas em prol do avanço do conhecimento acerca do oceano, e assim pode ser um instrumento que leve à elaboração de propostas efetivas na prática em relação ao combate da poluição marinha por plásticos, podendo auxiliar até mesmo na possível elaboração de um acordo global vinculante, como propõem parte dos pesquisadores sobre a temática.

## 5. CONCLUSÃO

O presente artigo procurou evidenciar a importância estratégica do Direito do Mar nos grandes temas do Século XXI, a partir da problemática da poluição marinha por plásticos à luz da era do "Mar Mascarado". Por todo o exposto, conclui-se que as previsões normativas que regem o tema são, em sua maioria, normas de *soft law*, e a Convenção das Nações Unidas sobre o Direito do Mar (1982), ainda que de forma genérica, dispõe sobre regras aplicáveis à poluição marinha por plásticos.

No que tange às práticas efetivas no combate à poluição marinha por plásticos, alguns autores acreditam na necessidade de se criar um acordo global vinculante, a fim de responsabilizar os Estados pelos danos causados pela poluição marinha por plásticos, o que ainda não aconteceu e nem há previsão de se consolidar no contexto atual. O Direito do Mar evoluiu ao longo do tempo em resposta às novas demandas do Século XXI, de modo que constitui uma estratégia abordar os temas acerca da conservação dos ecossistemas marinhos à luz de um de seus sub-ramos, o Direito Ambiental do Mar.

Outra estratégia que pode ser empregada é a Diplomacia do Oceano, que conecta o Direito Ambiental do Mar às Relações Internacionais e demais áreas do conhecimento, em um esforço contínuo em prol dos mares e o do oceano. Apesar de não haver respostas jurídicas efetivas, a poluição marinha por plásticos é um problema que persiste e eventualmente deverá ser desmascarado, a fim de garantir o desenvolvimento sustentável e impedir os danos causados ao meio ambiente marinho e à sociedade.

Assim, deve-se continuar lançando ao mar as propostas que um dia poderão surtir efeitos de proteção ao meio ambiente marinho, e sem o Direito do Mar, essa tarefa seria ainda mais árdua. Sem a proteção normativa e os artifícios do Direito do Mar, o problema da poluição marinha por plásticos poderia ser menos conhecido e ainda mais negligenciado, o que evidencia a importância desse ramo do Direito Internacional para os grandes temas do Século XXI e para a história da humanidade.

# REFERÊNCIAS BIBLIOGRÁFICAS

ALVAREZ, Lisandro D. Giraldez et al. Efectos de los microplásticos en el medio ambiente: Um macroproblema emergente. RECyT, ano 22, n° 33, 2020, pp. 100-107. Disponível em: https://rid.unam.edu.ar/bitstream/handle/20.500.12219/2608/Giraldez%20Alvarez%20LD_2020_Efectos.pdf?sequence=1&isAllowed=y. Acesso em: 10 mar. 2021.

BARBOSA, Catarina. Um ano após vazamento de óleo no Nordeste, nenhum responsável foi identificado. **Brasil de Fato**, Belém, 30 ago. 2020. Disponível em: https://www.brasildefato.com.br/2020/08/30/um-ano-apos-vazamento-de-oleo-no-nordeste-nenhum-responsavel-foi-identificado. Acesso em: 10 mar. 2021.

BORRELLE, Stephanie B.; ROCHMAN, Chelsea M.; LIBOIRON, Max; BOND, Alexander L.; LUSHER, Amy; BRADSHAW, Hil Iary; PROVENCHER, Jennifer F. Opinion: Why we need an international agreement on marine plastic pollution. **Proc. Natl. Acad. Sci.,** v. 114, n. 38, p. 9994-9997, 2017. Disponível em: www.pnas.org/cgi/doi/10.1073/pnas.1714450114. Acesso em: 15 mar. 2021.

BRASIL não adere ao acordo internacional para o combate à poluição plástica. **WWF**, 21 maio 2019. Disponível em: https://bityli.com/DmH3B. Acesso em: 15 mar. 2021.

CARSON, Rachel. **Primavera Silenciosa.** Tradução de Claudia Sant'Anna Martins. 1. ed. São Paulo: Gaia, 2010.

CHASEK, Pamela; IISD, International Institute for Sustainable Development (Orgs.). Summary of the Meetings of the Conferences of the Parties to the Basel, Rotterdam and Stockholm Conventions: 29 April – 10 May 2019. **Earth Negotiations Bulletin**, v. 15, n. 269.

CLAESSENS, Michiel et al. Occurrence and distribution of microplastics in marine sediments along the Belgian coast. **Marine Pollution Bulletin**, Vol. 62, n° 10, 2011, pp. 2199-2204. Disponível em: https://

www.sciencedirect.com/science/article/abs/pii/S0025326X11003651. Acesso em: 26 fev. 2021.

CNUDM. **Convenção das Nações Unidas sobre o Direito do Mar.** Montego Bay, Jamaica, 1982. Disponível em: <https://www2. camara.leg.br/legin/fed/decret/1990/decreto-99165-12-marco- -1990-328535-publicacaooriginal-1-pe.html>. Acesso em: 10 mar. 2020.

DERRAIK, J.G.B. The pollution of the marine environment by plastic debris: a review. **Marine Pollution Bulletin**, vol. 44, n° 9, set. 2002, pp. 842-852. Disponível em: https://www.sciencedirect.com/science/ article/pii/S0025326X02002205. Acesso em: 26 fev. 2021.

DIÓGENES, Beatriz Nunes. **Limites e possibilidades à atuação do direito internacional do meio ambiente na mitigação da poluição plástica marinha.** 2020. 131 f. Dissertação (Mestrado em Direito) - Faculdade de Direito, Universidade Federal do Ceará, Fortaleza, 2020.

ESTENDER, A. C.; PITTA, T. de T. M. O conceito de desenvolvimento sustentável. **Revista Terceiro Setor**, UNG, vol. 2, n° 1, 2008, pp. 22-28. Disponível em: http://revistas.ung.br/index.php/3setor/article/view-File/399/484. Acesso em: 20 mar. 2021.

GREGORY, M. R. Plastic "scrubbers" in hand cleansers: a further (and minor) source for marine pollution identified. **Marine Pollution Bulletin**, vol. 32, n° 12, dez. 1996, pp. 867-871.

Disponível em: https://www.sciencedirect.com/science/article/abs/ pii/S0025326X96000471#!. Acesso em: 26 fev. 2021.

HATJE, Vanessa; COSTA, Mônica Ferreira da; CUNHA, Letícia Cotrim da. Oceanografia e Química: unindo conhecimentos em prol dos oceanos e da sociedade. **Quím. Nova [online]**, vol. 36, n. 10, 2013, pp. 1497-1508. ISSN 0100-4042. Disponível em: http://dx.doi. org/10.1590/S0100-40422013001000004. Acesso em: 25 fev. 2021.

LEBRETON, L., SLAT, B., FERRARI, F. et al. Evidence that the Great Pacific Garbage Patch is rapidly accumulating plastic. **Scientific Reports**, vol. 8, Artigo 4666, mar. 2018. Disponível em: https://www.nature.com/articles/s41598-018-22939-w. Acesso em: 25 fev. 2021.

NEVES, Diogo Fernando Pereira. **Lixo marinho nos fundos oceânicos e a sua ingestão por peixes da costa portuguesa.** Dissertação de mestrado, Universidade Nova de Lisboa, Lisboa. 77 p. 2013. Disponível em: https://run.unl.pt/handle/10362/11049. Acesso em: 26 fev. 2021.

NOBRE, Ana Carolina Silva; MOREIRA, Felipe Kern. Objetivo de desenvolvimento sustentável 14: panorama geral da participação brasileira (2012-2018). *In:* **Direito do mar: reflexões, tendências e perspectivas – volume 3.** TOLEDO, André de Paiva; SUBTIL, Leonardo de Camargo; BORGES, Thiago Carvalho; ZANELLA, Tiago V.. [Orgs.]. Belo Horizonte: Editora D'Plácido, 2019, Cap. 6, pp.123-161.

ONU, Organização das Nações Unidas. Agenda 2030 para o Desenvolvimento Sustentável. New York: ONU, 2015. Disponível em: https://brasil.un.org/pt-br/sdgs. Acesso em: 20 mar. 2021.

POLEJACK, Andrei. The Importance of Ocean Science Diplomacy for Ocean Affairs, Global Sustainability, and the UN Decade of Ocean Science. **Front. Mar. Sci.**, vol. 8, Artigo 664066, mar. 2021. Disponível em: https://www.frontiersin.org/article/10.3389/fmars.2021.664066. Acesso em: 10 mar. 2021.

PURCA, Sara; HENOSTROZA, Aida. Presencia de microplásticos en cuatro playas arenosas de Perú. **Rev. peru biol.,** Lima, vol. 24, n. 1, pp. 101-106, jan. 2017. Disponível em: http://www.scielo.org.pe/scielo.php?script=sci_arttext&pid=s1727-99332017000100012. Acesso em: 27 fev. 2021.

SADRI, S. S.; THOMPSON, Richard. On the quantity and composition of floating plastic debris entering and leaving the Tamar Estuary,

Southwest England. **Marine Pollution Bulletin**, vol. 81, n° 1, abr. 2014, pp. 55-60. Disponível em: https://www.sciencedirect.com/science/article/abs/pii/S0025326X14001167. Acesso em: 26 fev. 2021.

SCHARF, Regina. **Manual de Negócios Sustentáveis.** São Paulo: Amigos da Terra, 2004.

SOBREIRA, Gabriel Araújo. **O direito internacional no combate à poluição dos mares por plástico: responsabilidade estatal, instrumentos jurídicos viáveis para controle de condutas e possíveis sanções para um Brasil poluidor do meio ambiente marinho.** Fortaleza: UFC, 2019. Monografia (Graduação em Direito) - Faculdade de Direito, Universidade Federal do Ceará, Fortaleza, 2019.

STEFFEN, W.; CRUTZEN, P. J.; MCNEILL, J. R. The Anthropocene: are humans now overwhelming the great forces of Nature? **Ambio**, vol. 36, n° 8, dez. 2007, pp. 614–621. Disponível em: https://www.jstor.org/stable/25547826. Acesso em: 25 fev. 2021.

TEOTÔNIO, Marcelo Henrique Ramos. **Presença de microplásticos em água de torneira no Plano Piloto uma região administrativa de Brasília.** 2020. 60 f., il. Dissertação (Mestrado em Ciências da Saúde) — Universidade de Brasília, Brasília, 2020.

THOMÉ, Romeu. **Manual de Direito Ambiental.** 4. ed. Salvador: Juspodivm, 2014.

VIEIRA, Lillie Lima. O Mar Mascarado: Pandemia da Covid-19 e Poluição Marinha por Máscaras de Plástico à luz do Direito Ambiental do Mar. *In:* **III Congresso de Direitos Humanos do Centro Universitário da Serra Gaúcha**, vol. 3., n° 3, 2020, pp. 198-200.

ZANELLA, Tiago V. **Direito Ambiental do Mar: a prevenção da poluição por navios.** Belo Horizonte: Editora D'Plácido, 2019a.

ZANELLA, Tiago V. **Manual de direito do mar.** 1 reimp. Belo Horizonte: Editora D'Plácido, 2019b.

ZANELLA, Tiago V. Poluição Marinha por Plásticos e o Direito Internacional do Ambiente. **Revista do Instituto do Direito Brasileiro**, ano 2, nº. 12, 2013, pp. 14473-14500.

ZHANG, Linlin et al. The spatial distribution of microplastic in the sands of a coral reef island in the South China Sea: Comparisons of the fringing reef and atol. **Marine Pollution Bulletin**, vol. 688, n° 1, out. 2019, pp. 788-786. Disponível em: https://www.sciencedirect.com/science/article/abs/pii/S0048969719327494. Acesso em: 25 fev. 2021.

ZITKO, V.; HANLON, M. Another source of pollution by plastics: skin cleaners with plastic scrubbers. **Marine Pollution Bulletin**, vol. 22, n° 1, jan. 1991, pp. 41-42. Disponível em: https://www.sciencedirect.com/science/article/abs/pii/0025326X9190444W. Acesso em: 25 fev. 2021.

# TRATADOS INTERNACIONAIS

Convenção das Nações Unidas sobre o Direito do Mar. Montego Bay; 10 de dezembro de 1982.

Convenção Internacional para a Prevenção da Poluição por Navios. (MARPOL 73/78).

Convenção sobre Prevenção da Poluição Marinha por Alijamento de Resíduos e outras Matérias; Londres; 1972. (LC – 72).

Regras para a Prevenção da Poluição Causada pelo Lixo dos Navios. 17 de fevereiro de 1983. Anexo V da MARPOL 73/78.

**Seção 7**

# DIREITO DAS RELAÇÕES INTERNACIONAIS
## NO SÉCULO XXI

# Legítima defesa contra agentes não-estatais: limites jurídicos da aplicação da Carta da ONU no pós "guerra contra o terror"

BRUNA ALVES GONÇALVES

## SUMÁRIO

1. Introdução;
2. A interpretação do artigo 51 conforme a doutrina tradicional;
3. A interpretação do artigo 51 conforme a doutrina tradicional;
    3.1. Os impactos do 11 de setembro na política global;
    3.2. O antiterrorismo respaldado na legítima defesa dos anos 2010;
4. Problemáticas contemporâneas da narrativa de legítima defesa ampla;
5. Conclusão.

## 1. INTRODUÇÃO

Assim como para diversas outras áreas, a transição para o século XXI emerge como momento de profundas e essenciais transformações nas práticas do direito e das relações internacionais. Logo no início do milênio, tais áreas do conhecimento sofrem pressão imediata de transacionar da realidade do pós-Segunda Guerra Mundial e da Guerra Fria, na qual foram majoritariamente desenvolvidos, aos novos elementos da contemporaneidade, dentre os quais o crescimento da relevância política e militar de agentes não-estatais e da proporção de sua ameaça, diante do vácuo legislativo referente à sua contenção.

É especificamente o evento do ataque às torres gêmeas, em 11 de setembro de 2001, reconhecido como momento de emergência da Al Qaeda, que marca uma nova preocupação na esfera sociopolítica, definida por ataques massivos e subsequente pânico generalizado. Para além da instrumentalização política do fenômeno por parte de países ocidentais, liderados pelos Estados Unidos na chamada "guerra contra o terror", a onda de extremismo transnacional deu origem a uma perspectiva generalizada a partir da qual fez-se *contrário-sensu* questionar a prerrogativa de uso reativo da força pelos Estados diretamente atacados ou efetivamente ameaçados por grupos terroristas. Diferente das iniciativas estadunidenses em países localizados no Sul Global como um todo durante o século XX, motivadas estritamente por questões político-econômicas abertamente controversas, o contra-ataque a grupos como Al Qaeda e o Estado Islâmico ("EI") tornou-se socialmente aceitável diante da absoluta negação do direito internacional por parte destes, incluindo nas esferas de direitos humanos e direito humanitário, e de suas transmissões independentes de brutal violência contra indivíduos contrários a suas doutrinas (CHDNU, 2015). Como enunciado pelo Conselho de Segurança da Organização das Nações Unidas, o terrorismo de fato se tornou uma das maiores preocupações e ameaças à paz e segurança internacionais do século XXI (CSNU, 2001a, 2001b, 2015).

No entanto, passadas as primeiras percepções sobre os impactos do extremismo contemporâneo, percebe-se que as capacidades reativas da comunidade internacional frente ao fenômeno não são ilimitadas, e, pelo contrário, são amplamente reduzidas. A proibição geral do direito internacional sobre uso da força em relações transfronteiriças impõe critérios estritos para a invocação de suas excepcionalidades, especialmente para a legítima defesa prevista no artigo 51 da Carta das Nações Unidas, apresentada como justificativa para a ação estadunidense no Afeganistão em 2001 e pela frente de combate ao Estado Islâmico na Síria, a partir de 2014.

Conforme a interpretação consolidada na jurisprudência da Corte Internacional de Justiça, o exercício legal da legítima defesa depende do preenchimento de três requisitos simultâneos: as estritas necessidade e proporcionalidade da reação, e a existência de um ataque armado (CIJ, 1986, §§194, 249). O último exige não apenas a existência de ameaças massivas, mas que sejam mandatoriamente atribuíveis a um Estado da comunidade internacional, excluindo de seus parâmetros a possibilidade de invocação do artigo diante de ameaças oferecidas por agentes não-estatais. É este que, assim, apresenta-se como entrave direto à aplicação imediata dos termos atuais de aceitação social, requerendo seu cumprimento ou modificação para que as condutas reativas não sejam, ainda que aparentemente necessárias, ilegais.

Instaura-se, a partir de tal empasse, conflito entre posição lida como expressão da razoabilidade social e o direito internacional previamente consolidado. Em tentativa de solução, parte da comunidade de Estados, em sua maioria ocidentais e liderados pelos Estados Unidos da América, passa a arguir a modificação costumeira da doutrina de legítima defesa a fim de englobar os novos desafios, possibilitando a aplicabilidade do artigo 51 diante da natureza não-estatal dos alvos (GRAY, 2008, pp. 200-2002).

O presente artigo propõe a apresentação dos resultados até o momento apurados por tal debate, a partir dos argumentos teóricos e práticos existentes iniciados com a os ataques ao Afeganistão, em 2001. Organiza-se, desta forma, de modo a primeiramente expor a interpretação tradicional, utilizada como ponto de partida para posteriores discussões contemporâneas. Em seguida, passa a analisar diretamente os elementos de uma possível modificação interpretativa, dissecando os principais elementos de prática estatal internacional e *opinio juris* de favoráveis à ampliação do artigo 51 no combate a ameaças não-estatais no século XXI. Por fim, problematiza as principais questões da nova argumentação e seus impactos no sentido almejado pelo artigo consolidado na Carta das Nações Unidas.

## 2. A INTERPRETAÇÃO DO ARTIGO 51 CONFORME A DOUTRINA TRADICIONAL

Conforme descreve Brownlie (1963, pp. 251-252), o desenvolvimento da doutrina de legítima defesa e sua consolidação no artigo 51 da Carta partem essencialmente do desenvolvimento costumeiro da possibilidade de resistência frente a ataques interestatais entre 1920 e 1939, com a escalada de conflitos no território europeu e a demanda da possibilidade de auto-preservação diante desta. A jurisprudência correspondente, por sua vez, se estabelece inicialmente no Tribunal de Nuremberg, no qual foi sugerida sua conceituação como reação a um ato de agressão, e no Tribunal Internacional Militar, no qual invocou-se inicialmente os critérios de necessidade e proporcionalidade formulados no *Caroline test* (BROWNLIE, 1963, p. 252).

Ambos os momentos de formação, nas palavras do autor (1963, p. 255), recorrem "ao direito de legítima defesa quase sem exceção de forma associada com a ideia de reação ao uso da força". No entanto, a partir da consolidação da Carta, modificaram-se tais termos, eliminando-se a interpretação sinônima entre um direito "inerente" e um "ilimitado", e diferenciando-a do direito costumeiro amplo (TAMS, 2019, p. 105). O artigo 51 limita a aplicabilidade legal da legítima defesa ao preenchimento de pré--requisitos pautados em conceitos objetivamente delimitados, localizados na gênese jurídica específica e nos termos gerais do direito internacional público.

Essencialmente, o artigo 51 é lido como direito acessório e excepcional à – e, assim, condicionado à interpretação da - proibição geral do uso da força na esfera internacional, delineado no artigo 2(4) da Carta e na resolução determinativa do conceito de agressão aprovada pela Assembleia geral em 1974 (CIJ, 2005, §§146-148). O texto do primeiro rege, conforme sua redação e a interpretação unânime doutrinária, a proibição da "ameaça ou o uso da força contra a integridade territorial ou a dependência política de qualquer Estado, ou qualquer outra ação incompatível com os Propósitos das Nações Unidas" por outro Estado. O conceito de agressão, por sua vez, define o proibido "uso de força armada por um Estado contra a soberania, integridade territorial ou independência política de outro Estado" (AGNU, 1974, §1º).

Ambas as normas foram geradas partindo do receio sobre o nível da ameaça ofertada por um ataque transnacional, naturalmente considerado um ato de guerra capaz de legitimar o início de um conflito armado no direito internacional, este sendo indesejado e contrário aos objetivos e propostas da própria Carta, definidos em seus primeiros artigos (TAMS, 2019, p. 97). Assim, na leitura tradicional, estabelece-se a proibição do uso da força por parte de um Estado contra o outro e seus elementos essenciais, de tal forma que a legítima defesa, como direito, seria o uso legal da força por parte de um Estado quando confrontado com a violação de tais proibições, logicamente também limitado às mesmas circunstâncias (TAMS, 2019, p. 97). Distinguem-se atos pontuais de violência civil e terrorismo do início de um efetivo conflito armado, declarando os primeiros incapazes de ofertar proporção de violência similar a efetivo ato de guerra internacional (TPIJ, 1995, §70).

Conduzida por tal compreensão, assim, em 1986, quando invocada a fim de solucionar os limites interpretativos do artigo 51, a Corte Internacional de Justiça definiu a legítima defesa da Carta como reação a um "ataque armado". Na decisão, tal conceito foi estritamente interpretado como o emprego de força contra um Estado por outro membro da comunidade internacional - um estado estrangeiro - de forma direta ou indireta, no mesmo sentido endossado pelo artigo 4 da definição de agressão (CIJ, 1986, §115). De forma expressa, sua aplicação a agentes paraestatais limitou-se à excepcionalidade da existência de correlação entre estes e um estado terceiro, medida através da aplicação do teste de controle efetivo (CIJ, 1986, §115). A aplicação limitada do artigo 51 é definida como determinação proposital (CIJ, 2003, §73), como qualquer exceção no direito, conforme as notas de Oppenheim sobre direito internacional (1996, p.421).

Em termos claros, a Corte e a doutrina tradicional estabelecem diferenças entre a legítima defesa garantida pela Carta as demais expressões de uso reativo da força, como a legítima defesa presente no direito costumeiro, interno ou criminal nacional e internacional, e demais circunstâncias excludentes de responsabilidade como, por exemplo, a necessidade (CDI, 2001, artigo 21, §3). Para além da semântica conhecida popularmente como direito à defesa, o artigo 51 da carta é constrito a elementos jurídicos objetivos previamente delimitados, só podendo ser invocado quando estes são de fato cumpridos.

## 3. OS IMPACTOS DA "GUERRA CONTRA O TERROR" NO CONCEITO JURÍDICO DE LEGÍTIMA DEFESA

Apesar de constituir jurisprudência consolidada na Corte, diante do crescimento e da politização da ameaça do terrorismo na esfera internacional, no entanto, a interpretação restrita não impediu a manifestação estatal favorável a sua ampliação. Na comunidade internacional, a movimentação foi instigada pelo ataque às torres gêmeas, ao qual os Estados Unidos reagiram invadindo o Afeganistão no mesmo ano. A sua relevância para além das fronteiras norte-americanas, no entanto, só obtém espaço a partir de 2014, quando diversos agentes da comunidade internacional se uniram a fim de derrotar o Estado Islâmico na Síria. Conforme sua argumentação, a mudança é devida ao passo em que a prática estatal consta no artigo 31 da Convenção de Viena sobre o Direito dos Tratados como um dos critérios interpretativos para as regras convencionais no direito internacional, devendo ser levadas em consideração em sua aplicação (DUFFY, 2015, p. 150). Adicionalmente, consolidado o costume internacional, a própria regra pode ser alterada, considerando o pronunciamento da CIJ no sentido de ampla conexão entre o artigo 51 e o costume que o precede (CIJ, 1986, §§176-179), e a previsão do artigo 38(1)(d) do estatuto da Corte, diante da existência de ambas prática estatal e *opinio juris* (CIJ, 1958, pp. 276-277; 1986, §207).

## 3.1. OS IMPACTOS DO 11 DE SETEMBRO NA POLÍTICA GLOBAL

Como supramencionado, a data de 11 de setembro de 2001 constitui de forma indubitável, embora tenha ocorrido ainda em seus primórdios, um dos maiores marcos dos anos 2000 e do próprio século XXI. Sua ocorrência determina não apenas a tragédia da morte de mais de 5.000 indivíduos e a renovação da preocupação ocidental com o terrorismo transnacional, mas também o fortalecimento da islamofobia nas narrativas do Norte global, a criação de conjuntos normativos nacionais antiterrorismo rígidos, e o rearranjo das relações internacionais (BELL, 2017, pp.47-68; ABU-LUGHOD, 2015, p. 13; ROACH, 2011, pp. 3-5).

Frente ao que se encarou como uma ameaça a nível internacional, o choque e a disrupção instigaram a adoção de medidas imediatas pelo Conselho de Segurança. Onze dias após o evento, assim, deu-se a aprovação unânime das resoluções 1368 e 1373 no ente, afirmando em seu texto a classificação de ataques terroristas como "ameaça à paz e segurança internacionais", e recomendando o uso de "todas as medidas necessárias" pelos Estados a fim de combater tal ameaça, além de, em suas cláusulas preambulares, citar o inerente direito à legítima defesa. As medidas passam a ser reconhecidas como o elemento de *opinio juris* necessário para a formação de costume, essencialmente quando complementados pela prática estatal pouco tempo depois.

Cerca de um mês depois, os Estados Unidos passam a defender a narrativa de aplicação do conceito jurídico de legítima defesa à iniciativa armada contra o Afeganistão, entendendo pela existência de um ataque eminente contra o país (Permanent Representative of the United States of America, 2001) e, em escalada deste, o surgimento de um conflito armado transfronteiriço e não-internacional (NIAC) contra a Al Qaeda, nomeado popularmente como "guerra contra o terror" (U.S. Department of Justice, 2013). A retórica do país, estampada em sua carta de 7 de outubro de 2001 para o Conselho de Segurança e apoiada pelos 19 países-membros da OTAN (2011), reitera o conceito de direito à legítima defesa inerente de todos os Estados e da leitura de ataques terroristas causados por grupos independentes como atos de guerras civis transnacionais.[1] Com isso, categoriza ataques terroristas como atos de guerra, tornando turva a distinção entre a ato criminoso e a alvo militar imersas na natureza de medidas antiterroristas, permitindo o questionamento sobre normas aplicáveis – incluindo o artigo 51 – à discrição estatal na aplicação do uso da força (CICV, 2011). Apesar de inicialmente controversas, no entanto, passada quase uma década, as

---

1   Embora posteriormente suscitada, a relação entre a Al Qaeda e governos particulares não havia, no momento dos primeiros ataques estadunidenses, sido comprovada para fins de invocação do artigo 51, de tal forma a ser considerada irrelevante pelo país para tais fins. Caso a conexão entre a Al Qaeda e o regime talibã fosse à época suscitado e imparcialmente comprovado relevante dentro do teste de "controle efetivo" delineado pela CIJ em 1986, poder-se-ia alegar a responsabilidade internacional Afegã e, assim, a invocação do artigo 51 sem posteriores entraves. Em sua carta ao Conselho de Segurança, os Estados Unidos alegaram não a existência de uma relação de controle e comando entre o Afeganistão e a Al Qaeda, mas meramente a hospedagem do último pelo primeiro. A problemática emerge exatamente de sua aplicação a agentes não-estatais independentes e transnacionais.

medidas estadunidenses tornam-se ponto de partida jurídico para a justificativa internacional na reação ao Estado Islâmico na Síria.

## 3.2. O ANTITERRORISMO RESPALDADO NA LEGÍTIMA DEFESA DOS ANOS 2010

Foi em 29 de junho de 2014, diante dos primeiros anos da primavera Árabe e das movimentações opostas à utilização de armamentos químicos pelo Estado na Síria, que um dos mais importantes grupos paramilitares contemporâneos se autoproclamou "Estado Islâmico". Pautado em ideologias de derrogação das fronteiras estabelecidas pelo colonialismo britânico e francês na região do Oriente Médio e na disseminação de uma ideologia islâmica sunita conservadora através do jihadismo passando a engajar diretamente em conquistas territoriais no país, e tendo sua emergência comumente atribuída à retirada de tropas dos Estados Unidos após a invasão de 2003, o grupo ocupa o cerne da preocupação ocidental dos tempos recentes do século (CICV, 2011; MILTON-EDWARDS, 2018, 181).

Não à toa, o mesmo ano marca o lançamento, por parte dos Estados Unidos, sob decisão do governo Obama, de ataques aéreos direcionados a membros apoiadores do EI, no que é nomeado como "nova fase" da campanha militar estadunidense (COOPER, SCHMITT, 2014). A primeira justificativa dos avanços armados estadunidenses teve como cenário a crise humanitária gerada pela limpeza étnica dos Yazidis no Iraque pelo EI, segundo a qual a gestão Obama passou a invocar a necessidade de impedir avanços no conflito, sem que tivesse declarado estado de guerra (OBAMA, 2014; GONZALES, 2015, 137). Na falha desta, o país apresentou, no entanto, outras três justificativas para a interferência em território estrangeiro: a doutrina de *hot pursuit*, a lógica de estado falho e, por fim, a legítima defesa transnacional contra agente não-estatal. A última, de fato adotada, foi também arguida por diversos outros Estados, como Bélgica, Reino Unido, Austrália, França, Noruega e Dinamarca (Security Council Report, 2021).

Em curtas e similares expressões escritas, e sem posterior desenvolvimento argumentativo, as nações anunciaram a adoção de iniciativas militares intencionadas a conter o avanço do EI na Síria, em expansão à ação coletivamente adotada em momento anterior no território Iraquiano. Em distinção dos avanços no território do Iraque, adotados após requerimento de auxílio internacional para a contenção de conflito militar contra o grupo paraestatal pelo próprio país, porém, na resposta à situação síria as nações expressamente invocaram o direito garantido no artigo 51 da Carta das Nações Unidas. Para tanto, de forma similar à escolha estadunidense de 2001, o leram como garantidor de um direito inerente à legítima defesa individual e coletiva, na linguagem adotada pelo Conselho de Segurança após o 11 de setembro (Permanent Representative of Australia, 2015). Coincidentemente, o mesmo momento marca a reiteração do mesmo argumento previamente utilizado pelo Conselho, com a publicação da resolução 2249, a qual, não eliminando a dubiedade, consolida o debate sobre a possibilidade de invocação da legítima defesa como reação a ataques terroristas a partir da narrativa costumeira (CSNU, 2015).

Em termos teóricos, o raciocínio adotado pela interpretação amplificativa parte do pressuposto de que a função do artigo 51, em sua linguagem ampla e consequente possibilidade interpretativa múltipla, evoluiu a ponto de ultrapassar os entraves colocados na demanda por uma interpretação conectada ao artigo 2(4) da Carta, conforme circunstâncias recentes inseridas nas relações internacionais (HENDERSON, 2015). A narrativa pressupõe que a emergência da ameaça terrorista implica na necessidade de proteção dos civis diretamente afetados por seu impacto através de quaisquer meios disponíveis, e prevê a legítima defesa como a escolha mais lógica para proceder com tais medidas, seja por sua construção histórica, seja pela interpretação meramente semântica do termo. A própria consolidação da legítima defesa como mecanismo universal presente em sistemas nacionais e internacionais motiva a narrativa, embora para tanto descole-se dos termos específicos da esfera supranacional. Em suma, prioriza-se o critério de *policy* sobre o de direito (WOOD, 2013, p. 349).

## 4. PROBLEMÁTICAS CONTEMPORÂNEAS DA NARRATIVA DE LEGÍTIMA DEFESA AMPLA

A argumentação pós-2001, apesar de não envolver uma porcentagem suficiente de países para que se alegue uma mudança intransponível do direito, representa um questionamento respeitado e crescente na teoria do direito, tendo sido inclusive incorporado por diferentes juízes em suas opiniões dissidentes aos casos de legítima defesa analisados pela Corte durante o período. Não se descarta, no entanto, sua complexidade ou o fato de que sua consolidação apresenta ainda falhas significativas em termos práticos e técnicos.

A interpretação de resoluções do Conselho de Segurança é sabidamente completa, sendo sua linguagem propositalmente dúbia a fim de evitar comprometimentos políticos absolutos ou parciais e, assim, garantir apoio a questões essenciais menos controversas (HILPOLD, 2015, p. 537). Além do contexto no qual estão imersas, assim, sua compreensão depende da visualização de outros critérios interpretativos. Estes, no entanto, levam as resoluções na direção contrária às falas que delas se apropriam.

Partindo de perspectivas políticas, faz-se necessária a observação da parcialidade do posicionamento, o qual, inicialmente expresso pelos Estados Unidos, continua a ser posto em prática por seus aliados nas condutas, excluindo visões e perspectivas provenientes de outras partes do globo. A problemática é particularmente revelada diante do pronunciamento do movimento dos países não-alinhados em rejeição à ampliação interpretativa do artigo 51, segundo o qual a ampliação interpretativa deturpa não apenas o entendimento consolidado, mas os próprios objetivos do artigo e suas particularidades no sistema jurídico internacional (Non-Aligned Movement, 2016, §25.2).

A interpretação restrita visa respeitar a seriedade da proibição absoluta do uso da força e, diante do referido cenário, endossar a separação dos paradigmas de aplicação de força e policiamento a lógica de defesa militar, evitando a militarização do crime ou a retaliação internacional (DUFFY, 2005, p. 150; CIJ, 2005, §148). Por tal razão, em três oportunidades, na *Advisory Opinion* referente ao muro dividindo Israel e o Território Ocupado da Palestina (2004, §149), e nos casos instaurados pelo Irã contra os Estados Unidos (2003, §148), e pela República Democrática do Congo contra Uganda (2005, §77), quando invocada a opinar sobre as referidas resoluções, a CIJ reiterou a necessidade de, para que fossem considerados ataques armados, quaisquer aplicações do uso da força fossem imputáveis a um Estado estrangeiro, rejeitando a interpretação ampla destas. No mesmo sentido, o faz UNGA na declaração de *follow-up* da Cúpula do Milênio, em 2005 (§192).

O panorama técnico das circunstâncias que apoiam a pela interpretação ampla do artigo 51, por sua vez, percebe-a igualmente problemática ao passo que, além da inexistência de consenso sobre a legalidade do uso da força nos eventos mencionados, as resoluções se utilizam de linguagem dúbia para os fins almejados pelos referidos Estados e, assim, para a certeira afirmação de uma devida e legítima reinterpretação.

As resoluções-chaves que sustentam o argumento ampliativo partem de três conceitos presentes em seu texto: a noção de ameaça à paz e segurança internacionais, a recomendação de emprego de todos os meios possíveis a contê-la e, por fim, a ideia de inerência do direito à defesa.

Primeiramente, o conceito de paz e segurança internacional, assim como a ideia de emprego de todos os meios possíveis, tratam tradicionalmente não de uma remissão ao artigo 51 da Carta, mas sim ao artigo 24(2), segundo o qual a resposta a ataques de tal natureza é de competência primária do próprio Conselho de Segurança. Tal competência é explicitada nos artigos 39, 40 e 42 do conjunto normativo, na qual é estabelecida ao Conselho prerrogativa autorizativa sobre reação a quaisquer ameaças físicas, por meios aéreos, terrestres ou marítimos, à paz internacional (CIJ, 2004, Sep. Op. Judge Kooijmans, §35). A interpretação favorável a tal compreensão ganha particular sentido ao passo em que o Conselho de Segurança de fato desenvolve prática consistente de aplicação do Capítulo VII da Carta a fim de responder a ameaças não-estatais, evitando conflitos interpretativos sobre a legítima defesa (LO GIACCO, 2017, p. 37; CSNU, 1999, 2005, 2012, 2014). De forma menos litigiosa, suas regras não apenas naturalmente permitem a reação a agentes não-estatais que constituam uma ameaça à paz e segurança internacionais, mas também a ameaças ainda não efetivadas e em territórios estrangeiros sem a obtenção necessária da autorização do Estado-hospedeiro do alvo (LO GIACCO, 2017, p. 37).

Adicionalmente, a lógica todas as medidas necessárias, tanto intuitivamente quanto legalmente, devem adequar-se aos termos gerais do direito internacional público, dos direitos humanos e do direito humanitário, não ficando à mercê dos Estados a medida a ser adotada. O direito internacional não comporta a absoluta liberdade de ação estatal em relação a indivíduos nem mesmo em tempos de guerra, de tal modo a ser racional a constrição dos termos de emprego de medidas antiterroristas. O exercício de condutas antiterrorismo, como afirmado nas resoluções 1456 (2003), 1618 (2005), 1624 (2005) e 1822 (2008) do Conselho de Segurança, torna-se legítimo apenas na correspondência de pré-requisitos delimitados, dentro das fronteiras impostas pelo direito internacional e pelos direitos humanos. Logo, não se derrogam os termos consolidados no direito pelo mero emprego da expressão ilimitada na resolução.

O terceiro e principal ponto de embate quanto às resoluções, por sua vez, é aquele referente a suas cláusulas preambulares. Argumenta-se o reconhecimento da defesa individual ou coletiva sem a necessidade de preenchimento do requisito de um ataque armado, ao passo em que este não é citado, e que o Conselho nomeia o direito como "inerente" (CIJ, 2004, Sep. Op. Judge Kooijmans, §35). Apenas cabe pontuar que, embora ressaltem o direito à legítima defesa, as resoluções a invocam de forma bastante genérica e irregular em comparação a resoluções de fato autorizativas da aplicação do artigo 51. Tem-se que o Conselho de Segurança é capaz de produzir duas espécies de resoluções: específicas e genéricas. Quando específicas, tornam-se capazes de gerar autorizações para condutas estatais ou sanções às partes envolvidas que não cumpram seus termos. Quando genéricas, fazem-se aplicáveis como regras, porém sem a existência de sanções (CÁRDENAS, 2004, p. 1341). A resolução 1368, embora encaixe-se na última categoria, foi interpretada como pertencente à primeira, tal como autorizasse o emprego da força pautada no artigo 51 da Carta pelos Estados Unidos, o que indica um descompasso entre o texto e sua interpretação (CÁRDENAS, 2004, p. 1341).

Quanto a tal quesito, no entanto, a interpretação permanece de fato, até o momento, inconclusa. Não há como argumentar – ao passo em que se diz expressamente sobre a invocação de um direito de legítima defesa presente na carta – sua natureza costumeira, paralela ao direito restrito interpretado pela Corte. No mesmo sentido, parece controverso simplesmente ignorar os ditos do Conselho, negando qualquer relação entre a legítima defesa e o terrorismo a partir de suas aprovações.

# 5. CONCLUSÃO

Diante das informações disponíveis, não é possível alcançar uma conclusão quanto à correta ou ao menos única interpretação das resoluções, ou da atual interpretação do artigo referente à legítima defesa como um todo.

Com o passar do tempo, a matéria aparenta, na realidade, progressivamente mais controversa, com a manutenção da posição por parte da Corte e por parte do Conselho de Segurança em sentidos opostos, na mesma proporção de países do Norte e do Sul Global, respectivamente.

Dada a importância política dos países que têm exercido o direito de legítima defesa contra ameaças terroristas e o próprio tom emocional inerente à questão, é ainda improvável que a matéria se resolva em tempo próximo, mantendo-se como incógnita à doutrina e à aplicação do direito. Independente do caminho a ser adotado, no entanto, faz-se que até uma afirmação de consolidação do costume, a retórica de aplicação da legítima defesa contra ameaças não-estatais mantém-se como *lege ferenda*, sendo como padrão aplicada a regra

# REFERÊNCIAS BIBLIOGRÁFICAS

17th Summit of heads of state and government of the Non-Aligned Movement, NAM 2016/CoB/DOC.1. Corr.1. 2016, Venezuela, §25.2.

ABU-LUGHOD, Lila. **Do muslim women need saving?** 1. ed. Harvard University Press, 2015.

Assembleia Geral das Nações Unidas. Nota do Secretário Geral. **Follow-up to the Outcome of the Millenium Summit**. UN Doc. A/59/565, adotada em 2 de dezembro de 2004, §192

Assembleia Geral das Nações Unidas. **Resolução 3314 (XXIX)**, UN Doc. A.RES.3314, adotada em 14 de dezembro de 1974., §1º.

BELL, Leonore. **The "Other" In 9/11 Literature**. Londres: Palgrave Macmillan, 2017, pp. 47-68.

BROWNLIE, Ian. **International Law and the Use of Force by States**. Oxford: Oxford University Press, 1963.

CÁRDENAS, Emilio. **The United Nations Security Council's Quest for Effectiveness.** Michigan Journal of International Law, v. 5, n. 25, pp. 1341-1348, 2004, p. 1341.

Comissão de Direito Internacional. **Draft Articles on Responsibilities of States for Internationally Wrongful Acts, with commentarie**s, 2001, artigo 21, §3.

Comitê Internacional da Cruz Vermelha. **International humanitarian law and the challenges of contemporary armed conflicts in 2011: How does law protect in war?** Disponível em: <https://casebook.icrc.org/case-study/icrc-international-humanitarian-law-and-challenges-contemporary-armed-conflicts-2011>. Acesso em: 29 Mar. 2021.

Conselho de Direitos Humanos da Organização das Nações Unidas. **Report of the Office of the United Nations High Commissioner for Human Rights on the human rights situation in Iraq in the light of abuses committed by the so-called Islamic State in Iraq and the Levant and associated groups.** UN Doc. A/

HRC/28/18. Twenty-eighth session, 13 mar. 2015.

Conselho de Segurança das Nações Unidas. **Resolução 1267**, UN Doc. S/RES/1267(1999), adotada em 15 de outubro de 1999.

Conselho de Segurança das Nações Unidas. **Resolução 1368**, UN Doc. S/RES/1368(2001), adotada em 12 de setembro de 2001.

Conselho de Segurança das Nações Unidas. **Resolução 1373**, UN Doc. S/RES/1373(2001), adotada em 28 de setembro de 2001.

Conselho de Segurança das Nações Unidas. **Resolução 1377**, UN Doc. S/RES/1377(2001), adotada em 12 de novembro de 2001.

Conselho de Segurança das Nações Unidas. **Resolução 1618**, UN Doc. S/RES/1618(2005), adotada em 4 de agosto de 2005.

Conselho de Segurança das Nações Unidas. **Resolução 2083**, UN Doc. S/RES/2083(2012), adotada em 17 de dezembro de 2012.

Conselho de Segurança das Nações Unidas. **Resolução 2170**, UN Doc. S/RES/2170(2014), adotada em 15 de agosto de 2014.

Conselho de Segurança das Nações Unidas. **Resolução 2249**, UN Doc. S/RES/2249(2015), adotada em 20 de novembro de 2015.

COOPER, Helene; SCHMITT, Eric. **Airstrikes by U.S. and allies hits ISIS targets in Syria**. The New York Times. 2014. Disponível em: https://www.nytimes.com/2014/09/23/world/middleeast/us-and-allies-hit-isis-targets-in-syria.html. Acesso em: 29 mar. 2021.

Corte Internacional de Justiça. **Colombia v. Peru**. Asylum Case. Julgamento em 20 nov. 1950.

Corte Internacional de Justiça. **Nicaragua v. United States of America**. Military and Paramilitary Activities in and against Nicaragua. Julgamento em 27 jun. 1986.

Corte Internacional de Justiça. **Islamic Republic of Iran v. United States of America**. Case Concerning Oil Platforms. Julgamento em 6 nov. 2003.

Corte Internacional de Justiça. **Democratic Republic of the Congo v. Uganda**. Case Concerning the Armed Activities on the Territory of the Congo. Julgamento em 19 dez. 2005.

DUFFY, Helen. **The 'War on Terror' and the Framework of International Law**. Cambridge: Cambridge University Press, 2005, p. 150; CIJ, **Armed Activities on the Territory of the Congo**, Op. Cit., §148.

GONZALES, Olivia. **The pen and the sword: legal justifications for the United States' engagement against the Islamic State of Iraq and Syria (ISIS)**. Fordham International Law Journal, v. 39, n. 1, p. 134-174, 2015, p. 137.

GRAY, Christine. **International Law and the Use of Force**. 4. ed. Oxford: Oxford University Press, 2008.

HENDERSON, Christian. **Non-State Actors and the Use of Force**. *In:* NOORTMANN, Math; REINISCH, August; RYNGAERT,Cedric. Non-State Actors in International Law.Londres: Hart Publishing, 2015. cap. 5, p. 77-96.

HILPOLD, Peter. **The fight against terrorism and SC Resolution 2249 (2015): towards a more Hobbesian or a more Kantian International Society?** Indian Journal of International Law, v. 4, n. 55, p. 535–555, 2015.

**Letter dated 7 October 2001 from the Permanent Representative of the United States of America to the United Nations addressed to the President of the Security Council**. Disponível em: https://digitallibrary.un.org/record/449476. Acesso em: 29 mar. 2021.

**Letter dated 9 September 2015 from the Permanent Representative of Australia to the United Nations addressed to the President of the Security Council**, UN Doc S/2015/693.

LO GIACCO, Letizia. Reconsidering the Legal Basis for Military Actions Against Non-State. **Heidelberg Journal of International Law** , v. 77 , 2017, p. 37

MILTON-EDWARDS, Beverley. **Contemporary politics in the Middle East**. 4. ed. Cambridge: Policy, 2018.

OBAMA, Barack. **President of the United States' Speech on ISIL.** White House

Press Office. 2014. Disponível em: http://www.whitehouse.gov/the-press-office/2014/08/07/statementpresident. Acesso em: 29 mar. 2021

OPPENHEIN, Lassa; JENNINGS, Robert; WATTS, Arthur. **Oppenheim's international law**. 9. ed. Londres; Nova Iorque: Longman, v. 1, 1996, p. 421.

Organização do Tratado do Atlântico Norte. **Statement by the North Atlantic Council: Press Release (2001) 124**. 2001. Disponível em: https://www.nato.int/cps/en/natolive/news_18553.htm?selectedLocale=en. Acesso em: 29 mar. 2021.

**Protocolo II Adicional às Convenções de Genebra**, publicado em 12 de agosto de 1949, Artigo 1(2).

ROACH, Kent. **The 9/11 Effect: Comparative Counter-Terrorism**. Cambridge: Cambridge University Press, 2011.

Security Council Report. **UN Documents for Syria: Security Council Letters**. Disponível em: https://www.securitycouncilreport.org/un_documents_type/security-council-letters/page/7?ctype=Syria&cbtype=syria. Acesso em: 29 mar. 2021.

TAMS, Christian. **Self-Defence against non-state actors: making sense of the 'armed attack' requirement**. *In:* O'CONNEL, Mary Ellen et al. Self-defence against non-state actors. Cambridge: Cambridge University Press, 2019, p. 90-173.

Tribunal Penal para a antiga Iugoslávia. **Prosecutor v. Dusko Tadic (Appeal Judgement)**. Decision on the Defence Motion for Interlocutory Appeal on Jurisdiction n. IT-94-1. Julgamento em 02 out. 1995.

U.S. Department of Justice. **White Paper: Lawfulness of a Lethal Operation Directed Against a U.S. Citizen Who is a Senior Operational Leader of Al-Qa'ida or An Associated Force: no date, document leaked in February 2013**. Disponível em: http://msnbcmedia.msn.com/i/msnbc/sections/news/020413_DOJ_White_Paper.pdf. Acesso em: 29 mar. 2021.

WOOD, Michael. **International Law and the Use of Force: what happens in practice?** Indian Journal of International Law, v. 53, pp. 345-367, 2013.

**Seção 8**

# DIREITO DA INTEGRAÇÃO REGIONAL
## NO SÉCULO XXI

# Integração regional no MERCOSUL no século XXI: progressos, retrocessos e panorama em tempos de COVID-19

GRAZIELA TAVARES DE SOUZA REIS

**SUMÁRIO:**

1 Considerações iniciais acerca do Mercosul;

2 A intergovernamentalidade no processo de integração;

    2.1 O direito e a integração;

    2.2 Há um direito sanitário Mercosulino?;

3 Considerações finais

## 1. CONSIDERAÇÕES INICIAIS ACERCA DO MERCOSUL

Na perspectiva do presente trabalho, pretende-se avaliar a importância do direito internacional sanitário para o direito da integração, ponderando que políticas negligentes relativas à condução da pandemia do Sars-Covid-19 no Mercosul, por exemplo, podem melindrar as relações diplomáticas e comerciais, afetando a livre circulação de pessoas, sobretudo. Para tanto, descreve-se o processo de integração regional, ponderando que como fenômeno político-econômico é relativamente recente. Bela Balassa (1961)[1] destaca que não houve até a segunda guerra mundial, significante união aduaneira alguma, embora várias tentativas tenham sido realizadas para integrar a economia de vários países europeus. Obstáculos políticos poderiam ser apontados como a causa principal para o fracasso desses projetos.

O Mercado Comum do Sul – Mercosul surgiu a partir de negociações entre Brasil e Argentina, na segunda metade dos anos 1980, em decorrência dos processos de redemocratização dos dois países. De acordo com o Tratado de Assunção, constitutivo e fundante do Mercosul, o bloco deve ser construído evoluindo para a condição de Mercado Comum, segundo o modelo elaborado por Bela Balassa[2]. O Mercado Comum constitui-se na terceira etapa de um processo que começa com Área de Livre Comércio e evolui para União Aduaneira. Para alguns pensadores e oficiais dos governos do Mercosul, este bloco pode ser considerado uma União Aduaneira imperfeita, enquanto outros consideram que o Mercosul não passou da Área de Livre Comércio, devido a existência de grande listas de exceção no universo tarifário do bloco.

O presente estudo parte, portanto, da compreensão do Direito integracionista, refletindo sobre como uma eficiente cooperação sanitária poderia impactar no amadurecimento do bloco e repercutir positivamente no bem-estar social dos povos dos Estados-parte e, por corolário natural, fortalecer o comércio internacional, especificamente dentro do Mercosul. E, a contrário senso, o quanto a ausência dessas estratégias sanitárias conjuntas estremecem as relações no bloco e induzem ao fechamento de fronteiras.

Ferrer, citado por Casella, anuncia que:

> A globalização da economia mundial nestas últimas décadas do século XXI vincularam ainda mais a realidade interna das nações ao seu contexto

---

1    BALASSA, Bela. *The Theory of Economic Integration*. Homewood, IL: Richard D. Irwin, 1961.
2    *Ibidem.*

terno. A expansão do comércio, as operações transnacionais das empresas, a integração dos centros financeiros em um megamercado de alcance planetário e o espetacular desenvolvimento da informação de espaços multinacionais são outra manifestação da globalização da ordem mundial[3].

A dificuldade de flexibilização dos países-membros, assim como a frequente adoção de medidas protecionistas do produto interno de cada qual, são dificuldades que se apresentam a essa integração econômico-regional[4]. A pandemia da Covid-19 veio indicar que a falta de uma unidade cooperativa sobre políticas sanitárias também pode significar um forte entrave nas relações negociais.

A vocação para a comunidade regional surgiu no século XX, no cenário jurídico internacional, conforme se destaca:

> Tendência verificada, desde o final da segunda guerra mundial, foi a de tomar o regionalismo como base da estruturação da futura organização internacional, e em tal sentido os sistemas europeu, interamericano, em escala continental ou sub-regional, como o africano, seguem o mesmo modelo[5].

O direito de integração indica que a regionalização ou formação de blocos econômicos regionais entre Estados soberanos passou por cinco fases, a saber: zona livre de comércio; união aduaneira; mercado comum; união econômica e monetária e; união política. Como primeiro estágio integracionista, cita-se a formação de uma área livre de comércio, que significa a adoção de

---

3   FERRER, Aldo. *Historia de la globalizatión*: origenes del orden economico mundial. Buenos Aires: Fondo de Cultura Economica, 1996 *apud* CASELLA, Paulo Borba *et al. Mercosul*: integração regional e globalização. Rio de janeiro: Renovar, 2000. p. 1. Tradução livre.

4   ALMEIDA, Wilson. *Mercosul*: efeitos da integração assimétrica. Rio de Janeiro: Deescubra Editora, 2003.

5   ACCIOLY, Hildebrando; SILVA, G.E. do Nascimento e; CASELLA, Paulo Borba. *Manual de Direito Internacional Público*. 19. ed. São Paulo: Editora Saraiva, 2011. p. 464-465.

uma pauta comum – bens e serviços – entre os Estados-membros de uma determinada instituição de integração regional em suas relações comerciais.

O segundo estágio, a União Aduaneira, traduz-se como uma pauta comum de bens e serviços que não se reduz aos Estados-membros da instituição de integração, mas se estende a outros países com os quais aqueles estabelecem relações mercantis.

A fase mais avançada de desenvolvimento do mercado comum, nominada União Política – em que há o reconhecimento de uma autoridade supranacional – caracteriza-se pela harmonização das legislações nacionais nas áreas política, econômica, financeira e monetária; pela adoção de uma tarifa externa comum entre os Estados da instituição de integração e pela adoção de uma moeda comum para todo o bloco, fase até então somente alcançada pela União Europeia. Acerca do Direito comunitário, ainda assevera Del'Olmo:

> Essa nova ordem jurídica só exercerá seu papel mediante concessão de parcela da soberania dos Estados participantes e tem como características a aplicabilidade imediata, a aplicabilidade direta e sua prevalência sobre a ordem interna[6].

Cumpre diferenciar o direito da integração econômica, cujo objeto principal é a integração de natureza eminentemente comercial e econômica de países, geralmente unidos por suas posições geográficas, visando ao incentivo do comércio internacional de uma região, proporcionando mútua assistência e formando um mercado comum, forte e competitivo em âmbito global, do direito comunitário. Esse se sobrepõe ao direito nacional de cada Estado-parte, de maneira automática, significando o nível mais

---

6    DEL'OLMO, Florisbal de Souza. *Curso de Direito Internacional Público*. 5. ed. Rio de Janeiro: Editora Forense, 2011. p. 330.

avançado de integração, tendo o caráter de supranacionalidade. Ambos, um evidente desdobramento do Direito Internacional Clássico.

Para além dos objetivos econômicos, o processo de integração também visa o desenvolvimento social desses países e a diferenciação dos sistemas de integração regionais se dá conforme a aplicabilidade de suas normas e a organização institucional. Tais sistemas podem ser considerados mais ou menos evoluídos, tendo em vista a efetividade de suas normas e a concretização de seus objetivos, que são graduais.

As fases da integração irão, portanto, desde a adoção de tarifas preferenciais para os países participantes do bloco em questão – *e.g.* ALADI (Associação Latino-Americana de Integração); até a total eliminação de tarifas alfandegárias dos produtos comercializados entre os países membros – *e.g.* NAFTA (Tratado Norte-Americano de Livre Comércio), CAN (Comunidade Andina); a adoção de uma Tarifa Externa Comum (TEC), taxação única para países fora do bloco; a livre circulação de produtos, pessoas, bens, capitais e força de trabalho, retirando assim a fronteira entre seus membros e a integração no campo monetário, com a criação de um banco central para o bloco – *e.g.* União Europeia (único exemplo de mercado comum e união política e monetária).

## 2. A INTERGOVERNAMENTALIDADE NO PROCESSO DE INTEGRAÇÃO

O tema da integração regional no âmbito dos países do Cone Sul se associa às preocupações e finalidades do direito internacional público, com diretos reflexos no direito internacional privado (comércio internacional, por exemplo). Inicia-se, no chamado período de transição, com esforços para consolidar a área de livre-comércio e começo da união aduaneira, desde o Tratado de Assunção, assinado em 26 de março de 1991. O tratado se propunha permitir a constituição gradual e futura de um mercado comum, com a coordenação macroeconômica e dos acordos setoriais, mas objetivando, sobretudo, um ganho de bem-estar social para os povos dos Estados-parte, como já explicitado.

A intenção inicial dos Presidentes dos países signatários – Argentina, Brasil, Paraguai e Uruguai – foi a de dar um passo decisivo para a constituição de um mercado comum entre os quatro países – o Mercosul – e foi definido o prazo até 31 de dezembro de 1994 para tanto, deixando aberta a possibilidade (Art. 20) da incorporação de outros países que faziam parte da ALADI.

Avaliando a forma como o governo brasileiro administra as tensões internas do bloco no propósito de manter coesão para o alcance de seus objetivos (inserção comercial internacional), Mariano pondera que as políticas externas brasileiras defenderam a intergovernamentalidade:

> Historicamente, o Mercosul não constituiu instituições nem mecanismos de financiamento da integração e mesmo os que estão sendo criados possuem grandes limitações de recursos. Acrescenta-se a isso a histórica falta de disposição governamental brasileira em custear o processo, a escassez de recursos e as fortes demandas internas para que o governo financie o desenvolvimento. Uma saída possível seria resgatar a ideia, muitas vezes lembrada pelos governos argentino, paraguaio e uruguaio, de privilegiar os mecanismos de financiamento e as modificações institucionais para os quatro membros originários. No entanto, desde 1991, a postura brasileira foi de defender o princípio da intergovernamentalidade, limitando o aprofundamento da integração aos instrumentos para a manutenção deste princípio[7].

Afirma-se que há um processo de integração regional, portanto, para o qual se busca a definição de um sistema normativo, por meio dos órgãos

---

7    MARIANO, Marcelo Passini. *A política externa brasileira e a integração regional*: uma análise a partir do Mercosul. São Paulo: Editora UNESP, 2015. p. 201-202.

conjuntos de integração. Há características próprias quanto à implementação de suas normas no espaço territorial dos Estados envolvidos, tratando-se de uma nova "ordem jurídica" com os distintos ordenamentos jurídicos nacionais, baseados no princípio tradicional da soberania do Estado e pensando em como se dará a efetividade e alcance dos acordos de integração, ou a sua receptividade sem conflitos com os sistemas jurídicos nacionais. Defende-se, nesse sentido, a necessidade de desenvolvimento de mecanismos de solução de controvérsias que prezem pelo diálogo entre a ordem jurídica do processo de integração regional e a ordem jurídica interna.

> Uma integração deve acrescentar ganhos econômicos e melhora no bem-estar social dos povos integrados. O objetivo principal é que as pessoas sintam que estão tendo mais vantagens dentro do que fora de um processo de integração. E se uma integração funcionar, essa é uma realidade possível. Não é uma panaceia, uma fórmula milagrosa que, da noite para o dia, resolverá todos os problemas dos países integrados. Não se pode fazer uma integração acreditando que, desde o primeiro momento, já seja possível sentir os resultados altamente positivos das economias integradas. Não existe fórmula mágica. Entretanto, é consenso que é possível alcançar muitos ganhos ao longo do tempo[8].

## 2.1.O DIREITO E A INTEGRAÇÃO

O processo jurídico integracionista passa pela formação de um bloco regional forte e, para tanto, são necessários acordos, protocolos, tratados e compromissos recíprocos de cumprimento atentos ao ponto sensível de respeito às soberanias envolvidas. Contudo, uma perspectiva política,

---

8    MENEZES, Alfredo da Mota; PENNA FILHO, Pio. *Integração Regional*: os Blocos Econômicos nas Relações Internacionais. Rio de Janeiro: Elsevier, 2006. p. 5.

comercial e cultural deve anteceder o processo jurídico, indicando que os países que irão compor o bloco regional tenham afinidades e propósitos coletivos, ao mesmo tempo em que saibam respeitar especificidades de cada qual (inclusive, para se evitar um processo de globalização que tende a ser violento, retirando os regionalismos e não permitindo que a cultura dos países globalizados se evidencie ou até mesmo se perpetue).

O papel de equalizador desse processo cabe ao direito, na medida em que formaliza por meio de tratados e convenções os estágios de nego- ciação já alcançados e orienta as mesas de rodadas em que se discutem as iniciativas de cooperação interestatais.

Nesse sentido, os tratados são a fonte primária do direito para a constituição de uma comunidade regional, que integre Estados distintos, todavia, com afinidades comerciais e de mesmo interesse em desenvolvi- mento social e econômico, tendo como plano de fundo o mesmo compro- misso político ambiental, sanitário e humanista, sob pena de se impactar os propósitos integracionistas.

## 2.2.HÁ UM DIREITO SANITÁRIO MERCOSULINO?

Faz parte do Mercosul a preocupação com ações intergovernamentais de saúde e desenvolvimento, o que redundou em várias reuniões com Ministros da Saúde do bloco ao longo dos anos, com destaque para XVI Reunião de Ministros de Saúde do Mercosul e países associados que aconteceu na Cidade de Buenos Aires – Argentina, no dia 15 de junho de 2004. Participaram represen- tantes da Argentina, Brasil, Paraguai, Uruguai, Bolívia, Chile[9].

---

9    MERCOSUL. Buenos Aires. *Ata n. 03/04*. Reunión Preparatoria para la creacion de la Comision Intergubernamental de Salud y Desarrollo del Mercosur y Estados Asociados de la XVI Reu- nión de Ministros de Salud del Mercosur y Países Asociados. p. 1-65.

Como direito sanitário, compreende-se, nas lições de Guido F. S. Soares (2000),

> Um conjunto de normas, que, na concepção corrente do Direito, cabe como obrigação institucional ao Estado, restando a esfera de atuação dos particulares como um campo residual, a qualquer momento reivindicável pelos Poderes Públicos. Tal é a conseqüência do intervencionismo atual do Estado em qualquer setor da vida societária, em particular no que se refere à saúde pública, que a maioria das Constituições modernas considera, textualmente, como campo prioritário dos Poderes Públicos[10].

O mesmo autor sugere que para se fazer cumprir o Direito Sanitário Internacional, esse se valha do que chama de um "vizinho incômodo", sugerindo que:

> O Direito Internacional Sanitário, cuja efetividade parece tão fraca, uma vez que não dispõe de mecanismos para compelir os Estados a aplicarem suas normas, quando unido ao Direito do Comércio Internacional pode aproveitar-se de tais mecanismos sancionatórios das normas neste existentes, pode, igualmente, vir a sofrer sanções de ordem econômica, caso venha a conflitar com ele![11]

O processo de integração, portanto, tem efeitos e consequências também no "setor saúde" com relação ao processo de desenvolvimento. Costuma-se identificar o "setor saúde" como o conjunto de recursos humanos,

---

10  SOARES, Guido F. S. O Direito Internacional Sanitário e seus temas: apresentação de sua incômoda vizinhança. *Revista de Direito Sanitário*, São Paulo, v. 1, n, 1, p. 49-88, nov. 2000. Disponível em: https://www.revistas.usp.br/rdisan/article/view/13076/14878 Acesso em: 20 abr. 2021. p.51.

11  SOARES, Guido F. S. O Direito Internacional Sanitário e seus temas: apresentação de sua incômoda vizinhança. *Revista de Direito Sanitário*, São Paulo, v. 1, n, 1, p. 49-88, nov. 2000. Disponível em: https://www.revistas.usp.br/rdisan/article/view/13076/14878 Acesso em: 20 abr. 2021. p.84-85.

materiais e econômicos que a sociedade destina principalmente à atenção de suas doenças e, em menor escala, à prevenção delas. Para o apoio e financiamento dessas ações, os países do Mercosul – membros e associados - contam com a representação da Organização Pan-Americana da Saúde – OPAS.

A atual diretora da Organização Pan-Americana da Saúde, Carissa F. Etienne, manifestou-se afirmando que "acredito firmemente que a boa saúde está enraizada na equidade, universalidade, solidariedade inclusão"[12].

A Conferência Sanitária Pan-americana tem discutido e aprovado orientações estratégicas e prioridades de programa para a OPAS, tendo como eixo central a colocação da saúde no processo de desenvolvimento, pela estreita interdependência e pela contribuição ao progresso social dos povos da região, que o seu efetivo controle possa trazer.

Destacam-se como contribuições do "setor saúde" nessa perspectiva cooperativa entre os países vizinhos ou de um mesmo bloco:

> Contribuir na busca da paz e na redução da violência. b) Promover a integração e cooperação entre os países [...]. e) Promover, na opinião pública e em todo o espectro político, um ambiente favorável ao processo de transformação do sistema de serviços de saúde, tornando-os mais eficazes e eficientes e com maiores níveis de igualdade. f) Propiciar a reorganização do setor para adequá-lo às novas modalidades de desenvolvimento, g) Ampliar o espectro de relacionamentos intra e extra-setoriais, somando a vontade política e os recursos dos diferentes protagonistas públicos e privados, em busca de melhores níveis de saúde para a população. h) Contribuir para o fortalecimento da democracia, esclarecendo os limites do direito do cidadão e contribuindo para a satisfação das necessidades sociais. Estes e outros conceitos oferecem um referencial indispensável na

---

12  OPAS Brasil. Dra. Carissa Etienne é nomeada como Diretora. *OPAS*, Brasília, DF, 22 jan. 2013. Disponível em: https://www.paho.org/pt Acesso em: 20 abr. 2021.

hora de analisar os efeitos potenciais do MERCOSUL nas relações entre países no âmbito do setor saúde[13].

Questões como, *e.g.*, o sistema de que o Estado dispõe para a atenção aos seus doentes; a aquisição de medicação e vacinas; as políticas de imunização dentre outras, devem ser pensadas como políticas sanitárias e devem integrar o planejamento econômico do desenvolvimento, com coesão setorial e clareza de objetivos.

Em discurso na sessão do parlamento em homenagem ao Brasil, do Congresso da nação Argentina, em 16 de outubro 2003 na cidade de Buenos Aires, o ex-presidente da república, Luiz Inácio Lula da Silva, fez destaque à importância da dimensão social no bloco, de modo que garanta a livre circulação de pessoas. Pronunciou que:

> [O] MERCOSUL deve constituir-se em um espaço de articulação de políticas industriais, agrícolas, de ciência e tecnologia, que assuma também uma dimensão social, e que garanta a livre circulação de pessoas. [...] Devemos perseguir a articulação de nossos sistemas produtivos. Da mesma forma que queremos, em nossos países, um desenvolvimento regional equilibrado, defendemos um MERCOSUL harmônico. Queremos um MERCOSUL solidário. Por isso, estamos criando mecanismos para impedir desequilíbrios conjunturais em nosso comércio regional, evitando perdas desnecessárias e tentações protecionistas entre nós[14].

---

13 RODRÍGUEZ, Rodolfo H. Mercosul: um processo de integração. *In*: OPAS – Organização Pan-americana de Saúde; OMS – Organização Mundial da Saúde (org.). *Recursos Humanos em Saúde no Mercosul*. Rio de Janeiro: Fiocruz, 1995. p. 9-29. p. 15-16.

14 GALLO, Edmundo; COSTA, Laís (org.). *Sistema Integrado de Saúde do MERCOSUL: SIS – MERCOSUL*: uma agenda para a integração. Brasília, DF: Organização Pan-Americana de Saúde, 2004. Disponível em: http://bvsms.saude.gov.br/bvs/publicacoes/ST_09_Port.pdf Acesso em: 18 abr. 2021. p. 5.

Por conseguinte, a OPAS sobre parcerias para uma saúde melhor nas Américas, lembra a importância de soluções sanitárias para a erradicação da pobreza:

> [...] Soluções para os problemas de saúde representam mecanismos essenciais para a erradicação de pobreza, e como tais são extremamente importantes para quaisquer diálogos cujo tema sejam as Américas. "Parcerias para uma saúde melhor nas Américas".[15]

Por sua vez, desde o início da crise provocada pela pandemia da Covid-19, o Parlamento do Mercosul (Parlasul) promove reuniões virtuais para tratar do monitoramento das ações tomadas pelos governos e legislativos dos países do bloco sobre a situação. Os parlamentares integrantes das comissões de saúde, assuntos econômicos, direitos humanos, trabalho e defesa estudam o impacto da Covid-19 na região.

> A Mesa Diretora do Parlasul defende a elaboração de ações comuns que tenham como base as diretrizes da Organização Mundial da Saúde (OMS) e da Organização Pan Americana da Saúde (Opas). Essas ações deverão considerar a necessidade de identificar a capacidade de desenvolvimento de medicamentos, vacinas e suprimentos de diagnóstico necessários para o controle da covid-19. Os parlamentares também discutiram o fortalecimento da rede de laboratórios públicos que atuam no setor. Desde a primeira reunião, no último dia 3, foram destacadas a necessidade do trabalho articulado entre ministros da Saúde dos países do bloco (Brasil, Argentina, Paraguai e Uruguai); o controle mais eficaz de fronteiras, com as suas particularidades; a facilitação do retorno das pessoas para o seu local de origem; o aporte de créditos para o combate à pandemia junto a instituições, como o Banco Interamericano de Desenvolvimento (BID); e a

---

15   *Idem*. Epígrafe.

destinação de U$ 15 milhões do Fundo Central de Resposta de Emergência da Organização das Nações Unidas (ONU) para financiar esforços de países vulneráveis contra a disseminação da doença. O presidente do Parlasul, o argentino Oscar Laborde afirmou que os governos devem assumir a responsabilidade de orientar as pessoas a sair da pandemia mais rapidamente e, em seguida, "enfrentar o outro problema que temos na América Latina, que é a luta contra a pobreza[16].

Compreende-se, porém, a ausência de alcance de tratados mercosulinos específicos em matéria sanitária: existem poucos acordos e convenções internacionais, sendo incipientes para a formação de um possível Direito Sanitário Mercosulino.

Os mecanismos de atenção e cuidado com o direito sanitário no Mercosul, segundo Kölling e Araújo são:

> No âmbito do Mercosul, temos alguns entidades e comissões de integração que têm programas, convênios, secretarias e parlamentos, ou seja, o Regulamento Supranacional de Saúde é discutido em diferentes escalas, instâncias, que influenciam na tomada de decisão da saúde. São elas: a Reunión del Sector Salud de Centroamérica; a Reunión de Ministros de Salud de Area Andina; o Conveinio Hipólito Ananue e a Iniciativa de Salud del Cone Sur[17].

Esses autores, Kölling e Araújo concluem com a sugestão de uma "cidadania supranacional", defendendo que:

---

16  AGÊNCIA SENADO. Parlasul acompanha ações dos países do bloco no combate à pandemia. *Senado Notícias*, Brasília, DF, 16 abr. 2021. Disponível em: em: https://www12.senado.leg.br/noticias/materias/2020/04/16/parlasul-acompanha-acoes-dos-paises-do-bloco-no-combate-a--pandemia Acesso em 17 abr. 2021.

17  KÖLLING, Gabrielle; ARAÚJO, Clayton Vinicius Pegoraro de. Notas sobre o direito à saúde no Mercosul. *DIGE* – Revista de Direito Internacional e Globalização Econômica, São Paulo, v. 4. n. 4, p. 114-137, 2018. Disponível em: https://revistas.pucsp.br/index.php/DIGE/article/view/40614 Acesso em: 20 abr. 2021. p. 121.

É diante desse contexto que se pensa numa cidadania "supranacional", no sentido de complementar a cidadania nacional, pois efetivar cidadania é concretizar direitos, dentre os quais os fundamentais, e não restam dúvidas de que a saúde é essencial à vida, e, por conseguinte, a sua "proteção" é mais que justificável. Entretanto, nota-se que essa cidadania "supranacional" ainda é um "conceito" recente, que bem como o paradigma clássico de saúde internacional, está sofrendo mutações, mas ela transcende, pois está num processo de construção. O próprio reconhecimento dessa cidadania "supranacional", por parte dos Estados também não é tarefa fácil. [...] E é diante desse novo paradigma da saúde pública internacional, bem como diante dessa cidadania "supranacional" e frente às consequências da globalização (positivas e negativas, mas nesse caso interessa-nos as negativas: a rápida disseminação de doenças [epidemias e pandemias], por exemplo, reflete na ausência ou deficiência de uma vigilância sanitária ou de um controle epidemiológico eficaz nas fronteiras, a título exemplificativo) demanda, necessariamente, um olhar cooperativo dos Estados-membro do bloco[18].

O que se defende para o fortalecimento do bloco e para que atenda aos seus próprios objetivos é a adoção de medidas de cooperação sanitária comunitárias; reconhece-se a diversidade na condução política sanitária dos países membros, como óbice à aproximação comercial dos membros do bloco e questiona-se a possibilidade de criação de uma harmonização de políticas sanitárias, por meio de tratativas internacionais, crendo-se que tal progresso social poderá redundar em avanços econômicos para todos e no consequente fortalecimento do bloco.

---

18  KÖLLING, Gabrielle; ARAÚJO, Clayton Vinicius Pegoraro de. Notas sobre o direito à saúde no Mercosul. *DIGE* – Revista de Direito Internacional e Globalização Econômica, São Paulo, v. 4. n. 4, p. 114-137, 2018. Disponível em: https://revistas.pucsp.br/index.php/DIGE/article/view/40614 Acesso em: 20 abr. 2021. p. 134.

Desde o Congresso do Panamá (1826) que se desenvolveu o pan-americanismo, cujo maior legado é o princípio da solidariedade, provocando uma busca pela celebração de compromissos entre os Estados que sejam igualitários e solidários[19].

Contudo, a condução sanitária no Mercosul tem se resumido ao fechamento de fronteiras, sobretudo em relação ao Brasil, que perdeu o controle sobre a disseminação do vírus. Em Reis[20] encontra-se um relato da realidade de maio de 2020, ainda o início das conduções governamentais sobre a pandemia, indicando o descompasso nas ações dentro do bloco e a ausência de uma aliança entre os países vizinhos, à luz do direito internacional sanitário, e ainda no Brasil, a violação ao direito à informação sobre saúde pública, com discursos oficiais negacionistas da ciência e do poder letal da própria pandemia:

> As notícias de 12.5.2020 traziam a triste informação de mais de 11 mil mortes por coronavírus no Brasil e a maior taxa de letalidade por Covid-19 na América do Sul.[21] Nesse contexto desolador, o Brasil virou motivo de grande preocupação e temor nos países vizinhos, o que levou aliados do presidente Jair Bolsonaro a colocar a afinidade política de lado e adversários na região a intensificar suas críticas ao líder brasileiro. Assim que registrou os primeiros casos da doença, no início de março, o governo do presidente do Paraguai, Mario Abdo Benítez, simpatizante de Bolsonaro, fechou as fronteiras com o Brasil. Militares paraguaios foram enviados para a região fronteiriça para impedir a entrada de automóveis e ônibus de excursões de

---

19  MENEZES, Wagner. *Direito Internacional na América Latina*. Curitiba, PR: Ed. Juruá, 2007.

20  REIS, Graziela Tavares de Souza. Da responsabilidade internacional estatal por violação de direitos humanos em tempos de pandemia e o óbice para o direito da integração na américa latina *In*: MENEZES, Wagner (org.). *Direito Internacional em expansão*: biodiversidade, mobilidade e integração. Belo Horizonte: Ed. Arraes. 2020. p. 521-537. v. 18.

21  G1. País contabilizou 13.977.713 casos e 375.049 óbitos por Covid-19 desde o início da pandemia, segundo balanço do consórcio de veículos de imprensa. *G1*, Brasil, 19 abr. 2021 Disponível em: https://g1.globo.com/bemestar/coronavirus/noticia/2021/04/19/brasil-chega-a-375-mil-mortos-por-covid-pais-registrou-1607-mortes-em-24-horas.ghtml. Acesso em 19 abr. 2021.

compradores brasileiros no lado paraguaio. Além de arame farpado, foram construídas valas para impedir o trânsito do Brasil para seu vizinho, em Pedro Juan Caballero, um dos pontos fronteiriços. O presidente do Uruguai, Luis Lacalle Pou, decidiu reforçar o controle nas fronteiras com o Brasil. A preocupação é com a situação de cidades binacionais e fronteiriças onde existem casos de Covid-19 do lado brasileiro, e não no uruguaio[22].

O controle das fronteiras é sem dúvida importante para o controle das transmissões aceleradas de contágio, bem como, a adoção de políticas sanitárias sincrônicas, pelos países vizinhos. Contudo, faltou um empenho maior para a cooperação que poderia ter sido um consórcio para aquisição de vacinas, por exemplo, e uma vacinação em massa dentro do bloco. A política sanitária interna brasileira (ou a ausência dela) tem sido criticada em todo o mundo.

A realidade brasileira é amarga. No início da crise política[23] e sanitária brasileira, ainda em maio de 2020, eu já ponderava que:

> A pandemia do novo coronavírus (Covid-19) trouxe novamente à tona a questão da obrigatoriedade das decisões e recomendações de organizações internacionais no direito doméstico talvez pela desesperadora situação em que líderes e governantes optavam (optam ainda) pelo negacionismo dos riscos e ameaças desse inimigo invisível. E mais: "El coronavirus también pondrá a prueba, sin duda, nuestros principios, valores y humanidad compartida".24

---

22 CAZARRÉ, Marieta. Uruguai reforça controle de fronteiras com Brasil para evitar Covid-19. *Agência Brasil*, Brasília, DF, 06 maio 2020. Disponível em: https://agenciabrasil.ebc.com.br/internacional/noticia/2020-05/uruguai-reforca-controle-de-fronteira-com-brasil-para-evitar-covid-19. Acesso em: 26 jun. 2020.

23 Instabilidade entre a posição presidencial e a troca de ministros da Saúde.

24 REIS, Graziela Tavares de Souza. Da responsabilidade internacional estatal por violação de direitos humanos em tempos de pandemia e o óbice para o direito da integração na américa latina. In: MENEZES, Wagner (org.). *Direito Internacional em expansão*: biodiversidade, mobili-

Dados atualizados em 19 de abril 2021 indicam que:

O país registrou 1.607 mortes pela Covid-19 nas últimas 24 horas e totalizou nesta segunda-feira (19) 375.049 óbitos desde o início da pandemia. Com isso, a média móvel de mortes no Brasil nos últimos 7 dias chegou a **2.860**. Em comparação à média de 14 dias atrás, a variação foi de +3%, indicando tendência de **estabilidade** nos óbitos decorrentes da doença.

Os números estão no novo levantamento do consórcio de veículos de imprensa sobre a situação da pandemia de coronavírus no Brasil, consolidados às 20h desta segunda. O balanço é feito a partir de dados das secretarias estaduais de Saúde.[25]

A expressão "saúde global" vem sendo difundida como uma preocupação afeita ao tema da securitização. Deisy Ventura evidencia que um evento que ocorra em qualquer parte do planeta, possa se constituir em ameaça à população mundial ou à segurança nacional de outros países, indicando a tendência de securitização da resposta internacional às emergências sanitárias, desde a crise sanitária pela epidemia do Vírus Ebola na África Ocidental[26].

Todas essas problemáticas de natureza evidentemente internacionalista reclamam a aplicação do direito internacional sanitário. Há também a diplomacia em saúde global relacionada a negociações e articulações políticas, sobretudo em cooperação internacional sanitária, e há quem aponte

---

dade e integração. Belo Horizonte: Ed. Arraes. 2020. p.521-537. v. 18. p. 522.

25 G1. País contabilizou 13.977.713 casos e 375.049 óbitos por Covid-19 desde o início da pandemia, segundo balanço do consórcio de veículos de imprensa. *G1*, Brasil, 19 abr. 2021 Disponível em: https://g1.globo.com/bemestar/coronavirus/noticia/2021/04/19/brasil-chega-a-375-mil--mortos-por-covid-pais-registrou-1607-mortes-em-24-horas.ghtml Acesso em: 20 abr. 2021.

26 VENTURA, Deisy de Freitas Lima. Do Ebola ao Zika: as emergências internacionais e a secutirização da saúde global. *Perspectivas* – Cadernos de Saúde Pública, Rio de Janeiro, v. 32, n. 4, p. 1-4, abr. 2016. Disponível em: https://www.scielosp.org/pdf/csp/2016.v32n4/e00033316. Acesso em: 27 jun. 2020.

que o Brasil se coloca na contramão da história nesse momento emblemático, podendo ser um risco para seus países vizinhos:

> A Diplomacia em Saúde Global está relacionada a processos de negociações, articulações políticas e cooperação em múltiplos níveis, promovidos por diferentes atores internacionais e domésticos, que moldam e influenciam a política global da saúde e os temas de saúde de preocupação e de consequências globais (Kickbusch; Berger, 2010). Dentre os temas de interesse global, destacam-se a Atenção Primária em Saúde (APS), o combate e a prevenção ao vírus da imunodeficiência adquirida/ síndrome da imunodeficiência adquirida (HIV/AIDS), o envelhecimento e as doenças crônicas, a doença mental, o uso de drogas de abuso, a malária, a tuberculose, as doenças tropicais negligenciadas, dentre outras. De especial relevância para a governança global, salientam-se o controle de pandemias e a propriedade intelectual[27].

Em 8 de abril de 2021, o jornal francês *Le Monde*[28] trouxe a manchete "Covid-19: situação de saúde 'absolutamente dramática' no Brasil", informando que à medida que a vacinação avança lentamente, cerca de 92 novas cepas do coronavírus foram identificadas, tornando o país uma gigantesca fábrica de variantes.

Reações na Argentina[29], em frente à embaixada do Brasil em Buenos Aires em 14 de abril 2021, levaram alguns manifestantes a realizar protesto

---

27 ALVARENGA, Alexandre Andrade; ROCHA, Erika Maria Sampaio; FILIPPON, Jonathan; ANDRADE, Maria Angélica Carvalho. *Política Externa e Diplomacia da Saúde Global em tempos de pandemia: o Brasil na contramão da História.* Disponível em: https://preprints.scielo.org/ index.php/scielo/preprint/view/881 Acesso em: 20 abr. 2021.

28 MEYERFELD, Bruno. Covid-19: situation sanitaire «absolument dramatique» au Brésil. *Le Monde*, França, 08 abr. 2021. Disponível em: https://www.lemonde.fr/international/article/2021/04/08/bresil-une-situation-sanitaire-absolument-dramatique_6076001_3210.html Acesso em: 15 abr. 2021.

29 CARTACAPITAL. Argentinos vão às ruas contra Bolsonaro: 'Perigo Mundial'. *Carta Capital*, Brasil, 15 abr. 2021. Disponível em: https://www.cartacapital.com.br/cartaexpressa/argentinos-

contra o presidente Jair Bolsonaro. Os manifestantes ergueram faixas com a foto do mandatário brasileiro e com dizeres como "Bolsonaro, a pior cepa da América Latina" e mostraram cartaz que chama a política sanitária do presidente do Brasil de "criminosa".

Em interessante trabalho, Silva, Martins, Miranda, Martini (2020), analisando os discursos dos Presidentes dos países fundantes do Mercosul, trouxeram alguns destaques. Sobre o Presidente da Argentina, Alberto Fernández:

> O discurso caracteriza-se pelo tom informativo, apresentando ao povo argentino as declarações e recomendações, até então, da Organização Mundial da Saúde, além de explanar o que o governo passará a tomar como medidas para prevenção e cuidados com o povo argentino. O tom tranquilizador informa de maneira que não haja alarmismos e trata a pandemia como um caso de emergência pública em matéria sanitária a partir da extensão do "Decreto de Necesidad y Urgencia". Dentre as medidas anunciadas no discurso do presidente, foram estabelecidos preços máximos aos produtos que se tornaram necessários, como álcool gel e máscaras, além de se tomarem medidas para evitar o desabastecimento nacional de insumos essenciais, declarar a suspensão de eventos programados para ocorrer em espaços públicos e a suspensão de voos vindos de países com grande número de contaminados na época. O discurso também apresenta recomendações de saúde e faz um apelo ao povo argentino para que demonstrem sua união contra o coronavírus, seguindo orientações dos especialistas. Além disso, busca informar as medidas tomadas pelo Estado para prevenir a contaminação em massa, ao mesmo tempo em que tenta evita o alvoroço do espectador.[30]

---

-vao-as-ruas-contra-bolsonaro-perigo-mundial/ Acesso em: 20 abr. 2021.

30  SILVA, Claudia Trindade da; MARTINS, Marceli Tomé; MIRANDA, Moara Curubeto Lona de; MARTINI, Sandra Regina. Covid-19 na perspectiva dos países fundadores do Mercosul: uma análise dos cenários a partir dos discursos presidenciais e consequentes medidas tomadas pelos líderes. *In*: MARTINI, Sandra Regina; STURZA, Janaína Machado; GIMENEZ, Charlise Paula Colet (org.). *O direito à saúde frente à pandemia COVID-19*: da crise sanitária à crise humanitária no

O mesmo texto evidencia algumas falas do Presidente Bolsonaro (2020), em síntese:

> O presidente espera que, em breve, o Brasil saia dessa situação com todos juntos e mais fortes para que o país possa ser mais bem desenvolvido. Ainda diz: "os mais humildes não podem deixar de se locomover para buscar o seu pão de cada dia" (BOLSONARO, 2020) e afirma que as consequências do tratamento não podem ser mais danosas que o vírus. Bolsonaro usa constantemente suas redes sociais para falar do tratamento com hidroxicloroquina e aproveitou o pronunciamento para defender o seu uso no tratamento do coronavírus, acreditando que essa decisão poderá entrar para a história como tendo salvo milhares de vidas no Brasil, apesar de estudos apontarem o contrário[31].

Sobre o Presidente o Paraguai, Mario Abdo Benítez, essa foi sua postura desde o início da pandemia:

> Com seu primeiro caso registrado apenas no dia 07 de março, o Paraguai já previa um cenário de contágio e se apressou: desde o dia 23 de janeiro, havia um protocolo para detectar casos suspeitos, que são monitorados. Com o advento do primeiro caso confirmado, as autoridades já estavam cientes do grau de contaminação do vírus e logo agiram.No dia 9 de março, dois dias após o primeiro caso positivo de COVID-19 no Paraguai, ocorreu a Reunião do Conselho de Ministros17. O presidente paraguaio, Mario Abdo Benítez, abriu a reunião falando do coronavírus, da importância da comunicação, da colaboração cidadã com o sistema de saúde e da necessidade de estarem preparados para o desafio que o vírus trará. Ele demonstra apoio ao Ministro da Saúde, Júlio Mazzoleni – ministro dopresidente desde a sua candidatura –, para ele fazer a

Mercosul. Porto Alegre: Evangraf, 2020. p.77-97. (O movimento entre os saberes; v. 13). p. 79.

31 *Idem.* p. 84.

própria imposição de articulação, o qual, na mesma reunião, anunciou as próximas medidas sanitárias a serem tomadas. Ele destaca, também, gratidão ao meio midiático, que vem contribuindo ao gerar informações. No dia seguinte à reunião, o presidente realizou uma Conferência de Imprensa no Palácio do Governo, na qual ele agradece pela predisposição de diferentes autoridades e pelo apoio às políticas de saúde pública que serão tomadas para impedir o avanço do coronavírus, as quais serão anunciadas pelo Ministro da Saúde, que possui o conhecimento técnico para tanto.[32]

No Uruguai, os discursos do presidente tiveram o tom de calma e sensatez:

Diante da confirmação dos primeiros quatro casos de COVID-19, o presidente da República do Uruguai, Luis Lacalle Pou, recém-empossado no dia 1º de março de 2020, declarou emergência sanitária por coronavírus e anunciou as primeiras medidas em uma conferência de imprensa na sexta-feira, 13/03/2020, juntamente com o Ministro de Saúde, Daniel Salinas, e o secretário da presidência, Álvaro Delgado20. Embora seu mandato inicie-se juntamente com a crise do coronavírus no país, o governo de Lacalle Pou apresenta forte consonância entre os discursos do chefe do Executivo, seus ministros e secretários. Em tom calmo, o presidente Lacalle Pou anuncia as mudanças de atitude e de ação para o enfrentamento da pandemia e explica que trabalhará com base nas recomendações da Organização Mundial da Saúde, analisando os processos mais exitosos dos países que já estão lidando com o vírus há algumas semanas.

---

32  SILVA, Claudia Trindade da; MARTINS, Marceli Tomé; MIRANDA, Moara Curubeto Lona de; MARTINI, Sandra Regina. Covid-19 na perspectiva dos países fundadores do Mercosul: uma análise dos cenários a partir dos discursos presidenciais e consequentes medidas tomadas pelos líderes. *In*: MARTINI, Sandra Regina; STURZA, Janaína Machado; GIMENEZ, Charlise Paula Colet (org.). *O direito à saúde frente à pandemia COVID-19*: da crise sanitária à crise humanitária no Mercosul. Porto Alegre: Evangraf, 2020. p.77-97. (O movimento entre os saberes; v. 13). p. 85-86.

Nesse sentido, ressalta que não bastarão as medidas anunciadas pelo governo; será importante contar com a população, sua *conscientização e solidariedade*. Lacalle Pou também enfatiza a confiança de mão dupla entre governo e população. [33]

A pandemia brasileira deixou de ser um problema só do Brasil, devido ao descontrole do número de mortes e de casos e ao surgimento de mutações do vírus. Foi o que disse o diretor da Organização Mundial da Saúde – OMS, Tedros Ghebreyesus Adhanom, em 5 de março de 2021, destacando que "não é hora do país relaxar; que a variante brasileira preocupa e pode afetar toda a América Latina". Em suas declarações, em resposta a jornalistas que perguntaram sobre o aumento da internação de jovens pela covid-19 no país, destacou:

> A situação no Brasil é muito, muito preocupante. Quando vimos muitas tendências de queda, em muitos países, nas últimas 6 semanas, a situação no Brasil ou tinha aumentado ou atingido um platô – mas, é claro, com uma tendência maior de aumento. Eu acho que o Brasil tem que levar isso muito, muito a sério[34].

Essas desídias e a consequente realidade brasileira coloca em risco sanitário não só os países do bloco, mas, como ponderado na própria OMS, traz insegurança para toda a América Latina. Importante que todas as consequências das violações de direitos humanos sejam discutidas e responsabilizadas nas cortes internacionais que protegem direitos humanos, até como forma de

---

33  SILVA, Claudia Trindade da; MARTINS, Marceli Tomé; MIRANDA, Moara Curubeto Lona de; MARTINI, Sandra Regina. Covid-19 na perspectiva dos países fundadores do Mercosul: uma análise dos cenários a partir dos discursos presidenciais e consequentes medidas tomadas pelos líderes. *In*: MARTINI, Sandra Regina; STURZA, Janaína Machado; GIMENEZ, Charlise Paula Colet (org.). *O direito à saúde frente à pandemia COVID-19*: da crise sanitária à crise humanitária no Mercosul. Porto Alegre: Evangraf, 2020. p.77-97. (O movimento entre os saberes; v. 13). p. 89.

34  PODER360. OMS diz que situação do Brasil é "muito preocupante" e requer medidas agressivas. *PODER360*, Brasil, 05 mar. 2021. Disponível em: https://www.poder360.com.br/coronavirus/oms-diz-que-situacao-do-brasil-e-muito-preocupante-e-requer-medidas-agressivas/ Acesso em: 19 abr. 2021.

## 3. CONSIDERAÇÕES FINAIS

se evitar a politização de outras questões sanitárias em momentos futuros e a perda da solidariedade entre as sociedades e entre os povos.

O presente artigo, partiu da orientação do princípio constitucional da cooperação internacional aplicado à saúde pública, considerando sobretudo, os propósitos de integração no Mercosul, considerando as conduções governamentais que poderiam repercutir em união e progresso social e econômico para os Estados - parte.

Nessa intenção, pretendeu-se demonstrar que a inserção dos países-membros do Mercosul em medidas de cooperação internacional sanitária pode ser meio eficaz de aproximação e medida para o avanço econômico regional, além de ato de preservação de direitos humanos de seus povos.

Contudo, as diferentes posturas dos líderes dos quatro países-membros do Mercosul, Argentina, Brasil, Paraguai e Uruguai, além da divergência dos discursos e posturas de suas lideranças e das ações de saúde pública implementadas pode significar um óbice para esse processo integrativo.

Esse estudo pretendeu demonstrar a estreita relação entre o Direito, e a condução sanitária, tomando por base o Direito Internacional como instrumento de modificação e integração social, econômica e política, na medida em que tratativas internacionais possibilitariam o projeto de integração regional, quando este poderia ser fortalecido em prol de maior diálogo e cooperação em busca de medidas internacionais mais eficazes.

Do mesmo modo, procurou refletir se há um direito internacional mercosulino, sugerindo que o seu fortalecimento e harmonização afastaria as discrepâncias nas adoções de medidas sanitárias entre os países-membros, associados e outros que acordarem negocialmente com os países do bloco.

# REFERÊNCIAS BIBLIOGRÁFICAS

ACCIOLY, Hildebrando; SILVA, G.E. do Nascimento e; CASELLA, Paulo Borba. *Manual de Direito Internacional Público*. 19. ed. São Paulo: Editora Saraiva, 2011.

AGÊNCIA BRASIL. *Uruguai reforça o controle de fronteira com Brasil para evitar Covid-19*. Disponível em: https://agenciabrasil.ebc.com.br/internacional/noticia/2020-05/uruguai-reforca-controle-de-fronteira--com-brasil-para-evitar-covid-19. Acesso em: 26 jun. 2020.

AGÊNCIA SENADO. Parlasul acompanha ações dos países do bloco no combate à pandemia. *Senado Notícias*, Brasília, DF, 16 abr. 2021. Disponível em: em: https://www12.senado.leg.br/noticias/materias/2020/04/16/parlasul-acompanha-acoes-dos-paises-do-bloco-no--combate-a-pandemia Acesso em 17 abr. 2021.

ALMEIDA, Wilson. *Mercosul*: efeitos da integração assimétrica. Rio de Janeiro: Descubra Editora, 2003.

ALVARENGA, Alexandre Andrade; ROCHA, Erika Maria Sampaio; FILIPPON, Jonathan; ANDRADE, Maria Angélica Carvalho. *Política Externa e Diplomacia da Saúde Global em tempos de pandemia*: o Brasil na contramão da História. Disponível em: https://preprints.scielo.org/index.php/scielo/preprint/view/881 Acesso em: 20 abr. 2021.

BACHELET, Michelle; GRANDI, Filippo. El brote de coronavirus es una prueba para nuestros sistemas, valores y humanidad. *ACNUR*, [S. l.], 12 mar. 2020. Disponível em: https://www.acnur.org/es/noticias/noticia/2020/3/5e6a6dcd4/el-brote-de-corona-virus-es-una-prueba-para-nuestros-sistemas-valores-y.html#_ga=2.224303259.1096686066.1584035903-698119040.1583582723 Acesso em: 20 abr. 2021.

BALASSA, Bela. *The Theory of Economic Integration*. Homewood, IL: Richard D. Irwin, 1961.

CARTACAPITAL. Argentinos vão às ruas contra Bolsonaro: 'Perigo Mundial'. *Carta Capital*, Brasil, 15 abr. 2021. Disponível em: https://www.cartacapital.com.br/cartaexpressa/argentinos-vao-as-ruas-contra-bolsonaro-perigo-mundial/ Acesso em: 20 abr. 2021.

CASELLA, Paulo Borba et al. *Mercosul*: integração regional e globalização. Rio de janeiro: Renovar, 2000.

CAZARRÉ, Marieta. Uruguai reforça controle de fronteiras com Brasil para evitar Covid-19. *Agência Brasil*, Brasília, DF, 6 maio 2020. Disponível em: https://agenciabrasil.ebc.com.br/internacional/noticia/2020-05/uruguai-reforca-controle-de-fronteira-com-brasil-para-evitar-covid-19. Acesso em: 26 jun. 2020.

DEL'OLMO, Florisbal de Souza. *Curso de Direito Internacional Público*. 5 ed. Rio de Janeiro: Editora Forense, 2011.

G1. Brasil chega a 375 mil mortos por Covid; país registrou 1.607 mortes em 24 horas. *G1*, Brasil, 19 abr. 2021 Disponível em: https://g1.globo.com/bemestar/coronavirus/noticia/2021/04/19/brasil-chega-a-375-mil-mortos-por-covid-pais-registrou-1607-mortes-em-24-horas.ghtml. Acesso em: 19 abr. 2021.

GALLO, Edmundo; COSTA, Laís (org.). *Sistema Integrado de Saúde do MERCOSUL: SIS – MERCOSUL*: uma agenda para a integração. Brasília, DF: Organização Pan-Americana de Saúde, 2004. Disponível em: http://bvsms.saude.gov.br/bvs/publicacoes/ST_09_Port.pdf Acesso em: 18 abr. 2021.

KÖLLING, Gabrielle; ARAÚJO, Clayton Vinicius Pegoraro de. Notas sobre o direito à saúde no Mercosul. *DIGE* – Revista de Direito Internacional e Globalização Econômica, São Paulo, v. 4. n. 4, p. 114-137, 2018. Disponível em: https://revistas.pucsp.br/index.php/DIGE/article/view/40614 Acesso em: 20 abr. 2021.

SILVA, Claudia Trindade da; MARTINS, Marceli Tomé; MIRANDA, Moara Curubeto Lona de; MARTINI, Sandra Regina. Covid-19 na perspectiva dos países fundadores do Mercosul: uma análise dos cenários a partir dos discursos presidenciais e consequentes medidas tomadas pelos líderes. *In*: MARTINI, Sandra Regina; STURZA, Janaína Machado; GIMENEZ, Charlise Paula Colet (org.). *O direito à saúde frente à pandemia COVID-19*: da crise sanitária à crise humanitária no Mercosul. Porto Alegre: Evangraf, 2020. p. 77-97. (O movimento entre os saberes; v. 13).

MARIANO, Marcelo Passini. *A política externa brasileira e a integração regional*: uma análise a partir do Mercosul. São Paulo: Editora UNESP, 2015.

MEYERFELD, Bruno. Covid-19: situation sanitaire «absolument dramatique» au Brésil. *Le Monde*, França, 08 abr. 2021. Disponível em: https://www.lemonde.fr/international/article/2021/04/08/bresil-u-ne-situation-sanitaire-absolument-dramatique_6076001_3210.html Acesso em: 15 abr. 2021.

MENEZES, Alfredo da Mota; PENNA FILHO, Pio. *Integração Regional*: os Blocos Econômicos nas Relações Internacionais. Rio de Janeiro: Elsevier, 2006.

MENEZES, Wagner. *Direito Internacional na América Latina*. Curitiba, PR: Ed. Juruá, 2007.

MERCOSUL. Buenos Aires. *Ata n. 03/04*. Reunión Preparatoria para la creacion de la Comision Intergubernamental de Salud y Desarrollo del Mercosur y Estados Asociados de la XVI Reunión de Ministros de Salud del Mercosur y Países Asociados. p. 1-65.

OPAS Brasil. Dra. Carissa Etienne é nomeada como Diretora. *OPAS*, Brasília, DF, 22 jan. 2013. Disponível em: https://www.paho.org/pt Acesso em: 20 abr. 2021.

OPAS. *Recursos Humanos em Saúde no Mercosul*: Orientações Estratégicas e Prioridades de Programa 1991/1994". Washington, DC: OPAS, 1991.

PODER360. OMS diz que situação do Brasil é "muito preocupante" e requer medidas agressivas. *PODER360*, Brasil, 05 mar. 2021. Disponível em: https://www.poder360.com.br/coronavirus/oms-diz-que-situa-cao-do-brasil-e-muito-preocupante-e-requer-medidas-agressivas/ Acesso em: 19 abr. 2021.

REIS, Graziela Tavares de Souza. Da responsabilidade internacional estatal por violação de direitos humanos em tempos de pandemia e o óbice para o direito da integração na américa latina *In*: MENEZES, Wagner (org.). *Direito Internacional em expansão*: biodiversidade, mobilidade e integração. Belo Horizonte: Ed. Arraes. 2020. p. 521-537. v. 18.

RODRÍGUEZ, Rodolfo H. Mercosul: um processo de integração. *In*: OPAS – Organização Pan-americana de Saúde; OMS – Organização Mundial da Saúde (org.). *Recursos Humanos em Saúde no Mercosul*. Rio de Janeiro: Fiocruz, 1995. p. 9-29.

SOARES, Guido F. S. O Direito Internacional Sanitário e seus temas: apresentação de sua incômoda vizinhança. *Revista de Direito Sanitário*, São Paulo, v. 1, n, 1, p. 49-88, nov. 2000. Disponível em: https://www.revistas.usp.br/rdisan/article/view/13076/14878 Acesso em: 20 abr. 2021.

VENTURA, Deisy de Freitas Lima. Do Ebola ao Zika: as emergências internacionais e a secutirização da saúde global. *Perspectivas – Cadernos de Saúde Pública*, Rio de Janeiro, v. 32, n. 4, p. 1-4, abr. 2016. Disponível em: https://www.scielosp.org/pdf/csp/2016.v32n4/e00033316. Acesso em: 27 jun. 2020.

**Seção 9**

# DIREITO INTERNACIONAL **SANITÁRIO** NO SÉCULO XXI

# Direito internacional sanitário e gestão compartilhada de pandemias

ALÍCIA SOARES
ANNA MARTHA ARAÚJO
CAMILA AMARAL
FELIPE BONFIM SILVEIRA
FERNANDA DE ALMEIDA E SILVA
HELENA FOLGUEIRA DE CAMPOS VIEIRA

**SUMÁRIO:**

1. Introdução;

    1.1. Análise Crítica da Gestão Compartilhada de Pandemias;

    1.2. Instrumentos e oganizações internacionais Regionais que servem ao combate às pandemias;

2. Desenvolvimento;

    2.1. Caracterização de uma pandemia;

    2.2. Gestão de Pandemias;

    2.3. O Regulamento Sanitário Internacional (RSI);

        2.3.1. Emergência de Saúde Pública de Importância Internacional;

2.3.2. O Regulamento Sanitário Internacional é vinculante?;

2.4. Vacina;

3. Conclusão;

3.1. Perspectivas para o futuro;

3.2. Considerações Finais; Bibliografia

# 1. INTRODUÇÃO

## 1.1. ANÁLISE CRÍTICA DA GESTÃO COMPARTILHADA DE PANDEMIAS

A pandemia do novo coronavírus alarmou o mundo em 2020. Na história da humanidade, é presente o registro de diversas outras pandemias, como a da Gripe Espanhola entre os anos de 1918 e 1920 e a de HIV/AIDS, entre os anos de 2003 e 2015.

É evidente que as pandemias anteriores contribuíram significativamente para o avanço médico-científico e sanitário, o que possibilitou respostas muito mais rápidas e coerentes frente à atual crise sanitária. No entanto, a logística de enfrentamento da pandemia do novo coronavírus falhou, em muitos aspectos, por não ter levado em consideração o contexto global contemporâneo. Observa-se que se optou majoritariamente por planos de combate nacionais ou regionais em detrimento da elaboração de uma política de gestão compartilhada da crise, o que será exposto e analisado mais detalhadamente a seguir.

Como supramencionado, as respostas à pandemia de COVID-19 foram regionalizadas, o que é desconcordante com o contexto mundial e social, crescentemente interconectado. De fato, a humanidade nunca enfrentou crise sanitária dessa dimensão na contemporaneidade, visto que a última pandemia que tocou essa quantidade de países com tamanha intensidade foi a de Gripe Espanhola enfrentada há um século- período no qual não se vivia o contexto de um mundo globalizado. Embora já houvesse a possibilidade de viagens internacionais, as distâncias eram muito mais longas e as economias e sociedades, muito menos unificadas. Assim, cada país lidou com a crise à sua maneira. Na Espanha, por exemplo, não havia assistência médica suficiente para atender os enfermos, enquanto, na África do Sul, optou-se pela montagem de hospitais temporários e a convocação de voluntários. Além disso, havia divergências internas nacionais, como nos Estados Unidos, onde algumas cidades adotaram as medidas de isolamento rapidamente e de maneira eficaz, enquanto outras responderam tardiamente.

Comparativamente, no que tange à crise sanitária provocada pelo novo coronavírus, observa-se uma homogeneidade maior em relação às medidas a serem aplicadas na contenção da doença. Um exemplo disso é a prática de medidas de isolamento social, que foram mundialmente difundidas pela maioria dos governos nacionais e autoridades sanitárias. Contudo, foi possível perceber que, assim como na Gripe Espanhola, houve significativa heterogeneidade de cada governo na intensidade e durabilidade na concretização dessas práticas. Enquanto na Nova Zelândia, por exemplo, tais medidas foram efetuadas de maneira severa, no Brasil, medidas semelhantes encontraram diversas resistências, inclusive por parte de autoridades governamentais.

Além da heterogeneidade de políticas implantadas por cada governo, nota-se que a pandemia do novo coronavírus trouxe um combate regionalizado da doença, principalmente no que tange à União Europeia e à União Africana. Em março de 2020, a União Europeia fechou suas fronteiras e restringiu a circulação de não residentes entre os países membros. Na África, as recomendações da Organização Mundial de Saúde e as medidas de isolamento e distanciamento social foram amplamente consideradas nos 54 países, além das iniciativas tomadas pela União Africana - organização continental com 55 países - que inicialmente contribuíram para o controle do contágio do COVID-19.

Assim, realizando uma análise comparativa entre as respostas em ambas as pandemias - a da Gripe Espanhola e a enfrentada atualmente - pode-se entender que elas se deram, nesse sentido, de maneira relativamente semelhante, já que não houve uma política internacional ampla e efetiva de gestão compartilhada. No entanto, enquanto na Gripe Espanhola estava-se diante de um mundo com distâncias maiores e fronteiras mais delineadas, atualmente se vive um contexto extremamente interdependente e globalizado.

Por mais que a comunidade internacional tenha pecado na eficácia de uma resposta internacionalmente deliberada e, portanto, uniforme frente à pandemia do novo coronavírus, houve diversos mecanismos interessantes referentes à gestão compartilhada. Muitos destes mecanismos já advindos de pandemias e epidemias anteriores, que se consolidaram na atual crise sanitária e, outros, originários do combate da pandemia de COVID-19, que são importantes para a edificação do Direito Internacional Sanitário.

Pelo exposto, observa-se que vários instrumentos de gestão de crises sanitárias são consequência direta de pandemias e epidemias anteriores. Cabe destacar inicialmente que um dos maiores mecanismos de gestão compartilhada de crises sanitárias é o Regulamento Sanitário Internacional (RSI), criado em 1951 no âmbito da Organização Mundial da Saúde e adotado por todos os países membros do órgão, tendo sido posteriormente revisado em 2005. Esse Regulamento é um instrumento que estabelece os procedimentos adequados para a contenção de doenças - um dos tópicos sobre o qual nos debruçaremos com mais profundidade em outro momento do presente artigo.

O RSI, portanto, delineou muito antes da atual pandemia, diretrizes a serem seguidas. Contudo, por mais que muito da política internacional da pandemia de COVID-19 tenha tido base no RSI, algumas obrigações presentes no Regulamento não foram integralmente cumpridas, como iremos expor mais detalhadamente a seguir. A título de exemplo, segundo o artigo 6º do regulamento, os países são obrigados a notificar à OMS sobre eventos que podem constituir *"emergência de saúde pública de importância internacional"*, o que suscita um questionamento acerca da postura da China diante da demora em comunicar à OMS sobre a real situação dos casos de coronavírus no início de sua disseminação no final de 2019.

De qualquer maneira, cabe salientar que, independentemente de eventuais descumprimentos do RSI, o presente artigo parte do pressuposto da existência de um direito internacional específico, a perpassar as ordens jurídicas nacionais de modo singular, que, em até certo ponto, é capaz de regular emergências internacionais. O que se pretende dizer é que a pandemia se diferencia de qualquer outro tipo de catástrofe, de tal maneira que o RSI excede o próprio momento de calamidade, comportando "a construção - e mais tarde a manutenção constante - de um sistema complexo de informação e de resposta" (VENTURA, 2013). Dessa maneira, objetiva-se evidenciar, aqui, a aplicação desse sistema, por meio da comparação de atitudes já tomadas em situações anteriores e da avaliação do que se veio a construir (ou desconstruir) na atual pandemia de COVID-19.

## 1.2. INSTRUMENTOS E ORGANIZAÇÕES INTERNACIONAIS REGIONAIS QUE SERVEM AO COMBATE A PANDEMIAS

Além do Regulamento supracitado, é importante evidenciar que existem regimentos regionais próprios acerca de possíveis crises sanitárias. Inicialmente, tratando do continente africano, um fator que se destaca é a colaboração tanto no nível regional quanto no plano continental. Diretamente relacionado com a União Africana e extremamente consolidado pelo combate a diversas epidemias, o Centro Africano de Controle e Prevenção de Doenças assume um papel central na contenção de crises sanitárias, estimulando também o trabalho conjunto com órgãos regionais. Programas estabelecidos pelo órgão como o "Partnership to Accelerate COVID-19 Testing" e o "African Health Volunteers Corps" foram essenciais no ótimo enfrentamento do COVID-19 no continente (MASSINGA LOMBÉ, 2020).

Analogamente, o artigo 16 da Carta Africana dos Direitos Humanos e dos Povos prevê o Direito à Saúde e a obrigação correlata dos Estados de prover medidas de proteção à saúde e a assistência médica para suas populações. Nesse sentido, a Comissão Africana dos Direitos Humanos e dos Povos estimulou os Estados a adotarem medidas de contenção do vírus, sempre preservando os direitos estipulados nas legislações internacionais (CADHP, 2020).

Já no contexto europeu, o método de enfrentamento de emergências é um tanto distinto. Em função das variadas diferenças nos sistemas de saúde nacionais, os países da Europa têm dificuldades, muitas vezes, para lidar com doenças de forma uniforme. Contudo, a existência de agências a nível continental é vital na alteração desse cenário. O principal órgão europeu no enfrentamento de doenças é o Centro Europeu de Prevenção e Controle de Doenças, responsável por, dentre outras tarefas, emitir pareceres científicos aos governos, ajudar no planejamento de programas de resposta a surtos epidêmicos e monitorar o surgimento de novas doenças através de um sistema de monitoramento a ameaças sanitárias.

Sob essa perspectiva, a Convenção Europeia dos Direitos Humanos permite restrições e derrogações ao seu texto, explicitando a saúde pública como um fim legítimo para tal. Entretanto, até mesmo durante uma crise sanitária, é necessário agir com razoabilidade e proporcionalidade, o que garante, além de um mínimo de segurança jurídica e de respeito aos direitos dos indivíduos, o respeito aos pilares da democracia e da legalidade.

Nas Américas, um dos órgãos de destaque nos temas de contenção de doenças é a Organização Pan-Americana da Saúde (OPAS). Fundada em 1902, a organização é atualmente um escritório regional da OMS, estreitamente ligada também à Organização dos Estados Americanos (OEA) e à ONU. Além de coletar e analisar dados e informações sobre várias questões de saúde pública, a OPAS atua no continente através da arrecadação e distribuição de insumos e da formulação de planos de respostas às crises sanitárias que assolam os países americanos, auxiliando os governos nacionais e incentivando diversas campanhas contra diferentes doenças.

Ainda no contexto continental americano, a Corte e a Comissão Interamericana de Direitos Humanos, que se dedicam fortemente à proteção dos direitos humanos - com destaque para o direito à vida e para o direito à saúde - vêm atuando ativamente frente ao cenário pandêmico. Diversas declarações como a "Covid-19 e Direitos Humanos" e a Resolução 1/2020 intitulada "Pandemia e Direitos Humanos nas Américas" já foram publicadas para alertar os Estados-Partes dos seus deveres em relação aos tratados internacionais de direitos humanos, que devem ser respeitados mesmo em situações de urgência sanitária (CIDH, 2020). Ademais, a Corte Interamericana continua observando o cumprimento e a adequação das medidas estatais aos seus textos normativos, especialmente no que tange à Convenção Americana de Direitos Humanos.

Dentro desse contexto, o presente artigo possui como objetivo a análise da gestão da pandemia de COVID-19, principalmente à luz dos regulamentos internacionais vigentes à sua época, a partir da pesquisa de fontes bibliográficas doutrinárias e legais. Assim, inicialmente, se abordará o conceito de pandemia, que ainda gera controvérsias dentro da comunidade sanitária. Em seguida, haverá o estudo dos principais regulamentos e conceitos influenciadores em uma gestão de pandemia, tais como o Regulamento Sanitário Internacional e a concepção de "Emergência de Saúde Pública de Importância Internacional". Por fim, se levantará a problemática da produção e distribuição de vacinas, bem como quais são as perspectivas para o futuro frente a eventuais calamidades de impacto global.

## 2. DESENVOLVIMENTO

### 2.1.CARACTERIZAÇÃO DE UMA PANDEMIA

"Pandemia" é um termo utilizado para uma determinada doença que rapidamente se espalhou, continental ou mundialmente, por diversas regiões através de uma contaminação sustentada. Dessa maneira, "a gravidade da doença não é determinante e sim o seu poder de contágio e sua proliferação geográfica" (SANAR MEDICINA, 2020).

Destaca-se, a princípio, a diferença entre o conceito de "pandemia" e os conceitos de "epidemia" e "endemia". Em uma endemia, encontramos doenças presentes em uma determinada zona de maneira persistente em um longo período de tempo. Por sua vez, a epidemia se resta caracterizada quando há um aumento de casos até um máximo de infecções e depois uma diminuição dos mesmos. Um exemplo clássico de epidemia são as gripes que ocorrem anualmente: "no outono e no inverno aumentam os casos, chega-se a um máximo de infecções, e depois diminuem" (BBC NEWS BRASIL, 2020).

Podemos concluir, diante disso, que "a definição de pandemia não depende de um número específico de casos; considera-se que uma doença infecciosa atinge esse patamar quando afeta um grande número de pessoas espalhadas pelo mundo" (VEJA SAÚDE, 2020). Especificamente no seio da Organização Mundial da Saúde, apesar de haver divergências, vale ressaltar o Relatório Epidemiológico Semanal da OMS do ano de 2009 (OMS, 2009), que, oito dias após a declaração da pandemia de A(H1N1), proferiu o seguinte conceito de pandemia:

Tratar-se-ia de uma doença – no caso, uma infecção viral aguda – com transmissão inter-humana contínua, imputável a surtos em nível comunitário em ao menos duas regiões da OMS e ao menos num país em cada uma dessas regiões (VENTURA, 2013).

## 2.2.GESTÃO DE PANDEMIAS

Para se chegar a um consenso, entretanto, sobre a caracterização de uma pandemia, um grande caminho foi percorrido, com modificações, inclusive, no próprio conceito de "saúde internacional".

Nesse sentido, inicialmente, durante o século XIX e o início do século XX, a expressão "saúde internacional" era utilizada para se referir, principalmente, ao controle de epidemias que ultrapassavam fronteiras entre as nações. Atualmente, devido a globalização da vida social, o conceito de saúde, ao qual os Estados contemporâneos estão obrigados juridicamente a garantir para seus povos, se modificou intensamente. Este termo foi, assim, substituído pela expressão "saúde global", que, de um lado, indica "a consideração das necessidades da saúde da população de todo o planeta, acima dos interesses de nações em particular" (VENTURA, 2013) e, de outro lado, "a crescente importância de novos atores para além do Estado e das organizações internacionais, tais como algumas grandes fundações internacionais, a mídia e as corporações transnacionais".

Dentro desse contexto, a Organização Mundial da Saúde (OMS) é considerada como porta-voz e líder da comunidade internacional para "prevenir ou responder às múltiplas ameaças à saúde que possuem a capacidade de atravessar fronteiras" (VENTURA, 2013).

No que tange, notadamente, ao tópico de gestão de pandemias, destaca-se o conceito introduzido pelo Regulamento Sanitário Internacional

(RSI), previamente apresentado, de "Emergência de Saúde Pública de Importância Internacional" (ESPII):

> Emergência de saúde pública de importância internacional" significa um evento extraordinário que, nos termos do presente Regulamento, é determinado como: (i) constituindo um risco para a saúde pública para outros Estados, devido à propagação internacional de doença e (ii) potencialmente exigindo uma resposta internacional coordenada (DECRETO LEGISLATIVO 395/2009)

Depreende-se desse conceito que, ao se considerar doenças infecciosas como ameaças para a segurança internacional e nacional, é possível a obtenção de uma direção política para apoiar a planificação intersetorial necessária. Dessa maneira, segundo Deisy Ventura, o atual Regulamento Sanitário Internacional "produziu um direito de emergência, de natureza transversal, como intersecção entre o direito internacional e o direito interno" (VEn, isto é, há a possibilidade de a Organização Mundial da Saúde realizar iniciativas independentemente da vontade dos Estados por meio de comitês de especialistas constituídos de forma autônoma pelo órgão.

Como, no presente artigo, temos como foco principal a análise da pandemia do COVID-19, é possível perceber que tais conceitos mencionados acima foram colocados em prática pela Organização Mundial da Saúde. Em 31 de dezembro de 2019, os representantes da OMS na China foram informados de casos de pneumonia de etiologia desconhecida detectados na cidade de Wuhan, província de Hubei, na China. De 31 de dezembro de 2019 a 3 de janeiro de 2020, um total de 44 casos de pacientes com causa desconhecida foram relatados pelas autoridades nacionais da China. Em 7 de janeiro de 2020, as autoridades identificaram um novo tipo de coronavírus (OMS, 2019)

Em seguida, no dia 23 de janeiro de 2020 (OMS, 2020 (a)), o Diretor-Geral da OMS convocou a primeira reunião do Comitê de Emergência, em concordância com o Regulamento Sanitário Internacional, sobre o surto do novo coronavírus na República Popular da China. A reunião tinha por objetivo o aconselhamento por parte do Comitê para o Diretor-Geral sobre saúde pública, recomendações temporárias, bem como a possibilidade de decretação de uma "Emergência de Saúde Pública Internacional" (ESPII).

A possibilidade mencionada se concretizou em 31 de janeiro de 2020, no 11º Relatório Diário sobre o novo Coronavírus, no qual declarou-se que o Comitê de Emergência do Novo Coronavírus determinou o surto como uma ESPII. O Comitê de Emergência, ainda, aconselhou a OMS, a República Popular da China, todos países e a comunidade global sobre medidas de controle a serem tomadas. Nas palavras do relatório:

> The Committee believes that it is still possible to interrupt virus spread, provided that countries put in place strong measures to detect disease early, isolate and treat cases, trace contacts, and promote social distancing measures commensurate with the risk (OMS, 2020 (c)).

Relembrou-se, também, a todos os países que estes eram obrigados a compartilhar informações sobre possíveis surtos com a Organização Mundial da Saúde, de acordo com o disposto no Regulamento Sanitário Internacional.

Finalmente, em 11 de março de 2020, através do 51º Relatório Diário sobre o novo Coronavírus (OMS, 2020 (d)), a Organização Mundial da Saúde e o seu Director-Geral declararam que, devido aos níveis alarmantes de propagação e gravidade, o surto de COVID-19 estava sendo elevado a situação de pandemia. Para o Diretor, a palavra "pandemia" deveria ser utilizada com cuidado, pois, se mal interpretada, poderia causar um medo irracional ou uma aceitação injustificada de que a luta contra a doença teria acabado.

Por conseguinte, é possível perceber que os conceitos abordados acima foram plenamente postos em prática pela Organização Mundial da

Saúde: (i) em primeiro lugar, houve a tomada de iniciativa por parte do órgão a partir de um Comitê constituído autonomamente – o Comitê de Emergência da COVID-19; (ii) em segundo, declarou-se o surto de COVID-19 como uma "emergência de saúde pública de interesse internacional" e (iii) por fim, elevou-se o surto à categoria de pandemia devido a sua gravidade e capacidade de contágio.

## 2.3. O REGULAMENTO SANITÁRIO INTERNACIONAL (RSI)

A Organização Mundial da Saúde (OMS), agência especializada em questões de saúde internacional, como mencionado previamente, é a principal instituição, no plano mundial, a tratar sobre a COVID-19 e as suas consequências.

Sua origem remonta ao ano de 1946 (SOUZA, 2020) quando a sua constituição foi aprovada na Conferência Internacional de Saúde. Dentre as suas competências, destaca-se os presentes nos artigos 21[1] e 22[2] de sua Constituição, que determinam a possibilidade de criação e adoção de regulamentos obrigatórios e aplicáveis em todos os Estados Membros, sem a necessidade de procedimentos internos de incorporação. Assim, a OMS possui o poder de criar normas por maioria dos membros presentes e votantes.

---

1 Artigo 21. A Assembléia da Saúde terá autoridade para adotar os regulamentos respeitantes a: a) Medidas sanitárias e de quarentena e outros procedimentos destinados a evitar a propagação internacional de doenças; b) Nomenclaturas relativas a doenças, causas de morte e medidas de saúde pública; c) Normas respeitantes aos métodos de diagnóstico para uso internacional; d) Normas relativas à inocuidade, pureza e ação dos produtos biológicos, farmacêuticos e similares que se encontram no comércio internacional; e) Publicidade e rotulagem de produtos biológicos, farmacêuticos e similares que se encontram no comércio internacional.

2 Artigo 22. Os regulamentos adotados em conformidade com o artigo 21 entrarão em vigor para todos os Estados membros depois de a sua adoção ter sido devidamente notificada pela Assembléia da Saúde, exceto para os Estados membros que comuniquem ao diretor-geral a sua rejeição ou reservas dentro do prazo indicado na notificação. Disponível em <http://www.direitoshumanos.usp.br/index.php/OMS-Organiza%C3%A7%C3%A3o-Mundial-da-Sa%C3%BAde/constituicao-da-organizacao-mundial-da-saude-omswho.html>. Acesso em 10/01/2021.

## 2.3.1. Emergência de Saúde Pública de Importância Internacional

Dentre os dispositivos do Regulamento Sanitário Internacional, destaca-se o conceito de "Emergência de Saúde Pública de Importância Internacional", mencionado brevemente no item 2 ("Gestão de pandemias").

O artigo 12[3] do RSI determina que o Diretor-Geral da OMS tem o poder de declarar as situações de emergência. Não obstante, antes que o Diretor tome essa atitude, é necessária a realização de uma reunião com o Comitê de Emergência, composto por especialistas no assunto. Por fim, o Diretor-Geral tomará a decisão, que pode ser contrária ou não às opiniões emitidas pelo Comitê. Historicamente, "as decisões tomadas pelo Comitê foram levadas em consideração pelo diretor-geral" (VOJVODIC, 2020).

---

3   Artigo 12. 1. *O Diretor-Geral determinará, com base nas informações recebidas, em especial as enviadas pelo Estado Parte em cujo território está ocorrendo o evento, se o evento constitui uma emergência de saúde pública de importância internacional, em conformidade com os critérios e os procedimentos estabelecidos neste Regulamento. 2. Caso considerar que está ocorrendo uma emergência de saúde pública de importância internacional, com base numa avaliação realizada nos termos do presente Regulamento, o Diretor-Geral consultará o Estado Parte em cujo território surgiu o evento acerca dessa determinação preliminar. Caso o Diretor-Geral e o Estado Parte estiverem de acordo quanto a tal determinação, o Diretor-Geral solicitará, em conformidade com o procedimento estabelecido no Artigo 49, um parecer do Comitê estabelecido nos termos do Artigo 48 (doravante denominado "Comitê de Emergências") acerca de recomendações temporárias apropriadas. 3. Se, após a consulta de que trata o parágrafo 2o acima, o Diretor-Geral e o Estado Parte em cujo território surgiu o evento não chegarem a um consenso, num prazo de até 48 horas, sobre se o evento constitui ou não uma emergência de saúde pública de importância internacional, a determinação será realizada em conformidade com o procedimento estabelecido no Artigo 49. 4. Ao determinar se um evento constitui ou não uma emergência de saúde pública de importância internacional, o Diretor-Geral considerará: (a) as informações fornecidas pelo Estado Parte; (b) o instrumento de decisão apresentado no Anexo 2; (c) o parecer do Comitê de Emergências; (d) os princípios científicos, bem como as evidências científicas e outras informações relevantes disponíveis; e (e) uma avaliação do risco para a saúde humana, do risco de propagação internacional da doença e do risco de interferência com o tráfego internacional. 5. Caso o Diretor-Geral, após consultas com o Estado Parte em cujo território ocorreu a emergência de saúde pública de importância internacional, considerar terminada a emergência de saúde pública de importância internacional, o Diretor-Geral tomará uma decisão, em conformidade com o procedimento estabelecido no Artigo 49.*

Uma vez declarada a "emergência de saúde pública de importância internacional", uma série de obrigações devem ser cumpridas pelos Estados-parte, presentes no artigo 6º [4] do Regulamento. O referido artigo determina a obrigatoriedade dos Estados Membros de notificarem a OMS sobre quaisquer eventos que possam constituir "emergência de saúde pública internacional", bem como comunicar sobre as informações de saúde pública relacionadas a esse evento, incluindo o número de casos e óbitos. Ademais, o artigo 7º[5] do mesmo regulamento possui uma obrigação genérica de que os Estados devem compartilhar informações durante eventos sanitários inesperados ou incomuns.

Cumpre salientar que, após a decretação do estado de emergência, uma das dificuldades existentes na gestão internacional compartilhada de pandemias envolve os níveis de transparência. Há uma necessidade de elevar a transparência informacional entre os países para uma maior contenção pandêmica, já que a confiabilidade dos dados apresentados por cada país favorece eventuais necessidades de controle fronteiriço e da identificação

---

4     Artigo 6º. *Cada Estado Parte avaliará os eventos que ocorrerem dentro de seu território, utilizando o instrumento de decisão do Anexo 2. Cada Estado Parte notificará a OMS, pelos mais eficientes meios de comunicação disponíveis, por meio do Ponto Focal Nacional para o RSI, e dentro de 24 horas a contar da avaliação de informações de saúde pública, sobre todos os eventos em seu território que possam se constituir numa emergência de saúde pública de importância internacional, segundo o instrumento de decisão, bem como de qualquer medida de saúde implementada em resposta a tal evento. Se a notificação recebida pela OMS envolver a competência da Agência Internacional de Energia Atômica (AIEA), a OMS notificará imediatamente essa Agência. Após uma notificação, o Estado Parte continuará a comunicar à OMS as informações de saúde pública de que dispõe sobre o evento notificado, de maneira oportuna, precisa e em nível suficiente de detalhamento, incluindo, sempre que possível, definições de caso, resultados laboratoriais, fonte e tipo de risco, número de casos e de óbitos, condições que afetam a propagação da doença; e as medidas de saúde empregadas, informando, quando necessário, as dificuldades confrontadas e o apoio necessário para responder à possível emergência de saúde pública de importância internacional.*

5     Artigo 7º. *Caso um Estado Parte tiver evidências de um evento de saúde pública inesperado ou incomum dentro de seu território, independentemente de sua origem ou fonte, que possa constituir uma emergência de saúde pública de importância internacional, ele fornecerá todas as informações de saúde pública relevantes à OMS. Nesse caso, aplicam-se na íntegra as disposições do Artigo 6.*

de situações prioritárias, além do desenvolvimento de pesquisas científicas e da mobilização de recursos com foco na imunização global. Por uma perspectiva crítica, acreditamos que tal requisito não foi completamente preenchido. Em países como o Brasil, por exemplo, a subnotificação dos casos de COVID-19 foi um dos principais problemas no combate a pandemia: além da falta de testes, houve uma discrepância entre os dados divulgados pelo governo federal e as secretarias estaduais, bem como ficou estabelecido pelo Ministério da Saúde que os casos suspeitos não seriam mais divulgados (BASSO, 2020). Nas palavras do especialista na área de saúde pública Fábio Teodoro de Souza:

> Tal medida reflete a abordagem do país ante a maioria dos problemas de saúde pública: dar preferência ao tratamento, e não à prevenção. O principal motivo do crescimento exponencial no cenário atual é que a transmissão se dá mesmo antes do aparecimento dos sintomas. Identificar e tratar pacientes já contaminados e que estão em fase de expressar os sinais e sintomas clínicos da doença é algo que se torna insustentável a longo prazo, uma vez que novos pacientes continuarão a surgir (BASSO, 2020).

Ademais, também houve uma grande discussão em relação a transparência inicial da China, no sentido de que houve uma demora na notificação para as autoridades internacionais sobre o surto de coronavírus.

De qualquer maneira, o que se depreende dos regulamentos internacionais e da própria gestão atual de pandemia é que a transparência e a divulgação de dados são fundamentais não só para a contenção da doença, como também para a sua prevenção. A comunicação entre os países e os órgãos internacionais permitem a formação de uma cadeia de dados capaz de aplicar de uma maneira mais eficiente as regras do Regulamento Sanitário Internacional, principalmente em relação à movimentação de pessoas, e, consequentemente, reduzir o número de casos que se espalham de maneira muito rápida.

## 2.3.2. O Regulamento Sanitário Internacional é vinculante?

Diante do exposto, pode-se indagar se as obrigações mencionadas presentes no Regulamento Sanitário Internacional são vinculantes. Tal questionamento diverge opiniões.

O artigo 2º, k, da Constituição da OMS destaca que este órgão tem competência para "propor convenções, acordos e regulamentos e fazer recomendações respeitantes a assuntos internacionais de saúde e desempenhar as funções que neles sejam atribuídas à Organização, quando compatíveis com seus fins". Tal dispositivo, ainda, é reforçado pelos artigos 23 e 62 do mesmo documento que determina, respectivamente, que a Assembleia da Saúde possui autoridade para fazer recomendações aos Estados-membros e que estes últimos devem apresentar, anualmente, um relatório das medidas tomadas em relação às recomendações que lhe tenham sido feitas pela Organização ou por convenções, acordos e regulamentos. Nesse sentido, de acordo com Valerio Mazzuoli (MAZZUOLI, 2020), poder-se-ia argumentar que as recomendações são, sim, vinculantes.

Por outro lado, deve-se levar em consideração que, no caso em questão, as recomendações não foram elaboradas através da Assembleia Mundial da Saúde, mas concebidas diante do regime especial do Regulamento Sanitário Internacional, que disciplina a edição de recomendações em situações emergenciais, como a de uma pandemia, através de seu artigo 15[6]. Dessa maneira, tais recomendações não seriam vinculantes pela própria definição de "recomendação temporária" presente no Regulamento:

---

6   Artigo 15. 1. *Caso se determinar, em conformidade com o Artigo 12, a ocorrência de uma emergência de saúde pública de importância internacional, o Diretor-Geral publicará recomendações temporárias, segundo o procedimento estabelecido no Artigo 49. Tais recomendações temporárias poderão ser modificadas ou prorrogadas, segundo as circunstâncias, mesmo depois de ter sido determinado o término da emergência de saúde pública de importância internacional, ocasião em que outras recomendações temporárias poderão ser emitidas, conforme as necessidades, a fim de evitar ou detectar prontamente sua recorrência. 2. As recomendações temporárias*

(...) significa uma orientação de natureza não-vinculante emitida pela OMS consoante o Artigo 15, para aplicação por tempo limitado, baseada num risco específico, em resposta a uma emergência de saúde pública de importância internacional, visando prevenir ou reduzir a propagação internacional de doenças e minimizar a interferência com o tráfego internacional.

De acordo com Rafael Soares de Souza, a "justificativa para o caráter não vinculante é tanto de *natureza política*, evitando uma intrusão demasiada nos Estados Partes, como *técnica*, pela inexequibilidade de uma parametrização de políticas de saúde pública para centenas de Estados Partes, haja vista as infinitas peculiaridades locais e os limites materiais da própria OMS" (SOUZA, 2020).

Ponderando o exposto, consideramos que o Regulamento Sanitário Internacional seria, sim, vinculante, pelo disposto em seu artigo 15:

As recomendações temporárias poderão incluir medidas de saúde que deverão ser implementadas pelo Estado Parte vivenciando a emergência em saúde pública de importância internacional, ou por outros Estados Partes, em relação a pessoas, bagagens, cargas, contêineres, meios de transporte, mercadorias e/ou encomendas postais, a fim de evitar ou reduzir a propagação internacional de doenças e evitar interferências desnecessárias com o tráfego internacional.

---

*poderão incluir medidas de saúde que deverão ser implementadas pelo Estado Parte vivenciando a emergência em saúde pública de importância internacional, ou por outros Estados Partes, em relação a pessoas, bagagens, cargas, contêineres, meios de transporte, mercadorias e/ou encomendas postais, a fim de evitar ou reduzir a propagação internacional de doenças e evitar interferências desnecessárias com o tráfego internacional. 3. As recomendações temporárias podem ser rescindidas a qualquer momento, de acordo com o procedimento estabelecido no Artigo 49, e expirarão automaticamente três meses após sua publicação. Podem ser modificadas ou prorrogadas por períodos adicionais de até três meses. As recomendações temporárias não podem estender-se além da segunda Assembléia Mundial de Saúde subseqüente à determinação da emergência em saúde pública de importância internacional à qual se referem.*

Nesse sentido, apesar de o Regulamento não ter sido elaborado pela Assembleia Mundial de Saúde, a redação do artigo em questão estabelece que a implementação das medidas de saúde são um dever não só do Estado Parte que está vivenciando a emergência em saúde pública de importância internacional como de outros Estados que possam vir a ser atingidos pela doença. A previsão contida neste artigo não tem como objetivo prejudicar o Estado passando pela situação de emergência, mas, na verdade, impedir que a situação se agrave, como é possível inferir do seu trecho final: *"evitar interferências desnecessárias com o tráfego internacional"*.

De qualquer forma, é importante destacar que tais recomendações, sendo facultativas ou não, não são juridicamente irrelevantes. Exemplificativamente, os tribunais brasileiros foram bastante fiéis às recomendações em alguns casos famosos, como alteração de registro civil em casos de identidade de gênero[7] e proibição de equipamentos de bronzeamento artificial[8].

Entende-se, portanto, que outra dificuldade atinente à gestão global de pandemia se relaciona ao aspecto legal, tendo em vista que, em face da coexistência de jurisdições distintas, a possibilidade de emitir normativas com abrangência global depende da aderência prévia de países como signatários, tal como no caso do RSI. Neste sentido, mesmo diante de calamidades globais, há dificuldade na uniformização de uma atuação tanto em face das dependência da articulação prévia dos países, quanto da discussão supracitada acerca da vinculatividade ou facultatividade de recomendações decorrentes do RSI.

## 2.4. VACINA

---

7    BRASIL. Supremo Tribunal Federal. Recurso Extraordinário nº. 670422, Pleno. Relator: Ministro Dias Toffoli, j. 15/08/2018. Disponível em: <www.stf.jus.br>. Acesso em: 13/01/2021.

8    BRASIL. Tribunal Regional Federal da 3ª Região. Apelação Cível nº. 0008253-87.2011.4.03.6105, 4ª Turma. Relator: Desembargador Federal Marcelo Mesquita Saraiva, j. 07/02/2020. Disponível em: <www.trf3.jus.br>. Acesso em: 06 abr. 2020.

Emerge, ademais, frente ao cenário pandêmico exposto, a necessidade de buscar respostas para a crise sanitária enfrentada. Para além das restrições impostas pelos órgãos internacionais supracitados que visam conter o avanço do vírus, surge, desde o primeiro momento, a necessidade de unir esforços para mapear geneticamente o vírus e elaborar uma vacina que seja capaz de produzir uma resposta imune eficiente. Dentro de tal propósito, as organizações internacionais, e principalmente a OMS, cumpriram papéis significativos.

Entre 2014 e 2016, houve o surto de Doença do Vírus Ebola (EVD). Em resposta a esse ocorrido, a Organização Mundial da Saúde desenvolveu um mecanismo que ficou conhecido como "A Lista de Uso e Avaliação Emergencial" (EUAL). A EUAL é um procedimento baseado em risco para avaliar e listar vacinas, terapêuticos e diagnósticos *in vitro* não licenciados para uso, especialmente durante "emergências de saúde pública de interesse internacional", mas também em outras emergências de saúde pública, se for o caso.

Desde a sua criação, duas vacinas de Ebola foram submetidas ao procedimento, mas nenhuma delas foi listada. Nenhum produto terapêutico foi desenvolvido e apresentado durante o surto entre 2014-2016. Vinte e cinco diagnósticos *in vitro* foram recebidos para a doença causada pelo vírus Ebola, dos quais sete foram listados. Por fim, dos trinta e três pedidos recebidos para diagnósticos *in vitro* de Zika, três foram listados.

A partir desse cenário, em 13 de dezembro de 2020, o procedimento passou por uma revisão, de modo a clarificar os aspectos processuais e evitar sobreposições ou lacunas.

Em linhas gerais, o objetivo do procedimento é definir as etapas que a Organização Mundial da Saúde seguirá para estabelecer a elegibilidade de medicamentos, vacinas e diagnósticos *in vitro* não licenciados nos casos em que as autoridades de saúde pública podem estar dispostas a tolerar menos certeza sobre a eficácia e segurança dos produtos, em razão da morbidade e/ou mortalidade de uma determinada doença e a falta ou escassez de opções de tratamento, diagnóstico, detecção ou prevenção. A OMS, assim, desenvolveu o processo da EULA (i) para agilizar a disponibilidade de produtos não licenciados necessários em situações de emergência de saúde pública e (ii) ajudar as agências da ONU e Estados-Membros na determinação da aceitabilidade do uso de produtos específicos no contexto de uma emergência de saúde pública, com base em um conjunto de dados que relatam sobre a qualidade, segurança, eficácia, imunogenicidade e desempenho do medicamento/vacina/diagnóstico. Os Estados-Membros da OMS tem a prerrogativa de usar esse procedimento como uma base para autorizar o uso de vacinas, medicamentos e diagnósticos in vitro não licenciados em um nível nacional (OMS, 2020 (e).

Dentro desse contexto, em 31 de dezembro de 2020 (OMS, 2020 (e), por meio do procedimento da lista de uso de avaliação emergencial, a primeira vacina contra a COVID-19 foi aprovada para uso emergencial. Através da aprovação por meio da "Lista de Uso Emergencial" será possível que os países acelerem seus próprios processos de aprovação regulatória para importar e administrar a vacina aprovada, além de permitir que O Fundo Das Nações Unidas para a Infância (UNICEF) e a Organização Pan-Americana de Saúde adquiram a vacina para distribuição aos países necessitados.

É importante destacar que a Organização Mundial da Saúde, apesar de considerar positiva a aprovação da primeira vacina para uso emergencial, enfatiza a necessidade de um esforço global ainda maior para conseguir o fornecimento de vacina para atender às necessidades das populações prioritárias em todos os lugares. De acordo com o Diretor-Geral da OMS, "para proteger o mundo, devemos garantir que todas as pessoas em risco em todos os lugares - não apenas em países que podem pagar as vacinas - sejam imunizadas" (OMS, 2021). Tal entendimento vai, ademais, de acordo com o disposto pela Comissão Interamericana de Direitos Humanos que descreve o direito à saúde como um direito humano fundamental e indispensável do qual devem se ocupar os Estados:

> A Corte estabeleceu que a saúde é um direito humano fundamental e indispensável para o exercício adequado dos demais direitos humanos. Todo ser humano tem direito ao gozo do mais alto nível possível de saúde, que lhe permita viver dignamente, entendida a saúde não só como a ausência de afecções ou enfermidades, mas também como um estado completo de bem-estar físico, mental e social, decorrente de um estilo de vida que permita que as pessoas alcancem um equilíbrio integral. A obrigação geral se traduz no dever estatal de garantir o acesso das pessoas a serviços essenciais de saúde, assegurando uma assistência médica de qualidade e eficaz, bem como de impulsionar o melhoramento das condições de saúde da população. (CIDH, 2018).

Ficou claro para a Organização Mundial da Saúde, desde o início da pandemia, que, para superar a crise instaurada pelo surto de COVID-19, seria necessário não apenas o desenvolvimento de vacinas, mas também assegurar que o mundo inteiro tivesse acesso a elas. Para isso, a Organização Mundial da Saúde também foi responsável pela criação de outro mecanismo: o "COVAX Pillar" (OMS, 2020 (f)).

O COVAX é um dos três pilares do "Acelerador de Acesso às Ferramentas de Combate à Covid-19" (BERKLEY, 2020), lançado em abril pela Organização Mundial da Saúde, a Comissão Europeia e a França, em resposta à pandemia. O principal papel do COVAX é maximizar as chances de pessoas nos países participantes obterem acesso às vacinas contra COVID-19 de maneira mais rápida, justa e segura possível. Ao aderir o mecanismo não só o país terá a possibilidade de acesso ao maior e mais diversificado portfólio de vacinas, como também gerenciará ativamente este portfólio. Nesse sentido, o programa COVAX monitora constantemente o desenvolvimento das vacinas para identificar as mais adequadas, com base no mérito científico e escalabilidade, assim como trabalha com os fabricantes para incentivá-los a expandir a capacidade de produção antes de as vacinas receberem a aprovação regulatória.

Dessa maneira, ao reunir governos, organizações globais de saúde, fabricantes, cientistas, setor privado, sociedade civil e filantropia, o objetivo desse mecanismo é fornecer acesso inovador e equitativo aos diagnósticos, tratamentos e vacinas contra a COVID-19.

Para a Organização Mundial da Saúde (BERKLEY, 2020), o COVAX seria a única solução verdadeiramente global para a pandemia, visto que representaria o único esforço para garantir que as pessoas em todos os lugares do mundo tenham acesso às vacinas contra COVID-19 assim que se tornassem disponíveis, independentemente de seu poder aquisitivo.

Conforme o exposto, depreende-se que uma das maiores dificuldades da gestão compartilhada de pandemias envolve a vacina, tendo em vista que a imunização global se torna uma demanda pelas populações que anseiam por celeridade e segurança na resposta imunitária dos países, aspectos que reiteram a necessidade de articulação internacional. Isso se ratifica, uma vez que se transcende a necessidade de eficácia e efetividade da vacina, já que também é relevante analisar o espectro do manejo de recursos científicos, tecnológicos e financeiros para a obtenção de uma imunização global dotada de efetividade. Trata-se de um assunto delicado, principalmente ao levar-se em consideração que os países que detém o desenvolvimento e produção de vacinas mais avançadas são aqueles que, em um contexto de normalidade, já possuem uma posição vantajosa no cenário internacional. E, em um cenário pandêmico, em que a grande bandeira dos governos é a retomada da atividade econômica e social, a discussão sobre a distribuição de vacinas se torna acirrada, inclusive devido a sua escassez.

Como mencionado nesse capítulo, por entendermos a saúde como um direito humano fundamental, consideramos a atitude da Organização

Mundial da Saúde, nos seus esforços para garantir uma distribuição mais igualitária de insumos de combate a doença de COVID-19, como algo positivo e que deve ser fomentado não só para eventuais emergências de saúde pública que possam surgir, como também para doenças que já existem há anos e que, muitas vezes, são subjugadas por não serem problemas endêmicos de países que possuem grande influência internacional.

## 3. CONCLUSÃO

## 3.1.PERSPECTIVAS PARA O FUTURO

A pandemia de COVID-19 serviu para evidenciar que o direito internacional sanitário é primordial para dar uma resposta conjunta ao combate pandêmico, já que o vírus é uma ameaça global: nenhum país ou fronteira consegue isolar a doença e, tampouco, elaborar uma política nacional sem, para isso, considerar o cenário global. É certo que a atual pandemia foi um verdadeiro abalo no direito internacional sanitário, pois serviu para evidenciar que a comunidade internacional não foi capaz de traçar diretrizes de como proceder diante desse cenário: foi algo completamente inesperado e sem precedentes.

Como já supra exposto, é substancial que existam diretrizes internacionais na gestão pandêmica. A um, pois é uma ameaça que, em contexto da globalização, trespassa fronteiras de forma avassaladora. A dois, pois o cenário pandêmico é um que acaba levando a violações inevitáveis de outros direitos humanos, tal qual direito à educação, direito à livre locomoção, direito à condições dignas de trabalho, entre outros. Compreender esse cenário é essencial para entender que a comunidade internacional deve unir esforços conjuntos para prevenção, contenção e gestão de pandemias.

Para tal, devemos, além de compreender o papel das organizações internacionais e a respectiva regulamentação legal do tema, nos debruçar sobre quais os ensinamentos que a pandemia do novo coronavírus pode trazer para o direito internacional sanitário para que, assim, se possa pensar nas inovações que devem ser agregadas a este. Em suma, a pandemia do COVID-19 serviu para evidenciar diversas limitações da comunidade internacional e suas respectivas organizações, cujos pormenores trataremos a seguir.

Primeiramente, no que tange o momento de eclosão da doença, houve acentuada demora na comunicação do surgimento de casos à Organização Mundial da Saúde. Por mais que o vírus tenha sido notificado pela primeira vez à OMS em 31 de dezembro de 2019, hoje sabe-se que ele já circulava por semanas. A um, a China pecou pelo atraso em informar oficialmente a OMS. No entanto, é impossível afastar a responsabilidade desta, que era verificar as informações repassadas por fontes não oficiais - ou seja, que não advindas do governo chinês. Por mais que a OMS não tenha competência para investigar esse tipo de situação, deveria ter verificado fontes não oficiais[9].

Posteriormente, analisando agora o cenário a partir do momento em que a OMS foi oficialmente notificada da doença, falhou pela morosidade em comunicar que se tratava de Emergência de Saúde Pública de Âmbito Internacional (PHEIC). A declaração foi feita no dia 12 de março de 2020, quando 109 países já haviam registrado casos da doença e sistemas de saúde da China e Itália já estavam sobrecarregados.

---

9    O artigo 9.1 do RSI determina que *"A OMS poderá levar em conta informes de outras fontes, além das notificações ou consultas, e avaliará tais informes de acordo com princípios epidemiológicos estabelecidos, transmitindo a seguir informações acerca do evento ao Estado Parte em cujo território supostamente está ocorrendo o evento. Antes de tomar qualquer medida com base nesses informes, a OMS realizará consultas no intuito de obter verificação junto ao Estado Parte em cujo território supostamente está ocorrendo o evento, em conformidade com o procedimento estabelecido no Artigo 10. Para tanto, a OMS disponibilizará as informações recebidas aos Estados Partes, e somente em caso que esteja devidamente justificado poderá a OMS manter a confidencialidade da fonte. Essas informações serão utilizadas em conformidade com o procedimento estabelecido no Artigo 11".*

Esta demora na declaração de PHEIC foi bastante gravosa, não se seguiu os critérios já supramencionados de caracterização de uma pandemia e trouxe consequências importantes: não houve tempo hábil para que fosse estruturada uma política paliativa. Quando se passou a efetivamente tomar medidas, estas já eram predominantemente mitigatórias e bastante agressivas, tais quais fechamento de fronteiras. Se a gravidade da doença tivesse sido tempestivamente reconhecida, é provável que medidas menos restritivas pudessem ter sido tomadas e a comunidade internacional pudesse ter dito tempo e investimentos para estruturar uma política de contenção e gestão mais eficaz.

No mais, analisando o momento posterior à declaração da OMS, é possível perceber diversas falhas da comunidade internacional - muitas delas, consequências na dilação da declaração de PHEIC. No momento em que se tomou consciência da gravidade da doença, os países passaram a medidas completamente restritivas, de fechamento de fronteiras e confinamentos (muitos feitos de maneira irresponsável sem garantir à população auxílio de renda), que acabaram por violar diversos outros direitos humanos. É evidente que é necessário que existam limitações a outros direitos humanos a fim de conter a crise sanitária, mas isso deve ser feito da maneira menos danosa e agressiva e, ainda, proporcional, a fim de garantir o fim almejado, mas com os melhores meios possíveis.

Subsequentemente, durante o curso pandêmico, houve algumas questões que evidenciaram o quão despreparada a comunidade internacional e os Estados estavam para lidar com uma crise tal qual a do novo coronavírus. Uma questão bastante grave foi o despreparo dos sistemas de saúde. Mesmo em países desenvolvidos, houve colapso das unidades de tratamento intensivo e oferta insuficiente dos equipamentos médicos necessários, tal qual os respiradores. Questão igualmente delicada foi a disseminação de *fake news* e o tratamento da doença de maneira irresponsável, o que evidenciou a necessidade de regulamentar padrões de conduta governamentais em momentos de calamidade.

No que tange ao tópico de vacinas, apesar dos esforços da Organização Mundial da Saúde em garantir um acesso mais igualitário entre os países do mundo todo, o que se vê, na prática, é uma distribuição desigual dos imunizantes. Um estudo da Universidade de Duke, nos Estados Unidos, recentemente publicado, apontou que os países mais ricos estão construindo uma lacuna extraordinária no acesso às vacinas ao redor do mundo, reivindicando mais da metade das doses que poderiam chegar ao mercado até o final do ano que vem:

> While many poor nations may be able to vaccinate at most 20 percent of their populations in 2021, some of the world's richest countries have reserved enough doses to immunize their own multiple times over. (TOHEY, 2021).

Dessa maneira, de acordo com o estudo, caso todas as doses compradas sejam, de fato, distribuídas, a União Europeia seria capaz de imunizar todos os seus residentes duas vezes, os Estados Unidos e o Reino Unido, por sua vez, poderiam vacinar suas respectivas populações quatro vezes e o Canadá, seis vezes. Para a líder do projeto, Andrea Taylor, a principal dificuldade da iniciativa criada pela OMS, a Covax, é o tempo: "as nações de baixa e média renda que contam com a Covax como uma parte importante de sua estratégia de vacinas precisam das doses agora, mas muitos dos espaços de fabricação prioritários já foram reservados por países ricos que fizeram acordos bilaterais" (LIMA, 2021).

Depreende-se, assim, que a ausência de uma regulamentação quanto a imunizantes e a falta de esforço e investimento conjunto e coordenado da comunidade internacional, especialmente de países com mais recursos financeiros e tecnológicos, nos leva a uma situação de risco, uma vez que a distribuição desigual de imunizantes poderá permitir contágios e mutações da doença pelo mundo todo. Não obstante possa se entender a atitude de países mais abastados em querer a cobertura integral de suas populações, é um fato que, ao garantir que outros países tenham acesso à vacina, você estará garantindo o sucesso da sua, ao permitir uma proteção da saúde e dos serviços de emergência e redução das mortes. Fica evidente, portanto, que a questão dos imunizantes é uma área cinzenta do direito internacional sanitário, que precisa, urgentemente, ser devidamente regulamentada tendo em vista, inclusive, uma perspectiva futura.

Ao nosso ver, as crises apontadas neste capítulo e por todo o artigo, não devem ser motivo de desesperança, entretanto. Tais apontamentos, na verdade, podem representar motes para a mudança: o futuro da regulação da saúde global depende, em grande parte, de alianças feitas entre os países e órgãos internacionais para uma melhor gestão das doenças que eventualmente surgirão. É necessário, nesse sentido, que o direito à saúde seja cada vez mais visto de uma perspectiva dos direitos humanos, de modo que se torne um dever global pensar a segurança da população mundial em outros termos que não o individualismo em mundo cada vez mais interconectado.

## 3.2. CONSIDERAÇÕES FINAIS

É notório que a caracterização de uma pandemia é complexa, existindo uma série de etapas que envolvem a observância das regulações internacionais no âmbito da saúde global. Isso se confirma, já que, além dos artigos 12 e 48 do RSI preverem a competência do diretor-geral da OMS e do Comitê de Emergências para a determinação de uma emergência de saúde pública de importância internacional, depreende-se que, mesmo que haja ausência de unanimidade em relação ao caráter vinculativo das recomendações, podem existir interpretações que ensejem a responsabilização estatal decorrentes de fatos comissivos e omissivos relativos à pandemia.

Outrossim, evidentemente, a imprevisibilidade inicial das características do vírus afeta sua contenção e a efetivação das previsões dos regulamentos de saúde vigentes dependem da cooperação internacional. Ora, se os regulamentos existem como uma garantia de segurança e previsibilidade mínimas nas relações internacionais, o advento da pandemia demonstrou, ao mesmo tempo, as fragilidades e as potencialidades do sistema global. Isso se ratifica pela necessidade da análise da efetividade concreta dos mecanismos de regulação vigente e as inferências atreladas ao potencial de possíveis articulações céleres e coordenadas entre países como atenuantes dos efeitos devastadores da propagação do vírus.

Segundo Boaventura de Sousa Santos, em face da fragilidade da vida humana diante de seres imprevisíveis, "a vida humana será em breve (se já não é) uma espécie em extinção" (SANTOS E BONAVENTURA DE SOUZA, 2020). Conforme apontado por Henrique Marcos e Wagner Menezes, (MARCOS E MENEZES, 2020) diante de potenciais crises emergentes, a unidade mundial não consiste em uma utopia, uma vez que a organização global é imprescindível para a garantia da sobrevivência humana. Com o advento da pandemia do novo coronavírus, ficou evidente que a cooperação internacional é substancial para efetivar desde o controle de questões fronteiriças e determinação do isolamento social até a produção, distribuição e verificação da eficiência e efetividade da vacina.

Ademais, evidencia-se que, em face das latentes desigualdades globais, as medidas de contenção pandêmica variam conforme o país, seja em relação ao isolamento social, seja perante a celeridade na produção de uma imunização segura. Ainda, as consequências pandêmicas, desde a decretação do estado de emergência internacional, transcendem circunscrições territoriais específicas, visto que há dificuldades na regulação de fronteiras em face do alto potencial de transmissibilidade e letalidade de determinados vírus. Nota-se que, mesmo que haja pesquisas e recursos financeiros de países com maior poder aquisitivo, é fundamental desenvolver mecanismos ao futuro, tal como o incremento de propostas como o COVAX, visando uma distribuição mais equitativa de benefícios científicos e tecnológicos.

Consoante noticiado por Peter S. Goodman, mesmo com a pretensão acessível do COVAX, a realidade da produção de vacinas é limitada e controlada por empresas com fins lucrativos (GOODMAN, 2020), aspectos a serem considerados no cenário em que a distribuição desigual de vacinas agrava as disparidades socioeconômicas entre países ricos e países em desenvolvimento. Por conseguinte, o entendimento das falhas na gestão compartilhada e na transparência informacional no transcorrer das pandemias é imprescindível para evitar um despreparo internacional futuro em eventuais situações de estado de emergência, com necessidade de desenvolvimento das redes de saúde e fomento às pesquisas científicas.

Em suma, é substancial que haja uma atuação internacional, simultaneamente, revisora e propositiva, tendo em vista eventuais necessidades de modificação da regulamentação atual e construções cotidianas de uma atuação realista e coordenada, em face da urgência de resposta do direito internacional frente às questões globais. Em que pese a importância das soberanias estatais, a pré-existência de articulação já permite que se tenha uma atuação segura frente a eventuais calamidades, aspecto que, necessariamente, perpassa pela diminuição das desigualdades globais e pelo fortalecimento das organizações internacionais.

# REFERÊNCIAS BIBLIOGRÁFICAS

BASSO, Murilo. **Subnotificação dificulta combate à covid-19 no Brasil, dizem especialistas**. Disponível em: <https://noticias.uol.com.br/ultimas-noticias/deutschewelle/2020/03/27/subnotificacao--dificulta-combate-a-covid-19-no-brasil.htm >

BBC NEWS BRASIL. **O que é pandemia e o que muda com declaração da OMS sobre o novo coronavírus - BBC News Brasil**. Disponível em: <https://www.bbc.com/portuguese/geral-51363153>.

BERKLEY, Seth. **COVAX Explained.** Disponível em <https://www.gavi.org/vaccineswork/covax-explained>.

BRASIL. Supremo Tribunal Federal. **Recurso Extraordinário nº. 670422**, Pleno. Relator: Ministro Dias Toffoli, j. 15/08/2018. Disponível em: <www.stf.jus.br>.

BRASIL. Tribunal Regional Federal da 3ª Região. **Apelação Cível nº. 0008253-87.2011.4.03.6105**, 4ª Turma. Relator: Desembargador Federal Marcelo Mesquita Saraiva, j. 07/02/2020. Disponível em: <www.trf3.jus.br>.

COMISSÃO AFRICANA DOS DIREITOS HUMANOS E DOS POVOS. **Resolução sobre Direitos Humanos e dos Povos como pilar central de resposta à COVID-19 e recuperação dos seus impactos sociopolíticos - CADHP / Res. 449 (LXVI) 2020**. Disponível em: <https://www.achpr.org/pr_sessions/resolutions?id=480>.

COMISSÃO INTERAMERICANA DE DIREITOS HUMANOS. **Pandemia e direitos humanos nas Américas- Resolução N° 1/2020.** 10 de abril de 2020. Disponível em:<https://www.oas.org/pt/cidh/decisiones/pdf/Resolucao-1-20-pt.pdf>.

CORTE INTERAMERICANA DE DIREITOS HUMANOS. **Relatório Anual de 2018**. Disponível em <https://www.corteidh.or.cr/tablas/informe2018/portugues.pdf >.

COUNCIL OF EUROPE. **Respecting democracy, rule of law and human rights in the framework of the COVID-19 sanitary crisis- A toolkit for member states.** Disponível em:<https://rm.coe.int/sg-inf-2020-11-respecting-democracy-rule-of-law-and-human-rights-in--th/16809e1f40 > .

EDITORIAL VEJA SAÚDE. **OMS decreta pandemia do novo coronavírus. Saiba o que isso significa**. Veja Saúde. Disponível em: <https://saude.abril.com.br/medicina/oms-decreta-pandemia-do-novo--coronavirus-saiba-o-que-isso-significa/ >.

EUROPEAN COMMISSION. **Questions and Answers: Building a European Health Union: Stronger crisis preparedness and response for Europe.** Brussels, 11 de novembro de 2020. Disponível em: <https://ec.europa.eu/commission/presscorner/detail/en/qanda_20_2042>.

GOODMAN, Peter. **One vaccine side effect: Global Economic Inequality.** *New York Times*. 25 de dezembro de 2020. Disponível em: <https://www.nytimes.com/2020/12/25/business/coronavirus-vaccines-global-economy.html>.

LIMA, Lioman. **Distribuição desigual de vacinas vai permitir contágios e mutações do coronavírus pelo mundo**. BBC News Brasil. Disponível em: <https://www.bbc.com/portuguese/internacional-55957986 >.

MARCOS, H. MENEZES, W. **O Direito Internacional e a Pandemia: Reflexões Sistêmico-Deontológicas**. Revista da Faculdade de Direito da Universidade Federal de Uberlândia, v. 48, n. 2, pp. 43-78, jul./dez. 2020.

MASSINGA LOMBÉ, M., TSHANGELA, A., SALYER, S.J. *et al.* **COVID-19 in Africa: the spread and response.** *Nat Med* 26, 999–1003, 2020. Disponível em:< https://doi.org/10.1038/s41591-020-0961-x >.

MAZZUOLI, Valerio de Oliveira. **As determinações da OMS são vinculantes ao Brasil?** Disponível em: <https://www.oab.org.br/

noticia/58018/artigo-as-determinacoes-da-oms-sao-vinculantes-ao-
-brasil-porvalerio-de-oliveira-mazzuoli>.

OMS, 2020 (f). **COVAX: Working for global equitable access
to COVID-19 vaccines.** Disponível em: <https://www.who.int/
initiatives/act-accelerator/covax>.

OMS. **COVID-19: One year later – WHO Director-General's new
year message.** Disponível em < https://www.who.int/news/item/
30-12-2020-covid-19-anniversary-and-looking-forward-to-2021>.

OMS, 2020 (e). **Emergency Use Listing Procedure**.
Disponível em < https://www.who.int/publications/m/item/
emergency-use-listing-procedure>.

OMS. **Novel Coronavirus (2019 – nCoV) Situation Report – 1.**
21/1/2020. Disponível em: <https://www.who.int/emergencies/
diseases/novel-coronavirus-2019/situation-reports/>.

OMS., 2020 (c). **Novel Coronavirus (2019 – nCoV) Situation
Report – 11. 31/1/2020.** Disponível em: <https://www.who.int/
emergencies/diseases/novel-coronavirus-2019/situation-reports/>.

OMS, 2020 (d). **Novel Coronavirus (2019 – nCoV) Situation Report
– 51.** 31/1/2020. Disponível em: <https://www.who.int/emergencies/
diseases/novel-coronavirus-2019/situation-reports/>.

OMS, 2020 (a). **Statement on the first meeting of the International
Health Regulations (2005) Emergency Committee regarding the
outbreak of novel coronavirus (2019-nCoV).** Disponível em <ht-
tps://www.who.int/news/item/23-01-2020-statement-on-the-meetin-
g-of-the-international-health-regulations-(2005)-emergency-commit-
tee-regarding-the-outbreak-of-novel-coronavirus-(2019-ncov)>.

OMS. **Weekly Epidemiological Record – WER** n. 25, Ano 84,
Genebra, 19/6/2009. Disponível em <https://www.who.int/wer/2009/
wer8425/en/>.

SANAR MEDICINA. **Pandemias na História: o que há de semelhante e de novo na Covid-19 - Sanar Medicina**. Disponível em: <https://www.sanarmed.com/pandemias-na-historia-comparando-com-a-covid-19 >.

SANTOS, BOAVENTURA DE SOUSA. A cruel pedagogia do vírus (Pandemia Capital). São Paulo: Boitempo, 2020.

SENADO FEDERAL. **Coronavírus: regulamento internacional ampara governos nas medidas restritivas.** Disponível em: <https://www12.senado.leg.br/noticias/materias/2020/03/25/coronavirus-regulamento-internacional-ampara-governos-nas-medidas-restritivas>.

SOUZA, Rafael Soares. **Qual o valor jurídico das recomendações da Organização Mundial da Saúde?.** Disponível em <https://www.conjur.com.br/2020-abr-27/direito-pos-graduacao-qual-valor-juridico-recomendacoes-oms-pandemia>.

THOHEY, Megan; COLLINS, Keith; THOMAS, Katie. **With First Dibs on Vaccines, Rich Countries Have "Cleared the Shelves."** The New York Times, 2021. Disponível em: <https://www.nytimes.com/2020/12/15/us/coronavirus-vaccine-doses-reserved.html >.

VENTURA, Deisy. **Direito e saúde global - O caso da pandemia de gripe A(H1N1)**. São Paulo: Outras Expressões; Dobra Editorial, 2013.

VOJVODIC, Adriana. **O Direito Internacional frente à pandemia Covid-19 | JOTA Info**. JOTA Info. Disponível em: <https://www.jota.info/opiniao-e-analise/artigos/o-direito-internacional-frente-a-pandemia-covid-19-09042020>.

**Seção 10**

# DESAFIOS DO DIREITO INTERNACIONAL **PRIVADO** NO SÉCULO XXI

# A aplicação da Convenção sobre a Proteção e Promoção da Diversidade das Expressões Culturais na era digital: comercialização de bens e serviços culturais, desequilíbrios econômicos e soberania nacional

NATÁLIA MARTINS[1]

## Sumário:

1. Introdução

2. Estrutura jurídica vigente no comércio internacional de bens e serviços culturais

3. Da exceção cultural à diversidade das expressões culturais: a diversidade como patrimônio comum da humanidade

4. O mundo pós-moderno e a Era digital: novos desafios para proteção e promoção da diversidade das expressões culturais

5. Em busca de soluções: o direito internacional pós-moderno e as diretrizes operacionais de 2017

6. Conclusão.

---

1 Graduanda em Direito pela Universidade de São Paulo e pela Université Lumière Lyon 2, através de programa de dupla graduação intitulado PITES. E-mail: natalia.gomes.oliveira@usp.br.

# 1. INTRODUÇÃO

O conflito entre liberalização comercial e preservação de aspectos culturais locais esteve presente desde o estabelecimento do sistema multilateral de comércio, o que levou a diversos debates no âmbito da OMC e nas negociações do GATS. Não por outra razão a UNESCO sistematizou a Declaração Universal sobre Diversidade Cultural (2001) e a Convenção sobre promoção e proteção da diversidade das expressões culturais (2005) visando evitar os efeitos negativos de tal conflito para culturais locais.

Enquanto as normas da OMC visaram conter políticas comerciais nacionais que impusessem barreiras à liberalização comercial, a UNESCO buscou, na contramão, propiciar diretrizes para que os Estados adotassem políticas nacionais destinadas a proteger a diversidade cultural contra a importação crescente de produtos e serviços culturais importados em um cenário de diluição de fronteiras, integração econômica e afrouxamento da soberania Estatal.

Nesse sentido, verifica-se que o conflito existente entre a necessidade de crescimento, desenvolvimento econômico e conquista de novos mercados consumidores, que pode gerar um processo de globalização e homogeneização cultural, não é tema inédito, mas já desenvolvido em debates e positivações internacionais desde o século XX. Contudo, com a introdução e evolução das novas tecnologias de informação e comunicação no início do século XXI, verifica-se o surgimento de um potencial para sensíveis alterações nas variáveis da equação comércio internacional e liberalização econômica versus proteção e promoção de culturas locais, considerando a relativização das noções de tempo e espaço tradicionalmente conhecidos.

Além disso, com a criação de um ambiente virtual em que inexistem regulamentações ou normas internacionalmente positivadas, surge a oportunidade de estudo do antigo conflito entre comércio cultural e proteção da diversidade sob novas vestes. Se por um lado o ambiente virtual proporciona ampliação da liberdade comercial, favorecendo a globalização cultural, por outro amplia os espaços de convivência e trocas culturais, possibilitando o surgimento de novas culturas. Disso decorre a necessidade de apurar e estudar antigos conflitos inseridos em um novo contexto ainda pouco regulamentado, na tentativa de apurar novas problemáticas e possíveis soluções, visando sempre a garantia simultânea do desenvolvimento econômico com suas dinâmicas comerciais e da proteção e promoção da diversidade cultural local entendida como integrante fundamental dos direitos humanos.

## 2. ESTRUTURA JURÍDICA VIGENTE NO COMÉRCIO INTERNACIONAL DE BENS E SERVIÇOS CULTURAIS

No início do século XX, o conceito de desenvolvimento estava associado à noção de industrialização e modernização de infraestruturas urbanas em diversas partes do mundo. O termo era utilizado no sentido de progresso industrial, conforme propagado no cenário europeu para se referir ao processo de industrialização que teve início no fim do século XVIII e foi intensificado nos séculos seguintes. A partir dessa perspectiva, o desenvolvimento limita-se ao campo econômico e material, podendo ser avaliado por taxas de crescimento econômico, renda *per capita*, emprego, fortalecimento da economia nacional, urbanização e industrialização (ALVES, 2014, p. 187-189).

Tal perspectiva só seria alterada na década de 60, com o desenvolvimento da indústria cultural, que encontrou mercado fértil dentro de sociedades urbanas, afinal, essas tornaram-se aptas a produzir e incentivar o consumo artístico-cultural. Paralelamente ao desenvolvimento de um mercado cultural, o conceito de cultura foi progressivamente repensado por organizações internacionais como a UNESCO (Organização das Nações Unidas para a Educação e Cultura) que introduziram uma noção de cultura como fator de desenvolvimento, assim, o desenvolvimento das sociedades humanas não poderia ser resumido ao desenvolvimento econômico, mas abrangia uma série de fatores entre os quais a cultura.

A progressiva evolução nos meios de comunicação e transporte, que relativiza as noções de tempo e espaço na sociedade pós-moderna, acabaria por potencializar os fluxos internacionais de informação, pessoas, bens, e serviços, incluindo os àqueles ligados à indústria cultural. Esse novo cenário permitiu a ampliação das trocas econômicas entre os diversos países do globo que, a fim de regular e instrumentalizar tais relações, se propuseram a criação de organizações e acordos internacionais que facilitassem o acesso a novos mercados.

Nesse sentido, foi estabelecido o GATT (General Agreement on Tariffs and Trade) e, posteriormente o GATS (General Agreement on Trade in Services), que visavam progressiva integração econômica entre os países signatários no sentido de liberalização dos mercados nacionais (ALVAREZ, 2015, p. 129). Na sequência, durante a Rodada de Uruguai em 1995, substitui-se o GATT pela OMC (Organização Mundial do Comércio), uma organização internacional com personalidade jurídica própria que tem como finalidade máxima facilitar a integração comercial mundial através da flexibilização de barreiras comerciais e alfandegárias.

Logo no preâmbulo do acordo, é possível encontrar os objetivos a que se propõe, bem como os meios adequados para alcançar tais resultados, que devem garantir, em última instância, a liberalização da economia mundial. Assim, o texto afirma que o comércio internacional deve ser conduzido com a finalidade de elevar o padrão de vida, assegurar o pleno emprego, desenvolver o pleno uso dos recursos mundiais e expandir a produção e o intercâmbio de bens. Propósito que deve ser alcançado por meios especificados no preâmbulo, ou seja, por meio de "acordos recíprocos e mutuamente vantajosos voltados para a redução substancial de tarifas e outras barreiras ao comércio e para a eliminação de tratamento discriminatório no comércio internacional" (FLEUTER, 2016, p.169-171).

Desses fins e meios é possível compreender o arcabouço jurídico fundado pelo GATT em suas normas e princípios. De modo geral, as regras do GATT gravitam em torno de três princípios essenciais (i) o princípio da não discriminação extraído dos artigos I e III do GATT de 1947, segundo o qual deve haver tratamento igualitário entre parceiros comerciais; (ii) o princípio da reciprocidade que garante as mesmas vantagens aos parceiros comerciais e; (iii) o princípio da transparência pelo qual devem ser públicas as regras nacionais sobre relações comerciais. Além desses princípios centrais, o acordo garante a livre circulação por meio de outros três princípios: (i) o tratamento geral de nação mais favorecida presente no artigo I, segundo o qual eventual tratamento benéfico a um país estende-se aos demais; (ii) o tratamento nacional, insculpido no art. III do GATT, que proíbe qualquer tipo de discriminação entre produtos nacionais e estrangeiros (AMORIM, 2013, p. 184-187).

Essa estrutura principiológica assegura a liberalização do comércio internacional, eliminando barreiras alfandegárias, regulatórias e legais presentes nas economias nacionais, garantindo, ainda, a informação dos setores público, privado e a sociedade civil a respeito das regras vigentes no âmbito do comércio internacional, o que colabora, em última instância, para o desenvolvimento de certeza jurídica nas relações comerciais internacionais (ALBUQUERQUE, 2003, p. 113).

No que concerne aos bens e serviços de natureza cultural, verifica-se que o texto do GATT de 1947 já trazia dispositivos sobre bens culturais. Apesar da natureza liberalizante do acordo, o art. IV permite a imposição de quotas de tela para filmes nacionais, figurando como exceção ao princípio do tratamento nacional, conforme o art. III que veda toda forma de discriminação entre os produtos nacionais e estrangeiros, revelando, ainda que implicitamente, exceção à proibição do uso de costas prevista o artigo XI do acordo. Apesar de impor suposta exceção às medidas liberalizantes para bens de natureza cultural, o artigo IV restringe, a princípio, tal exceção à indústria cinematográfica (ALVAREZ, 2015, p.127).

Esse dispositivo nasceu de uma preocupação dos países signatários com sua própria produção de filmes, a partir de uma abordagem vinculada a políticas culturais internas de países como Reino Unido, França e Canadá, que pontuaram a relevância cultural de bens cinematográficos no âmbito das Nações Unidas. Contudo, não é possível concluir que tal preocupação resultante do art. IV, seja oriunda de valores estritamente culturalistas por parte desses países. Afinal, a preocupação econômica de assegurar produtividade e competitividade à indústria nacional por parte de países europeus também existe, ainda que implicitamente, frente a países que se mostram hegemônicos no setor como Estados Unidos. Assim, o art. IV do GATT não pode ser associado à uma tentativa incipiente de reconhecer o valor cultural de produtos cinematográficos, pois possuem valor econômico e capacidade financeira que coexistem ou mesmo ultrapassam a questão cultural (AMORIM, 2013, p. 189).

Outra cláusula que reconhece exceção às medidas trazidas pelo GATT encontra-se no artigo XIX:1 que permite restrições quantitativas em casos de ameaça ou prejuízo à produção doméstica. Contudo, essa cláusula apresenta difícil aplicação para o mercado cinematográfico em razão da dificuldade de comprovar ou encontrar evidências entre os prejuízos locais e o conteúdo proveniente de importações. De maneira análoga, as alíneas a) e d) do artigo XX do documento também permitem restrições às importações de conteúdo que ameacem ou contrariem a moral pública e a propriedade intelectual dos países envolvidos (ALVAREZ, 2015, p.128).

O texto do GATT de 1994 não trouxe mudanças significativas no tratamento de bens culturais, tampouco no tratamento destinado à produção cinematográfica. Contudo, verifica-se que essa exceção foi objeto de pouca utilização por parte dos Estados. Situação que ocorre pela resistência de distribuidores e exibidores em reservar tempo para filmes de origem nacional em razão da redução de lucros pela pouca baixa oferta de filmes produzidos no mercado nacional, os quais muitas vezes sequer preenchem a quantidade de tempo a eles destinados (AMORIM, 2013, p. 194-196).

Apesar do GATT introduzir a ideia de que bens culturais pudessem ser objeto de tratamento legal diferenciado, foi na Rodada de Uruguai que o tratamento diferenciado para bens e serviços de natureza cultural ascendeu, trazendo oposição entre países membros da OMC a respeito da necessidade de uma cláusula de exceção cultural no âmbito do GATS. Por um lado, os norte-americanos, cientes da representatividade econômica do setor cultural não admitiam a adoção de qualquer cláusula de exceção no tratamento de bens ou serviços culturais, por outro, a Comunidade Europeia, defendiam a visão de que bens e serviços culturais não poderiam receber o mesmo tratamento de livre troca dispensado aos demais produtos no comércio internacional. O primeiro grupo ficou conhecido como "hiper liberais" ao defender o livre comércio de bens e serviços culturais, enquanto aqueles que compartilhavam a perspectiva do segundo grupo ficaram conhecidos como "excepcionalistas", ao defender um tratamento excepcional aos bens e serviços de natureza cultural no âmbito do comércio internacional (ALVAREZ, 2015, p.212).

Os Estados Unidos, contando com apoio de alguns países como Japão, não poupou esforços pela liberalização de bens e serviços culturais, Nesse sentido, defendiam que filmes e programas audiovisuais constassem na lista de produtos a serem comercializados, sob regramento livre conforme disciplinava o GATT, pois entendiam que estes bens e serviços pertenciam ao setor de entretenimento. Os franceses, acompanhados dos países europeus em geral, por seu turno, entendiam que tais bens não poderiam ser reduzidos ao status de mercadorias quaisquer, afinal transmitiriam valores, ideias e sentidos intrínsecos à sua natureza, além de revelarem a expressão da identidade dos povos e comunidades. Portanto, defendiam a autonomia das nações para desenvolverem políticas favoráveis à proteção do mercado interno, defendendo tratamento especial ou excepcional aos bens e serviços de natureza cultural (KAUARK, 2017, p. 107-108).

Finalmente, a abordagem adotada na Rodada Cultural apoiou a tese da "exceção cultural", que consiste no (i) reconhecimento da importância da diversidade cultural; (ii) na afirmação da especificidade de bens e serviços culturais; (iii) no reconhecimento das especificidades das políticas nacionais necessárias para assegurar o acesso a bens e serviços culturais nacionais; (iv) na explicitação da regulamentação doméstica necessária ao incentivo à diversidade cultural e linguística; (v) na definição de como as disciplinas multilaterais de comércio se aplicam ou não às medidas destinadas a preservar a diversidade cultural (ALVAREZ, 2015, p. 80).

A "exceção cultural" buscou conferir ao setor audiovisual o status de exceção às aplicações liberalizantes, a exemplo das exceções existentes no caso de saúde pública e segurança nacional. Apesar da especificidade cultural e da exceção cultural, vertentes entre as quais se dividiam os países europeus, os Estados Unidos seguiram firme no posicionamento de que não deveria haver qualquer tipo de tratamento especial ou excepcional aos produtos e serviços de natureza cultural que constituíam mercadorias como quaisquer outras. Nesse sentido, durante a Rodada de Uruguai os países não chegaram a um acordo substancial a respeito dos bens dessa natureza, resultando as negociações na mera concordância entre os países para discordarem entre si, sem o estabelecimento de nenhuma cláusula de exceção cultural nos tratados firmados (CAHN; SCHIMMEL, 1997, p. 301-304).

Apesar da inexistência de cláusulas sobre a exceção cultural, os países defensores da tese deixaram de incluir seus produtos nas listas de liberalização progressiva previstas pelo GATS, inserindo produtos de natureza cultural no anexo de Exceção ao Princípio da Nação Mais favorecida, com intuito de proteger suas respectivas indústrias nacionais. Tal estratégia foi possível em razão da nova estrutura projetada para o GATS. Enquanto o GATT continha uma série de regras e princípios que sustentavam a liberalização dos mercados, o GATS consiste em uma espécie de moldura regulatória que permite aos Estados decidirem, segundo sua própria autonomia, em quais setores serão assumidos os compromissos liberalizantes, facilitando o acesso a países internacionais e aplicando o princípio do tratamento nacional (ALVAREZ, 2015, p. 129).

A estrutura diferenciada do GATS, que permite os países designarem os setores objeto de liberalização, pode ser relacionada a seu duplo objetivo anunciado em seu preâmbulo. Além de promover a liberalização progressiva de serviços entre os países membros da OMC, o acordo tem também a finalidade de proteger economias que ainda estão em fase de desenvolvimento. Nesse sentido o preâmbulo afirma o direito dos países membros de "regular a prestação de serviços dentro de seus territórios a fim de atender aos objetivos das políticas nacionais", além de reconhecer as "assimetrias existentes em relação ao grau de desenvolvimento das regulamentações de serviços em diferentes países" (FLEUTER, 2016, p.170).

Assim, o aspecto mais importante do GATS consiste no processo de indicação de setores que os países se comprometem voluntariamente a liberalizar, segundo seus próprios interesses. Tal fator permite que países membros protejam setores sensíveis e desenvolvam políticas nacionais próprias capazes de desenvolver e promover áreas econômicas ou culturais fragilizadas. Diante da resistência de diversos países à liberalização de mercados culturais, os Estados Unidos passaram a promover acordos bilaterais ou regionais como forma de obter liberalização mais eficaz de mercados, sobretudo em um novo setor em que a economia desse país cresce exponencialmente: o comércio eletrônico de bens e serviços culturais.

## 3. DA EXCEÇÃO CULTURAL À DIVERSIDADE DAS EXPRESSÕES CULTURAIS: A DIVERSIDADE COMO PATRIMÔNIO COMUM DA HUMANIDADE

Embora o GATS não tenha estabelecido qualquer cláusula que isentasse por completo o setor cultural, a discussão desenvolvida durante as negociações da Rodada de Uruguai significou importante antecedente para o desenvolvimento da ideia de diversidade cultural e a respectiva necessidade de desenvolver instrumentos jurídicos internacionais, aptos a garantir sua proteção. Nascida do interesse dos países europeus protegerem seus mercados culturais da expansão norte-americana, a exceção cultural resulta da necessidade de definir se as forças comerciais têm direito de explorar mercados culturais como desejam, ou, se cada país tem o direito de limitar a atuação de multinacionais a fim de proteger as expressões culturais nacionais.

Em 2001, na sequência das atividades desenvolvidas no seio da UNESCO para repensar a cultura e as políticas culturais, foi elaborada a Declaração Universal da Diversidade Cultural da UNESCO que, embora seja desprovida de força jurídica, sistematizou ideias que seriam tomadas como base para a Convenção UNESCO sobre a Promoção e Proteção da Diversidade das Expressões Culturais (CDEC). Nesse sentido, a Declaração consolida linhas centrais para o tema diversidade cultural nutrida por longas décadas de debate e estudos no âmbito da UNESCO, a exemplo da diversidade cultural enquanto patrimônio comum da humanidade, a necessidade de interações das pluralidades culturais como fator essencial à criatividade, a diversidade cultural enquanto fator de desenvolvimento, os direitos culturais enquanto parte integrante dos direitos humanos, a definição de bens e serviços culturais enquanto símbolos de identidade, valores e significados, a soberania dos estados na definição de suas políticas culturais (ALVAREZ, 2015, p. 176-178).

Nesse sentido, com intuito de firmar um compromisso jurídico que engajasse efetivamente os Estados, no sentido de conceder direitos e impor deveres para preservar ou criar políticas nacionais destinadas a sustentar e promover o desenvolvimento de setores culturais de modo equilibrado, nasceu a Convenção sobre a Proteção e Promoção da Diversidade das Expressões Culturais em 2005 (OLIVEIRA, 2014, p. 38). Tal documento, que finalmente consagrou o tema da diversidade cultural enquanto foco de atenção e desenvolvimento internacional, conclui um longo processo da construção de uma nova perspectiva sobre cultura e políticas culturais que teve início no final da década de 60 e 70 com os movimentos de descolonização e a ascensão da indústria cultural.

Naquele momento histórico, como anteriormente observado, observa-se uma crise sobre a noção de desenvolvimento econômica, segundo a qual modernidade e ocidentalização seriam as únicas formas de superar o subdesenvolvimento, devendo, para tanto, a inovação social emergir do centro para as periferias. Nessa perspectiva etnocêntrica não resta espaço para culturas locais que constantemente tem sua capacidade de invenção contestada, restando estigmatizadas como obstáculos para a modernidade. Diante do diagnóstico de uma assimetria nas trocas informacionais e culturais, ao longo dos anos 70, nações são chamadas a participarem de debates, proposições e planejamentos destinados a garantir o direito de comunicar, desenvolver políticas culturais, independência, diversidade cultural e diálogo entre culturas MATTELART, 2006, p. 12-13).

Paralelamente a essa discussão, observa-se o exponente crescimento da indústria cultural. Desde o início da década de 80, por exemplo, bens e serviços culturais obtiveram aumento de seis vezes no comércio internacional, representando US$ 9,5 bilhões em 1980 e US$ 60 bilhões em 2002. Ademais, segundo informações do Banco Mundial, as indústrias culturais e criativas representariam 7% do PIB mundial em 2007, representando US$

1,3 trilhões (International Centre for trade and Sustainable Development, 2007). Contudo, apesar do aumento do fluxo internacional de bens e serviços culturais, verifica-se uma verdadeira discrepância no que diz respeito à importação e exportação dos bens dessa natureza, que se concentram no âmbito dos países desenvolvidos.

Nesse sentido, relatório desenvolvido pela UNESCO em 2015, aponta que indústrias criativas da Ásia e do Oceano Pacífico movimentaram US$ 743 bilhões, representando 3% do PIB regional, a Europa teria movimentado US$ 709 bilhões, representando 3% do PIB regional e os Estados Unidos junto com o Canadá teriam movimentado sozinhos US$ 602 bilhões, representando 3,3% do PIB regional. Por outro lado, regiões com economias sensíveis e menos desenvolvidas teriam movimentado US$ 124 bilhões, representando 2,2% do PIB regional no conjunto América Central e América do Sul e apenas US$ 58 bilhões, representando 1,1% do PIB regional no continente Africano e Oriente Médio (UNESCO, 2015).

Tais números revelam os desafios enfrentados pela diversidade cultural no mundo pós-moderno. Ao contrário do que é possível pressupor, a globalização gera mais tensões e desigualdades do que pluralismo cultural. Nesse sentido, verifica-se que nesse modelo há uma propagação de princípios que criam formas de desigualdade e exclusão em favor da cultura de países economicamente mais poderosos, situação sobre a qual é difícil exercer controle Estatal em razão da velocidade do fluxo internacional de ideias, recursos, bens, serviços e informações. Portanto, o principal desafio nesse contexto consiste no reforço e desenvolvimento cultural local, apesar da existência desse modelo hegemônico (BARBOSA, 2014, p. 211).

Consciente desse cenário, a Convenção da UNESCO sobre a proteção e promoção da diversidade cultural surge como instrumento jurídico que eleva a diversidade cultural ao centro de debates internacionais contemporâneos. Em consonância com o texto da Declaração Universal sobre a Proteção e Promoção da Diversidade das Expressões Culturais de 2001 (art.1º), a Convenção consagra em seu preâmbulo a diversidade cultural como patrimônio comum da humanidade, noção que justifica a existência de direitos e deveres inerentes a comunidade internacional (RANIERE, 2008, p. 303).

Em relação a seu objeto, o próprio título da Convenção realiza uma delimitação bastante apropriada. A escolha do termo "expressões culturais" no lugar de simplesmente "diversidade cultural" revela que embora o objetivo central do instrumento seja manter a diversidade, a promoção do contato entre as diversas culturas ocorre por meio das expressões culturais que englobam além de conteúdos culturais, expressões artísticas, relacionando indivíduos, comunidades ou empresas que os produzem. Em outras palavras, a proteção e promoção das expressões culturais acarreta diretamente a proteção e promoção da diversidade cultural (ALVAREZ, 2015, p. 198).

Nesse sentido, o texto da convenção consagra como objetivo no artigo 1º a criação de condições para que as culturas possam florescer e interagir livremente, de modo a impedir o aniquilamento de culturas que não correspondem à logica e pressupostos norteadores do mercado (OLIVEIRA, 2014, p. 40). Compromisso que corresponde à evolução na concepção de diversidade cultural no âmbito de documentos internacionais, que passou da perspectiva do *multiculturalismo*, defensora da coexistência e tolerância entre diferentes culturas, para a ideia de *interculturalidade*, que prega a necessidade de promoção de relações dinâmicas de interação e diálogo entre as diferentes culturas (Ibid., p. 42).

Além disso, o emprego tanto do termo "proteção" como do termo "promoção" no título do documento revela o caráter dual a que a convenção se propõe em casos como dos produtos culturais. Por um lado, a proteção preserva os valores e sentidos inerentes à cultura e aos produtos culturais, por outro, a promoção projeta e dinamiza setores culturais e econômicos culturais. A ideia de proteção remete à preservação da diversidade cultural local, sejam as expressões culturais vulneráveis, sejam aquelas que caracterizam as identidades culturais, justificando a existência de quotas, restrições e subsídios à produção nacional. A noção de "promoção", por sua vez, revela a intenção de fomentar as atividades e indústrias culturais. Assim, a combinação dos termos "proteção" e "promoção" abrangem a proteção do mercado cultural interno e as expressões culturais locais, permitindo o acesso ao mercado de outros países (ALVAREZ, 2015, p. 199)

## 4. O MUNDO PÓS-MODERNO E A ERA DIGITAL: NOVOS DESAFIOS PARA PROTEÇÃO E PROMOÇÃO DA DIVERSIDADE DAS EXPRESSÕES CULTURAIS

A diversidade cultural exige pluralidade na oferta de produtos e serviços culturais que devem ser provenientes de origens distintas. Nesse sentido, a diversidade cultural exige que todos os tipos de obra tenham um espaço mínimo de difusão e distribuição a fim de garantir a *interculturalidade*. Partindo desse pressuposto, o meio virtual seria bastante propício à promoção da diversidade cultural, à medida que amplia a variedade de oferta de produtos e serviços culturais, ao eliminar obstáculos relativos ao tempo e ao espaço. No meio digital, a oferta se multiplica, ampliando a possibilidade de escolha do consumidor que se depara, muitas vezes, com preços reduzidos, novos produtos e serviços ofertados por modelos de negócios inovadores e ofertas de diversas regiões do mundo, tendo em vista que as tecnologias digitais tornaram mais barato produzir e distribuir conteúdo ao redor do mundo. Contudo, se não há dúvidas quanto à ampliação na oferta de produtos e serviços culturais, o mesmo não pode ser afirmado em relação ao consumo desses produtos.

Ao revisitar as teorias da "Long Tail" e da "Superestrelas", Ranaivoson explica que a diversificação no consumo de bens e serviços culturais depende da efetiva valorização da diversidade pelos consumidores. Enquanto a primeira teoria defende que a internet permitia ao consumidor apreciar a diversidade, ampliando a diversificação do consumo cultural, a segunda parte do pressuposto que consumidores, ainda que com gostos diferentes, tendem a consumir produtos padrões e mais reconhecidos, situação que seria potencializada por filtros disponíveis no meio digital tal como avaliações e recomendações de bens e produtos (RANAIVOSON, 2016).

Portanto, ao mesmo passo que o meio digital potencializa o acesso a produtos e serviços culturais de diversas nações, essa nova forma de produzir e distribuir conteúdo pode ampliar a homogeneização e o imperialismo cultural à medida que o consumo de bens e serviços culturais oferecidos por nações economicamente mais desenvolvidos é não só facilitado, mas pode ser também favorecido com a existência de ferramentas de indicação e avaliação. Contudo, ao que indica o relatório publicado pela UNESCO em 2018, não houve grandes mudanças nas tendências globais em relação aos fluxos culturais, afinal o valor das exportações globais de bens culturais aumentou significativamente, contanto os países em desenvolvimento representam apenas 26, 5% dessas exportações, enquanto os países menos desenvolvidos correspondem a 0,5% das exportações nesse cenário (DELOUMEAUX, 2018, p. 129-131).

Além de ampliar o acesso a bens e serviços culturais, o meio digital possibilita o surgimento de um espaço propício à criação de uma nova forma cultural, a cibercultura. Para além de uma subcultura, a cibercultura representa uma mutação presente na própria essência do conceito de cultura, à medida que através das novas tecnologias faz surgir novas práticas, modos de pensar e valores que compõe essa nova cultura sem limites de tempo ou espaço. Assim como a passagem da tradição oral para a tradução escrita permitiu uma transformação cultural em termos de tempo, a virtualização da mensagem oral e escrita extrapola a noção de espaço e tempo no sentido de constituir um universal. Conforme a mensagem viaja pelo meio digital, passando por diversas comunidades e contextos, diferentes interpretações e sentidos podem ser atribuídos (AMORIM, 2013, p. 134-137). Nesse sentido, a participação de indivíduos de diversas naturalidades torna-se patente para a garantia da diversidade cultural e do diálogo intercultural consagrado pela Convenção de 2005, nesse novo ambiente virtual.

A constatação de que um número cada vez maior de pessoas no mundo utiliza as novas tecnologias para criar conteúdo online e acessar bens do comércio eletrônico indica verdadeira vantagem para a diversidade cultural, tendo em vista a possibilidade de desenvolvimento das indústrias criativas culturais locais. Ademais, a democratização dos meios digitais possibilita maior participação da sociedade civil no compartilhamento de conteúdo em um mundo conectado de forma universal. Contudo, a chamada fratura digital ainda se faz presente, excluindo grande parte da população do mundo conectado pela falta de acesso à rede mundial de computadores. Esse cenário de exclusão digital revela um dos maiores desafios a ser superado pela diversidade cultural na era digital, pois acaba por reduzir a visibilidade de manifestações culturais minoritárias e por limitar oportunidades de intercâmbio cultural, bem como a *interculturalidade* tão cara a CDEC (DUPIN, 2017, p. 8-9).

Além disso, a economia digital é regida pela rentabilidade máxima, concentrando-se em gigantes da Internet conhecidos como "GAFA" (Google, Apple, Facebook, Amazon), que em posição dominante no mercado digital não possuem tendência natural a defender e promover a diversidade de expressões culturais (ROGARD, 2016). Tais administradores de virtuais vivem dos dados gerados pelos usuários, que possuem suas atividades constantemente monitoradas a fim de gerar valor. A partir dessa monitoração, as plataformas que tendem a promover bens e serviços, entre os quais aqueles de natureza cultural, em favor de empresas e países economicamente consolidados, aptos a investir nessa forma de propagandas e promoção virtual, em detrimento de uma promoção voltada para garantia da diversidade cultural.

Em tese, a Internet deveria ser um ambiente marcado pela liberdade de acesso, manifestação e escolha dos indivíduos. Contudo, ao adentrar o ciberespaço, a liberdade do indivíduo em escolher e agir torna-se limitada pela programação algorítmica que certamente não atua em favor da diversidade cultural, mas em atendimento à lucratividade dos grandes provedores de conteúdo que mantém seus respectivos negócios por esse mecanismo de uso de dados, cliques, audiência e propagandas (LEITE, 2019, p. 11-12).

Nesse sentido, a proteção e promoção da diversidade cultural no meio digital pode ser analisada sobre dois prismas: (i) em que medida os acervos das plataformas virtuais contemplam a diversidade de expressões culturais e; (ii) de que forma os algoritmos que servem essas plataformas direciona seus usuários para o acesso a produtos e conteúdos diversos. Muitas plataformas de conteúdo digital como Spotfy e Netflix possuem catálogos próprios que privilegiam a lógica econômica em detrimento da pluralidade cultural. Tal lógica funciona, muitas vezes, como barreira à entrada de novos criadores e produtores de conteúdo, dado que tais plataformas figuram como novos intermediários na produção e difusão de conteúdos digitais, limitando o acesso da população sobre bens e serviços culturais em um espaço supostamente livre e democratizado. Outras plataformas como Youtube, ainda que permitam a interação de usuários no compartilhamento de conteúdos, limitam a diversidade cultural ao controlar as informações publicadas pelos usuários segundo suas próprias políticas e termos de uso, podendo, inclusive, excluir conteúdos considerados inapropriados. (LIMA, 2018, p. 83).

Além do clássico desequilíbrio na participação dos fluxos do comércio internacional de bens e serviços culturais, o surgimento de novas tecnologias na sociedade da informação dá origem a produtos digitais inovadores que dificultam sua respectiva classificação em categorias tradicionais de bens ou serviços culturais, a exemplo dos "e-products" como livros digitais, arquivos de música, filmes online e impressões 3D. Essa nova categoria de produtos gera divergências sobre a classificação enquanto bens, que ensejaria a aplicação do GATT, ou enquanto serviços, que justificaria a aplicação do GATS. A depender da classificação estabelecida, seria possível dispensar um tratamento mais ou menos liberalizante na comercialização eletrônica. A maioria dos países da Comunidade Europeia, por exemplo, tende a classificar as entregas eletrônicas enquanto serviço de fornecimento, os Estados Unidos, por seu turno, discordam dessa abordagem, afirmando que "e-products" são meros produtos, de modo a aplicar uma abordagem liberalizante no regulamento dessa questão (FLEUTER, 2016, p. 162).

Uma das principais razões para o surgimento da Convenção foi a necessidade de garantir que os Estados pudessem reservar o direito de adotar e manter políticas culturais em um cenário crescente de liberalização dos mercados culturais, com consequente homogeneização cultural. Com o surgimento do espaço digital essa prerrogativa estatal assegurada pela Convenção torna-se ameaçada, na medida em que a internet impossibilita o estabelecimento de fronteiras que delimitem o espaço disponível para regulamentação estatal. Afinal, como seria possível aplicar medidas de cotas de tela em um ambiente de livre troca comercial, no qual é impossível determinar o local em que o contrato de compra foi estabelecido? Como regular a promoção e proteção da diversidade cultural em um ambiente no que os fluxos informacionais e comerciais são regidos pela lógica de grandes empresas e plataformas digitais? Como garantir a implementação de leis e políticas estatais em um ambiente que não é público nem privado, mas atende à lógica ditada por empresas administradoras de grandes plataformas virtuais? A resposta para essa série de perguntas certamente ultrapassa a mera transposição do mundo físico regulado pela CDEC para o mundo digital que possui sua própria lógica de funcionamento.

## 5. EM BUSCA DE SOLUÇÕES: O DIREITO INTERNACIONAL PÓS-MODERNO E AS DIRETRIZES OPERACIONAIS DE 2017

Ao apurar os impactos trazidos pelas novas tecnologias e pelas redes digitais para a diversidade das expressões culturais, Fontaine-Skronski elenca cinco diferentes processos agrupados como 5Ds: desterritorialização, deslinearização, desintermediação, desmaterialização e descompartimentalização, que introduzem aspectos negativos e positivos para a diversidade cultural. A desmaterialização consistiria na supressão de pagamento pela propriedade material de um bem cultural, substituída pelo pagamento ao acesso desse conteúdo através de serviços disponibilizados *online*. Se por um lado esse processo potencializa o acesso a maior diversidade de bens culturais disponibilizados na rede em qualquer parte do mundo e a custos reduzidos, a desmaterialização de bens culturais reduziu a destinação de recursos à renovação de talentos em razão da possibilidade de pirataria e compartilhamento online gratuito. Ademais, o processo de desmaterialização acaba por ampliar a marginalização de populações hipossuficientes que não tem acesso a serviços de rede (FONTAINE-SKRONSKI, 2016).

O processo de desintermediação, por sua vez, corresponde ao enfraquecimento de intermediários tradicionais, possibilitando o estabelecimento de vínculo direto entre consumidores e criadores. Esse fator pode ser especialmente favorável para o surgimento de novas formas de financiamento participativo de projetos, contudo, possibilita o aparecimento de novos intermediários com posição dominante na rede que se utilizam de suas tecnologias de vigilância e direcionamento de usuários para controlar a distribuição de certos produtos ou serviços. O terceiro D, a descompartimentalização diz respeito à convergência tecnológica em um universo digital, com desaparecimento de fronteiras entre setores tradicionais. Como fator positivo à diversidade, a introdução de novas ferramentas para criação e exibição de conteúdos possibilita o surgimento de novas formas artísticas e modelos de negócio. Contudo, essa inovação encontra dificuldades classificatórias junto bases regulatórias tradicionais, ensejando incerteza jurídica e econômica (Ibid.).

O quarto D da teoria, a deslinearização, remete ao fim da programação clássica das culturas de massa com índices de obra "do topo para a base", ou seja *"best sellers"*, para produtos fora do padrão marginalizados do mercado. A possibilidade de acesso a múltiplos conteúdos poderia colocar em xeque a cultura de massa e introduzir uma cultura de nichos com multiplicação de conteúdos, possibilitando ascensão de produtos culturais diversificados, inclusive daqueles considerados raros ou frágeis. Esse aspecto positivo é questionável, tendo em vista o controle exercido por novos atores econômicos poderosos que influenciam ou induzem o fluxo de informações em plataformas. Finalmente, o último D corresponde ao processo de desterritorialização introduzido pela era digital, que potencializa o surgimento de novas formas culturais, tendo em vista a ampliação das trocas culturais e artísticas internacionais, que independem das fronteiras geográficas nesse contexto. Pelo lado negativo, a desterritorialização pode ensejar problemas em relação a implementação e eficácia de políticas e leis nacionais para proteção e promoção da diversidade das expressões culturais (Ibid.).

De modo geral, a partir dos estudos conduzidos nos últimos anos no âmbito da UNESCO, constatou-se quatro grandes desafios para implementação da CDEC (i) a falta de infraestrutura para uso de ferramentas digitais, sobretudo em países menos desenvolvidos, as chamadas "fraturas digitais"; (ii) a manutenção no desequilíbrio dos fluxos de bens e serviços culturais; (iii) a dificuldade na classificação produtos digitais enquanto bens ou serviços e sua respectiva identificação como pertencente ao setor cultural (iv) a dificuldade de implementação de políticas culturais no meio digital e a ausência de marcos regulatórios para esse espaço, ou seja, a necessidade do desenvolvimento de uma governança cultural para o ambiente virtual.

Frente a esse cenário, em junho de 2017, foram aprovadas diretrizes operacionais para aplicação da CDEC no ambiente digital. O documento teve como principal objetivo oferecer um quadro estratégico para compreensão das possibilidades de implementação da Convenção no ambiente virtual, onde bens e serviços culturais são criados, difundidos e comercializados por meio eletrônico. Com os desafios da era digital para a diversidade em mente, as diretrizes introduzem princípios a serem promovidos como a liberdade de expressão e artística, a acessibilidade aos meios digitais para criação e acesso das diversas expressões culturais (Observatório da Diversidade Cultural, 2020, p. 31).

A necessidade de revisão das formas de implementação da Convenção frente aos desafios digitais, que resultou nas diretrizes operacionais de 2017, revelam que a CDEC constitui um instrumento jurídico atual e condizente com a realidade contemporânea, tendo em vista que conferências internacionais conduzidas pelos membros signatários não resultou em alterações ou revisão de seu texto, mas limitou-se a apurar obstáculos à realização dos objetivos almejados, frente a uma nova realidade (ROGARD, 2016). Nesse sentido, a neutralidade da convenção sobre a mídia digital não constitui erro ou falha do texto, a *contraio sensu*, tal lacuna foi propositalmente deixada como forma de adaptabilidade da Convenção aos novos contextos que poderiam surgir com o desenvolvimento de novas tecnologias de comunicação e informação (BURRI, 2016).

Assim, apesar da existência de novos desafios para a diversidade das expressões culturais no espaço cibernético, os artigos da CDEC são adaptáveis a esse novo contexto, destinando-se a cumprir objetivos análogos como (i) o fortalecimento de países em desenvolvimento; (ii) o combate na assimetria de fluxos culturais no contexto de evolução digital; (iii) estímulo à cooperação cultural e as trocas de expertise entre países com diferentes níveis de desenvolvimento; (iv) desenvolver políticas de desenvolvimento cultural (DUPIN, 2017, p. 11).

No que concerne ao primeiro grande desafio introduzido pela era digital frente a necessidade de garantir a existência e promoção da diversidade cultural, a exclusão digital, as diretrizes aprovadas em 2017 dialogam com o conteúdo introduzido pela Declaração sobre a Proteção e a Promoção da Diversidade Cultural na Era Digital de 2013, que já afirmava a necessidade de garantir o acesso igualitário à infraestruturas digitais ao redor do globo, evitando o "fosso digital" em que alguns países detém altas tecnologias, enquanto outros são mantidos excluídos desse novo universo (Ibid., p. 8).

Nesse sentido, a diretriz 8.8 coloca aos países a necessidade de promover cooperação internacional para melhorar e ampliar o acesso às tecnologias digitais e desenvolver aptidões necessárias ao seu respectivo uso. Essa diretriz revela-se importante, à medida que o investimento no acesso às tecnologias digitais e na educação para seu respectivo uso de maneira global, favorece a participação de autores diversos no espaço virtual ou desmaterializado, favorecendo o fomento de indústrias culturais e criativas locais. Dessa forma, a ampliação do acesso e da capacitação digital para uso de novos meios digitais possibilitaria a criação e difusão das formas de expressões de diversos países, cumprindo os objetivos elencados no art. 1, alíneas c, d da Convenção sobre a promoção da *interculturalidade* e do *diálogo cultural*. Elemento essencial à garantia da diversidade cultural, tendo em vista que a diversidade, como aponta José Marcio Barros (2010)        , não se esgota na identificação e classificação das diversas culturas existentes, tampouco se constitui "como resultado da soma das diferenças, mas como processos marcados por mediações, trocas e tensões constantes e contínuas" (BARROS, 2010, p. 204).

O segundo grande desafio introduzido pela era digital diz respeito ao desequilíbrio no fluxo de bens e serviços culturais no meio digital. A necessidade de alterar essa tendência, bastante influenciada pelo processo de desintermediação tradicional, substituída por novos intermediários econômicos dominantes no setor digital, consta no item 18 das diretrizes aprovadas que coloca a necessidade das partes se esforçarem para "implementar dispositivos de tratamento preferencial a fim de facilitar trocas mais equilibradas, no ambiente digital, de bens e serviços culturais oriundos dos países em desenvolvimento". Essa diretriz tem por finalidade implementar a obrigação prevista no artigo de 16 da Convenção que impõe o dever de conferir tratamento preferencial para países em desenvolvimento.

O terceiro grande desafio introduzido pela era digital corresponde a divergência sobre a categorização de bens digitais enquanto bens ou serviços culturais. Essa questão, gerada em grande parte pelos processos de desmaterialização e descompartimentalização, incita antigas divergências entre países como Estados Unidos, França e Canadá que defendem posições mais, no caso do primeiro país, ou menos liberalizante no caso dos demais países, a depender de seus respectivos interesses, não apenas no que concerne a preservação da cultura nacional e das identidades locais, mas, principalmente, na proteção das indústrias criativas nacionais que são ameaçadas pela rápida expansão da concorrência americana.

Em um contexto de economia criativa, caracterizado pela convergência de setores e pela multiplicação de produtos e serviços resultantes de novas tecnologias, observa-se uma tendência de diversos setores criar um laço com a cultura, com as expressões culturais e a criatividade. A definição de "indústria cultural" na CDEC (indústria produtora e distribuidora de bens e serviços culturais) deixa de considerar novos atores que apesar de não possuírem como atividade principal a cultura, podem desempenhar um papel de promoção da diversidade de expressões culturais. De forma exemplificativa, a Amazon ao mesmo passo que realiza a venda de filmes online, oferece a locação de filmes digitais. Nesse contexto a principal questão que se coloca é saber quais setores devem se beneficiar da "exceção cultural" (HANANIA, 2015, p. 107-109).

Por essa razão, deve ser reservado aos Estados ampla margem de manobra para que os países membros possam adotar medidas políticas culturais que considerem apropriadas para defesa das expressões locais. Essa dificuldade de definição dos setores passíveis de exceção é antiga, remete a divergências já existentes na realidade do comércio físico, afinal o único setor em que há concordância entre todos os países europeus sobre a exceção cultural de maneira definida é o audiovisual. Mesmo no quadro da OMC a concepção de bens e serviços passíveis de serem considerados como parte de uma "exceção cultural" é bastante controversa, em casos em que não há uma classificação prévia sobre a excepcionalidade cultural de determinado bem ou serviço, cada um dos membros pode definir as obrigações que deseja adotar nas listas positivas, elencando, ainda, as limitações eventuais (Ibid., p. 110-111).

No mesmo sentido, a realidade criada pelas novas tecnologias no fornecimento de serviços e na entrega eletrônica, as limitações podem ser definidas segundo as necessidades e interpretações definidas por cada Estado. A tentativa da elaboração de novas categorizações que compreendam os produtos, serviços e tecnologias surgidas com a era digital consiste em solução com altas chances de ineficácia, considerando que correria o risco de sofrer rápida obsolescência. Ademais, a criação de novas categorias que possam abranger esses novos produtos poderia favorecer os interesses e anseios americanos de liberalização progressiva no setor eletrônico e digital, limitando a flexibilidade dos Estados de intervir para proteger e promover o setor cultural. Portanto, a solução mais plausível frente a dificuldade de classificar os novos produtos e serviços emergentes da era digital, que possuem vínculos muitas vezes intrínsecos com a cultura, parece deixar ao arbítrio de cada membro da CDEC definir os setores que consideram relevante um tratamento jurídico específico no qual é necessário resguardar os interesses e objetivos culturais frente a um acordo de liberalização comercial (Ibid., p. 112-113).

De forma a contemplar o tratamento excepcional aos bens e serviços representantes das expressões culturais, a dupla natureza desses produtos, enquanto mercadoria e, simultaneamente, elemento de identidade, as diretrizes operacionais de 2017 reconhece "a natureza específica das atividades, bens e serviços culturais enquanto portadores de identidade, valores e sentidos continua a mesma no ambiente digital" em seu segundo item. Assim, o reconhecimento da dupla natureza dos bens e serviços culturais afirmado no preâmbulo e no artigo 1, alínea g da CDEC estende-se ao ambiente virtual e as ferramentas digitais. No mesmo sentido, o item 8.2 das diretrizes coloca como princípio norteador a reafirmação do reconhecimento da dupla natureza dos bens e serviços culturais independentemente das tecnologias e meios utilizados.

O quarto e último desafio introduzido pela era digital para a implementação da CDEC diz respeito ao desenvolvimento de uma governança para garantia das diversas expressões culturais no meio virtual. O processo de desterritorialização introduzido pelas tecnologias digitais criou um novo universo em que fronteiras geográficas não mais existem. Tais espaços nascem com a proposta de permitir a livre manifestação dos indivíduos independente de qualquer regulação estatal. A ausência de limites territoriais acaba por fragmentar a soberania estatal que encontra ampla dificuldade para implementar políticas e regulamentos que assegurem seus interesses culturais.

Apesar da desterritorialização a afirmação de que inexiste regulação *online* é errônea, tendo em vista a diversidade de modelos regulatórios que coexistem nesse espaço. Entre as possíveis formas de regulação da internet, cita-se o modelo norte-americano que adota um modelo de regulação de rede baseado na *autorregulação* ou *self-regulation*. Essa forma de regulação pressupõe que os agentes e atores da rede (comunidade da internet composta por especialistas) determinarão o padrão de conduta responsável por regrar relações da rede, com o mínimo de interferência dos órgãos governamentais, que acabam por se internacionalizar. A despeito da origem nacional, tal modelo tende a se internacionalizar em razão da ausência de fronteiras no ciberespaço. Além da autorregulação, as redes são, ainda, reguladas por sistemas multilaterais que se dedicam a temas diversos, a exemplo do *Internet Domain Name Proces*, instituído no âmbito da OMPI (Organização Mundial da Propriedade Intelectual) e da *Declaration on the Abuse of Children, Child Pornography and Pedophilia*, firmada pela UNESCO. Tais modelos devem, ainda, compatibilizar-se com as leis e políticas nacionais de cada país, de forma a exercerem uma corregulação, sem existência de uma necessária, continuidade ou hierarquia, compondo, em realidade, um mosaico legal que reflete os valores e as políticas de diversas sociedades que convivem conectadas na rede. (AMORIM, 2013, p. 324-332).

Nessa teoria proposta por Fernando Amorim (2013), a saída mais viável para a preservação e promoção da diversidade cultural na rede consiste em um novo modelo de "direito internacional pós-moderno", em que a dicotomia entre direito internacional público é superada, para dar lugar a uma nova do direito em que coexistem diversos modelos e agentes regulatórios, que se esforçam para manter mutuamente para preservar a diversidade das expressões culturais. Contudo, a eficácia desta solução depende do reconhecimento geral da diversidade enquanto fator de desenvolvimento e patrimônio comum que merece efetiva proteção e promoção, para além dos interesses meramente econômicos dos agentes privados (Ibid. p.340-342).

As diretrizes aprovadas em 2017 parecem bastante convergentes com esse modelo teórico, na medida que propõe os princípios de "abertura, acessibilidade, e participação de múltiplos atores", conforme consta no item 3 do documento. Contudo, apesar dessa participação conjunta e do reconhecimento de diversos atores, as diretrizes seguem o sentido de fortalecer a soberania estatal de cada país membro para impor leis e políticas públicas de preservação da diversidade no ambiente digital, conforme o princípio 8.4 do documento. Inclusive, nesse sentido, as diretrizes convidam os membros a atualizarem seus quadros legislativos e regulamentares como forma de preservar a diversidade de expressões cultura no ambiente digital (SANTOS, p. 29-30).

Nesse sentido, para atingir a diversidade no meio digital, em conformidade com o artigo 7 da convenção, que discorre sobre as medidas de promoção da diversidade das expressões culturais, a diretriz propõe que os estados apoiem novas formas de criatividade no ambiente digital por meio de políticas nacionais ou regionais, garantindo também sistemas de financiamento desses programas (item 4 da diretriz). Além disso, é recomendado que as partes adotem programas de formação e ensino para artistas e outros profissionais da cultura para utilização das tecnologias, a fim de promover a criatividade digital. Com essas disposições, espera-se que os Estados nacionais fortaleçam suas leis e políticas nacionais para proteger a cultura e garantir a diversidade, incluindo subsídios e o deferimento de tratamento especial para bens e serviços culturais, mesmo que em um ambiente desterritorializado como o meio virtual.

# 6. CONCLUSÃO

A Convenção para proteção e promoção da diversidade das expressões culturais nasce como forma de proteger as indústrias criativas nacionais, contra o processo de liberalização de mercados vivenciado na segunda metade do século XX. A partir da necessidade de conferir um tratamento especial para produtos e serviços culturais, é desenvolvida nas negociações da Rodada de Uruguai a tese da "exceção" cultural, segundo a qual os países não deveriam submeter produtos e serviços dessa natureza a lógica liberalizante. Tal teoria seria posteriormente ampliada em discussões internacionais, de modo a contemplar a necessidade de proteção da diversidade cultural, considerada como fator de desenvolvimento humano. Perspectiva que resultaria na a Declaração Universal sobre Diversidade Cultural de

2001, responsável por consagrar a diversidade cultural como patrimônio da humanidade e, posteriormente na CDEC de 2005, que impõe direitos e obrigações aos Estados como forma de garantir juridicamente os princípios já declarados no documento de 2001.

A situação da diversidade cultural que parecia aparentemente regrada em âmbito internacional deparou-se, contudo, com novos desafios a partir da era digital, tendo em vista que as formas de imperialismo cultural encontraram nos meios de manifestação no ambiente virtual. Se por um lado os processos do 5Ds permitem a existência de um novo universo regido pela liberdade de manifestação e pela democratização participativa de usuários, por outro, geram novas formas de dominação econômica e cultural por países desenvolvidos, detentores dessa tecnologia e da expertise de como utilizá-las. Restando, por fim, excluídos os países em desenvolvimento ou subdesenvolvidos que se encontram privados do acesso a esse novo espaço universal, vivenciando a chamada exclusão digital.

Além do desafio da (i) exclusão digital, o mundo virtual deu origem outras questões problemáticas como (ii) o desequilíbrio de fluxos comercias de bens e serviços culturais na rede, bastante explicado pela atuação de algoritmos e de fortes empresas digitais dominantes nesse espaço; (iii) a dificuldade de classificação de novas tecnologias digitais como bens ou serviços de natureza cultural e a incerteza jurídica sobre a aplicação de uma abordagem mais ou menos liberalizante no comércio desses produtos; (iv) a implementação de leis e políticas públicas nacionais em prol da diversidade em um ambiente desterritorializado.

A solução para tais questões foi em parte apresentada pelas Diretrizes Operacionais de 2017, que reafirmou princípios e pressupostos da CDEC no ambiente digital, como a natureza cultural dos bens e serviços integrantes do "e-commerce" e a soberania dos Estados para promover políticas e regulamentações nacionais em prol da diversidade cultural no ambiente virtual. Contudo alguns desafios de ordem histórica e estrutural como a exclusão digital, que limita a expressão cultural de comunidades minoritárias e hipossuficientes nesse contexto, parece exigir medidas que ultrapassam o investimento e a transferência de tecnologia para capacitação ao uso do universo virtual.

Ademais, a presença do controle exercido por grandes empresas dominantes no ramo das novas tecnologias sobre os usuários através de algoritmos que direcionam os fluxos comerciais nesse ambiente também exigirá dos Estados nas próximas décadas medidas regulatórias, a exemplo das recentes leis de proteção de dados, como o Marco Civil da Internet no Brasil, com intuito de frear as ações dessas empresas e responsabilizá-las por suas atitudes. Nesse sentido, futuramente poderiam ser pensadas leis nacionais com objetivo induzir tais entes privados a inverter sua lógica puramente econômica, obrigando-os a agir em nome da diversidade das expressões culturais que enquanto patrimônio comum da humanidade, enseja a responsabilidade de promoção e proteção por parte de todos os indivíduos.

Em relação a governança nacional em um contexto desterritorializado, a reafirmação da soberania estatal para regular as práticas desenvolvidas no ambiente virtual nas diretrizes de 2017, parece efetiva no sentido de garantir ao menos a existência da manifestação do poder estatal em prol da diversidade em um ambiente que nasce para ser livre e favorável a pluralidade e diálogo das diversas expressões culturais. Contudo, a existência de novos agentes privados reguladores nesses ambientes e a multiplicidade de temas regulados por normas do direito internacional público e privado, que convivem com as diversas legislações nacionais nesse cenário, exige a compreensão de uma nova arquitetura para direito. Tal forma jurídica é caracterizada por múltiplos entes reguladores que devem se alinhar, sem necessária hierarquia ou linearidade, em nome de um direito comum, ou seja, em nome da preservação e promoção do patrimônio humano representado pela diversidade das expressões culturais, que pode encontrar no ambiente virtual um espaço bastante propício ao seu desenvolvimento.

# REFERÊNCIAS BIBLIOGRÁFICAS

ALBUQUERQUE, Roberto Chacon. Acordos de Livre comércio e exceção cultural. Interfaces Brasil/Canadá. Belo Horizonte, v.1, n. 3, p. 107-121, 2003.

ALVAREZ, Vera Cíntia. **Diversidade Cultural e Livre Comércio. Antagonismo ou oportunidade?** Brasília: FUNAG, 2015.

ALVES, Elder P. Maia. **Cultura, mercado e desenvolvimento: a construção da agenda contemporânea para as políticas culturais**. São Leopoldo, v. 50, n. 3, set/dez 2014.

AMORIM, Fernando Sérgio Tenório. **O direito internacional privado e os desafios do mercado global: A proteção da diversidade cultural no comércio eletrônico de bens e serviços culturais**. Editora Juruá, Curitiba, 2013.

BARBOSA, João Mitia Antunha. **Sociedade da informação: patrimônio cultural imaterial e conhecimentos tradicionais**. Revista Brasileira de Meio Ambiente Digital e Sociedade da Informação. São Paulo, v. 1, n. 1, p. 209 - 220, jan./jun. 2014.

BARROS, José Márcio. **Diversidade cultural e gestão da cultura**. In: Revista Observatório Itaú Cultural, n. 8. São Paulo, SP: Itaú Cultural, 2009.

BURRI, Mira. **La diversité d'exposition, nouvel objectif de la politique culturelle des expressions culturelles: vers l alongue traîne, et au-delà!** In: RICHIERI, Hanania; L. e Norodom, A.-T. Diversidade de Expressões Culturais na Era Digital, Buenos Aires, 2016. Disponível em: https://www.teseopress.com/diversitedesexpressionsculturelle-setnumerique/chapter/la-diversite-dexposition-nouvel-objectif-de--la-politique-culturelle-a-lere-numerique/ Acesso em: 28 de março de 2021.

CAHN, Sandrine; SCHIMMEL, Daniel. **The Cultural Exception: Does It Exist in GATT and GATS Frameworks - How Does It Affect or is It Affected by the Agreement on TRIPS**. Cardozo Arts & Entertainment Law Journal, v. 15, n. 2, p. 281-314, 1997.

International Centre for trade and Sustainable Development. Publicado em Bridges Monthly Review, Ano 11, n. 6, out. 2007. Disponível em: https://ictsd.iisd.org/bridges-news/bridges/news/unesco-tackles-culture-and-commerce. Acesso em: 15 de março de 2021.

DELOUMEAUX, Lydia. **Desequilíbrios persistentes no fluxo de bens e serviços culturais**. In: Re|pensar as políticas culturais: criatividade para o desenvolvimento; Relatório global da Convenção de 2005, p. 129-165. Brasília: UNESCO, 2018.

DUPIN, Giselle. **A diversidade cultural no ambiente digital**. In: Boletim do Observatório da diversidade cultural. v. 70, n. 06.2017, jul. 2017.

FLEUTER, Sam. **The Role of Digital Products under the WTO: A New Framework for GATT and GATS Classification**. Chicago Journal of International Law, v. 17, n. 1, p. 153-177, Summer 2016.

FONTAINE-SKRONSKI, Kim; RIOUX, Michèle. **Transversal Operational Guidelines as a Road towards a Diversified Networked Culture**. In: Boletim do Observatório da diversidade cultural. v. 70, n. 06.2017, jul. 2017. Disponível em: https://www.teseopress.com/diversityofculturalexpressionsinthedigitalera/chapter/transversal-operational-guidelines-as-a-road-towards-a-diversified--networked-culture-this-chapter-is-based-on-a-study-conducted-on--behalf-of-the-ministere-des-affaires-etrangeres-et-du-developpement/. Acesso em: 25 de março de 2021.

HANANIA, Lilian Richieri. **Le débat commerce-culture a l'ère numérique**. In: GUÈVREMONT, Véronique; SAINT-PIERRE, Diane (Org.). Les 10 ans de la convention ser la diversité des expressions culturelles (UNESCO 2005-2015) – Réflexions et témoignanes, 2015.

KAUARK, Giuliana D'El Rei de Sá. **O paradoxo da diversidade: Institucionalização da diversidade cultural na agenda internacional e tradução em políticas culturais nacionais (O caso França e Brasil)**. Tese apresentada ao Programa Multidisciplinar de Pós-Graduação em Cultura e Sociedade do Instituto de Humanidades, Artes e Ciências como parte dos requisitos para obtenção do grau de Doutor. Universidade Federal da Bahia, Salvador, 2017.

LEITE, Wellington C.M. **Ciberespaço e suas variações: uma defesa de seu uso**. Revista Multiplicidade. v. XI, Ano IX, p. 1-14. Bauru - São Paulo, 2019.

LIMA, Luciana Piazzon Barbosa. **Práticas culturais on-line e plataformas digitais: desafios para a diversidade cultural na internet**. Revista do centro de pesquisa e formação. n. 7, p. 74-89, São Paulo, 2018.

MATTELART, Armand. **Mundialização, cultura e diversidade**. Revista FAMECOS: mídia, cultura e tecnologia. n.31, p. 12-19, Porto Alegre, dezembro 2006.

OLIVEIRA, Danilo Júnior. **Direitos culturais e políticas públicas: os marcos normativos do sistema nacional de cultura**. Tese apresentada à Banca Examinadora do

Programa de Pós-Graduação em Direito, da Faculdade de Direito da Universidade de São

Paulo, como exigência parcial para obtenção do título de Doutor em Direito, na área de concentração Direitos Humanos. São Paulo, 2014.

OBSERVATÓRIO DA DIVERSIDADE CULTURAL. Boletim Diversidade Cultural. Boletim Técnico: Definições&Conceitos Convenção da UNESCO Proteção e Promoção de Interfaces, v. 88, n. 02.2020, abril. maio,junho/ 2020.

RANIERE, Nina Beatriz Stocco. A convenção sobre a proteção e a promoção da diversidade cultural e a constituição brasileira. Revista da

Faculdade de Direito da Universidade de São Paulo. v. 103, p. 303-321. jan/dez 2008.

RANAIVOSON, Heritiana. The Internet platforms' impact on the Diversity of Cultural Expressions: to the Long Tail, and beyon!. In: RICHIERI, Hanania; L. e Norodom, A.-T. Diversidade de Expressões Culturais na Era Digital, Buenos Aires, 2016. Disponível em: https://www.teseopress.com/diversityofculturalexpressionsinthedigitalera/chapter/the-internet-platforms-impact-on-the-diversity-of-cultural--expressions-to-the-long-tail-and-beyond-2/. Acesso em 13 de março de 2021.

ROGARD, Pascal. **La diversité culturelle est-elle adaptée à l'ère numérique? In: RICHIERI**. In; Hanania; L. e Norodom, A.-T. Diversidade de Expressões Culturais na Era Digital. Buenos Aires, 2016. Disponível em: https://www.teseopress.com/diversitedesexpressionsculturelle-setnumerique/chapter/la-diversite-culturelle-est-elle-adaptee-a-lere--numerique/. Acesso em 12 de março de 2021.

SANTOS, Giordanna. **UNESCO e a diversidade cultural na era digital: "Diretrizes para implementação da Convenção de 2005 no ambiente digital.** In: Diversidade Cultural no Ambiente Digital - Boletim do Observatório da diversidade cultural. v. 70, n. 06.2017, p. 23-33, jul. 2017.

UNESCO. **Cultural times: The first global map of cultural and creative industries,** 2015. Disponível em: https://en.unesco.org/creativity/sites/creativity/files/cultural_times._the_first_global_map_of_cultural_and_creative_industries.pdf. Acesso em 16 de março de 2021.